Manfred G. Schmidt

Sozialpolitik in Deutschland

Grundwissen Politik
Band 2

Begründet von Ulrich von Alemann

Herausgegeben von

Arthur Benz
Susanne Lütz
Georg Simonis

Manfred G. Schmidt

Sozialpolitik in Deutschland

Historische Entwicklung
und internationaler Vergleich

3., vollständig überarbeitete
und erweiterte Auflage

VS VERLAG FÜR SOZIALWISSENSCHAFTEN

Bibliografische Information Der Deutschen Bibliothek
Die Deutsche Bibliothek verzeichnet diese Publikation in der Deutschen Nationalbibliografie;
detaillierte bibliografische Daten sind im Internet über <http://dnb.ddb.de> abrufbar.

1. Auflage 1988
2. Auflage 1998
3. Auflage Oktober 2005

Lektorat: Frank Schindler

Der VS Verlag für Sozialwissenschaften ist ein Unternehmen von Springer Science+Business Media.
www.vs-verlag.de

Umschlaggestaltung: KünkelLopka Medienentwicklung, Heidelberg
Druck und buchbinderische Verarbeitung: MercedesDruck, Berlin
Gedruckt auf säurefreiem und chlorfrei gebleichtem Papier
Printed in Germany

ISBN 3-531-14880-X

Inhaltsverzeichnis

Tabellen- und Abbildungsverzeichnis

Vorwort

Vier Ziele werden mit diesem Buch angestrebt. Es soll die Leser mit den Grundzügen der Sozialpolitik in Deutschland – vom Deutschen Reich von 1871 bis zur Bundesrepublik Deutschland im frühen 21. Jahrhundert – vertraut machen. Sodann will es lehren, Deutschlands Sozialpolitik aus dem Blickwinkel des internationalen Vergleichs zu betrachten, zu beschreiben und zu erklären. Hierfür wird die deutsche Sozialpolitik der Politik der sozialen Sicherung anderer Länder gegenübergestellt. Zum Vergleich herangezogen werden vor allem die Demokratien in Westeuropa, Nordamerika, Japan, Australien und Neuseeland, aber auch die ehemaligen sozialistischen Staaten und ausgewählte Länder aus der so genannten Dritten Welt. Ferner soll das Buch über die Wirkungen der Sozialpolitik auf das wirtschaftliche, soziale und politische Gefüge informieren und die Leser über Für und Wider der Sozialpolitik unterrichten. Das gibt Materialien zur Debatte um die Probleme des Sozialstaats, dessen Reformbedarf und dessen Leistungen zur Hand. Schlussendlich ist der vorliegende Band als Einführung in die politikwissenschaftliche Erkundung der Sozialpolitik und zugleich als problemorientierte Hinführung zur international vergleichenden Untersuchung von Staatstätigkeiten gedacht.

Die hiermit vorgelegte Abhandlung tritt an die Stelle der 1988 erstmals und 1998 in vollständig überarbeiteter Form veröffentlichte Studie „Sozialpolitik – Historische Entwicklung und internationaler Vergleich" und reicht zugleich weit über beide Auflagen hinaus. Die hiermit vorgelegte dritte Auflage der „Sozialpolitik in Deutschland" wurde im Lichte des neuesten Forschungsstandes und der neuesten Daten zur Sozialpolitik überarbeitet und aktualisiert. Hinzu kommen im Vergleich zur zweiten Auflage neue Themen, insbesondere die Sozialpolitik in der gesamten „Ära Kohl" (1982 bis 1998) und in den Jahren der rotgrünen Koalition aus SPD und Bündnis 90/Die Grünen von 1998 bis zum Ende der zweiten Regierung Schröder im Jahre 2005. Mehr als die Hälfte des Textes ist neu geschrieben worden, die übrigen Textteile sind – wo erforderlich – sachlich ergänzt oder korrigiert und sprachlich überarbeitet worden. Von der Überarbeitung zeugt auch das Literaturverzeichnis, das im Vergleich zur 2. Auflage mehr als 300 neue Titel enthält.

Geschrieben wurde das Buch mit dem Ziel, den neuesten Stand der Forschung zur Sozialpolitik in Deutschland, einschließlich ihres historischen und internationalen Vergleichs, sachgerecht zusammenzufassen, zu würdigen und mit eigenen Auswertungen einer Fülle von Beobachtungen, Dokumenten und Statistiken zu ergänzen. Dazu gehört auch die gebührende Berücksichtigung der wichtigsten wissenschaftlichen Schulen der vergleichenden Staatstätigkeitsforschung. Das schließt die Prüfung der Frage ein, welche dieser Schulen sich besonders dafür eignet, die Entwicklung der Sozialpolitik und ihre Strukturen sowie die großen sozialpolitischen Unterschiede zwischen den Staaten zu erklären. Dabei wird sich zeigen, dass die Sozialpolitik in ganz besonderem Maße geprägt wird von politischen Institutionen, von politischen Parteien und von sozioökonomischen Bedingungen. Deshalb benötigt man zum besseren Verstehen der Sozialpolitik Theorien und Methoden, die den Einfluss dieser Größen genauer erkunden und begründen, so vor allem den politisch-institutionalistischen Ansatz, die Parteiendifferenzlehre und sozioökonomische Theorien[1].

Bei der Abfassung des Manuskriptes zu diesem Buch kam mir fachkundige, zuverlässige Hilfe zugute. Ich danke Andreas Pesch für die Hilfe bei der Literaturbeschaffung, der Datensammlung, der Aufbereitung der Daten und der Formatierung, Anna Lorent für das Korrekturenlesen und Ingeborg Zimmermann für die Erstellung des Literaturverzeichnisses. Mein Dank schließt die Deutsche Forschungsgemeinschaft (DFG) ein. Ein Teil der Forschungsmittel des Leibniz-Preises der DFG kam der Recherche für die 2. Auflage und teilweise auch für die 3. Auflage zugute.

Heidelberg, Juli 2005

---

1   Vgl. hierzu die letzten Abschnitte der Einleitung.

Einleitung

Sozialpolitik zielt vor allem auf Schutz vor Not, auf Sicherung gegen die Wechselfälle des Lebens und – im fortgeschrittenen Stadium – darauf, soziale Ungleichheit einzudämmen. Dieser Schutz, die Sicherungsfunktion und das Streben nach mehr Gleichheit zeichnen mittlerweile alle wirtschaftlich entwickelten westlichen Länder aus, wenngleich in unterschiedlicher Intensität und Reichweite sowie in unterschiedlichen Formen. Mit dem Auf- und Ausbau der Sozialpolitik wurde ein zuvor noch nie erreichtes Maß an sozialer Sicherheit für den Großteil der Bevölkerung geschaffen. Wer hierin einen Vorgang epochaler Bedeutung sieht, irrt nicht. Dieser Vorgang vollzog sich weitgehend als ‚stille Revolution‘ und ist hauptsächlich auf das 20. und das frühe 21. Jahrhundert zu datieren. Seine Wurzeln reichen allerdings bis ins 19. Jahrhundert. Am Ende dieser Entwicklung steht ein ausgebauter „Sozialstaat", so die in Deutschland verbreitete Begrifflichkeit, oder der „Wohlfahrtsstaat", so die im englischsprachigen Ausland und in der akademischen Diskussion übliche Bezeichnung[2].

Ziele der Sozialpolitik

Eine weit ausgebaute Sozialpolitik zählt mit der demokratischen Staatsverfassung und der Marktwirtschaft zu den Hauptmerkmalen der wirtschaftlich entwickelten westlichen Länder seit der zweiten Hälfte des 20. Jahrhunderts. In diesen Staaten ist die Sozialpolitik sogar eine besonders wichtige Staatsaufgabe geworden. Urteilt man allein nach den Staatsfinanzen, ist sie sogar wichtiger als alle anderen Politikbereiche: vor allem in Westeuropa wird mittlerweile ein beträchtlicher Teil des Sozialproduktes und mehr als die Hälfte aller öffentlichen Ausgaben für Sozialleistungen verwendet. Hierüber informiert die Sozialleistungsquote, der Prozentanteil der Sozialausgaben am Bruttoinlandsprodukt, dem Wert der in einem Jahr gefertigten Güter und Dienstleistungen einer Volkswirtschaft. Berechnungen der Organisation für wirtschaftliche Zusammenarbeit und Entwicklung zufolge, lag die Sozialleistungsquote zu Beginn des 21. Jahrhun-

Ausgabenintensives Politikfeld

---

2   „Wohlfahrtsstaat" ist die Übersetzung des englischen Begriffs *welfare state*, der als Gegenbegriff zur nationalsozialistischen „Volksgemeinschaft" entworfen wurde und heutzutage teils neutral beschreibend, teils positiv zustimmend verwendet. Im deutschen Sprachgebrauch hat „Wohlfahrtsstaat" neben der neutral beschreibenden eine kritisch distanzierte Bedeutung: hier gilt der „Wohlfahrtsstaat" als ein überreglementierender Obrigkeitsstaat, der für seine Untertanen Sozialschutz von der Wiege bis zur Bahre gewährt. Gegen dieses Verständnis von Sozialpolitik zielt der Begriff „Sozialstaat", der in Deutschland bis heute die gängigere Münze geblieben ist (ABELSHAUSER 1987: 9f., KAUFMANN 2001a, 2001b).

derts in Schweden bei 29,5 Prozent und in der Bundesrepublik Deutschland bei 28,8 Prozent[3] – während die Sozialleistungsquote der USA mit 14,8 Prozent nur die Hälfte des schwedischen und des deutschen Niveaus erreichte. Noch höhere Zahlen erhält, wer den Sozialetat anhand der „Sozialbudget"-Statistik der Bundesrepublik Deutschland misst. Diese zeigt, so die neusten verfügbaren Zahlen, eine Sozialleistungsquote von 32,6 Prozent an[4].

Aus der Sozialpolitik für Wenige ist die Sozialpolitik für die Vielen geworden. Diese reicht weit in die Lebens- und Arbeitswelt fast aller Bürger. Wie weit sie das tut, lässt sich an den trockenen Daten der Sozialstatistik erahnen: Allein die Zahl der Renten der Alterssicherung zu Beginn des 21. Jahrhunderts beläuft sich auf über 20 Millionen – davon sind 15,8 Millionen Altersrenten, rund 1,9 Millionen Berufs- und Erwerbsunfähigkeitsrenten, sodann 5,4 Millionen Hinterbliebenen- und 1,1 Millionen Unfallversicherungsrenten[5]. Der potentielle Sozialschutz ist noch größer: Mehr als 80 Prozent aller Erwerbspersonen sind Mitglied der Altersrentenversicherungen. Zu diesen 80 Prozent zählen noch nicht einmal die Staatsbeamten, die von der beamtenrechtlichen Fürsorge protegiert werden, sowie die Richter und die Soldaten. Noch größer ist der Versichertenkreis der Pflege- und der Krankenversicherung. Infolge der Mitversicherung von Familienangehörigen sind die Krankenversicherungen und die Pflegeversicherung der Bundesrepublik Deutschland mittlerweile faktisch Staatsbürgerversicherungen[6].

Machtfaktor Sozialpolitik

Auch wahlpolitisch ist die Sozialpolitik ein erstrangiger Machtfaktor, wie allein die Größe der Sozialstaatsklientel zeigt. In der Bundesrepublik Deutschland beispielsweise bestritten 2002 24,7 Millionen oder 29,9 Prozent der Bevölkerung ihren Lebensunterhalt überwiegend oder ausschließlich aus Sozialrenten, Pensionen, Arbeitslosengeld oder -hilfe, Sozialhilfe, sonstigen Unterstützungen und Vermögen[7]. Umgerechnet auf die 61,4 Millionen Wahlberechtigten des Jahres bedeutet das: mindestens 40 Prozent aller Wähler sind zur Sicherung ihres Lebensunterhaltes existentiell auf die Sozialpolitik angewiesen – der Anteil der direkt in der Sozialverwaltung und Sozialpolitik Beschäftigten und ihrer Angehörigen ist dabei noch nicht einmal eingerechnet. Es gibt keinen größeren Machtblock auf dem Wählerstimmenmarkt!

Heutzutage gilt als selbstverständlich, dass die große Mehrheit der Erwerbspersonen gegen Risiken des Einkommensausfalls infolge von Alter, Invalidität, Krankheit, Arbeitslosigkeit, Pflege oder Mutterschaft zwangsversichert ist und der Versicherungsschutz meist auch den Familienangehörigen zugute kommt. Doch der hohe Sozialschutz ist keineswegs selbstverständlich, sondern im weltweiten und im historischen Vergleich die Ausnahme. Die Anfänge der staatlichen Sozialpolitik liegen im späten 19. Jahrhundert, und das hohe Maß an sozialer Sicherung, das heutzutage vor allem in Kontinentaleuropa erreicht wird,

---

3   OECD 2004a. Basis: BIP-Anteil der öffentlichen und der gesetzlich vorgeschriebenen privaten Sozialleistungen.
4   Berichtsjahr 2003, BMGS 2005a: 934. Die Sozialbudgetstatistik enthält im Unterschied zu den OECD-Daten unter anderem auch Sozialleistungen, die aus Steuererleichterungen finanziert werden.
5   Berichtsjahr 2002. Quellen: vgl. Tabelle 1 im Kapitel 1.6.
6   Vgl. ALBER & BERNARDI-SCHENKLUHN 1992, EBSEN & KNIEPS 2003, BMGS 2005a: 125-240.
7   Berechnet aus STATISTISCHES BUNDESAMT, WZB & ZUMA 2004: 99. Im Jahre 1965 waren es nur 14,6% und 1990 23,3 % der Bevölkerung, vgl. DISI 1995.

resultiert hauptsächlich aus Weichenstellungen seit der zweiten Hälfte des 20. Jahrhunderts.

Wie und warum die Sozialpolitik zu dem wurde, was sie heute ist, wird im ersten Teil des vorliegenden Buches geschildert. In ihm wird die Sozialpolitik von ihren Anfängen im Deutschen Reich von 1871 bis ins wiedervereinigte Deutschland im frühen 21. Jahrhundert beschrieben und erklärt. Dort werden auch die Rahmenbedingungen und Ursachen des Auf- und Ausbaus der Sozialpolitik erörtert. Sozioökonomische und demographische Bestimmungsfaktoren kommen dabei ebenso zur Sprache wie parteipolitische und politisch-institutionelle Einflüsse. Ferner werden die Beziehungen zwischen politischem Regimetyp und Sozialpolitik erkundet. Welchen Unterschied macht die Differenz von Diktatur und Demokratie in der Sozialpolitik und welchen jene zwischen Sozialismus und Kapitalismus? Überdies steht die These der Parteiendifferenz auf dem Prüfstand, der zufolge Unterschiede der parteipolitischen Zusammensetzung von Regierungen höchst unterschiedliche Sozialpolitiken hervorbringen. Trifft das zu, oder unterscheiden sich die Sozialpolitiken der liberalen, konservativen, christdemokratischen und sozialdemokratischen Regierungen nur in der Verpackung, nicht aber im Inhalt?

Überblick

Die Sozialpolitik hat nicht nur Zustimmung, sondern auch Unzufriedenheit, Protest und vehementen Widerstand hervorgerufen. Der eine beklagt Lücken im Netz der sozialen Sicherung, der andere sieht in missbräuchlicher Inanspruchnahme von Sozialleistungen oder im sozialstaatlichen Paternalismus das Hauptproblem. „Überhöhte Sozialabgaben", „Moloch Sozialstaat", „Ineffizienz", „Ineffektivität" und „Kontraproduktivität" von Sozialleistungen sowie „Unterminierung der Arbeitsbereitschaft" und „schleichende Entmündigung der Sozialstaatsempfänger" sind Stichworte der Kritik am Sozialstaat, die regelmäßig in Zeiten wirtschaftlichen Abschwungs mit besonderer Härte vorgetragen wird. Diese Kritik wird im dritten Teil des Buches zusammen mit der Frage erörtert, ob und inwieweit die Sozialpolitik das politische, wirtschaftliche und gesellschaftliche Gefüge stabilisiert oder destabilisiert.

Kritik der Sozialpolitik

Zuvor ist ein Blick über die nationalen Grenzen hilfreich. Deutschland gehört zu den Vorreitern der Sozialpolitik, von denen andere Länder lernen konnten. Neben Deutschland war Österreich ein ‚Pionier' der Sozialpolitik, die USA und Japan hingegen zählen zu den sozialpolitischen Nachzüglern, sofern man von der frühen amerikanischen Sozialpolitik zugunsten von Soldaten und Müttern absieht[8]. Im 20. Jahrhundert allerdings verlor Deutschland die Spitzenstellung in der Sozialpolitik. Andere Länder holten auf und überholten die früher gestarteten Staaten, so die nordischen Länder und die Niederlande in den 60er und 70er Jahren des 20. Jahrhunderts.

Der Auf- und Ausbau der Sozialpolitik erfasste alle verfassungsstaatlichen Demokratien – wenngleich in unterschiedlicher Stärke – und machte vor den sozialistischen und nachsozialistischen Industriestaaten nicht Halt[9]. Allerdings sind die Ausgangsbasis, die Richtung, das Tempo und die Ergebnisse dieses Trends von Land zu Land verschieden. Das reichste Land der Welt, die USA, leistet sich nach

Erklärung durch Vergleich

---

8   OBINGER & WAGSCHAL 2000, SKOCPOL 1995.
9   Vgl. ILO 1996, 2002, OECD 2004a.

wie vor – relativ zum wirtschaftlichen Reichtum – eine magere Sozialpolitik mit löchrigen Netzen der sozialen Sicherung und weit verbreiteter relativer Armut. Das ist nur ein Beispiel für viele erklärungsbedürftige Unterschiede der Politik der sozialen Sicherung. So unterscheiden sich beispielsweise auch die Strukturen, die Prinzipien und die Verteilungs- und Umverteilungskraft der sozialen Sicherungssysteme. Schweden und die Bundesrepublik Deutschland haben – gemessen am Sozialschutz – leistungsfähigere Systeme der sozialen Sicherung als Japan und die USA. Warum? Wie sind die Gemeinsamkeiten und die Unterschiede der Sozialpolitik zu erklären? Inwieweit spiegeln sie wirtschaftliche und gesellschaftliche Kräfte oder politische Bedingungen wider? Und wie reagiert die Sozialpolitik auf die Abhängigkeit eines Landes von der Einbettung in die zwischenstaatlichen Beziehungen? Diesen Fragen ist der zweite Teil der vorliegenden Studie gewidmet. Er ergänzt die Erkundung der Antriebskräfte der Sozialpolitik in Deutschland im ersten und die Analyse der Wirkungen der Sozialpolitik im dritten Teil.

Deutschland und alle anderen verfassungsstaatlichen Demokratien in West- und Nordeuropa, Nordamerika, Japan, Australien und Neuseeland stehen im Zentrum der vorliegenden Untersuchung. Sie wird vom Vergleich mit der Sozialpolitik in sozialistischen und nachsozialistischen Ländern sowie in Entwicklungsländern abgerundet. Mit Bedacht werden aber hauptsächlich die reichen und demokratisch verfassten Länder verglichen. Sie alle sind Staaten mit ähnlichen politischen und ökonomischen Basisstrukturen und großen Unterschieden im sozialpolitischen Profil. Ihre Auswahl wurzelt in der Lehre vom Forschungsdesign der möglichst ähnlichen Fälle, dem „most similar cases-design", so der mittlerweile im Deutschen verwendete englische Fachausdruck. Dieses Forschungsdesign dient als Ersatz für experimentelle Untersuchungsanordnungen, die in den Natur- und Ingenieurwissenschaften zur Ermittlung von Regelmäßigkeiten oder Grund-Folge-Beziehungen benötigt werden, aber in den Sozialwissenschaften in den meisten Fällen nicht möglich sind. Durch die Auswahl von Fällen mit ähnlichen Basisstrukturen hält man die Rahmenbedingungen konstant, beispielsweise einen hohen Stand wirtschaftlicher Entwicklung. Somit können diejenigen Faktoren genauer isoliert werden, die verantwortlich für die erklärungsbedürftigen Gemeinsamkeiten und Unterschiede der Sozialpolitik in den wirtschaftlich reichen Demokratien sind, beispielsweise unterschiedliche politische Institutionen oder unterschiedliche Kräfteverhältnisse zwischen Regierung und Opposition.

Für die Konzentration des Vergleichs auf die demokratischen Verfassungsstaaten spricht ein Weiteres: für diese Länder sind besser vergleichbare Daten zur Sozialpolitik vorhanden als für die meisten anderen Staaten. Zu den besonders ergiebigen Quellen des internationalen Vergleichs zählen die Datensammlungen des HIWED-Projektes, die diesem Forschungsvorhaben und Anschlussprojekten entstammenden Analysen der Entwicklung des Sozialstaats in Westeuropa[10], ferner die Datensammlungen der OECD, der Weltbank, der Internationalen Arbeitsorga-

---

10   HIWED = Historical Indicators of West European Development, vgl. FLORA, ALBER & KOHL 1977, FLORA & HEIDENHEIMER 1981, ALBER 1982, FLORA 1986a, 1986b, 1986c, 1986d, FLORA, KRAUS & PFENNING 1987, ALBER 1989.

14

nisation, der Europäischen Kommission[11] sowie vergleichende Studien zur Sozial-, Arbeitsmarkt- und Wirtschaftspolitik in westlichen Ländern[12].

Allerdings bedürfen die Datenlage und die Entscheidung zugunsten des Forschungsdesigns der ähnlichen Fälle einer Einschränkung. Sofern möglich, sollte dieses Design durch den Vergleich unähnlicher Fälle („most dissimilar cases-design") ergänzt werden, beispielsweise durch den Vergleich der Sozialpolitik in reichen und armen Ländern, um den Effekt unterschiedlicher Basisstrukturen auf die Sozialpolitik, wie unterschiedliche Niveaus wirtschaftlicher Entwicklung, zu erfassen. Ferner sind die Grenzen der Vergleichbarkeit zu bedenken. Gut vergleichbare Daten sind umso rarer, je weiter die Sozialpolitik definiert wird, und umso dichter und besser, je näher man den Kernsystemen der sozialen Sicherung kommt. So vergleicht man die Sozialausgaben in reichen und in armen Ländern – wie im zweiten Teil des vorliegenden Buches – am besten mit Hilfe der Daten der Internationalen Arbeitsorganisation (ILO), während der Vergleich der Demokratien in Berichten der OECD eine besonders ergiebige Basis findet[13].

An dieser Stelle ist eine Erläuterung zur Definition von Sozialpolitik angebracht. Allgemein bezeichnet Sozialpolitik, wie erwähnt, jene politischen Institutionen, Vorgänge und Entscheidungsinhalte, die – erstens – auf Schutz vor Not im Sinne der Garantie eines Existenzminimums und – zweitens – auf Sicherung gegen jene Wechselfälle des Lebens oder Risiken, welche die Kräfte des Einzelnen und seiner Nächsten übersteigen, gerichtet sind. Weiter fortgeschrittene Konzepte der Sozialpolitik betonen – drittens – die Kontrolle und Eindämmung sozialer, also nicht natürlicher, Ungleichheit. Konkretisiert wird der Sozialpolitikbegriff in einem weiter und in einem enger definierten Sinn. Im weiteren Sinn bezeichnet er die Tätigkeit eines Staates, die darauf gerichtet ist, die Gesellschafts- und Arbeitsordnung nach bestimmten sozialen Zielvorstellungen zu gestalten, und die somit weit über den Aktionsradius des liberalen Rechts- und des Obrigkeitsstaates hinausgreift. Zu diesen Zielvorstellungen gehört die „soziale Demokratie", so erstmals Lorenz von Steins Lehre des Staates der sozialen Reform, die er den Monarchien des 19. Jahrhunderts als Antwort auf die Soziale Frage und zur Verhütung von, wie er glaubte, sonst unvermeidbarer Revolution empfahl[14]. Zu den Zielen der Sozialpolitik im weiteren Sinn gehören vor allem Hilfe und Schutz gegen Risiken der Überlastung des Einzelnen durch Wechselfälle des Lebens, insbesondere gegen Risiken infolge von Alter, Invalidität, Krankheit, Arbeitslosigkeit, Tod des Ernährers, Pflegebedürftigkeit oder Mutterschaft, aber auch Ziele wie soziale Gerechtigkeit, Verminderung von Ungleichheit, Mehrung der Wohlfahrt eines Teils oder der Gesamtheit der Gesellschaft, Unterstützung der Selbsthilfe- und Selbstregulierungsfähigkeit der Wirtschaftssubjekte und – so vor allem in der nordeuropäischen Variante – das Streben nach

Begriff der Sozialpolitik

---

11   Vgl. OECD 1985, 2004a, WORLD BANK 1994, ILO 1985, 1996, 2002, EUROPÄISCHE KOMMISSION 2002a, 2002b, 2004.
12   Vgl. ZÖLLNER 1963, WILENSKY 1975, 1981 2002, CASTLES 1985, 1987, 1998, 2002, 2004, SCHMIDT 1982, 1999, 2001a, ESPING-ANDERSEN 1990, 1999, BALDWIN 1990, RITTER 1991, HICKS & SWANK 1992, van KERSBERGEN 1995, SCHMID 2005.
13   Beispielsweise ILO 2002, OECD 1996a, 2004a.
14   Vgl. FORSTHOFF 1972.

Vollbeschäftigung[15]. Andere Varianten der Sozialpolitik, unter ihnen auch der Sozialstaat in Deutschland, streben nicht nur nach sozialer Sicherung, sondern regieren zudem weit in die Arbeitswelt hinein – mittels Arbeitsschutz auf der einen Seite und betrieblicher und überbetrieblicher Mitbestimmung der Arbeitnehmer auf der anderen Seite.

Die engere Definition der Sozialpolitik hingegen zielt hauptsächlich auf die Sicherung gegen die Risiken einer arbeitsteiligen Gesellschaft, die der Mindestnormenkatalog der sozialen Sicherheit der Internationalen Arbeitsorganisation enthält: Alter, Arbeitslosigkeit, Invalidität, Krankheit, Unfall, Tod und bestimmte familienpolitische Gegebenheiten wie Mutterschaft und Hinterbliebenenversorgung gehören vor allem zu ihm.

Soweit es die Datenlage zulässt, erörtert die folgende Untersuchung die Sozialpolitik im engeren und im weiteren Sinn. Mitunter gebieten aber das Fehlen vergleichbarer Daten und die Ökonomie der Darstellung die Konzentration auf die Sozialpolitik im engeren Sinn. Dies ist allerdings auch in der Sache gut vertretbar, verbraucht doch die Sozialpolitik im engeren Sinn den Löwenanteil der Sozialausgaben und bringt sie doch den größten Teil des Schutzes, der durch die staatliche Sozialpolitik erzeugt wird, hervor[16]. Erfasst wird die Sozialpolitik im Folgenden vor allem mit dreierlei Gruppen von Indikatoren:

1. An vorderster Stelle sind die Messlatten der „sozialpolitischen Anstrengungen"[17] eines Staates zu erwähnen. Hierfür verwendet die Forschung vor allem Indikatoren des Niveaus und der Veränderung der Sozialausgaben pro Anspruchsberechtigtem, pro Empfänger von Sozialleistungen und pro Einwohner, jeweils auf inflationsbereinigter Basis, und die Sozialleistungsquote, den Prozentanteil der öffentlichen Sozialausgaben am Bruttoinlandsprodukt oder Bruttosozialprodukt.
2. Eine zweite Indikatorengruppe misst die Breite der sozialen Sicherung anhand der Größe des versicherten Personenkreises und dessen Anteil an allen Erwerbspersonen oder an der Bevölkerung. Hierfür eignen sich der im HIWED-Projekt entwickelte Index der Sozialversicherung[18] oder verwandte Maße.
3. Eine dritte Gruppe von Indikatoren erfasst qualitative Strukturen der Sozialpolitik, wie ordnungspolitische Gliederungsprinzipien, Verteilungs- und Umverteilungsgehalt und Schutz gegen Marktkräfte[19].

Empirisch-analytischer Ansatz und erweiterter Politischer Institutionalismus

Jede Analyse wird beeinflusst vom Beobachtungsstandpunkt ihres Verfassers und von der fachwissenschaftlichen Brille, mit der dieser die Fakten untersucht, die Dokumente auswertet und die Untersuchungen anderer Fachleute heranzieht. Der Beobachtungsstandpunkt der vorliegenden Studie entstammt der empirisch-

---

15 ZACHER 1989, 2001.
16 EUROPÄISCHE KOMMISSION 2002a, ILO 2002.
17 WILENSKY 1975.
18 FLORA, ALBER & KOHL 1977, ALBER 1982, 1989.
19 Die arbeitsweltbezogene Sozialpolitik wird hier überwiegend nur aus dem Blickwinkel der Arbeitslosenversicherung und der Flankierung der Arbeitsordnung durch die sozialen Sicherungssysteme erfasst. Zur vergleichenden Analyse der arbeitsweltbezogenen Sozialpolitik unter anderem HEPPLE 1986a, 1986b, ARMINGEON 1994.

16

analytischen Schule der Politikwissenschaft. In dieser Schule sind ausführliche Belege, genaue Tests und Vorrang des empirischen Materials vor abstrakter Theorie Trumpf! Ferner spielen der internationale und der historische Vergleich eine prominente Rolle. Dabei geht es nicht nur um Fallstudien und den Vergleich weniger Fälle, sondern auch um Analysen mehrerer Fälle, im Idealfall um Untersuchung der gesamten Population oder zumindest einer repräsentativen Auswahl. Das geschieht mit dem Ziel, verallgemeinernde Aussagen über Grund-Folge-Verhältnisse oder zumindest über Wahrscheinlichkeitsbeziehungen zwischen zu erklärenden und erklärenden Größen zu entwickeln und zu prüfen. Der Ansatz der vorliegenden Studie bleibt somit eng am beobachtbaren und nachprüfbaren Material, doch ist er nicht der Hypothesen und der Theorie los und ledig. Geleitet wird die vorliegende Studie vom erweiterten politisch-institutionalistischen Ansatz[20], und zwar deshalb, weil sich dieser im Forschungsprozess als besonders tragfähig erwiesen hat. Dieser Ansatz konzentriert die Aufmerksamkeit vor allem auf Wechselbeziehungen zwischen politischen Entscheidungen einerseits und politischen Institutionen, Machtverteilungen zwischen gesellschaftlichen Gruppierungen und politischen Parteien, politisch-kulturellen Variablen sowie sozialökonomischen Rahmenbedingungen politischen Handelns andererseits und bedenkt zudem das Gewicht des Politik-Erbes und das der Rückwirkungen inter- und supranationaler Politik auf den Nationalstaat.

---

20   Vgl. SCHMIDT 1993a, 1993b, 2004a, 2004c.

Teil I
Sozialpolitik in Deutschland –
vom Deutschen Reich von 1871 bis
zur Bundesrepublik Deutschland im frühen
21. Jahrhundert

1.1 Von der Sozialpolitik für Wenige zur sozialen Sicherung der Vielen: Die Sozialgesetzgebung im Deutschen Reich von 1881 bis 1918

Weichenstellungen

Deutschland ist ein Pionier staatlicher Sozialpolitik. In den 80er Jahren des 19. Pionier Deutschland
Jahrhunderts entstanden dort die weltweit ersten großen Sozialversicherungssysteme: 1883 die Krankenversicherung, ein Jahr später die Unfallversicherung und 1889 die Alters- und Invalidenversicherung. Der Marsch in den Sozialstaat begann auf einem niedrigeren Niveau wirtschaftlicher Entwicklung als in Belgien, England, den Niederlanden und den USA[21] und im Rahmen einer Staatsverfassung, in der das autokratische Element das demokratische überwog[22]. Das ist bemerkenswert und verlangt nach Erklärung. Diese wird aufgrund des politischen Standpunkts der Architekten und Ingenieure der Sozialpolitik im Deutschen Reich von 1871 verkompliziert: es waren nicht Revolutionäre, sondern konservative Politiker, die mit der Politik der sozialen Sicherung „Daseinsvorsorge und Gefahrenabwehr"[23] betrieben und Dämme gegen gesellschaftliche und politische Folgeprobleme der Industrialisierung und Urbanisierung Deutschlands errichten wollten.

Gänzlich neu war der Sozialschutzgedanke nicht. Mit den Sozialversicherungen des Deutschen Reiches von 1871 wurde ein älterer Ordnungs- und Schutzgedanke fortentwickelt. Dass es dem Staat oblag, denen zu helfen, die in Not geraten waren, gehörte zu seinen Traditionen[24]. So existierten in Deutschland schon lange vor der Errichtung der Sozialversicherungen zahlreiche Fürsorge- und Versicherungseinrichtungen auf genossenschaftlicher, kommunaler, betrieblicher und kirchlicher Grundlage. Beispielsweise boten genossenschaftliche Vorsorgeeinrichtungen der Bergleute und der Zünfte, die Armenfürsorge der Gemeinden, der Pfarreien und Klöster, aber auch die grundherrliche Fürsorgepflicht Hilfe und Schutz gegen Not infolge von Krankheit, Invalidität und Alter. Allein in Preußen waren zehn Jahre vor der Einführung der reichsweiten Krankenversicherung (1883) rund eine Million Arbeitnehmer gegen Krankheit und teilweise auch gegen Unfall und Invalidität versichert[25]. Die Schaffung allgemeiner Wohl-

---

21 MADDISON 2003: 60ff.
22 Auf der von 0 bis 10 geeichten Autokratieskala von POLITY 4 (MARSHALL & JAGGERS 2004) erreicht das Deutsche Reich 1883, im Jahr der Einführung der ersten Sozialversicherung, den Wert 5 (mittlerer Autokratiewert) und auf der ebenfalls von 0 bis 10 geeichten Demokratieskala den Wert 1. Zum Vergleich: Großbritannien 0 und 7, USA 0 und 10, Schweden 6 und 2.
23 WEHLER 1995: 1255.
24 MAIER 1986.
25 FISCHER 1985: 435.

fahrt und „gute Polizei" (im Sinne einer Ordnung und Schutz gewährenden guten Verwaltung innerer Staatsangelegenheiten) waren namentlich in der deutschen Staats- und Verwaltungslehre und in der Staats- und Verwaltungspraxis selbstverständlich. Und dass der neuzeitliche Staat den „Rechts- und Machtzweck" zunehmend durch den „Cultur- und Wohlfahrtszweck"[26] ergänzen müsse, so der „Kathedersozialist" Adolph Wagner, war seit Lorenz von Steins Empfehlung, durch Sozialreform von oben gesellschaftliche Stabilisierungspolitik und Revolutionsverhinderung zu betreiben, Bestandteil einer einflussreichen Lehre vom rechten Regieren[27].

Freilich gewährten die älteren Systeme der sozialen Sicherung ausreichenden Schutz nur für wenige[28]. Sozialpolitisch vergleichsweise gut versorgt waren traditionell die Staatsbeamten, die Militärs, meist auch deren Hinterbliebene, sowie die Bergleute[29]. Ansonsten blieb die staatliche Sozialpolitik weitgehend auf Armenpolitik und Hilfen für berufsständische Unterstützungskassen beschränkt. Deren Leistungen aber waren meist karg.

Kaiserliche Botschaft von 1881

Von der traditionellen Armenpolitik und der althergebrachten Sozialpolitik für Wenige, wie Beamte, Militärs und Bergleute, unterschied sich die neue Sozialpolitik für Viele, deren Grundlagen in den 1880er Jahren in Deutschland errichtet wurden. Die neue Sozialpolitik sah einen reichsweiten, dauerhaften, durch Rechtsansprüche gesicherten effektiveren Schutz gegen Risiken des Einkommensausfalls vor, und sie erfasste von Beginn an einen größeren Bevölkerungskreis. Die Wende von der Sozialpolitik für Wenige zur Sozialpolitik für Viele leitete die Botschaft Kaiser Wilhelms I. an den Reichstag des Deutschen Reiches am 17.11.1881 ein. In ihr kündigte der Kaiser eine Gesetzesinitiative zur Sozialversicherung an. Zu Recht wurde diese Botschaft „die Gründungsurkunde des deutschen Sozialstaats" genannt[30].

Langwierige Debatten im Reichstag, von dessen Zustimmung die Sozialgesetzgebung abhing, verzögerten allerdings die Realisierung des Vorhabens bis 1883. Mit der Errichtung einer reichsweiten Krankenversicherung in diesem Jahre schuf der Gesetzgeber eine Zwangsversicherung vor allem für die Arbeiter der gewerblichen Wirtschaft[31]. Schon zwei Jahre später wurde sie auf das Transport- und Verladegewerbe und einen Teil der Beschäftigten in den Reichs- und Staatsbetrieben erweitert. 1884 folgte das Erstlingsgesetz zur Unfallversicherung. Im Reichstag hatte man sich nach langem Tauziehen darauf verständigt, die Unfallversicherung aus Unternehmerbeiträgen zu finanzieren und auf einen Reichszuschuss, von dem Bismarcks Gegner eine zu zentralistische Lösung befürchteten, zu verzichten[32]. Am 22.6.1889 wurde das Gesetz zur Invaliditäts- und Altersver-

---

26 WAGNER 1893: 888.
27 FORSTHOFF 1972, MAIER 1986, LEE & ROSENHAFT 1990, RITTER 1991: Kp. 1.
28 FISCHER 1985, FRERICH & FREY 1993a: Kp. 1-3, RITTER 1991, RITTER & TENFELDE 1992.
29 FRERICH & FREY 1993a, Kap. 1-3, ähnlich die Entwicklung in den Nachzüglerstaaten der Sozialpolitik, vgl. MESA-LAGO 1978, SKOCPOL 1995, OBINGER & WAGSCHAL 2000.
30 BAIER 1988: 1201. Vollständig abgedruckt in: Stenographische Berichte über die Verhandlungen des Reichstages, V. Legislaturperiode, I. Session 1881/1882, Eröffnungssitzung, 17.11. 1881: 1-3.
31 Gesetz, betreffend die Krankenversicherung der Arbeiter vom 15.6.1883, RGBl. 1883, No. 9: 73.
32 Unfallversicherungsgesetz vom 6.7.1884, RGBl. 1884, No. 19, S. 69. Zur Analyse u.a. TENNSTEDT & WINTER 1993a, 1993b und 1995.

sicherung verabschiedet, das am 1.1.1891 in Kraft trat[33]. Es sah die Alters- und Invaliditätsversicherung für alle Arbeiter, Gehilfen, Gesellen, Lehrlinge oder Dienstboten sowie minderverdienende Angestellte ab dem vollendeten 16. Lebensjahr vor. Hiermit war die Grundlage für eine Altersrente geschaffen worden, die „als Zuschuß zum Lebensunterhalt bei altersbedingter Verminderung der Erwerbsfähigkeit und einem entsprechenden Absinken des erzielten Altersentgelts"[34] gedacht war und die neben einem – aus allgemeinen Steuermitteln finanzierten – Reichszuschuss eine nach der Beitragshöhe gestaffelte Leistung vorsah. Die Invalidenrente basierte ebenfalls auf einem Reichszuschuss sowie auf einem Basisbetrag und einem Steigerungsbetrag, der sich nach Zahl und Höhe der Wochenbeiträge bemaß.

Die Sozialgesetzgebung der 1880er Jahre schuf die Grundlage für einen Sozialpolitiktypus, der sich durch folgende Merkmale auszeichnete: 1) Arbeitnehmerversicherung, 2) Pflichtversicherung im Rahmen eines korporatistischen Interventionsstaates, 3) nachträglichen Sozialschutz, 4) Rechtsanspruch, 5) Beitragsfinanzierung, 6) Selbstverwaltung und 7) Vielfalt der Versicherungsträger. *Merkmale der Sozialgesetzgebung*

Die Sozialgesetzgebung der 1880er Jahre errichtete öffentlich-rechtliche Zwangsversicherungen von Arbeitern gegen Risiken des Einkommensausfalls infolge von Alter, Invalidität und Krankheit, aber noch nicht gegen Arbeitslosigkeit. Ihre Bauprinzipien waren die der Arbeitnehmerversicherung und des korporatistischen Interventionsstaates[35]: Der Staat inkorporierte die gesellschaftlichen Interessen – in der Sozialpolitik zunächst die der Arbeiter und ihrer Arbeitgeber, später auch die der Angestellten – und deren Vertretungen in Körperschaften des öffentlichen Rechts mit Selbstverwaltungsbefugnis und übertrug diesen im Rahmen gesetzlicher Vorgaben und staatlicher Aufsicht Aufgaben der Staatsverwaltung. Das bot Vorteile wie Staatsentlastung, größere Ortsnähe der Verwaltung, aber auch Aufsicht über gesellschaftliche Klassen, denen die Regierung misstraute. Mit der öffentlich-rechtlichen Zwangsversicherung erfüllte nicht der Staat die Aufgabe des Sozialschutzes, auch nicht eine privatrechtliche Versicherung, sondern eine eigene Versicherungsinstitution in mittelbarer Staatsverwaltung. „Nur keine private (Anstalt) mit Dividende und Konkurs", hatte Bismarck einen Entwurf des Unfallversicherungsgesetzes kommentiert[36]. Dabei blieb es. Doch das staatszentrierte und aus der Staatskasse finanzierte Versicherungsmodell, das Bismarck wollte, scheiterte[37]. Was allerdings gelang, war die Errichtung einer korporatistischen Sonderverwaltungsbehörde mit beachtlichem Gegengewicht zum Parlament. *Selbstverwaltungsprinzip*

Die Sozialpolitik des Deutschen Reichs von 1871 war ferner durchdrungen vom Gedanken der nachträglichen Sicherung und der Abwehr arbeits- und produktionsbezogener Prävention, wie vor allem die Willensbildung zum Unfallver- *Nachsorge statt Vorsorge*

---

33 Gesetz, betreffend die Invaliditäts- und Altersversicherung vom 22.6.1889, RGBl. 1889, No. 13: 97.
34 FRERICH & FREY 1993a: 100.
35 Hierzu WEHLER 1995: 662ff., der hiermit die Neokorporatismustheorie (SCHMITTER & LEHMBRUCH 1979, LEHMBRUCH & SCHMITTER 1982) für die Sozialgeschichte fruchtbar macht.
36 Zitiert nach HAVERKARTE 1985: 456.
37 GALL 1980, TENNSTEDT & WINTER 1995, LOTH 1996: 69ff., MÜNCH 1997: 57ff.

sicherungsgesetz zeigte[38]. Dahinter stand Methode: Bismarck setzte auf nachträgliche Bekämpfung von Schadensfällen. Hierfür war eine wirtschaftspolitische Auffassung mitverantwortlich, die Bismarck schon zuvor mit folgenden Worten vertreten hatte: „Jede weitere Hemmung und künstliche Beschränkung im Fabrikbetrieb vermindert die Fähigkeit des Arbeitgebers zur Lohnzahlung"[39]. Deshalb sei abzusehen von allen präventionspolitisch ausgerichteten Schutzbestimmungen wie dem Arbeitsschutz[40].

Die Sozialpolitik im Deutschen Reich von 1871 ging von der Praxis ab, Sozialleistungen nach ad hoc festgelegten Leistungszwecken oder als Almosen zu vergeben. Vielmehr sollte die Sozialpolitik auch dem Ärmsten ein „Peculium" geben, einen Rechtsanspruch auf ein Spargut, über das dieser allein verfügt, so begründete von Bismarck am 2.4.1881 im Reichstag sein Vorhaben[41].

Geteilte Last   Finanziert wurde die Sozialpolitik zum kleineren Teil aus steuerfinanzierten Reichszuschüssen und größtenteils aus Beiträgen der versicherten Arbeitnehmer und deren Arbeitgeber. Auf Letztere entfielen zunächst ein Drittel der Krankenversicherungsbeiträge, die Hälfte der Beiträge zur Alters- und Invalidenversicherung und die Gesamtheit der Unfallversicherungsbeiträge. Damit war die folgenreiche Grundentscheidung zugunsten einer Sozialpolitik gefallen, deren Finanzierung und Leistungserbringung vorrangig an der abhängigen Erwerbsarbeit ansetzten.

Die Beitragsfinanzierung durch Arbeitnehmer und Arbeitgeber begründete zugleich Mitsprache- und Selbstverwaltungsrechte der Beitragszahler. Das ist ein weiteres Hauptmerkmal der Sozialpolitik des Deutschen Reiches von 1871. Ferner kennzeichneten Pflichtversicherung und organisatorische Vielfalt der Versicherungsträger seine Sozialpolitik. Die Gesetzgebung zur Krankenversicherung beispielsweise schrieb Zwangsversicherungen für Arbeitnehmer vor. Bestehende Versicherungskassen wurden respektiert. Nur wo alternative Einrichtungen fehlten, wurden Ortskrankenkassen gegründet, die den Status von Selbstverwaltungskörperschaften erhielten.

Der Sozialgesetzgebung der 1880er Jahre wurde ein „Qualitätssprung im Ausmaß und im Zuständigkeitsbereich der Staatstätigkeit"[42] bescheinigt. Der war allerdings zunächst nur in Umrissen zu erkennen. Anfangs erfassten die Sozialversicherungen nur einen kleinen Teil der Bevölkerung. Zu ihnen gehörten nicht die Bedürftigsten überhaupt, sondern vor allem als politisch gefährlich angesehene Bedürftige, namentlich zum Sozialismus neigende Industriearbeiter. Zur gesetzlichen Krankenversicherung beispielsweise zählte zunächst nur jeder fünfte Erwerbstätige, aber nicht deren Angehörige. Noch kleiner war anfangs der Mitgliederkreis der Unfallversicherung. Allerdings wuchs diese schneller als die anderen Sozialversicherungszweige und erfasste schon 1890 zwei Drittel der Erwerbspersonen. Langsamer expandierte die Invaliditäts- und Altersversicherung, jedoch

---

38   MACHTAN 1985, 1994.
39   Schreiben an den Handelsminister Dr. Achenbach, 10.8.1877 (zitiert nach POSCHINGER 1899: 262).
40   Hierzu instruktiv: BRODNITZ 1902: Kapitel 4, 142, 152.
41   „Peculium" hieß das – meist zum Erkaufen der Freiheit bestimmte – Spargut eines römischen Sklaven.
42   CONRAD 1994: 242.

startete sie von einem beachtlich hohen Niveau: zwei Jahre nach ihrer Einrichtung gehörten 54 Prozent der Erwerbspersonen zu ihr. Auf diesem Stand verharrte sie bis in die Anfangsjahre der Weimarer Republik[43].

Im Gegensatz zu den Pensionen von höheren Staatsbeamten und höhergestellten Militärs waren die Leistungen der sozialen Sicherungssysteme als Zubrot gedacht. Niemand konnte von ihnen allein leben[44]. Beispielsweise sah die Altersversicherung bei Erreichen der Altersgrenze von 70 Jahren und bei 30 Beitragsjahren die Auszahlung einer bescheidenen Altersrente vor, die das Arbeitseinkommen ergänzen sollte. Berechnungen von Gerhard Ritter zufolge entsprachen die Altersrenten einem Sechstel bis einem Fünftel des durchschnittlichen Jahresverdienstes eines Arbeitnehmers in Industrie, Handel und Verkehr[45]. Auch die Invalidenversicherung bot nicht wesentlich besseren Schutz. Schätzungen von Hans Rosenberg zufolge konnte der Empfänger einer durchschnittlichen Invalidenrente einschließlich der Hinterbliebenenrente seinen Lebensunterhalt nur bestreiten, „wenn er sich mit einem Mansardenzimmer oder einer Kellerbehausung begnügte oder sich einen Winkel bei einem Bauern mietete oder gar kostenlos bei ihm wohnte, indem er ihm bei der Arbeit ein wenig zur Hand ging"[46]. Weder die Alters- noch die Invalidenrente, die heute einem Großteil der Rentner ein leidliches Auskommen bescheren, reichten in der Gründungsperiode der Sozialpolitik zur Existenzsicherung aus. Man wertete sie deshalb als „dekoratives Beiwerk" zu anderen Einkommensquellen „für die wenigen Glücklichen, die in Rüstigkeit 70 Jahre alt wurden"[47]. Dazu zählten 1891 nur rund 120.000 Personen[48] – das Deutsche Reich war „eine auffällig junge Gesellschaft"[49].

Allerdings leitete die Sozialpolitik einen Wandel der Sozialstruktur ein, dessen Folgen freilich erst allmählich sichtbar wurden: sie verstärkte die politisch-staatliche Überformung der Sozialstruktur des Deutschen Reichs, die sich bis dahin vor allem in der Aufwertung der Militärs zum Herrenstand, der politischen und ökonomischen Privilegierung des Adels und der Reputation des Beamtenstandes geäußert hatte[50]. Nunmehr kam die sozialpolitisch begründete Überformung der Klassenstruktur hinzu. Mit ihr gewann eine Klassenlage an Bedeutung, die sich nach dem Zugang zu staatlichen Leistungen bemisst, eine sozialstaatliche „Versorgungsklasse"[51].

Im Vergleich mit dem geringen Sozialschutz der althergebrachten Sicherungsnetze verkörperte die neue Sozialpolitik ungeachtet ihrer noch schmalen Leistungen einen Fortschritt. Sie fand viel Beachtung, auch im Ausland, aber sie rief auch heftige Opposition hervor. Viel zu weit ging sie den Liberalen[52], den meisten Unternehmern, einem Großteil der Konservativen und Teilen des Zen-

Geringes Leistungsniveau

---

43   Quelle für alle Zahlenangaben FLORA u.a. 1983: 501f.
44   Details: HENTSCHEL 1983: 21-29, Saul 1980: 190ff.
45   RITTER 1983a: 33.
46   ROSENBERG 1976: 212, Anm. 200, vgl. WEHLER 1995: 914.
47   HOCKERTS 1983: 299.
48   FISCHER 1985: 436.
49   WEHLER 1995: 1225.
50   NIPPERDEY 1990: 417ff.
51   LEPSIUS 1979: 179-182.
52   VON KIESERITZKY 2002. Auf kommunaler Ebene setzten aber nationalliberale Kräfte auf Auf- und Ausbau der öffentlichen Daseinsvorsorge.

trums. Die Liberalen befürchteten, die Sozialpolitik mache die Massen von staatlichen Zuwendungen abhängig. Sie bemängelten, dass die Sozialpolitik viel für Kranke, Beschädigte und Alte leiste, doch nichts für Gesunde und Starke. Kaum weniger vehement war die Kritik von konservativer und linker Seite. Horst Baier hat die Positionen treffend so charakterisiert: „Die preußischen Altkonservativen sahen Adelsprivilegien und Patronatsverantwortung zerstört; das Zentrum wehrte sich gegen den Staatszugriff auf kirchliche Sozial- und Hilfseinrichtungen; die Sozialdemokraten und freien Gewerkschaften kämpften gegen eine Politik an, die sie einerseits als Staatsfeinde der Polizei und Justiz auslieferte, die ihnen andererseits die Arbeiterschaft als neue Staatsklientel entfremden sollte"[53].

"Staatssozialismus"   Nahezu alle Kritiker stimmten in der Auffassung überein, es sei ein schwerer politischer Irrtum, durch Gewährung staatlicher Renten Staatsgesinnung und Dankbarkeit gegenüber dem Staate schaffen zu wollen. Nicht wenige von ihnen werteten die Sozialreform als ‚Staatssozialismus'. Dem hielten allerdings die Architekten der Sozialreform entgegen, dass dieser „Staatssozialismus" „Zukunft"[54] habe. So urteilte von Bismarck, der sich anfangs viel von der Sozialpolitik erhoffte. „Wozu soll nur der, welcher im Kriege oder als Beamter erwerbsunfähig geworden ist, Pension haben, und nicht auch der Soldat der Arbeit?" Mit diesen Worten hatte sich der Reichskanzler über die Opposition gegen die Sozialpolitik beklagt[55] und hinzugefügt: die Sache der Sozialpolitik, der konservative „Staatssozialismus", habe politisch Zukunft: „Aber der Staatssozialismus paukt sich durch. Jeder, der diesen Gedanken wieder aufnimmt, wird ans Ruder kommen"[56].

Vom „Staatssozialismus" wollten allerdings die Sozialisten der Arbeiterbewegung zunächst wenig wissen: Die Sozialdemokratie ging auf Distanz zum konservativen Staatssozialismus, teils weil ihr die Reformen nicht weit genug gingen, teils aus grundsätzlicher Opposition gegen die Politik eines Staates, der nicht der ihre war. Im Reichstag stimmten die Abgeordneten der Sozialistischen Arbeiterpartei Deutschlands jedenfalls gegen die Sozialgesetze. Allerdings hatte August Bebel, einer ihrer Führer, schon bei der ersten Vorlage der Sozialgesetzgebung am 4.4.1881 trotz aller Kritik den Kerngedanken der Sozialpolitik begrüßt, wonach der Staat einem ins Elend geratenen Staatsbürger helfen müsse.

Anlässe und Bestimmungsgründe der Sozialgesetzgebung

Warum wurde das Deutsche Reich von 1871 zur Pioniernation der Sozialpolitik, obwohl es wirtschaftlich weniger entwickelt war als Großbritannien, die Schweiz, die Niederlande und die USA? Gewiss gab es für das sozialpolitische Engagement mannigfache Anlässe[57]. Die wirtschaftliche Freiheit des 19. Jahrhunderts hatte neue soziale Probleme erzeugt. Aus Gewerbefreiheit, Industrialisierung, Urbani-

---

53   BAIER 1988: 1202.
54   Zitiert nach WEHLER 1995: 911.
55   26. Juni 1881 – Aufzeichnung eines Gesprächs mit dem Reichskanzler Fürst Otto von Bismarck (TENNSTEDT & WINTER 1993b: 621).
56   Ebd.: 621.
57   Für andere NIPPERDEY 1990: 337ff.

sierung und Bevölkerungswachstum entstand ein wachsendes Heer aus Proletariern, das vor allem in den Großstädten unter erbärmlichen Bedingungen lebte. Industrialisierung, Bevölkerungswachstum und Verstädterung hatten zudem die alten sozialen Sicherungsnetze auf familiärer, lokaler, zünftiger und kirchlicher Basis überlastet. Ferner kamen neue Risiken zustande. Lange Arbeitszeiten, schlechte Entlohnung sowie unzureichende Arbeits-, Wohn- und Lebensbedingungen machten für viele das Leben zur Mühsal. Hinzu kamen die Auswirkungen von Wirtschaftskrisen. Die Notlage infolge der sechsjährigen Depression nach 1873 beispielsweise war groß und wurde durch eine weitere Teuerungswelle für viele noch drückender. Ferner hatte der Übergang zum Schutzzollsystem von 1879 zwar die Industrie und vor allem die Landwirtschaft begünstigt, die infolge einer Verfünffachung der Getreidepreise besonders gut abschnitt, doch verteuerte dies die Lebenshaltung der städtischen Bevölkerung, vor allem der einkommensschwachen Schichten.

Insofern liegt es nahe, die Sozialgesetzgebung im Deutschland der 1880er Jahre als die Reaktion der Politik auf soziales Elend zu deuten. Doch das ist zu einfach. Die Politik kann soziales Elend therapieren, ignorieren oder ihm durch Repression begegnen[58]. Diese Wahlmöglichkeit bestand auch im Deutschen Reich von 1871. Wichtiger als das soziale Elend für sich waren die handfesten politischen Probleme, die hieraus und aus dem gesamten Modernisierungsprozess Deutschlands für die Herrschaft in Staat und Gesellschaft entstanden. Nicht minder wichtig war das Streben nach reichseinheitlicher Regelung und Ausbau der Macht des Reiches, der zentralstaatlichen Regierung[59]. Die Industrialisierung und Verstädterung ließen ein Proletariat entstehen, dessen Stärke und Renitenz – gemessen am zunehmenden Mitgliederanhang der Gewerkschaften und der Sozialdemokratie in der Arbeiterschaft – zunahmen und das als Gefahr für die Monarchie und die Herrschaftsverhältnisse in Landwirtschaft und Industrie wahrgenommen wurde. In dieser Wahrnehmung kamen rational begründete Ängste mit pathologischer Furcht zusammen. Begründet war die Befürchtung, die Industrialisierung bringe instabile politische Zustände hervor. „Die Fabriken bereichern den Einzelnen", hatte Bismarck 1849 ihr Ausdruck gegeben, sie zögen aber eine Masse von Proletariern heran, eine Heerschar „von schlecht genährten, durch die Unsicherheit ihrer Existenz dem Staate gefährlichen Arbeitern"[60].

Die Sorge um die Gefährdung des Staates ist verständlich. In ihr kamen der Traditionalismus der politischen Eliten, die an den sozialen und politischen Folgen der Industrialisierung Anstoß nahmen, und eine historisch neue Kräftekonstellation zum Ausdruck: In Deutschland hatte sich die Arbeiterbewegung, die „proletarische Demokratie", frühzeitig von der liberalen Demokratie getrennt und sich zunehmend – zumindest verbal – radikalisiert, auch wenn sich später herausstellte, dass sie es beim „revolutionären Attentismus" bewenden ließ[61]. Die frühe Herausbildung einer Arbeiterpartei unterschied Deutschland von anderen Staaten, wo die Arbeiterparteien erst später gegründet wurden, wie in Groß-

Politische Entscheidungsgründe

---

58 FLORA, ALBER & KOHL 1977.
59 TENNSTEDT 1997.
60 Zitiert nach TENNSTEDT 1981: 146.
61 GROH 1973.

britannien (1900), oder gemäßigtere Positionen einnahmen, wie in der Schweiz, oder keine nennenswerte Rolle spielten, wie in den USA[62]. Überdies erhielt die Sorge um die Gefährdung des Staates Nahrung von der radikalen Programmatik und Rhetorik der Sozialistischen Arbeiterpartei Deutschlands. Hatte nicht August Bebel, einer ihrer führenden Köpfe, im Reichstag den Aufstand der Pariser Kommune von 1871 als ein schwaches Vorspiel dessen bezeichnet, was Deutschland bevorstünde? Die Agitation der Sozialisten schürte die Angst der politischen Führungsschicht des Kaiserreichs vor revolutionären Bestrebungen der Arbeiterbewegung. „Mit dieser Hypothek" war „die gesamte Innenpolitik vor 1914 belastet"[63]. Ein pathologischer Zug kann dieser Furcht allerdings nicht abgesprochen werden, denn noch waren die Gewerkschaften und die Sozialdemokratie schwach. Nur einer von hundert Arbeitern war in den 70er und 80er Jahren des 19. Jahrhunderts gewerkschaftlich organisiert, und die Sozialdemokratie erreichte in den Reichstagswahlen in diesen Jahren nie mehr als 10 Prozent der Stimmen. Erst in den 1990er Jahren, nach Einführung der Sozialpolitik, stieg ihr Stimmenanteil über die 20 Prozent-Marke und 1912 sogar auf 35 Prozent[64].

Wahrnehmungen können verzerren. Im Deutschen Reich von 1871 jedenfalls wurde der Konflikt zwischen der sozialistischen Arbeiterbewegung und den gesellschaftlich herrschenden Gruppen sowie dem Staat von den Führungsschichten in einer Weise wahrgenommen, die den Konflikt weiter schürte. Auch dies gehört zum Kontext der Sozialpolitik. Mit der Sozialpolitik habe der Reichskanzler Bismarck, so eine weit verbreitete Deutung[65], eine Doppelstrategie verfolgt, die „Peitsche und Zuckerbrot" umfasste, wie er sich ausdrückte[66]. Die „Peitsche" war das Gesetz wider die gemeingefährlichen Bestrebungen der Sozialdemokratie von 1878 („Sozialistengesetz"), das „Zuckerbrot" die Sozialpolitik, das „Komplement für das Sozialistengesetz", so Bismarck in seiner Reichstagsrede vom 15.3.1884[67]. Die „Peitsche" des Sozialistengesetzes sollte die radikale Arbeiterbewegung zerschlagen, das „Zuckerbrot" – die Sozialpolitik – jedoch die Arbeiterschaft für den monarchischen Staat gewinnen. Von „Peitsche" *und* „Zuckerbrot" erhoffte man sich Erfolg: „Die Heilung der sozialen Schäden", so besagte die kaiserliche Botschaft vom 17.11.1881, die der Kaiser seinen Reichskanzler vortragen ließ, sei „nicht ausschließlich im Wege der Repression sozialdemokra-

---

62   KOCKA 1981.
63   BORN 1957: 3.
64   HOHORST u.a. 1975: 66f., 135, 173ff.
65   Diese benennt aber nur eine notwendige, nicht eine hinreichende Bedingung der Einführung der staatlichen Sozialpolitik und muss durch andere Faktoren, vor allem das Streben nach innerer Reichsgründung und die Suche nach Wegen, um industriewirtschaftliche Haftungsschäden zu regeln, ergänzt werden (TENNSTEDT 1997, TENNSTEDT & WINTER 1993b).
66   So eine auf 1878 datierte Äußerung Bismarcks (zitiert nach von POSCHINGER 1899: 125). Das „Zuckerbrot" war allerdings nur ein Motiv der Sozialpolitik unter vielen anderen.
67   Stenographische Berichte über die Verhandlungen des Reichstages, IV. Legislaturperiode, IV. Session 1881, 6. Sitzung, 15. 3.1884: 72. Mit dem Sozialistengesetz hingegen sollte der Aufstieg der sozialdemokratischen Arbeiterbewegung unterbunden werden. Mit ihm wurde die Organisation der Sozialistischen Arbeiterpartei Deutschlands aufgelöst und ihre Presse sowie die von ihr aufgebauten Gewerkschaften verboten. Nur die parlamentarische Tätigkeit der sozialistischen Reichstagsfraktion blieb unbehindert.

tischer Ausschreitungen, sondern gleichmäßig auf dem der positiven Förderung des Wohles der Arbeiter zu suchen"[68].

Insoweit konnte man die Einführung der Sozialpolitik in den 1880er Jahren als ein „taktisches Kampfmittel" werten, als ein „Kampfmittel im Dienste der Befestigung des aristokratisch-militärisch-bürokratischen Grundcharakters der Hohenzollernmonarchie auf modernisierten Grundlagen", so Hans Rosenberg[69]. Es habe sich primär um „Staatspolitik" in konservativer Absicht gehandelt, nicht um Sozialpolitik, so haben andere Historiker Rosenberg sekundiert[70] und hinzugefügt, die Sozialpolitik sei hauptsächlich „ein Instrument zur Sicherung des Staates" gewesen[71]. Vor allem sei die Sozialgesetzgebung des Deutschen Reiches von 1871 wesentlich von dem Bestreben gelenkt worden, „gegen alle Revolution und für die Erhaltung des monarchischen obrigkeitlichen Staates zu kämpfen"[72].

So sah es auch Bismarck, der seine Position in dieser Frage im Jahre 1881 mit folgenden Worten umrissen hatte: „Ich bin als Junker geboren, aber meine Politik war keine Junkerpolitik. Ich bin Royalist in erster Linie, dann ein Preuße und ein Deutscher. Ich will meinen König, das Königtum verteidigen gegen die Revolution, die offene und die schleichende, und ich will ein gesundes starkes Deutschland herstellen und hinterlassen. Die Parteien sind mir gleichgültig"[73]. Zu dem Deutschland, das Bismarck vorschwebte, gehörten die Stärkung der Exekutive und die Inkorporierung der gesellschaftlichen Interessen und ihrer Verbände – mit dem Hintergedanken, hierdurch Parlament und Parteien zu schwächen. Davon zeugt ein Bericht Theodor Lohmanns, ein langjähriger Mitarbeiter Bismarcks in der Sozialpolitik, über ein Gespräch mit Bismarck: „Die Unfallversicherung an sich war ihm Nebensache", erläuterte Lohmann. Hauptsache sei gewesen, „bei dieser Gelegenheit zu korporativen Genossenschaften zu gelangen, welche nach und nach für alle produktiven Volksklassen durchgeführt werden müßten, damit man eine Grundlage für eine künftige Volksvertretung gewinne". Diese sollte „anstatt oder neben dem Reichstag ein wesentlich mitbestimmender Faktor der Gesetzgebung werden"[74].

Den staatspolitischen Charakter der Sozialpolitik der 1880er Jahre haben manche zu einfach gedeutet: so haben nicht wenige Kritiker Bismarcks den Rechtsanspruch auf Sozialleistungen ebenso unterschätzt wie die in der Sozialpolitik zutage tretende Kombination von bonapartistischer und paternalistischer Herrschaft. Die Sozialpolitik des Deutschen Reiches führte sowohl altehrwürdige Traditionen politischer Führung und patriarchalischer Sorge für „die Leute"[75] als auch eine Herrschaftstechnik weiter, die Bismarck dem Bonapartismus Na-

(Marginalia: Sozialpolitik als Herrschaftstechnik)

(Marginalia: Staatsrentner)

---

68 Stenographische Berichte über die Verhandlungen des Reichstages, V. Legislaturperiode, I. Session 1881/1882, Eröffnungssitzung, 17.11.1881: 2.
69 ROSENBERG 1976: 195.
70 HAVERKARTE 1985: 456.
71 SAUL 1980: 183.
72 NIPPERDEY 1990: 337.
73 16.11.1881 – Aufzeichnung eines Gesprächs mit dem Reichskanzler Otto Fürst von Bismarck (TENNSTEDT & WINTER 1994: 695-696, Zitat S. 696).
74 Zitiert nach ROTHFELS 1927: 63f.
75 NIPPERDEY 1990: 338.

poleon III. abgeschaut hatte[76]. Die Sozialpolitik sollte den Staat dem „gemeinen Mann" als „wohltätige Institution" erscheinen lassen, so führte der Reichskanzler im Reichstag am 18.5.1889 aus[77]. „Staatsrentner" sollte die Sozialversicherung aus den Arbeitern machen. Sie sollte ferner, so hieß es im Gesetzentwurf des Unfallversicherungsgesetzes von 1881, „auch in den besitzlosen Klassen der Bevölkerung (...) die Anschauung (...) pflegen, daß der Staat nicht blos eine nothwendige, sondern auch eine wohlthätige Einrichtung sei. Zu dem Ende müssen sie durch erkennbare direkte Vortheile, welche ihnen durch gesetzgeberische Maßregeln zu Theil werden, dahin geführt werden, den Staat nicht als eine lediglich zum Schutz der besser situirten Klassen der Gesellschaft erfundene, sondern als eine auch ihren Bedürfnissen und Interessen dienende Institution aufzufassen"[78].

In der Sozialgesetzgebung äußerte sich auch die Herrschaftstechnik des starken Staates, der beansprucht, über den gesellschaftlichen Klassen zu stehen und massenwirksam in die Verteilung von Lebenschancen einzugreifen. Allerdings zeigte die geplante Umformung der Arbeiter in Staatsrentner mit Rechtsanspruch auf ein „Peculium" auch das Bestreben an, dem Paternalismus Rechtsstaatliches beizugeben. Das setzte allerdings einen kräftigen Staatseingriff und die Stärkung des Reichs, des Zentralstaats, voraus. Beide Anliegen waren dem Reichskanzler Otto von Bismarck ebenso wenig fremd wie der paternalistische Führungsstil und die Tradition ständisch-merkantilistischer Armenpolitik. „Armenlast" war für ihn nicht Sache der Gemeinden, sondern „eine Staatslast"[79]. Und dass Bismarck auf die Liberalen, die härtesten Widersacher seiner Sozialreformpläne, nicht gut zu sprechen war, ist bekannt und wird durch folgenden Zornesausbruch bezeugt: „Die Fortschrittspartei und Clique der Manchesterpolitiker, der Vertreter des mitleidlosen Geldsacks, sind immer unbillig gewesen gegen die Armen, sie haben immer nach Kräften dahin gewirkt, daß der Staat verhindert werde, sie zu schützen"[80].

Bismarcks
Antiliberalismus
Bismarcks Gegnerschaft zum Liberalismus und die Nähe zum Sozialgedanken sind vielfach dokumentiert. Bismarck hatte „eine Abneigung gegen große Städte und eine noch größere gegen Bankiers und Industrielle. Er fühlte sich unwohl in der Welt des rücksichtslosen Konkurrenzkampfes, die sich um ihn herum entwickelt hatte. Er und seine Freunde in der konservativen Partei vertraten den feudalherrschaftlichen Standpunkt der Armut gegenüber. Ihrer Meinung nach war es die Pflicht des Magnaten, den Armen zu helfen, und da sie in ihrer philosophischen und politischen Einstellung auch dem Protestantismus verbunden waren, nannten sie dies die christliche Haltung. Sie identifizierten sich mit dem Staat – der Monarch gehörte ihrer Klasse an – und unterstützten daher Bestrebungen, dass der Staat Macht anwenden sollte, um den wirtschaftlich Schwachen soziale Sicherheit zu geben"[81].

---

76 Kritisch hierzu TENNSTEDT 1995.
77 Stenographische Berichte über die Verhandlungen des Reichstages, VII. Legislaturperiode, IV. Session 1888/1889, Dritter Band, Berlin 1889, 70. Sitzung, 18. Mai 1889: 1835C.
78 Verhandlungen des Reichstages, IV. Legislaturperiode, IV. Session 1881, Dritter Band, Anlagen zu den Stenographischen Berichten, Berlin 1881, Aktenstück Nr. 41, Anlage 2: 228.
79 Die Formulierung entstammte der Feder von Bismarcks damaligem Referenten Theodor Lohmann (zitiert nach TENNSTEDT & WINTER 1993b: 510), vgl. TENNSTEDT 1997.
80 So Bismarck am 4.5.1881, zitiert nach TENNSTEDT & WINTER 1993b: 604.
81 Zitiert nach TENNSTEDT 1981: 144.

Diesen Bestrebungen kam die Stärke der absolutistischen und merkantilistischen Traditionen zugute[82]. Die Staatsverwaltung beispielsweise verfügte über eine Fülle nichtliberaler Rechtsmaterien feudaler, obrigkeits- und wohlfahrtsstaatlicher Art. Überdies war sie nach ihrem Selbstverständnis darauf programmiert, zwischen Gesellschaft und Staat autonom zu vermitteln und die Bedürfnisse der Gesellschaft in gute Verwaltung und Daseinsvorsorge umzusetzen[83]. Tatsächlich engagierte sich der Staat des Deutschen Reiches in großem Umfang in der Industrialisierung. Ferner erleichterte die Schwäche der liberalistischen Wirtschafts- und Staatsphilosophie auch in der Sozialpolitik den Staatseingriff. Hinzu kam die der Sozialpolitik zugeneigte Lehre vieler Staatstheoretiker und nicht weniger Nationalökonomen. Deutschlands Nationalökonomen beispielsweise hatten Adam Smiths Theorie vom Wohlstand der Nationen in staatswirtschaftliche Richtung buchstabiert, und vor allem die Vertreter der Historischen Schule der Nationalökonomie und die „Kathedersozialisten" betrachteten den Staat vorrangig als wirtschaftspolizeiliche „Schutzmacht", welche „die allgemeine Gerechtigkeit gegen ... Klassen- und Partikularinteressen durchsetzen kann"[84]. Die Befürwortung der Sozialreform von oben – zur Vermeidung des Aufstands von unten und zur Erstickung revolutionärer Bestrebungen insgesamt – war seit Hegel eine auch in Regierung und Verwaltung einflussreiche Lehre. Auch Bismarcks engste sozialpolitische Berater – zunächst Hermann Wagener (bis zur Gründerkrise) und Theodor Lohmann (bis 1884) – waren zutiefst geprägt vom Gedanken einer monarchisch-konservativen Sozialreform von oben, der in Hegels Rechtsphilosophie angelegt und vor allem in Lorenz von Steins Lehre vom sozialen Königtum weitergeführt und ausgebaut worden war[85].

Erklärbar wird die Pionierrolle des Deutschen Reichs von 1871 in der Sozialpolitik aber nicht nur durch den Aufstieg der sozialistischen Arbeiterbewegung und das Streben, die innere Reichsgründung mit Zuckerbrot voranzutreiben[86]. Förderlich waren ihr auch günstige politische Rahmenbedingungen, wie die politisch-kulturellen Traditionen des einflussreichen Protestantismus, der den sozialstaatlichen Eingriff als gebotene und gerechtfertigte Linderung von Not, ja: als Bürgerpflicht, deutete. Das passte zur politisch-kulturell tief verankerten Distanz des Deutschen Reichs zu Konkurrenz, Konflikt und Markt[87] und weichte von vornherein die Opposition gegen die Sozialpolitik auf. Auch die effektiv funktionierende Staatsbürokratie des Kaiserreichs, dessen gute Verwaltung selbst Gegner der Monarchie rühmten, war für die Sozialpolitik vorteilhaft. Die Staatsverwaltung konnte die Sozialpolitik vergleichsweise kompetent planen und umsetzen. Begünstigend wirkte sodann die Verteilung der Finanzierungslasten der Sozialreform. Diese wurden hauptsächlich der Unternehmer- und der Arbeiterschaft aufgebürdet, nicht den politisch dominierenden Landbesitzinteressen[88]. Ferner stieß die Sozialgesetzgebung bei den städtischen Mittel- und Oberschich-

> Bedeutung der
> Verwaltungstradition

> Korporatistische
> Intervention

---

82   STOLLEIS 1992.
83   LEE & ROSENHAFT 1990.
84   PRIDDAT 1995.
85   FORSTHOFF 1972.
86   TENNSTEDT 1997.
87   Vgl. NIPPERDEY 1990: 812-816.
88   FLORA, ALBER & KOHL 1977, ALBER 1982.

ten und der Unternehmerschaft zwar auf Skepsis oder Ablehnung, doch letztlich wurde sie hingenommen, wenn nicht aus Dankbarkeit für die 1878/79 gewährten Schutzzölle, so doch aus Furcht, die mächtige Stütze der Handels- und Wirtschaftspolitik des Reichskanzlers zu verlieren. Schlussendlich passte die Sozialpolitik zum vorherrschenden Modus administrativer Interessenvermittlung im Kaiserreich, dem des korporatistischen Interventionsstaates. Dieser überließ die Steuerung der wirtschaftlichen und gesellschaftlichen Entwicklung weder dem Markt noch dem Staat allein, sondern einem Verbund von Staat und Interessenverbänden.

Demnach herrschten im Deutschland des ausgehenden 19. Jahrhunderts politische Bedingungen, die den Pfad zur frühen Einführung der Sozialpolitik in Deutschland erklären. Allerdings standen der Sozialpolitik auch beträchtliche Hindernisse im Weg. In den langen und hart geführten Auseinandersetzungen über die Gesetzesentwürfe zu den Sozialversicherungen musste die Reichsleitung manche Niederlage einstecken[89]. Ursprünglich wollten die Architekten der Sozialgesetzgebung das Reich zum „Hauptkostenträger" und „Wohlfahrtsgarant" machen, zwecks direkter „Demonstration staatlicher Fürsorge", so Hans-Ulrich Wehlers treffende Formulierung[90]. Doch das misslang. Vor allem die Liberalen und das Zentrum widersetzten sich dem Bestreben, den Zentralstaat durch die Sozialpolitik zu stärken. Die Liberalen befürchteten, dies ebne den Weg zum Staatssozialismus, und das Zentrum sorgte sich, das Reich könnte die Staatsgewalt in unitarische Richtung erweitern.

Parlamentarische
Gesetzgebung

In den parlamentarischen Beratungen wurde der direkte Zugriff des Reiches auf die Sozialpolitik weit zurückgedrängt. Die vom Reichskanzler Bismarck für die Unfall- und Krankenversicherung vorgesehene Reichsversicherungsanstalt und die Reichszuschüsse wurden abgelehnt. Nicht Staatsrentner sollte der Arbeiter werden, sondern in Ehren „Pensionär der Industrie", so die Worte Georg von Hertlings, des sozialpolitischen Sprechers des Zentrums[91]. Nur das Gesetz zur Alters- und Invalidenversicherung von 1889 entsprach insoweit noch eher Bismarcks Absichten, als das Reich ihr einen beträchtlichen Zuschuss leistete. Doch auch dieses Gesetz erforderte so viele Kompromisse, dass Bismarck von ihm am Ende als „Wechselbalg"[92] sprach.

Den Empfängern der Sozialleistungen trat mithin das Reich gar nicht so vorteilhaft in Erscheinung, wie die Architekten der Sozialpolitik erhofft hatten. Bismarcks Idee des „Staatsrentners" war auf halbem Wege stecken geblieben. Kein durchschlagender Erfolg war auch dem Bestreben beschieden, mit der Sozialpolitik das Parlament und die Parteien entscheidend zu schwächen und die Exekutive zu stärken, wenngleich einzuschränken ist, dass der Korporatismus in der Sozialpolitik ein Gegengewicht zum Parlament bildete. Bismarck hatte sich aufgrund dieser Enttäuschungen schon frühzeitig – nach den Auseinandersetzungen um das Unfallversicherungsgesetz – von der Sozialpolitik abgewendet. Nur mit Mühe konnte er noch dazu gebracht werden, für das Gesetz zur Alters- und

---

89   Für andere GALL 1980: 608, 649, MÜNCH 1997: 57ff.
90   WEHLER 1995: 913.
91   Zitiert nach ROOS 1984: 209.
92   Zitiert nach CONRAD 1994: 251.

Invalidenversicherung von 1889 einzutreten[93]. Am Ende war Bismarcks Frustration ob des – aus seiner Sicht geringen – politischen Wertes der Sozialreform groß. Nicht zufällig bedachte er die Sozialgesetzgebung in seinen Erinnerungen mit keinem Wort! Die verbreitete Rede von den ‚Bismarck'schen Sozialreformen' der 1880er Jahre passt somit wohl zur Planung der Sozialgesetzgebung, aber nicht zu deren Schicksal im parlamentarischen Prozess. Die Willensbildung im Reichstag, auf dessen Zustimmung zur Sozialgesetzgebung der Reichskanzler angewiesen war, hatte aus dem Paternalismus, dem Bonapartismus und dem Zentralismus von Bismarcks Sozialreformen etwas anderes gemacht: eine Sozialversicherung mit starker Beteiligung beitragzahlender Arbeitnehmer und Arbeitgeber und kräftig zurückgestutzter Rolle des Reichs. Und vor allem war in der Sozialpolitik der korporatistische Interventionsstaat ausgebaut und somit ein mittlerer Weg zwischen Markt- und Staatssteuerung gestärkt worden.

Die Transformation der Sozialreform im Deutschen Reich von 1871 ist ein Grund für die ambivalenten Wirkungen der Sozialgesetzgebung. So sehr sie soziale Not linderte, so wenig trug sie dazu bei, die politischen Schwierigkeiten beiseite zu räumen, welche die Reichsleitung mit der Arbeiterbewegung hatte. Trotz Sozialpolitik schloss die Arbeiterschaft nicht Frieden mit dem monarchischen Staat. Vielmehr neigte sie mehr als zuvor zur Sozialdemokratie, wie deren zunehmende Stimmenanteile und Reichstagsmandate sowie der Mitgliederzuwachs der Gewerkschaften zeigten. *Ambivalente Wirkungen der Sozialgesetzgebung*

Die Mischung aus Repressions- und Sozialpolitik, die der „Machtstaat vor der Demokratie"[94] gegenüber der Arbeiterschaft eingeschlagen hatte, entpuppte sich insoweit kurz- und mittelfristig als Fehlschlag. Sie konnte nicht verhindern, so Hans Rosenberg, dass „das deutsche Kaiserreich unter den führenden drei Industrieländern der Welt vor 1914 das einzige war, in dem eine große sozialistische Massenpartei sich entwickelte, deren Mitglieder sich noch dazu auf lange Zeit hinaus in der Volksgemeinschaft als Parias fühlten und entsprechend von Verwaltung, Polizei und Gerichten und nicht selten auch von Unternehmern wie ‚Proleten' und ‚vaterlandslose Gesellen' behandelt wurden"[95].

Für die geringe politische Wirksamkeit der Sozialpolitik zugunsten ihrer Architekten waren aber nicht nur die Kontraproduktivität der Repression und die mangelnde Sichtbarkeit des Reiches in den Sozialleistungen verantwortlich. Hinzu kam, dass die Arbeiter von der Pflicht, die Sozialpolitik mitzufinanzieren, wenig hielten. Ferner spielte die Unzufriedenheit mit den Opportunitätskosten der Sozialreformen eine Rolle. Vielen galt die Sozialpolitik nur als „notdürftiger, symbolhafter Ersatz für das dem Unternehmertum meist so hochwillkommene staatliche Nichtstun auf dem Gebiet des positiven Arbeitsschutzes im eigentlichen Sinn, des Betriebs-, Arbeitszeit- und Arbeitslohnschutzes wie des regulierenden Eingreifens in die Arbeitsverfassung", so wiederum Hans Rosenberg[96]. Schließlich wirkte der Wirtschaftsaufschwung der 1880er Jahre gegen die konservativen Sozialreformer. Die eigentliche Sozialreform der 1880er Jahre war, so eine weitere These von Hans Rosenberg, weniger die staatliche Sozialpolitik als *Wohlstandsfaktor Wirtschaftsaufschwung*

---

93   Ebd.: 246.
94   NIPPERDEY 1992.
95   ROSENBERG 1976: 198.
96   Ebd.: 213.

vielmehr die sinnfälligere „anonyme Sozialpolitik des Marktmechanismus"[97]: Die Realkaufkraft der durchschnittlichen Bruttoeinkommen vollbeschäftigter Lohnarbeiter nahm seit dem Ende der 1870er Jahre erheblich zu. Das schien den meisten wichtiger als die bescheidenen Leistungen der neuen Sozialversicherungen[98].

Von der zivilen zur militärischen Sozialpolitik (1890 bis 1918)

Welchen Weg nahm die Sozialpolitik im monarchischen „Machtstaat vor der Demokratie"[99] nach 1890? Alsbald machte sich die Eigendynamik der Sozialgesetzgebung bemerkbar. Mit der wirtschaftlichen Entwicklung des Deutschen Reiches wuchs das Heer der Arbeiter, und mit diesem nahm die Zahl der Mitglieder der Sozialversicherungen zu. In die gleiche Richtung wirkte die auf gesetzgeberischem Weg herbeigeführte Erweiterung des Versichertenkreises. Das milderte den selektiven Charakter der Sozialversicherungen. Erfasste die Krankenversicherung noch 1885 nur 11,7 Prozent der Bevölkerung, vor allem die Arbeitnehmer der gewerblichen Wirtschaft, schützte sie mehr als ein Jahrzehnt später schon 21,1 Prozent der Bevölkerung, unter ihnen land- und forstwirtschaftliche Arbeiter, Seeleute, Handelsgehilfen und Lehrlinge sowie Landarbeiter[100]. Das ist wenig, wenn man die Zahlen mit dem Krankenversicherungsschutz von heute vergleicht, alleine die Gesetzliche Krankenversicherung umfasst mehr als 85 Prozent der Bevölkerung, aber viel im Vergleich mit dem kleinen Versichertenkreis früherer Jahrzehnte und den großen Lücken der Krankenversicherungen anderer Staaten im ausgehenden 19. Jahrhundert. Noch deutlichere Spuren hinterließen die Renten- und die Unfallversicherung. Die Unfallversicherung erfasste 1900 schon über 70 Prozent der Erwerbsbevölkerung, während im wirtschaftlich höher entwickelten Großbritannien nur knapp 40 Prozent versichert waren. Und Mitglied der Rentenversicherung war in Deutschland zur Jahrhundertwende schon mehr als die Hälfte der Erwerbsbevölkerung. Auch damit lag das Deutsche Reich an der Spitze der westlichen Industrieländer[101].

Ausbau der Sozialpolitik

Zur Expansion der Sozialpolitik gehörten verschiedene Leistungsverbesserungen. So erweiterte der Gesetzgeber den Versicherungsschutz im Krankheitsfall 1903 von 13 auf 26 Wochen. Im Jahre 1911 wurden mit der Reichsversicherungsordnung die Rechtsquellen der Sozialversicherungen vereinheitlicht und zusammengefasst. Hinzu kam der Ausbau der Krankenversicherung; sie erstreckte sich nun auf alle Arbeitnehmer der Landwirtschaft, auf Dienstboten und das Haus- und Wandergewerbe. Überdies wurde die Alters- und Invalidenversicherung durch die Hinterbliebenensicherung ergänzt[102].

Welche Kräfte waren für den Ausbau der Sozialpolitik verantwortlich? Zuvorderst zu erwähnen sind der Wirtschaftsaufschwung vor allem in den Jahren

---

97   Ebd.: 217.
98   Ebd.: 217.
99   NIPPERDEY 1992.
100 HERDER-DORNEICH 1994: 166.
101 ALBER 1982: 236ff.
102 ZÖLLNER 1981: 62ff., W.J. MOMMSEN 1995: 385f., ROTHER 1994.

1895-1913, „das erste ‚Wirtschaftswunder‘"[103], und der Wandel der Wirtschaft des Wilhelminischen Kaiserreichs. Das Deutsche Reich wandelte sich zu einer Gesellschaft lohn- oder gehaltsabhängiger Erwerbspersonen, in welcher der Anteil der Selbständigen und der landwirtschaftlich Beschäftigten an den Erwerbspersonen schrumpfte. Der Trend zur Arbeitnehmergesellschaft, die wachsende Zahl regulär Erwerbstätiger, die allmählich steigenden Löhne und die hierdurch zunehmenden Einnahmen der Sozialversicherungen begünstigten die Erweiterung des sozialen Sicherungsnetzes.

Allerdings ist zwischen zwei Antriebskräften der Expansion der Sozialpolitik zu unterscheiden: den automatisch wirkenden Kräften und denen, die erst durch planvolles Handeln entstehen oder aufrechterhalten werden. Zu den automatischen Antriebsmomenten zählte der sozialstrukturelle Wandel. Mit ihm wuchs der Kreis der Pflichtversicherten, und er dezimierte die Zahl der natürlichen Gegner der Sozialpolitik im Adel, Bürgertum und selbständigen Mittelstand[104]. Nicht nur Automatismen trieben die Sozialpolitik an, sondern auch zielgerichtetes politisches Handeln, vor allem die Erweiterung des Sozialschutzes zugunsten bislang ausgesparter Risiken und Leistungsverbesserungen. Ferner kam der Sozialpolitik ihr Popularitätszuwachs zugute: Mit wachsendem Mitgliederkreis und zunehmender Höhe der Sozialleistungen vergrößerte sich der Kreis ihrer Befürworter. Das schloss zunehmend auch die Arbeiterbewegung ein, die anfänglich zur Sozialpolitik Distanz gehalten hatte.

Überdies waren die Fürsprecher der Sozialpolitik in Regierung, Verwaltung und im Reichstag nicht schwächer geworden. Allerdings tat sich die Reichsleitung nach wie vor schwer, vom Konzept der „patriarchalischen Sozialpolitik" wegzukommen, die „Fortschritte auf sozialpolitischem Gebiet allein von obrigkeitlich-bürokratischen Regelungen erhoffte"[105]. Obendrein hielt der Streit mit den Gegnern der „Zuckerbrot"-Politik an. Diese werteten vor allem die wachsende Wählerschaft der Sozialdemokratie als zunehmende Zahl von ‚Staatsfeinden‘ und als Fehlschlag der Sozialreform[106]. Vor allem in den Führungsstäben der Politik des Deutschen Reiches blieb der Sozialistenkomplex ein Begleiter der Sozialpolitik. Das gilt auch für die Zeit nach dem Rücktritt des Reichskanzlers Otto von Bismarck (20.3.1890) und nach der Außerkraftsetzung des Sozialistengesetzes am 30.9.1890[107]. Die Hoffnung, die Sozialpolitik treibe einen Keil zwischen die Sozialdemokratie und deren Wähler in der Arbeiterschaft, hatte getrogen.

Allerdings ermöglichte die Sozialpolitik den Rückgriff auf eine klassische Herrschaftsformel: *divide et impera* – teile und herrsche. Diese kam vor allem an zwei Stellen zum Zuge: die erste war die Differenzierung der Sozialleistungen, vor allem der Altersrenten, nach Einkommen, Beitragsdauer und Höhe der Versicherungsbeiträge. Damit wurde die lohn- und arbeitsmarktbedingte Schichtung der Arbeitnehmerschaft auf die der Altersrentner übertragen. Noch stärker wirkte die Teile-und-herrsche-Strategie bei der Differenzierung der Sozialleistungen nach

Ständische Struktur der Sicherungssysteme

---

103 W.J. Mommsen 1995: 11.
104 Flora 1985, 1986a.
105 W.J. Mommsen 1995: 383.
106 Wehler 1995: 1087ff.
107 Born 1957.

Zugehörigkeit der Versicherten zur Arbeiter-, Angestellten- oder Beamtenschaft. Mit ihr führte die Sozialpolitik die Tradition der staatlich-politischen Überformung der Klassenstruktur fort, die bis dahin vor allem die Militärs zum „Herrenstand" aufgewertet, den Adel privilegiert und die gesellschaftliche Bedeutung der Bürokratie betont hatte[108]. Der staatlich-politischen Überformung der Klassenstruktur fügte die Sozialpolitik die ständische Gliederung der abhängigen Erwerbspersonen in verschiedene Segmente hinzu, vor allem das Segment der Arbeiter und das der Angestellten[109], der relativ privilegierten Erwerbstätigen oder „Privatbeamten"[110].

Ab 1912:
Angestellten-
versicherung

Bis ins frühe 20. Jahrhundert hatte die Sozialpolitik minderverdienende Angestellte einbezogen und diese im Wesentlichen wie versicherte Arbeiter behandelt. Kein Versicherungsschutz stand bis dahin den höher qualifizierten und besser verdienenden Angestellten zu. Doch deren Zahl und Bedeutung wuchs. Mehr noch: seit der Jahrhundertwende wurden sie von dem – lebhaft agitierenden – Interessenverband der Angestellten vertreten, der 1901 mit dem Hauptziel, den Angestellten eine eigene Alters- und Invalidenpflichtversicherung zu verschaffen, gegründet worden war. Diesem Anliegen war letztlich Erfolg beschieden. Am 20.12.1911, kurz vor den Wahlen im Januar 1912, verabschiedete der Reichstag das „Versicherungsgesetz für Angestellte", das ein Jahr später in Kraft trat[111]. Dieses Gesetz rief – in betonter Abgrenzung zur Arbeiterrentenversicherung – eine eigenständige Sozialversicherung für Angestellte ins Leben. Der Versichertenkreis umfasste alle Angestellten bis zur Jahresarbeitsverdienstgrenze von 5000 Mark, einschließlich der schon von der Reichsversicherungsordnung erfassten Angestellten[112], sowie Betriebsbeamte und Angestellte in höherer oder leitender Stellung. Die Rentenversicherung der Angestellten basierte zwar auf erheblich höheren Beitragssätzen der Versicherten und längeren Anwartschaften als jene der Arbeiterrentenversicherung. Obendrein musste sie ohne den Reichszuschuss auskommen. Allerdings sah sie höhere Leistungen vor. Was der Arbeiterrentenversicherung verwehrt war, wurde den Angestellten gewährt: nicht nur notdürftige Hilfe für besonders Bedürftige, sondern auch eine besser dotierte Versorgung der Versicherten und ihrer Hinterbliebenen im Falle von Krankheit, Alter und Invalidität. Die Vorzüge der Angestelltenversicherung waren mit Händen zu greifen. Ihre Altersgrenze – 65 Jahre – lag fünf Jahre unter der Altersgrenze der Arbeiterrentenversicherung, obwohl die Lebenserwartung der Angestellten die der Arbeiter überstieg. Auch sah die Angestelltenversicherung höhere Renten als die Altersversicherung für Arbeiter vor. Ferner waren der Schutz gegen Invaliditätsrisiken und die Witwenrenten in der Angestelltenversicherung versichertenfreundlicher geregelt.

Die Sozialgesetzgebung von 1911 schuf Versicherte erster und solche zweiter Klasse. Der Unterschied zwischen beiden war beachtlich. Das betraf vor allem den Status, weniger die materiellen Leistungen. Denn viele der Angestellten, die ihre Altersrenten in der Periode der galoppierenden Inflation der frühen

---

108 NIPPERDEY 1990: 417ff.
109 CONRAD 1994, ROTHER 1994.
110 KOCKA 1981.
111 RGBl. I 1911, S. 989.
112 Da das Gesetz keine untere Verdienstgrenze vorschrieb, konnte es in dieser Gruppe zu Doppelversicherung kommen.

1920er Jahre erhielten, wird man kaum als Gewinner der Sozialreform von 1911 bezeichnen können[113]. Langfristig allerdings setzte die Angestelltenversicherung den Maßstab für die weitere Sozialpolitik. Vor allem stärkte sie das Verlangen der Arbeiterversicherungen und deren Repräsentanten nach Gleichstellung mit den Sozialleistungen für Angestellte. Das Sozialkonsumniveau der Angestelltenschaft und zunehmend auch das der Beamtenschaft wurde zum Leitbild der Arbeiterschaft! Dem Begehren war letztlich beachtlicher Erfolg beschieden: in der Weimarer Republik und vor allem in der Bundesrepublik Deutschland wurden die Leistungen der Rentenversicherung für Arbeiter an die der Angestelltenversicherung herangeführt, und zudem wurden die Unterschiede zur Sozialpolitik für Beamte beträchtlich vermindert.

Zurück ins Deutsche Reich des Jahres 1911. Warum richteten Regierung und Parlamentsmehrheit eine eigenständige Sozialversicherung für Angestellte ein? Ihr herrschaftspolitisches Motiv ist schon erwähnt worden: Die Angestellten sollten aus der breiteren Masse der Arbeitnehmerschaft herausgehoben werden; man wollte ihren Sonderstatus nach außen und innen dokumentieren, ihren „Hang zur Anschichtung an bürgerliche Gruppen"[114] stärken und sie als „Privatbeamte" den Staatsbeamten gleichstellen. Auch war an Belohnung für Wohlverhalten gedacht, vor allem dafür, „daß gerade die Privatbeamten in ihrer überwiegenden Mehrheit sich (...) nicht haben locken lassen von den Sirenentönen, die sie in das sozialdemokratische Lager hinüberführen wollten"[115], so die Worte des Staatssekretärs des Reichsamtes des Innern, Clemens Delbrück.

Die Reform von 1911 zielte auf Schaffung oder Stärkung des „Angestelltenklassengefühls"[116] und darauf, „ein zuverlässiges Gegengewicht"[117] zur sozialdemokratischen Arbeiterbewegung zu formen. Insoweit entbehrt es nicht der Ironie, dass der Reichstag das Gesetz zur Einführung der Angestelltenversicherung einstimmig verabschiedete. Die Konservativen und die Liberalen stimmten dem Gesetz zu, weil sie in ihm ein Gegengewicht zur Arbeiterbewegung erblickten; das Zentrum votierte mit „Ja", weil es den Ausbau der Sozialpolitik als Kompensation für die Anlehnung an die Konservativen und die Unterstützung der die Agrarier begünstigenden Wirtschafts- und Zollpolitik wertete. Die Abgeordneten der Sozialdemokratie waren für das Gesetz, weil die Angestelltensozialpolitik ihre Vorstellungen vom rechten Sozialschutz stärker als die Weichenstellungen der Arbeiterrentenpolitik berücksichtigte.

Doch nicht nur ständische Interessen, Stabilisierungsbestrebungen und parteipolitisches Kalkül erklären die Angestelltensozialpolitik von 1911. Hinzu kam ein Streit über die Rolle des Staates, vor allem des Reiches, in der Sozialpolitik. Die Einbeziehung aller Angestellten in die Rentenversicherung für Arbeiter hätte höhere Reichszuschüsse für die Alters- und Invalidenversicherung von 1889 erfordert. Doch dagegen hatte man lautstark finanzpolitische Einwände erhoben. Auch wollte die Opposition im Parlament dem Reich die stärkere Mitwirkung an der Sozialpolitik verwehren. Somit bot es sich an, eine eigenständige Angestell-

113 Conrad 1994: 257f.
114 Henning 1979: 96, Born u.a. 1993.
115 Zitiert nach W.J. Mommsen 1995: 393.
116 Tennstedt 1976: 452.
117 W.J. Mommsen 1995: 393.

tenversicherung ohne Reichszuschüsse einzurichten. Auch dies enthüllt ein Charakteristikum der Sozialpolitik in Deutschland: dem Zentralstaat wird die Hauptrolle in der Sozialpolitik verwehrt. Das erschwert allerdings die Bestrebungen, mit der Sozialpolitik publikumswirksam zentralstaatlichen Bonapartismus zu praktizieren.

Einführung der Hinterbliebenenrente

Die Spaltung der Arbeitnehmerschaft in Arbeiter und Angestellte – ganz abgesehen von den pensionsberechtigten Staatsbeamten – kennzeichnet auch die 1911 eingeführte Hinterbliebenenrente. Bis zu deren Inkrafttreten waren Rentenzahlungen an Hinterbliebene eines verstorbenen Versicherungsmitgliedes nur in der Unfallversicherung, nicht in der Alters- und Invalidenversicherung vorgesehen. Verantwortlich hierfür waren im Wesentlichen knappe Finanzmittel. Die Überwindung der Finanzierungsbarrieren ermöglichte ein Kompromiss aus dem Jahre 1902. Die Abgeordneten des Zentrums, der Freisinnigen und der Sozialdemokratie hatten damals im Tausch gegen die Zustimmung zur ungeliebten Anhebung der Agrar- und Industriezölle eine sozialpolitische Konzession durchgesetzt. Die den Durchschnitt der Jahre 1898 bis 1903 übersteigenden Erträge aus bestimmten Agrarzöllen sollten zur Finanzierung einer Hinterbliebenenversicherung gesammelt, und diese Versicherung sollte bis 1910 geschaffen werden. Die Zolltarifgesetzgebung war somit zum „Sauerteig"[118] der Hinterbliebenenversicherung geworden.

Graben zwischen Arbeitern und Angestellten

Allerdings waren die Hinterbliebenenrenten sehr niedrig. Ferner kamen die Witwenrenten bis 1913 nur etwa jeder zwanzigsten Witwe zugute[119]. Überdies waren Witwen aus Arbeiterhaushalten erheblich schlechter gestellt als Witwen aus Angestelltenhaushalten. Witwen aus der Arbeiterschaft wurde in der Regel eine Erwerbstätigkeit zugemutet, selbst wenn sie Kinder zu erziehen hatten und vorher nicht berufstätig gewesen waren. Von Witwen aus Angestelltenhaushalten wurde das nicht erwartet. Die Begründung hierfür lässt erahnen, wie tief der Graben zwischen der Angestelltenschaft und der Arbeiterschaft im Deutschen Reich von 1871 war[120]. Hinterbliebenenbezüge für Witwen von Angestellten waren nicht auf invalide Personen beschränkt, weil – so hieß es in einer Reichstags-Drucksache aus dem Jahre 1909 – die Ehefrauen verstorbener Angestellter „wegen mangelnder Ausbildung (...) in vielen Fällen schwer eine geeignete Berufstätigkeit finden oder sich beliebigen Erwerbsformen nicht so leicht anpassen können wie Arbeiterwitwen". Hinzu komme, so ist dort weiter zu lesen, „daß die höheren Aufwendungen für die Ausbildung und Erziehung der Kinder gegenüber dem Arbeiterstande die Notlage der Familie (der Angestellten – der Verfasser) noch verschlimmern"[121].

Mit der Gesetzgebung von 1911 war der Ausbau der Sozialversicherung im Deutschen Reich von 1871 für einige Jahre im Großen und Ganzen zum Stillstand gekommen. Der weiteren Expansion der Sozialpolitik standen Barrieren im Weg, zuvorderst die Opposition aus Kreisen des alten Mittelstandes, der Unter-

---

118 KLEEIS 1928: 185.
119 W.J. MOMMSEN 1995: 392.
120 Vgl. RITTER & TENFELDE 1992.
121 Entwurf eines Versicherungsgesetzes für Angestellte vom 20.5.1911: 68, vollständig abgedruckt, in: Verhandlungen des Reichstages, XII. Legislaturperiode, II. Session, Anlagen zu den Stenographischen Berichten, Bd. 281, Aktenstück Nr. 1035, W.J. MOMMSEN 1993 und 1995.

nehmerschaft und der Landwirtschaft. Ferner durchkreuzten die Finanzprobleme des Reiches alle auf Ausbau der sozialen Sicherung gerichteten Bestrebungen, sofern diese den Einsatz zusätzlicher Finanzmittel des Reiches vorsahen. Das Reich aber war verschuldet[122], und der steuerfinanzierte Weg aus der Verschuldung blieb aus politischen Gründen versperrt. Der Sperrhebel lag namentlich bei den Konservativen, an deren Opposition eine grundlegende Steuerreform im Jahre 1909 gescheitert war. Die Ablehnung der Steuerreform hatte der Parteiführer der Deutsch-Konservativen Partei, *Ernst von Heydebrand und der Lasa*, in der Reichstagsrede vom 10. Juli 1909, die zum Sturz des Reichskanzlers Bülow und zum Zusammenbruch des konservativ-liberalen Bülow-Blocks führte, unzweideutig begründet: „das, was uns im letzten Grunde (...) bestimmt hat, unsere Zustimmung dazu (zur Erbschaftssteuer – der Verfasser) zu verweigern, war das Moment, daß wir in einer solchen Steuer nichts anderes sahen und sehen konnten als eine allgemeine Besitzsteuer, und daß wir eine solche allgemeine Besitzbesteuerung, wie ich hier offen bekenne, nicht in die Hände einer auf dem gleichen Wahlrecht beruhenden parlamentarischen Körperschaft legen wollten (...) weil es kein Mittel gibt, mit dem auf die Dauer und wirksam es verhindert werden kann, daß die Sätze und Bestimmungen, die jetzt in der Vorlage stehen, eine Verschärfung erfahren, die schließlich im letzten Ende zur Expropriation des Besitzes führt"[123].

Auch andere Barrieren hemmten die Sozialpolitik. Die sozialdemokratische Wählerschaft, die staatstragenden Kräften als Gegner, ja: als Staatsfeind galt, war gestärkt aus den Reichstagswahlen hervorgegangen. Der Stimmenanteil der Sozialdemokratie war höher als je zuvor: 1884 betrug er noch 9,7 Prozent, 1893 schon 23,3 Prozent und 1912 gar 34,8 Prozent. Als Instrument zur Niederhaltung der Sozialdemokratie hatte die Sozialpolitik versagt.

Der weitere Ausbau der Sozialpolitik im Deutschen Reich von 1871 schien somit blockiert zu sein. Und doch trifft die These vom Stillstand der Sozialpolitik nicht ins Schwarze – nicht nur wegen der Reform der Arbeitsverfassung, die 1916 mit der Anerkennung und Einbindung der Gewerkschaften eingeleitet wurde. Auch in der Politik der sozialen Sicherung wurden zwischen 1914 und 1916 zahlreiche Verordnungen auf den Weg gebracht. Gewiss handelte es sich größtenteils um „Anpassungen an die besonderen Verhältnisse des Krieges", so Ludwig Prellers These[124]. Beispielsweise wurden die Soldaten des Deutschen Reiches vor nachteiligen Folgen ihrer ruhenden Zivilerwerbstätigkeit dadurch geschützt, dass ihre Militärdienstzeit bei der Berechnung von Wartezeiten und Versicherungsleistungen in der Sozialversicherung anerkannt wurde. Das war „Heimatfrontpolitik"[125], die der Herstellung eines Bindeglieds „zwischen Heer und Heimat"[126] diente.

Drei weitere Reformen der Sozialpolitik in den Jahren des Ersten Weltkrieges verdienen Hervorhebung. Eine betraf die Arbeitslosigkeit, für die bislang der

Auswirkungen des Krieges

---

122 SOMMARIVA & TULLIO 1987: 62.
123 Stenographische Berichte über die Verhandlungen des Reichstages, XII. Legislaturperiode, I. Session 1909, Bd. 237, 280. Sitzung, 10.7.1909: 9323A.
124 PRELLER 1978: 59.
125 WILLIAMS 1972.
126 KUNDRUS 1995: 17.

Staat die Zuständigkeit verweigert hatte. Das änderte sich 1914: das Reich übernahm erstmals Mitverantwortung für die Beseitigung der Not der Arbeitslosen[127], und zwar dadurch, dass den Gemeinden zur Unterstützung der Erwerbslosen Finanzmittel des Reiches zuteil wurden. Das waren Vorboten des staatlichen Engagements in der Arbeitslosenversicherung von 1927[128]. Erwähnung verdient sodann die Wochenhilfe, die 1914 und 1915 der Krankenversicherung hinzugefügt wurde. Auch sie stand im Zeichen von „Kriegspolitik"[129]. Und doch umfasste sie mehr: sie errichtete einen ersten Pfeiler des Mutterschaftsschutzes. Die Wochenhilfe sorgte nämlich für eine bessere Mutterschaftshilfe zugunsten von Ehefrauen krankenversicherter Kriegsteilnehmer und für nicht krankenversicherte Ehefrauen, die Kriegsunterstützung bezogen[130]. Eine dritte sozialpolitische Neuerung der Kriegsjahre entpuppte sich längerfristig als besonders wichtige Weichenstellung: 1916 wurde die Altersgrenze der Arbeiterrentenversicherung von 70 auf 65 Jahre gesenkt und somit der Altersgrenze der Angestelltenversicherung angeglichen. Das war ein erstes Zeichen der Nivellierung statusbezogener Rentenpolitik und ein Hinweis darauf, dass Bestrebungen, die darauf gerichtet sind, in Kriegszeiten den innenpolitischen Burgfrieden zu sichern, größere Neuerungen hervorbringen können als eine Reformpolitik in Friedenszeiten.

Stärkung der Gewerkschaften

Ein Weiteres verdient Beachtung: im Großen und Ganzen funktionierte die soziale Sicherung – trotz der Erschwernisse infolge von Kriegswirtschaft und Kriegführung. Sie erfüllte ihre Aufgaben, so schlecht und recht es nach Maßgabe der Ressourcen und Leistungsansprüche möglich war[131], und erwies sich insoweit als „krisenfest"[132]. In der Sozialpolitik im weiteren Sinne, einschließlich der Gestaltung der Arbeitsordnung, wurden die Kriegsjahre sogar zum „Schrittmacher der Sozialpolitik"[133]. Der Aufschwung der Sozialpolitik nach dem Ende des Krieges, vor allem in den Jahren von 1918 bis 1920, hat viel zu tun mit der „militärische(n) Sozialpolitik"[134] der Kriegsjahre. Diese sollte für Solidarität in der notgeplagten Bevölkerung sorgen, den Arbeitskräften ein Höchstmaß an Leistung abgewinnen und den Erfordernissen des gemeinwirtschaftlichen „Kriegssozialismus" der Rüstungs- und Rohstoffämter im Deutschland des Ersten Weltkriegs Genüge tun: „Die Anerkennung der Gewerkschaften als berufene Vertretung der Arbeitnehmer, ihre völlige Koalitionsfreiheit, die Einführung von Mitbestimmungsrechten im Rahmen von Arbeiterausschüssen und Schlichtungseinrichtungen, die Anerkennung des Tarifvertrages als zentrales Institut der Lohnpolitik, die Regulierung des Arbeitsmarktes, der Ausbau neuer Formen der Erwerbslosenunterstützung und des Arbeitsschutzes, die Ausdehnung des Mutterschutzes, Verbesserung im Mietrecht, die Bewirtschaftung des Wohnraums – alles alte Forderungen der Arbeiterbewegung, die nun mit kräftiger Förderung durch das Militär ver-

---

127 BOGS 1981: 39.
128 FAUST 1986, FÜHRER 1990.
129 BORN 1957: 248.
130 Wohingegen die krankenversicherten Frauen, so ist der Vollständigkeit halber zu ergänzen, erst nach dem Krieg in die Wochenhilfe aufgenommen wurden. KLEEIS 1928: 221ff.
131 ZÖLLNER 1981: 68.
132 BOGS 1981: 37.
133 PRELLER 1978: 85, ähnlich REIDEGELD 1996: 26, der die These vertritt, der Krieg sei „funktional für die Entwicklung der Sozialpolitik" gewesen.
134 ABELSHAUSER 1987: 15.

wirklicht oder wenigsten im Ansatz aufgegriffen werden"[135]. All dies waren Zeichen der Schrittmacherfunktion des Krieges in der Sozialpolitik im weiteren Sinne.

Reform der Arbeitsverfassung

Schrittmacher war der Krieg auch in der Reform der Arbeitsverfassung, insbesondere der Anerkennung und Integration der Gewerkschaften im Hilfsdienstgesetz von 1916[136]. In der sozialen Sicherung im engeren Sinne hatte die Kriegszeit allerdings keine wesentliche Neuerung hervorgebracht[137]. Mehr noch: nach dem volkswirtschaftlichen Reichtum zu urteilen, hatte der Erste Weltkrieg die Lebensverhältnisse in Deutschland drastisch verschlechtert. Deutschlands preisbereinigtes Sozialprodukt pro Kopf schrumpfte zwischen 1913 und 1918 um 18 Prozent[138]. Damit war ein beträchtlicher Teil des mühsam erworbenen Wohlstandszugewinns verspielt worden[139].

Vergleichsbilanz

Zweifellos kann die Sozialpolitik des Kaiserreichs nicht den Maßstäben standhalten, die man heutzutage an soziale Sicherungsnetze legt. Allerdings passen diese Maßstäbe nicht zu den zwei Jahrzehnten vor und nach der Wende zum 20. Jahrhundert. 1913 hatte die Wirtschaft des Deutschen Reichs einen Entwicklungsstand erreicht, der gerade 19,5 Prozent der Wirtschaftskraft Deutschlands im Jahre 2001 oder dem Entwicklungsstand der Türkei von 1974 entspricht[140]. Legt man jedoch zeitgenössische Maßstäbe an, kann man im Auf- und Ausbau der Sozialversicherung im Deutschen Reich von 1871 eine bemerkenswerte Reform und eine beachtliche Errungenschaft sehen. Früher als in anderen Staaten und zunächst zügiger als anderswo wurde die Sozialversicherung in Deutschland eingeführt und allmählich erweitert. Ihre Expansion nahm einen der Wahlrechtsausdehnung entgegengesetzten Verlauf. Während das Wahlrecht in der gesellschaftlichen Schichtungspyramide zunächst nur die besitzenden und wohlhabenden Klassen erfasste und erst später den unteren sozialen Gruppen zustand, umfasste die Sozialversicherung zunächst einkommensschwächere Industriearbeiter und erst später auch besser gestellte Lohn- und Gehaltsabhängige. Noch später erhielten die Selbständigen Sozialschutz, so vor allem im Nationalsozialismus und in der Bundesrepublik Deutschland.

Insgesamt kann sich die sozialversicherungspolitische Bilanz des Deutschen Reichs von 1871 sehen lassen, vor allem im Vergleich zu zeitgenössischen Maßstäben. „Die deutsche Sozialversicherung steht in der ganzen Welt vorbildlich und unerreicht da", hieß es in einer Werbung im Jahr 1913[141]. Das war angesichts der weiten Maschen im Netz der sozialen Sicherung übertrieben. Trotz eines beachtlichen Wirtschaftsaufschwungs bis 1913 waren Armut und Not noch

---

135 Ebd.: 15f.
136 ARMINGEON 1988, 1994, MAI 1993: 95ff.
137 Vgl. FRERICH & FREY 1993a: 165ff.
138 Berechnung nach MADDISON 2003: 60ff.
139 Nach dem Pro-Kopf-Zuwachs des Sozialproduktes wuchs Deutschlands Wirtschaft zwischen 1880 und 1913 immerhin von 1991 auf 3648 international und historisch vergleichbare Währungseinheiten. Deutschlands Wirtschaft expandierte in dieser Periode ähnlich stark wie die Ökonomie Großbritanniens und erheblich stärker als die Wirtschaft Frankreichs. Relativ zur Pro-Kopf-Wirtschaftskraft der USA hielt Deutschland in dieser Periode mit Amerika mit. Berechnet nach MADDISON 2003: 60-64, 87-89.
140 Berechnet nach MADDISON 2003, 60-64, 187.
141 FRERICH & FREY 1993a: 115.

weit verbreitet. Rund ein Drittel aller Haushalte wirtschaftete unter höchst beengten Bedingungen[142]. Doch enthüllt der Vergleich mit der Sozialpolitik anderer Staaten ein beachtliches Leistungsprofil: 1915 zählten 57 Prozent der Erwerbspersonen in Deutschland zu den Mitgliedern der Alters- und Invalidenversicherung, weit mehr als in jedem anderen westlichen Land zu diesem Zeitpunkt. Ferner gehörten 43 Prozent der Erwerbspersonen einer gesetzlichen Krankenversicherung an. Hiermit hielt das Deutsche Reich mit Dänemark und Großbritannien die Spitzenposition der Industrieländer. Und 71 Prozent der Erwerbspersonen unterlagen dem Schutz der Unfallversicherung, dem am weitesten ausgebauten Zweig der Sozialversicherung im Kaiserreich[143].

Auch die Sozialausgaben zeigten Erweiterung der Sozialschutzpolitik an, wenngleich auf niedrigem Niveau und mit moderatem Wachstumstempo. Der Anteil der Sozialversicherungsausgaben am Sozialprodukt stieg in Deutschland von 0,5 Prozent im Jahre 1890 auf 1,8 Prozent 1913[144]. Höhere Anteile erhält, wer andere sozialpolitisch relevante Ausgaben berücksichtigt. Kurz vor dem I. Weltkrieg betrug der Anteil aller Sozialausgaben (Wohlfahrtsausgaben, Wohnungswesen, Kriegsopferversorgung, Sozialausgaben des Reiches) am Volkseinkommen 4,9 Prozent und an allen öffentlichen Ausgaben 26,8 Prozent (1913/14). Dem Zentralstaat allerdings war in der Finanzierung der Sozialpolitik nach wie vor nur eine Statistenrolle zugedacht: 1913/14 belief sich der Anteil der Sozialausgaben des Reiches an dessen Gesamtausgaben auf 5,3 Prozent[145]. Aus dem ursprünglich geplanten „Staatssozialismus" des Reiches war wenig geworden.

Im Übrigen verunstaltete eine große Lücke die Bilanz der Sozialpolitik des Deutschen Reiches von 1871. Ihr fehlte die obligatorische Arbeitslosenversicherung. In diesem Sozialversicherungszweig war nicht Deutschland Vorreiter, sondern Großbritannien. Dort hatte der Gesetzgeber 1911 die Arbeitslosenversicherung eingeführt. In Deutschland geschah dies erst 1927[146]. Auch in der Regulierung der Arbeitsverfassung – der Arbeitsbeziehungen, des Arbeitsschutzes und der Arbeitszeit – war das Deutsche Reich nicht Pionier, sondern Nachzügler. Nur vorübergehend hatte man die Reform der Arbeitsverfassung in Angriff genommen, vor allem nach dem Rücktritt des Reichskanzlers von Bismarck (1890), und zwar durch vorsichtigen Ausbau des Arbeitsschutzes, des Arbeitsrechtes und des – für die politische Organisation der Arbeiterbewegung besonders wichtigen – Vereinsrechts[147].

Die Hoffnung, die Sozialpolitik binde die Arbeiterschaft an den monarchischen Staat, hatte sich nicht erfüllt. Und Misserfolg war dem Bestreben beschieden, die sozialpolitischen Einrichtungen „nicht zu Werkzeugen sozialdemokratischer Machtpolitik" werden zu lassen, so der Reichskanzler Bethmann Hollweg[148]. Die Sozialversicherungsgesetze hatten sogar die Arbeiterorganisationen gestärkt und

Keine Arbeitslosen-versicherung

Soziale Sicherung stärkte Sozialdemokratie

---

142 Als Überblick RITTER & TENFELDE 1992, W.J. MOMMSEN 1995: 67ff.
143 Alle Berechnungen auf der Grundlage von FLORA u.a. 1983: 460f., ALBER 1982, ALBER 1989: 51.
144 ANDIC & VEVERKA 1963/1964: 247.
145 Datenbasis: FRERICH & FREY 1993a: 175.
146 FLORA u.a. 1977, ASHFORD 1986, FÜHRER 1990.
147 Hierzu vor allem VON BERLEPSCH 1987.
148 Stenographische Berichte über die Verhandlungen des Reichstages, XII. Legislaturperiode, II. Session 1910/1911, Bd. 262, 98. Sitzung, 10.12.1910: 3545B.

deren Agitationsmöglichkeiten verbessert: „Die durch das Krankenversicherungs-gesetz zugelassenen freien Hilfskassen, die allein von den Versicherten finanziert und verwaltet wurden, boten Chancen eines legalen Einflusses der Arbeiter und dienten vielfach als Ersatz für die verbotene Parteiorganisation (der Sozialistischen Arbeiterpartei Deutschlands – der Verfasser), aber auch als Ausgangspunkt für den bereits in den 1880er Jahren vorgenommenen Wiederaufbau zentraler gewerk-schaftlicher Verbände. Die Diskussion der Gesetzentwürfe und Gesetze wurde von den Sozialdemokraten zur Wiederbelebung der unter dem Sozialistengesetz zu-nächst völlig unterbundenen Versammlungstätigkeit genutzt. Schließlich wurden die Ortskrankenkassen noch im Kaiserreich zu Hochburgen der sozialdemokrati-schen Arbeiterbewegung, die Tausenden von Sozialdemokraten und Gewerkschaft-lern eine sichere Stellung und mehreren hunderttausend Arbeitern Erfahrungen in der Selbstverwaltung gaben"[149].

Man hat deshalb die Gesetzliche Krankenversicherung des Kaiserreichs als „Unteroffiziersschule der Sozialdemokratie" bezeichnet[150]. Hieran zeigt sich, dass die historische Bedeutung der Sozialpolitik der 1880er Jahre nicht nur in der sozialrechtlichen Besserstellung der Arbeiter liegt und nicht nur darin, dass sie Grundlagen der späteren Expansion des Sozialstaats schuf. Ihre Bedeutung liegt auch darin, dass sie „den Korpsgeist der Betroffenen stärkte"[151], Stellen für die Führer der Arbeiterbewegung schuf und Aufstiegsmöglichkeiten für Arbei-terkinder öffnete[152].

Gemessen an den kurz- und mittelfristigen politischen Absichten der ersten Architekten der Sozialreform, erwies sich die Sozialpolitik im Deutschen Kaiser-reich als ein Fehlschlag. Viele der Ziele, die Bismarck mit Hilfe der Sozialpolitik zu erreichen hoffte, waren verfehlt worden. Mehr noch: seine Gegner auf der Linken hatte die Sozialpolitik letztendlich gestärkt. Eine Reform hatte sich ver-selbständigt und war im Prozess der Willensbildung und der Entscheidungs-durchsetzung so umgeformt worden, dass sie ihren Urhebern mehr Schaden als Nutzen zuzufügen schien. Obendrein war ein schwerer – zunächst nur schwelen-der – Konflikt geschaffen worden: das Unternehmertum sah in den Sozialrefor-men, vor allem in der Krankenversicherung und der Alters- und Invaliditätsver-sicherung, hauptsächlich nur Bevormundung und Bedrängung durch den Staat. Man behauptete, die Wirtschaft könne die Last der Sozialpolitik nicht tragen, und man befürchtete, dass sie zur Ausbreitung von „Pensionsspekulantentum"[153] unter den Arbeitern führen werde. Überdies hatte die Sozialpolitik mehr Büro-kratie bewirkt. Und das stärkte die Beamtenherrschaft, die Max Weber zufolge die Elastizität der Politik im Deutschen Reich von 1871 substantiell verminder-te[154].

149 RITTER 1983a: 34, vgl. TENNSTEDT 1976: 390.
150 So die Worte des konservativen Reichstagsabgeordneten Linz in der Beratung des Entwurfs der Reichsversicherungsverordnung 1910. Stenographische Berichte über die Verhandlungen des Reichstages, XII. Legislaturperiode, II. Session, Bd. 261, 68. Sitzung (Fortsetzung), 20.4. 1910: 2543D.
151 RITTER 1983a: 34.
152 Nicht für viele, aber doch für rund 3000-5000, so die Schätzung der Zahl der Ortskrankenkas-senstellen, die der Regie der Arbeiterbewegung unterstanden. Vgl. TENNSTEDT 1991: 227.
153 TENNSTEDT 1976: 449.
154 WEBER 1988a, 1988b.

Allerdings ist die Fern- von der Nahwirkung zu unterscheiden. Mit der Sozialpolitik wurden die Arbeiterschaft und ihre Repräsentanten in den Staat stärker eingebunden, als dies den Beteiligten klar war. Gewiss: ein Teil der Sozialpolitik wurde, wie oben erwähnt, zu „Unteroffiziersschulen der Sozialdemokratie". Aber das waren schon systemimmanente Ausbildungsstätten! Ein Weiteres erschließt sich dem Blick auf die Fernwirkung der Sozialpolitik: im Schrifttum herrscht mittlerweile weitgehend Einigkeit darüber, dass das Deutsche Reich von 1871, allen Hemmnissen zum Trotz, ein beachtliches Maß an „Modernität"[155] erreicht hatte, nicht zuletzt dank der Sozialpolitik. Eine „ungeheure Modernität"[156] allerdings war es nicht. Die wurde erst später erlangt, vor allem in der Bundesrepublik Deutschland[157]. Im Vergleich mit anderen Ländern war allerdings die sozialpolitische Modernität des Deutschen Reichs bis 1918 weit fortgeschritten. Mehr noch: langfristig trug die Sozialpolitik zur festeren Integration der Arbeiterbewegung bei, und spätestens in der Weimarer Republik wurde sie von den Parteien und Gewerkschaften der katholischen und der sozialdemokratischen Arbeiterbewegung als eine ‚Errungenschaft' betrachtet.

Die langfristige Wirkung der Sozialversicherungspolitik des Deutschen Reiches von 1871 hatte Bismarck genauer als andere vorausgesagt, als er einmal bemerkte, die „sozial-politische Bedeutung einer allgemeinen Versicherung der Besitzlosen wäre unermeßlich"[158]. Wie sehr er damit recht behielt, zeigte freilich erst der Ausbau des Sozialstaats in der zweiten Hälfte des 20. Jahrhunderts.

---

155 Ebd.: 425.
156 Ebd.: 414.
157 FLORA u.a. 1983, CONZE & LEPSIUS 1983, LEPSIUS 1993.
158 Zitiert nach GALL 1980: 606.

1.2 Sozialpolitik in der Weimarer Republik: Auf-, Aus- und Rückbau

Der Machtressourcentheorie zufolge erhält die Politik der sozialen Sicherung besonders kräftigen Antrieb von politisch starken sozialstaatsfreundlichen Parteien und Regierungen[159]. Folgt man ihr, bestanden in Deutschland nach dem Ende des Ersten Weltkrieges günstigere Bedingungen für den Ausbau der Sozialpolitik als je zuvor. Von der Monarchie hatte die Weimarer Republik einen ansehnlichen Bestand administrativer, rechtlicher und politischer Ressourcen geerbt, der sich für sozialpolitische Zwecke nutzen ließ. Zu ihm gehörten die Sozialversicherungen und der durch die Sozialpolitik gestärkte korporatistische Staatsinterventionismus sowie die „militärische Sozialpolitik"[160] der Kriegsjahre, die für Solidarität der notgeplagten Bevölkerung sorgen und den Arbeitskräften sowie den Soldaten ein Höchstmaß an Leistungsbereitschaft abgewinnen sollte[161]. Hinzu kam das größere Gewicht, das die Gewerkschaften und die Linksparteien – allen voran die Mehrheitssozialdemokratie, ferner die Unabhängige Sozialdemokratische Partei Deutschlands (USPD) und später die Kommunistische Partei (KPD) – in die Waagschale werfen konnten. Überdies war die Sozialdemokratie, die im Unterschied zur Bismarck-Zeit nunmehr die staatliche Sozialpolitik befürwortete, nicht mehr nur Oppositionspartei, sondern in den Jahren 1919/20, 1921/22, 1923 und von 1928 bis März 1930 Regierungspartei, zunächst in der so genannten Weimarer Koalition mit dem Zentrum und der Deutschen Demokratischen Partei (DDP) und von 1928 bis 1930 in Koalition mit dem Zentrum, der Bayerischen Volkspartei, der Deutschen Volkspartei und der DDP. Ferner hatte die Sozialpolitik bei nichtsozialistischen Parteien mehr Anklang gewonnen. Vor allem das Zentrum ist in diesem Zusammenhang zu erwähnen. Trotz seiner „Interessensegmentierung, insbesondere zwischen den bürgerlichen und mittelständischen Gruppen einerseits und dem Arbeitnehmerflügel andererseits"[162], rückte das Zentrum in die Position einer sozialstaatsfreundlichen Partei[163]. Es stellte mit Heinrich Brauns in den Jahren von 1920 bis 1928 sogar den für die Sozialpolitik zuständigen Reichsarbeitsminister, der – wie Außenminister Gustav Stresemann

---

159 ESPING-ANDERSEN 1990.
160 ABELSHAUSER 1987: 15.
161 Vgl. das Kapitel 1.1.
162 H. MOMMSEN 1989: 77.
163 Dem Zentrum der Weimarer Republik bescheinigte TENNSTEDT „eine ausgesprochen arbeitnehmerfreundliche Sozialpolitik" (1991: 232).

von der Deutschen Volkspartei – bis 1928 „die personelle Kontinuität in den wechselnden bürgerlichen Kabinetten verkörperte"[164].

In politischer Hinsicht schienen die Weichen in der Weimarer Republik zugunsten der Sozialpolitik gestellt zu sein. Auch war der Bedarf an Sozialpolitik größer als zuvor: Deutschland war mittlerweile auf einem höheren Niveau wirtschaftlicher Entwicklung angelangt als zum Zeitpunkt der Gründung der Sozialpolitik in den 1880er Jahren. Außerdem wuchs die Nachfrage nach sozialer Sicherung infolge der Demobilisierung und des Abbaus der Kriegswirtschaft. Hinzu kamen altersstrukturelle Verschiebungen: der allmählich zunehmende Seniorenanteil und die hierdurch wachsende Zahl der Altersrentner stärkten ebenfalls die Nachfrage nach sozialstaatlicher Sicherung.

Der Befriedigung dieses Bedarfs standen allerdings größte wirtschaftliche Schwierigkeiten entgegen. Zu den kriegsbedingten Lasten und den Kriegsfolgen kamen schwere Konjunkturkrisen hinzu, und in den Prosperitätsphasen wuchs die Wirtschaft nur relativ schwach. In größte Bedrängnis gerieten die Sozialfinanzen durch die bis 1923/24 rasch zunehmende Inflation. Vor allem die Rentenversicherung wurde von der rapide voranschreitenden Geldentwertung in ihren Grundfesten erschüttert. Auch das Deckungskapital der Invaliden- und der Angestelltenversicherung hatte die Inflation weitgehend aufgesogen. Die Sozialversicherungspolitik stand 1923/24 kurz vor dem Ruin. Knapp sieben Jahre später sollte sie erneut in eine tiefe Krise geraten, diesmal infolge einer schweren wirtschaftlichen Depression, die von einer rigorosen Sparpolitik verschärft wurde.

Ausbau der Sozialpolitik 1918-23

Beide Krisen trennte allerdings eine Periode relativer wirtschaftlicher Blüte, in der die Sozialpolitik beträchtlich erweitert wurde. Und selbst unter den widrigen Bedingungen der Jahre von 1918/19 bis 1923 strebten die Sozialpolitiker danach, den vom Kaiserreich ererbten Bestand an Sozialpolitik zu sichern und durch Anpassungen und neue Programme zu ergänzen. Das gilt sowohl für die Politik des Rates der Volksbeauftragten, der nach dem Rücktritt von Kaiser und Kanzler am 9.11.1918 die Regierungsgeschäfte bis zur Verabschiedung der Weimarer Reichsverfassung am 11.8.1919 führte, wie auch für die Weimarer Regierungen. Ihre Sozialpolitik folgte den älteren Pfaden: sie bewegte sich im Rahmen des vom Kaiserreich übernommenen korporatistischen Staatsinterventionismus und der Sozialversicherung und baute beide aus. Die erste Welle der Sozialreformen nach 1918 betraf vor allem die Arbeitsbeziehungen, die teils autonom durch die Arbeitgeberverbände und die Gewerkschaften, teils gesetzlich neu geregelt wurden. Die von den Tarifparteien vereinbarte Neuordnung basierte auf dem Arbeitsgemeinschaftsabkommen, das unter anderem die Gewerkschaften als berufene Vertreter der Arbeiterschaft anerkannte, die Beschränkung der Koalitionsfreiheit der Arbeiter und Angestellten für unzulässig erklärte und die Einrichtung von Arbeiterausschüssen in größeren Betrieben vorsah. Hinzu kamen die gesetzlichen Regulierungen. Durch eine Reihe von Verordnungen setzte der Rat der Volksbeauftragten beispielsweise den während des Krieges eingeschränkten Arbeitsschutz wieder in Kraft und regelte die Erwerbslosenfürsorge und die Arbeitszeit neu. Sodann schrieb die Weimarer Reichsverfassung

---

164 H. MOMMSEN 1989: 193.

von 1919 die Koalitionsfreiheit und die Einrichtung von Tarifverträgen und Betriebsräten fest. Ein Jahr später folgten das Betriebsrätegesetz und die Verordnung über die Errichtung eines Reichsamtes für Arbeitsvermittlung. Im Jahre 1923 wurde die Neuordnung der Arbeitsbeziehungen weitergeführt, unter anderem durch das Gesetz über die Erklärung der allgemeinen Verbindlichkeit von Tarifverträgen und die Verordnungen über das Schlichtungswesen und die Arbeitszeit[165].

Der Ausbau der sozialen Sicherung erhielt vor allem vom Wirtschaftsaufschwung der Jahre 1924 bis 1929 Nahrung, wie alle Indikatoren der sozialen Sicherung zeigen. Ein Beispiel ist die Vergrößerung des Mitgliederkreises der Sozialversicherungen. 1919 waren rund 48 von Hundert Erwerbspersonen Mitglieder in einer der gesetzlichen Krankenversicherungen, zehn Jahre später hingegen schon 61. In der Altersversicherung stieg der Anteil der Versicherten von 57 auf 69 und in der Unfallversicherung von 69 auf 74 Prozent. Und der Gesamtindex der Sozialversicherung, der sich aus dem durchschnittlichen Anteil der versicherten Erwerbspersonen in allen Sozialversicherungen errechnet, kletterte von 46 Prozent im Jahre 1920 auf 62 im Jahre 1929[166]. Das zeigt eine – im historischen und internationalen Vergleich – beachtliche Expansion der Sozialpolitik an.

Auch die Sozialfinanzen wuchsen bis Ende der 1920er Jahre. So waren die Sozialversicherungsbeiträge von etwa 8 Prozent des Lohnes vor 1914 auf knapp 16 Prozent Ende der 1920er Jahre geklettert. Noch stärker wuchs der Anteil der Sozialausgaben an volkswirtschaftlichen Bezugsgrößen. Gemessen am Volkseinkommen[167], war die Quote der Sozialleistungen 1928/29 bei 15,5 Prozent angelangt. Das war mehr als das Dreifache der Quote im letzten Jahr vor dem Ersten Weltkrieg[168]. Die Sozialleistungsquote lag am Ende der Weimarer Republik übrigens nur knapp unter der Sozialleistungsquote der Bundesrepublik Deutschland in den frühen 1950er Jahren[169]. Ein ähnliches Muster zeigen die wegweisenden Berechnungen der Staatsausgaben in Deutschland vom 19. bis zum 20. Jahrhundert durch S. Andic & J. Veverka: Der Anteil der Ausgaben der Sozialversicherungen am Sozialprodukt kletterte von 0,3 Prozent im Jahre 1885 über 1,8 (1913) und 3,9 (1925) auf 9,2 Prozent im Jahre 1932[170] – und übertraf damit Länder wie die USA, Japan und Schweden um Längen[171].

Teilweise spiegelten die höheren Sozialausgaben Leistungsverbesserungen oder Anpassungen im Rahmen von bestehenden Programmen wider. Allerdings kompensierte die Erhöhung der Sozialleistungen, vor allem zwischen 1918 und 1924, zum Teil nur die gestiegenen Preise. Erst in der zweiten Hälfte der 1920er Jahre kam es zu spürbaren, die Inflation übersteigenden Verbesserungen, hauptsächlich für die Rentner[172]. Ein weiterer Teil der wachsenden Sozialausgaben war durch den vergrößerten Kreis der Anspruchsberechtigten und neu geschaf-

Expansion ab 1924

---

165 ARMINGEON 1994.
166 ALBER 1982: 152, FLORA u.a. 1983: 501f.
167 Dieses setzt sich aus Löhnen, Gehältern, Gewinnen, Zinsen und Pachten zusammen.
168 FRERICH & FREY 1993a: 175.
169 ZÖLLNER 1963: 21.
170 ANDIC & VEVERKA 1963/1964: 247.
171 LINDERT 2004b: Appendix F.
172 TENNSTEDT 1976: 462f.

fene Sozialprogramme zustande gekommen, wie den Auf- und Ausbau der Kriegsopferversorgung, die substantielle Aufstockung der Wochenhilfe, Berufsfürsorgemaßnahmen, Reformen der Altersrente, den Aufbau einer Sozialfürsorge anstelle der älteren Armenpflege sowie die Gründung einer reichsweiten obligatorischen Arbeitslosenversicherung im Jahre 1927[173].

Sozialfürsorgerecht   Grundlegend geändert wurde sodann das Sozialfürsorgerecht. Im Jahre 1918 noch war die Unterstützung der Armen weitgehend Sache der Kommunen und des Reiches, sofern sie nicht den kirchlichen Wohlfahrtsinstitutionen oblag. Die Leistungen der alten Armenunterstützung waren spärlich. Oft kamen sie nur einem Teil der Zielgruppen zugute, nicht selten wurde den Empfängern im Gegenzug das Wahlrecht entzogen. Die Reichsversicherungsordnung über die Fürsorgepflicht von 1924 unternahm den ersten Schritt von der obrigkeitsstaatlichen Armenunterstützung zum sozialstaatlich verbrieften Recht auf Fürsorge. Damit habe man das „sozialpolitische Mittelalter" überwunden, mit diesen Worten kommentierte Volker Hentschel diese Reform: Fürsorgepolitik „setzte Armut nicht mehr mit Ehrlosigkeit gleich; sie war nicht mehr nur Ausdruck humanitären Besorgens und Beliebens, sondern Ausdruck politischer Verpflichtung; sie bezweckte nicht mehr nur physischen Erhalt, sondern soziale Restitution"[174]. Allerdings verharrten die Sozialfürsorgeleistungen auf bescheidenem Niveau und konnten dem hohen gesetzlichen Anspruch meist kaum genügen[175].

In der Sozialpolitik der Weimarer Republik wurde mehr Gewicht auf die Prävention gelegt als zuvor. Dem Grundsatz der Entschädigung im Schadensfall trat nun das Prinzip der Schadensverhütung zur Seite, vor allem in der Unfallversicherung (1925) und zuvor schon in der Krankenversicherung. So waren 1923 vorbeugende Heilverfahren per Gesetz zu den Pflichtaufgaben der Krankenversicherung erklärt worden. „Dieser Vorgang war umso bedeutungsvoller", kommentierte Ludwig Preller den Wandel, „als sich die Familienfürsorge nach der Inflation als freiwillige Mehrleistung in der überwiegenden Zahl der Kassen eingebürgert hatte, so dass auch ein großer Teil der für die vorbeugende Heilung so wichtigen Gruppen der Kinder, Jugendlichen und Mütter von ihr erfasst werden konnte"[176]. Hier liegt übrigens eine sozialpolitische Wurzel der nun einsetzenden erfolgreichen Bekämpfung der Tuberkulose.

Kontinuität oder Wandel   Man hat darüber gestritten, ob Kontinuität oder Diskontinuität die Sozialpolitik in der Weimarer Republik im Vergleich zu der des Kaiserreiches charakterisierte. Ludwig Preller zufolge war sie durch die Stetigkeit der Veränderungsrichtung gekennzeichnet, also durch dynamische Kontinuität. Im Grunde sei die Sozialpolitik der Weimarer Zeit nur die Verwirklichung sozialreformerischer Gedankengänge von bürgerlichen Sozialpolitikern der Wilhelminischen Epoche durch die Gewerkschaften und die Mehrheitssozialdemokratie gewesen[177].

Die Gegenthese zur Kontinuitätsthese ist die des Qualitätssprungs der Sozialpolitik in der Weimarer Republik. Für sie haben sich beispielsweise Detlev Peukert und Christoph Sachße stark gemacht, Letzterer mit dem Argument, der

---

173 PRELLER 1978: 328ff., FRERICH & FREY 1993a: Kp. 4, BOGS 1981.
174 HENTSCHEL 1983: 127.
175 Ebd.: 127f.
176 PRELLER 1978: 381.
177 Ebd.: 497.

Ausbau des Weimarer Wohlfahrtsstaates habe die strikte Trennung zwischen Staat und Gesellschaft überwunden[178]. Beide Thesen schließen sich allerdings nicht aus. In manchen Bereichen herrschte Kontinuität vor, in anderen Diskontinuität. Dass die Sozialpolitik in der Weimarer Republik Verfassungsrang erhielt, spricht für die These vom „qualitativen Sprung in der Entwicklung des Sozialstaats in Deutschland"[179]. Auch die Zielsetzung des Artikels 161 der Weimarer Reichsverfassung von 1919 stützt die Qualitätssprungthese. In diesem Artikel hieß es: „Zur Erhaltung der Gesundheit und Arbeitsfähigkeit, zum Schutz der Mutterschaft und zur Vorsorge gegen die wirtschaftlichen Folgen von Alter, Schwäche und Wechselfällen des Lebens schafft das Reich ein umfassendes Versicherungswesen unter maßgeblicher Beteiligung der Versicherten". Trotz ungünstiger wirtschaftlicher Umstände verwirklichte die Sozialpolitik in der Weimarer Republik einiges von dem, was im Artikel 161 versprochen worden war.

Für die Qualitätssprungthese spricht ferner der Aufbau einer reichsweiten Arbeitslosenversicherung. Er erfolgte 1927 mit dem Gesetz über die Arbeitsvermittlung und die Arbeitslosenversicherung, das die größte Lücke im sozialen Sicherungsnetz Deutschlands schloss. Mit diesem Gesetz erklärte sich der Staat zum ersten Mal in vollem Umfang für den sozialen Ausgleich von Folgeproblemen des Marktversagens zuständig. Konjunkturell und strukturell bedingte Freisetzung von Arbeitskräften sollte durch eine reichsweite staatliche Arbeitsvermittlung und Leistungen der Arbeitslosenversicherung, die durch Beiträge der Arbeitnehmer und der Arbeitgeber hälftig zu finanzieren waren, aufgefangen werden. Wieder erfolgte der Ausbau der Sozialpolitik pfadabhängig, nämlich in den Bahnen der korporatistischen Staatsintervention[180], im Besonderen in einer tripartistischen Form, die den Staat, die Repräsentanten der Arbeitnehmer und die Vertreter der Unternehmer umschloss.

Sozialpolitisch war die Errichtung einer reichsweiten Arbeitslosenversicherung überfällig. Die Demobilisierung nach Kriegsende und die Stagnationstendenz der Wirtschaft hatten Arbeitslosigkeit in einem Ausmaß hervorgebracht, das die lokalen Arbeitsvermittlungen und Einrichtungen der Erwerbslosenfürsorge überlastete. Zwar hatte schon der Rat der Volksbeauftragten per Verordnung vom 13.11.1918 die Erwerbslosenfürsorge errichtet, um kriegsbedingt Erwerbslosen in bedürftiger Lage Fürsorge zuteil werden zu lassen. Doch dies war ein löchriges und ineffektives Sicherungsnetz, ebenso die 1918 eingerichtete Kurzarbeiterunterstützung und die seit 1919 bestehende Produktive Erwerbslosenfürsorge in Form von Notstandsarbeiten[181].

Pläne zur Neuordnung und Zentralisierung der Arbeitslosenversicherung und zur Einrichtung einer zentralen Arbeitsvermittlung hatte es schon lange zuvor gegeben. Doch diese waren vor allem an mangelndem Konsens, Unwägbarkeiten der Inflationswirtschaft bis 1923, finanziellen Engpässen und Eigeninteressen der Länder und der Gemeinden gescheitert. Der Widerstand der Länder und Gemeinden wurde erst nach langwierigen Auseinandersetzungen überwunden. Erleichtert wurde dies durch einen Schachzug des Reichsarbeitsministeri-

Arbeitslosenversicherung

---

178 Ebd.: 134, SACHßE 1996: 169.
179 PEUKERT 1987: 134.
180 WEHLER 1995: 662ff.
181 PRELLER 1978, LOHR 1983.

ums und der Regierungsparteien – der Bayerischen Volkspartei, der Deutschen Volkspartei, der Deutschnationalen Volkspartei und des Zentrums. Der Entwurf für das Arbeitsvermittlungs- und Arbeitslosenversicherungsgesetz von 1927 wurde durch Initiativantrag der Regierungsparteien in den Reichstag eingebracht, nicht mittels einer Regierungsvorlage, die erst den Reichswirtschaftsrat und den Reichsrat, wo mit schärfstem Widerstand der Gemeinden und Länder zu rechnen war, hätte passieren müssen. Im Reichstag jedoch fand der Gesetzentwurf eine breite Mehrheit – bei Gegenstimmen der Deutschnationalen, der Nationalsozialisten und der Kommunisten. Auch in der Öffentlichkeit stieß er auf Anklang. Beides trug schließlich zur Zustimmung des Reichsrates bei[182].

Am 1.10.1927 trat das am 7.7.1927 vom Reichstag verabschiedete „Gesetz über Arbeitsvermittlung und Arbeitslosenversicherung" in Kraft[183]. Seine Hauptmerkmale waren die folgenden: Es wurde die Reichsanstalt für Arbeitsvermittlung und Arbeitslosenversicherung als Körperschaft des öffentlichen Rechts in Selbstverwaltung mit drittelparitätischer Vertretung von Arbeitgebern, Arbeitnehmern und öffentlicher Hand eingerichtet und mit einem eigenen Behördenunterbau ausgestattet, der Landesarbeitsämter und lokale Arbeitsämter umfasste. Anstelle der Erwerbslosenfürsorge, in der die Bedürftigkeitsprüfung vorgesehen war, wurde den Versicherten ein Rechtsanspruch auf Arbeitslosengeld gewährt. Dessen Höchstbezugsdauer betrug in der Regel 26 Wochen (ab 1.10. 1931 20 Wochen, für berufsüblich Arbeitslose nur 16 Wochen). Nach Ablauf dieser Frist sollte die Krisenunterstützung zum Zuge kommen, sofern Bedürftigkeit gegeben war. Hinzu kam die Unterstützung der Wohlfahrtserwerbslosen, der Arbeitnehmer bis zum Ablauf des 60. Lebensjahres, die arbeitslos, arbeitsfähig und arbeitswillig waren und dem Arbeitsamt zur Verfügung standen. Diese erhielten die Wohlfahrtshilfe, die aus Mitteln des Reiches und der Arbeitslosenversicherung finanziert wurde. Der Versicherungsschutz umfasste alle Mitglieder der Kranken- und der Angestelltenrentenversicherung, und seine Finanzierung erfolgte je zur Hälfte durch Beiträge der Arbeitgeber und der Arbeitnehmer.

Die Errichtung der Arbeitslosenversicherung gilt zusammen mit den Reformen der Arbeitsbeziehungen und der Arbeitsbedingungen als arbeitnehmerfreundliche Weichenstellung[184]. Von Repräsentanten der Arbeiterbewegung war die Arbeitslosenversicherung schon seit langem gefordert worden. Schutz gegen die „Diktatur des Marktes"[185] und Loslösung von der „bleiernen Kette des Proletariats"[186] erhoffte man sich von ihr. Die Errichtung der Arbeitslosenversicherung bedachten deshalb der Allgemeine Deutsche Gewerkschaftsbund und die christlichen Gewerkschaften mit großem Beifall.

Allerdings trat alsbald ein Konstruktionsproblem der Arbeitslosenversicherung zutage. Ihre Leistungen waren auf Arbeitsmarktprobleme von Prosperitätsphasen zugeschnitten, z.B. auf Arbeitskräftemangel oder mildere konjunkturelle Krisen. Mit Mühe konnten 800.000 Arbeitslose laufend und weitere 600.000

---

182 PRELLER 1978: 363ff., LEIBFRIED 1977.
183 RGBl. I, Nr. 32 v. 22.7.1927, S. 187. Zur Vorgeschichte und Wirkung FÜHRER 1990.
184 ARMINGEON 1988, 1994.
185 So die treffende Bezeichnung dieses Strebens durch ABELSHAUSER 1987: 163.
186 FÜHRER 1990: 20.

vorübergehend finanziert werden[187]. Die Arbeitslosenversicherung war jedoch gänzlich ungeeignet, die Folgen einer schweren Wirtschaftskrise konjunkturellen und strukturellen Charakters aufzufangen. Doch genau dies sollte alsbald das Geschehen auf dem Arbeitsmarkt in Deutschland bestimmen. Der harte Winter von 1928/29 und die 1929 Deutschland überrollende Weltwirtschaftskrise ließen die Arbeitslosenquote rasch steigen, von 4,2 Prozent (1928) auf 17,7 Prozent (1932), sofern man den Anteil der gemeldeten Arbeitslosen an den Erwerbstätigen einschließlich der registrierten Arbeitslosen zugrunde legt[188].

Die Reichsanstalt für Arbeitsvermittlung und Arbeitslosenversicherung geriet nun in den Strudel einer schweren Wirtschafts- und Beschäftigungskrise. Obendrein kam sie politisch in größte Bedrängnis. Sie rückte ins Zentrum eines Konfliktes, der den liberalen Korporatismus der Sozialpolitik in eine schwere Belastungsprobe trieb: Gewerkschaften und Sozialdemokratie, beide für Beibehaltung oder Ausbau der Arbeitslosenversicherung, gerieten in unversöhnlichen Gegensatz zu den Rechtsparteien und den Unternehmerverbänden. Diese setzten auf weitreichende Kürzungen der Sozialleistungen, blockierten Beitragserhöhungen zur Arbeitslosenversicherung und sprachen sich für die Bildung einer Rechtsregierung aus, mithin für die Verdrängung der SPD aus der Regierung[189]. An dieser Spannung zerbrach die letzte parlamentarische Regierung der Weimarer Republik. Das geschah am 17. März 1930. Die Parteien der bis dahin amtierenden Großen Koalition konnten sich in Fragen der Neugestaltung der Arbeitslosenversicherung nicht mehr einigen. Die SPD war nicht bereit, weitere – über die 1929 vereinbarten Kürzungen hinausgehende – Leistungsverschlechterungen zu akzeptieren, und die übrigen Regierungsparteien sperrten sich nicht minder unnachgiebig gegen weitere Beitragserhöhungen oder Defizitfinanzierung[190].

Warum fanden die Parteien der Koalition keinen Kompromiss in einer nicht unlösbaren Streitfrage? Mitverantwortlich waren höchst unterschiedliche politische Vorstellungen und Vorlieben und gegensätzliche Auffassungen von der rechten Struktur der Sozialpolitik. Nach mehr Sozialstaat oder zumindest Besitzstandswahrung strebte vor allem die Sozialdemokratie. Ihren Gegnern zufolge waren aber sowohl die Sozialabgaben wie auch die Löhne in den vorangegangenen Jahren zu rasch gewachsen. Zu dieser Auffassung neigten vor allem die liberalen und die konservativen Parteien, liberal oder konservativ gesinnte Bürger und die Unternehmer. Was sich zunächst als reines Interessenargument im „Kampf um den Sozialetat"[191] ausnahm, erweist sich bei genauerer Prüfung als richtig. Die Belastung der öffentlichen Haushalte durch die Transferzahlungen, im Wesentlichen Sozialleistungen, und die Personalkosten für die öffentlichen Bediensteten stützen die These von der „Krise vor der Krise", die Knut Borchardt in der Debatte um die Hintergründe des Untergangs der Weimarer Republik entwickelte[192]. Borchardt zufolge war die Weimarer Republik schon vor der Depression der 1930er Jahre in eine schwere Krise geraten, nämlich

Polarisierung in der Sozialpolitik

---

187 WEISBROD 1982: 201.
188 Berechnet nach den Daten in FRERICH & FREY 1993a: 197, 220.
189 WEISBROD 1982.
190 PRELLER 1978: 428f., WEISBROD 1982.
191 PRELLER 1978: 388.
192 BORCHARDT 1976, SOMMARIVA & TULLIO 1987: 5.

durch härteste Verteilungskonflikte sowie eine Sozial- und Subventionspolitik, welche die Kräfte der Wirtschaft überstieg und die Kampfbereitschaft der Unternehmerschaft gegen die „kalte Sozialisierung"[193] des Weimarer Staatsinterventionismus anheizte. Die „Krise vor der Krise" engte den Handlungsspielraum der Regierung in der Weltwirtschaftskrise nachhaltig ein und erschwerte die Entwicklung und Durchführung eines nachfragestärkenden Kurses der Wirtschafts- und Finanzpolitik.

In den Augen der maßgebenden Wirtschafts- und Finanzpolitiker der frühen 1930er Jahre hatte die Weimarer Republik sich beim Bestreben, Loyalität mittels Sozial- und Subventionspolitik zu beschaffen, übernommen und die Wirtschaft dermaßen überlastet, dass Abhilfe mit harter Hand unabweisbar schien. Dem Überschuss an Weimarer Sozialinterventionismus galt es nun zu Leibe zu rücken, so die Folgerung, und zwar mit harter Deflationspolitik, mit der man zugleich die Hoffnung verknüpfte, das Ausland von weiteren Reparationsforderungen abzubringen. Die sozialpolitische Bedeutung dieser Sichtweise ist unschwer zu erkennen: ihr zufolge war das Sozialstaatsniveau der Weimarer Republik Ende der 1920er, Anfang der 1930er Jahre viel zu hoch, und das verlangte entschiedenen Rückbau der Sozialpolitik.

Depression der Wirtschaft

Nun entbrannte ein „Kampf um den Sozialetat"[194]. Dieser Kampf gewann in dem Maße an Schärfe, in dem Deutschland zwischen 1930 und 1933 tiefer in den Strudel einer schweren Wirtschaftskrise geriet. Das Pro-Kopf-Sozialprodukt schrumpfte vier Jahre lang – 1929 um 0,95 Prozent und in den drei nachfolgenden Jahren um 1,9, um 8,1 und 1932 um 7,9 Prozent[195]. Die Depression der Wirtschaft ließ die Zahl der Arbeitslosen schnell auf ein Rekordniveau steigen. Hatte man 1928 noch 1,4 Millionen Arbeitslose registriert, so waren es 1932 schon 5,6 Millionen. Das schrumpfende Sozialprodukt und die zunehmende Zahl der Arbeitslosen führten zusammen mit dem schwachen Netz der Arbeitslosenversicherung und den kargen Fürsorgeleistungen 1932 rund ein Drittel der Bevölkerung in prekäre Lebensverhältnisse, nicht wenige von ihnen an den Rand des Existenzminimums oder darunter. Diese Krise erschütterte die Gesellschaftsstruktur der Weimarer Republik in den Grundfesten.

Auch die Sozialpolitik wurde zu einem Leidtragenden der schweren Depression, schlugen sich doch zunehmende Arbeitslosigkeit und sinkende Löhne in rapide abnehmendem Beitragsvolumen, wachsendem Defizit und Zwang zu weiteren Kürzungen just in einer Phase nieder, in der die Nachfrage nach Sozialleistungen wuchs. Hinzu kam die finanzierungsbedingte Verletzlichkeit der Invaliden- und der Angestelltenversicherung. Diese basierten seit der Inflationskrise von 1923 auf dem Umlageverfahren, das an Stelle des bis dahin praktizierten Anwartschaftsdeckungsverfahrens getreten war. Dem Umlageverfahren zufolge werden laufende Aufwendungen aus laufenden Einnahmen finanziert. Das Verfahren der Anwartschaftsdeckung hingegen basiert auf versicherungsmathematischer Abstimmung von Beiträgen, Staatszuschüssen und Leistungen; es setzt die Ansammlung von Kapital voraus, dessen Zinsen zusammen mit den Beiträgen

---

193 BÖHRET 1966.
194 PRELLER 1978: 388.
195 Berechnet nach MADDISON 2003: 60-62.

52

der Versicherten die Leistungen finanzieren. Allerdings ist das Umlageverfahren krisenanfällig. Nun hatte aber unter dem Druck der Verhältnisse der Reichsarbeitsminister sich für das krisenanfällige Verfahren entschieden. Bei alternativer Deckung wären unerwünschte rigorose Leistungskürzungen unvermeidbar gewesen. Darüber hinaus vertraute man bei der Umstellung auf das Umlageverfahren auf optimistische Annahmen über den Verlauf der weiteren wirtschaftlichen Entwicklung. Man hoffte, bei günstiger Wirtschaftsentwicklung binnen zwölf Jahren neue Rücklagen anzusparen, und man setzte darauf, die Ausgaben vollständig aus den Einnahmen finanzieren zu können.

Von günstiger Wirtschaftsentwicklung war aber zunächst nichts zu sehen. Im Gegenteil: die schwere Wirtschaftskrise der Jahre 1930 bis 1932/33 durchkreuzte die Rechnung der Sozialpolitiker. Besonders hart traf sie die Arbeiterrentenversicherung, weil die Industriearbeiter ein überdurchschnittlich hohes Arbeitslosigkeitsrisiko zu tragen hatten. Hinzu kam der Würgegriff der staatlichen Sozial- und Finanzpolitik. Die Politik der Präsidialkabinette unter Brüning, von Papen und von Schleicher, die seit Mitte des Jahres 1930 zusammen mit der Notverordnungspraxis des Reichspräsidenten Hindenburg den Übergang von der Weimarer Republik zum autoritären Staat herbeiführten, riss tiefe Löcher in die Netze der sozialen Sicherung[196]. Dem Auf- und Ausbau der Sozialpolitik schien nun ein radikaler „Umschlag in eine Periode forcierten Abbaus staatlicher Sozialsicherung"[197] zu folgen. Die Präsidialkabinette unter dem Zentrumspolitiker H. Brüning praktizierten nämlich eine prozyklisch wirkende Deflationspolitik, d.h. eine auf Stabilisierung geeichte Politik, die den Wirtschaftsabschwung verstärkte, allerdings wohl auch seine Dauer verkürzte. Mit dieser Politik sollten die Staatseinnahmen erhöht und die Staatsausgaben gekürzt werden – zwecks Sicherung eines ausgeglichenen Staatshaushaltes. Sparen wollte man vor allem durch Kürzung der Personalausgaben der öffentlichen Hand und bei den Sozialleistungen. Um die Sozialausgaben an die krisenbedingt geringeren Einnahmen anzupassen und in der Absicht, das Niveau des Weimarer Sozialinterventionismus zurückzuschrauben, reduzierte man die Mehrzahl der Sozialleistungen in einer langen Reihe von Einsparungsmaßnahmen[198]. Die Sparpolitik erfolgte ohne sozialpolitisches Konzept. Wenn ihr etwas Maß gab, so waren dies ad hoc entworfene „Augenblicksentscheidungen"[199]. Diese belasteten vor allem die Arbeitslosenversicherung, die Krisenfürsorge und die Krankenversicherung. Die Unfall- und die Altersversicherung blieben zunächst von drastischen Sparmaßnahmen verschont, fielen aber im Dezember 1931 und 1932 schließlich auch unter die Kürzungsmaßnahmen der Regierung Brüning bzw. unter von Papens Notverordnungen vom Juni 1932. Im Ergebnis schrumpften die Leistungen der Rentenversicherung 1932 um 15 Prozent[200].

Auch die Arbeitslosenversicherung blieb von drastischen Leistungskürzungen nicht verschont. Diese verminderten die Zahl der Empfänger von Arbeitslosenunterstützung just in einer Periode, in der die Zahl der gemeldeten Arbeitslo-

Sparmaßnahmen der Präsidialkabinette

---

196 FRERICH & FREY 1993a: 220f.
197 GLADEN 1974: 103.
198 Details bei ZÖLLNER 1981: 74f., FRERICH & FREY 1993a: 175f.
199 HENTSCHEL 1983: 131.
200 Ebd. 134f.

sen rapide anstieg. Hieraus erklärt sich größtenteils das Anwachsen des Heers der so genannten Wohlfahrtserwerbslosen von 255.000 (1929) auf mehr als 2.048.000 im Jahre 1932[201]. Drastische Kürzungen trafen auch die Invalidenversicherung. Mit der Notverordnung vom Dezember 1931 beispielsweise wurden die Wartezeiten verlängert, und Kinderzuschüsse und Waisenrenten wurden nur noch bis zum 15. Lebensjahr bewilligt. Dadurch entfielen Versicherungsleistungen für rund 130.000 Witwen und 190.000 Waisen. Hierdurch und infolge der oben erwähnten Kürzungen geriet eine beträchtliche Anzahl von Sozialleistungsempfängern an den Rand des Existenzminimums und in die Abhängigkeit der Fürsorge. Somit wurde in den letzten Jahren der Weimarer Republik das Versicherungsprinzip zunehmend vom Fürsorgeprinzip überlagert. Zugleich gewann das Versorgungsprinzip an Bedeutung, vor allem infolge der zunehmenden Reichszuschüsse an die Sozialversicherungen.

Zweifellos hinterließ die Sparpolitik tiefe Spuren im Sozialsektor. Berechnungen von D. Zöllner zufolge schrumpften die Gesamtausgaben der Sozialversicherungen zwischen 1930 und 1932 um ein ganzes Viertel, während sie bis 1930 meist zugenommen hatten[202]. Beides macht die These vom „Abbau des Sozialstaates"[203] verständlich. Die Kürzungen waren unübersehbar und für viele Betroffene schmerzhaft. Mehr noch: die große Mehrzahl der Versicherten deutete die Kürzungen als Abbau der Sozialpolitik, ja: als Vertrauens- und Rechtsbruch.

Sozialtransfers und Preisentwicklung

Allerdings muss man die Daten über die Sozialpolitik in den letzten vier Jahren der Weimarer Republik unter Würdigung entgegenwirkender Tendenzen analysieren. Dazu gehört die Berücksichtigung der Preisentwicklung, was bei den meisten Vertretern der These vom Sozialabbau nicht geschehen ist. Berücksichtigt man die Preise, erscheinen die oben präsentierten Zahlen zur Sparpolitik im Sozialbereich in neuem Licht. Der Grund ist dieser: die überaus rigide Deflationspolitik der Präsidialkabinette senkte das Preisniveau in überproportionalem Ausmaß. Das Preisniveau für die Lebenshaltungskosten beispielsweise sank zwischen 1930 und 1932 um mehr als 20 Prozent[204]. Die Kürzung der Sozialleistungen in nominalen Größen, d.h. ohne Berücksichtigung von Veränderungen des Preisniveaus, musste demnach nicht notwendig eine Verschlechterung der realen Leistungen, d.h. der preisbereinigten Größen, nach sich ziehen. Eine drastische Kürzung der nominalen Sozialleistungen um beispielsweise 25 Prozent kann zu einer realen Erhöhung des Sozialleistungsniveaus führen, wenn das Preisniveau der Lebenshaltung im selben Zeitraum um mehr als 25 Prozent abnimmt.

Bilanz der Weimarer Sozialpolitik

Diese Überlegung spielt für die Bilanz der Weimarer Sozialpolitik eine große Rolle. Aus der restriktiven Sozialpolitik der Jahre 1929-32 kann nicht ohne weiteres auf materielle Verelendung geschlossen werden. Volker Hentschel beispielsweise konnte zeigen, dass die Kaufkraft des gesamten Rentenbestandes im Jahre 1932 trotz aller Einsparungen immer noch um 18 Prozent größer als die des Jahres 1929 war![205] Der Schlüssel zum Verständnis dieser Entwicklung liegt

---

201 FRERICH & FREY 1993a: 197.
202 ZÖLLNER 1981: 75.
203 PEUKERT 1987: 148, ähnlich GLADEN 1974 und PRELLER 1978: 399ff.
204 PETZINA u.a. 1978: 84.
205 HENTSCHEL 1983: 135.

in den Lebenshaltungskosten: Sie schrumpften, vor allem infolge der rigiden Deflationspolitik, und stützten auf diese Weise die Kaufkraft des geschrumpften Sozialeinkommens. Das legt die Hypothese nahe, dass die gängigen Ansichten über die Sparpolitik der frühen 1930er Jahre, vor allem die These vom Sozialabbau, korrekturbedürftig sind. Tatsächlich wird dem Resultat nach die These vom forcierten Sozialabbau der Lage nicht gerecht. Die Rentner beispielsweise waren trotz aller Streichungen, Einschränkungen und Einsparungen „die einzige umfassende soziale Schicht im Deutschen Reich, die dank stärker sinkender Lebenshaltungskosten in der großen Krise insgesamt wohlhabender wurde"[206]. Man muss diesen Befund vor dem Hintergrund eines niedrigen Rentenniveaus deuten, das oftmals nicht ausreichte, das Überleben leidlich zu sichern. Die Beobachtung aber, dass die Rentner als Gruppe nicht zu den eigentlichen Krisenverlierern gehören, verweist auf den zentralen Sachverhalt, dass die Krisenpolitik der Präsidialkabinette als Politik des sozialen Kahlschlags „mißdeutet wäre"[207]. Gewiss: man hätte die soziale Sicherung gerne auf ein Niveau abgesenkt, das dem des Kaiserreiches ähnelte: „Aber es ist nicht geschehen. Der Anteil der Ausgaben für soziale Sicherung am Volkseinkommen und der Anteil der Sozialausgaben an den Staatsausgaben sind in der Krise gestiegen"[208]. Die soziale Sicherung habe insofern unter der wirtschaftlichen Krise und der Sparpolitik zwar gelitten, sie habe jedoch nicht versagt, und sie sei den politischen Anfechtungen nicht zum Opfer gefallen. Eigentlich habe sie sich sogar „gegen beides auf fast verblüffende Weise bewährt"[209].

Hentschels Thesen rücken verbreitete Urteile über die Sozialpolitik der frühen 1930er Jahre zurecht. Doch bedürfen sie der Korrektur. Der Anstieg der Sozialleistungsquote – der erste Kritikpunkt – führt insofern irre, als die zu verteilende Einkommensmasse und das Sozialprodukt schrumpften. Das preisbereinigte Pro-Kopf-Sozialprodukt beispielsweise nahm den Daten von Angus Maddison zufolge von 1928 bis 1932 um 17,8 Prozent ab[210]. Die zunehmende Sozialleistungsquote zeigt demnach ein höheres relatives Gewicht der Sozialausgaben an, weil ihr Zähler weniger abnahm als der Nenner; sie kann jedoch nicht ohne genauere Prüfung die These von der Bewährung der Sozialpolitik belegen. Dieser Test muss sowohl das jeweilige Niveau der preisbereinigten Sozialausgaben erfassen als auch den krisenbedingt zunehmenden Bedarf an Sozialleistungen. Berücksichtigt man dies, dann wird ersichtlich, dass die realen Sozialausgaben zwischen 1929 und 1932 sogar leicht zunahmen, jedoch in einem Ausmaß, das weit hinter dem – infolge der Krise stark zunehmenden – Bedarf zurückblieb.

Zweitens: Die Veränderungen des von der Sozialversicherung erfassten Personenkreises weisen deutlich auf einen Abbau des Sozialschutzes hin. Wertet man die hierfür einschlägigen Daten[211] aus, wird ersichtlich, dass der Anteil der Versicherten an allen Erwerbspersonen zwischen 1929 und 1932 bei der Unfallversicherung von 74 auf 66 Prozent abnahm, in der Krankenversicherung von 61

Kritik der
Bewährungsthese

---

206 HENTSCHEL 1983: 135.
207 Ebd.: 135.
208 Ebd.: 135.
209 Ebd.: 135.
210 Berechnet nach MADDISON 2003: 60-62.
211 FLORA u.a. 1983: 501.

auf 47 Prozent, in der Altersversicherung von 69 auf 68 Prozent und in der Arbeitslosenversicherung von 44 (1930) auf 32 Prozent. Der Mantel der sozialen Sicherung wurde in den Jahren zwischen 1929 und 1932/33 tatsächlich dünner und löchriger. Die Gründe hierfür liegen nicht nur in gezielt herbeigeführten politischen Entscheidungen wie der Deflationspolitik, sondern auch in den Auswirkungen der Massenarbeitslosigkeit. Diese riss eine zunehmende Zahl Arbeitsfähiger und Arbeitswilliger aus dem Erwerbsleben und damit aus dem Status, an den in Deutschland die soziale Sicherung gekoppelt ist. Die Wirtschaftskrise der frühen 1930er Jahre legte somit ein Konstruktionsproblem der Sozialversicherung bloß: Diese setzt nämlich etwas als gegeben voraus, was nicht jedem jederzeit beschert ist – eine gesicherte Erwerbstätigkeit, die ungünstigstenfalls nur vorübergehend unterbrochen wird.

Ein Drittes steht gegen die These der Bewährung der Sozialpolitik: das eklatante Versagen der Arbeitslosenversicherung in der Krise ab 1929. Ein dürrer Zahlenvergleich vermag dies zu verdeutlichen: Zwischen 1929 und 1932 nahmen die realen (preisbereinigten) Leistungen der Arbeitslosenversicherung und der Arbeitslosenfürsorge insgesamt um den Faktor 1,5 zu, die Zahl der Arbeitslosen hingegen wuchs im selben Zeitraum um das Zweieinhalbfache. Diese Zahlen zeigen, dass der Sozialschutz der Arbeitslosenversicherung abgebaut wurde. Die hierfür anfallenden Kosten waren andernorts zu tragen, in der Familie, in den Kommunen, den Wohlfahrtsverbänden und Einrichtungen, die vom Reich finanziert wurden, wie der Fürsorge für Wohlfahrtserwerbslose[212].

Ein Viertes ist der These der Bewährung der Sozialpolitik in den Jahren 1929-32 entgegenzuhalten: Sie trifft zwar rechnerisch für hoch aggregierte Daten zu, doch überdeckt sie gruppenspezifische Benachteiligungen und Privilegierungen. Überdies vernachlässigt sie die Delegitimierung, die der Kurs der restriktiven Sozialpolitik und ihre Deutung als Vertrauens- und Rechtsbruch nach sich zogen. In dieser Hinsicht gab die Sozialpolitik in den letzten Jahren der Weimarer Republik eine katastrophal schlechte Figur ab. Die Notverordnungspraxis untergrub das Vertrauen in die Berechenbarkeit der Sozialpolitik und brachte somit die Basis des Tausches zwischen den Versicherten und der Versicherung ins Wanken. Die Notverordnungspraxis in der Sozialpolitik wurde zunehmend als illegitim interpretiert, als Rechtsbruch im juristischen oder im alltagsweltlichen Sinne[213], und die Kürzungen der Sozialleistungen wurden von vielen Versicherten nicht als Krisenopfer wahrgenommen, das man vorübergehend vielleicht in Kauf genommen hätte, sondern als Krisenpolitik, die ihren moralischen Kredit bereits verspielt hatte. Damit war die Sozialversicherungspolitik in eine schier ausweglose Lage geraten. Karl Teppe hat sie so beschrieben: Spätestens 1932 war für alle politisch Verantwortlichen unstrittig, dass „eine finanzielle Sanierung der Sozialversicherung die Inkaufnahme einer sozialpolitischen Durststrecke voraussetzte". Deren Überwindung setzte einen ausreichenden Vertrauensbonus in der Bevölkerung voraus. „Doch war dieser eben durch die Politik der Notverordnungen in entscheidendem Maße verspielt worden"[214].

---

212 PRELLER 1978: 399ff.
213 TEPPE 1977.
214 TEPPE 1977: 205.

Eine fünfte Beobachtung relativiert die These der Bewährung der Sozialpolitik in den Jahren von 1929 bis 1932. Der internationale Vergleich des Ausdehnungsgrades der Sozialversicherungen (gemessen am Anteil der Versicherten an der Gesamtzahl aller Erwerbspersonen) zeigt in allen westeuropäischen Ländern in den Jahren von 1929 bis 1932 folgendes Bild[215]: Am stärksten schrumpfte der Versichertenkreis der Sozialversicherung in Deutschland, dicht gefolgt von Österreich. Nun könnte man einwenden, dass die Arbeitslosigkeit in beiden Ländern in den frühen 1930er Jahren besonders hoch war. Das ist nicht falsch. Allerdings hatten Dänemark und Großbritannien eine ähnlich hohe Arbeitslosenquote wie Deutschland und Österreich[216], dennoch war die Sozialpolitik dieser Länder nicht auf Abbau programmiert. Der dänische Sozialstaat wurde in den Jahren 1929/32 sogar ausgebaut, während in Großbritannien der Sozialversicherungsschutz (mit Ausnahme der Unfallversicherung) immerhin gehalten wurde. In allen anderen westeuropäischen Staaten schrumpfte der Kreis der Sozialversicherten im ungünstigsten Fall nur in einem Bereich (in der Regel in der Unfallversicherung), während der Schutz, den die übrigen Zweige der Sozialversicherung gewährten, entweder aufrechterhalten oder erweitert wurde. Dabei kam einigen Ländern zweifellos eine niedrigere Arbeitslosenquote zugute, z.B. der Schweiz, in der die Quote der Erwerbslosen nie die 5 Prozent-Marke überstieg. Aber auch die Länder, in denen die Arbeitslosenquote um die 10 Prozent-Marke schwankte, verfolgten in der Sozialpolitik einen weicheren Kurs als die Präsidialkabinette in Deutschland.

Der Übergang zum autoritären Staat, der sich Anfang der 1930er Jahre in Deutschland abzeichnete, machte sich demnach in der Sozialpolitik stark bemerkbar. Er unterscheidet die Politik der sozialen Sicherung in Deutschland von derjenigen der stabilen Demokratien. Die deutsche Sozialpolitik dieser Periode fiel erheblich restriktiver aus als in den demokratischen Ländern Westeuropas; im Übrigen wurde sie sogar an einem kürzeren Zügel geführt als im faschistischen Italien. Die Finanz- und Sozialpolitik der Weimarer Republik in den Jahren 1929-32 kann folglich nicht durch das Argument entlastet werden, dass die Weltwirtschaftskrise Deutschland mit besonders großer Wucht erfasste. Zweifellos wurde die Sozialpolitik durch diese Krise schwer belastet, aber ihre Mängel sind auch auf hausgemachte Weichenstellungen zurückzuführen, vor allem auf die Sozial- und Wirtschaftspolitik, die restriktiver gestaltet wurde als in allen anderen westeuropäischen Ländern dieser Zeit.

Übergang zum autoritären Staat

Die Bilanz der Sozialpolitik in der Weimarer Republik zeigt Unterschiedliches. Einerseits stützt sie die These, dass die Weimarer Republik „einen qualitativen Sprung in der Entwicklung des Sozialstaats"[217] markiert. Das gilt vor allem bis zum Jahre 1930. Trotz größter wirtschaftlicher Probleme hatte die Sozialpolitik der 1920er Jahre ein beachtliches Tempo vorgelegt. Durch sie wurden die vom Kaiserreich geerbten Gebäude beibehalten, man besserte sie aus, verstärkte ihre Mauern, fügte den alten Grundrissen Neues hinzu und stockte die Häuser auf, solange Baumaterial vorhanden war. Auf den hierzu entworfenen Bauplänen

Sozialpolitische Bilanz der Weimarer Republik

---

215 Eigene Berechnungen auf der Basis von FLORA u.a. 1983: Kp. 9.
216 MADDISON 1982: 206.
217 PEUKERT 1987: 134.

ist die Handschrift der Arbeiterbewegung unverkennbar, die der Sozialdemokratie ebenso wie die der katholischen Arbeiterbewegung, die sich um das Zentrum gruppierte. Am deutlichsten lässt sich der Zusammenhang zwischen Stärke der Arbeiterbewegung und Sozialpolitik an der Einführung der reichsweiten Arbeitslosenversicherung zeigen. Wäre die Weltwirtschaftskrise und die seit Ende der 1920er Jahre besonders stark wachsende Macht der nicht-sozialistischen Parteien und Kräfte nicht gewesen, so ließe sich spekulieren, hätte die Weimarer Republik vermutlich einen entwickelten Wohlfahrts-Kapitalismus hervorgebracht. Doch dieser Weg war verbaut. Die politische Polarisierung zwischen Rechts und Links, die heftigen Konflikte innerhalb der jeweiligen Lager, die Weltwirtschaftskrise und die Politik der Präsidialkabinette der frühen 1930er Jahre geboten dem Trend zum Wohlfahrtsstaat Einhalt. Mehr noch: in wichtigen Sozialpolitikfeldern ging es nunmehr zwei Schritte zurück.

Wie der oben erwähnte internationale Vergleich zeigt, ist der Rückbau des Sozialstaats Anfang der 1930er Jahre nicht nur der Weltwirtschaftskrise geschuldet. Er spiegelt auch hausgemachte Weichenstellungen wider, vor allem die herrschende Philosophie der Wirtschafts- und Haushaltspolitik, die das Finanzgebaren der öffentlichen Haushalte am Budgetausgleich ausrichtete. Das vergrößerte die Nachfragelücke, die infolge der Arbeitslosigkeit entstanden war. Zur orthodoxen Wirtschafts- und Budgetpolitik gesellten sich machtpolitische Konstellationen; sie gingen ebenfalls zu Lasten der Sozialpolitik. Der Erosion der sozialpartnerschaftlichen Arbeitsbeziehungen und dem größeren Gewicht der nichtsozialistischen Kräfte im Parteiensystem, in der Wirtschaft und im Regierungs- und Verwaltungsapparat stand eine Arbeiterbewegung gegenüber, die durch Arbeitslosigkeit geschwächt, ideologisch zutiefst zerstritten und organisatorisch in das sozialdemokratische, das kommunistische und das Lager des Zentrums gespalten war. Der Arbeiterbewegung wurde nun durch die Gewalt der Wirtschaftskrise und durch Eingriffe auf der Basis von Notverordnungen des Reichspräsidenten die Rechnung für die sozial- und wirtschaftspolitischen Errungenschaften der ersten deutschen Republik präsentiert.

1.3 Sozialpolitik im nationalsozialistischen Deutschland

1933 gelangte die Nationalsozialistische Arbeiterpartei Deutschlands mit Adolf Hitler an der Spitze an die Macht. Das war der Auftakt zur „braunen Revolution"[218], die die Weimarer Republik zum Staat des Nationalsozialismus, dem NS-Staat, umformte. Die Verfassungsurkunde dieser Transformation ist die *Verordnung des Reichspräsidenten zum Schutz von Volk und Staat* vom 28.2.1933[219]. Sie flankierte verfassungspolitisch den Weg zunächst in den „Doppelstaat"[220], den das Nebeneinander von „Normen-" und „Maßnahmenstaat"[221] kennzeichnete, und während den Jahren des Krieges in den sich weiter radikalisierenden, im Zeichen der „Verabsolutierung des Kampfes"[222] und der Vernichtung stehenden ‚Bewegungsstaat'.

Dem Wähleranteil der NSDAP in der Reichstagswahl vom 5. März 1933 nach zu urteilen, konnte sich Hitler auf knapp 44 Prozent der Wähler berufen. Allerdings stand diese Wahl schon im Zeichen der Repression von politischen Parteien, die mit der NSDAP konkurrierten. Ihre Herrschaftsposition bauten die neuen Machthaber alsbald aus, und zwar durch eine Mischung von Repression, Terror, Zuckerbrot, Erfolg und „Komplizenschaft"[223] zwischen der politischen Führung und ihrer Gefolgschaft in einem Staat, der seinen nationalen Sozialismus nicht nur als Sozialpolitik für die „Volksgemeinschaft" buchstabierte[224], sondern auch als „Raub" und „Rassenkrieg"[225] zu Gunsten von wesentlichen Teilen der „Volksgemeinschaft". Die Repression traf zunächst die Gewerkschaften und die gegnerischen Parteien. Diese wurden verboten, und viele ihrer aktiven Mitglieder wurden in Konzentrationslager gesperrt, vor allem Kommunisten und Sozialdemokraten. Repression und Terror trafen alsbald auch andere als Gegner und Feind eingestufte Bevölkerungsgruppen, allen voran, bis zur systematisch organisierten Vernichtung, die jüdische Bevölkerung Deutschlands und der im Krieg von der Wehrmacht besetzten Gebiete sowie andere von der Rassenideologie des Nationalsozialismus als ‚minderwertig' eingestufte Bevölkerungsgruppen[226].

---

218 SCHOENBAUM 1968.
219 RGBl. I, Nr. 17 v. 28.2.1933, S. 83.
220 FRAENKEL 1973.
221 Ebd.
222 REBENTISCH 1989: 21.
223 HERBST 1996: 453.
224 MASON 1977.
225 ALY 2005.
226 Vgl. für andere SOFSKY 1993, WALK 1996, HERBST 1996.

Die nationalsozialistische Herrschaft stützte sich nicht nur auf offene Gewalt, sondern auch auf Anerkennung, die ihr vor allem aus der erfolgreichen Bewältigung von Problemen erwuchs, vor denen die Weimarer Republik versagt hatte. Die ‚Volksgemeinschaft' (im Sinn von Gemeinschaft nur der deutschen ‚Volksgenossen') fand vor allem bis 1939 und in den ersten Kriegsjahren großen Anklang bei der Mehrheit der deutschen Bevölkerung, von der Karl Kraus einmal gesagt hat, sie habe „freudeschlotternd" auf Hitler gewartet und ihn nicht minder freudetrunken bejubelt. Die wirtschaftspolitischen Erfolge, vor allem der Wirtschaftsaufschwung und der rasche Abbau der Arbeitslosigkeit, vergrößerten die Popularität des NS-Staates. Obendrein wussten die Nationalsozialisten, wie man propagandistisch und durch Tat den Kampf um „die Herzen der Massen"[227] erfolgreich führt: Zu den wichtigsten Mitteln gehörten – neben Arbeit und Brot – außenpolitisch die Machtstaatspolitik und innerstaatlich Feinderklärungen, Spiele und soziale Sicherheit – wohlgemerkt für ‚Volksgenossen' und deren Angehörige, auch für die Arbeiterschaft, den „umworbenen Stand"[228]. Dies alles formte und befestigte die Herrschaftsbeziehung zwischen dem Großteil des deutschen Volkes und Adolf Hitler, dem als charismatischen Herrscher angesehenen ‚Führer'[229].

Welchen Kurs schlug der NS-Staat in der Sozialpolitik ein? Wie prägte der Regimewechsel von 1933 die Politik der sozialen Sicherung? Inwieweit charakterisierte Kontinuität die Sozialpolitik, der man doch den Hang nachsagt, den einmal eingeschlagenen Weg zur Problemlösung weiterzugehen – im fachwissenschaftlichen Jargon Pfadabhängigkeit benannt? Dies sind die Leitfragen des vorliegenden Kapitels.

In der fachwissenschaftlichen Literatur zur Sozialpolitik im Nationalsozialismus prallen zwei Positionen aufeinander. Die eine betont die Diskontinuität: ihr zufolge führte die nationalsozialistische Machtergreifung in allen Politikfeldern, einschließlich der Sozialpolitik, eine Wende herbei[230]. Dieser These nach zu urteilen, wurde die Sozialpolitik im NS-Staat als Instrument zur sozialen und politischen Kontrolle der Bevölkerung eingesetzt und nach parteipolitischen und rassistischen Kriterien gewährt oder verweigert. Zur Diskontinuitätsthese gehört auch die These, wonach die Veränderungsrichtung der Sozialpolitik vor 1933 im NS-Staat verändert worden sei. Als Beispiele gelten die Zunahme des versicherten Personenkreises und die – wenn auch zögerliche – Zurücknahme der Leistungsbeschränkungen der frühen 1930er Jahre[231].

Der Gegenthese zufolge war der Sozialpolitik des NS-Staates ein hohes Maß an Kontinuität eigen[232]. Vertreter der Kontinuitätsthese betonen, dass die NSDAP zunächst keine eigenständige Konzeption für die soziale Sicherung hatte, dass sie den Schwerpunkt ihrer Sozialpolitik in der Beschäftigungspolitik sah und die Grundstruktur der sozialen Sicherungssysteme weitgehend unangetastet ließ[233]. Obendrein betonen die Vertreter der Kontinuitätsthese, dass bei den NSDAP-Sozialpolitikern zwischen Deklamieren und Handeln eine besonders große Lücke

---

227 SPREE 1985: 410.
228 HEUEL 1989.
229 WEHLER 2003: 600-690, 902-907, 933-940.
230 Beispiele: RIMLINGER 1987, SACHßE 1996: 169.
231 ZÖLLNER 1981: 86.
232 Vgl. die der Strukturkonstanz der Sozialversicherung gewidmeten Teile der Abhandlung in TEPPE 1977.
233 Vgl. GLADEN 1974: 108.

bestanden habe[234]. Eine weitere Variante der Kontinuitätshypothese hat Karlheinz Weißmann mit dem Argument entfaltet, dass Deutschlands Sozialpolitik der 1930er und 1940er Jahre vieles mit der Sozialpolitik anderer westlicher Länder gemeinsam gehabt habe: „Vergleichende Untersuchungen zur Ausbildung des Sozialstaates in Europa zeigen (...), daß die deutsche Entwicklung in den dreißiger und vierziger Jahren keine signifikante Abweichung von der allgemeinen Tendenz zeigt. Die Bürokratisierung, Professionalisierung und Verrechtlichung der Wohlfahrtspflege waren hier wie in allen entwickelten Ländern zu beobachten"[235].

Inwieweit halten die unterschiedlichen Sichtweisen der Sozialpolitik in Deutschland von 1933 bis 1945 der Überprüfung stand? Welche These ist stichhaltiger: die Kontinuitäts- oder die Diskontinuitätsthese?

Zunächst zur Kontinuitätsthese. Für sie spricht das Scheitern radikaler nationalsozialistischer Reformprojekte in der Sozialpolitik. In der Nationalsozialistischen Betriebszellenorganisation war der Plan einer einheitlichen Staatsbürgerversorgung auf der Basis des Fürsorgeprinzips entwickelt worden. Dieser Plan wurde nicht realisiert. Gleiches widerfuhr dem in den ersten Kriegsjahren vorgelegten Plan der Deutschen Arbeitsfront, die gegliederte Sozialversicherung durch ein *Versorgungswerk des deutschen Volkes* zu ersetzen[236], das von Robert Ley, dem machthungrigen und rastlos nach Erweiterung seiner Kompetenzen strebenden Leiter der Deutschen Arbeitsfront, entwickelt worden war. Als „brauner Kollektivist"[237] ist Robert Ley einmal von dem Finanzminister Krosigk bezeichnet worden, als einer, der „einen totalitären Wohlfahrtsstaat mit Rundumversorgung von der Wiege bis zur Bahre für die Mitglieder der Volksgemeinschaft" befürwortet habe[238].

Plan einer Staatsbürgerversorgung

Das war nicht falsch, doch ging der Plan eines *Versorgungswerks des deutschen Volkes* darin nicht auf. Der hatte manches mit dem Beveridge-Plan gemeinsam, der zur Grundlage des britischen Wohlfahrtsstaates wurde[239]. Parallelen und Unterschiede zwischen dem Beveridge-Plan und dem Versorgungswerk hat Hans Günter Hockerts mit folgenden Worten beschrieben: „Wie Beveridge wollte Ley die gesamte Bevölkerung in ein einheitliches Sicherungssystem einbeziehen, also sowohl die traditionelle gruppenspezifische Organisation wie auch die Begrenzung auf ‚Schutzbedürftige' überwinden. Dabei war in einer Variante – wie bei Beveridge – eine die basic needs deckende Einheitsrente für alle vorgesehen (...) Das Versorgungswerk sollte aus der Einkommensteuer finanziert werden, was eine stärkere vertikale Umverteilung ergeben hätte als der Beveridge-Plan, in dem die Einheitsrente einem Einheitsbetrag (zuzüglich Staatszuschuß) entsprach"[240]. Basieren sollte das geplante Versorgungswerk auf dem Prinzip, sozialpolitischen Schutz nur den ‚Volksgenossen' zu gewähren und auf der Auffassung, der Sozialschutz für das Kollektiv habe Vorrang vor dem Schutz des Individuums[241].

---

234 Hierzu SCHEUR 1967: 10f., HENTSCHEL 1983: 139, FRERICH & FREY 1993a: 289.
235 WEIẞMANN 1995: 172.
236 Vgl. TEPPE 1977.
237 SMELSER 1989: 4.
238 Ebd.: 4, vgl. REICHEL 1991: 85.
239 RECKER 1985: 98ff.
240 HOCKERTS 1983: 308.
241 RIMLINGER 1987: 75.

Ein Propagandist der NS-Sozialpolitik hat die Ein- und Ausschließungslogik dieser Prinzipien auf folgende Formel gebracht: „Wen die Volksgemeinschaft nicht umschließt, dem können auch keine sozialpolitischen Hilfen geboten werden"[242]. Sozialpolitik war diesem Verständnis zufolge vor allem „Politik zur Verbesserung der völkischen Lebensbedingungen"[243]. Von ihr hieß es lobend, sie sei nach 1933 „von der ‚Sozialpolitik‘ der kleinen Beschwichtigungen abgegangen", um an deren Stelle „eine wirkliche Politik der völkischen Erneuerung zu setzen"[244].

Großes Beharrungsvermögen

Allerdings war das Beharrungsvermögen der etablierten Systeme der sozialen Sicherung groß. Auch erwiesen sich ihre Fürsprecher als stärker als die – politisch durchaus einflussreichen – Befürworter einer nationalsozialistischen Strukturreform der Sozialpolitik. Man hat dies in der Fachliteratur unter anderem mit der Hypothese vom Einfluss der Ministerialbürokratie erklärt. Diese habe – in Anwendung ihrer teils konservativen, teils zentristischen Präferenzen – die Rentenversicherung in den überlieferten Bahnen gehalten. Vor allem im Wirkungskreis des Reichsarbeitsministeriums hielten sich die „Zentrumstraditionen dieses Hauses"[245] erstaunlich gut; nicht wenige von ihnen überdauerten sogar den „Führerstaat"[246]. Man hat ferner in der polykratischen Struktur des NS-Staates, vor allem der Koexistenz mehrerer Machtzentren mit jeweils eigenem Hoheitsbereich[247], einen Faktor gesehen, der die Kontinuität der Sozialversicherung begünstigte[248]. Erleichternd kam hinzu, so eine weitere These, dass die NSDAP in der Sozialpolitik nicht auf eine eigene fachgeschulte Elite zurückgreifen konnte und deshalb lange auf nicht-nationalsozialistische Experten angewiesen war[249]. Die Sozialpolitik schien viel weniger vom Regimewechsel von 1933 berührt worden zu sein als andere Politikfelder, wie die Arbeitsbeziehungen, die gleichgeschaltet wurden, und die Familienpolitik, die zunehmend von der Rassenideologie des Nationalsozialismus geprägt wurde.

Das alles trägt dazu bei, das Beharrungsvermögen der etablierten Systeme der sozialen Sicherung zu erklären. Doch muss hierfür ein Weiteres berücksichtigt werden. Der Sozialpolitik kam zugute, dass ihr Sozialversicherungskern im Unterschied zu vielen anderen Politikfeldern nicht in das Räderwerk der extrabürokratischen, durch ‚führernahe‘ Sonderstäbe geprägten Verwaltungsmaschinerie von Hitlers Führerdiktatur geriet[250]. Zudem standen nicht wenige Nationalsozialisten dem Gedanken der Sozialversicherung nahe. War die Sozialversicherung nicht ein urdeutsches Rechtsgut, „ein ausgesprochen deutsches Werk", so die beifällige Kommentierung in der Schrift *Sozialpolitik im neuen Staat*[251], das es nur von Überwucherungen durch Demokratie und Parlamentarismus zu befreien gelte[252]?

---

242 Ebd.: 15.
243 Ebd.: 19.
244 Ebd.: 17.
245 Tennstedt 1986: 23.
246 Frei 1993.
247 Neumann 1978.
248 Rebentisch & Teppe 1986.
249 Prinz 1985: 235.
250 Vgl. hierzu Wehler 2003: 623-635.
251 Schuhmann & Brucker 1934: 346.
252 Ebd.: 348f.

In einigen Sozialpolitikfeldern führte der NS-Staat sogar Traditionen weiter, die von den Präsidialkabinetten der frühen 1930er Jahre unterbrochen worden waren. Man kann hierin die Wiederingangsetzung dynamischer Kontinuität, der Gleichartigkeit der Veränderungsrichtung sehen. Beispielsweise wurde im NS-Staat die Abnahme des Mitgliederkreises der Sozialversicherungen der Jahre von 1929 bis 1933 gestoppt. Der Kreis der sozialversicherten Erwerbspersonen wurde wieder erweitert. In den Jahren von 1933 bis 1938 wuchs er sogar in beachtlichem Tempo, wie der Vergleich mit anderen Ländern lehrt, keineswegs nur wegen des Wirtschaftsaufschwungs. Beispielsweise expandierte der Versichertenkreis ähnlich stark wie im demokratisch regierten Großbritannien[253]. Für die Jahre von 1939 bis 1945 sind keine direkt vergleichbaren Daten verfügbar, doch wurde in den Kriegsjahren der Versicherungsschutz weiter ausgebaut, vor allem zugunsten des selbständigen Mittelstandes. Noch 1938 waren die selbständigen Handwerker der Angestelltenversicherung eingegliedert worden, 1939 die landwirtschaftlichen Unternehmer und deren Ehefrauen der Unfallversicherung und 1941 die Selbständigen der Krankenversicherung.

In der Tradition einer expansiven Sozialpolitik stand auch die legitimations- und militärpolitisch begründete Politik der Verbesserung einzelner Sozialleistungen[254]. Bis 1939 hatte man die Sozialleistungen sparsam dosiert. 1939 wurde dieser Kurs korrigiert, nicht zuletzt mit Blick auf den 50. Geburtstag von Adolf Hitler. Nun wurden einige der Kürzungen rückgängig gemacht, die in den frühen 1930er Jahren auf Notverordnungsbasis beschlossen worden waren. In den Kriegsjahren kam die militärpolitisch begründete Aufbesserung von Sozialleistungen hinzu. Diese sollten der psychologischen und politischen Stabilisierung der ‚Heimatfront', der „Steigerung der kriegswirtschaftlichen Leistungsfähigkeit"[255] und der „prophylaktischen Krisenpolitik des Regimes"[256] dienen. Kriegsbedingtem Popularitätsverlust wollte man ebenso zuvorkommen wie dem Aufbrechen schwerer gesellschaftlich-politischer Konflikte nach Art der Revolution vom November 1918.

Viele sozialpolitische Verbesserungen des NS-Staates entpuppten sich allerdings eher als kleine denn als große Befriedungsmittel: ob die Nichtanrechnung höherer Rentenbezüge auf Fürsorgeleistungen und die Aufnahme der Rentner in die Krankenversicherung die ‚Heimatfront' wirklich stärkten, ist zweifelhaft. Gleiches gilt für den erhofften Effekt der Erhöhung der Kinderzuschüsse im Jahre 1942. Diese wurden unter anderem damit begründet, „daß zur sieghaften Kriegsführung ein Volk gehört, das trotz aller Kriegslasten und Opfer unverwüstlich bleibt"[257]. Dennoch: die Sozialpolitik der Kriegsjahre brachte im Großen und Ganzen keinen Rückschritt, sondern bereichsweise Verbesserungen des Sozialschutzes – allerdings beides nur für ‚Volksgenossen'. Die oben erwähnte Erhöhung der Kinderzuschüsse von 1942 führte ein familien- und bevölkerungspolitisches Konzept von 1935/36 weiter, das die Auszahlung von Kinderbeihil-

Sozialpolitische
Verbesserungen

---

253 Berechnungen auf der Basis von FLORA u.a. 1983: 501. In Deutschland nahm der Mitgliederkreis der Unfallversicherung von 68% aller Erwerbspersonen (1933) auf 88% (1938) zu, und derjenige der Arbeitslosenversicherung stieg von 31 auf 43%. Auch der Versichertenkreis der Kranken- und der Altersversicherung wurde vergrößert – von 47 auf 56% bzw. von 66 auf 72%.
254 FRERICH & FREY 1993a: 294ff., 301ff.
255 RECKER 1985: 291, 300.
256 TEPPE 1977: 236.
257 H. Engel, zitiert nach TENNSTEDT 1976: 478.

fen begründet hatte[258]. Ferner führte die Sozialversicherungspolitik die Angleichung der Arbeitersozialversicherung an die Altersversicherung der Angestellten weiter. Darin kam das Streben der NSDAP, allen voran der Deutschen Arbeitsfront, zum Ausdruck, die arbeits- und sozialpolitischen Unterschiede zwischen Arbeitern und Angestellten einzuebnen. An der propagandistischen Aufwertung von Arbeit überhaupt und körperlicher Arbeit war dies besonders deutlich ablesbar. „Ich will versuchen", erläuterte der Leiter der Deutschen Arbeitsfront auf einer Veranstaltung im Jahre 1937, „dem Volk ein Arbeitsethos zu geben, d.h. etwas Heiliges, etwas Schönes in der Arbeit sehen. Ich will versuchen, daß unsere Fabriken Gottestempel werden, und ich will versuchen, daß der Arbeiter der geachtetste Mensch in ganz Deutschland ist"[259]. Das war Propaganda in schlechtem Deutsch, aber auch ernst gemeintes Anliegen, wie die Praxis des NS-Staates zeigte: Arbeit und Arbeiterschaft wertete sie auf, sofern es sich um die nach nationalsozialistischer Gesinnung richtige Rasse handelte, und ständische Differenzen zu Lasten der Arbeiterschaft ebnete sie ein. Ein Beispiel: In der Deutschen Arbeitsfront war die Differenzierung nach Arbeitern und Angestellten nicht länger zugelassen, und in der betrieblichen Sozialpolitik wurden Erholungsheime, die bislang den Angestellten vorbehalten waren, auch für die Arbeiterschaft geöffnet.

Die Sozialpolitik war Teil des Kitts, der Staat und Gesellschaft im nationalsozialistischen Deutschland zusammenhielt. Noch mehr Kohäsion erzeugten der Wirtschaftsaufschwung und die Wiedergewinnung der Vollbeschäftigung, die, dem Selbstverständnis des Nationalsozialismus zufolge, den Kern der neuen Sozialpolitik ausmachten. Tatsächlich wuchs die Wirtschaft in hohem Tempo: zwischen 1933 bis 1939 betrug das jahresdurchschnittliche Pro-Kopf-Wirtschaftswachstum 7,0 Prozent[260]. Das kam alsbald der Beschäftigung zugute: die Zahl der Arbeitslosen nahm von 1932 bis 1938 um 5,2 Millionen ab[261]. Die Arbeitslosenquote, die von 8,5 Prozent 1929 auf 29,9 im Jahre 1932 gestiegen war, sank nach dem Machtantritt des Nationalsozialismus in hohem Tempo[262]. 1933 betrug sie noch 25,9 Prozent, ein Jahr später nur noch 13,5 und 1935 10,3 Prozent. 1936 lag sie bei 7,4 und 1937 bei 4,1 Prozent, 1938 war sie auf 1,9 Prozent zurückgegangen und 1939 schließlich bei 0,5 Prozent angelangt. Besonders rasch schrumpfte das Heer der so genannten Wohlfahrtserwerbslosen[263]. Im nationalsozialistisch regierten Deutschland war somit in wenigen Jahren aus Massenarbeitslosigkeit Vollbeschäftigung geworden. Das war in der westlichen Welt einmalig und wurde in Deutschland und weithin auch im Ausland als spektakulärer Erfolg gewertet[264].

Vollbeschäftigung

Dieser Erfolg basierte auf einem – wie spätere Analysen zeigen – gesetzesähnlichen Mechanismus: Starkes Wirtschaftswachstum verringert die Arbeitslosenquote, während die Stagnation der Wirtschaft oder ein schrumpfendes Sozialproduktvolumen die Zahl der Arbeitslosen vergrößert. Zu diesem Gesetz passen die Wiedergewinnung der Vollbeschäftigung im Nationalsozialismus, die steil ansteigende Arbeitslosenquote der letzten Jahre der Weimarer Republik und der

---

258 FRERICH & FREY 1993a: 315f.
259 Robert Ley, hier zitiert nach TEPPE 1977: 212.
260 Berechnet nach MADDISON 2003: 60-62.
261 FRERICH & FREY 1993a: 255, PETZINA u.a. 1978.
262 Hier gemessen durch den Prozentanteil der Arbeitslosen an den abhängigen Erwerbspersonen.
263 FRERICH & FREY 1993a: 255.
264 Vgl. HERBST 1996: 89ff., zur Entwicklung in anderen Ländern MADDISON 2003.

64

Abbau der Arbeitslosenquote in den 1950er Jahren der Bundesrepublik Deutschland[265]. Das Besondere des Aufschwungs der Jahre von 1933 bis 1939 war allerdings das hohe Tempo, mit dem die Wirtschaft wuchs und die Arbeitslosigkeit verringert wurde. Und das rasche Wirtschaftswachstum basierte auf der positiven Reaktion der Unternehmen und der Märkte auf den Regimewechsel von 1933 sowie auf der „Staatskonjunktur"[266], die der wachsende Staatsverbrauch und die zunehmenden Investitionen des Staates hervorbrachten.

Die Wiedergewinnung der Vollbeschäftigung löste einen beträchtlichen Teil der Probleme, die in den Sozialversicherungen während der wirtschaftlich mageren Jahre herangewachsen waren: Wirtschaftswachstum, zunehmende Zahl der Beschäftigten und somit wachsende Zahl der Beitragspflichtigen sowie der Abbau der Arbeitslosigkeit füllten die Kassen des Staates und der Sozialversicherungen und entlasteten vor allem die Haushalte der Arbeitslosenversicherungen und der Fürsorge, zumal die hohen Sozialabgaben der Endphase der Weimarer Republik beibehalten und die Sozialleistungen nur zögernd erhöht wurden.

Im Vergleich zur Massenarbeitslosigkeit der frühen 1930er Jahre verkörperte die Wiedererlangung der Vollbeschäftigung einen spektakulären Kontinuitätsbruch. Aber auch in der NS-Sozialpolitik im engeren Sinne kamen Trendbrüche zustande. Insoweit zeichnet sich die „Sozialpolitik im neuen Staat", so die Formulierung von Parteigängern des Nationalsozialismus[267], durch Kontinuität und Diskontinuität aus. Letztere gewann mit zunehmendem Alter des NS-Staates allerdings an Gewicht. Ersichtlich wurde die Diskontinuität vor allem am abnehmenden relativen Gewicht der Sozialpolitik, an der Zerschlagung der Selbstverwaltung, an der Verklammerung der Sozialpolitik mit der Arbeitskräftemobilisierung, am Dualismus von Partei und Staat in der sozialen Sicherung und an der rassen- und gesinnungspolitischen Ausrichtung der Sozialpolitik.

Im NS-Staat schrumpfte die relative Bedeutung der Sozialpolitik im Ensemble der Staatstätigkeiten. Aufschluss hierüber geben die Staatsfinanzen. Die Sozialleistungsquote war 1939 mit 8,7 Prozent etwas geringer als die von 1927 (10,4 Prozent) und erheblich niedriger als die Quote von 1932 (20,7 Prozent)[268]. Selbstverständlich reflektiert die hohe Sozialleistungsquote von 1932 zu einem beträchtlichen Teil die Wirtschaftskrise der frühen 1930er Jahre, und die niedrigeren Sozialleistungsquoten der Periode 1933-39 sind auch Ergebnis des Wirtschaftsaufschwungs dieser Jahre. Doch zeigen genauere Auswertungen, dass die Sozialleistungen 1939 in absoluten Größen das Niveau von 1927/28 unterschritten[269]. Allerdings ist nach Versicherungszweigen zu differenzieren. Im Vergleich zu den letzten Prosperitätsjahren der Weimarer Republik blieb die Ausgabenquote der Krankenversicherung in etwa konstant und die der Unfallversicherung nahm geringfügig zu. Spürbar vermindert wurde die Ausgabenquote vor allem in den konjunkturabhängigen Systemen der Sozialpolitik, insbesondere der Arbeitslosenversicherung und der Fürsorge. Primär aus altersstrukturellen und mortalitätsbedingten Gründen beanspruchte sodann die Kriegsopferversorgung einen

Erste Wende

---

265 Eigene Auswertungen auf der Basis der Daten in PETZINA u.a. 1978: 119 und MADDISON 2003.
266 BORCHARDT 1976: 713f.
267 SCHUHMANN & BRUCKER 1934.
268 ZÖLLNER 1981: 83. Die Staatsquote ist hier definiert als die mit 100 vervielfachte Verhältniszahl von Staatsausgaben und Volkseinkommen.
269 Berechnet auf der Basis von Daten in PETZINA u.a. 1978: 107 und ZÖLLNER 1963: Tabelle 1.

abnehmenden Teil der Ausgaben[270]. Die erfolgreiche Wirtschafts- und Beschäftigungsentwicklung und der zunehmende Abstand zum Ende des Ersten Weltkrieges erklären somit einen Teil der niedrigen Sozialleistungsquote im NS-Staat.

Allerdings spiegelt die niedrige Sozialleistungsquote auch gezielte finanzpolitische Weichenstellungen wider. Der Wirtschaftsaufschwung wurde nicht für den forcierten Ausbau der Sozialpolitik verwendet, wie später in den 1950er, 1960er und 1970er Jahren, sondern für andere Zwecke. Die nationalsozialistische Diktatur setzte in der Staatsausgabenpolitik andere Prioritäten als die Demokratie: man schichtete die Staatsfinanzen gezielt um, vor allem zugunsten rüstungs-, wirtschafts-, und bevölkerungspolitischer Vorhaben[271]. Besonders viele Ressourcen kamen der Rüstung zugute, vor allem ab 1936, und viel Geld floss vor und nach 1936 in die Verbesserung der – zivil und militärisch nutzbaren – Infrastruktur, wie den Ausbau der Elektrifizierung, den Autobahn- und den Städtebau[272].

Die Sozialversicherungspolitik führte der NS-Staat jedoch am kurzen Zügel, obwohl das Parteiprogramm der NSDAP im Punkt 15 „einen großzügigen Ausbau der Altersversorgung" gefordert hatte[273]. Dass es hierzu nicht kam, hatte unter anderem wirtschaftspolitische Gründe. Vor allem das Reichsfinanzministerium und das Reichswirtschaftsministerium hatten sich nachdrücklich gegen die Erhöhung der Sozialleistungen ausgesprochen. Diese belaste die Unternehmen zu stark und führe zu Lohneinbußen der Arbeiterschaft, deren Entgelt ohnehin schon knapp bemessen sei und nur zögerlich zunähme, was für sich schon Zündstoff sei. Ferner brächten erhöhte Sozialleistungen das Preisgefüge ins Wanken. Das könne angesichts traumatischer Erfahrungen mit der Hyperinflation von 1923 politisch brisant sein. Schließlich verringerten höhere Altersrenten die Spanne zwischen den Altersrenten und dem Arbeitseinkommen und verminderten somit den arbeitsmarktpolitisch erwünschten „Zwang zur Weiterarbeit" älterer Arbeitnehmergruppen[274].

Zweite Wende Ein zweiter Kurswechsel der nationalsozialistischen Sozialpolitik beseitigte die Selbstverwaltung in der Sozialversicherung und transformierte den freiheitlichen Korporatismus in den Zwangskorporatismus. Seit dem Geburtsjahr der Sozialpolitik im Kaiserreich waren die Vertreter der Arbeitnehmer und der Arbeitgeber an der Verwaltung der Sozialversicherung beteiligt gewesen. Ferner hatten die Kabinette Brüning und von Papen noch in der Weimarer Republik die Selbstverwaltung in der Sozialversicherung unterhöhlt, diese aber nicht beseitigt. Der Nationalsozialismus ging auf diesem Weg weiter voran: noch 1933 wurden die Gestaltungsmöglichkeiten der Selbstverwaltung durch die Erweiterung staatlicher Befugnisse und Rechte in den Sozialversicherungen nachhaltig beschnitten. Wenig später wurde die personelle Zusammensetzung der Gremien geändert. Das „Gesetz zur Wiederherstellung des Berufsbeamtentums" und das „Gesetz über Ehrenämter in der sozialen Versicherung und der Reichsversorgung" lieferten die Rechtsgrundlage für die Entfernung missliebiger Mitglieder der Selbstver-

---

270 Berechnungsbasis: ZÖLLNER 1963: 21.
271 LAPP 1957.
272 OVERY 1982: 46ff., FRERICH & FREY 1993a: 248.
273 Zitiert nach LAMPERT 1983: 178.
274 So im Mai und Juni 1938 der Tenor der Absage des Reichsfinanz- und des Reichswirtschaftsministeriums an den Vorschlag, die Renten moderat zu erhöhen (TEPPE 1977: 235).

waltungsgremien aus dem Dienst[275]. Formal beseitigt wurde die Selbstverwaltung im Juli 1934. An ihre Stelle trat ein – vom Führerprinzip geprägtes – System eines Leiters mit einem Beirat. Letzterer spielte nur eine Statistenrolle. In der Sozialpolitik war somit der freiheitliche Korporatismus durch den hierarchischen „Führerstaat" ersetzt worden[276].

Der Einsatz der Sozialpolitik zur Arbeitskräftemobilisierung markierte eine Dritte Wende weitere Politikwende des NS-Staates. Stärker als je zuvor wurde die Sozialpolitik im Deutschland der Jahre von 1933 bis 1945 auf das Ziel ausgerichtet, Arbeitskräfte zu mobilisieren und die Produktion sowie die Arbeitsleistung zu steigern. Die Erwerbsbeteiligung sollte gefördert und die Finanzierung des Lebensunterhaltes aus Sozialeinkommen eingeschränkt werden. Diese Prinzipien steuerten die Bevorzugung und Benachteiligung einzelner Zweige der sozialen Sicherung. Auf Sparflamme hielt man die Sozialleistungen, die der ‚Arbeitsschlacht' des Dritten Reiches, der Wiedererlangung der Vollbeschäftigung, und der Mobilisierung für eine machtstaatliche Wirtschafts- und Rüstungspolitik im Wege standen. Die Arbeitslosenversicherung beispielsweise wurde durch die Verordnung über die Arbeitslosenhilfe vom 5.9.1939 faktisch beseitigt[277]. Mit ihr wurde das Versicherungs- durch das Fürsorgeprinzip der Arbeitslosenfürsorge ersetzt, deren Gewährung eine Bedürftigkeitsprüfung und Arbeitseinsatzunfähigkeit voraussetzte. Damit war eine weitere sozialpolitische Errungenschaft der Weimarer Republik beseitigt worden. Auch in der Gesundheitspolitik wurden die Akzente neu gesetzt: Die „Pflicht zur Gesundheit", so Horst Baiers treffsichere Formulierung, und die Wiederherstellung der Gesundheit und Arbeitskraft wurden im Vergleich zur Sozialpolitik für arbeitsunfähige Sozialleistungsempfänger aufgewertet[278]. Auch die Unfallversicherung sollte das Arbeitskräftepotential, vor allem das der männlichen Bevölkerung, mobilisieren. Der Hebel hierfür war die restriktive Definition von Invalidität. Wie die Statistik der betrieblichen Unfälle und Berufskrankheiten zeigte, nahm die Zahl der Unfälle zwischen 1932 und 1938 stark zu, zum Teil wegen der zunehmenden Zahl der Beschäftigten, größtenteils jedoch aufgrund des größeren Unfallrisikos. Allerdings hielten die Leistungen der Unfallversicherung nicht Schritt mit der zunehmenden Unfallhäufigkeit. Während die Zahl der Betriebsunfälle und Berufskrankheiten von 1932 bis 1938 um 143 Prozent zunahm, wurden die Sozialleistungen der Unfallversicherung im selben Zeitraum nur um 17 Prozent erhöht. Darüber hinaus schrumpfte die Zahl der entschädigten Unfälle je 1000 gemeldete Unfälle von 79 im Jahre 1933 auf 51 im Jahr 1938[279]. Diese Zahlen spiegeln Wirkungen einer politischen Vorgabe wider, der zufolge ein Unfall nur bei schwerster Schädigung als Voraussetzung von Invalidität anzuerkennen war.

Die vierte Wende der NS-Sozialpolitik begann damit, dass in der NSDAP Vierte Wende: Gesinnungs- und rassenpolitisch motivierte Exklusion und Repression mit sozialpolitischen Aufgaben betraute Organisationen geschaffen wurden, vor allem in der Fürsorge[280]. In ihr machte sich die NS-Volkswohlfahrt stark, die in den 1920er Jahren zunächst als eine Hilfsdiensteinrichtung für SA- und NSDAP-Parteigenossen gegründet worden war. 1930 kam das Winterhilfswerk hinzu.

---

275 RGBl. I, Nr. 34 v. 7.4.1933: 175 und RGBl. I, Nr. 51 v. 20.5.1933: 277
276 Vgl. GEYER 1987: 374.
277 Verordnung über die Arbeitslosenhilfe v. 5.9.1939 (RGBl. I, Nr. 167 v. 6.9.1939: 1674).
278 Vgl. HENTSCHEL 1983: 142.
279 NEUMANN 1978: 258, FRERICH & FREY 1993a: 296f.
280 SCHEUR 1967: 173ff., GRUNER 2002.

Beide Organisationen sollten die freien Wohlfahrtsverbände, vor allem die der Kirchen, aus der Fürsorge verdrängen und an deren Stelle genuin nationalsozialistische Einrichtungen setzen, die der Bevölkerungs- und der Rassenpolitik Vorrang einräumen sollten. Die Fürsorge sollte vor allem den deutschen ‚Volksgenossen' zukommen, insbesondere denjenigen, die nach nationalsozialistischer Ideologie ‚erbgesund' waren und zu den ‚völkisch besonders wertvollen' Mitgliedern zählten. „Dienst an der Rasse" hatte die Fürsorge zu leisten, so der Autor der Schrift „Nationalsozialistische Volkswohlfahrt" aus dem Jahre 1937[281]. Sozialversicherungspolitik war diesem Verständnis zufolge „der organisierte Ausdruck der aus der Volksgemeinschaft erwachsenden Kameradschaft"[282] und Bestandteil eines Treue-, Pflicht- und Schutzverhältnisses unter ‚Volksgenossen'.

Damit ist die wohl folgenreichste Wende der NS-Sozialpolitik angesprochen: sie wurde alsbald von der gesinnungs- und rassenpolitisch motivierten Repression erfasst[283]. Das Ausnahmerecht gegenüber den zum politischen Gegner erklärten Gruppen und die Bestimmungen der Rassengesetzgebung des NS-Staates fanden auch in das Sozialversicherungsrecht Eingang. Das Ziel, den „guten Volkskern (zu) schützen"[284] und der „Erstarkung des deutschen Menschen"[285] zu dienen, mochte bloße Propaganda sein, doch zweifellos wollten die Ideologen der NSDAP über die bislang angeblich praktizierte „‚Sozialpolitik' der kleinen Beschwichtigungen"[286] hinausgehen und an deren Stelle eine Politik zur „Verbesserung der völkischen Lebensbedingungen"[287] setzen.

Die rassenideologische Programmatik wurde in der Sozialpolitik nicht in vollem Umfang in die Tat umgesetzt. Vergleichsweise großen Einfluss gewann sie aber als Leitbild der Familienpolitik und der Fürsorge[288]. Je stärker dieses Leitbild wurde, desto mehr grenzte die Sozialpolitik die aus, die nicht als ‚Volksgenossen' zählten[289]. Den Auftakt zur gesinnungs- und rassenpolitisch motivierten Wende in der Sozialpolitik gab der NS-Staat mit dem Gesetz zur Wiederherstellung des Berufsbeamtentums von 1933, das sinngemäß auch auf Arbeiter und Angestellte des öffentlichen Dienstes Anwendung fand: Auf seiner Grundlage entließen die neuen Machthaber alsbald etwa 30 Prozent der Angestellten der Ortskrankenkassen. In der AOK Berlin wurde sogar 95 vom Hundert des Personals gekündigt[290]. Die Entlassungsgründe waren parteipolitisch und rassenideologisch motiviert: „Betätigung im sozialdemokratischen oder kommunistischen Sinne", „nicht-arische Abstammung" oder die Vermutung, der Stelleninhaber biete „keine Gewähr für ein rückhaltloses Eintreten für den nationalen Staat", waren die Stichwörter. Ein Parteigänger hat später die Entlassungen von 1933 mit den Worten begründet, man habe „nach der Machtergreifung

---

281 H. Althaus zitiert nach FRERICH & FREY 1993a: 313, vgl. SACHßE & TENNSTEDT 1992.
282 BÜHLER 1943: 147.
283 LAMPERT 1983: 194ff., RECKER 1985, KUNDRUS 1995, WALK 1996.
284 SCHUHMANN & BRUCKNER 1934: 17.
285 Ebd.: 18.
286 BÜHLER 1943: 17. Theodor Bühler war Hauptabteilungsleiter im Zentralbüro der Deutschen Arbeitsfront (DAF) und Wissenschaftlicher Generalreferent im Arbeitswissenschaftlichen Institut der DAF. Von Bühler wird gesagt, er habe die NS-Sozialpolitik „entscheidend mitgeprägt" (ROTH 1993: 46).
287 Ebd.: 19.
288 SACHßE & TENNSTEDT 1992, LAMPERT 1983: 195ff., 1996: 81ff., GRUNER 2002.
289 Vgl. die Selbstdarstellung in SCHUHMANN & BRUCKER 1934 und BÜHLER 1943. Zur Analyse LEIBFRIED & TENNSTEDT 1986, SACHßE & TENNSTEDT 1992.
290 TENNSTEDT 1976: 405.

durch den Führer" in den Ortskrankenkassen Wandel schaffen müssen: „Es ging darum, die Ortskrankenkassen, die damals zum größten Teil in den Händen der Marxisten und Juden waren, zurückzugewinnen für ihren eigentlichen Zweck, eine Versicherung der schaffenden Deutschen zu sein"[291].

Die Repression traf auch Kassenärzte, insbesondere jüdische Ärzte. Vom Zeitpunkt der nationalsozialistischen Machtergreifung bis zum Ende des Jahres 1933 waren schon schätzungsweise 2.800 oder acht von hundert Ärzten aus partei- oder rassenpolitischen Gründen von kassenärztlichen Tätigkeiten ausgeschlossen worden. Der Ausschluss bedeutete in der Regel die Vernichtung der beruflichen Existenz[292]. Existentiell bedrohlich wurde die Sozialpolitik des nationalsozialistischen Staates vor allem für diejenigen Bürger, die gemäß herrschender Ideologie nicht der ‚Volksgemeinschaft' angehörten. „Wen die Volksgemeinschaft nicht umschließt, dem können auch keine sozialpolitischen Hilfen angeboten werden", war bei dem oben schon erwähnten Theodor Bühler zu lesen[293]. Die gesetzliche Grundlage des Ausschlusses aus der Sozialversicherung – ein Bruch mit den Prinzipien berechenbarer Sozial- und Wirtschaftspolitik und Vertragstreue – war 1936 geschaffen worden. Das Gesetz über die Änderung einiger Vorschriften der Reichsversicherung vom 23.12.1936 sah vor, dass die Rente ruht, wenn der Berechtigte sich nach dem 30.1.1933 „in staatsfeindlichem Sinne betätigt hat"[294]. Von dieser Möglichkeit wurde zunehmend Gebrauch gemacht[295]. Ähnliche Ergebnisse hatte der Kurswechsel in der Fürsorgepolitik, der zuerst in der Theorie und später in der Praxis vollzogen wurde. Er traf primär, so der Originalton des NS-Regimes, „rassisch Minderwertige" und „Erbkranke" sowie – vor allem nach 1938 – „jüdische Fürsorgebedürftige"[296].

Der Programmatik der NSDAP zufolge ging Gemeinnutz vor Eigennutz[297]. Was sich zunächst als ehrenwerte Formel anhörte, erwies sich alsbald als lebensgefährliche Ausgrenzung: Vorrang sollte haben, was der ‚Volksgemeinschaft' von Nutzen sei[298]. Doch die Zugehörigkeit gründete sich nicht auf die Staatsbürgerschaft, sondern auf die nach rassenideologischen Kriterien definierte Zugehörigkeit zur Gemeinschaft der ‚Volksgenossen'. Alle anderen wurden ausgegrenzt: „Staatsbürger kann nur sein, wer Volksgenosse ist. Volksgenosse kann nur sein, wer deutschen Blutes ist. Kein Jude kann daher Volksgenosse sein". Diese Worte entstammen dem Parteiprogramm der NSDAP vom Februar 1920; 13 Jahre später fungierten sie als Leitsätze der Staatspraxis in Deutschland. Mit dem Vorrang des völkisch definierten Gemeinnutzens vor dem Eigennutz wurde das Recht der Politik und der Rassenideologie untergeordnet: Was dem deutschen Volk dient, ist Recht, was ihm schadet, Unrecht, so lautete die Argumentation. Noch unverblümter hieß es in der Schrift *Wege zur neuen Sozialpolitik*: „Was vom nationalsozialistischen Standpunkt aus richtig ist, ist auch juristisch richtig"[299]. Es ist bekannt, welche ungeheuerlichen Taten hierdurch bemäntelt und gerechtfertigt wurden: die Verfol-

---

291 Alle Zitate – ihr Urheber ist Alexander Grünwald – nach TENNSTEDT & LEIBFRIED 1979: 137f.
292 TENNSTEDT 1976: 405f.
293 BÜHLER 1943: 15.
294 Gesetz über die Änderung einiger Vorschriften der Reichsversicherung vom 23.12.1936 RGBl. I, Nr. 128 v. 24.12.1936: 1129.
295 ALY u.a. 1987.
296 Vgl. KRAMER 1983: 180.
297 So z.B. der Punkt 24 des Parteiprogramms der NSDAP von 1920.
298 BÜHLER 1943: 147.
299 Zitiert nach SCHEUR 1967: 235.

gung und Vernichtung von Menschen, die aus rassen- und parteipolitischen Gründen zum Feind erklärt worden waren, der Marsch in den Krieg, aber auch die Tö-
tung kranker und geistig behinderter Patienten[300].

Bewegungscharakter Der Nationalsozialismus legte seinen ausgeprägten Bewegungscharakter nach
der Machterlangung nicht ab. Vielmehr durchlief er nun einen Prozess kumulativer
Radikalisierung und „fortschreitender Vernutzung überkommener Strukturen"[301].
Dessen höchste Steigerung bestand aus dem beispiellosen Expansions- und Ver-
nichtungsfeldzug gegen die – nach gesinnungspolitischen und rassenideologischen
Kriterien – zum Feind erklärten Bevölkerungsgruppen in Deutschland und in den
von der Wehrmacht besetzten Gebieten. Ging es um ‚Raum' und ‚Rasse', entfalteten Führung und Gefolgschaft des Nationalsozialismus – und mit ihnen die Verwaltung des NS-Staates – eine besonders schreckenerregende Dynamik.

Radikalisierung Die Sozialpolitik blieb von der Radikalisierung des NS-Staates nicht verschont. Das zeigen vor allem Studien zur Fürsorgepolitik bzw. Wohlfahrtspflege
der nationalsozialistischen Wohlfahrtsorganisationen[302]. Christoph Sachße und Florian Tennstedt zufolge gliedert sich die nationalsozialistische Sozialpolitik in zwei
Phasen: einer ersten, die zwischen 1933 und 1938 im Wesentlichen den konserva-
tiv-autoritären Wohlfahrtsstaat der Weimarer Republik der frühen 1930er Jahre
fortführte, und einer zweiten, die ab 1938 in den „völkischen Wohlfahrtsstaat"[303]
mündete. In der ersten Phase der Sozialpolitik, der des „autoritären Wohlfahrtsstaates"[304], wurden die bereits 1930 angelegten Entwicklungen beschleunigt: Verknappung der Mittel, Kappung des Bindegliedes zwischen Demokratie und Sozialpolitik, Beseitigung des Parteienpluralismus, Eingrenzung und schließlich Verbot
der Gewerkschaften sind die Stichwörter. Verstärkt ging es im autoritären Wohlfahrtsstaat um die Transformation der Arbeitsverfassung: die Lohnarbeit sollte
entmachtet und zugleich symbolisch aufgewertet, die Selbstverwaltung zur
„Staatsanstalt"[305] umgeformt und die Arbeitskraft hoheitlich erfasst werden, vor
allem in der Arbeitsbeschaffung und im Arbeitsdienst. Nicht zuletzt sollten die
polizeilichen Funktionen der Sozialpolitik aufgewertet werden.

„Völkischer Wohlfahrtsstaat" Der Formwandel zum genuin „nationalsozialistischen Wohlfahrtsstaat" oder
„völkischen Wohlfahrtsstaat" erfolgte Sachße und Tennstedt zufolge vor allem
seit 1938. Der Wandel setzte den – nach rassenideologischen Kriterien definierten – ‚Volksgenossen' an die Stelle eines nach universalistischen Kriterien definierten Bürgers. In diesem Wandel trat „ein völlig neues Verständnis von Sozialpolitik" zutage, „dem es nicht mehr um individuelle Sicherheit und Freiheit des
Bürgers, sondern um die Verwirklichung der rassistischen Utopie des ‚gesunden
Volkes der Zukunft' ging"[306].

Allerdings nimmt die These der Herausbildung eines nationalsozialistischen
Wohlfahrtsstaates die Selbstdarstellung der NS-Sozialpolitik mitunter ohne genauere Prüfung als bare Münze. Ferner verallgemeinert sie vorschnell von der
Wohlfahrtspflege auf die gesamte Politik der sozialen Sicherung. Das ist nur bedingt zulässig, weil die Sozialversicherungen gegen die nationalsozialistische

---

300 KUDLIEN 1985: 175ff.
301 MOMMSEN & GRIEGER 1996: 29, vgl. MOMMSEN 1976 .
302 Für andere SACHßE & TENNSTEDT 1992.
303 SACHßE & TENNSTEDT 1992.
304 Ebd.
305 Ebd.: 57ff.
306 Ebd.: 274.

70

Ideologie resistenter waren. Insoweit ist der These von der Herausbildung eines genuin nationalsozialistischen Wohlfahrtsstaates entgegenzuhalten, dass sie Diskontinuität überbewertet und Kontinuität unterschätzt. Doch zweifellos war die Sozialpolitik im Dritten Reich intentional auf „eine von rassischen Kriterien geprägte Zukunft"[307] ausgerichtet. Fügt man Hans Mommsens These der kumulativen Radikalisierung des Nationalsozialismus hinzu, fällt die Prognose nicht schwer, dass bei längerer Lebensdauer des NS-Staates die Sozialpolitik noch stärker vom nationalsozialistischen Politik- und Staatsverständnis geprägt worden wäre. Allerdings hat die Radikalisierung des Nationalsozialismus eine selbstzerstörerische Dynamik in Gang gesetzt, die 1945, zwölf Jahre nach der Machtergreifung, den vollständigen Zusammenbruch des Regimes herbeiführte.

In den Jahren des NS-Staates gab es in der Politik der sozialen Sicherung neben auffälliger Diskontinuität auch beträchtliche Kontinuität. Die Kontinuität war sogar überraschend groß, relativ zu den radikalen Kursänderungen in anderen Politikbereichen, wie den Arbeitsbeziehungen. Die These der statischen und der dynamischen Kontinuität gilt für einige Bereiche der sozialen Sicherung, so vor allem für die Alters-, die Invaliditäts-, die Unfall- und die Krankenversicherung, und die These der fundamentalen Wende für andere, so insbesondere für die Felder der Sozialpolitik, die ins Räderwerk der nationalsozialistischen Rassenideologie gelangten. Die organisatorische Struktur der Sozialversicherung wurde in weiten Bereichen intakt gehalten. Allerdings zerschlug man die Selbstverwaltung. Überdies kündigte der NS-Staat den Sozialversicherungsvertrag mit denjenigen, die nicht zu den ‚Volksgenossen' gezählt wurden. Weitergehende Pläne zur umfassenden Reform der Sozialversicherung blieben allerdings in den Schubladen.

Die Sozialpolitik im nationalsozialistisch regierten Deutschland schillert. Sie umfasst Leistungsverbesserungen und Freiheitsbeschränkungen, knausrige und großzügige Sozialleistungen, repressiv-reaktionäre und progressive Sozialpolitik, Ausbau des sozialen Schutzes und Entzug der sozialen Protektion, effizienzsteigernde und effizienzmindernde Sozialpolitik. Die meisten Trendbrüche der Sozialpolitik im NS-Deutschland erzeugten mehr Ungleichheit. Aber die Ausnahmen hiervon sind erwähnenswert, insbesondere die Aufwertung der Arbeit und die Politik der Einebnung von Unterschieden zwischen Arbeitern und Angestellten.

Der nationalsozialistischen Sozialpolitik für die ‚Volksgenossen' oder ‚schaffenden Deutschen' war ein Doppelcharakter eigen. Den meisten brachte sie etwas mehr soziale Sicherung, vor allem bis in die ersten Kriegsjahre, und mehr soziale Kontrolle, für die zum Feind erklärten Bevölkerungsgruppen allerdings mehr Repression, verminderten Sozialschutz oder Ausschluss von der Sozialpolitik. Doch auch die ‚Volksgenossen' konnten der Früchte dieser Politik nicht froh werden. Der Staat des Nationalsozialismus steuerte in einen Krieg[308], der die leidlich gesicherte soziale Existenz Zahlloser zertrümmerte, auch die von Millionen „schaffender Deutscher der Stirn und der Faust"[309].

Bilanz der nationalsozialistischen Sozialpolitik

307 RECKER 1991: 267.
308 In der Propaganda wurde die Unterordnung der Sozialpolitik unter die Expansions- und Vernichtungspolitik verkehrt dargestellt. Hitlers Rede vom 19.7.1940 vor dem Reichstag – sie war die Reaktion auf Churchills neuerliche Zurückweisung von Verhandlungen mit Deutschland – ist ein Beispiel: „... Meine Absicht war es nicht, Kriege zu führen, sondern einen neuen Sozialstaat von höchster Kultur aufzubauen. Jedes Jahr dieses Krieges beraubt uns dieser Arbeit". Zitiert nach FEST 1989: 870.
309 § 1 der Verordnung Hitlers über das Wesen und Ziel der Deutschen Arbeitsfront vom 24.10.1934, zitiert nach MOMMSEN & WILLEMS 1988: 166.

1.4 Sozialpolitik in der Bundesrepublik Deutschland

Zwölf Jahre hielt sich das nationalsozialistische Regime. Im Mai 1945 brach es unter der militärischen Übermacht der Alliierten zusammen. Auf die Schrecken des Krieges folgten die „Jahre der Not"[310] nach Kriegsende. Die Statistiken zeigen hiervon nur ein dürres und dennoch aufschlussreiches Bild. Gemessen am Sozialprodukt beispielsweise hatte Deutschlands Wirtschaft niemals eine schlimmere Krise als die von 1945 und 1946 erlebt: um 26 Prozent schrumpfte das Sozialprodukt 1945 und um weitere 51 Prozent im folgenden Jahr[311]. Die durch den Krieg schon schwer beeinträchtigte Ernährungslage hatte sich für weite Kreise der Bevölkerung katastrophal verschlechtert. Hinzu kam die Wohnungsnot: rund 20 Prozent aller Wohnungen waren zerstört, weitere fünf Prozent waren schwer beschädigt. An Grundversorgung mit Kleidung und Hausrat herrschte vielfach Mangel. Unterernährung und Wohnraummangel ließen vor allem in den Städten Krankheiten aller Art ausbrechen. Das Gesellschaftsgefüge Deutschlands war durch den von der NS-Diktatur bewirkten „Zivilisationsbruch"[312], durch Krieg, Kriegsfolgen, Besatzungsherrschaft und die materielle Not nach 1945 in den Grundfesten erschüttert worden. Das Deutschland dieser Zeit kam schier einer „Zusammenbruchsgesellschaft"[313] gleich.

Der NS-Staat hatte gewaltige Hypotheken hinterlassen, wie allein die Größe des Heers der in Not Geratenen und der besonders Schutzbedürftigen zeigt. Zu ihm zählten etwa elf Millionen Flüchtlinge und Vertriebene, ferner mehr als vier Millionen Kriegsopfer, die als Witwen, Waisen oder Invaliden aus dem Gemetzel der Jahre von 1939 bis 1945 hervorgegangen waren, sodann zahllose Evakuierte, überdies bei Kriegsende über zehn Millionen Zwangsarbeiter und Flüchtlinge fremder Nationalität sowie mehr als drei Millionen Kriegssachgeschädigte, d.h. deutsche Staatsbürger, deren Haus- oder Wohnbesitz oder Betriebsvermögen kriegs- oder kriegsfolgenbedingt zerstört worden waren. Hinzu kam die Aufgabe der Wiedereingliederung der Millionen, die aus der Kriegsgefangenschaft entlassen wurden[314]. Das Ausmaß regelungsbedürftiger Probleme hätte auch eine finanziell und personell gut ausgestattete Sozialverwaltung überlastet. Doch die Not, die durch den Krieg und die Kriegsfolgen entstanden war, hatte vor den To-

---

310 FRERICH & FREY 1993c: 1.
311 Berechnet nach MADDISON 2003: 60-62.
312 WEHLER 2003: 512.
313 KLESSMANN 1991: 37ff.
314 Vgl. DIW 1947, HOCKERTS 1986: 25f., WENGST 2001a: 81ff.

ren der Sozialversicherung nicht Halt gemacht. Der Großteil ihres Vermögens war verloren: auf der Basis der Verordnung über die Anlegung des Vermögens der Reichsversicherung vom 14.4.1938[315] hatte die Sozialversicherung fast drei Viertel ihres Vermögens in Reichs- und Staatsanleihen investiert. Doch diese Anleihen hatte der Zerfall des Deutschen Reiches entwertet. Hinzu kam die kriegs- oder kriegsfolgenbedingte Zerstörung oder Beschädigung von Vermögenswerten, welche die Sozialversicherungen in Grundstücken und Immobilien angelegt hatten. Nicht nur das Vermögen der Sozialversicherungen war dahin, auch ihre zentralen Entscheidungsinstanzen auf staatlicher und verbandlicher Ebene waren weggefallen. Allerdings funktionierten die Sozialversicherungen auf Länderebene und auf örtlicher Ebene noch weiter und sorgten zusammen mit der lokalen Sozialpolitik für ein Mindestmaß an Hilfen für in Not geratene Bürger[316].

Alliierte Kontrollratsgesetze

Im Gegensatz zur Sowjetischen Besatzungszone, in der eine Einheitsversicherung an die Stelle des gegliederten Systems der sozialen Sicherung gesetzt wurde, ließen die Militärbehörden der westlichen Zonen die Organisationsstruktur der Sozialversicherung nach anfänglichem Erwägen einer Einheitsversicherung intakt[317]. Genuin nationalsozialistische Elemente der Sozialpolitik hatte man zuvor schon beseitigt. Das Kontrollratsgesetz Nr. 1, das die Alliierten unmittelbar nach der Machtübernahme in Deutschland erließen, bestimmte die Aufhebung von Gesetzen nationalsozialistischen Inhalts, einschließlich aller Verordnungen, Erlasse und Durchführungsbestimmungen. Hierzu zählten das „Gesetz zur Wiederherstellung des Berufsbeamtentums" von 1933 sowie das „Gesetz zum Schutze des deutschen Blutes und der deutschen Ehre" von 1935. Deren Aufhebung und die Rücknahme anderer Gesetze zerstörten die rechtliche Grundlage der nationalsozialistischen Ausrichtung des Beamtentums, der Familienpolitik und der Rassenpolitik. Hinzu kam das Kontrollratsgesetz Nr. 2, das die Auflösung und Liquidierung von NS-Organisationen verordnete, unter ihnen das Winterhilfswerk und die NS-Volkswohlfahrt, das Hauptamt für Volksgesundheit, das Rassepolitische Amt der NSDAP und den Sachverständigenbeirat für Bevölkerungs- und Rassepolitik. Damit wurden die organisatorischen Grundlagen der Familien-, Bevölkerungs- und Fürsorgepolitik des „Dritten Reiches" zerschlagen. Ferner entließen die Alliierten Personen aus den Sozialverwaltungen, denen besonders schwerwiegende Verfehlungen im NS-Staat vorgeworfen wurden[318].

Notlage

Die politischen und ökonomischen Voraussetzungen der Sozialpolitik der ersten Nachkriegsjahre konnten kaum ungünstiger sein[319]. Das spiegelten auch die Sozialleistungen wider. Sie basierten auf niedrigem, zunächst sogar sinkendem Niveau. Sofern sie aus Geldübertragungen bestanden, waren sie weniger wert als zuvor: in den Jahren des Schwarzmarktes, des Naturalgütertausches und der Bewirtschaftung zahlte man mit anderer Münze. Und als die Sozialleistungen wieder an Wert gewannen, vor allem nach der Währungsreform von 1948, durch die sie in vollem Umfang auf die neue Währung umgestellt wurden, war ihre

---

315 RGBl. I, Nr. 58 v. 21.4.1938: 398.
316 Vgl. HUDEMANN 1988.
317 HOCKERTS 1980, BMA/BUNDESARCHIV 2001b. In der Französischen Besatzungszone wurde die 1945/46 eingeführte Einheitsversicherung 1949 wieder aufgelöst (HUDEMANN 1988). Zur Sozialpolitik in der Sowjetischen Besatzungszone Kapitel 1.5.
318 SCHEUR 1967: 241ff.
319 BMA & BUNDESARCHIV 2001a, 2001b.

Kaufkraft unter den Stand von 1938 gesunken[320]. Große Löcher verunstalteten das Netz der sozialen Sicherung, und Not war nach wie vor weit verbreitet. Besonders hart war getroffen, wer seinen Lebensunterhalt hauptsächlich aus Renten finanzierte. Anfang der 1950er Jahre beispielsweise lebte die Mehrzahl der Rentenempfänger – 1950 3,9 Millionen und fünf Jahre später 5,5 Millionen – in Armut und Elend. In der Arbeiter- und der Angestelltenschaft herrschte eine fast panische Angst vor dem Altwerden und dem Rentnerdasein[321]. Besonderen Härten waren kinderreiche Familien ausgesetzt. Weil es keinen Familienlastenausgleich gab – die Alliierten hatten die Ansätze zu ihm mit dem Argument abgeschafft, hierbei handele es sich um nationalsozialistische Bevölkerungspolitik – lebten viele von ihnen kümmerlich, wenn nicht gar in bitterer Armut.

Zwar wurde das Elend durch die Sozialleistungen gemildert, und zweifelsohne linderte die Rentenerhöhung des Sozialversicherungsanpassungsgesetzes vom 17.6. 1949[322] die ärgste Not. Die Wende zum Besseren erfolgte jedoch erst Jahre nach Kriegsende. Den Umschwung brachte der gewaltige Wirtschaftsaufschwung, der vor allem in den frühen 1950er Jahren an Fahrt gewann. Mit ihm geriet die Bundesrepublik in eine lange Prosperitätsphase, in der die „Jahre der Not"[323] für den Großteil der Bevölkerung von den „fetten Jahren", dem „Wirtschaftswunder", abgelöst wurden. Ein Anzeiger des wachsenden Wohlstandes ist der Zuwachs des preisbereinigten Sozialproduktes: 10,5 Prozent Wachstum im Jahre 1950, 8,8 Prozent im folgenden Jahr, 8,3 Prozent 1953 und 12,1 Prozent im Jahre 1955 waren Zeichen eines kräftigen Aufschwungs[324].

Das „Wirtschaftswunder" schuf die Basis für den Wiederaufbau und den Ausbau des von Krieg und Nachkriegsnot schwer gezeichneten Landes. Es ermöglichte auch den Wiederaufbau und die Erweiterung der Sozialpolitik zu einem Wohlfahrtsstaat. Die rasch wachsende Zahl der Beschäftigten – 4,2 Millionen Arbeitsplätze waren zwischen 1949 und 1955 neu hinzugekommen[325] – und die allmählich steigenden Löhne füllten alsbald die Kassen der Sozialversicherungen und des Staates. Damit wurden Mittel zur Finanzierung der sozialen Sicherung und flankierender Maßnahmen, wie des Lastenausgleichs für sächliche Kriegs- und Kriegsfolgeschäden, verfügbar. Hinzu kamen seit 1949 günstigere politische Voraussetzungen für die Sozialpolitik: die demokratische Staatsverfassung, die Westdeutschland mit dem Grundgesetz von 1949 erhielt, die verfassungsrechtliche Verpflichtung des Gesetzgebers zur Gestaltung einer sozial- und rechtsstaatlichen Demokratie und entsprechendes Wollen, Können und Handeln vor allem seitens der zwei größten Parteien, der CDU/CSU und der SPD.

Wirtschaftswunder

Auf dieser Grundlage und der Basis des Wirtschaftsaufschwungs wuchs ein starker Sozialstaat heran, der den meisten Bürgern mittlerweile beachtlichen Schutz gegen größere Wechselfälle des Lebens bietet. Sein Wachstum vollzog sich in verschiedenen Phasen. Sie lassen sich primär nach der parteipolitischen Zusammensetzung der Regierung und sekundär nach den Hauptproblemen der

---

320 HOCKERTS 1980: 171ff., 201ff.
321 HOCKERTS 1983: 311, HOCKERTS 1986.
322 Gesetz zur Anpassung von Leistungen der Sozialversicherung an das veränderte Lohn- und Preisgefüge und ihre Sicherstellung (Gesetzblatt der Verwaltung des Vereinigten Wirtschaftsgebietes Nr. 20 v. 6.7.1949: 99).
323 FRERICH & FREY 1993c: 1.
324 BMA 1979. Alle Angaben in Preisen von 1970.
325 PRESSE- UND INFORMATIONSAMT DER BUNDESREGIERUNG 1955: IV.

Sozialpolitik sowie ihren gesellschaftlichen und wirtschaftlichen Rahmenbedingungen charakterisieren: es sind dies die Perioden 1949-66, 1966-69, 1969-82, 1982-98 und 1998 bis zum Ende des Berichtszeitraums im Juli 2005.

Phasen der
Sozialpolitik
1949-2005

1. Die erste Phase umfasst die Jahre von 1949 bis 1966. Parteipolitisch ist sie charakterisiert durch CDU/CSU-geführte Bundesregierungen. In dieser Phase wächst ein Sozialstaatstypus heran, der neben der Bewältigung der Kriegsfolgen und der Regelung der Arbeitsbeziehungen vor allem das Sozialversicherungsprinzip betont, der „Soziale Kapitalismus"[326]. Die Gesamtperiode zerfällt in zwei Unterperioden: erstens die Periode der von 1949 bis 1956 reichenden Rekonstruktion der Sozialpolitik und der Bekämpfung der drängendsten Notlagen, und zweitens die Periode des Ausbaus und der Konsolidierung der Sozialpolitik im Zeichen des neu errungenen Wohlstandes.

2. Die zweite Phase ist von 1966 bis 1969 zu datieren. Parteipolitisch ist sie von der Großen Koalition aus CDU, CSU und SPD und sozialpolitisch von Sanierung und Neuordnung geprägt.

3. Hierauf folgen die Jahre der sozial-liberalen Koalition aus SPD und FDP von 1969 bis 1982. Die ersten Jahre dieser Periode stehen im Zeichen reformpolitischer Aufbruchstimmung, die sich innenpolitisch in einem bis dahin beispiellosen Ausbau des Sozialstaats äußert. 1974/75 jedoch gerät die Sozialpolitik infolge von weltweiten Rezessionen und schwächerem Wirtschaftswachstum in die „mageren Jahre"[327].

4. Die vierte Phase umspannt die Jahre von 1982 bis 1998. Nach der parteipolitischen Zusammensetzung der Bundesregierung ist sie wieder durch die Koalition aus Unionsparteien und Liberalen gekennzeichnet. Sozialpolitisch steht diese Phase einerseits im Zeichen von Bestrebungen, den Sozialstaat finanziell zu konsolidieren und umzubauen, und andererseits im Zeichen der deutschen Einheit und ihrer sozialpolitischen Konsequenzen.

5. Die fünfte Phase schließlich – von 1998 bis zum Ende des Berichtszeitraums (Juli 2005) – ist parteipolitisch geprägt durch das Mit- und Gegeneinander von rot-grüner Bundesregierung und einem Bundesrat, in dem Rot-Grün wenige Monate nach der Bundestagswahl 1998 die Mehrheit verlor. Diese Periode steht mehr noch als zuvor im Zeichen eines hohen Erneuerungs- und Anpassungsbedarfs der Sozialpolitik. Dieser Bedarf ergibt sich hauptsächlich aus den hohen Kosten der Alterung der Gesellschaft, der deutschen Einheit und des schwachen Wirtschaftswachstums sowie aus der hinter dem Problemdruck zurückbleibenden Anpassungselastizität der Sozialpolitik.

Die Rekonstruktion der Sozialpolitik und der Aufbau des „Sozialen Kapitalismus" (1949-1966)

Im Vordergrund der Sozialpolitik der ersten und der zweiten Legislaturperiode des Deutschen Bundestages (1949-53 und 1953-57) stand eine Vielzahl von Aufgaben: der Wiederaufbau der Sozialversicherung, die Linderung der dringlichsten Notlagen, zunächst vor allem die Bewältigung der Kriegsfolgen, ferner die Wiederer-

---

326 HARTWICH 1970, van KERSBERGEN 1995.
327 WINDHOFF-HÉRITIER 1983.

richtung einer freiheitlichen sozialpartnerschaftlichen Arbeitsverfassung und die Entschärfung eines potentiell gefährlichen Konflikts zwischen der von einer bürgerlichen Koalition getragenen Bundesregierung, die auf marktwirtschaftliche Politik ausgerichtet war, und einer Koalition aus Gewerkschaften und SPD, die noch nach einem demokratisch-sozialistischen Weg in der Wirtschafts- und Sozialpolitik strebte.

Die Richtlinien der Politik waren eindeutig: Die vom NS-Staat und vom Krieg hinterlassenen gesellschaftlichen Zeitbomben sollten baldmöglichst entschärft und die Geschädigten angemessen entschädigt werden. Ferner galt die Maxime, dass der innere soziale Friede unbedingt zu sichern sei. Deshalb stimmte man im Kabinett der Regierungen Adenauer allen Sozialgesetzentwürfen zu – zum Leidwesen des Finanzministers. Die denkbare Alternative – Offenhalten einer sozial und politisch explosiven Lage, um die Alliierten zwecks Rücknahme der Spaltung Deutschlands und Rückgabe der Ostgebiete unter Druck zu setzen – ist nie zur Leitlinie der Regierungspolitik geworden[328].

Der Wiederaufbau und der Ausbau der Sozialpolitik erfolgten teils auf neuen, teils auf vertrauten Pfaden. Neue Wege wurden bei der Bewältigung der Kriegs- und Nachkriegsfolgen beschritten. Davon zeugten vor allem das Gesetz zur Versorgung der Kriegsopfer (Bundesversorgungsgesetz) von 1950, ein umfangreiches Programm zur Förderung des Wohnungsbaus[329] und das Lastenausgleichsgesetz von 1952, das die gesetzliche Basis der Eingliederung von mehr als zehn Millionen Vertriebenen und Flüchtlingen aus den östlichen Gebieten des ehemaligen Deutschen Reiches schuf. Vertrautere Wege ging der Gesetzgeber an anderer Stelle: Der Gesetzgeber behielt die Differenzierung der Sozialversicherung nach Berufsständen bei und beließ es bei der organisatorischen Vielfalt der Krankenkassen und der separaten Organisation der Erwerbslosenversicherung in der Bundesanstalt für Arbeitsvermittlung und Arbeitslosenversicherung[330]. Ferner wurde in der Sozialversicherung die Selbstverwaltung wieder errichtet, allerdings in abgewandelter Form. Die Bundesregierungen setzten in allen Sozialversicherungszweigen (mit Ausnahme der Knappschaftsversicherung) die Parität von Arbeitnehmer- und Arbeitgebervertretern durch. Das geschah gegen die Opposition von Gewerkschaften und SPD, die für die Majorität der Arbeitnehmer anstelle von Parität eintraten und somit die gesetzliche Regelung der Selbstverwaltung in der Krankenversicherung aus den Jahren von 1883 bis 1933 fortführen wollten. Zur Linderung des Konflikts zwischen Regierung und parlamentarischer sowie gewerkschaftlicher Opposition trugen andere Gesetzgebungen bei, vor allem die auf Einbindung der Gewerkschaften zielende Gesetzgebung zur Montan-Mitbestimmung (1951) und zur Betriebsverfassung (1952)[331].

Mangelnden Fleiß kann man dem Gesetzgeber im Deutschen Bundestag nicht nachsagen, schon gar nicht dem der ersten Legislaturperiode. Ihm bescheinigte man „eine quantitativ und qualitativ erstaunliche sozialgesetzgeberische Leistung"[332]. Die Sozialgesetzgebung zielte zunächst vor allem darauf, die Kriegs-

Kontinuität in der Wiederaufbauphase

---

328 HOCKERTS 1980: 193.
329 SCHULZ (1994b) hat es als die erfolgreichste sozialpolitische Maßnahme der Ära Adenauer gewertet.
330 1969 wurde sie in Bundesanstalt für Arbeit umbenannt, seit 1.1.2004 heißt sie Bundesagentur für Arbeit.
331 SCHMIDT 1992: 128-132, ARMINGEON 1994.
332 LAMPERT 1996: 94.

folgen zu bewältigen, die nach 1945 eingetretene Rechtszersplitterung zu beheben, die Beiträge und Leistungen der Sozialpolitik an die gestiegenen Durchschnittslöhne anzupassen und bestimmten Sozialgruppen besonderen Schutz zu gewähren, vor allem den Schwerbehinderten (Schwerbehindertengesetz von 1953) und den Heimkehrern (Heimkehrergesetz von 1950).

Zunehmender Kreis der Anspruchs-berechtigten

Der Wiederaufbau und der Ausbau der Sozialpolitik erweiterten den Kreis der Sozialversicherten beträchtlich. Nach Jahresdurchschnitten berechnet, wuchs dieser Kreis von 1949 bis 1957 sogar schneller als später[333]. Auch die Sozialleistungsquote, also der Anteil der öffentlichen Sozialausgaben am Bruttosozialprodukt, signalisierte eine beachtliche Dynamik der Sozialpolitik. Mit rund 14-15 Prozent war die Sozialleistungsquote in Deutschland in den Jahren von 1949 bis 1957 doppelt so hoch wie Ende der 1930er Jahre. Den Daten der Internationalen Arbeitsorganisation zufolge überstieg Deutschlands Sozialleistungsquote in den 1950er Jahren die aller anderen Länder, mit Ausnahme von Österreich in den Jahren 1953 und 1954[334].

Warum war die Sozialleistungsquote der Bundesrepublik in den 1950er Jahren größer als die anderer Staaten und beträchtlich größer als die des NS-Staates? Zunächst ist zu berücksichtigen, dass der Nenner der Sozialleistungsquote, das Bruttoinlandsprodukt, zu Beginn der 1950er Jahre im Vergleich zu anderen westlichen Ländern infolge des Zusammenbruchs von 1945 und in den folgenden Jahren der Not niedrig war[335]. Hinzu kam ein überdurchschnittlich großer Bedarf an sozialer Sicherung vor allem infolge hoher Kriegs- und Kriegsfolgelasten. Ausgabensteigernd wirkte der zunehmende Anteil der Personen im Rentenalter[336]. Hinzu kamen politische Veränderungen, die zu Gunsten der Sozialpolitik zu Buche schlugen. Demokratien reagieren in der Regel sensibler auf sichtbare Not und auf Interessenartikulation der Ärmeren und neigen meist stärker zur sozialen Sicherung als autoritäre Regime. Das erklärt einen Teil des Unterschieds zwischen den Sozialausgaben im NS-Staat und in der Bundesrepublik. Hinzu kommt die Differenz zwischen dem militarisierten Nationalsozialismus und der entmilitarisierten Bundesrepublik Deutschland der frühen 1950er Jahre. Im „Dritten Reich" waren die Militärausgaben zunehmend in Konkurrenz zu den Sozialausgaben getreten. Schon vor der Entfesselung des Zweiten Weltkrieges hatte dort der „militärische Interventionismus" den „sozialen Interventionismus"[337] verdrängt. In der Bundesrepublik Deutschland fielen ebenfalls Militärausgaben an, und zwar in Form der Besatzungskosten, doch deren Anteil am Sozialprodukt war viel geringer als die Militärausgabenquote im NS-Staat und lag weit unter jener Schwelle, ab der eine ernsthafte Konkurrenz mit den Sozialausgaben beginnt.

Trotz beachtlich hoher Sozialleistungsquote und trotz Wirtschaftsaufschwungs gerieten die Schwächeren in der Gesellschaft der Bundesrepublik ins Hintertreffen. Die Spaltung zwischen Arm und Reich wurde in den 1950er Jahren größer. Zu Recht sprach Anton Storch (CDU), der Bundesminister für Arbeit von 1949 bis 1957, in der Begründung des Gesetzentwurfs zur Reform der Alterssicherung im

---

333 Berechnungsbasis: FLORA u.a. 1983: 501.
334 Berechnungsbasis: ILO 1952, 1953, 1958, 1961, 1964.
335 1950 entsprach das Pro-Kopf-Sozialprodukt der Bundesrepublik nur noch 41% des Sozialproduktes der USA. Ein Jahr vor Kriegsbeginn – 1939 – hatte dieser Anteil noch 82 % betragen. Berechnungsbasis MADDISON 2003: 60-64, 87-89
336 ZÖLLNER 1963: 21.
337 PETZINA u.a. 1978: 140.

Jahre 1956 von einem „Riß" in der Gesellschaft „zwischen den Verdienenden und den nicht mehr Verdienenden"[338]. In den 1950er Jahren entsprach beispielsweise die Höhe der durchschnittlichen Altersrente nur etwa 30 Prozent der Löhne und Gehälter. Das war wenig, und an dem Wenigen zehrten die steigenden Lebenshaltungskosten. Überdies wurde die Kluft zwischen Wohlhabenden und Armen sichtbarer. Das erzeugte Handlungsbedarf für die Sozialpolitik. Darüber herrschte Einigkeit unter den führenden Politikern der Regierungsparteien, vor allem der Unionsparteien. Ihr lag die Überzeugung zugrunde, dass soziale Spannungen zu vermindern oder zu verhindern seien[339]. Diese Überzeugung basierte unter anderem auf Lehren aus dem Zusammenbruch der Weimarer Republik, auf Sorge um den Erhalt des Wettbewerbsvorsprungs vor der Opposition und auf dem Bestreben, im Kräftemessen zwischen Ost und West auch in der Sozialpolitik die Führung zu halten oder zu erlangen.

Diese Faktoren gehören auch zum Fundament der wichtigsten Sozialreform der 1950er Jahre, der durch das Rentenneuregelungsgesetz vom 23.2.1957 geschaffenen Rentenreform[340]. Mit ihr verankerte die Regierungskoalition mit Zustimmung der oppositionellen SPD das Prinzip der beitragsäquivalenten, einkommensbezogenen Altersrente. Hierdurch sollten der Einkommens- und Lebensstandard sowie der Sozialstatus der Beitragszahler im Alter annähernd aufrechterhalten werden. Die Reform sollte sicherstellen, so der Bundesarbeitsminister Anton Storch, dass „jeder Rentenbezieher am Aufstieg seines Standes oder seines Berufes teilnimmt, und zwar nach Maßgabe seiner individuellen Position im Sozialgefüge, die er sich und den Seinen während der Dauer seines Arbeitslebens erarbeitet hat"[341]. Einem Arbeitnehmer, der 40 Jahre lang Beiträge in die Rentenversicherung einbezahlte und dessen Lohn in diesen Jahren dem Durchschnittslohn aller Versicherten entsprach, sollte eine Rente in Höhe von 60 Prozent der durchschnittlichen Bruttolöhne aller versicherungspflichtigen Arbeitnehmer zustehen.

Besonderes Aufsehen erregte eine zweite Weichenstellung der Rentenreform: die Dynamisierung der Renten, die Anpassung der Renten an den Zuwachs der Löhne und Gehälter der Versicherten, und zwar an die Entwicklung der Bruttolöhne. Mit der Dynamisierung sollten die Rentner am wachsenden Sozialprodukt und am zunehmenden Wohlstand der Erwerbspersonen teilhaben. Weil die Bezugsgrößen die Bruttolöhne und -gehälter waren und weil mit Ausnahme des Ertragswerts keine Besteuerung der Renten vorgesehen war, musste die Dynamisierung der Altersrenten im Falle einer wachsenden Steuer- und Sozialabgabenquote die Position der Rentner gegenüber den Beitragszahlern erheblich verbessern.

Ein Drittes kam hinzu: Durch die Rentenreform wurden die laufenden Altersrenten einmalig drastisch erhöht. In der Arbeiterrentenversicherung stiegen die Versichertenrenten um 60 Prozent, die Witwenrenten um 81 Prozent und die Waisenrenten um 57 Prozent, und in der Angestelltenversicherung um 66, um 91

Rentenreform 1957

---

338 Verhandlungen des Deutschen Bundestages, 2. Wahlperiode, Stenographische Berichte Bd. 31, 154. Sitzung, 27.6.1956, Bonn 1956: 8336C.
339 Regierungserklärung vom 20. Oktober 1953 (Verhandlungen des Deutschen Bundestages, 2. Wahlperiode, Stenographische Berichte Bd. 18, 3. Sitzung, Bonn 1954: 11A-22A).
340 Hierzu grundlegend HOCKERTS 1980.
341 Verhandlungen des Deutschen Bundestages, 2. Wahlperiode, Stenographische Berichte Bd. 31, 154. Sitzung, 27.6.1956, Bonn 1956: 8336B.

und um 40 Prozent[342]. Diese Aufstockung verbesserte die Lebenslage vieler Rentner, die bislang im Schatten des Wirtschaftsbooms gestanden hatten.

Mit der Dynamisierung der Altersrenten wurde – viertens – das in der Praxis schon dominierende Umlageverfahren zur Finanzierung der Alterssicherung gesetzlich verankert. Dem Umlageverfahren zufolge werden die Leistungen der Alterssicherung auf der Grundlage eines gesetzlich festgelegten „Generationenvertrags" hauptsächlich aus den Beiträgen der im Erwerbsleben stehenden Versicherten und deren Arbeitgeber finanziert, im Unterschied zum Kapitaldeckungsverfahren, das Leistungen aus angesparten und verzinsten Kapitaleinlagen der Versicherten bestreitet.

Schlussendlich führte die Rentenreform 1957 die nahezu vollständige rechtliche Angleichung der Arbeiterrentenversicherung an die anderen Rentenversicherungen herbei, mit Ausnahme der Privilegierung der knappschaftlichen Altersversicherung, in der mehr und höhere Leistungen durch höhere Beiträge erkauft werden konnten. Von dieser Rechtsangleichung profitierten vor allem die Mitglieder der Arbeiterrentenversicherung.

Neue Rentenformel
Mit der Rentenreform 1957 wurde die Höhe der Altersrenten von vier Faktoren abhängig gemacht: der allgemeinen Bemessungsgrundlage, dem durchschnittlichen persönlichen Prozentsatz, der Versicherungsdauer und dem Steigerungssatz.

Die allgemeine Bemessungsgrundlage verzahnte das Niveau der Altersrenten mit dem Bruttoarbeitsentgelt aller Versicherten: sie ließ die Renten an dem steigenden Lebensstandard der Erwerbspersonen teilhaben. Die allgemeine Bemessungsgrundlage wurde durch Rentenanpassungsgesetze jährlich neu festgelegt. Man richtete sie zunächst an der Entwicklung des Bruttoarbeitsentgelts aller Versicherten in den drei Kalenderjahren (bzw. seit 1984 in dem Kalenderjahr) vor dem Jahr aus, für das sie ermittelt werden soll[343].

Die zweite Komponente der Rentenformel von 1957 – der durchschnittliche persönliche Prozentsatz – errechnete sich aus der Division der Summe der jahresdurchschnittlichen Anteile des Bruttojahresarbeitsentgelts des Versicherten am Bruttojahresarbeitsentgelt aller Versicherten durch die Anzahl der beitragspflichtigen Jahre. Somit übertrug der persönliche Prozentsatz die Position, die der Versicherte während seines Arbeitslebens in der Einkommenspyramide eingenommen hatte, auf die Höhe und die Schichtung der Altersrenten: ein höheres Arbeitseinkommen im Arbeitsleben beispielsweise führte zu höheren Beiträgen, und diese ergaben höhere Renten, während ein niedrigeres Arbeitseinkommen geringere Beiträge und kleinere Altersrenten nach sich zog. Die Multiplikation der allgemeinen Bemessungsgrundlage mit dem durchschnittlichen persönlichen Prozentsatz ergab die so genannte individuelle Bemessungsgrundlage.

Die Versicherungsdauer, der dritte Faktor in der Rentenformel von 1957, wurde anhand der Anzahl der Jahre, während derer Versicherungsbeiträge entrichtet wurden, ermittelt, sowie – nach Maßgabe von Sondervorschriften – anhand von Ersatzzeiten, wie Wehrdienst und Kriegsgefangenschaft, und Ausfallzeiten, wie Unterbrechungen wegen Ausbildung, Arbeitslosigkeit, Krankheit oder Unfall.

Die vierte Bestimmungsgröße der Rentenformel von 1957, der Steigerungssatz, betrug für Berufsunfähigkeitsrenten 1 Prozent und im Falle von Erwerbsunfähigkeitsrenten und Altersruhegehältern 1,5 Prozent. Der Steigerungssatz legte

---

342 SCHÄFER 1997: 264.
343 Bis zu den seit 1977 zum Zuge kommenden Sparmaßnahmen und bis zur Rentenreform 1992.

den Jahresbetrag der Rente wegen Berufsunfähigkeit für jedes anrechnungsfähige Versicherungsjahr auf 1 Prozent der individuellen Bemessungsgrundlage und den Jahresbetrag der Rente wegen Erwerbsunfähigkeit und des Altersruhegeldes auf 1,5 Prozent fest.

Errechnet wurden die Renten gemäß der Rentenformel von 1957 aus der multiplikativen Verknüpfung der vier Komponenten: dem Steigerungssatz, der Versicherungsdauer, dem durchschnittlichen persönlichen Prozentsatz und der allgemeinen Bemessungsgrundlage. Der Rentenformel von 1957 zufolge war eine Rente umso höher, je größer der Steigerungssatz, je länger die Versicherungsdauer, je überdurchschnittlicher das Arbeitseinkommen im Arbeitsleben und je höher das Wohlstandsniveau in den Jahren vor Ermittlung der Jahresrente waren. Umgekehrt galt: niedrige Altersrenten ergaben sich, wenn der Steigerungssatz niedrig war (wie im Falle der Berufsunfähigkeit im Unterschied zur Erwerbsunfähigkeit), die Versicherungszeit nur kurz währte, das Arbeitseinkommen geringer als das durchschnittliche Bruttojahresarbeitsentgelt zunahm und die vorangehenden Jahre durch nur schwachen Zuwachs, Stagnation oder Schrumpfung der durchschnittlichen Bruttolöhne gekennzeichnet waren.

Die Rentenreform 1957 wurde bewundert und heftig kritisiert. Dass sie eine bedeutende und folgenreiche Reform war, ist unumstritten. Unstrittig ist ferner, dass sie in der Bevölkerung großen Anklang fand. Umfragen des Allensbacher Instituts für Demoskopie zufolge war sie sogar das bis dahin populärste politische Ereignis in der Geschichte der Bundesrepublik Deutschland[344]. Die Rentenreform von 1957 trug die Handschrift einer christdemokratischen Partei, die ihre Sozialpolitik an einem Modell ausrichtete, das in der Fachliteratur „Sozialer Kapitalismus"[345] genannt wurde. Der „Soziale Kapitalismus" sieht im Prinzip die Nachrangigkeit des staatlichen Schutzes gegenüber der privaten Protektion vor. Ist der Staatseingriff sozialpolitisch unabweisbar, so wird mit ihm ein hohes Leistungsniveau angestrebt, und zwar vorrangig in Gestalt einer Sozialversicherung von Arbeitnehmern (anstelle einer Staatsbürgerversorgung), unter Wahrung des im Arbeitsleben erworbenen Status im Rentenalter und auf der Grundlage von halb staatlichen, halb gesellschaftlichen Trägern der sozialen Sicherung, vor allem der Sozialversicherungen und der Wohlfahrtsverbände. Der „Soziale Kapitalismus" ist die vor allem von christdemokratischen Parteien präferierte Alternative zu konkurrierenden Modellen der Sozialpolitik, wie dem einer liberalen, marktorientierten Sicherung, die nur selektiv und meist nach Maßgabe von Bedürftigkeitstests eingreift. Der „Soziale Kapitalismus" unterscheidet sich aber auch markant von der Staatsbürgerversorgung, wie sie näherungsweise im Plan des britischen Politikers Beveridge entwickelt und vor allem in der schwedischen Volksversicherung von 1957 verwirklicht wurde[346].

Insofern stand die Rentenreform von 1957 für einen mittleren Weg zwischen liberaler und sozialdemokratischer Sozialpolitik. Die Lage in der Mitte kennzeichnet auch ihre Wirkung auf die Einkommensverteilung: sie verbesserte die Einkommenslage vieler Rentner und führte andererseits eine größere Spreizung der Renten herbei. Das ergab sich aus der Streichung fester, für alle Rentenempfänger geltender Rentenbestandteile und daraus, dass die neue Rentenformel die persönliche Leistung im Arbeitsleben, vor allem die Versicherungsdauer und die Höhe des

Mittlerer Weg

---

344 HOCKERTS 1980: 424f.
345 HARTWICH 1970, van KERSBERGEN 1995.
346 FLORA 1986a, 1986b.

individuellen Arbeitseinkommens im Vergleich zum Durchschnittseinkommen stärker als zuvor gewichtete. Somit gingen von der Rentenreform 1957 unterschiedliche Verteilungswirkungen aus: innerhalb der Generationen und zwischen den sozialen Gruppen wurde durch sie vergleichsweise wenig umverteilt, zwischen den Generationen jedoch viel. Wer höhere Arbeitseinkommen erzielte, den belohnte die Rentenreform bis zu einer bestimmten Obergrenze, während Versicherte mit geringerem Arbeitseinkommen oder unstetiger Erwerbsbiographie schlechter abschnitten. Leer ging aus, wer nicht oder nur kurze Zeit beitragspflichtig beschäftigt war.

Vor- und Nachteile   Auch bei Abwägung aller Vor- und Nachteile ist der Rentenreform von 1957 eine herausragende sozialpolitische Leistung zu bescheinigen. An diesem Urteil vermag der Einwand nicht zu rütteln, dass die Bundesregierung zunächst ehrgeizigere Pläne verfolgt hatte. Eigentlich sollte die Sozialversicherung von Grund auf reformiert werden, nicht nur die Alterssicherung. Die ganz große Reform scheiterte jedoch an politischen Barrieren in den Regierungsparteien und an Hindernissen in der Ministerialbürokratie[347]. Doch was an Neuordnung übrig blieb, fand im In- und Ausland viel Beachtung. Allerdings war die Rentenreform nicht zum Nulltarif zu haben. Ihre Folgekosten waren gewaltig. Später, vor allem nach dem Ende der Periode des hohen Wirtschaftswachstums, sollten die bruttolohnbezogene Dynamisierung der Renten und die zunehmende Zahl der Altersrentner noch manchem Sozial- und Finanzminister schlaflose Nächte bereiten. Schon der Entwurf und später die Endfassung des Rentenreformgesetzes 1957 waren vehement attackiert worden, vor allem von den Arbeitgeberverbänden, vom Bundeswirtschaftsminister, vom Bundesfinanzminister und vom Wirtschaftsflügel der Unionsparteien[348]. Feierten die Sozialpolitiker die Dynamisierung der Renten als Erfolg, so wertete der Bundeswirtschaftsminister Ludwig Erhard sie als „Gift", das die Reformer der Alterssicherung verabreicht hätten[349]. Nicht weniger hart fiel das Urteil der Interessenvertreter der Wirtschaft aus: die Anbindung der Altersrenten an die Löhne schien eine unheilige Allianz von expansiven Renten und expansiver Lohnpolitik heraufzubeschwören. Zur Abwehr der befürchteten Schädigung des Kapitalmarkts gründeten Banken und Versicherungen sogar einen Kampfverband gegen die geplanten Rentenanpassungen, die „Gemeinschaft zum Schutz der deutschen Sparer"[350]. Und was den Sozialpolitikern als überfällige Beteiligung der Rentner am gestiegenen Wohlstand galt, werteten gestandene Wirtschaftsfachleute und die Liberalen als übersteigerte „Neigung (...) zu kollektiver Sicherung um jeden Preis", einschließlich dem der Untergrabung individueller Selbstverantwortung, so das Urteil Thomas Dehlers (FDP) in der Debatte zum Regierungsentwurf zur Reform der gesetzlichen Altersversicherung am 27.6.1956 im Bundestag[351]. Schlussendlich gab es nachdenkliche Beobachter, die der Rentenreform die Asymmetrie zu Gunsten der Älteren und zu Lasten von Kindern und Kindererziehung ankreideten: die Kinderkasse, die als Gegenstück zur Rentenkasse in die Reform eingebaut werden sollte, war nicht realisiert worden. Kinder bekämen die Leute sowieso, hatte Adenauer den Kritikern entgegengehalten und damit die tendenziell abnehmende Geburtenrate sträflich ignoriert.

---

347   HOCKERTS 1980.
348   SCHWARZ 1981: 332ff.
349   Zitiert nach MERKLEIN 1986: 137.
350   SCHÄFER 1997.
351   Verhandlungen des Deutschen Bundestages, 2. Wahlperiode, Stenographische Berichte Bd. 31, 154. Sitzung, 27.6.1956: 8362C, Bonn 1956.

Allerdings hatten die Rentenreformer stärkere Bataillone als ihre Gegner. Zugute kam den Sozialpolitikern, dass die klassische Sozialschutzkoalition aus CDU-Sozialausschüssen und „Reformern"[352] im Bundesarbeitsministerium von der oppositionellen SPD Verstärkung erhielt. Die SPD legte einen Entwurf zur Reform der Alterssicherung vor, der dem der Regierungsparteien wesensverwandt, wenngleich noch kostspieliger war. Vor allem aber erhielten die Sozialpolitiker Rückendeckung vom Bundeskanzler. Adenauer wertete die Rentenreform als ein Vorhaben, das zugleich gesellschafts-, sicherheits- und wahlpolitischen Zielen dienen konnte: die Rentenreform, so sein Kalkül, stabilisiere unsichere Lebenslagen, gewährleiste den gesellschaftlichen Frieden und eigne sich dafür, die Bevölkerung gegen die oppositionelle Sozialdemokratie und die kommunistische Agitation seitens der DDR zu immunisieren[353]. Vor allem aber sah Adenauer in der Rentenreform die Chance wirkungsvoller Wählerwerbung im anstehenden Bundestagswahlkampf[354]. „Wir wollen doch Wahlen gewinnen", pflegte er zu sagen, wenn Forderungen von Interessengruppen und Wiederwahlchancen abzuwägen waren[355]. Das wahlpolitische Kalkül und das gesellschaftspolitische Anliegen wogen schwerer als die Kritik der Rentenreform seitens der Wirtschaft und seitens des Wirtschafts- und des Finanzministers, die beide ohnehin bei Adenauer schlecht angeschrieben waren. Und was die langfristigen Folgekosten der Rentenreform 1957 anging, so waren dies Hypotheken nicht für die Gegenwart, sondern für zukünftige Generationen von Beitragszahlern, Rentnern und Politikern. Die kurz- und mittelfristig anfallenden Kosten schienen verkraftbar zu sein. Schließlich expandierte die Wirtschaft der Bundesrepublik wie nie zuvor. Die meisten deuteten dies als immerwährende Prosperität: man schrieb 1957 und hatte im Jahr zuvor ein reales Wirtschaftswachstum von 7,3 Prozent verzeichnet[356]. Deshalb schien der gewaltige Kostenschub der Rentenreform von 1957 wirtschaftlich verkraftbar zu sein. Die Beiträge zur Rentenversicherung stiegen zwar von 11 Prozent des beitragspflichtigen Bruttoarbeitsentgeltes 1956 auf 14 Prozent im folgenden Jahr, doch zur Entlastung wurden die Beitragssätze zur Arbeitslosenversicherung von 3 auf 2 Prozent gesenkt. Das war aus arbeitsmarktpolitischen Gründen opportun: die Wirtschaft steuerte in diesen Jahren auf Vollbeschäftigung zu.

Dennoch war die Rentenreform 1957 eine riskante Grundsatzentscheidung[357] mit gefährlich hoher Erblast für die Sozialpolitik in magereren Jahren, eine Zeitbombe der Sozial- und Wirtschaftspolitik. Doch zunächst wurde die Balance zwischen Sozialprotektion und wirtschaftlicher Leistungskraft noch gehalten. Und solange die Wirtschaft in hohem Tempo wuchs und die Seniorenquote vergleichsweise niedrig war, konnte die Politik hoffen, dass die Rentenreform auch mittelfristig finanzierbar bleiben würde. Für den kurzen Planungszeitraum der Politik und das Wiederwahlkalkül reichte dieser Zeithorizont allemal.

---

352 SCHWARZ 1981: 333.
353 „In der Innenpolitik war das Streben der Bundesregierung darauf gerichtet, unser Volk wirtschaftlich und sozial widerstandsfähig zu machen und ihm damit eine stärkere Sicherheit gegen kommunistische Einflüsse und Unterwanderungen zu schaffen", so schrieb Konrad Adenauer im Tätigkeitsbericht der Bundesregierung für das Jahr 1955 (PRESSE- UND INFORMATIONSAMT DER BUNDESREGIERUNG 1955: IV). Das galt auch für die Sozialpolitik.
354 SCHWARZ 1991: 280-285.
355 SCHWARZ 1983: 157.
356 BMA 1981a: Tabelle 1.1.
357 SCHWARZ 1981: 336.

Unbestreitbar markierte die Rentenreform von 1957 eine neue Etappe der Sozialpolitik. Jetzt gewann der Zug in Richtung „Sozialer Kapitalismus" an Fahrt. Nicht nur um Bekämpfung unabweisbarer Notlagen ging es nun, sondern auch um Sozialleistungen für nicht-existentielle Risiken. Kritikern zufolge manifestierte sich hierin der schleichende Übergang zur „Gefälligkeitspolitik"[358], d.h. einer Politik, „die auf die Begehrlichkeiten der Verbände und Wähler mit den Wohltaten des Gefälligkeitsstaates antwortete"[359] und hierdurch den Weg zum paternalistischen und freiheitsbeschränkenden „Wohlfahrtsstaat"[360] öffnete. Allerdings zeigt der Vergleich mit anderen Perioden, vor allem mit der Phase der Expansion des Sozialschutzes in den 1960er und 1970er Jahren, dass die Sozialpolitik der ausgehenden 1950er und frühen 1960er Jahre noch vergleichsweise bescheiden dimensioniert war. Noch bewegte sich die Sozialleistungsquote nicht wesentlich über das Niveau der frühen 1950er Jahre hinaus, allerdings auf der Basis sehr hoher Zuwächse des Sozialproduktes. Später hat man die Sozialpolitik zwischen 1957 und Mitte der 1960er Jahre sogar als besonders konservativ eingestuft, konservativer als die vor 1955 und nach 1966[361].

Allerdings unterschätzt die Konservatismusthese die mit zunehmendem Alter der Bundesrepublik und zunehmender Seniorenquote größer werdende Erblast der Rentenreform von 1957. Überdies vernachlässigt diese These weitere sozialpolitische Neuerungen in den Jahren nach 1957. Zu diesen gehört die Neuordnung des Kindergeldes im Jahre 1961. Sie löste die sieben Jahre zuvor eingesetzte Regelung ab, wonach Kindergeld ab dem dritten Kind gewährt wurde und führte den Anspruch auf Kindergeld für das zweite Kind ein. Nicht minder wichtig waren weitere Gesetzgebungswerke, die schwächeren Bevölkerungsgruppen Hilfe leisteten, unter ihnen die Einführung des Wohngeldes. Das Wohngeld sollte die Liberalisierung des Wohnungsmarktes flankieren, die infolge des spektakulären Erfolges der Wohnungsbaupolitik der 1950er Jahre ermöglicht worden war[362]. Es sollte Härten mildern, die einkommensschwächere Mieter aufgrund des Abbaus der bis dahin geltenden Wohnraumzwangsbewirtschaftung und hierdurch bedingter Mietpreissteigerung erlitten.

Das Bundessozialhilfegesetz von 1961 ist das zweite besonders wichtige Gesetzgebungswerk, das in diesem Zusammenhang Erwähnung verdient. Das Bundessozialhilfegesetz ersetzte die aus dem Jahre 1924 stammende rechtliche Regulierung der Sozialfürsorge. Es schuf die Rechtsgrundlage für das unterste soziale Sicherungsnetz der Bundesrepublik Deutschland, das Schutz gewähren soll, wenn andere Sicherungssysteme staatlicher oder privater Art versagen. Das Bundessozialhilfegesetz legte für jeden Bürger einen einklagbaren Rechtsanspruch auf Sozialhilfe fest. Die Sozialhilfe sollte nicht nur Hilfe zur Lebensbewältigung geben, sondern auch zum Führen eines menschenwürdigen Lebens. Wer hierin ein wohlmeinendes Postulat sieht, das nicht selten frommer Wunsch blieb, geht nicht zu weit[363]. Die Regelsätze der Sozialhilfe waren und sind knapp kalkuliert, und in vielen Fällen haben Bedürftigkeitsprüfung, Abwehrverhalten seitens der Sozialverwaltung oder Angst vor sozialer Ächtung Anspruchsberechtigte davon abgehalten,

---

358 SCHWARZ 1983: 157.
359 Ebd.: 327.
360 SCHWARZ 1981: 327.
361 MICHALSKY 1984: 142.
362 SCHULZ 1994.
363 LEIBFRIED & TENNSTEDT 1985, LEIBFRIED u.a. 1995, LEISERING & LEIBFRIED 1999.

die ihnen zustehende Sozialhilfe zu beantragen. Allerdings ist die These, die Sozialhilfe leiste nur einen bescheidenen Beitrag zur Existenzsicherung, dreifach zu relativieren. Trotz knapper Leistungen wurde mit dem Bundessozialhilfegesetz gegenüber früheren Regelungen viel erreicht[364]. Ferner hat der Gesetzgeber mit ihm die für das Sozialrecht der Bundesrepublik charakteristische Unterscheidung zwischen Versicherungsprinzip, Versorgungsprinzip und Fürsorge komplettiert und somit eine größere Lücke im Netz der sozialen Sicherung geschlossen[365].

Besonders folgenreich war ein dritter Gesichtspunkt: Mit der Sozialhilfe wurde faktisch eine Art Mindestlohn festgelegt, und zwar auf einem auch im Vergleich zu den untersten Lohngruppen beachtlich hohen Niveau. Dass die Sozialpolitik der Regierungen Adenauer hiermit – zusätzlich zur Dynamisierung der Altersrenten – eine zweite gefährliche Zeitbombe gelegt hatte, trat erst Jahre danach deutlich hervor: Als ab 1973 die Arbeitslosigkeit zu steigen und sich zu verfestigen begann, wirkte die Sozialhilfe als sehr hoher Mindestlohn und erschwerte die flexible Anpassung der unteren Löhne an die veränderten Marktbedingungen. Wer nach den historischen Wurzeln der Bedrängung der Ökonomie und der Staatshaushalte durch Sozialpolitik sucht, muss bei den Weichenstellungen der CDU/CSU-geführten Regierungen der 1950er und 1960er Jahre ansetzen, vor allem bei der Rentenreform 1957 und der Sozialhilfereform von 1961.

Auch das widerspricht der verbreiteten Sichtweise, wonach die CDU/CSU-geführten Bundesregierungen der 1950er und 1960er Jahre dem Markt viel Spielraum verschafft und den Staat am kurzen Zügel geführt hätten. Diese Sichtweise wird der Regierungspraxis der Bundesregierungen allerdings nicht gerecht. Vielmehr praktizierten die CDU/CSU-geführten Bundesregierungen Markt- *und* Staatsinterventionismus, beides in kräftiger Dosierung, wie vor allem die Wirtschafts- und die Sozialpolitik verdeutlichen[366]. Immerhin wurde unter den unionsgeführten Bundesregierungen der 1950er und 1960er Jahre die Sozialpolitik rekonstruiert, zur Bekämpfung der Not von Kriegsopfern und Kriegsfolgelasten ausgebaut und zwecks Sozialschutz für Alte, Kranke, Bedürftige und Arbeitslose spürbar erweitert. Und wie erwähnt, gehörten zu diesem Sozialinterventionismus sozialpolitisch wegweisende Reformen wie die Rentenreform 1957 und die Sozialreform von 1961, die sich unter ungünstigeren Bedingungen als schweres Erbe erwiesen. Welche Dimensionen der Sozialinterventionismus der CDU/CSU-geführten Regierungen annahm, verdeutlicht auch der internationale Vergleich. Die Sozialleistungsquoten der Bundesrepublik der 1950er und frühen 1960er Jahre zählten zu den weltweit höchsten Quoten[367]. Es gibt aber auch kleiner dimensionierte Belege für die These, dass die CDU/CSU-geführten Regierungen der 1950er und 1960er Jahre kräftig dosierte sozialinterventionistische Politik betrieben. Die Sozialpolitik für Landwirte, jener Wählerschar also, der die Unionsparteien traditionell besonders stark verbunden sind, bietet Anschauungsmaterial. Die Politik der Sozialprotektion

Markt- und Staatsinterventionismus

---

364 ALBER 1989.
365 Im Falle des Fürsorgeprinzips gilt die aus öffentlichen Haushaltsmitteln finanzierte und an Bedürftigkeitstests gebundene Bedarfsdeckung. Leistungen nach dem Versorgungsprinzip hingegen werden nach Maßgabe gesetzlicher Rechtsansprüche aus Steuermitteln finanziert, wie die Kriegsopferentschädigung. Das Versicherungsprinzip schließlich orientiert sich am Grundsatz, dass Leistungsansprüche vor allem dem zustehen, der zuvor Beiträge gezahlt und die Anspruchsvoraussetzungen erfüllt hat, so – in modifizierter Form – die Renten-, die Kranken- und die Unfallversicherung.
366 Vgl. SHONFIELD 1965.
367 Vgl. ILO 1952, 1953, OECD 1985 sowie Teil 2 des vorliegenden Buches.

zu Gunsten der Landwirte wurde nämlich eng mit strukturpolitischen Korrekturen des Agrarsektors verknüpft.

Nicht in allen Bereichen war die Sozialpolitik der Bundesregierungen in den 1950er und den frühen 1960er Jahren erfolgreich. Einige ihrer Vorhaben scheiterten. Als spektakulärer Fehlschlag erwiesen sich die Bemühungen, die Krankenversicherung zu reformieren. Die Bundesregierung hatte geplant, die Ärzte künftig nach Einzelleistungen zu vergüten und die Patienten direkt zur Finanzierung von in Anspruch genommenen ärztlichen Leistungen heranzuziehen. Die Versicherungsleistungen sollten hierdurch von den leichteren auf die schweren, langwierigen Krankheitsfälle umgeschichtet werden. Ferner sollte die Reform das Streben der Bundesregierung propagieren, „den Gedanken der Selbsthilfe und privaten Initiative in jeder Weise zu fördern und das Abgleiten in den totalen Versorgungsstaat (...) zu verhindern", so der Wortlaut der Regierungserklärung Konrad Adenauers am 29.10.1957[368]. Die Krankenversicherungsreform scheiterte jedoch. Ihr stand eine eigentümliche Koalition im Wege. Im Parlament opponierten die Arbeitnehmervertreter von CDU und SPD, und außerhalb des Bundestages protestierten die Gewerkschaften sowie – noch wichtiger – die Standesorganisationen der Ärzte[369]. Sozialdemokratie, CDU-Arbeitnehmerflügel und Gewerkschaften befürchteten die Einschränkung ärztlicher Leistungen, während die Ärzteverbände ihre Stimme gegen die Eingriffe in ihre Autonomie und die ihnen zugedachte „Inkasso-Funktion"[370] erhoben. Vor allem an dieser Opposition, der Uneinigkeit in der CDU-Fraktion und der Befürchtung, die unpopuläre Selbstbeteiligung der Patienten an den Kosten ärztlicher Leistungen mindere die Wahlchancen in der nahenden Bundestagswahl, scheiterten die Pläne zur Reform des Gesundheitswesens[371].

Insgesamt aber konnte sich die sozialpolitische Bilanz der Bundesregierungen von 1949 bis 1966 sehen lassen. Die Bundesregierungen dieser Jahre hatten ihren Grundsatz, wonach „die beste Sozialpolitik eine gesunde Wirtschaftspolitik ist, die möglichst vielen Arbeit und Brot gibt"[372], undogmatisch ausgelegt und um eine eigenständige Sozialpolitik sowie eine auf Sozialintegration der Gewerkschaften zielende Regelung der Arbeitsverfassung ergänzt. Mitte der 1960er Jahre war der Sozialschutz weiter ausgebaut als je zuvor. Ohne den Wirtschaftsaufschwung der 1950er und 1960er Jahre wäre dies unmöglich gewesen. Ferner brachten das hohe Wirtschaftswachstum, die Wiedererlangung der Vollbeschäftigung und die steigenden Löhne zusätzlich zum starken Sozialstaat eine üppige „anonyme Sozialpolitik des Marktmechanismus" hervor, so Hans Rosenbergs treffende Bezeichnung für die Verbesserung des Lebensstandards, welche die wirtschaftliche Prosperität für die meisten Erwerbspersonen herbeiführt[373]. Und somit stand dieser Abschnitt der Geschichte Deutschlands wie kein anderer vor ihm im Zeichen starker staatlicher Sozialpolitik und markterzeugter Wohlfahrtssteigerung.

---

368 Verhandlungen des Deutschen Bundestages, 3. Wahlperiode, Stenographische Berichte Bd. 39, 3. Sitzung, 19.10.1957, Bonn 1958, 21A.
369 NASCHOLD 1967.
370 ZÖLLNER 1981: 108.
371 DÖHLER & MANOW 1997.
372 Bundeskanzler Adenauer in der Regierungserklärung am 20.9.1949 (Deutscher Bundestag – 5. Sitzung: 26b).
373 ROSENBERG 1976: 217.

Allerdings war für den Auf- und den Ausbau des Sozialschutzes ein Preis zu entrichten, wie die – für damalige Verhältnisse – hohe Sozialleistungsquote von 14,8 Prozent 1950 und 17,4 Prozent im Jahre 1966 zeigt[374]. Auch an den steigenden Sozialbeiträgen kann man die zunehmenden Kosten der sozialen Sicherung ablesen. Die Arbeitnehmerbeiträge zur Sozialversicherung kletterten von 18 Prozent des Arbeitsverdienstes im Jahre 1950 auf 21,15 Prozent im Jahre 1966[375]. Im internationalen Vergleich allerdings war das Wachstum der Sozialleistungsquote in der Periode von 1950 bis 1966 moderat. In den meisten Demokratien wuchs die Sozialleistungsquote in dieser Periode schneller als in Deutschland, wenngleich von einem niedrigeren Ausgangsniveau aus, so vor allem in den Niederlanden (wo sie um 8,7 Prozentpunkte zunahm), in Italien (7,8 Prozentpunkte), Dänemark (5,3 Prozentpunkte) und Schweden (5,9 Prozentpunkte)[376]. Das langsamere Wachstum der Sozialleistungsquote in der Bundesrepublik der 1950er und 1960er Jahre hing vor allem mit drei Entlastungen zusammen. Infolge des hohen Wirtschaftswachstums nahm die Zahl der Arbeitslosen rapide ab. Dadurch schrumpfte der Anteil der Arbeitslosenversicherungsleistungen an allen sozialpolitischen Einkommensübertragungen von 11,6 Prozent (1950) auf 1,1 Prozent im Jahre 1966. Dieselbe Ursache ließ die Fürsorgeleistungen in dieser Periode von 5,2 auf 1,3 Prozent sinken, und alters- und mortalitätsbedingt wurden die Ausgaben für die Kriegsopferversorgung halbiert: sie schrumpften von 22,7 Prozent der Gesamtausgaben für sozialpolitische Einkommensunterstützung auf 11,9 Prozent[377].

Hohe Sozialleistungsquote und steigende Sozialbeiträge

Trotz Auf- und Ausbaus des christdemokratischen „Sozialen Kapitalismus" blieben Sozialschutz und Wirtschaftskraft im Wesentlichen noch im Gleichgewicht, wenngleich der Chor der Kritiker der Sozialpolitik nun lauter tönte und der Vorwurf, die Sozialpolitik überlaste die Wirtschaft, häufiger geäußert wurde. Doch insgesamt überwog die Zustimmung zur Sozialpolitik. Für sie sprach auch ihr Beitrag zur Stabilisierung der Demokratie. „Wohlstand für alle" hieß Ludwig Erhards Buch aus dem Jahre 1957. Das war nicht nur ein zugkräftiger Werbeslogan der Unionsparteien, sondern auch eine Erfahrung eines Großteils der Bevölkerung. Und dass der Wohlstand vielen zugute kam, daran hatte die Sozialpolitik einen maßgeblichen Anteil, was die Legitimität der demokratischen Staatsverfassung nachweislich stärkte[378].

Allerdings hatte der Aufstieg des „Sozialen Kapitalismus" nicht nur segensreiche, sondern auch problematische Folgen. Vorrang für Ältere und Nachrang der Jüngeren und der Familien kennzeichneten die Sozialpolitik, wie die Zusammensetzung der Sozialausgaben zeigt. Gemessen an allen sozialpolitisch motivierten Einkommensunterstützungen stieg der Anteil der Alterspensionen von 46,3 Prozent 1950 auf 57,3 Prozent im Jahre 1966. Für Familien wurde nach wie vor viel weniger ausgegeben, auch wenn der Anteil der familienbezogenen Leistungen und die Zahl der von Familienleistungen erfassten Familien beträchtlich spürbar zugenommen hatte[379]. Die zukünftige Entwicklung verhieß kaum Besserung: die viel gepriesene Rentenreform von 1957 würde bei zunehmender Senio-

Defizite der Familienförderung

374 ILO 1952, 1961, 1972.
375 CD-ROM Version von BMGS 2004a: Tabelle 7.7.
376 Berechnungsbasis: ILO 1961, 1964, 1967, 1972.
377 Berechnungsbasis: ALBER 1986: 327.
378 CONRADT 1980.
379 ALBER 1986: 45f.

renquote und langsamerer wirtschaftlicher Entwicklung die Weichenstellung zu Gunsten der Älteren und zu Lasten der Jüngeren festschreiben.

Die Sozialpolitik der Großen Koalition (1966-1969)

Kaum eine andere Phase der Sozialpolitik wurde so heftig kritisiert wie die der Großen Koalition, die CDU, CSU und SPD von Dezember 1966 bis Oktober 1969 eingegangen waren. Eine Expertin sagte ihr die „vollkommene Vernachlässigung der Sozialpolitik zu Gunsten von Finanz- und Wirtschaftspolitik"[380] nach, obwohl sie anschließend auf weitreichende Weichenstellungen der Sozialpolitik dieser Jahre zu sprechen kam. Ähnlich schillernd fiel das Urteil eines anderen Fachmanns aus: „Die Große Koalition, die zusammengezwungen wurde, um die Probleme der ersten Nachkriegsrezession und die politischen Folgen zu bewältigen, brachte in der sozialpolitischen Programmatik verständlicherweise nichts zustande"[381]. Doch im nächsten Satz erwähnte der Autor „drei bemerkenswerte gesetzgeberische Durchbrüche"[382]: die Lohnfortzahlung für Arbeiter, das Arbeitsförderungsgesetz und den Finanzausgleich zwischen der Arbeiter- und der Angestelltenrentenversicherung. Ein drittes Beispiel: In einer Studie zur Gesetzgebung der Jahre von 1966 bis 1969 wurden die Erhöhungen der Beitragssätze zur Rentenversicherung, die Ergänzungsabgabe vor allem auf höhere Einkommen und die Mehrwertsteuererhöhung von 1968 schlicht als „eindeutige Verschlechterungen der materiellen Lebensstellung der Bevölkerung" klassifiziert[383]. Und selbst eine Kapazität wie Detlev Zöllner wurde mit der These, die Sozialpolitik der Großen Koalition sei wesentlich „Ökonomisierung und Anpassung"[384] gewesen, dem von ihm ausgebreiteten Material nicht voll gerecht.

Die erste Nachkriegsrezession

Die Große Koalition war aus einer politischen und ökonomischen Krise hervorgegangen. Im November 1966 war die FDP aus der Koalition mit der CDU/CSU ausgeschieden. Der Hauptgrund hierfür waren große Differenzen in der Wirtschafts- und Sozialpolitik und die Befürchtung der Liberalen, bei den anstehenden Landtagswahlen Stimmen zu verlieren[385]. Die Regierungskrise stand allerdings auch im Zeichen der Rezession, die 1966/67 die Bundesrepublik erfasste. Diese Rezession war milder als die Wirtschaftskrisen der 1970er und der 1980er Jahre, doch für die vom „Wirtschaftswunder" verwöhnten Wähler und Politiker war sie alarmierend. Tatkräftiges Handeln schien nun geboten, vor allem wirtschafts- und finanzpolitische Reformen. Hierfür benötigte die Bundesregierung allerdings die Stimmen der oppositionellen SPD. Nur so wird verständlich, warum die regierenden Unionsparteien und die SPD zu großen Kursänderungen bereit waren und im Dezember 1966 in Bonn eine Große Koalition eingingen. Auf der Tagesordnung der neuen Regierung standen an vorderer Stelle die Bewältigung der Wirtschaftskrise und eine Reihe von Verfassungsänderun-

---

380 Michalsky 1984: 148.
381 Standfest 1979: 41f.
382 Ebd.: 42.
383 Nahamowitz 1978: 206.
384 Zöllner 1981: 109.
385 Hildebrand 1984.

gen, vor allem die Notstandsverfassung, die Neuordnung der bundesstaatlichen Finanzverfassung und das Stabilitätsgesetz[386].

Auch die Sozialpolitik wurde in das Krisenmanagement der Großen Koalition einbezogen. Dort stellte die Koalition die Weichen zunächst hauptsächlich auf „Ökonomisierung und Anpassung", so die schon erwähnte Formel von Detlev Zöllner. Tatsächlich wurde mehr daraus. Zunächst einigten sich die Koalitionsparteien auf die Sanierung der Rentenversicherung, die in Finanzierungsprobleme geraten war, nicht zuletzt infolge der langfristigen Auswirkungen der Rentenreform 1957, der steigenden Anzahl der Altersrentner und der Rezession. Diese Sanierung wurde in zwei Schritten verwirklicht: die Koalition verminderte die Bundeszuschüsse zur Rentenversicherung und erhöhte die Gesamtabgaben zur Alterssicherung von 14 auf 15 Prozent ab 1968 und von 15 auf 16 Prozent im darauf folgenden Jahr. Eine Erhöhung um einen weiteren Prozentpunkt kam 1970 hinzu. Finanzielle Gründe standen auch einer weiteren Neuregelung Pate, die vor allem Beifall von SPD und Gewerkschaften erhielt: die Beseitigung der Versicherungspflichtgrenze für Angestellte in der Rentenversicherung und für die Beiträge der Angestellten zur Bundesanstalt für Arbeit. Hierdurch wurden alle Angestellten, die Bezieher hoher Gehaltseinkommen eingeschlossen, beitragzahlende Mitglieder der Rentenversicherung. Allerdings blieb es bei der gemilderten Sozialabgabenbelastung der höheren Verdienstgruppen: bewerkstelligt wurde dies durch die Festlegung der Beitragsbemessungsgrenze, d.h. der Höchstgrenze, bis zu der das Bruttoeinkommen aus lohn- und gehaltsabhängiger Arbeit zur Beitragsleistung in der Sozialversicherung herangezogen wird.

Gegen Ende der Legislaturperiode, im Jahre 1969, kam eine zweite versicherungstechnisch und politisch bedeutsame Veränderung hinzu. Die Große Koalition richtete einen Finanzausgleich zwischen der Arbeiterrentenversicherung und der Rentenversicherung der Angestellten ein. Er sollte die ungleiche Finanzentwicklung dieser Versicherungszweige eindämmen, die vor allem unterschiedliche Entwicklungen des Zahlenverhältnisses zwischen Beitragszahlern und Rentnern widerspiegelte. Diese Entwicklungen waren in der Rentenversicherung für Angestellte viel günstiger als in der Arbeiterrentenversicherung. Um unterschiedliche Beitragssätze in der Arbeiter- und der Angestelltenversicherung zu vermeiden, was bei gleichen Leistungen und finanzieller Unabhängigkeit beider Versicherungen unabweisbar gewesen wäre, hatte man 1964 noch einen Ausgleich durch eine entsprechende Verteilung der Bundeszuschüsse an die Rentenversicherungen angestrebt. Der unter der Großen Koalition eingerichtete Finanzverbund hingegen sah unmittelbare Ausgleichszahlungen vor, sobald das Vermögen der einen Versicherung ein bestimmtes Verhältnis zu den Ausgaben unterschreitet und das der anderen Versicherung ein bestimmtes Verhältnis überschreitet. Ferner wurde beiden Versicherungen die gegenseitige Liquiditätshilfe vorgeschrieben.

Die politische Bedeutung dieser Reform war groß: sie lag vor allem in der Angleichung der Arbeiterrentenversicherung an die Angestelltenversicherung. Lange Zeit war der Ausgleich zwischen beiden Rentenversicherungen heftig umstritten. Vor allem die Interessenverbände der Angestellten waren gegen ihn Sturm gelaufen. Er galt als „Enteignung der Angestellten"[387]. Doch die Große Koalition schreckte vor solchen Umverteilungsprojekten nicht zurück.

---

386 SCHÖNHOVEN 2004.
387 MUHR 1977: 482.

Lohnfortzahlung Auch an anderer Stelle tastete die Große Koalition die Privilegierung der Angestellten an, und zwar im Rahmen ihres Beitrags zur Lösung der seit langem schwelenden Streitfrage um die Lohnfortzahlung im Krankheitsfall: die Koalition aus CDU, CSU und SPD führte die Sozialversicherungspflichtigkeit der sechswöchigen Lohnfortzahlung im Krankheitsfall auch für Arbeiter ein. Die hiermit verstärkte Gleichstellung der Arbeiter mit den Angestellten hatte beträchtliche Auswirkungen auf die Arbeitsbeziehungen. Die Gewerkschaften waren zur Durchsetzung der Lohnfortzahlung für Arbeiter 1956/57 in einen wochenlangen Streik gezogen, den Metallarbeiterstreik in Schleswig-Holstein. Die endgültige Beilegung des alten Konfliktes seitens der Großen Koalition feierten die Gewerkschaften als ein Signal der Kooperationswilligkeit der Regierung in sozial- und wirtschaftspolitischen Fragen.

Die Streichung der Versicherungspflichtgrenze für Angestellte, der Finanzausgleich zwischen der Arbeiter- und der Angestelltenrentenversicherung und die Sozialversicherungspflicht der Lohnfortzahlung verbesserten die soziale Lage der Arbeiterschaft und stärkten die Finanzierungsgrundlage der Arbeiterrentenversicherung auf Kosten der Angestelltenversicherung. Die Große Koalition verminderte auf diese Weise die relative Privilegierung der Angestelltenschaft in der Sozialpolitik in beträchtlichem Maß. Dieser bemerkenswerte Kurswechsel verlangt nach Erklärung. Diese kommt ohne die parteipolitische Zusammensetzung der Regierung von 1966-69 nicht aus. Bis zum Beginn der Großen Koalition hatten die Angestellten ihren Sonderstatus in der Sozialpolitik einigermaßen erfolgreich verteidigen können. Im Parlament und in der Regierung waren ihnen vor allem die FDP und der Wirtschaftsflügel der CDU/CSU wohlgesinnt. Infolge des Austritts der FDP aus der Koalition und der Regierungsbeteiligung der SPD verschob sich jedoch das politische Kräfteverhältnis. Von der Bundesregierung konnten die Angestellten als Stand nicht mehr einen flächendeckenden Schutz erhoffen. Vielmehr band die Bonner Politik nunmehr auch die Angestelltenschaft in einen Sozialpakt ein, der zwischen den großen Arbeitnehmergruppen kräftig umverteilte. Insoweit erfüllte sich ein Teil jener Hoffnungen, welche der Arbeitnehmerflügel der Union und SPD-Sozialpolitiker in die Große Koalition gesetzt hatten: Aufwertung von Arbeitnehmeranliegen in der Union und in der Regierungspolitik.

Arbeitnehmerfreundliche Tendenzen waren auch an anderen Gesetzgebungen der Großen Koalition abzulesen, so vor allem den Gesetzen, die der gesamtwirtschaftlichen Stabilisierung, einschließlich der Stabilisierung der Beschäftigung, dienen sollten. Die Verabschiedung des Stabilitätsgesetzes von 1967, das nach verbreiteter Sichtweise die Bundesregierung mit dem zur Konjunkturstabilisierung erforderlichen Instrumentenkasten ausrüstete, zählte ebenso hierzu wie die des Arbeitsförderungsgesetzes vom 25.6.1969[388]. Das Arbeitsförderungsgesetz sah vor allem die Ergänzung der passiven Arbeitsmarktpolitik – Arbeitslosengeld und -hilfe – um die aktive Arbeitsmarktpolitik vor, mit der die Anpassung von Arbeitsangebot und Arbeitsnachfrage verbessert werden sollte, vor allem durch verbesserte Arbeitsvermittlung, Umschulung und Weiterqualifizierung von Arbeitskräften sowie durch Lohnkostenzuschüsse für bestimmte Beschäftigtengruppen.

Allerdings waren die sozialpolitischen Weichenstellungen der Großen Koalition nicht zum Nulltarif zu haben. Mitunter waren sie Bestandteil von Paketlö-

---

388 Gesetz zur Förderung der Stabilität und des Wachstums der Wirtschaft vom 8.6.1967 (BGBl. I, Nr. 51 v. 28.6.1969: 582).

sungen. So wurden Kompromisse in der Sozialpolitik mit Zugeständnissen in der Wirtschaftspolitik zugunsten des Mittelstandes und der Arbeitgeber erkauft. Bisweilen tauschte man Sozialpolitik gegen Sozialpolitik: Für die Akzeptanz der Lohnfortzahlung seitens der Unionsparteien musste die SPD der Einführung einer Gebühr für Krankenschein und ärztliches Rezept zustimmen.

In der Sozialpolitik schnitt die Große Koalition insgesamt besser ab, als es die eingangs zitierten Stellungnahmen erwarten ließen. Zur Ökonomisierung und Anpassung kamen Weichenstellungen hinzu, die von größerer Bedeutung sein sollten als die Sparmaßnahmen. Und selbst bei kurz- oder mittelfristiger Beobachtungsperspektive musste auffallen, dass die Sozialpolitik der Jahre von 1966 bis 1969 auf mehr Gleichheit zielte. Auch quantitative Messlatten verdeutlichen, dass die Jahre der Großen Koalition nicht die schlechteste Phase der sozialen Sicherung waren. Das Arbeitslosengeld eines Ledigen beispielsweise wurde von 55 auf 62,5 Prozent des früheren Nettoentgeltes erhöht, die Arbeitslosenhilfe von 45 auf 52,5 Prozent. Ferner wuchs der Anteil der Sozialversicherten an den Erwerbspersonen im Jahresdurchschnitt von 1966-1969 schneller als im Durchschnitt der zehn Jahre zuvor[389]. Und die Sozialleistungsquote nahm weiter zu: sie kletterte von 23,3 Prozent im Jahre 1966 rezessionsbedingt auf 24,9 Prozent (1967) und sank bis 1969 nur geringfügig auf 24,6 Prozent[390]. Im internationalen Vergleich lag die Bundesrepublik mit dem Zuwachs der Sozialleistungsquote zwischen 1966 und 1969 im Mittelfeld der westlichen Industrieländer[391].

Bilanz positiv

Die Sozialpolitik der SPD/FDP-Koalition (1969-1982)

Die Bundestagswahl von 1969 veränderte die politische Landschaft der Bundesrepublik grundlegend. Sie führte mit der Bildung der Koalition von SPD und FDP, der sozial-liberalen Koalition, den zweiten großen Regierungswechsel auf Bundesebene nach dem von 1966 herbei. Sozialpolitisch schien dies eine äußerst spannungsreiche Koalition zu werden: die ideologische Distanz zwischen der Sozialstaatspartei SPD und der marktorientierten Wirtschafts- und Sozialpolitik der Liberalen war und ist groß[392]. Allerdings herrschte 1969 Aufbruchsstimmung: Verbesserung, Reform, Chancengleichheit, sozialer Ausgleich, Bekämpfung öffentlicher Armut hießen die Stichworte, denen sich der liberale Koalitionspartner der Sozialdemokratie nicht verschloss. Überdies war die Kraft des Wirtschaftsaufschwungs noch ungebrochen, und der füllte die Staatskassen. Auch das stärkte die Neigung der FDP, die sozialpolitischen Reformen des Koalitionspartners zu tolerieren. Vor allem aber hatten sich die Koalitionsparteien auf eine Kabinettssitzverteilung verständigt, die der jeweiligen Hauptklientel weitgehend gerecht wurde: die SPD stellte den Regierungschef, den Finanz-, den Verteidigungs- und den Arbeitsminister, und die FDP war mit dem Außen-, dem

389 Berechnet nach ALBER 1989.
390 BMGS 2005a: 934.
391 Berechnungsbasis: ILO 1972, 1976 und OECD 1985.
392 Vgl. JÄGER 1986 und 1987, für die Policy-Positionen CASTLES & MAIR 1984 und für die Wahlplattformen KLINGEMANN u.a. 1994.

Innen- und dem Wirtschaftsministerium sowie dem Ministerium für Ernährung, Landwirtschaft und Forsten üppig ausgestattet.

All dies erleichterte die Sozialstaatsexpansion, der sich vor allem die SPD in ihrem Streben, eine ‚Politik der Inneren Reformen' zu betreiben, verschrieben hatte. Der weitere Ausbau der sozialen Sicherung, einschließlich der vorsorgenden Sozialpolitik, so im Arbeits- und Unfallschutz und im Gesundheitswesen, stand weit oben auf dem umfangreichen Reformenkatalog der sozial-liberalen Koalition[393].

Nicht nur aus Koalitionsraison tolerierte die FDP das Streben ihres Koalitionspartners nach Ausbau des Sozialstaats und Sozialdemokratisierung des von den Unionsparteien wesentlich geprägten „Sozialen Kapitalismus". Hinzu kam die Interessenpolitik: vom Ausbau der Sozialpolitik profitierte auch die Klientel der Liberalen. Die Erweiterung der Altersversicherung für Landwirte und die Öffnung der Sozialversicherung für Selbständige sind Beispiele. Überdies sind die Grenzziehungen im Blick zu behalten: den Ausbau der sozialen Sicherung überließen die Liberalen der SPD nahezu kampflos, doch zogen sie die Grenze bei der gewerkschaftsnahen Sozialpolitik, vor allem bei dem von SPD und Gewerkschaften vorgesehenen Ausbau der Mitbestimmung.

Innerhalb dieser Schranken konnten die Sozialpolitiker in den ersten fünf bis sechs Jahren der sozial-liberalen Koalition auf große Spielräume zählen. Diese wurden weidlich genutzt[394]. Das bezeugen auch fast alle quantitativen Messlatten der Sozialpolitik: sie zeigen ein schnelles Wachstum der sozialen Sicherung in der Ära der sozial-liberalen Koalition an. Beispielsweise stieg der Anteil der Bevölkerung, der den Lebensunterhalt primär aus Sozialeinkommen bestritt, von 14,4 Prozent zu Beginn des Regierungswechsels von 1969 auf 18,2 Prozent im Jahre 1980 und 20,0 Prozent 1982, dem Jahr der Auflösung der sozial-liberalen Koalition und der Bildung einer CDU/CSU/FDP-Koalition[395]. Hinter diesen Zahlen verbergen sich sowohl die zunehmende Inanspruchnahme von Sozialleistungen, z.B. infolge einer zunehmenden Zahl von Altersrentnern und wachsender Arbeitslosigkeit, wie auch der Ausbau der sozialen Sicherung. Zu dessen Nutznießern zählten beispielsweise Altersrentner, Familien mit Kindern, durch Ausbildungsförderung unterstützte Studenten und wohngeldbezugsberechtigte Haushalte[396]. Auch der Anteil der öffentlichen Sozialleistungen am Bruttosozialprodukt zeigt ein starkes Wachstum der Sozialausgaben in der Ära der sozial-liberalen Koalition an, gleichviel, wie dieser Anteil gemessen wird[397]. Ein Beispiel ist das Haushaltsbuch der Sozialleistungen, das „Sozialbudget" des Bundesministeriums für Arbeit und Sozialordnung[398]. Der Anteil des Sozialbudgets

---

393 SCHMIDT 1978.
394 Vgl. SCHMIDT 1978, ALBER 1989, HOCKERTS 1992, ZACHER 2001.
395 Berechnungsbasis ALBER 1986: 340ff. und DISI 1995.
396 ALBER 1989: 138-141.
397 ILO 1996, OECD 1985, BMGS 2005a: 934.
398 Das Sozialbudget ist eine regierungsoffizielle Gesamtbilanz aller öffentlichen und aller gesetzlich vorgeschriebenen privaten Sozialausgaben. Die Daten entstammen den neuesten Berechnungen des Sozialbudgets (BMGS 2005a: 934), die gegenüber den zeitgenössischen Sozialleistungsquoten jeweils etwa um 2 Prozentpunkte niedrigere Niveaus ausweisen. Das Sozialbudget enthält – im Unterschied zu den Daten, welche die ILO zur sozialen Sicherung gegen Risiken infolge von Alter, Unfall, Krankheit, Arbeitslosigkeit und Mutterschaft publiziert – zusätzlich vor allem folgende Ausgabenposten: indirekte Leistungen wie Steuerermäßigungen und Vergünstigungen im Wohnungswesen, Vermögensbildung, Wohngeld, Ausbildungsförderung, Jugendhilfe, Wiedergutmachung und sonstige Entschädigungen, Sozialleistungen der Arbeitge-

Politik der Inneren Reformen

am Sozialprodukt lag 1969, zu Beginn der sozial-liberalen Koalition, bei 24,6 Prozent. Von dort stieg die Sozialleistungsquote schneller und steiler als je zuvor bis auf einen Höchststand von 31,4 Prozent im Jahre 1975. Sieben Jahre später, beim nächsten Regierungswechsel, war sie bei 30,7 Prozent angelangt – sieben Prozentpunkte über dem Stand von 1969. Finanziert wurde diese Expansion des Sozialstaats hauptsächlich durch Erhöhung der Sozialbeiträge. Diese kletterten von 27,8 Prozent (1969) – gemessen an den Sozialbeiträgen von Arbeitnehmern und Arbeitgebern am Bruttoarbeitsverdienst – auf 34,0 Prozent im Jahre 1982. Das war im Vergleich mit dem langsamen Voranschreiten der Sozialbeiträge und der Sozialleistungsquote vor 1969 ein spektakuläres Wachstum, auch wenn die Sozialpolitik in anderen Ländern in dieser Periode sogar noch weiter ausgebaut wurde, beispielsweise in Schweden, den Niederlanden, Norwegen und Finnland[399]. Die meisten Wirtschaftsfachleute und die Gegner der sozial-liberalen Koalition werteten den steilen Anstieg der Sozialleistungsquote und der Sozialabgaben als Alarmzeichen und als Beleg dafür, dass der Sozialinterventionismus der SPD die Belastungsgrenzen der Wirtschaft überschritten habe[400].

Nicht die gesamte Expansion der Sozialleistungsquote war dem Tun und Lassen der Sozialpolitik von 1969 bis 1982 zuzuschreiben. Zu einem Teil spiegelt der steile Anstieg der Sozialleistungsquote die Wirkungen der Wirtschaftskrise von 1974/75 und der Rezession von 1981/82 wider. Ferner wuchs die Wirtschaft zwischen beiden Krisen langsamer als zuvor. Überdies ist die in Wirtschaftskrisen automatisch eintretende Stabilisierungsfunktion der Sozialpolitik zu berücksichtigen, sofern Anspruchsberechtigung und Leistungsniveau gleich bleiben: Stagnation oder Schrumpfung des Sozialproduktes gehen mit wachsender Arbeitslosigkeit und zunehmender Inanspruchnahme von Sozialhilfe einher, mitunter mit sozialpolitisch gemildertem Beschäftigungsabbau, beispielsweise durch Frühverrentung älterer Arbeitnehmer. Das alles erhöht unter sonst gleichen Bedingungen die Sozialausgaben. Überdies basierte der Zuwachs der Sozialleistungsquote in der SPD/FDP-Ära auch auf der wachsenden Seniorenquote. Mit ihr nahm der Anteil der Altersrentner an der Bevölkerung weiter zu. So stieg der Anteil der über 60-jährigen von 12,7 Prozent im Jahre 1969 auf 15,6 Prozent im Jahre 1982. Dieser Anstieg und die großzügigen Rentenreformen von 1957 machten sich nun finanziell mit voller Wucht bemerkbar.

Hinzu kamen die Effekte der sozial-liberalen Reformpolitik, vor allem die Wirkungen der Rentenreform von 1972. Die sozialpolitischen Reformen der SPD/FDP-Koalition basierten bis 1973 auf extrem optimistischen Annahmen über die wirtschaftliche Entwicklung und die finanzielle Ausstattung der Sozialpolitik. Entsprechend großzügig wurden die Sozialreformen dosiert. So wurde der Kreis der Sozialversicherten beträchtlich vergrößert. Ferner wurden die monetären und sachlichen Leistungen in nahezu allen Sicherungssystemen erheblich erhöht und dem durchschnittlichen Zuwachs der Arbeitseinkommen stärker angepasst. Hinzu kamen Neuerungen wie die intensivierte Vorsorge, der Ausbau der produktionsbezogenen Sozialpolitik und die Rente nach Mindesteinkommen, der zufolge das Altersruhegeld von Geringverdienern bei 25-jähriger versiche-

Rentenreform von 1972

---

ber (wie die Entgeltfortzahlung im Krankheitsfall und betriebliche Altersversorgung sowie Zusatzversorgung) und Beihilfen für Beamte sowie Versorgungswerke.

399 OECD 1985.
400 Vgl. z.B. das Jahresgutachten 1974/75 des Sachverständigenrates zur Begutachtung der gesamtwirtschaftlichen Entwicklung (SVR 1974).

rungspflichtiger Tätigkeit nicht nach dem tatsächlichen, sondern nach dem höher liegenden fiktiven Einkommen in Höhe von 75 v.H. des jeweiligen Durchschnittseinkommens berechnet wird.

Besonders spendabel zeigten sich Regierung und Opposition bei der Reform der Rentenversicherung von 1972, rechtzeitig vor der anstehenden Bundestagswahl. Vier ihrer Weichenstellungen sind besonders berichtenswert:

1. Die Einführung einer flexiblen Altersgrenze ermöglichte älteren Arbeitnehmern den vorzeitigen Eintritt in das Rentenalter[401].

2. Der Gesetzgeber verlegte den Termin der Anpassung der Sozialrenten an das Durchschnittseinkommen der letzten drei Jahre vor.

3. Ferner öffnete der Gesetzgeber die Rentenversicherung für nicht abhängig Beschäftigte. Dies begünstigte vor allem Selbständige und wirtschaftlich schwächere, arbeitsmarktferne Gruppen wie Hausfrauen, Studenten und Behinderte.

4. Überdies wurde mit der schon erwähnten Rente nach Mindesteinkommen der Alterssicherung ein Mechanismus hinzugefügt, der gegen Armut im Alter durch Begünstigung erwerbstätiger Geringverdiener besser schützen sollte.

Der Kreis der Begünstigten dieser Entscheidungen war groß[402]. Von der Vorverlegung der Rentenanpassung profitierten schätzungsweise rund 12 Millionen Rentner, von der Anhebung der Kleinrenten rund 1,4 Millionen und von der Rente nach Mindesteinkommen rund 740.000. Als unmittelbar Begünstigte der flexiblen Altersgrenze zählte man mit Stand vom Herbst 1976 471.000 Personen. Millionen wurden durch die Öffnung der Krankenversicherung besser gestellt, hauptsächlich Angestellte, Studenten und Landwirte. Zu den Gewinnern gehörten die vielen Millionen Schüler, Studenten und Kinder sowie deren Eltern, denen nun der Schutz der Unfallversicherung zugute kam. Auch die Dynamisierung der Kriegsopferversorgung kam vielen zustatten. Dies sind Beispiele des Füllhorns sozialer Wohltaten, das in den ersten Jahren der sozial-liberalen Koalition über die Bundesbürger geleert wurde.

Sozialpolitikwettlauf   Die wichtigsten Sozialgesetze der frühen 1970er Jahre basierten letztlich auf Allparteienkoalitionen: sie wurden von den Regierungsparteien und der oppositionellen CDU/CSU gemeinsam getragen, obwohl zwischen Regierung und Opposition schon ein grundsätzlicher Streit über die Neue Ostpolitik und die „Politik der Inneren Reformen" entbrannt war. Die Rentenreform von 1972 war sogar das Ergebnis eines beispiellosen Sozialpolitikwettlaufs zwischen SPD, FDP und Unionsparteien[403]. Die 1972 eingeführte flexible Altersgrenze, für die sich der damalige Bundesminister für Arbeit und Soziales, Walter Arendt (SPD), persönlich mit Nachdruck einsetzte, verwirklichte ein Anliegen, das den Gewerkschaften schon lange am Herzen lag. Mit der Rente nach Mindesteinkommen hingegen kamen die Regierungsparteien der oppositionellen CDU/CSU entgegen: die Union wollte die Kleinstrenten anheben. Und die Öffnung der Rentenversicherung für Selbständige war Teil eines Tauschhandels zwischen SPD und FDP. Die vorzeitige Anpassung der Renten schließlich konnte man hauptsächlich dem Konto der CDU/CSU-Opposition im Bundestag gutschreiben. Die Opposition

---

401 Diese Regelung wurde später, im Kontext zunehmender Arbeitslosigkeit, vielfach als Instrument zur Verringerung des Arbeitskräfteangebotes genutzt (von RHEIN-KRESS 1996, ROSENOW & NASCHOLD 1994).

402 SCHMIDT 1978: 229 mit Nachweisen.

403 Hierzu liegt mit HOCKERTS (1992) eine vorzügliche quellengesättigte Abhandlung vor.

war nämlich bei der dritten Lesung des Rentenreformgesetzes von 1972 infolge des Zerfalls der Regierungsmehrheit im Besitz der Stimmenmehrheit. Sie übernahm größtenteils die Vorstellungen der Regierung aus der zweiten Lesung, setzte jedoch die vorgezogene Rentenanpassung an Stelle des von den Regierungsparteien favorisierten vorgezogenen Babyjahrs (d.h. der Anrechnung eines zusätzlichen Versicherungsjahres je Kind für weibliche Versicherte und Rentenempfängerinnen). Letztlich stimmten die Regierungsparteien dem Gesetzgebungspaket zu (mit Ausnahme einer FDP-Stimme), um das eigene Reformprojekt nicht zu gefährden[404].

Mit der Rentenreform 1972 wollten die Sozialpolitiker – sowohl die der Regierung wie auch jene der Opposition – ein der Rentenreform von 1957 ähnlich bedeutsames Vorhaben umsetzen. Wie 15 Jahre zuvor, begünstigten auch diesmal volle Kassen die üppige Sozialreform, und wie damals rechnete man auch 1972 weiterhin mit hohem Wirtschaftswachstum und gefüllten Staatskassen. Der Planung lag unter anderem die Annahme zugrunde, das jahresdurchschnittliche Wirtschaftswachstum betrage künftig preisbereinigt rund fünf Prozent! Schlussendlich stand – wie 1957 – eine Bundestagswahl vor der Tür, und somit war die Versuchung aller Parteien, wählerwirksame Sozialpolitik zu betreiben, besonders groß.

Es gibt eine weitere Parallele: Die Rentenreform von 1972 war wie jene von 1957 eine riskante Grundsatzentscheidung. Wie riskant die Reform von 1957 war, hatte sich erst gezeigt, als die Dynamisierung der Renten zusammen mit der zunehmenden Seniorenquote, Rezessionen und schwächerem Wirtschaftswachstum die Rentenfinanzen überlastete, so erstmals 1966, dann 1975/76 und in den nachfolgenden Jahren. Alsbald entpuppte sich auch die Rentenreform von 1972 als eine Wohltat, welche die Kassen der Renten, den Geldbeutel der Sozialabgabenzahler und den der Steuerzahler arg strapazierte. Das zeigte sich schon zwei Jahre nach dem Sozialpolitikwettlauf von 1972: nun geriet die Bundesrepublik Deutschland zusammen mit anderen westlichen Industrieländern in den Sog einer weltweiten Rezession, deren Ausstrahlung bis weit in die folgenden Dekaden reichte. Die Rezession und die nachfolgende Periode reduzierten Wachstums schmälerten die Einnahmen der Sozialversicherungen, des Bundes, der Länder und der Gemeinden; zugleich aber riefen sie eine größere Nachfrage nach Sozialleistungen hervor, vor allem infolge zunehmender Arbeitslosigkeit und Sozialhilfeleistungen, aber auch aufgrund der zunehmenden Alterung der Gesellschaft. Hierdurch geriet die Sozialpolitik in eine Lage, für die sie langfristig nicht gerüstet war. Auf schwere Konjunktureinbrüche, Strukturkrisen, schwaches Wachstum, hohe Arbeitslosigkeit und Alterung war sie nicht richtig eingestellt. Und somit zeichnete sich eine Finanzkrise der Sozialpolitik ab, sofern nicht ein drastischer Kurswechsel für Abhilfe sorgte.

Auf diese Herausforderung reagierten die Sozialpolitiker aller Parteien ebenso wie das zuständige Bundesministerium zunächst nur zögerlich, teils aufgrund der Annahme, die Wachstumsschwäche gehe alsbald vorüber, teils wegen der Eigendynamik der in Planung befindlichen Projekte, wie die 1974 erfolgte Umstellung des Familiengeldes auf das Prinzip eines einheitlichen Kindergeldes auch für das erste Kind. Überdies hatte so mancher Politiker schon die Bundestagswahl von 1976 im Blick. Auch das minderte die Bereitschaft, frühzeitig Maßnahmen gegen die sich abzeichnende Krise der Sozialfinanzen zu ergreifen.

Riskante Grundsatzentscheidung

---

404 MICHALSKY 1984: 139, HOCKERTS 1992.

Festzuhalten ist jedoch, dass die ersten Einsparungen in der Sozialpolitik schon vor der Bundestagswahl 1976 erfolgten, nämlich im Dezember 1975. Die Wende vom Expansions- zum Sparkurs in der Sozialpolitik wurde mit dem im Mai 1974 erfolgten Kanzlerwechsel von Brandt zu Schmidt eingeleitet, dem „Machtwechsel"[405] in der Ära der sozial-liberalen Koalition. Das präzisiert Jens Albers These, die „Wendemarke"[406] in der sozialpolitischen Gesetzgebung sei Mitte der 1970er Jahre erreicht worden. Das Haushaltsstrukturgesetz zur Entlastung des Bundeshaushaltes von 1975 leitete die „Sozialpolitik der mageren Jahre"[407] ein und mündete in eine Reihe von Gesetzen, mit denen Sozialleistungen zurückgeschraubt wurden. Gekürzt wurde zunächst hauptsächlich bei den Aufwendungen für Umschulung und Weiterqualifikation, Arbeitslosenunterstützung und Ausbildungsförderung, also dort, wo die Leistungen nicht durch Eigentumsrechte der Versicherten geschützt waren. Bis zur Bundestagswahl 1976 hielt sich die Politik mit Einsparungen bei den Sozialleistungen für die große Masse, vor allem die Altersrentner, noch zurück, obwohl den Fachleuten im Bundesarbeitsministerium und dem Kanzler klar gewesen sein musste, dass die Sozialfinanzen aus dem Ruder zu laufen drohten. Nach der Bundestagswahl von 1976 wurden die Sozialleistungen ernsthafter durchforstet. Nunmehr erfassten die Einsparmaßnahmen auch die Renten- und die Krankenversicherung, so durch verzögerte Anpassung der Renten an die Löhne (1977 und 1982) und von 1979 bis 1981 dadurch, dass die regulären Anpassungen der Renten zugunsten niedrigerer Steigerungsraten ausgesetzt wurden. In der Krankenversicherung kamen private Kostenbeteiligungen hinzu, so im Jahre 1977. Weitere Kostensenkung erhoffte sich die Bundesregierung von der Einrichtung der Konzertierten Aktion im Gesundheitswesen zwischen Staat, Pharmaindustrie, Krankenkassen und Ärzteverbänden. Erheblich vermindert wurden sodann die Leistungen der Arbeitslosenversicherung. Dort wurden wiederholt die Voraussetzungen für Arbeitslosengeld und -hilfe verschärft und die Höhe der Leistungen gekappt, so 1977, 1981 und 1982. Hinzu kamen Kürzungen des Kindergeldes, der Familienförderung, der Sozialhilfe und des Wohnungsgeldes[408].

Bis Anfang der 1980er Jahre erwiesen sich die Koalitionsparteien SPD und FDP auch bei politisch kontroversen Kürzungen in der Sozialpolitik als kompromissfähig, wenngleich für beide die Konsensbildungskosten mit zunehmender Dauer der sozialpolitisch mageren Jahre stiegen. Noch einigte man sich stillschweigend darauf, die Sozialpolitik auf dem Stand von Mitte der 1970er Jahre zu konsolidieren. Das hieß im Klartext: Aufrechterhaltung der Systeme der sozialen Sicherung, Kürzungen einzelner Leistungen und mitunter Eingrenzung der Anspruchsvoraussetzungen. Den Kosten der Sparpolitik nach zu urteilen, mussten die Sozialpolitiker und die Klientel der SPD weitaus mehr Federn lassen als die FDP und die Wähler der Liberalen. Andererseits trug die FDP wiederholt Kompromisse mit, die dem wirtschaftsliberalen Selbstverständnis zuwiderliefen, so die Erhöhung der Sozialbeiträge zur Arbeitslosenversicherung (1976 von 2 auf 3 Prozent und 1982 von 3 auf 4 Prozent), zur Krankenversicherung (1976, 1977, 1980, 1981 und 1982) und zur Rentenversicherung (1981 von 18 auf 18,5

---

405 BARING 1982.
406 ALBER 1989: 286.
407 WINDHOFF-HÉRITIER 1983.
408 Detaillierter Überblick bei ALBER 1989 und FRERICH & FREY 1993c.

96

Prozent)[409]. Allerdings zog die FDP erfolgreich die Grenze dort, wo die Finanzierungsprogramme der Gewerkschaften und des linken Flügels der SPD ansetzten, bei der Arbeitsmarktabgabe von Beamten und Selbständigen, höheren Beitragsbemessungsgrenzen und Anhebung der Versicherungspflichtgrenze in der Gesetzlichen Krankenversicherung[410]. Mitunter versuchte man, den Finanzierungsschwierigkeiten durch Problemverschiebung zwischen den Sozialversicherungen sowie zwischen Staatshaushalt und Sozialversicherungen Herr zu werden. So wurden den Rentenversicherungen Mittel aus der Bundesanstalt für Arbeit zugeführt: diese musste für Empfänger von Arbeitslosengeld und -hilfe Beiträge an die Alterssicherung entrichten. Und so schraubte beispielsweise der Bund, der für die Defizite im Haushalt der Bundesanstalt für Arbeit haftete, die nicht zuletzt infolge der Abführung von Beiträgen an die Rentenversicherung zugenommen hatten, seine finanziellen Verpflichtungen drastisch zurück. In der Konsequenz sparte die Bundesanstalt für Arbeit häufig an arbeitsmarktpolitischen Programmen wie Umschulung und Weiterqualifikation. Dadurch wurde die aktive Arbeitsmarktpolitik auf einen – beschäftigungspolitisch kontraproduktiven – prozyklischen Kurs gebracht[411]. Hiermit wurde ein Teil der Kosten der Sparpolitik auf andere Ebenen der Staatsorganisation abgewälzt, vor allem auf die für die Sozialhilfe zuständigen Kommunen.

Der Sparpolitik der Weimarer Republik in den Jahren von 1930 bis 1932 sagt man nach, sie sei ohne Plan erfolgt. Gilt dies auch für die Sozialpolitik der mageren Jahre nach 1975/76? Systematik kann man ihr nicht absprechen: sie ging den Weg des geringsten politischen Widerstandes und der größten finanziellen Entlastung des Bundeshaushaltes und schonte Sozialleistungen, auf die Versicherte eigentumsrechtliche Ansprüche hatten. Deshalb kamen Kürzungen vorwiegend dort zustande, wo der Bund eine Zuschusspflicht für Haushaltslücken hat, so vor allem in den Budgets der Bundesanstalt für Arbeit und der Rentenversicherungen, und deshalb wurde der Rotstift vor allem bei jenen Programmen angesetzt, die ausschließlich aus Haushaltsmitteln des Bundes finanziert wurden, wie die Ausbildungsförderung[412]. Einer Bilanz der Sozialpolitik zwischen 1975 und 1982 zufolge hatten die Kürzungen zwei Hauptwirkungen. Erstens wurden die zuvor von der SPD/FDP-Koalition mit Unterstützung der Opposition eingerichteten Programme der individuellen Förderung schrittweise wieder zurückgenommen, so die Ausbildungsförderung. Und zweitens wurden das Leistungsniveau anderer Sozialpolitiken gesenkt und die Leistungsvoraussetzungen verschärft, so vor allem in der Arbeitslosen- und in der Rentenversicherung[413].

In den letzten Jahren der SPD/FDP-Regierung wurden die koalitionsinternen Konflikte heftiger. Immer häufiger entzündeten sie sich an Fragen der Sozialstaatsfinanzierung. Die Kompromisse, die bei der Gratwanderung zwischen Konsolidierung des Sozialstaats und Kürzung einzelner Programme einzugehen waren, riefen in beiden Koalitionsparteien lautstarke Opposition hervor. Explosiv wurde die Stimmung mit der erneuten Zunahme der Arbeitslosenzahlen zu Beginn der 1980er Jahre und der hierdurch verschärften Finanzierungsprobleme

Koalitionskonflikt

---

409 BMA 1994: 270.
410 MICHALSKY 1984.
411 Hierzu instruktiv BRUCHE & REISSERT 1985.
412 MICHALSKY 1984: 141.
413 Ebd.

der Sozialversicherungen. Die gegensätzlichen Auffassungen von SPD und FDP in der Sozial- und Wirtschaftspolitik wurden zunehmend härter vorgetragen und schlussendlich unversöhnlich artikuliert. Dies war eine der wichtigsten Ursachen des Auseinanderbrechens der sozial-liberalen Koalition im September 1982 und der Bildung einer neuen Koalition aus CDU, CSU und FDP im Oktober desselben Jahres.

Die Ära der sozial-liberalen Koalition war auch in der Sozialpolitik mit hochgesteckten Erwartungen begonnen worden. An ihrem Ende herrschte bei den Koalitionsparteien und dem Großteil ihrer Mitglieder- und Wählerschaft weithin Frustration über das Erreichte und das Nichterreichte. Die Erweiterung des von den Unionsparteien übernommenen „Sozialen Kapitalismus" zum sozialdemokratischen Wohlfahrtsstaat hatte Mitte der 1970er Jahre eine obere Grenze erreicht. Gewiss: die Sozialleistungsquote war 1975 und in den nachfolgenden Jahren höher als vor der Übernahme der Macht, und zweifelsohne hatte der Sozialstaat auch in den Jahren der Wirtschaftskrisen und des reduzierten Wachstums beachtliche Leistungen erbracht. Doch auf der Negativseite waren ebenfalls Rekorde zu vermelden: Die Arbeitslosenquote hatte 1982 7,5 Prozent erreicht – ein bedrohlich hoher Wert angesichts der Erfahrung von Vollbeschäftigung bis 1973/74[414]. Kaum weniger beruhigende Zahlen meldete die Sozialhilfe: 1982 wurden 2,32 Millionen Sozialhilfeempfänger gezählt, 800.000 mehr als 1970. Überdies hatten die Beitragssätze zur Sozialversicherung 1982 mit 34 Prozent einen neuen Höchststand erreicht. Zugleich herrschte seit 1973/74 Arbeitslosigkeit. Das erhöhte den Bedarf an Sozialleistungen. In die gleiche Richtung wirkte die zunehmende Seniorenquote. Noch entwickelte sich die Beschäftigung in der Bundesrepublik günstiger als in vielen anderen Ländern, unter ihnen Großbritannien, wo die Zahl der Beschäftigten im Zeitraum 1969-82 um 6,5 Prozent schrumpfte. Doch blieb Westdeutschlands Arbeitsmarkt weit hinter dem kräftigen Beschäftigungszuwachs in Schweden (9,5 Prozent), den USA (16,8 Prozent) oder Japan (21,7 Prozent) zurück[415]. Damit zeichnete sich in der Bundesrepublik eine langfristig bedrohliche Entwicklung ab: ein teurer Sozialstaat mit wachsender Expansionstendenz infolge von Arbeitslosigkeit und Alterung auf der einen Seite und langsam wachsende Beschäftigung auf der anderen. Darüber konnte der zutreffende Hinweis nicht hinwegtrösten, dass der Wohlfahrtsstaat in anderen Ländern noch größer als derjenige der Bundesrepublik geworden war, vor allem in Belgien, Dänemark, Frankreich, den Niederlanden und Schweden. Besonders düster stellten sich die Aussichten dem dar, der mit Blick auf die internationale Wettbewerbsfähigkeit Deutschlands hohe Sozialleistungsquote von 1982 mit dem viel kleineren Sozialetat der USA und Japans verglich: 1982 betrug die Sozialleistungsquote nach Kriterien der Internationalen Arbeitsorganisation in der Bundesrepublik Deutschland 24,9 Prozent, in Japan jedoch nur 11,7 Prozent und in den USA 13,4 Prozent[416].

---

414 Arbeitslose in Prozent der abhängigen Erwerbspersonen, BMGS 2004a: Tabelle 2.10.
415 BMGS 2004a: Tabelle 2.5A., OECD: Labour Force Statistic, diverse Ausgaben.
416 ILO 1988, 1992. Die Spitzenränge hielten Schweden (32,3%), die Niederlande (31,3%) und Frankreich (28,8%). Zur Analyse vgl. Teil II dieses Buches.

Sozialpolitik in der Ära Kohl (1982-1998)

Verschiedentlich wurde die Auffassung vertreten, die Sparpolitik im Sozialsektor sei erst von der christdemokratisch-liberalen Koalition eingeleitet worden[417]. Doch das trifft nicht zu. Der Übergang von der Expansion der Sozialpolitik zur Konsolidierung begann bereits Mitte der 1970er Jahre. So sah das auch die seit 1982 amtierende christdemokratisch-liberale Bundesregierung. Sie hatte im Sozialbericht 1986 ausdrücklich erwähnt, dass ihre Vorgängerin von 1975 bis zum Regierungswechsel 1982 „mit insgesamt zwölf Gesetzen massive Kürzungen im Sozialbereich vorgenommen"[418] hatte. Weiter hieß es dort: „Weitere Einschnitte – so die damals maßgebenden Entscheidungsträger – waren unumgänglich. Dazu hatte die vorige Regierung nicht mehr die Kraft. Die neue Bundesregierung war daher gezwungen, diese unerläßlichen Sanierungsmaßnahmen durchzuführen"[419].

Nun stand eine „Politik der Konsolidierung und Neustrukturierung des sozialen Sicherungssystems"[420] an, so die Darstellung der CDU/CSU/FDP-Regierung. Dem Programm der finanziellen Konsolidierung und Neuordnung lag die Diagnose einer schweren Wirtschaftskrise und einer tiefen Krise des Systems der sozialen Sicherung zugrunde. Die Beschäftigungskrise und die starke Expansion der Sozialausgaben hätten die Sozialfinanzen von der Entwicklung des Sozialproduktes „abgekoppelt"[421] und „dermaßen geschwächt, daß der damalige Wirtschaftseinbruch (von 1981/82 – der Verfasser) in seinen finanziellen Auswirkungen nicht abgefedert werden konnte"[422]. Mehr noch: hierdurch sei „höchste Gefahr für die soziale Sicherung"[423] entstanden. Ihr habe bei Unterlassung einschneidender Korrekturen „Einsturzgefahr"[424] gedroht. Man wolle „keine Privatisierung der sozialen Risiken"[425], hieß es im Sozialbericht 1983. Unverzichtbar seien aber die Sofortbremsung der Sozialausgaben und längerfristig die Neustrukturierung der Sozialpolitik unter verstärkter Betonung von „Solidität, Sicherheit und Stabilität"[426] und stärkerer Gewichtung der Subsidiarität, insbesondere der Fähigkeit und Initiative des Einzelnen. | Krisendiagnose der Wenderegierung

Die CDU/CSU/FDP-Koalition führte zunächst den Trend der restriktiveren Sozialpolitik ihrer Vorgängerin weiter – allerdings mit höherem Tempo. Vor allem 1983 und 1984 wurden größere Operationen am Netz der sozialen Sicherung vorgenommen. Gesetzestechnisch wurden sie hauptsächlich durch die Haushaltsbegleitgesetze von 1983 und 1984 abgewickelt. Diese Gesetze zielten auf rasche Konsolidierung der Staatsfinanzen auf der Ausgaben- und der Einnahmenseite und längerfristig darauf, die Staatsquote unter das in der Ära der sozial-liberalen Koalition erreichte Niveau zurückzuführen. Hierzu waren verschiedene Einsparungen vorgesehen. Gestrichen wurde die Ausbildungsförderung für Schüler, die

Einsparungen, Streichungen, Umstellungen

---

417 Vgl. Reinhard 1983.
418 BMA 1986: 7.
419 Ebd.
420 Ebd.
421 Ebd.: 6.
422 Ebd.
423 Ebd.
424 BMA 1983: 6, wortgleich BMA 1986: 6.
425 BMA 1983: 7. Der Sozialbericht 1986 präzisierte, man wolle „keine verstärkte Privatisierung der sozialen Risiken" (BMA 1986: 9).
426 BMA 1986: 7.

bei ihren Eltern wohnten, diejenige für Studenten stellte man auf Darlehensbasis um. Auch die Sozialhilfe wurde tangiert: die Sozialhilfesätze wurden langsamer und in geringerem Maße als zuvor an die Preisentwicklung angepasst. Den Rotstift setzte der Gesetzgeber ferner beim Arbeitslosengeld und der Arbeitslosenhilfe an. Die hierdurch erwirkten Leistungskürzungen und verschärften Leistungsvoraussetzungen vergrößerten die Maschen der Arbeitslosenversicherung dermaßen, dass 1984 nur noch 40 Prozent der registrierten Erwerbslosen Arbeitslosengeld und nur 26 Prozent Arbeitslosenhilfe erhielten[427]. Auch die Altersrentner kamen nicht ungeschoren davon. Ihr Scherflein zur Konsolidierung der Sozialfinanzen bestand aus der beschleunigten Einführung des Krankenversicherungsbeitrages der Rentner, der zweiten dauerhaften Verschiebung der Rentenanpassung und aus Einschränkungen der Berufs- und Erwerbsunfähigkeitsrenten.

Protest seitens der Opposition und der Gewerkschaften begleiteten die Sozialpolitik der CDU/CSU/FDP-Regierung der Jahre 1983 und 1984. „Sozialabbau" auf großer Stufenleiter werde betrieben, hieß es in zahlreichen Abhandlungen und Verlautbarungen[428]. Eine „Umverteilungspolitik von unten nach oben"[429] werde praktiziert. Den Kritikern hielt die Bundesregierung entgegen, der „Pauschalvorwurf" des Sozialabbaus sei „sachlich unbegründet"[430]. Man habe sich nicht der Stagnation oder dem Rückschritt der sozialen Sicherung verschrieben, sondern wirtschafts- und finanzpolitisch unabweisbarer Konsolidierung. Ferner sei die Konsolidierung der sozialen Sicherung „behutsam und mit Augenmaß" erfolgt: „Wo immer möglich, wurde die absolute Höhe der Leistungen selbst nicht angetastet, sondern es wurden zukünftige Zuwachsraten abgeflacht. Wo Leistungskürzungen unausweichlich waren, wurden sie unter Beachtung sozialer Kriterien vorgenommen. So wurden beispielsweise beim Arbeitslosengeld und bei der Arbeitslosenhilfe Leistungsempfänger mit Kindern von Einschränkungen ausgenommen"[431].

Inwieweit hat die Koalition aus CDU, CSU und FDP ihr Ziel der Konsolidierung des Sozialetats erreicht? Wer die Frage beantworten will, muss zwischen zwei Hauptetappen unterscheiden. Bis 1990 kam die bürgerlich-liberale Koalition bei ihrer Konsolidierungspolitik voran. „Erfolge bei der Inflationsbekämpfung und der quantitativen Konsolidierung" bescheinigte der Sachverständigenrat der Finanzpolitik der Bundesregierung, bemängelte aber das Ausbleiben tief greifender Strukturreformen[432]. Ab 1990 allerdings wurde die Konsolidierung der Sozialfinanzen von gegenwirkenden Tendenzen überlagert.

Konsolidierungs-
politik 1982-1989/90

Die Konsolidierungspolitik von 1982 bis 1989/90 wurde mit einer „Sofortbremsung" der Staatsfinanzen insgesamt und des Sozialetats im Besonderen eingeleitet. Der Bundesminister für Arbeit und Sozialordnung der CDU/CSU/FDP-Koalition, Norbert Blüm, trug in der Sozialpolitik vor allem 1982 und 1983 eine Fülle von Sparmaßnahmen und Einnahmenaufstockungen mit, die beträchtlich über die insgesamt zurückhaltenden Einsparungsbestrebungen der sozial-liberalen Koalition hinausreichten. Die Einsparungen nach 1982 aber führten zusammen mit einer zurückhaltenderen Ausgabenpolitik näher an das Ziel heran,

---

427 BRUCHE & REISSERT 1985.
428 Vgl. ADAMY 1984:100, DGB 1983.
429 KITTNER 1984: 268, vgl. GROTTIAN 1988.
430 BMA 1986: 6.
431 Ebd.
432 SVR 1997: Ziffer 239.

100

die Expansion der Sozialausgaben zu stoppen und die Steuern und Sozialbeiträge nicht weiter zu erhöhen. Auf der Ausgabenseite hatte die CDU/CSU/FDP-Koalition dabei mehr Erfolg als auf der Einnahmenseite. Zielkonform entwickelte sich vor allem die Sozialleistungsquote, der Anteil der Sozialausgaben am Bruttoinlandsprodukt. Diese Quote sank von 30,7 Prozent (1982) auf 27,6 Prozent im Jahre 1990[433]. Die Schrumpfung war teilweise der verbesserten wirtschaftlichen Lage zuzuschreiben – 1990 war ein Jahr der Hochkonjunktur und 1982 eines der Rezession –, doch spiegelte sie größtenteils Leistungskürzungen und die insgesamt zurückhaltendere Sozialausgabenentwicklung der 1980er Jahre wider[434]. Die größten Einsparungsbeiträge zwischen 1982 und 1990 kamen von den Alters- und Hinterbliebenenrenten, deren Anteil am Sozialprodukt um 1,0 Prozentpunkte sank, dem Gesundheitswesen (minus 0,2 Prozentpunkte), der Arbeitslosenversicherung (minus 0,1 Prozentpunkte) und sonstigen Bereichen wie Wohnung, Vermögensbildung und anderem mit einer Schrumpfung von 0,9 Prozentpunkten[435].

Auch im Vergleich mit anderen Industrieländern war der Konsolidierungspolitik der Koalition aus CDU, CSU und FDP ein beachtlicher Erfolg beschieden. Die Koalition hatte mit der Konsolidierung der Sozialfinanzen früher begonnen und war mit ihr weiter gekommen als die meisten anderen Staaten, sofern dort überhaupt schon Sparmaßnahmen erwogen worden waren. Nur in den Niederlanden und in Irland wurde die Sozialleistungsquote zwischen 1982 und 1990 stärker vermindert als in Deutschland. Und selbst Großbritanniens konservative Regierung war beim Bemühen, die Sozialleistungsquote zu senken, in den 1980er Jahren nicht erfolgreicher als die christdemokratisch-liberale Regierung, hatte allerdings den Vorteil eines höheren Wirtschaftswachstums auf ihrer Seite[436]. Im Unterschied zu Großbritannien wurden die Staatsfinanzen in der Bundesrepublik der 1980er Jahre ohne schwerste politische Konflikte konsolidiert. „Smooth consolidation" haben ihr auch Kritiker bescheinigt – eine bemerkenswert geräuscharme Konsolidierung[437].

Geräuscharme Konsolidierung

Allerdings war der Motor der Konsolidierungspolitik schon vor der Zeitenwende von 1990 ins Stottern gekommen. Wie sich alsbald zeigte, kamen die Traditionen des „Sozialen Kapitalismus" und seine Öffnung zu einer frauenfreundlicheren Sozialpolitik schon 1984 und mehr noch in der zweiten Hälfte der 1980er Jahre spürbar zum Zug – zur nicht geringen Überraschung derjenigen, die vom Regierungswechsel von 1982 einen dauerhaften marktorientierten Strategiewechsel erhofft hatten. Doch von dauerhafter Fortführung der Umbaupolitik war in den 1980er Jahren wenig zu sehen. Die sozialpolitisch rauen Jahre waren mit den Kürzungen von 1983 und 1984 im Wesentlichen abgeschlossen. Im Jahre 1985 wurden erstmals seit einer Dekade keine Kürzungen in der Sozialpolitik mehr vorgenommen. Mehr noch: zeitgleich mit der Konsolidierungspolitik waren einzelne Sozialleistungen verbessert worden. Zum Verdruss von marktorientierten Anhängern der Regierungskoalition kamen alsbald sozialpolitische Verbesserungen hinzu. Diese umfassten die Förderung der aktiven Arbeitsmarktpolitik, z.B. durch Aufstockung des Unterhaltsgeldes für berufliche Bildungsmaß-

Gegenbewegung zur Konsolidierung

---

433 BMGS 2005a: 934.
434 Vgl. SCHMIDT 2005b, 2005c.
435 Berechnet auf der Basis von BMGS 2004a: Tabelle 7.2.
436 Berechnet auf der Basis von OECD 1996a: 19ff.
437 OFFE 1991.

nahmen, und der passiven Arbeitsmarktpolitik, beispielsweise durch die Verlängerung der Höchstbezugsdauer des Arbeitslosengeldes für ältere Arbeitnehmer. Zu den Leistungsverbesserungen gehörten die Erhöhung des Wohngeldes, die verstärkte Förderung der Vermögensbildung in Arbeitnehmerhand und die Neuregelung der Hinterbliebenenversorgung. Vor allem verdienen Neuerungen an der Schnittstelle von Familien- und Arbeitsmarktpolitik Erwähnung: die Einführung des Erziehungsgeldes und eines Erziehungsurlaubs für Väter und Mütter sind zu nennen sowie – die folgenreichste Innovation – die Anrechnung von Kindererziehungszeiten als rentenerhöhende Beitragszeiten in der Altersversicherung.

Mit der Anrechnung der Kindererziehungszeiten war der Sozialpolitik ein Durchbruch gelungen. Mit ihr wurden zum ersten Mal in der bundesrepublikanischen Sozialversicherung – jedoch später als in der familienpolitisch aktivistischeren DDR – die Tätigkeit in der Familie und die Kindererziehung der außerhäuslichen Erwerbstätigkeit grundsätzlich gleichgestellt. Weitsichtige Kritiker haben diese Reform zu Recht in die Tradition großer Sozialreformen gestellt und sie als Vorbote eines „konservativen Staatsfeminismus" gedeutet[438]. Weitere familien- und frauenpolitisch orientierte Maßnahmen kamen hinzu, neben dem schon erwähnten Erziehungsgeld und dem Erziehungsurlaub vor allem der erleichterte Zugang zu Leistungen der Rentenversicherung.

Von einem Kahlschlag in der Sozialpolitik nach dem Regierungswechsel von 1982 kann demnach nicht die Rede sein, wohl aber von einer kräftig dosierten Sparpolitik: mit ihr hatten die CDU/CSU/FDP-Regierungen gegen das Votum der SPD, der Gewerkschaften und der Wohlfahrtsverbände etliche Sozialleistungen kräftig gekürzt und manche Leistungen zurückgenommen. Allerdings beschädigte diese Sparpolitik weder die Fundamente noch die einzelnen Stockwerke des Sozialstaats. Insoweit hält die These vom „Sozialabbau" den Daten nicht stand. Auch die Entwicklung der Sozialabgaben bestätigt dies indirekt: Nichts wurde aus dem Vorhaben der Regierung Kohl, die Sozialabgaben zu senken. Vielmehr stieg der Gesamtsozialversicherungsbeitrag (in Prozent des Bruttoarbeitsentgelts bis zur jeweiligen Beitragsbemessungsgrenze) sogar schon vor der Finanzierung der deutschen Einheit an: 1989 lag er mit 35,9 Prozent um 1,9 Punkte über dem Beitragssatz von 1982.

Die 2. Etappe der Finanzpolitik der Ära Kohl

1990 begann die zweite Etappe der Finanzpolitik der Regierungen Kohl. In ihr wurden die Konsolidierungsbestrebungen von gegenwirkenden Kräften vollständig überlagert. Ein Hauptverantwortlicher dafür war die – von Regierung, Opposition, Bund und Ländermehrheit mitgetragene – Entscheidung, die deutsche Einheit generös zu finanzieren. Hinzu kamen die hohen, zunächst weit unterschätzten Folgekosten der Einheit. Die deutsche Einheit stellte die Sozialpolitik vor eine besonders große Herausforderung: in einem äußerst kurzen Zeitraum sollte sie das westdeutsche Sozialrecht auf die DDR bzw. auf die neuen Bundesländer übertragen und eine funktionsfähige Sozialstaatsverwaltung aufbauen. Diese Herkulesaufgabe meisterte die Sozialpolitik bravourös.

Allerdings hatte der sozialpolitische Erfolg eine Kehrseite: die Finanzierung dieser Jahrhundertaufgabe hatte die Bundesregierung ebenso unterschätzt wie die der deutschen Einheit insgesamt. Beide erforderten umfangreiche Finanzmittel. Das geriet alsbald in einen schweren Konflikt mit dem Ziel der finanziellen Konsolidierung der Staatsfinanzen und dem der Preisstabilität. Doch nicht nur

---

438 OFFE 1991: 145, Anm. 42.

die deutsche Einheit und im Besonderen die Umstellung der sozialen Sicherungssysteme in den neuen Ländern auf die der alten Bundesländer ließen die Staatsausgaben expandieren, sondern auch die zunehmende Arbeitslosenquote sowie der Auf- und Ausbau der Pflegeversicherung, die 1994 von Regierung und Opposition gemeinsam verabschiedet worden war und zu Beginn des Jahres 1995 in Kraft trat. Die Sozialbeiträge spiegeln einen Teil der hierdurch anfallenden Kosten wider: Der Gesamtsozialversicherungsbeitrag, der Prozentanteil der Arbeitnehmer- und Arbeitgeberbeiträge am Bruttoarbeitsverdienst, stieg von 35,9 Prozent 1989 auf einen neuen Rekordstand von 42,2 Prozent 1998. Verantwortlich dafür zeichneten vor allem die vom Bundesgesetzgeber beschlossene Anhebung der Beiträge zur Arbeitslosenversicherung (+2,2 Punkte), Rentenversicherung (+1,6 Punkte), Krankenversicherung (im Durchschnitt +0,3 Punkte) sowie der Auf- und Ausbau der Pflegeversicherung (+1,7 Punkte)[439]. Im Ergebnis kletterte die Sozialleistungsquote von 27,6 Prozent 1989 auf 31,9 Prozent (1996) und überschritt damit den Stand, von dem die Regierung Kohl auf ihrem Weg zur Staatsentlastung und zu „mehr Markt" aufgebrochen war[440].

Diese Zahlen künden von einer drastischen Kehrtwende, einer zweiten Diskontinuität in der Ära Kohl. Infolge der Finanzierung der deutschen Einheit, der zunehmenden Arbeitslosigkeit, der steigenden Zahl der Altersrentner und der Kosten der Pflegeversicherung rückte das Ziel, die Sozialfinanzen und mit ihnen die gesamte Staatsfinanzen nachhaltig zu konsolidieren, in weite Ferne. Und am Ende der 13. Legislaturperiode war die Koalition aus CDU, CSU und FDP trotz aller Einsparungsmaßnahmen finanzpolitisch sogar bei ähnlich hohen Abgabenquoten wie bei ihrem Amtsantritt angelangt – und zudem war die Staatsschuldenquote von 41,8 Prozent 1990 auf 60,9 Prozent im Jahre 1998 angestiegen[441]. Wie der internationale Vergleich zeigt, hat die Ära Kohl insgesamt sogar ein überdurchschnittlich etatistisches Profil. Ferner war Deutschlands Staatsquote 1998 fast so hoch wie die von 1982 – im Gegensatz zu neun OECD-Staaten, in denen die Staatsquote in den 1980er und 1990er Jahren mitunter beträchtlich geschrumpft war: in Belgien, Dänemark, Großbritannien, Irland, Kanada, Neuseeland, den Niederlanden, den USA und sogar im sozialdemokratischen Schweden[442]! Gewiss: Diese Länder hatten kein epochales Ereignis wie die deutsche Einheit zu verarbeiten. Aber bemerkenswert blieb der finanzpolitische Kurswechsel der Regierungen Kohl ab 1990 dennoch.

Die Koalition aus Unionsparteien und FDP hatte mit dem Regierungswechsel von 1982 mehr als nur die finanzielle Konsolidierung des Sozialetats angestrebt. Sie wollte auch einen ordnungspolitischen Strategiewechsel vollziehen – mit der Absicht, für Staatsentlastung und mehr Markt zu sorgen, unter anderem durch angebotsorientierte Wirtschaftspolitik und Absage an jegliche nachfrageseitige Steuerung der Wirtschaft. Auch war vorgesehen, den Sozialstaat zu re-

Umbau des Sozialstaates in der Ära Kohl

---

439 BMA 1998: 304, Angaben für das frühere Bundesgebiet – in den neuen Bundesländern lag der Beitragssatz 1997 geringfügig höher (42,4%).

440 BMGS 2005a: 934. Noch höhere Werte erreichten die Sozialleistungen in den – produktivitätsschwachen – neuen Bundesländern. Dort stieg infolge der Sozialleistungen nach westdeutschen Standards die Sozialleistungsquote im Jahre 1992 auf einen weltweit einmalig hohen Stand von 55,4%, und war auch mehr als 10 Jahre später mit 49,4 % immer noch ungewöhnlich hoch (BMGS 2005a: 934).

441 SVR 2004: 681, 683, 689.

442 Eigenberechnungen der „Total Outlays of General Government"-Daten aus diversen Ausgaben des OECD Economic Outlook No. 63 bis 69, 1998-2001.

formieren. Nicht nach „Sozialabbau" strebe sie dabei, so verwahrte sich die Regierung aus CDU, CSU und FDP gegen Vorwürfe aus Gewerkschafts- und Oppositionskreisen, sondern nach „Umbau"[443]. Mit ihm sollte der Sozialstaat auf veränderte soziale und ökonomische Rahmenbedingungen zukunftsorientiert eingestellt werden und zwar so, dass er die Balance zwischen wirtschaftlicher Wettbewerbsfähigkeit und sozialer Sicherheit bewahrte[444]. Dabei sollte der Kern des deutschen Sozialstaats, der „Sozialversicherungsstaat", beibehalten werden und die Tarifautonomie der Sozialpartner nicht angetastet werden[445].

Ziele des Sozialstaatsumbaus

Der Umbau des Sozialstaats sollte – erstens – zur Bekämpfung der Arbeitslosigkeit beitragen. Bis Mitte der 1990er Jahre war dabei unter anderem an Arbeitsmarkträumung durch großflächige Frühverrentung gedacht. Diese wurde allerdings kostspielig: gar zu sehr machten die Personalabteilungen der Unternehmen zusammen mit den Betriebsräten von der wohlfeilen Möglichkeit Gebrauch, ältere Arbeitnehmer auf Kosten des Sozialstaates in den Ruhestand zu schicken[446]. Auch deshalb setzte die Bundesregierung im Sozialbericht 1997 ausdrücklich wieder auf Abbau von Arbeitslosigkeit durch mehr Beschäftigung, also nicht nur durch Verknappung des Arbeitskräfteangebots. Der Umbau sollte – zweitens – den Sozialstaat an den sozialen, demographischen und ökonomischen Wandel anpassen. Auch wollte man – drittens – die „Beitragsbezogenheit von Leistungen durch engere Verknüpfung von Beitrag und Anspruch" stärken, die „Wirtschaftlichkeit und innere Rationalität der Systeme" verbessern, „Eigenverantwortung und Selbstvorsorge" fördern und „mehr Flexibilität und Wahlfreiheit" ermöglichen, so die Sozialberichte 1987 und 1990. Viertens gehörten Umverteilungsvorhaben zum Umbau der Sozialpolitik. Gedacht war daran, „Überversorgung zugunsten der Beseitigung von Unterversorgung – insbesondere im Pflegebereich" abzubauen, die Leistungen auf „sozial Schwache und wirklich Bedürftige" zu konzentrieren und die Generationensolidarität zwischen Beitragszahlern, Rentnern und Steuerzahlern zu stärken, und zwar durch Schaffung eines selbstregulierenden Finanzverbundes.

„Gleichrangigkeit von Erwerbs- und Familienarbeit"[447] sowie die Wahrung der „Balance zwischen Wettbewerbsfähigkeit und sozialer Sicherung"[448] waren weitere Ziele der Reform des Sozialstaates.

Befunde zum Sozialstaatsumbau

Was wurde aus den Umbauplänen des Sozialstaats? Der Forschungsstand zu dieser Frage lässt sich zu zwölf Hauptbefunden bündeln:[449]

1. Manövrierfähigkeit

1. Wie alle Regierungen der Bundesrepublik Deutschland hatten auch die Regierungen Kohl mit vielen einflussreichen Mitregenten und Vetospielern zu tun – und zwar in einem seit 1990 zunehmenden Maße, weil einerseits mit dem Sieg von SPD und Grünen bei der Landtagswahl in Niedersachsen von 1990 die christdemokratische Mehrheit im Bundesrat verloren gegangen war und andererseits die Gesetzgebung zur deutschen Einheit breite Koalitionen zwischen Bund und Ländern sowie zwischen Regierung und Opposition erforderte. Wie alle an-

---

443 BMA 1990a: 6ff.
444 BMA 1998: 6.
445 RIEDMÜLLER & OLK 1994, BMA 1998: 10.
446 ROSENOW & NASCHOLD 1994.
447 Alle Zitate aus BMA 1990: 6 f.
448 BMA 1998: 6.
449 Vgl. ALBER 2000, SCHMIDT 1998a, MÜNCH & HORNSTEIN 2005, SCHMÄHL 2005, SCHMID & OSCHMIANSKY 2005, SCHMIDT 2005c, WASEM u.a. 2005, WILLING 2005 sowie die anderen Beiträge in BMGS & BUNDESARCHIV 2005.

deren Bundesregierungen mussten auch die Regierungen Kohl mit mannigfachen ökonomischen Restriktionen der Steuerungsfähigkeit und mit den Grenzen der Steuerbarkeit von Gesellschaft und Wirtschaft zurechtkommen. Das schloss allerdings erfolgreiche politische Steuerung nicht aus. Tatsächlich konnte die Sozialpolitik in den Jahren von 1982 bis zum Ende der 13. Legislaturperiode im Jahre 1998 Erfolge verbuchen.

2. Der größte Erfolg der Sozialpolitik in der Ära Kohl war die zügig bewerkstelligte Übertragung der westdeutschen Systeme der sozialen Sicherung auf die neuen Bundesländer. Hierzu gehört die organisatorische Meisterleistung, diesen Transfer in einem sehr kurzen Zeitraum zustande zu bringen und in funktionierende Verwaltungspraxis umzusetzen. Zum Erfolg trug wesentlich die Akzeptanz der Entscheidung bei, die Übertragung der westdeutschen Sozialpolitik auf eine bis dahin beispiellose Umverteilung von West nach Ost zu gründen. Damit wurde Ostdeutschlands Übergang von der Plan- zur Marktwirtschaft und vom autoritären zum demokratischen Staat sozialpolitisch abgefedert. Die Kehrseite des sozialpolitischen Erfolges bestand jedoch darin, dass er die Flexibilisierung des ostdeutschen Arbeitsmarktes bremste, die Arbeitskosten in den neuen Bundesländern weit über das dort gegebene Produktivitätsniveau anhob und die Hochlohnpolitik der Tarifparteien unterstützte, beispielsweise dadurch, dass die lohnkostenbedingte Freisetzung von Arbeitskräften in den Systemen der sozialen Sicherung aufgefangen wurde. Zudem vergrößerte die Finanzierung der Sozialsysteme in den neuen Bundesländern die Gesamtkosten des deutschen Sozialstaates beträchtlich, ferner vergrößerten die Beitragssatzanhebungen die beschäftigungsbelastenden Wirkungen der Sozialpolitik noch weiter.

2. Erfolgreiche Einheitspolitik – mit Folgekosten

3. Als großer Erfolg der Sozialpolitik ist der Beschluss zu werten, die Pflegeversicherung auf- und auszubauen und mit ihr die fünfte Säule der sozialen Sicherung in Deutschland zu errichten – bezeichnenderweise erneut ein Gemeinschaftswerk von Regierung und sozialdemokratischer Opposition. Die Pflegeversicherung dämmte den Missstand der unzureichenden Absicherung des Pflegerisikos weitgehend ein und linderte insoweit zielkonform die sozialpolitische Unterversorgung in großem Maße. Allerdings hatte auch diese Politik eine Kehrseite: Durch sie stiegen die Kosten des Sozialstaats weiter, und aufgrund ihrer Finanzierung nach dem Umlageverfahren durch Sozialbeiträge wurde die beschäftigungsbelastende Wirkung der deutschen Sozialpolitik gestärkt.

3. Aufbau der fünften Sozialstaatssäule

4. Erfolge konnte die Sozialpolitik nach 1982 auch in der Familienpolitik beanspruchen. Trotz schwieriger Haushaltslage wurde die Familienpolitik ausgebaut und neu geordnet, und zwar durch einen „Systemwechsel"[450], der den bisherigen Familienlastenausgleich zum Familienleistungsausgleich umformte. Die wichtigsten Stationen waren diese: Die Koalition aus CDU/CSU und FDP führte 1985 das Erziehungsgeld und den Erziehungsurlaub ein[451], erkannte Kindererziehungs- und Pflegezeiten als rentenbegründende Tätigkeit an (1985 und 1997) und erhöhte das Kindergeld und den Kinderfreibetrag[452]. Die neue Familienpolitik lockerte mit der Anerkennung von Kindererziehungs- und Pflegezeiten die lohnarbeitszentrierte Ausrichtung der sozialen Sicherung in Deutschland: nicht mehr nur die Lohnarbeit wurde der Altersrente für würdig befunden, sondern auch die Kindererziehungszeiten in der Familie. Auch ging die neue Fami-

4. Familienförderung

---

450 BMA 1998: 96ff.
451 BGBl. I 1985, 2154.
452 Hinterbliebenenrenten- und Erziehungszeiten-Gesetz (HEZG) (BGBl I 1985, 1450).

105

lienpolitik im Gegensatz zur Familienpolitik der sozial-liberalen Koalition weit über die auf die alte soziale Frage beschränkte Sozialpolitik hinaus – ähnlich wie in der Sozialen Pflegeversicherung. Überdies fügte die Familienpolitik der – von der Sozialdemokratie favorisierten – Förderung einzelner Familienmitglieder („Familienmitgliederpolitik") die „Institutionenpolitik" hinzu, das heißt die Unterstützung der Familie als Institution[453]. Schlussendlich verbesserte die neue Familienpolitik die Wahlfreiheit zwischen Erwerbs- und Familienarbeit. All dies summierte sich zu einer beträchtlichen Aufwertung der Familienpolitik[454], wenngleich deren materieller Nachholbedarf immer noch groß war.

5. Teilerfolge (I)   5. Bei einigen anderen Zielen war der Sozialpolitik ein Teilerfolg beschieden. Korrekturen der Alterssicherung in den Rentenreformen 1992 (von 1989) und 1999 (von 1998) sowie in den Gesundheitsreformen der 1990er Jahre dämpften den ausgabenerhöhenden Effekt der Alterung und der Arbeitslosigkeit. Überdies hat der größere Wettbewerbsdruck, den die Regierung Kohl den Krankenkassen auferlegte, mitunter deren Wirtschaftlichkeit verbessert. Auch nahm die Regierung die geplante engere Verknüpfung von Beitrag und Leistungsanspruch in Angriff. Dazu gehörte allerdings auch die verminderte Anrechnung von Ausbildungszeiten – eine für die gesamte Politik insoweit kritische Maßnahme, als sie das Missverhältnis zwischen Förderung der Alterssicherung und Vernachlässigung zukunftsorientierter Bildungspolitik noch vergrößerte.

6. Teilerfolge (II)   6. Inwieweit wurde sozialpolitische Überversorgung abgebaut und Unterversorgung gelindert? Beim Abbau von Überversorgung tat sich die Sozialpolitik schwer, so beim Vorhaben des Bundesgesundheitsministeriums, die Zahl der Ärzte und der Krankenhausbetten, die in Deutschland einen auch im internationalen Vergleich sehr hohen Stand erreicht hatten, längerfristig zu vermindern. Maßnahmen zum Abbau von Überversorgung scheiterten nicht selten am Widerstand einer Koalition aus Ländern, Kommunen, Gewerkschaften und Landesparteien. Mehr Erfolg war der Bundesregierung bei der Eindämmung der Unterversorgung beschieden. Wiederum ist die Pflegeversicherung das Paradebeispiel. Dass sie obendrein zusätzlich zu den hohen Kosten der deutschen Einheit eingeführt wurde, ist bemerkenswert, und dass sie gegen den Widerspruch der Wirtschaft und des liberalen Koalitionspartners letztlich in den Bahnen der Sozialversicherung etabliert wurde, verdient besondere Aufmerksamkeit. Die Pflegeversicherung deckt besonders anschaulich auf, dass die Traditionen des „Sozialen Kapitalismus"[455] der westeuropäischen Christdemokratie das Tun und Lassen der CDU/CSU-geführten Regierungen auch in wirtschaftlich und finanzpolitisch widrigen Zeiten bestimmen können.

7. Von der kooperativen zur konfliktiven Sozialpolitik   7. Allerdings wurde die Neigung zum „Sozialen Kapitalismus" in der Gesetzgebungstätigkeit der CDU/CSU/FDP-Koalition in der 13. Legislaturperiode (1994-1998) schwächer. In dieser Legislaturperiode eskalierten die Konflikte zwischen der Regierungskoalition und der Opposition. Auch wurden in ihr die Sondierungen eines „Bündnisses für Arbeit" zwischen Bundesregierung, Arbeitgebern und Gewerkschaften von einer Periode der konfliktiven Sozialpolitik ab-

---

453 BLESES & SEELEIB-KAISER 2004.
454 Vgl. MÜNCH & HORNSTEIN 2005, DEUTSCHE BUNDESBANK 2002, BLESES & ROSE 1998: 290f., BLESES & SEELEIB-KAISER 2004, die dies – zusammen mit der Lockerung der Bindung der Sozialpolitik an den Lohnarbeiterstatus – als „duale Transformation" der deutschen Sozialpolitik deuten. Diese These dramatisiert allerdings die diesbezüglichen Diskontinuitäten.
455 van KERSBERGEN 1995.

gelöst. Zu dieser konfliktiven Politik gehört das als „Sparpaket" bezeichnete „Programm für mehr Wachstum und Beschäftigung", das die Bundestagsmehrheit am 13. September 1996 gegen die Stimmen der Opposition und gegen heftigen Protest der Gewerkschaften beschloss. Das „Sparpaket" umfasste unter anderem die Absenkung der gesetzlichen Lohnfortzahlung bei Krankheit von 100 auf 80 Prozent des vorherigen Arbeitsentgelts sowie die Lockerung des Kündigungsschutzes, der vom Oktober 1996 an nur noch für Betriebe mit mehr als 10 Arbeitnehmern galt (vorher fünf Arbeitnehmer). Beides wurde von den Gewerkschaften und der SPD als Kampfansage an „historische Errungenschaften" der Arbeiterbewegung gewertet und führte in Großbetrieben zu klassenkampfartigen Auseinandersetzungen.

8. Während die Familienpolitik in der Sozialpolitikforschung mitunter als der „sozialpolitische Ausbausektor" der Jahre nach 1982 gewertet wird[456], sahen viele Beobachter in der Arbeitsmarkt- und Beschäftigungspolitik das Gegenstück und ein Exempel für „Politikversagen" der Regierung Kohl. Die Arbeitsmarktpolitik sei der „Sektor sozialpolitischer Rückzugsgefechte schlechthin", hieß es in einer Studie zum Wandel der Deutungsmuster in der Sozialpolitik[457]. Die materielle Arbeitsmarktpolitik scheint diese Sichtweise zu bestätigen. Lag die Arbeitslosenquote in Deutschland 1997 mit 11,6 Prozent nicht weit über dem Stand von 6,4 Prozent in 1982?[458] Hatte nicht die Regierung Kohl ausdrücklich wiederholt jeglicher beschäftigungsorientierter Nachfragestärkung eine Absage erteilt und dafür auf angebotsseitige Wirtschaftspolitik gesetzt – und größeren Beschäftigungszuwachs, beflügelt vom „Vereinigungskeynesianismus", nur zwischen 1988/89 und 1991/92 erzielt? Und ist nicht die Bundesrepublik, die sich lange der Vollbeschäftigung und später zumindest relativ niedriger Arbeitslosenquoten rühmen konnte, mittlerweile ein Staat mit chronischer Massenarbeitslosigkeit geworden? „Ihre Beschäftigungsbilanz ist verheerend!" Dieser Satz, den Ottmar Schreiner, der sozialpolitische Sprecher der SPD im Bundestag, der Bundesregierung in der Bundestagsdebatte am 8. Mai 1998 entgegenschleuderte, traf eine besonders wunde Stelle der christdemokratisch-liberalen Wirtschafts- und Sozialpolitik. Aber er traf nur einen Teil der Problematik. Denn ohne die Arbeitsmarktpolitik der Bundesanstalt für Arbeit wäre die Beschäftigungsbilanz noch ungünstiger ausgefallen. So aber hatte die Arbeitsmarktpolitik gemäß Arbeitsförderungsgesetz in der zweiten Hälfte der 1980er Jahre und vor allem nach 1990 in Ostdeutschland die potentielle Arbeitslosenquote beträchtlich vermindert und somit substantiell zur Bekämpfung der Arbeitslosigkeit beigetragen. Mehr noch: die Arbeitsmarktpolitik der Bundesanstalt für Arbeit trug in der Ära Kohl mehr zur Verminderung der potentiellen Arbeitslosenquote bei als die sozial-liberale Arbeitsmarktpolitik in den 1970er Jahren, vor allem infolge stärkerer Förderung von Weiterbildung, Umschulung, Arbeitsbeschaffung und verschiedenen Formen der Frühverrentung[459].

Vollbeschäftigung war allerdings von der Arbeitsmarktpolitik gemäß Arbeitsförderungsgesetz nicht zu erwarten. Denn Vollbeschäftigung setzt unter anderem das konzertierte Ineinandergreifen von wachstums- und stabilitätsorientierter Lohn-, Fiskal- und Geldpolitik voraus. Von gesamtwirtschaftlicher Kon-

---

456 BLESES & ROSE 1998: 291.
457 BLESES & ROSE 1998: 291.
458 Gemessen am Anteil der Arbeitslosen an den Erwerbspersonen, SVR 1998: 317.
459 Vgl. SCHMID 1998, SCHMID & OSCHMIANSKY 2005.

zertierung war in der Ära Kohl allerdings wenig in Sicht. Makroökonomische Konzertierung, gar gesamtwirtschaftliche Konzertierung nach neokorporatistischem Muster oder gezielte nachfrageseitige Steuerung kam für die Regierung Kohl nicht in Frage. Sie hatte sich angebotsseitiger Wirtschaftspolitik verschrieben – mit Ausnahme des unfreiwilligen Keynesianismus, den sie in der Boomphase der deutschen Einheit in Kauf nahm. Auch die „Kanzlerrunden" von Bundesregierung und Wirtschaftsverbänden, auf denen Möglichkeiten einer besseren Abstimmung zwischen Staat und Wirtschaftsverbänden sondiert werden sollten, änderten daran nichts Grundlegendes.

9. „Anonyme Sozialpolitik"

9. In welchem Ausmaß kam der Bundesrepublik der 1980er und 1990er Jahre die „anonyme Sozialpolitik des Marktmechanismus"[460] zugute, also diejenige Wohlfahrtssteigerung, die erzeugt wird durch Sozialproduktwachstum, die hiervon angetriebene Beschäftigung und die daraus erwachsenden Konsum- und Investitionsmöglichkeiten der Bürger? Die anonyme Sozialpolitik des Marktes kam durchaus zum Zuge, aber schon verhaltener als in den meisten anderen OECD-Ländern: Gemessen an den jahresdurchschnittlichen Raten des preisbereinigten Wirtschaftswachstums war die Ära Kohl erfolgreicher als die letzten zehn Jahre der sozial-liberalen Koalition und erfolgreicher als die nachfolgenden Jahre unter Rot-Grün. Im internationalen Vergleich allerdings lag das jahresdurchschnittliche Wachstum des Bruttoinlandsproduktes in Deutschland zwischen 1982 und 1998 mit 2,53 Prozent unter den 21 größeren westlichen OECD-Ländern nur auf dem 14. Platz[461]. Auch hier zeichnete sich schon eine Entwicklung ab, die alsbald auch die Nachfolgeregierungen vor große Aufgaben stellte: Nach seiner Pro-Kopf-Wirtschaftskraft und seinem Wirtschaftswachstum zu urteilen, der Basis seines ehrgeizigen Sozialstaates, gehört Deutschland nicht länger zur Spitzengruppe der Industrieländer, sondern fällt merklich zurück – ohne dass die Sozialpolitik bislang zureichend auf diese denkwürdige Herausforderung reagiert hätte.

10. Weder Thatcher noch Reagan

10. Die Sozialpolitik der Ära Kohl war von Diskontinuität und Kontinuität geprägt. Von Letzterer gab es sogar überraschend viel. Man muss nicht so weit gehen wie der FDP-Generalsekretär Guido Westerwelle, der auf dem Leipziger Parteitag der Liberalen im Juni 1998 dem christdemokratischen Koalitionspartner vorhielt: „Die Sozialpolitik von Herrn Blüm ist nicht liberal, sondern sozialdemokratisch."[462] Das war vom Wahlkampf geprägte zugespitzte Abgrenzung vom Koalitionspartner, mit der Westerwelle obendrein die Mittäterschaft der FDP beim Ausbau des von den Liberalen wortreich beklagten sozialstaatlichen Interventionismus überspielte. Doch springt so manche Kontinuität zur sozialliberalen Ära ins Auge. Zweifelsohne ist die Union – insoweit der SPD verwandt – eine Sozialstaatspartei. Allerdings gehört zu ihr – im Unterschied zur SPD – ein starker Mittelstands- und Arbeitgeberflügel, der den Sozialstaat am kurzen Zügel führen möchte. Diese Heterogenität spiegelt das Hin und Her der sozialpolitischen Regierungspraxis der CDU/CSU-geführten Regierungen wider – bei meist deutlichem Übergewicht der sozialstaatsfreundlichen Linie, wie auch der Vergleich mit anderen Regierungen, die von bürgerlichen Parteien geführt wurden, zeigt. Dem Thatcherismus beispielsweise wollte man in Kreisen der christlich-liberalen Koalition ebenso wenig nacheifern wie der Wirtschaftspolitik des

---

460 ROSENBERG 1976: 217.
461 Berechnet aus OECD: OECD Economic Outlook, verschiedene Ausgaben.
462 Rede vom 27. Juni 1998 auf dem Leipziger Parteitag der FDP, FAZ Nr. 147, 29.6.1998: 3.

US-amerikanischen Präsidenten Ronald Reagan. „Maggie Thatcher ist kein Modell für Strukturwandel. Unsere Sozialtradition ist Kooperation und Rücksicht." Mit diesen Worten begründete Norbert Blüm die Distanz zu Thatcher und Reagan[463]. Damit sprach er vielen in der Union aus dem Herzen – auch seinem Kanzler.

11. In Kürzungspolitik ging die sozialstaatliche Regulierung der Jahre von 1982 bis zum Ende der 13. Legislaturperiode nicht auf. Vielmehr war die Sozialpolitik dieser Jahre facettenreich. Zu ihr gehören Sozialstaatsumbau, Leistungskürzungen, Abgabenerhöhungen und „Sozialausbau", beispielsweise der Aufbau der Pflegeversicherung, sowie – was vielfach übersehen wurde – der expansive Einsatz der Arbeitsmarktpolitik der Bundesanstalt für Arbeit. Zur Sozialpolitik nach 1982 gehörten ferner, wie oben angetippt, eine größere Anzahl von Reformen, die zwischen christdemokratischer, sozialdemokratischer und mitunter liberaler Ausrichtung oszillierten und somit eine einheitliche Zuordnung der gesamten Sozialpolitik verunmöglichen. Das Oszillieren insbesondere zwischen der christdemokratischen und der sozialdemokratischen Richtung spiegelt die zentristische Tradition des Bundesarbeitsministeriums wider. Sie ist aber auch Ausdruck eines Pragmatismus, dessen Wurzeln in der politisch-ideologischen und sozialstrukturellen Heterogenität der Programmatik, der Mitgliederschaft und der Wählerschaft der CDU/CSU liegen. Zu einem beträchtlichen Teil war die richtungspolitische Vielgliedrigkeit der sozialstaatlichen Politik in der Ära Kohl auch pfadabhängig – hervorgerufen durch fest verankerte Problemlösungsroutinen und Organisationsprinzipien. Zu diesen zählen neben dem schon erwähnten Zentrismus die Neigung zur segmentierten politisch-administrativen Problemsicht und Problembearbeitung einerseits und andererseits der richtungspolitische Pluralismus des Mit- und Nebeneinanders von Staat, mittelbarer Staatsverwaltung, verbandlicher Selbstverwaltung und korporatistischer Interessenvermittlung zwischen Staat und Verbänden. Im Unterschied zu ihrem rot-grünen Nachfolger war die Sozialpolitik in den Kabinetten Kohl zudem größtenteils nicht Chefsache – sondern Sache der zuständigen Minister und Abgeordneten sowie der Experten aus der Sozialstaatsbürokratie und den Sozialverbänden.

12. Weil aber die Sozialpolitik nach 1982 je nach Zeit und Politikfeld unterschiedliche Richtungen einschlug, passen die meisten der bislang angebotenen Interpretationen der Sozialpolitik in der Ära Kohl nicht oder nur teilweise. Nullmeier und Rübs These der Transformation vom Sozialversicherungs- zum Sicherungsstaat[464] beispielsweise übertreibt die Stärke des Schutzwalls, den die Rentenreform '92 mit einem selbstregulierenden Finanzierungssystem um die Alterssicherung herum errichtete. Ferner passt die Transformations-These nicht zu den meisten anderen Feldern der Sozialpolitik, in denen vielfach klassische Sozialversicherungspolitik im Sinne von Nullmeier und Rüb weitergeführt wurde oder in denen die oben erwähnten Vorbauten des Sozialversicherungsstaates, vor allem Fürsorge, soziale Entschädigung, Versorgung und soziale Hilfen intakt blieben.

Auch Borcherts These der „konservativen Transformation des Wohlfahrtsstaates" erfasst nur einen Teil des Ganzen[465]. Ihr widersprechen beispielsweise der Aufbau der Pflegeversicherung, der expansive Einsatz der Arbeitsmarktpoli-

11. Oszillieren zwischen drei politischen Strömungen

12. Deutungen der Sozialpolitik 1982-98

---

463 „Ich mag kein Korsett". Arbeitsminister Norbert Blüm über Menschenrechte, Steuern und den Kurs der Union, in: DER SPIEGEL Nr. 29/1987: 28-32.
464 NULLMEIER & RÜB 1993.
465 BORCHERT 1995.

tik sowie der Aus- und Umbau der Familienpolitik zum Familienleistungsausgleich. Der Wandel der Familienpolitik hingegen ist mit der Transformationsthese von Bleses und Rose (1998) treffsicherer beschrieben worden. Allerdings gilt diese These nur für einige Sozialpolitikfelder, neben der Familienpolitik vor allem für die Pflegeversicherung, insoweit diese die häusliche Pflege monetär und rentenrechtlich honoriert.

Jens Albers Deutung greift ebenfalls zu kurz. Alber zufolge sind die Themen der „Neuen Sozialen Frage"[466] in der Sozialpolitik der 1980er Jahre mehr als zuvor berücksichtigt worden. Die Förderung von Familien mit Kindern und von Alleinerziehenden bei gleichzeitiger Einsparung in der Alterssicherung, der Arbeitslosenversicherung und im Gesundheitswesen werden als Belege gewertet – ebenso die schonende Behandlung, die organisationsschwachen Gruppen wie Sozialhilfeempfängern, Fremdrentenbeziehern und Asylbewerbern in der Konsolidierungspolitik zuteil wurde. Das interpretiert Alber als Teil eines allgemeineren Musters im Umbau des Sozialstaates und deutet dieses Muster als „milde Form"[467] einer ‚konservativen Transformation'[468]. Diese Transformation drängt die gesellschaftlich Schwächeren nicht an den Rand. Vielmehr hat sie das Gegenteil erreicht: „Während die Leistungen des traditionellen, an der Sicherung der Arbeitnehmer orientierten Kerns der Sozialversicherung gestutzt wurden, wurden die Leistungen für marginale Gruppen an den traditionellen Rändern des Sozialstaates ausgebaut, so dass Hausfrauen, Kinder und pflegebedürftige ältere Menschen nun höhere Rechtsansprüche haben als früher."[469]

Zweierlei ist Albers Diagnose hinzuzufügen: Die Sozialpolitik der Ära Kohl ging nicht nur in einem Beitrag zur „Neuen Sozialen Frage" auf. Sie war vielschichtiger und uneinheitlicher. Sie enthielt auch genuin sozialdemokratische und liberale Elemente. Überdies deuten Spezialuntersuchungen darauf hin, dass die Hinwendung zur „Neuen Sozialen Frage" in den 1980er Jahren lückenhafter und halbherziger war, als Alber annimmt. Sie war lückenhafter, weil beispielsweise das Asylbewerberleistungsgesetz, das nach dem Asylkompromiss von 1993 beschlossen wurde, die Sozialhilfe für Asylbewerber spürbar herabsetzte, und sie war überdies halbherzig. Sicherlich sorgte die Sozialpolitik an etlichen Stellen für faire Berücksichtigung – und mitunter Aufwertung – von nichtorganisierten Interessen. Aber das war, folgt man der Lehre von der „Neuen Sozialen Frage", nur der erste Schritt zur Bewältigung des Problems, und dieser wurde nicht in allen Feldern unternommen, wie die drastische Absenkung der jährlich gebauten Sozialwohnungen in den 1980er Jahren ebenso zeigt[470] wie die Leistungskürzungen in der Sozialhilfe[471]. Die ordnungspolitische Eindämmung mächtiger organisierter Interessen, der zweite Schritt zur Bewältigung der „Neuen Sozialen Frage", fasste die Koalition aus CDU, CSU und FDP in den 1980er Jahren aber nicht ins Auge.

---

466 GEIBLER 1976. Dieser Lehre zufolge sind die Gruppen mit geringer Organisations- und Konfliktfähigkeit die Neue Soziale Frage, während die alte Soziale Frage, insbesondere die Einbindung der Arbeiterschaft und der Arbeiterbewegung, im Wesentlichen gelöst ist.

467 ALBER 2000: 270.

468 Im Sinne von BORCHERT 1995: 14-17, 307-346.

469 ALBER 2000: 270 f.

470 Ihre Zahl schrumpfte von rd. 50.000 1982 auf 14.000 1988. Vgl. Wohnungsmangel im Wohlstandsland. Mieten: Urängste werden wach, in: DER SPIEGEL Nr. 38/1989: 43.

471 WILLING 2005.

Auch mit Esping-Andersens Theorie der verschiedenen Welten des Wohl-fahrtsstaates kann der Wandel der Sozialpolitik in den Jahren von 1982 bis 1998 nicht zureichend auf einen Begriff gebracht werden[472]. Die Sozialpolitik dieser Periode blieb nicht nur in der Spur des „Sozialversicherungsstaates", die Esping-Andersen dazu bewogen hatte, Deutschland als Paradebeispiel des „konservativen Wohlfahrtsstaatsregimes" zu werten. Irreführend war diese Klassifikation schon Anfang der 1980er Jahre, wie die Kapitel 1.4 und 2.4 dieses Buches zeigen. Noch weniger als zuvor passt das Etikett „konservativer Wohlfahrtsstaat" nach 1982 auf Deutschlands Sozialpolitik. Die familien- und frauenpolitische Programmatik war progressiver und liberaler geworden, und die Frauenerwerbs-quote war in den 1990er Jahren höher als zuvor. Die Sozialversicherungsbeiträge finanzierten nunmehr neue Leistungen für Beitragszahler und Nichtbeitragszahler, so im Fall der Kindererziehungszeiten. Somit war der „Sozialversicherungs-staat" auf der Leistungsseite über seine alten Grenzen hinaus erweitert worden. Ferner war das liberale Element wichtiger geworden: Die Förderung von Selbst-vorsorge und Eigenverantwortlichkeit zeigt dies ebenso wie der Einstieg in die arbeitsmarktpolitische Deregulierung und Flexibilisierung der Arbeitszeit oder der Einbau des Wettbewerbsprinzips in die sozialpolitischen Dienstleistungen, die hiermit effizienter gemacht werden sollten. Aber auch gewerkschaftlich-sozialdemokratisches Gedankengut fand Eingang in die Sozialpolitik der christ-lich-liberalen Koalition in den 1980er Jahren, wie der erweiterte Einsatz der ak-tiven Arbeitsmarktpolitik verdeutlicht.

Bleibt schlussendlich die Darstellung des Bundesministeriums für Arbeit und Sozialordnung. Von dort verlautete, man habe auf einen sorgsam austarier-ten Umbau und auf Kontinuität in den Kernbereichen der Sozialpolitik geachtet und insbesondere die Sozialversicherungsstruktur sowie die Tarifautonomie von tief greifenden Änderungen ausgenommen. Das ist nicht falsch. Doch waren die Richtungsangaben des Bundesarbeitsministeriums zu unbestimmt. Ferner ver-hüllte seine Darstellung die politisch-ideologische Richtung besonders strittiger Reformen wie die der im „Sparpaket" von 1996 enthaltenen Kürzung der Lohn-fortzahlung und Lockerung des Kündigungsschutzes, die von den Gewerkschaf-ten als Kampfansage gewertet wurden.

Insgesamt ist die sozialstaatliche Politik in der Bundesrepublik Deutschland in den Jahren von 1982 bis 1998 facettenreicher als zuvor geworden. Neben der Beibehaltung des traditionellen Zentrismus, des gemeinsamen Nenners von christdemokratischer und sozialdemokratischer Sozialstaatlichkeit, wurde das marktorientierte liberale Element etwas verstärkt – vor allem in Fragen der De-regulierung von Arbeitnehmerschutzrechten, im Gesundheitswesen und in der Familienpolitik insoweit, als dort für mehr Wahlfreiheit zwischen Familienarbeit und Berufstätigkeit gesorgt wurde. Andererseits ist das sozialdemokratische, auf Staatsbürgerversorgung und auf Arbeitsmarktpolitik zielende Gedankengut in der Sozialpolitik der Regierungen Kohl ebenfalls nicht zu übersehen.

Bilanz der Sozial-politik in der Ära Kohl

Und wie fällt die Bilanz beim Gelde aus? Den Sozialfinanzen nach zu urtei-len, zählte Deutschland auch am Ende der Ära Kohl zu den sozialpolitisch welt-weit führenden Staaten. Und in Deutschland waren die Sozialleistungsquoten im Vergleich von 1998 und 1982 nicht geschrumpft, sondern gewachsen – wieder-

---

472 ESPING-ANDERSEN 1990.

um im Gegensatz zu nicht wenigen anderen Staaten[473]. Wie zudem die neuesten international vergleichbaren Daten zu den Brutto- und Nettosozialausgaben zeigen, kam Deutschlands Sozialpolitik in den 1990er Jahren sogar dem Ausgabenniveau der schwedischen Sozialpolitik viel näher, als man dies bislang wähnte[474]. Auch das spricht gegen die meisten der bislang angebotenen Deutungen der Sozialpolitik in der Ära Kohl und unterstreicht deren Verankerung in der Praxis eines „Sozialen Kapitalismus"[475], der Traditionen des konservativen Reformismus, der katholischen Soziallehre und Spurenelemente des Sozialdemokratismus und des Liberalismus in einer schillernden Mischung zusammenführt.

Rot-grüne Sozialpolitik (1998-2005)

Welchen sozialpolitischen Kurs wählte die rot-grüne Bundesregierung in der von 1998 bis 2002 währenden 14. Legislaturperiode und in der 15. Wahlperiode des Deutschen Bundestages? Inwieweit kennzeichneten Diskontinuität und Kontinuität ihre Politik der sozialen Sicherung? Inwiefern folgte die rot-grüne Sozialpolitik dem Lehrsatz der Parteiendifferenzlehre, der zufolge Regierungsparteien tiefe Spuren in der Staatstätigkeit hinterlassen?

Selbstbewertungen   Diese Fragen werden unterschiedlich beantwortet. Einen programmtreuen und sachgerechten Kurs beanspruchen rot-grüne Selbstdarstellungen der Sozialpolitik. Mehr „Gerechtigkeit, Sicherheit und Innovation" hatte die Schröder-Regierung versprochen[476]. Dies habe man gehalten. Gewiss: dem erstrebten Abbau der Arbeitslosigkeit war man nicht näher gekommen. Die sozialpolitischen Ziele aber habe man im Wesentlichen erreicht, so erläuterte die rot-grüne Regierung unter anderem in ihrem Sozialbericht 2001 und im Sozialbericht 2005. Die Stichworte hießen: „Eigenverantwortung" und aktivierender Sozialstaat, „Generationengerechtigkeit und Nachhaltigkeit", „Gerechtigkeit zwischen den Geschlechtern durch Gleichstellung von Mann und Frau", „Flexibilisierung und Wahlfreiheiten", „Vermeidung sozialer Ausgrenzung", „Förderung des sozialen Zusammenhalts", „Einbindung in europäische und internationale Zusammenhänge"[477] – und, so vor allem die Zielsetzung nach der Wiederwahl 2002, das Wetterfestmachen des Sozialstaates, seine Erneuerung im Zeichen von Alterung der Gesellschaft, Internationalisierung der Wirtschaft, Europäisierung und harter Standortkonkurrenz um Investitionen und Arbeitsplätze.

Ähnliche Erfolge meldeten die Fachleute aus dem Bundesarbeitsministerium[478] und die Regierungsparteien, allen voran die SPD. „Versprochen und Wort gehalten", so betitelte die SPD-Bundestagsfraktion ihre „Zwischenbilanz der rot-

---

473 Eigenberechnungen der öffentlichen Sozialleistungsquoten aus OECD 2004a.
474 Das zeigen neben den konventionellen Sozialleistungsquoten auch neuere Berechnungen, die auch steuerliche Abzüge von Sozialleistungen, sozialpolitisch motivierte Steuerentlastungen und gesetzliche Arbeitgeberleistungen erfassen (ADEMA 2001a, 2001b).
475 HARTWICH 1970: 54ff., 101ff., van KERSBERGEN 1995.
476 BMA – Pressestelle, 6. März 2002: Bundesregierung legt Sozialbericht 2001 vor, S. 1.
477 BMA – Pressestelle, 6. März 2002: Bundesregierung legt Sozialbericht 2001 vor, S. 1, BMA 2002a, 2002b, BMGS 2005c.
478 HOFMANN/GRIESWELLE 2002: 32-40.

grünen Regierungspraxis im Jahre 2002"[479]. Nicht viel anders lasen sich die Bilanzierungen vor der nächsten Bundestagswahl.

Wo der Hauptstrom von Rot-Grün Erfolge erblickte, sahen seine Kritiker jedoch größtenteils nur Misserfolge oder Fehlsteuerungen. Auch der linke Flügel der SPD und der Großteil der Gewerkschaften bestritten, dass Rot-Grün die versprochene Wende in der Wirtschafts- und Sozialpolitik verwirklicht habe. Vielmehr hätten SPD und Grüne an der Regierung in Wirklichkeit in insgesamt zunehmendem Maße eine „neoliberale Steuer- und Sozialstaatsreform"[480] zwecks Sicherung des Wirtschaftsstandortes Deutschland praktiziert. Belege hierfür sahen die Kritiker vor allem in Steuersenkungen, Kürzungen von Sozialleistungen, in den Arbeitsmarktreformen „Hartz I" bis „Hartz IV"[481] und in der anhaltend hohen Massenarbeitslosigkeit. Hatte nicht die Regierung Schröder die Zahl der Arbeitslosen unter 3,5 Millionen absenken wollen, so Bundeskanzler Schröders viel zitiertes Versprechen von 1998, an dessen Einhaltung er sich zukünftig messen lassen wollte?[482] Warum aber lag die Arbeitslosenzahl im Winter 2005 bei mehr als 5,2 Millionen?

Von „Neoliberalismus" vermochten andere Beobachter der rot-grünen Sozialpolitik allerdings in der 14. Legislaturperiode nichts und in der 15. Wahlperiode nur in homöopathischer Dosierung zu sehen. Diese Beobachter verwiesen auf die Kontinuität einer ehrgeizigen Sozialpolitik mit anhaltend hohen Sozialbeiträgen, hohen Sozialleistungsquoten und der Beibehaltung ehrgeiziger sozial- und arbeitsrechtlicher Regelungen hin. Etliche sahen hierin Reformträgheit, ja einen rot-grünen „Reformstau", der sich nicht grundsätzlich von der Reformblockade unterscheide, die der Regierung Kohl vor allem in den letzten zwei Regierungsjahren nachgesagt wurde.

Wie im Folgenden gezeigt wird, spricht in der 14. Wahlperiode nichts für die These der „neoliberalen" Umgründung der rot-grünen Sozialpolitik. Im Gegenteil: Rot-Grün drängte die wenigen liberalen Komponenten der deutschen Sozialpolitik weiter zurück. Und selbst der Einstieg in die freiwillige private Altersvorsorge, die „Riester-Rente" gemäß Altersvermögensgesetz 2001, entpuppt sich bei genauerer Betrachtung als ein Zwitter aus individueller privater Vorsorge und massiver staatlicher Subventionierung durch Zulagen oder Steuerbegünstigung. Ernster zu nehmen als die „Neoliberalisierungsthese" ist die „Reformstauthese". Sie weist zu Recht auf einen beträchtlichen Reformbedarf des deutschen Sozialstaats hin – am Anfang wie am Ende der 14. Legislaturperiode. Allerdings erfasst auch die „Reformstauthese" nur einen Teil der rot-grünen Sozialpolitik, während ihr die beträchtliche Variationsbreite dieser Politik entgeht. Zur rot-grünen Sozialpolitik gehören unterschiedlichste Weichenstellungen – solche, die mit der politisch-ideologischen Grundrichtung der Regierungsparteien SPD und Bündnis 90/Die Grünen übereinstimmen, und andere, die davon abweichen, und zwar in der 15. stärker als in der 14. Legislaturperiode.

Außenbewertungen

---

479 BUNDESTAGSFRAKTION DER SOZIALDEMOKRATISCHEN PARTEI DEUTSCHLANDS 2002: 10, 22, 32, 58.
480 BUTTERWEGGE 2000: 537, vgl. BUTTERWEGGE 2001: 187-208.
481 Vgl. Moderne Dienstleistungen im Arbeitsmarkt. Berlin 16. 8. 2002, JANN & SCHMID 2004. Zu Hartz I bis IV vgl. Anmerkung 501.
482 Die Versprechen des Gerhard S., in: www.spiegel.de/politik/Deutschland/0,1518,179261,00. html, vgl. „Der große Versprecher", in: FOCUS v. 8.7.2002: 20-30.

Deutschland hat bekanntlich zwei Sozialstaatsparteien mit jeweils großem Wähleranhang in der Sozialstaatsklientel: die CDU/CSU und die SPD. Die SPD übertrifft allerdings die Unionsparteien beim Streben nach Sozialstaatlichkeit. Noch nachhaltiger als die Christdemokraten versteht sich die SPD als die „Hüterin des Sozialstaats"[483]; und mehr noch als die CDU/CSU gibt die SPD bei der Suche nach der rechten Einheit von Wirtschafts- und Sozialpolitik dem Sozialstaatsprinzip im Zweifel Vorfahrt. Wie keine andere Partei in Deutschland hat die SPD in der Sozialpolitik ihre „Seele"[484]. Dass diese Sozialstaatspartei die wiedergewonnene Regierungsmacht für sozialpolitische Weichenstellungen nützen würde, war zu erwarten. Dies umso mehr, als die SPD die Sozialpolitik zum Thema des Bundestagswahlkampfes 1998 gemacht und angekündigt hatte, sozialpolitische Kursänderungen der Regierung Kohl vor allem aus der 13. Legislaturperiode (1994-98) nach gewonnener Wahl alsbald zurückzunehmen. Zudem war die SPD in Zugzwang, hatte sie doch seit dem Regierungswechsel von 1982 der Regierung Kohl vorgeworfen, „Sozialabbau" zu betreiben, die „Spaltung der Gesellschaft" zu vertiefen, für „Umverteilung von unten nach oben" zu sorgen, Arbeitnehmerschutzrechte zu beschädigen und die sozialpartnerschaftlichen Arbeitsbeziehungen durch gewerkschaftsgegnerischen Kurs aufs Spiel zu setzen[485]. Dass dies nach gewonnener Wahl anders werden sollte, war nach Auffassung der Sozialpolitiker in den Reihen der SPD und ihrer Anhängerschaft vor allem in Gewerkschaftskreisen selbstverständlich.

Und so geschah es alsbald nach der Übernahme der Regierungsgeschäfte durch die rot-grüne Koalition im Jahr 1998. Nun häuften sich beträchtliche Änderungen. Erwartungstreu waren die Vergabe des Amtes des Bundesministers für Arbeit und Sozialordnung an den aus der IG-Metall stammenden Gewerkschaftsfunktionär Walter Riester und – mit Ausnahme des Bundesministeriums für Gesundheit, das zunächst Andrea Fischer von Bündnis 90/Die Grünen anvertraut wurde und Anfang 2001 an Ulla Schmidt (SPD) überging –, die weitgehende Ausklammerung der Grünen aus der politischen Gestaltung der Sozialpolitik.

Erwartungstreu war auch die Einlösung der sozialpolitischen Wahlkampfversprechen der SPD. Wie angekündigt, wurde der durch die Rentenreform 1998 der Regierung Kohl eingeführte Demographiefaktor für 1999 und 2000 ausgesetzt und mit der Rentenreform 2000/2001 abgeschafft, also der Faktor, der den Anstieg der Monatsrente um den hälftigen Anstieg der durchschnittlichen Restlebenserwartung eines 65-jährigen verminderte. Ferner machte die Regierung Schröder die Sparmaßnahmen der Regierung Kohl bei den Berufs- und Erwerbsunfähigkeitsrenten rückgängig – setzte aber zwei Jahre später neue Kürzungen an die Stelle der alten. Zudem wurde die Rentenversicherungspflicht auf arbeitnehmerähnliche Selbständige, die so genannten „Scheinselbständigen", ausgeweitet. Doch was die rot-grüne Regierung als sachgerechte Regelung gegen die Unterlaufung sozialer Sicherungssysteme anpries, entpuppte sich auch als eine Maßnahme, die aufgrund der schwierigen Abgrenzung von wirklicher und scheinbarer Selbständigkeit und wegen der Neigung zu übermäßiger Detailregelung viel Bürokratismus und Ineffizienz hervorrief, Wirtschaftsexistenzen zerstörte und den arbeitsmarktpolitisch sinnvollen Weg in die wirtschaftliche Selbstständigkeit erschwerte.

---

483 GOHR 2001a: 311, vgl. GOHR 2001b.
484 HOFMANN 1999: 3.
485 GOHR 2001a, 2001b.

Rückgängig machte Rot-Grün zudem die Lockerung des Kündigungsschutzes, welche die Kohl-Regierung 1996 zwecks Stärkung des Wirtschaftsstandortes Deutschland gegen massiven Protest von Opposition und Gewerkschaften verabschiedet hatte Den Schwellenwert, bis zu dem Betriebe dem Kündigungsschutzgesetz nicht unterliegen, setzte die Schröder-Regierung von zehn Beschäftigten wieder auf den vorherigen Stand von fünf herab. Zurück nahm die Regierung Schröder ferner die 1996 beschlossene Absenkung der gesetzlichen Lohnfortzahlung bei Krankheit und bei Kuren von 100 auf 80 Prozent, mit der die Regierung Kohl in den Betrieben mit tatkräftiger Mithilfe der DGB-Gewerkschaften eine längst tot geglaubte Klassenkampfstimmung entfacht hatte. Ferner hob Rot-Grün die zeitliche Befristung im Arbeitnehmer-Entsendegesetz, die bis Ende August 1999 reichte, wieder auf.

All dies war Teil des Gesetzes zu Korrekturen in der Sozialversicherung und zur Sicherung der Arbeitnehmerrechte vom 25. November 1998[486]. Wenige Wochen später folgte die zweite Welle der Einlösung von Wahlkampfversprechen der SPD, und zwar in Gestalt des Gesetzes zur Stärkung der Solidarität in der gesetzlichen Krankenversicherung vom 19. Dezember 1998[487]. Die private Beteiligung an der Finanzierung des Gesundheitswesens und jegliche Art von Eigenverantwortlichkeit sollten zurückgedrängt werden, und die kollektive Versicherung und Versorgung sollten Vorfahrt bekommen. Weichenstellungen gegen Privatisierungskomponenten in der gesetzlichen Krankenversicherung lautete die Devise und Zurückdrängung von wettbewerblichen und an Eigenverantwortlichkeit appellierenden Strukturen der Krankenversicherung. Bekräftigt wurde diese Richtungsentscheidung durch das Gesetz zur Reform der gesetzlichen Krankenversicherung ab dem Jahr 2002 vom 4. November 1999. Dieses Gesetz sollte, so die rot-grüne Selbstdarstellung, Wettbewerbsverzerrungen zwischen der gesetzlichen und der privaten Krankenversicherung beseitigen, indem eine Risikoselektion zu Lasten der gesetzlichen Krankenversicherung, die aus dem Wechsel älterer Versicherter von der privaten zur gesetzlichen Krankenversicherung resultiere, erschwert würde.

Die Einlösung der Wahlkampfversprechen durch die Sozialpolitik der Schröder-Regierung kurz nach dem Regierungswechsel von 1998 entsprach weitgehend den Erwartungen der Mandatetheorie. Der Mandatetheorie zufolge setzen Regierungsparteien ihre vor der Wahl deklarierten Versprechen weitgehend um[488].

Mandatetheorie und Parteiendifferenzlehre

Sofern es sich bei diesen Versprechen vor allem um klientelbezogenes Werk handelt, deckt sich der Vorgang auch mit den Vorhersagen der Parteiendifferenztheorie. Dieser Theorie zufolge hinterlassen Regierungsparteien unterschiedlicher politisch-ideologischer Richtungen charakteristische Spuren in der Regierungspraxis und den Politikresultaten[489]. Zur Parteiendifferenztheorie passten insbesondere drei weitere Reformvorhaben der rot-grünen Sozialpolitik: die Öko-Steuer, die zur Finanzierung der Haushaltslöcher der Alterssicherung eingeführt wurde, die Reform der geringfügigen Beschäftigung, die insbesondere in der 14. Wahlperiode sehr restriktive, abschreckende Regelungen vorsah, sowie

---

486 BGBl., Teil I, 1998, Nr. 85, v. 28.12.1998, S. 3843.
487 BGBl., Teil I, 1998, Nr. 85, v. 28.12.1998, S. 3853.
488 KLINGEMANN, HOFFERBERT & BUDGE u.a. 1994.
489 Zum Forschungsstand SCHMIDT 1980, 1996, 2001c.

die betriebsrats- und gewerkschaftsfreundliche Reform der Betriebsverfassung von 2001[490].

Pfadabweichungen in der rot-grünen Sozialpolitik

Die rot-grüne Sozialpolitik schillert in vielen Farben. Nicht nur Kontinuität kennzeichnet sie, sondern auch Diskontinuität – Pfadabweichungen. Davon zeugen insbesondere in der 14. Legislaturperiode die „Riester-Rente" mitsamt des zugrunde liegenden Übergangs zur „einnahmenorientierten Rentenpolitik" und in der 15. Wahlperiode des Deutschen Bundestages die als „Hartz IV" bekannt gewordenen Arbeitsmarktreformen.

Einnahmenorientierte Rentenpolitik

Die rot-grüne Koalition verstand sich als Garant eines leistungsfähigen Sozialstaates. Den wertete sie nicht nur als historische Errungenschaft, sondern auch als unverzichtbaren Bestandteil einer stabilen Demokratie. Die Finanzierung des Sozialstaates sah Rot-Grün allerdings als korrekturbedürftig an: seine Finanzierung hauptsächlich aus Sozialbeiträgen der Arbeitnehmer und ihrer Arbeitgeber wirkte wie eine beschäftigungssenkende zusätzliche Steuer auf den Faktor Arbeit und verstärkte somit die ohnehin schon beträchtlichen Finanzierungsschwierigkeiten der Sozialpolitik. Das sollte korrigiert werden, möglichst durch Absenkung oder Stabilisierung der gesetzlich festgeschriebenen Teile der Lohnnebenkosten. Hauptkandidaten hierfür waren die besonders ins Gewicht fallenden Sozialbeiträge für die Gesetzliche Krankenversicherung einerseits und die Gesetzliche Rentenversicherung andererseits.

Die Absenkung oder Stabilisierung der Sozialbeiträge in der an dieser Stelle vor allem interessierenden Alterssicherung war zugleich Bestandteil eines neuen Kurses in der Rentenpolitik, der sich seit längerem abzeichnete: der einnahmenorientierten Alterssicherungspolitik im Unterschied zur rentenniveauorientierten Politik. Einnahmenorientierte Alterssicherungspolitik bedeutete Anpassung der Alterssicherungssysteme an ihre gegebene Einnahmenbasis – im Unterschied zur Anpassung der Finanzierungsbasis an gegebene Leistungsversprechen, wie im Fall der rentenniveauzentrierten Politik. Mit der einnahmenorientierten Ausgabenpolitik brachte Rot-Grün in der Tat einen „Paradigmenwechsel"[491] in der Alterssicherung zustande[492]. Unter den in Deutschland gegebenen Bedingungen bedeutete Beitragssatzstabilität oder -senkung aber mittelfristige Absenkung des Leistungsniveaus der gesetzlichen Rentenversicherung und mithin Lücken in der Alterssicherung, sofern alles andere gleich bliebe. Hier setzte die „Riester-Rente" an, so die nach dem zuständigen Bundesminister für Arbeit und Sozialordnung, Walter Riester, benannte kapitalfundierte private Altersvorsorge, die von Rot-Grün in Ergänzung zur umlagefinanzierten Rentenversicherung eingerichtet wurde.

„Riester-Rente"

Die Riester-Rente sollte auf dem Wege der – staatlich bezuschussten oder steuerlich begünstigten – privaten Altersvorsorge die Lücken füllen helfen, die in der gesetzlichen Rentenversicherung durch die Rentenreform 2000/2001 vergrößert oder neu geschaffen wurden. Gesetzgebungstechnisch erfolgte diese An-

---

490 Vgl. SCHMIDT 2003: 243ff.

491 SCHMÄHL 2001: 313. Mit Nachweisen eines auch andere Länder umfassenden paradigmatischen Wechsels in der Alterssicherungspolitik, also in einem Politikfeld, das lange als Exempel für Pfadabhängigkeit und „eingefrorenen" Lösungen galt, insbesondere HINRICHS 2004a, 2004b, 2004c.

492 Dieser Wechsel hätte nur um den Preis weiter wachsender Beitragssätze zur Sozialversicherung und eines härteren Zielkonfliktes zwischen Sozialversicherung und Beschäftigung vermieden – und wahrscheinlich nur aufgeschoben – werden können.

passung im Rahmen der Rentenreform 2000/2001[493]. Zustande kam die Rentenreform 2000/2001 nach langwierigen Verhandlungen in der rot-grünen Koalition, konfliktreicher Willensbildung mit den Gewerkschaften und langwierigem Tauziehen mit der Opposition. Die christdemokratische Opposition bevorzugte alternative Lösungen wie die Wiedereinführung des Demographie-Faktors in die Rentenformel zur Berechnung der jährlichen Anpassung der Altersrenten an die Einkommensentwicklung, und stimmte schließlich gegen die Rentenreform. Die PDS hingegen votierte gegen die Rentenreform, weil sie ihr als nicht sozial genug erschien.

Die „Riester-Rente" brachte eine folgenreiche Abweichung von der bisherigen Alterssicherungspolitik zustande: sie fügte der deutschen Sozialpolitik einen Pfad hinzu, der weg vom „Sozialversicherungsstaat" und hin zu einer kapitalfinanzierten Altersvorsorge führt, die gemeinhin mit liberaler Sozialpolitik in Verbindung gebracht wird. Zusätzlich zum Wechsel von der Umlagefinanzierung zur Kapitaldeckung werden die Arbeitgeber bei der Finanzierung der Riester-Rente nicht in gleicher Weise wie bei den Sozialbeiträgen beteiligt. Doch gehen die Kritiker fehl, die meinen, die Arbeitnehmer hätten allein die Finanzierungslasten zu tragen. Anstelle der alten paritätischen Finanzierung treten vielmehr die private Vorsorge und die staatliche Subvention, also Privatisierung und Etatisierung[494].

Der Vollständigkeit halber ist zu erwähnen, dass die Rentenreform 2000/2001 nicht in der „Riester-Rente" aufging. Mit der Rentenreform 2000/2001 wurde zudem eine neue Mindestrente geschaffen, eine Art Grundrente: Rentner ab 65 Jahre und voll Erwerbsgeminderte im Alter zwischen 18 und 65 erhalten, wenn sie bedürftig sind, ab 2003 eine Grundsicherung in der Höhe der Sozialhilfe. Ferner wurden die bisherigen Berufs- und Erwerbsunfähigkeitsrenten abgeschafft. An ihre Stelle tritt eine einheitliche Erwerbsminderungsrente, die im Vergleich zur bis dahin gültigen Regelung meist geringere Renten und weniger Rücksichtnahme auf den gelernten Beruf mit sich bringt. Außerdem zählen zur Rentenreform 2000/2001 auch Aufbesserungen der Alterssicherung von Hinterbliebenen und von Frauen wie die Höherbewertung von unterdurchschnittlichen Beiträgen während der ersten zehn Jahre der Kindererziehung ab dem Jahre 1992.

Rentenreform jenseits der „Riester-Rente"

Nicht zu vergessen ist die Änderung der Rentenanpassungsformel durch die Rentenreform 2000/2001. Anstelle der „Nettoanpassung" folgt die Anpassung der gesetzlichen Renten an die Entwicklung der durchschnittlichen Entgelte der Arbeitnehmer nunmehr einer komplizierteren Indexziffer: Diese ergibt sich aus der Veränderung des durchschnittlichen Bruttoentgelts (wodurch die Rentner nach wie vor an den Einkommenssteigerungen teilhaben sollen) abzüglich des

---

493 Die Reform bestand aus dem Gesetz zur Reform der Renten wegen verminderter Erwerbsfähigkeit (BGBl., Teil 2000, Nr. 57, v. 23.12.2000, S. 1827), dem Altersvermögensgesetz, dem Vermögens-Ergänzungsgesetz (BGBl. Teil I, Nr. 13, v. 26.3.2001, S. 403) und dem Gesetz zur Verbesserung des Hinterbliebenenrentenrechts (BGBl., Teil I, 2001, Nr. 36, v. 23.7.2001, S. 1598).

494 Die Förderung besteht aus einer Zulage oder einer steuerlichen Begünstigung der privaten oder der betrieblichen Altersvorsorge. Die volle steuerliche Zulage setzt ab 2008 voraus, dass mindestens vier Prozent des Bruttoentgelts für die private Altersvorsorge aufgewendet wird. Bei niedrigeren Vorsorgebeiträgen vermindert sich die Förderung entsprechend. Im Unterschied zu den bis 2004 geltenden Regelungen für Lebensversicherungen ist allerdings die privat erworbene Zusatzrente zu versteuern.

vollen Beitrages zur gesetzlichen Rentenversicherung (der die Renten an den insbesondere demographisch bedingten Anstieg der finanziellen Lasten der Alterssicherung beteiligt) und eines weiteren Betrages, der dem maximal geförderten Beitrag zur privaten Altersvorsorge entspricht – wodurch eine weitere Senkung des Leistungsniveaus der Rentenversicherung zwecks Einhaltung des angestrebten Beitragsziels, 20 Prozent bis 2020 und 22 Prozent bis 2030, sichergestellt werden soll. Mit dem Rentenversicherungs-Nachhaltigkeitsgesetz von 2004 wurde die Rentenformel erneut geändert[495]. Ihr wurde nunmehr ein „Nachhaltigkeitsfaktor" hinzugefügt, der – ähnlich wie der wenige Jahre zuvor von Rot-Grün abgeschaffte Demographiefaktor – die Alterssicherungsleistungen stärker auf die Zusatzlasten einstellen soll, die infolge der Alterung entstehen. Der Nachhaltigkeitsfaktor soll bewirken, dass die Rentenanpassung vermindert wird, wenn sich das Zahlenverhältnis von Rentnern zu Beitragszahlern zu Lasten der Beitragszahler verändert[496].

Mit der Rentenreform 2000/2001 vollzog Rot-Grün einen Kurswechsel in der Alterssicherungspolitik, den die Regierung Schröder auch nach ihrer Wiederwahl im Jahre 2002 beibehielt. Mit diesem Kurswechsel wird ein Pfad angelegt, der weg von der Sozialversicherung führt, die allerdings weiterhin die Hauptroute in Deutschlands Alterssicherung bleibt. Zukünftig werden die private und die betriebliche Altersvorsorge aber mehr Gewicht haben, auch wenn die Inanspruchnahme der „Riester-Rente" aufgrund übermäßiger Bürokratisierung schleppend verlief und bis Mai 2005 nur rund 20 Prozent der Förderungsberechtigten erreichte[497]. Doch auch damit expandieren sozialpolitische Einrichtungen, die eher dem „liberalen Wohlfahrtsstaat" zugerechnet werden als dem „konservativen" oder dem „sozialdemokratischen" Wohlfahrtsstaat[498]. Andererseits kräftigt die Rentenreform 2000/2001 die staatszentrierte Sozialpolitik durch staatliche Zulagen und steuerliche Begünstigung der privaten oder betrieblichen Altersvorsorge. Doch auch dies führt den deutschen Sozialstaat weiter weg vom Pol des „konservativen", am Sozialversicherungsstaat festgemachten Wohlfahrtsstaates und macht die deutsche Sozialpolitik, nach ihrer politisch-ideologischen Färbung zu urteilen, bunter als zuvor.

Familienpolitik

Bunter als zuvor wurde die Sozialpolitik der rot-grünen Koalition auch durch die Familienpolitik. Deren materielle Ausstattung war im Vergleich zum Sozialversicherungskern des deutschen Sozialstaates lange vernachlässigt worden. Allerdings hatten seit Anfang der 1980er Jahre Beschlüsse des Bundesverfassungsgerichtes zur familienfreundlicheren Gestaltung der Steuer- und Sozialpolitik den Gesetzgeber zu Nachbesserungen veranlasst. Dies, aber auch die eigenständige Wieder- oder Neuentdeckung von familien- und kinderpolitischen Anliegen durch die Parteien, insbesondere die Union, die SPD und im Nachzug

---

495 Rentenversicherungs-Nachhaltigkeitsgesetz v. 21.7.2004, BGBl. I, S. 1791.

496 Ob der Nachhaltigkeitsfaktor so wirkt, hängt allerdings auch von Schutzklauseln ab, die insbesondere auf Druck des linken Flügels der SPD dem Renten-Nachhaltigkeitsgesetz hinzugefügt wurden. Die Schutzklauseln nach § 68 Abs. 6 SGB VI (sowie bis 2011 § 255e Abs. 5 SGB VI) bewirken, dass der Nachhaltigkeitsfaktor nicht zu einer „Minusrunde" oder einer Verstärkung der „Minusrunden" bei den Renten führen darf. Ferner bewirkt die Niveausicherungsklausel nach § 154 Abs. 3 SGB VI, dass die verfügbare Brutto-Standardrente eines Rentners mit 45 Jahren Durchschnittsverdienst nicht unter 46% (im Jahre 2020) und 43% (2030) fallen. Vgl. KRAMER 2004.

497 „Riester-Rente sollte flexibler werden", in: FAZ v. 25.5.2005: 11.

498 ESPING-ANDERSEN 1990.

118

die Grünen, haben die Themen Familien und allgemein Kindererziehung aufgewertet. Und so ist es kein Zufall, dass vor und während der rot-grünen Bundesregierung die Familien, aber auch die Alleinerziehenden in mittlerweile beachtlichem Umfang gefördert werden[499]. Zu den wichtigsten familien- und kinderpolitischen Weichenstellungen von Rot-Grün gehören noch in der 14. Legislaturperiode die Erhöhungen des Kindergeldes von zunächst monatlich 220 auf 270 DM sowie 2001 auf 154 Euro. In Weiterführung des Erziehungsgeldes und Erziehungsurlaubes, die von den schwarz-gelben Vorgängerregierungen eingeführt worden waren, baute Rot-Grün auch die Freistellung von Müttern und Vätern zu Zwecken der Kindererziehung aus, die „Elternzeit", so der neue Begriff, der an die Stelle des „Erziehungsurlaubes" trat, und förderte somit die Wahlmöglichkeit zwischen der beruflichen Arbeit und der Erziehungstätigkeit im Hause. In die gleiche Richtung sollte auch die finanzielle Förderung der Einrichtung von Ganztagsschulen zielen, der sich die Bundesregierung vor allem in der 15. Wahlperiode verschrieb. Doch dazu benötigte sie, wie in allen bildungspolitischen Fragen, die Kooperation der hauptzuständigen Bundesländer.

Dass Rot-Grün auch in der Sozialpolitik für Überraschungen gut ist, zeigt zudem die nach der Bundestagswahl im September 2002 erfolgende Auflösung des Bundesministeriums für Arbeit und Sozialordnung (BMA), die Stätte der großen Koalition aus christdemokratischen und sozialdemokratischen Sozialpolitikern und mehr als jedes andere Ministerium eine Art Verbändeherzogtum der Gewerkschaften. Mit dieser Tradition brach die Schröder-Regierung: Die für die Arbeitspolitik zuständigen Abteilungen des BMA[500] wurden mit dem bisherigen Bundesministerium für Wirtschaft und Technologie, dem marktwirtschaftsorientierten Gegenspieler des alten BMA, zu einem neuen Bundesministerium für Wirtschaft und Arbeit (BMWA) zusammengelegt und der Leitung von Wolfgang Clement (SPD) unterstellt. Der Bereich Sozialordnung des ehemaligen BMA wurde dem Gesundheitsministerium angegliedert. Daraus entstand ein neues – allerdings um die Arbeitspolitik verschlanktes – Sozialstaatsministerium, das Bundesministerium für Gesundheit und Soziale Sicherung.

(Marginalie: Politisch-administrative Reformen: BMA, BMWA und BMGS)

Mit der Integration der arbeitspolitischen Abteilungen des BMA in das Bundesministerium für Wirtschaft und Arbeit (BMWA) war die Hoffnung auf eine wirtschaftsfreundlichere Verzahnung von Sozial- und Wirtschaftspolitik verbunden. Dazu sollte insbesondere ein Reformwerk dienen, das unter dem Kürzel „Hartz-Reformen" alsbald nach der Wiederwahl der rot-grünen Koalition 2002 auf den Weg gebracht wurde. „Hartz" war die Kurzbezeichnung für die vier Stufen der Arbeitsmarktreform gemäß den – im Gesetzgebungsprozess vielfältig abgeänderten – Vorschlägen der Kommission „Moderne Dienstleistungen am Arbeitsmarkt"[501], die von Peter Hartz, bis Juli 2005 VW-Personalchef, geleitet wurde.

(Marginalie: Die „Hartz-Reformen")

---

499 DEUTSCHE BUNDESBANK 2002: 15-32, BLESES & SEELEIB-KAISER 2004.

500 Das betraf die Abteilung II des BMA (Arbeitsmarktpolitik, Ausländerpolitik, Arbeitsförderung und Arbeitslosenversicherung) und die Abteilung III (Arbeitsrecht und Arbeitsschutz).

501 Moderne Dienstleistungen am Arbeitsmarkt. Bericht der Kommission, Berlin 2002, vgl. LESTRADE 2004. „Hartz I" sollte die Leiharbeit durch Gründung so genannter Personal Service Agenturen (PSA) erleichtern und stellte Schrauben der Arbeitsmarktpolitik in Richtung Abkopplung des Arbeitslosengeldes und der Arbeitslosenhilfe von der Lohnentwicklung einerseits und strengere Regelung der Zumutbarkeitskriterien andererseits. „Hartz II" beseitigte den bürokratischen Überschwang der Sozialpolitik in der ersten rot-grünen Wahlperiode durch eine beschäftigungsfreundlichere Reform der „Minijobs", der geringfügigen Beschäftigung,

Die am weitesten reichende Arbeitsmarktreform ist „Hartz IV" – und sie reiht sich ein in die Gruppe der pfadabweichenden Sozialpolitiken von Rot-Grün. „Hartz IV" legte die Sozialhilfe mit der Arbeitslosenhilfe zusammen und ersetzte die Arbeitslosenhilfe durch das als Fürsorgeleistung erbrachte „Arbeitslosengeld II" bzw. das „Sozialgeld", die beide – wie zuvor die Sozialhilfe – nach Bedürftigkeitsprüfung gewährt werden. Zudem wird die maximale Bezugsdauer des Arbeitslosengeldes auf 12 bis 18 Monate verkürzt. Die Reform stärkt den Anreiz zur Arbeitsaufnahme – und verhängt bei Zuwiderhandlung Sanktionen wie Absenkung der Sozialleistungen. Hinzu kommen harschere Kriterien dessen, was zumutbare Arbeit für Arbeitslose ist. „Hartz IV" wendet den Grundgedanken des „aktivierenden Sozialstaates" – Fördern und Fordern – auf die Sozialhilfe und die Arbeitslosenversicherung an. Die „Hartz IV"-Reform wurde heftig attackiert – auch von den Gewerkschaften und von vielen SPD-Wählern – und wurde zum Anlass für bundesweite Protestveranstaltungen gegen die Regierung Schröder. Viele befürchteten von „Hartz IV" einen Rückbau von Sozialleistungen in großem Umfang. Und nicht wenige Arbeitnehmer sahen sich in ihrer Ehre als Arbeitnehmer mit Rechtsanspruch auf Sozialversicherungsleistungen bedroht: Wer viele Jahre lang in die Arbeitslosenversicherung eingezahlt hatte, wird bei längerer Arbeitslosigkeit gleich oder schlechter behandelt wie ein Antragsteller, der nicht berufstätig war und keine Ersparnisse beiseitegelegt hatte: er wird nur noch Fürsorgeleistungen erhalten, also Leistungen minderwertiger Form und womöglich obendrein in abgesenktem Umfang, und muss zuvor sein Erspartes weitgehend aufzehren.

Aber auch die Befürworter von „Hartz IV" konnten nicht recht zufrieden sein. Der erhoffte Mehrwert an Effizienz und Effektivität wurde bislang – so der Stand im Sommer 2005 – nicht realisiert, die Kosten der Reform wurden offensichtlich erheblich unterschätzt, und von dem erhofften Beitrag zum Beschäftigungsaufschwung war nichts in Sicht[502]. Für die Regierung Schröder erwies sich „Hartz IV" als ein politisch riskantes Unternehmen. Der Protest, den diese Reform in der Wählerschaft hervorrief, vor allem in SPD-nahen Wählerkreisen, schlug bei den Wahlen im Jahre 2004 und 2005 zu Lasten der SPD zu Buche.

Entscheidungen und Nichtentscheidungen

Regierungsparteien können ihre Klientel sowohl durch Entscheidungen als auch durch Nichtentscheidungen bedienen, beispielsweise durch eine Politik, die einen von den Wählern der Regierungsparteien favorisierten Status quo beibehält. Beides – klientelfreundliche Entscheidung wie Nichtentscheidung – kam auch bei Rot-Grün zum Zuge.

Nichtentscheidungen prägten einen großen Teil der Politik der SPD gegenüber den Vorlieben der breiten Masse der Sozialstaatskunden und gegenüber den

---

durch Aufhebung der Regelungen zur „Scheinselbstständigkeit" und die Einsetzung von „Ich-AGs" als neuer Formen der Existenzgründung. „Hartz III" stieß ins Zentrum der korporatistischen Verwaltung der Arbeitsmarktpolitik, die durch geschönte Vermittlungsbilanzen der Nürnberger Bundesanstalt für Arbeit (BA) in die Kritik geraten war, und leitete eine Reform der Arbeitsmarktverwaltung ein. Die „Bundesagentur für Arbeit", so die Bezeichnung für die ehemalige BA seit 1.1.2004, sollte ihre Tätigkeit auf ihre Kernaufgabe, die effiziente und effektive Vermittlung von Arbeitslosen, konzentrieren und nicht länger wie die BA als ein arbeits- und sozialpolitischer „Gemischtwarenladen", als „Bundesanstalt für Alles" wirken. Die Bundesagentur für Arbeit ist ein Bestandteil des deutschen Korporatismus, auch wenn die Reorganisation von 2002 und 2003 die personalpolitischen Lenkungsmöglichkeiten des Bundes und den Gestaltungsspielraum des Vorsitzenden des dreiköpfigen Vorstandes stärkte und die Bundesagentur von einer Behörde in ein kundenorientiertes Dienstleistungsunternehmen verwandeln sollte.

502 „Der Hartz-Horror", in: DER SPIEGEL 21/2005: 24-40.

Gewerkschaften – die „Hartz-Reformen" und die verschiedenen Einschnitte in die Rentenversicherung – vom Nachhaltigkeitsfaktor über die Streichung des Akademikerbonus für drei Ausbildungsjahre – sollten den Blick dafür nicht verstellen. Zu den wichtigsten Nichtentscheidungen gehören die stillschweigende Akzeptanz des allergrößten Teils des Arbeits- und Sozialrechtes, die Nichtantastung von Arbeitnehmerschutzrechten außerhalb von „Hartz IV", die Respektierung der Organisationsgarantien für die Gewerkschaften ebenso wie die – an Selbstverleugnung grenzende – Akzeptanz aggressiver gewerkschaftlicher Lohnpolitik wie in der Tarifrunde 2002. Politik durch Nichtentscheidung war sodann der Verzicht auf die von Experten vielfach angemahnte Arbeitsmarktentriegelung und -flexibilisierung, den die rot-grüne Regierung mit Ausnahme von „Hartz IV" übte – in auffälligem Unterschied zu ihrer Vorgängerin. Und zu den geradezu routinemäßig getroffenen Nichtentscheidungen gehört die Weigerung von Rot-Grün, das gesetzliche Renteneintrittsalter spürbar anzuheben und auf diese Weise die Alterssicherung unabhängiger von der demographischen Entwicklung zu machen.

Zu den rot-grünen Nichtentscheidungen in der Sozialpolitik zählt außerdem die Hinnahme einer hohen Spannung zwischen den Sozialfinanzen und allen anderen finanziell aufwändigen Feldern der Staatstätigkeit. Deutschlands Sozialpolitik ist insgesamt leistungsstark, aber finanziell aufwändig. Weil Deutschlands Gesamtabgabenquote im internationalen Vergleich aber nur mittlere Höhe erreicht[503], bleiben für nichtsozialpolitische Felder, wie das Bildungswesen, nur geringe Ausgabenquoten übrig – mit weiter abnehmender Tendenz, sofern die Sozialstaatsfinanzierung weiter wächst, was wahrscheinlich ist. Es ist deshalb kein Zufall, wenn der Anteil der öffentlichen Bildungsausgaben am Sozialprodukt in Deutschland bestenfalls das Prädikat „Mittelmaß" verdient, während das Land bei den Sozialfinanzen im internationalen Vergleich zur Spitzengruppe gehört[504].

Rot-Grün hat die Wachstumstendenz der Sozialabgaben nicht wirksam stoppen können, trotz der Bestrebungen, die Sozialbeitragslast zu vermindern, wie durch die Öko-Steuer. Die Bilanz der Sozialabgaben nach sieben Jahren Regierung Schröder ist nicht eindrucksvoll. Das Ziel, den gesamten Sozialbeitragssatz auf unter 40 Prozent abzusenken, wurde nicht erreicht. Kurz nach der Bundestagwahl vom 22.9.2002, noch im November 2002, erhöhte die rot-grüne Koalition die Beitragssätze für die gesetzliche Rentenversicherung von 19,1 auf 19,5 Prozent. Mittlerweile liegt der durchschnittliche Beitragssatz im Westen Deutschlands bei 40,9 Prozent[505] – trotz Öko-Steuer und sonstiger Zuschüsse aus dem Bundeshaushalt – und läge ohne diese Zulagen erheblich über diesem Wert und über dem Beitragssatz am Ende der Ära Kohl (42,1 Prozent).

Dreierlei verdient in der Bilanz der prozessualen Aspekte der rot-grünen Sozialpolitik bis 2005 besondere Beachtung.

Parteienwettbewerb und Bundesstaat

Erstens: Der rot-grüne Kurswechsel in der Sozialpolitik hat vieles beim Alten gelassen, einiges geändert und manches vor allem für die Klientel der SPD besser gemacht. Das geschah vor allem in der ersten rot-grünen Regierung Schröder vielfach im Einklang mit dem, was die Mandatetheorie und die Parteiendifferenzlehre vorhersagen: Parteien lösen im Wesentlichen nach der Regie-

---

503 WAGSCHAL 2001.
504 SCHMIDT 2004a.
505 BMGS 2004a: Tabelle 7.7.

rungsübernahme ihre Wahlkampfversprechen ein und hinterlassen markante eigenständige Spuren in der Regierungspraxis. Die Klientelbedienung gelang vor allem in Fällen, in denen die Zustimmung des Bundesrates zu Gesetzesänderungen nicht erforderlich war und bei zustimmungspflichtigen Gesetzen in Zeiträumen, in denen Rot-Grün im Bundesrat noch auf eine relativ sichere Mehrheit setzen konnte. Das war im Wesentlichen der Fall bis zur Regierungsneubildung nach der Landtagswahl in Hessen vom Februar 1999. Weil die neue CDU-geführte hessische Landesregierung erst am 17. April 1999 gebildet wurde, konnte Rot-Grün die umstrittene Neuregelung der geringfügigen Beschäftigung am 19. März 1999 noch mit Hilfe der Stimmen der abgewählten SPD-Landesregierung durch den Bundesrat bringen[506]. Seit der Bildung der hessischen CDU-Regierung unter Roland Koch war der sozialpolitische Spielraum für Rot-Grün im Bundesrat jedoch erheblich enger geworden. Und wenn parteipolitisch kontroverse Sozialreformen gar die Länderinteressen massiv betrafen, erlitt die rot-grüne Gesetzgebung im Bundesrat meist Schiffbruch, so im Fall der Gesundheitsreform 2000 der grünen Gesundheitsministerin Andrea Fischer. Doch unüberwindbar war die Schwelle der Bundesratsmehrheit für Rot-Grün bis zur Wahlniederlage der PDS-tolerierten SPD-Regierung in Sachsen-Anhalt 2002 dennoch nicht. Das zeigte zunächst die Steuerreform 2000 und sodann die Rentenreform 2000/2001, die in ihren zustimmungspflichtigen Teilen die erforderliche Mehrheit im Bundesrat gewannen, weil die Schröder-Regierung sich die fehlenden Stimmen durch verlockende Zusatzangebote an kleinere Länder erwarb, insbesondere durch Angebote an die damals von einer Großen Koalition regierten Länder Berlin, Brandenburg und Bremen.

Nach dem Wahlsieg von 2002 wich allerdings die rot-grüne Sozialpolitik von dem Pfad ab, den die Mandatetheorie und die Parteiendifferenztheorie vorhersagen und der laut Pfadabhängigkeitslehre zu erwarten war. Die zwei Monate nach der Bundestagswahl 2002 festgesetzten Beitragserhöhungen nahm die rot-grüne Klientel noch hin – das schien eine verzeihliche Fortsetzung der althergebrachten rentenniveauorientierten Alterssicherung zu sein. Aber Leistungskürzungen wie in der Arbeitslosenversicherung, in der Krankenversicherung mit der vierteljährlichen 10-Euro-Praxisgebühr und obendrein Arbeitsmarktreformen wie „Hartz IV" verstießen gegen die Glaubensüberzeugungen traditioneller SPD-Sozialpolitik und waren der Mehrheit der SPD-Wählerschaft und deren Umfeld kaum zu vermitteln. Diese Reformen werteten viele Traditionalisten unter den Sozialstaatsanhängern in der SPD und in den DGB-Gewerkschaften als „neoliberales" Gedankengut des politischen Gegners, mit dem sich die eigene Führung unerklärlicherweise infiziert hatte.

Zweitens: Die Klientel der Grünen wurde von der Schröder-Regierung sozialpolitisch nur in homöopathischer Dosierung belohnt, so durch grün-orientierte gesundheitspolitische Reformen wie die Aufwertung des Hausarztes. Doch die weitgehende Aussparung der Grünen überrascht nicht, galt doch das Hauptaugenmerk der Grünen anderen Zielen wie aktiver Umweltschutz, weite Öffnung der deutschen Staatsbürgerschaft für Ausländer, internationalistische Migrationspolitik, Ausstieg aus der Kernenergie und Förderung der „Homo-Ehe" – allesamt Politikfelder, in denen die Grünen für ihre Klientel große Erfolge verbu-

Sozialpolitik und
Bündnis '90/Die
Grünen

---

506 Zu den Pikanterien dieser Abstimmung gehörte, dass der noch amtierende hessische Ministerpräsident Hans Eichel (SPD) nach dem Rücktritt Lafontaines vom Amt des Bundesfinanzministers und von dem des SPD-Parteivorsitzes zugleich designierter Bundesfinanzminister war.

chen konnten. In den Sozialstaatsministerien war die Partei Bündnis 90/Die Grünen nur bis 2001 durch die von Renate Schmidt (SPD) abgelöste Ministerin Andrea Fischer vertreten – anschließend war die Sozialpolitik ausschließlich eine Domäne von SPD-geführten Ministerien. Dementsprechend konzentrierten sich Lob und Tadel der Sozialpolitik ab 2001 ausschließlich auf die SPD – was sich angesichts des heftigen Protestes gegen „Hartz IV" und andere unpopuläre Reformen, wie beispielsweise die Praxisgebühr, als beträchtlicher Nachteil für die Sozialdemokraten entpuppte.

Zuvorkommend bediente die Sozialpolitik der Schröder-Regierung in der 14. Legislaturperiode meist aber die klassische SPD-Klientel, insbesondere die Gewerkschaften, und zwar durch Entscheidungen ebenso wie durch Nichtentscheidungen. Zur Tragik der rot-grünen Sozialpolitik gehört allerdings, dass ihre Parteinahme für die Gewerkschaften von diesen mehr als drei Jahre kleingeredet oder ignoriert wurde – und erst nach den beschäftigungspolitisch schädlichen Tarifrunden von 2002 und im Zeichen des nahenden Bundestagswahlkampfs verbal honoriert wurde. Dass Rot-Grün bei der Bekämpfung der Arbeitslosigkeit schon während der ersten rot-grünen Regierung Schröder schmählich versagte, hat auch hierin eine Hauptursache.

Das wirft – drittens – die Frage auf, welche politischen Mechanismen für die Pfadabweichungen der Sozialpolitik der rot-grünen Koalition verantwortlich waren. Zu den tiefer liegenden Ursachen zählt eine brisante Mischung aus ökonomischen, gesellschaftlichen und finanzpolitischen Problemen: Das schwache Wirtschaftswachstum in Deutschland insbesondere seit 2001, die damit verknüpfte Stagnations- oder Schrumpfungstendenz der sozialversicherungspflichtigen Beschäftigung und die entsprechend geringen Zuwächse bei den Steuereinnahmen und den Sozialabgaben erzeugen zusammen mit dem zunehmenden Bedarf an sozialer Sicherung infolge von Alterung, Arbeitslosigkeit und anderen Notlagen eine brisante Herausforderung nicht nur für die Sozialpolitik, sondern für die Politik insgesamt. Hinzu kommt der Handlungszwang, den die Internationalisierung und die Europäisierung beim Wettbewerb um einen attraktiven Wirtschaftsstandort hervorbringen. Zudem konnte die Regierung Schröder sich bei ihren Reformplänen, die weit von der traditionellen Sozialstaatsprogrammatik der SPD wegführten, auf Deutungen der Lage und Reformempfehlungen des Hauptstroms der Wirtschaftswissenschaft und der politikberatenden internationalen Organisationen, wie beispielsweise der OECD, berufen. Ferner spielten innenpolitische Verschiebungen mit[507]. Die politischen Führungen der Parteien und der Regierung besannen sich in Grundsatzfragen der Sozialpolitik stärker als zuvor auf ihre Möglichkeiten als Agendasetter. Der Sozialstaat ist aufgrund der Probleme, die seine Finanzierung mittlerweile für ihn selber und für die Staatsfinanzen insgesamt mit sich bringt, unter Rot-Grün in größerem Maße als zuvor „zur Chefsache geworden"[508]. Grundentscheidungen der Sozialpolitik werden somit nicht länger überwiegend an die Sozialpolitiker in den zuständigen Ministerien und den Bundestagsfraktionen sowie an die Sozialpartner delegiert. Begünstigt wurde der sozialpolitische Kurswechsel zudem durch die Schwächung der Tarifparteien, deren Selbstregierungskompetenz infolge von Verbandsflucht schrumpft. Nicht zuletzt erleichterte der „Elitewechsel in der Sozialpolitik"[509] –

Politische Mechanismen der Sozialstaatsreformen

---

507 Zum Folgenden insbesondere TRAMPUSCH 2004b, 2005b.
508 TRAMPUSCH 2005b: 4.
509 TRAMPUSCH 2004b.

insbesondere die tendenziell zunehmende Trennung der Sozialpolitiker von den sozialpolitischen Organisationen in der Gesellschaft – die Suche nach und die Wahl von neuen Wegen in der Sozialpolitik. Damit hat das Parteiensystem insgesamt ein höheres Maß an relativer Autonomie gegenüber dem Verbändesystem gewonnen[510].

Andererseits sind damit die Konflikte zwischen den Parteien und in den Parteien über die Sozialpolitik zahlreicher und intensiver geworden. Zudem fehlt den Parteien bei ihrer Werbung um Wählerstimmen nunmehr die unbedingte Rückendeckung durch die Bündnispartner unter den Verbänden: entsprechend größer wird die Unsicherheit für die Parteien. Das bedeutet zugleich größere Ungewissheit und größeren Stress für die politischen Parteien. Denn jede politische Partei findet sich nun dem Problem gegenüber, dass sie noch mehr für die Mobilisierung der Wählerstimmen aufwenden muss als zuvor, ohne genau zu wissen, wie sie zum erstrebten Ziel gelangen soll.

Ferner dürfen Agenda-setting durch die Führungsstäbe der Politik und Autonomisierung des Parteiensystems in der Sozialpolitik nicht überschätzt werden, zumal sie nicht in allen Bereichen des Sozialstaates zum Zuge kommen, sondern hauptsächlich nur bei den Entscheidungen, die Politikänderungen dritter Ordnung einleiten, also Politikwechsel, die sowohl die Ziele und Instrumente als auch die „Regierungsphilosophie" einer Politik betreffen[511]. Diese Diskontinuitäten aber gründen auf einer gewaltigen Maschinerie, die nach Statur, Takt und Veränderungsrichtung gleichmäßig läuft. Deshalb ist es kein Zufall, dass die Kurswechsel in der Sozialpolitik von Rot-Grün keine tieferen Spuren in den Sozialfinanzen hinterließen: die Sozialabgaben wurden unter Rot-Grün nicht unter 40 Prozent gesenkt, und die Sozialleistungsquote Deutschlands verblieb auch nach sieben Jahren rot-grüner Regierung deutlich über der 30 Prozent-Marke und erreichte mit 32,6 Prozent im Jahre 2003 sogar einen neuen Höchststand[512].

---

510 TRAMPUSCH 2005b: 3.
511 HALL 1993.
512 BMGS 2005a: 934.

1.5 Sozialpolitik der Deutschen Demokratischen Republik

Deutschland hat im 20. Jahrhundert mehr Regimewechsel erlebt als andere westliche Industrieländer. Zu diesen Transformationen gehören der Übergang von der NS-Diktatur zur Sowjetischen Besatzungszone (SBZ) und die Gründung der Deutschen Demokratischen Republik (DDR) am 7.10.1949. Mit der DDR entstand unter dem Schirm der Sowjetunion ein sozialistisches Regime mit totalitären Zügen, die insbesondere in der nachstalinistischen Phase von Strukturen eines straff organisierten, repressiven Staates mit bereichsspezifischem konsultativem Autoritarismus überlagert wurden. Parteipolitisch basierte die DDR formell auf einem Blockparteiensystem, faktisch war sie der „SED-Staat"[513], eine von der Sozialistischen Einheitspartei Deutschlands geprägte zentralisierte Diktatur. Zu den Eigenheiten der DDR zählten ein – auch im Vergleich mit sozialistischen Nachbarstaaten – geringes Maß an Pluralismus und die hochgradige Parteipolitisierung von Gesellschaft und Staat. Die sozialökonomische Grundlage des SED-Staates bestand aus dem zwangsverordneten Übergang von der Privatwirtschaft zur zentralverwalteten, auf staatlichem oder produktionsgenossenschaftlichem Eigentum ruhenden Wirtschaft.

Welche Gestalt nahm die Sozialpolitik in der DDR an? Wie wirkten die sozialistische Wirtschaftsverfassung und die Institutionen des SED-Staates auf die Politik der sozialen Sicherung? Wie zu zeigen sein wird, waren die Effekte des Regimewandels zur DDR in der Sozialpolitik Ostdeutschlands besonders groß[514]. Der Regimewandel Ostdeutschlands zur sozialistischen Wirtschaftsordnung und zum SED-dominierten Einheitsstaat prägte nicht nur die Konzeption, sondern auch die Institutionen, den Prozess und den Inhalt der Sozialpolitik.

Konzeption und Ziele „sozialistischer Sozialpolitik"

Sozialpolitik definierte die DDR-Führung in einem weiten – ja: in einem zunehmend erweiterten – Sinne. Sie sollte Not lindern und gegen schwerwiegende Ri-

---

513 ENQUETE-KOMMISSION 1994: 86, SCHROEDER 1998.
514 Dieses Kapitel basiert hauptsächlich auf SCHMIDT 2004c, ergänzend BMGS & BUNDESARCHIV 2004. Weiterführend unter den vor 2004 publizierten Bilanzierungen der DDR-Sozialpolitik insbesondere MITZSCHERLING 1968, LEENEN 1977, LAMPERT 1985, HOCKERTS 1994a, 1994b, MANOW-BORGWARDT 1994, HÜBNER 1995, HOFFMANN 1996, HOCKERTS 1998a, 1998b und BOUVIER 2002. Neuerdings auch RITTER 2005.

siken schützen, vor allem gegen Risiken infolge von Alter, Krankheit, Kriegsbeschädigung, Invalidität, Mutterschaft und Tod des Ernährers. Ferner sollte sie das in der Verfassung verankerte Recht auf Arbeit umsetzen. Auch war ihr aufgetragen, überkommene soziale Ungleichheit – vor allem Ungleichheit zwischen sozialen Klassen und Ständen – abzubauen und die Frauenerwerbsbeteiligung mit Mutterschaft und Kindererziehung verträglich zu machen. In den 1970er Jahren wurde das Gebäude der Sozialpolitik weiter aufgestockt, vor allem um den Wohnungsbau, Freizeit und Erholung sowie um die Aufwertung betrieblicher Sozialpolitik[515]. Zunehmende sozialpolitische Bedeutung gewannen auch die Preissubventionen für Waren des Grundbedarfs, Mieten und Tarife im Verkehrswesen.

Die Politik der sozialen Sicherung in der DDR war ausdrücklich als „sozialistische Sozialpolitik"[516] definiert, die sich in Form, Inhalt und Prozess von der ‚bürgerlichen Sozialpolitik', die „keine echte soziale Sicherheit biete"[517], unterscheiden sollte. Die „sozialistische Sozialpolitik" sollte nicht nur Schutz vor Not und gegen Risiken gewähren, sondern auch Legitimierungs- sowie Ökonomie- und Klassenkampffunktionen erfüllen. Die Ökonomiefunktionen wurden in der Sprache der parteioffiziellen Politischen Ökonomie in „den objektiven ökonomischen Gesetzen des Sozialismus" verortet[518]. Damit war vor allem gemeint, dass die Sozialpolitik zur Steigerung der Arbeitsproduktivität beitragen und hierfür in einem Ausmaß, welches mit dem Stand der wirtschaftlichen Entwicklung verträglich war, gefördert werden sollte. Diese Zielvorstellung wurde 1976 in der parteioffiziellen Formel der „Einheit von Wirtschafts- und Sozialpolitik"[519] festgeschrieben. Westliche Wissenschaftler beschrieben die Ökonomiefunktionen der DDR-Sozialpolitik hauptsächlich als Vollbeschäftigungs-, „Produktivitäts-" und „Wachstumsorientierung"[520].

Klassenkampf   Doch nicht nur Sozialschutz und Ökonomiefunktionen oblagen der „sozialistischen Sozialpolitik", sondern auch Klassenkampffunktionen[521]. Parteilich sollte die Sozialpolitik sein. In parteioffizieller Diktion hieß das, sie solle „den Interessen der herrschenden Arbeiterklasse und ihrer Verbündeten" dienen, also auch den Interessen „der Genossenschaftsbauern, der Intelligenz sowie der anderen werktätigen Schichten"[522]. Und weil die „Interessen der Arbeiterklasse" laut offizieller Doktrin am besten bei deren marxistisch-leninistischen Avantgarde, der SED, aufgehoben waren, hieß das vor allem: Die Sozialpolitik habe partei-

---

515 Vgl. WINKLER 1989: 361ff., AUTORENKOLLEKTIV 1988.
516 So war im § 274 Abs. 1 des Arbeitsgesetzbuchs der DDR die Sozialversicherung ausdrücklich als „wichtiger Bestandteil sozialistischer Sozialpolitik" bezeichnet worden. Vgl. MANZ & WINKLER 1979: 26f.
517 Das war auf die Sozialpolitik der Bundesrepublik Deutschland gemünzt. Das Zitat entstammt der DDR-Zeitschrift „Die Arbeit" 1956: 612 (zitiert nach HOCKERTS 1994b: 800).
518 Programm der Sozialistischen Einheitspartei Deutschlands in der vom IX. Parteitag der SED (1976) angenommenen Fassung, Abschnitt A.
519 Diese Formel leitet die Ausführungen zur „ökonomischen Politik" im Programm der Sozialistischen Einheitspartei Deutschlands in der vom IX. Parteitag der SED (1976) angenommenen Fassung ein.
520 So beispielsweise LEENEN 1975, 1977, LAMPERT 1985, 1996, LOHMANN 1996.
521 Das spiegeln vor allem die offiziellen Dokumente der Jahre von 1946 bis Ende der 1950er Jahre und die diesem Zeitabschnitt gewidmeten Passagen von DDR-Abhandlungen zur Sozialpolitik wider, z.B. FIEDLER u.a. 1984, WINKLER 1989, Kp. 1-2. Auch später betonte die Wissenschaft und die Politik in der DDR die ‚Klassengebundenheit' der Sozialpolitik: „Eine klassenindifferente Sozialpolitik gibt es nicht" (MANZ & WINKLER 1979: 26). Zur Analyse der Sozialpolitik im Zeichen des „Aufbaus des Sozialismus" insbesondere BMGS & BUNDESARCHIV 2004.
522 MANZ & WINKLER 1979: 26.

lich zugunsten der SED-Herrschaft zu wirken. Zu den Klassenkampffunktionen der Sozialpolitik zählte die Flankierung der sozialistischen Umwälzung in der DDR. Diese Revolution sollte die Sozialpolitik hier beschleunigen und dort abfedern. Erforderlichenfalls sollten systembedrohliche Folgen der Umwälzung, wie Massenprotest und massenhafte Abwanderung in den Westen Deutschlands, durch sozialpolitische Versprechen und Taten eingedämmt, wenn möglich gänzlich verhindert werden. Die Sozialpolitik wurde – vor allem in den 1950er Jahren, später abgeschwächter – in einem bis dahin nur im NS-Staat praktizierten Ausmaß dazu herangezogen, „den politischen Gegner schlechter und die eigenen Anhänger besser zu stellen, sei es aus Gründen der Belohnung für bisheriges Verhalten oder als Anreiz für zukünftige Konformität"[523].

Mit der Sozialpolitik strebte auch die politische Führung der DDR nach politischer Stabilisierung und Legitimierung. Von der Sozialpolitik erhoffte sich die DDR-Führung wirksame Gefolgschaftswerbung und Anerkennung. Beide waren angesichts der schwerwiegenden Legitimierungsmängel des SED-Staates und dessen politischer Führung vonnöten. Dem Staat der DDR und der SED-Führung fehlten nicht nur die Legitimierung durch das Volk und durch anerkennungswürdige Verfahren der Wahl und Abwahl der politischen Führer sowie der Machtausübung und -kontrolle. Dem SED-Staat mangelte es auch an Output-Legitimität: das Güterangebot und der Lebensstandard hielten nicht Schritt mit den Erwartungen. Überdies rückte das Ziel, den ‚kapitalistischen Westen' wirtschaftlich ein- und überzuholen, so noch eine Leitlinie der Ulbricht-Ära, von Jahr zu Jahr in weitere Ferne.

Institutionen der sozialen Sicherung im SED-Staat

Der Wohlfahrtsstaat der DDR lässt sich anhand von fünf Kreisen der Sozialpolitik beschreiben.

Das Recht auf Arbeit und die Einlösung dieses Anspruchs durch Garantie eines Arbeitsplatzes formten den ersten Kreis. Die Arbeitsplatzgarantie gründete arbeitsrechtlich auf einem strengen Kündigungsschutz und politisch auf der Oberhoheit der Politik über die Wirtschaft. Hinzu kam eine hohe Arbeitsnachfrage – nicht zuletzt infolge niedriger Produktivität – und zugleich ein knappes Arbeitsangebot, das durch massenhafte Abwanderung in den Westen erheblich reduziert und nur durch die ungewöhnlich hohe Männer- und Frauenerwerbsquote kompensiert wurde.

Den zweiten Kreis der DDR-Sozialpolitik bildeten die Sozialversicherung der Arbeiter und Angestellten sowie die Sozialversicherung bei der Staatlichen Versicherung der DDR. Beide wurden zunehmend aus dem Staatshaushalt finanziert. Sie waren somit viel etatistischer als die Sozialversicherungen des Kaiserreichs, der Weimarer Republik und der Bundesrepublik Deutschland.

---

523 LOHMANN 1996: 125. Beispiele für diese ausgeprägte Politisierung der sozialen Sicherung in der DDR gibt es zuhauf. Zu ihnen gehören in den 1950er Jahren der Ausschluss von „NS-Aktivisten aus jeglichen Sicherungssystemen einschließlich der Sozialfürsorge" (ebd.), die vorrangige Vergabe von Stipendienregelungen für Studierende und Doktoranden mit parteikonformer Gesinnung und ‚richtiger Klassenzugehörigkeit' und erhebliche Rentenzuschläge für Mitglieder der ‚Kampfgruppen der Arbeiterklasse'.

Die soziale Sicherung im Reproduktionsbereich formte den dritten Kreis des DDR-Wohlfahrtsstaates. Dieser Kreis umschloss die Familien- und Frauenförderung, mit wachsendem Gewicht auch die Wohnungspolitik und mit noch größeren Wachstumsraten vor allem in den 1980er Jahren die Preissubventionierung von Gütern und Dienstleistungen zur Deckung des Grundbedarfs.

Die betriebliche Sozialpolitik war der vierte Kreis des DDR-Wohlfahrtsstaates. Sie wurde Grundlage eines – auch im internationalen Vergleich – weit ausgebauten unternehmensbasierten Wohlfahrtsstaates, der als vielseitiger, häufig sogar unersetzlicher Lückenfüller für die alltägliche Daseinsvorsorge wirkte.

Der fünfte Kreis der DDR-Sozialpolitik schließlich bestand aus den zahlreichen privilegierenden Zusatz- und Sonderversorgungssystemen für politisch besonders wichtige Gruppen. Hinzu kamen die „Ehrenpensionen" für aus staatspolitischen Motiven besonders förderungswürdige kleinere Empfängergruppen.

Die fünf Kreise der DDR-Sozialpolitik griffen nicht nur weit in den gesellschaftlichen Reproduktionsprozess ein. Im Unterschied zu den westlichen Wohlfahrtsstaaten reichte der DDR-Wohlfahrtsstaat auch tief in den Produktionsprozess hinein. Er hatte vor allem im Recht auf Arbeit faktisch eine Vollbeschäftigungsgarantie. Das entpuppte sich als eine anspruchsvolle Garantie, die zugleich die DDR-Sozialpolitik besonders verletzlich machte (und zwar durch Überlastung der Konkurrenzfähigkeit der Betriebe), besonders kostspielig (infolge der materiellen und immateriellen Folgekosten der Arbeitsplatzsicherheit) und gesamtwirtschaftlich schädlich (aufgrund der Überlastung der Ökonomie durch Sozialpolitik, die zunehmend auch aus der ansteigenden Verschuldung finanziert wurde).

Im vollbeschäftigungspolitischen Fundament der DDR-Sozialpolitik ist eine besonders auffällige regimespezifische Weichenstellung der „sozialistischen Sozialpolitik" der DDR zu sehen. Vom Recht auf Arbeit erhofften sich die Konstrukteure und Entscheidungsträger der DDR-Sozialpolitik einen weiteren Schlüssel zur ersehnten „Einheit von Wirtschafts- und Sozialpolitik": sie hofften auf eine gesamtgesellschaftlich segensreiche Gleichrangigkeit von Wirtschafts- und Sozialpolitik. Außerdem sollten sich sicherheitsverbürgende und legitimitätsstützende Sozialprotektion und Produktivitätssteigerung durch Schutz und Gratifikation der „Werktätigen" wechselseitig fördern.

Regimespezifische Besonderheiten der politischen Willensbildung

Organisation der DDR-Sozialpolitik

Organisatorisch bestanden die Hauptträger der DDR-Sozialpolitik aus dem Zentralstaat, den gesellschaftlichen Organisationen, allen voran der Staatsgewerkschaft FDGB, und den Betrieben. Hatten schon der Umbau der Sozialversicherung und die Errichtung neuer Zusatz- und Sonderversorgungssysteme der Sozialpolitik der DDR eine neue Gestalt gegeben, so wuchs ihr mit dem Vollzug des Rechts auf Arbeit ein weiteres regimespezifisches Merkmal zu. Für die vom DDR-Sozialismus angestrebte und bis zum Ende durchgehaltene Garantie eines Arbeitsplatzes waren hauptsächlich die Betriebe zuständig. Diese wurden mit einem starren Kündigungsschutz und planwirtschaftlichen Vorgaben dazu angehalten, die Arbeitsplatzgarantie im Hause oder in einem anderen Betrieb zu gewährleisten. Hieraus und aus anderen arbeitsplatzbezogenen sozialpolitischen

Aufgaben entstand in der DDR ein großer Sektor betrieblicher Sozialpolitik, der vor allem den Beschäftigten der Großbetriebe mitunter beträchtliche Vorteile verschaffte. Die hiermit gegebene formelle Dezentralisierung der Sozialpolitik war allerdings Bestandteil gesamtwirtschaftlicher Planung und Lenkung und erhielt von dort die entscheidenden Impulse. Die sozialistischen Betriebe waren nämlich nicht autonom wirtschaftende Einheiten, sondern, so die Verfassung der DDR, eigenverantwortliche Gemeinschaften – und das ist entscheidend – „im Rahmen der staatlichen Leitung und Planung"[524].

Auch an den Staat-Verbände-Beziehungen stachen die regimespezifischen Merkmale hervor: Anstelle der freiheitlich-korporatistischen Interessenvermittlung zwischen Staat, Interessenverbänden und Selbstverwaltungseinrichtungen wie in der Weimarer Republik und der Bundesrepublik, trat in der DDR-Sozialpolitik die administrative Interessenvermittlung zwischen dem autoritären Staat, den ihm hierarchisch zugeordneten Gefolgschaftsverbänden nach Art des FDGB und den Betrieben. Letztere wirtschafteten allerdings geschützt vor Wettbewerb und Anpassungsdruck, und nur so konnten sie ihren sozialpolitischen Aufgaben weithin losgelöst von den Kosten nachkommen[525].

Zu den organisatorischen Besonderheiten der SED-Sozialpolitik gehörte der hohe Grad an administrativer Fragmentierung. An ihm nahmen selbst der DDR relativ wohlgesinnte Beobachter Anstoß. Eine „verwirrende Fülle administrativer Arrangements" diagnostizierte beispielsweise Bradley Scharf[526] und fand das Fehlen administrativer Vorkehrungen für eine Gesamtplanung der Sozialpolitik ebenso erstaunlich wie das Nichtvorhandensein eines eigenständigen zentralstaatlichen Ministeriums für Sozialpolitik.

> Fragmentierte
> Sozialverwaltung

Regimespezifische Besonderheiten kennzeichneten auch die Willensbildung und den Entscheidungsprozess in der DDR-Sozialpolitik. Beide waren hierarchisch geordnet und fanden auf einem eng umgrenzten Feld statt. Auf diesem Feld dominierte – unbeschadet aller administrativen Zuständigkeit des Ministerrates der DDR und der Implementation durch den FDGB – die SED-Führung, insbesondere der Generalsekretär der SED und die sonstigen mit Sozial- und Wirtschaftspolitik beauftragten Mitglieder des Politbüros und der Abteilungen des Zentralkomitees, in Fragen von erheblichem wirtschaftlichem Gewicht vor allem der Sekretär für Wirtschaftsfragen. Vor allem nach dem Machtwechsel von Ulbricht zu Honecker im Jahre 1971 wurde die Dominanz der SED in der Sozialpolitik wiederholt von tripartistischen Arrangements ergänzt, so beispielsweise 1972/73 in den „Gemeinsamen Beschlüssen" des Zentralkomitees der SED, des DDR-Ministerrats und des FDGB zur Umsetzung und weiteren Aufstockung der Beschlüsse des VIII. Parteitages der SED, die Sozialpolitik aufzu-

---

524 Artikel 41 der Verfassung der Deutschen Demokratischen Republik v. 6.4.1968 (i.d.F. des Gesetzes zur Ergänzung und Änderung der Verfassung der Deutschen Demokratischen Republik vom 7.10.1974).

525 Hierzu SCHMÄHL 1992:33: „Die Kosten der durch die Betriebe abgewickelten Sozialpolitik wurden kaum hinreichend statistisch erfaßt. Es kam eben alles aus und ging alles ein in einen ‚großen Topf'. So wurde der seinerzeitige Leiter von Zeiss Jena – auf die Frage, aus welchem Topf die neuen sozialpolitischen Maßnahmen, die auf dem XI. Parteitag der SED beschlossen wurden, in seinem Betrieb finanziert werden –, mit den Worten zitiert: ‚Das rechnen wir gar nicht, das fällt so mit an'". Vgl. PIRKER u.a. 1995.

526 SCHARF 1988: 19 (Übersetzung des Verfassers).

werten[527]. Der Korporatismus nach DDR-Art aber war autoritär- und parteistaatlich überformt: das Hinzukommen von Ministerrat und FDGB änderte substantiell nichts an der Hegemonie der SED auch in der Sozialpolitik.

Im politischen Prozess der DDR-Sozialpolitik fehlten das für die soziale Sicherung der westlichen Länder typische Mit- und Gegeneinander einer Vielzahl von Parteien, Verbänden und Öffentlichkeit und der Einfluss von Wahlterminen auf die Gestaltung der Sozialpolitik. Ebenso wenig existierte dort das Gegen- und Miteinander von Zentralstaat, Ländern, Sozialversicherungen, Selbstverwaltungsorganen, kassenärztlichen Vereinigungen und Reichs- bzw. Bundesanstalten und -ämtern mit spezialisierten Aufgabenbereichen, das die Sozialpolitik in Deutschland kennzeichnet, mit Ausnahme des NS-Staates. Für diese Konstellation in der DDR hatte schon der Umbau der Sozialpolitik in der SBZ gesorgt. Schon damals hatte die politische Führung der SBZ im Verein mit der sowjetischen Besatzungsmacht die traditionellen „Kerne der Interessenformierung"[528] in der Sozialpolitik aufgelöst, vor allem die Differenzierung zwischen den Lebenslagen von Arbeitern und Angestellten. Ferner beseitigte die Einheitsversicherung versicherungsspezifische Grundlagen sozialer Interessenformierung, wie die Auflösung der Betriebs- und Innungskrankenkassen zeigte. Überdies zerstörte der Umbau der Sozialpolitik vor 1949 auch die Pfeiler der ärztlichen Standesinteressen. Die Folgen wogen schwer: „mit der Kassenvielfalt entfiel eine günstige Bedingung ärztlicher Verhandlungsmacht; mit der Ausdehnung der Versicherungspflicht und dem Verbot privater Versicherungsunternehmen verschwand die Sozialfigur des Privatpatienten."[529] Das war Teil eines größeren politischen Plans. Die Auflösung der traditionellen Interessenformierung in der Sozialpolitik vergrößerte die Chance der Nivellierung und kam „dem politisch-programmatischen Ziel einer ‚Annäherung der Schichten und Klassen' über eine Vereinheitlichung des Zugangs zu den Leistungen der Sozialversicherung"[530] näher.

Der institutionelle Spielraum für die Politik war im SED-Staat groß, auch im Vergleich zu westlichen zentralistischen Einheitsstaaten mit relativ schwachen gegenmajoritären Einrichtungen wie Großbritannien und Schweden. Der große Spielraum der Exekutive ermöglichte beträchtliche sozialpolitische Gestaltungschancen, aber er barg auch Gestaltungsrisiken. Beide spielten, wie der nächste Abschnitt zeigt, in der DDR eine zunehmend wichtigere Rolle.

Einen maßgeblichen Beitrag hierfür leisteten die SED-Parteitage. Auf ihnen oder in ihrem Umfeld beschloss die SED-Führung wiederholt sozialpolitische Weichenstellungen. Das geschah fallweise, als Gewährung oder Gabe, nicht als Regel oder Anspruch – im Unterschied zur regelmäßig erfolgenden Dynamisierung der Altersrenten im Westen Deutschlands. Das Bestreben, mit der Sozialpolitik um Gefolgschaft zu werben, folgte seit der zweiten Hälfte der 1960er Jahre aber nicht nur dem Rhythmus der SED-Parteitage, sondern auch dem der

---

527 Der SED-dominierte Tripartismus trat auch in den Gesetzestexten zutage. Ein Beispiel ist die Präambel zur Zweiten Verordnung über die Gewährung und Berechnung von Renten der Sozialpflichtversicherung (Zweite Rentenverordnung) vom 26.7.1984: „In Verwirklichung des Gemeinsamen Beschlusses des Zentralkomitees der SED, des Bundesvorstandes des FDGB und des Ministerrates der DDR vom 22. Mai 1984 über die weitere Erhöhung der Mindestrenten und anderer Renten wird (…) in Übereinstimmung mit dem Bundesvorstand des Freien Deutschen Gewerkschaftsbundes folgendes verordnet: ..." (Gbl. I, Nr. 23: 281ff.).

528 HOCKERTS 1994a: 522.

529 Ebd.: 523.

530 Ebd.

runden Geburtstage der DDR. Ein Beispiel ist der Beschluss, zum 40. Jahrestag die Altersrenten ab 1.12.1989 stärker als je zuvor zu erhöhen – trotz großer wirtschaftlicher Schwierigkeiten[531]. Wer dies vor allem als Streben nach Legitimitätsstiftung wertet, geht nicht fehl.

Die DDR-Sozialpolitik war sodann durch die starke Außensteuerung gekennzeichnet, vor allem – direkt – durch die UdSSR, die Schutzmacht des SED-Staates, und – indirekt – durch die Bundesrepublik Deutschland. Bis zum Amtsantritt von Michail Gorbatschow als Parteichef der Kommunistischen Partei der Sowjetunion (KPdSU) im Jahre 1985 waren politische Kurswechsel in Moskau von Ostberlin in der Regel alsbald kopiert worden. Ein anschauliches Beispiel war die Beschleunigung der Sozialpolitik nach dem Amtsantritt Erich Honeckers als Parteichef der SED. Dieser hatte die Rückendeckung des damaligen Parteichefs der KPdSU, Leonid Breschnew, erhalten, der den Sozialkonsum gegenüber der investitionsorientierten Wirtschaftspolitik der Chruschtschow-Ära aufgewertet und hiermit auch der Aufwertung der DDR-Sozialpolitik den Weg geebnet hatte[532].

Starke Außensteuerung

Eine nicht minder folgenreiche Außenbeeinflussung der DDR-Sozialpolitik kam durch die Existenz der Bundesrepublik Deutschland zustande. Die Bundesrepublik wurde von der SED-Führung als Inbegriff einer feindlichen, im Griff des ‚Klassengegners' befindlichen Gesellschaft gewertet und ihr Sozialstaat als bloß ‚bürgerlich' abgetan. Und doch gab die Bundesrepublik dem SED-Staat Maßstäbe vor, zumal die übergroße Mehrheit der DDR-Bevölkerung in Westdeutschland die politisch, wirtschaftlich und gesellschaftlich attraktivere Referenzgesellschaft sah, deren höherer Wohlstand und Sozialpolitik begehrenswerte Leistungen bereithielten.

Eine weitere Eigenheit der sozialpolitischen Willensbildungs- und Entscheidungsprozesse in der DDR verdient Erwähnung: Beide waren zutiefst geprägt von der Befürchtung der SED, man könne sich weniger Sozialpolitik aus politischen Gründen nicht leisten, auch nicht in wirtschaftlich schwierigen Zeiten. Auf den ersten Blick ist das verwunderlich, war doch der SED-Staat ein Regime, das nicht davor zurückscheute, Rechte und Interessen seiner Bürger tagtäglich mit Füßen zu treten. Warum sollte nicht auch in der Sozialpolitik ein harter Kurs eingeschlagen werden, notfalls gegen den Willen einer übergroßen Mehrheit? Doch davor schreckte die SED zurück. Die Gründe dafür sind vielfältig. Zu ihnen gehören die Nachwirkungen des Schocks vom 17. Juni 1953, dem Tag der eskalierenden Massenproteste gegen das SED-Regime und des Verlangens nach freiheitlichem Regimewandel, die unter Zuhilfenahme der sowjetischen Armee niedergeschlagen wurden. Ferner wirkten die Ideologie und der Legitimitätsanspruch der SED, einer sich auf das Erbe der sozialistischen und kommunistischen Arbeiterbewegung berufenden Partei. Ihrer Selbstbeschreibung zufolge strebte sie danach, eine ‚bessere Gesellschaft' zu errichten, worunter neben aller heilsgeschichtlichen Utopie auch an mehr sozialökonomische Effizienz, Effektivität und Wohlfahrt gedacht war. Wer sich allerdings in der Ideologie darauf beruft, den Nutzen der Vielen, wenn nicht gar aller, zu mehren, tut sich schwer, sozial- oder wirtschaftspolitische Wohltaten einzuschränken oder vollständig zurückzunehmen.

---

531 Vgl. BONZ 1989.
532 Hierzu HOCKERTS 1994b.

Hinzu kam die Kehrseite der Macht der SED: ihre politische Verletzlichkeit. Die SED verstand sich als eine marxistisch-leninistische Avantgarde, die Anspruch auf Generalzuständigkeit für Gesellschaft und Wirtschaft sowie auf die letztendliche Alleinzuständigkeit in der Politik erhob. Damit machte sie sich allerdings zum Adressaten tendenziell aller Sorgen und Nöte der Bürger. Sie wurde zum Hauptverantwortlichen, und das machte sie in besonderem Maße verwundbar gegen Unmutsbekundungen, Protest und verdeckten und offenen Loyalitätsentzug. Besonders bedrohlich war dies, weil der SED-Staat jenseits seiner unmittelbaren Gefolgschaft in Staatsapparat, SED-gelenkten ‚gesellschaftlichen Organisationen' und Staatspartei über keine Legitimitätsreserven verfügte. Trotz aller Machtfülle blieb die Herrschaftsbasis des SED-Staates zerbrechlich. Das hatte spätestens der 17. Juni 1953 gelehrt. Eine dem 17. Juni vergleichbare Krise wollte die SED unter allen Umständen schon im Keim ersticken. Auch hierzu sollten die Aufrechterhaltung und – wo möglich – der Ausbau der ‚sozialistischen Errungenschaften' dienen, also vor allem die Arbeitsplatzgarantie, die soziale Sicherung gegen Alter, Krankheit, Invalidität, Mutterschaft und Tod des Ernährers, ferner die Hilfen für Familien mit Kindern, die Bereitstellung einer Wohnung sowie die Preissubventionen für Grundnahrungsmittel, Mieten und Tarife im Verkehrswesen.

Ergebnisse der Sozialpolitik

Das Profil und die Inhalte der Sozialpolitik des SED-Staates spiegeln die regimespezifischen Ziele, Einrichtungen und Willensbildungsstrukturen des DDR-Sozialismus wider. So hatte die DDR-Führung schon früh und auf einem relativ niedrigen Stand wirtschaftlicher Entwicklung eine Sozialversicherung für tendenziell alle Staatsbürger eingerichtet – mit den weiter oben erörterten Ausnahmen und der Einschränkung, dass es sich um Grundsicherung auf kargem Niveau handelte. Auch wurde die Sozialpolitik zunächst vor allem auf Lebenslagen und Risiken der ‚produktiven Klassen' ausgerichtet. Hierzu zählten nach Selbstverständnis des DDR-Sozialismus die ‚Arbeiterklasse', die ‚Genossenschaftsbauern', die ‚Intelligenz', vor allem die ‚wissenschaftlich-technische Intelligenz', alsbald auch die ‚medizinische, wissenschaftliche, pädagogische und künstlerische Intelligenz' und sonstige ‚Werktätige'.

Gradmesser der sozialpolitischen Bevorzugung einzelner Klassen oder Gruppen sind die Einführungstermine der Pflichtversicherungen und der verschiedenen Zusatz- und Sonderversorgungssysteme. Die ersteren zeigten zunächst den Vorrang für Erwerbstätige an, allen voran für Arbeiter und Angestellte. Postwendend kamen die Zusatzversorgungssysteme für die ‚technische Intelligenz' hinzu (1950). Ein Jahr später gelangte die ‚Intelligenz' an wissenschaftlichen, künstlerischen, pädagogischen und medizinischen Einrichtungen zum Zuge, und 1953 wurden die Sonderversorgungssysteme für die Stasi-Mitarbeiter, 1954 die für Polizei, Feuerwehr und Strafvollzug und 1957, unmittelbar nach Gründung der NVA, die Sonderversicherung für NVA-Angehörige errichtet. Mit größerem Abstand zur ‚Arbeiterklasse' und der ‚Intelligenz' folgten die Zusatzversorgungen für Ärzte, Zahnärzte und Apotheker (1959).

Die nächste Zusatzversorgungswelle kam in den 1970er Jahren zustande und die übernächste in den 1980er Jahren. Die der 1970er Jahre bediente innerhalb

132

der Sozialversicherung alle Versicherten durch die Freiwillige Zusatzrentenversicherung (FZR) und außerhalb der Sozialversicherung die Mitarbeiter der SED, der Blockparteien und des FDGB (1971) sowie einige kleinere Gruppen, unter ihnen die Ballettmitglieder in staatlichen Einrichtungen (1976). In den Jahren 1986 und 1988 wurden weitere Zusatzversorgungsprivilegien verteilt, so für „Generaldirektoren der zentral geleiteten Kombinate" (1986), für „verdienstvolle Vorsitzende von Produktionsgenossenschaften und Leiter kooperativer Einrichtungen der Landwirtschaft" (1988) und für freiberuflich tätige Mitarbeiter des Schriftstellerverbandes der DDR (1988)[533].

In den 1950er Jahren und auch noch im größten Teil des folgenden Jahrzehnts war die Sozialpolitik der DDR weitgehend von den oben erörterten Ökonomie- und den Klassenkampffunktionen bestimmt[534]. Doch in den letzten Jahren der ‚Ära Ulbricht' und vor allem zu Beginn der ‚Ära Honecker' baute die DDR-Führung die Sozialpolitik beträchtlich aus. Zwar haben viele Beobachter den Wandel der Sozialpolitik gegenüber der ‚Ära Ulbricht' überbetont und die Kontinuität unterbelichtet[535], doch führte die Sozialpolitik unter Honecker zweifellos weiter in Richtung „Konsumsozialismus"[536] oder „Konsumkommunismus"[537] als zuvor. Das spiegeln auch die Sozialleistungsquoten der Internationalen Arbeitsorganisation wider. Deren Niveau überstieg in allen Jahren nach dem Machtwechsel von Ulbricht zu Honecker den bis 1970 erreichten Stand[538]. Die Zahlen zeigen ein beträchtliches Wachstum der Sozialpolitik bis Ende der 1970er Jahre an. Die erste Station auf diesem Weg war noch mit der Aufbesserung der Renten und der Einführung der Freiwilligen Zusatzrentenversicherung 1968 unter Ulbricht erreicht worden, die nächste bestand aus dem VIII. Parteitag der SED von 1971. Dieser Parteitag stand schon im Zeichen der neuen SED-Führung unter Erich Honecker. Wirtschaftspolitisch sahen die Beschlüsse dieses Parteitags die „Hauptaufgabe"[539] des Fünfjahrplans für die Volkswirtschaft der DDR 1971-1975 in der „weiteren Erhöhung des materiellen und kulturellen Lebensniveaus des Volkes auf der Grundlage eines hohen Entwicklungstempos der sozialistischen Produktion, der Erhöhung der Effektivität, des wissenschaftlich-technischen Fortschritts und des Wachstums der Arbeitsproduktivität"[540], so der identische Wortlaut des SED-Parteitagsprotokolls und des hierauf basierenden Gesetzes. Das gab der praktischen Sozialpolitik Aufwind und bewirkte zusammen mit den „Gemeinsamen Beschlüssen" des ZK der SED, des Ministerrats der DDR und des FDGB von 1972/73 zum vorgezogenen und erweiterten Ausbau der Sozialpolitik einen be-

Auf dem Weg zum „Konsumsozialismus"

---

533 Die Rangreihe basiert auf der Auswertung des Gesetzblatts der DDR, LOHMANN 1996 und von MAYDELL u.a. 1996.

534 BMGS & BUNDESARCHIV 2004.

535 Hierzu treffend HOCKERTS 1994a, 1994b.

536 STARITZ 1996: 281.

537 WETTIG 1996.

538 Der Höchststand wurde 1978 mit 16,8% des Nettomaterialproduktes erreicht. Der Mittelwert aller Jahre von 1967 bis 1989 betrug 14,76%, derjenige der Jahre bis 1970 12,88% und derjenige der Periode ab 1971 15,16%. Berechnet nach ILO 1976, 1981, 1985, 1988, 1996. Allerdings erfasst diese Quote nur einen Teil, schätzungsweise nur rund die Hälfte der sozialpolitischen Anstrengungen des DDR-Sozialismus.

539 Protokoll der Verhandlungen des VIII. Parteitags der SED, Berlin-Ost, Bd. 1, S. 61f.

540 Alle Zitate aus „Gesetz über den Fünfjahrplan für die Entwicklung der Volkswirtschaft der DDR 1971-1975" vom 20.12.1971, GBl. I Nr. 10, wortgleich: Protokoll der Verhandlungen des VIII. Parteitags der SED, Berlin-Ost, Bd. 1, S. 61f.

trächtlichen „Regelungsschub"[541]: Dieser erhöhte die Mindestlöhne, stockte die Mindestrenten auf, verbesserte die Altersrenten und andere Transferleistungen, baute die medizinische Betreuung und den Feriendienst aus, förderte zugleich Mutterschaft und Frauenerwerbstätigkeit und stellte Weichen für einen ehrgeizigen Wohnungsbauplan mit dem Ziel, die ‚Wohnungsfrage' bis 1990 als gesellschaftliches Problem zu lösen. Zu den „sozialistischen Errungenschaften", so die parteioffizielle Bezeichnung des Leistungsprofils der Sozialpolitik, zählte die Beibehaltung eines sehr starken Kündigungsschutzes, der die Betriebe faktisch dazu verpflichtete, jedem Erwerbstätigen einen Arbeitsplatz zu garantieren.

Die Arbeitsplatzgarantie wurde auch in den wirtschaftlich schwierigeren 1980er Jahren im Wesentlichen beibehalten. Gleiches gilt im Großen und Ganzen für die zuvor erwähnten Sozialleistungen. Trotz zunehmend angespannter wirtschaftlicher und haushaltspolitischer Lage wurden die Sozialleistungen sogar mitunter aufgebessert – wenngleich mit geringerem Wachstum als im Jahrzehnt zuvor. Besonders erwähnenswert sind die Aufstockung des Kindergeldes 1981 und 1987 sowie die beträchtliche Aufbesserung der Altersrenten mit Wirkung ab 1.12.1989, zu einem Zeitpunkt also, an dem die Hegemonie der SED durch die ‚sanfte Revolution' in der DDR schon in Auflösung begriffen war.

Übertriebene Erfolgsmeldungen

Der Propaganda des SED-Regimes zufolge war die Sozialpolitik auch in den wirtschaftlich schwierigen 1980er Jahren ein voller Erfolg[542]. Auch die DDR-Lehrbücher der Sozialpolitik kamen zu einer ähnlichen Bilanz[543]. Beides war stark übertrieben. Die ‚Erfolgsmeldungen' ignorierten die schweren Zielkonflikte zwischen dem Sozialschutz und der wirtschaftlichen Leistungskraft und gingen ohne viel Federlesen über die offenkundigen Rückstände und Leistungsmängel der sozialen Sicherung in der DDR hinweg.

Gleichwohl hatte die DDR-Sozialpolitik eine Mindestversorgung geschaffen, die vor elementarer materieller Not wirksam schützte. Die Mindestversorgung reichte zusammen mit der exzessiven Subventionierung von Gütern des Grundbedarfs, der Mieten und verschiedener Tarife dazu aus, eine bescheidene Existenz zu finanzieren. Die hiermit meist gewährleistete Basissicherung[544] bedachten vor allem Fürsprecher der Grundsicherung mit Beifall, übersahen aber dabei wohl zweierlei. Die Mindestsicherung entsprach lange Zeit etwa dem Stand des Konsum- und Lebensstilniveaus der Arbeiterschaft vor dem Zweiten Weltkrieg. Ferner kamen die Preissubventionen für Güter des alltäglichen Bedarfs, von denen Einkommensschwache zweifellos profitierten, auch allen Einkommensstärkeren zugute. Doch damit verfehlten die Preissubventionen die Ziele der wirtschaftlichen Effizienz und der zielgenauen sparsamen Sozialpolitik.

---

541 HOCKERTS 1994b: 793.
542 Vgl. Vorwort und Honeckers Rede in Weiter voran zum Wohle des Volkes 1986.
543 Vgl. MANZ & WINKLER 1979, WINKLER 1989, beträchtlich kritischer WINKLER 1990b.
544 Der Vollständigkeit halber ist auf die Funktion der Sozialfürsorge zu verweisen, die im Falle der Not zum Zuge kam. Die Leistungen betrugen nach der Erhöhung der Sozialfürsorgesätze in der 3. Sozialfürsorgeverordnung vom Juni 1989 für allein stehende Bürger monatlich 290 Mark, für Ehepaare monatlich 480 Mark und für minderjährige Kinder und volljährige Kinder unter bestimmten näher gekennzeichneten Bedingungen monatlich je 60 Mark. Zum Vergleich: 1989 lag die monatliche Mindestrente bei 330 Mark (bzw. 470 Mark bei einer mindestens 45-jährigen Arbeitszeit), die durchschnittliche Altersrente (ohne FZR) bei 482 Mark (1988) und der durchschnittliche Arbeitsverdienst eines vollbeschäftigten Arbeiters und Angestellten eines Volkseigenen Betriebes bei 1311 Mark. Alle Angaben nach dem Gesetzblatt der DDR (1980-90), WINKLER 1989, 1990a.

Wer in der DDR-Sozialpolitik nur Basissicherung und Gleichmacherei sieht, irrt. Faktisch war ihr ein beträchtliches Maß an sozialer Schichtung und gezielter Privilegierung eigen. Differenzierend wirkten vor allem die sozialpolitischen Sondervergünstigungen für politisch besonders umworbene Gruppen, ferner die einkommensbezogenen Komponenten der Sozialversicherung, sodann die Verteilungswirkungen der pronatalistischen Familienpolitik und die Verteilungseffekte der betrieblichen Sozialpolitik, die in großen Kombinaten erheblich und in kleineren Betrieben deutlich geringer waren.

Die DDR-Sozialpolitik erfasste nahezu die gesamte Bevölkerung. Bevorzugt bediente sie allerdings die Mitglieder der Sonderversorgungssysteme, die Erwerbspersonen im Arbeiter- und Angestelltenstatus sowie die Adressaten der beschäftigungs- und bevölkerungspolitisch ausgerichteten Förderung von Familien mit Kindern und von allein erziehenden Frauen. Benachteiligt wurden nach wie vor – trotz Verbesserungen der Alterssicherungsleistungen in der Pflichtversicherung vor allem in den 1970er Jahren und im Jahre 1989 – die sonstigen Risiken und Lebenslagen, vor allem die produktionsfernen unter ihnen. Hierzu gehörten hauptsächlich Pflegefälle, Behinderte und ein Teil der Altersrentner, nicht – wie noch bis in die frühen 1970er Jahre – tendenziell alle Rentner der Sozialversicherung. Besonders ungünstig blieb jedoch die soziale Lage der Altersrentner, die nur eine Mindestrente oder keine über die Mindestrente hinausreichende Zusatzrente erhielten. Sehr beengt war auch die Lebensführung der Altersrentner, die allein lebten und über keine oder nur geringe sonstige Einnahmen verfügten[545].

Hoher Deckungsgrad

Die Sozialpolitik der DDR schuf eine beträchtliche Spannung zwischen der Versorgung produktionswichtiger und produktionsunwichtiger Lebenslagen und Risiken. Die Größe dieser Spannung variierte. Ihren Höchststand erreichte sie in den 1950er und 1960er Jahren. Geringer, wenngleich nicht entscheidend geringer, war sie in den 1970er und 1980er Jahren, vor allem aufgrund von Aufbesserungen der Renten wie 1971, 1976, 1984 und 1989[546].

Zwei Spannungslinien

Eine zweite Spannungslinie kam hinzu. Auch ihr negativer Pol lag bei den Altersrentnern der Sozialversicherung. Deren relativ schmale Absicherung kontrastierte auffällig mit der – vor allem in den 1980er Jahren – beträchtlich aufgestockten Förderung von Familien mit Kindern, insbesondere von Müttern. Das gab Anlass zu erbittertem Streit und wurde verschiedentlich als Nullsummen-

---

545 Meiner Auswertung der Umfrage S6344 des Berliner Instituts für Sozialwissenschaftliche Studien (BISS) „Ostdeutschland – Lebenslage und soziale Strukturen 1990" (Erhebungszeitraum DDR im Juni 1990) zufolge erhielten knapp 50 Prozent der Rentner (Altersrentner, Invalidenrentner und Leistungsempfänger von Vorruhestandsleistungen) ein monatliches Einkommen von bis zu 500 Mark und weitere 24% ein Einkommen zwischen 500 und 600 Mark. Ein knappes Drittel aller Rentner bekam ein zusätzliches Einkommen z.B. aus Zins, Miete oder Verpachtung. Der größte Teil hiervon (24% aller Rentner) gab ein zusätzliches Einkommen von bis zu 500 Mark im Jahr 1989 an, ein sehr kleiner Teil berichtete größere zusätzliche Einkommen.

546 Berechnet man den Anteil der durchschnittlichen monatlichen Altersrenten der Sozialversicherung (seit 1971 einschließlich der FZR) an dem durchschnittlichen Arbeitsverdienst eines vollbeschäftigten Arbeiters und Angestellten eines Volkseigenen Betriebes, ergeben sich folgende Werte: Er steigt von einem sehr niedrigen Niveau 1970 (26%) über 29% (1975) bis auf einen Höchststand von 44% (1980) und sinkt über 41% (1985) auf 38% (1988). Die Rentenerhöhung ab 1.12.1989 (GBl. I, Nr. 19, 24.10.1989, S. 229ff.) hat den Anteil wohl beträchtlich erhöht. Eigene Berechnungen auf der Basis der Daten in WINKLER 1989: 375 und 1990a.

spiel zwischen Alt und Jung interpretiert[547]. Ende 1989 stand dem Sozialeinkommen aus dem Kindergeld für drei Kinder – insgesamt 300 Mark – eine durchschnittliche Altersrente der Pflichtsozialversicherung (ohne Freiwillige Zusatzrentenversicherung) von 381 Mark gegenüber. Die Zahlenrelation zwischen Kindergeld und Altersrente lag bei 79 Prozent und somit beim Dreifachen der Relation von 1980 (26,3 Prozent)[548]. Der Anstieg ist hauptsächlich der Aufstockung des Kindergeldes in den 1980er Jahren zuzuschreiben. Das deutet auf eine allgemeinere Regel hin: Die pronatalistische Familienpolitik gewann in der DDR einen sehr großen Stellenwert, die Alterssicherung behielt insgesamt eine nachgeordnete Bedeutung, wiederum mit Ausnahme der Sonderversorgungssysteme und mit Einschränkungen hinsichtlich der Zusatzversorgungen. In der Bundesrepublik Deutschland hingegen sind beide Sozialpolitikfelder bislang umgekehrt gereiht: die Alterssicherung hat Priorität, die Familien- und Kinderförderung ist im Vergleich dazu nachrangig.

Wohnungsbau als „Kernstück"   Zur sozialen Sicherung der DDR zählte auch das Wohnungsbauprogramm, das die SED zum „Kernstück"[549] der Sozialpolitik der 1970er und 1980er Jahre erklärte. Mit ihm wollte die SED-Führung bis zum Ende des 20. Jahrhunderts die Wohnungsfrage, die in der DDR aus vielerlei Gründen besonders groß war und Anlass für zahllose Klagen gab, als soziale Frage lösen. Dazu wurde ein ehrgeiziger Plan entworfen. Dem Fünfjahrplan 1971-1975 zufolge sollten 500.000 Wohnungen neu gebaut oder generalüberholt werden[550]. Im Jahr 1973 beschloss das Zentralkomitee der SED gar die Planvorgabe, bis 1990 2,8 bis 3,0 Millionen Wohnungen neu fertig stellen oder generalüberholen zu lassen. Im Planungsvollzug wurde allerdings das Planungssoll weit unterschritten. Wie genaue Überprüfungen ergaben, basierten die offiziellen Meldungen über den angeblichen Erfolg des Programms auf in großem Umfang ‚geschönten' Statistiken[551]. Auch hier zogen die Planer „von Plan zu Plan"[552]. Dennoch wird man der Wohnungsbaupolitik, nach quantitativen Messlatten wie Zahl der verfügbaren Wohneinheiten und Ausstattung zu urteilen, einen Beitrag zur Eindämmung der Wohnungsfrage nicht absprechen können: Ohne das Wohnungsbauprogramm wäre das Wohnungsangebot schlechter gewesen, und von ihm profitierte offensichtlich ein Teil der kinderreichen Familien, eine der Zielgruppen der Familienpolitik.

    Nutznießer der DDR-Sozialpolitik waren auch die Arbeitsplatzbesitzer. Fast alle von ihnen und die meisten Erwerbssuchenden konnten in der zentralverwalteten Wirtschaft auf die Sicherheit eines Arbeitsplatzes und eines regelmäßigen Arbeitsentgelts zählen. Das wurde weithin als ein beträchtlicher Wohlfahrtsgewinn gewertet, und bis heute gehört die Arbeitsplatzgarantie für viele Bürger der neuen Bundesländer zu den ‚Errungenschaften' des DDR-Sozialismus, denen man nachtrauert. Das ist verständlich und wird noch besser nachvollziehbar, wenn man der Vollbeschäftigung bis 1990 die hohe Arbeitslosigkeit in den neuen Bundesländern nach der Wiedervereinigung gegenüberstellt.

---

547 Vgl. HOCKERTS 1994a, 1994b.
548 Berechnet nach Verordnung über staatliches Kindergeld v. 12.3.1987 GBl. I, Nr. 6, S. 43ff., WINKLER 1989: 384, WINKLER 1990a: 224ff.
549 So der Wortlaut des Programms der Sozialistischen Einheitspartei Deutschlands in der vom IX. Parteitag der SED (1976) angenommenen Fassung, Abschnitt A.
550 Gesetz über den Fünfjahrplan für die Entwicklung der Volkswirtschaft der DDR 1971-1975 vom 20. Dezember 1971, in: Gbl. der DDR, Teil I, Nr. 10, 175.
551 Vgl. BUCK 2004.
552 STEINER 2003.

Zur vollständigen Bilanzierung gehört allerdings auch die Kehrseite der Arbeitsplatzgarantie des DDR-Sozialismus: die hohe verdeckte Arbeitslosigkeit[553], schwere einzelbetriebliche und gesamtwirtschaftliche Effizienzmängel, geringe Arbeitsproduktivität und drastisch reduzierte Anpassungselastizität der Betriebe an neue Marktbedingungen, technologische Änderungen und innerbetrieblichen Reformbedarf. Mehr noch: die Kehrseite der Arbeitsplatzgarantie trug zur Verhinderung dessen bei, was durch die „Einheit der Wirtschafts- und Sozialpolitik" erlangt werden sollte, nämlich Steigerung der Arbeitsproduktivität und größere wirtschaftliche Leistungskraft als Grundlagen und Folgen von Sozialpolitik[554]. Insoweit entpuppten sich die Wohltaten der DDR-Sozialpolitik als wirtschaftlich zweischneidige Leistungen.

Die Sozialpolitik hatte dem Staat und der Gesellschaft der DDR noch eine weitere Last aufgebürdet. Die Sozialpolitik der 1970er und vor allem der 1980er Jahre war zu Lasten von Investitionen und von wirtschaftlicher Erneuerung, ja: um den Preis des Substanzverzehrs erkauft[555] und zudem zunehmend auf Pump finanziert worden, teils durch Verschuldung im Inland, teils durch Aufnahme von Krediten im westlichen Ausland. Anstatt die Wirtschaft zu fördern, war die Sozialpolitik zu einer Bürde der Ökonomie geworden. Die erhoffte „Einheit von Wirtschafts- und Sozialpolitik" war nicht erreicht, sondern zunehmend verfehlt worden. Das war dem Politbüro schon frühzeitig zur Kenntnis gebracht worden. Doch das Politbüro hatte diese Information in der Regel ignoriert oder als überzogen gedeutet[556]. Alarmstimmung erzeugte allerdings eine Vorlage für das Politbüro am 31. Oktober 1989, die der damalige SED-Parteichef Egon Krenz beim Vorsitzenden der Staatlichen Plankommission, Gerhard Schürer, in Auftrag gegeben hatte. In Schürers Vorlage stand der enthüllende Satz: „Es wurde mehr verbraucht, als aus eigener Produktion erwirtschaftet wurde"[557]. Der übermäßige Verbrauch sei vor allem zu Lasten der Verschuldung im nichtsozialistischen Wirtschaftsgebiet erfolgt. Diese Verschuldung sei von 2 Milliarden Valuta-Mark[558] im Jahre 1970 auf 49 Milliarden im Jahre 1989 gestiegen. Das bedeutete, so Schürers Vorlage, dass „die Sozialpolitik seit dem VIII. Parteitag (von 1971 – Anm. d. Verf.) nicht in vollem Umfang auf eigenen Leistungen beruht, sondern zu einer wachsenden Verschuldung im NSW (Nichtsozialistisches Wirtschaftsgebiet – Anm. d. Verf.) führte"[559]. Schürers Bild der wirtschaftlichen Lage der DDR gipfelte in dem Satz: „Allein ein Stoppen der Verschuldung würde im Jahr 1990 eine Senkung des Lebensstandards um 25 bis 30 Prozent erfordern und die DDR unregierbar machen"[560]. Doch selbst wenn das realisiert würde, könnten die zur Aufrechterhaltung der Zahlungsfähigkeit erforderlichen Exportüberschüsse nicht erzielt werden.

Schuldenfinanzierte Sozialpolitik zu Lasten von Investitionen und ökonomischer Erneuerung

553 Vgl. VOGLER 1990.
554 SCHMIDT 2004c: Kapitel 5.4 mit weiteren Nachweisen.
555 Für andere HÜBNER 1998: 74.
556 Vgl. die zahlreichen Belege in PIRKER, LEPSIUS & WEINERT 1995.
557 SCHÜRER u.a. 1992: 1114.
558 Die Valuta-Mark war eine statistische Recheneinheit, in der die DDR seit Mitte der 1960er Jahre ihren Außenhandel auswies. Ihr Umrechnungskurs ergab sich aus einer bestimmten Relation zum so genannten Transfer-Rubel. Der Umrechnungskurs zu den westlichen Währungen schwankte mit den Paritätsänderungen zwischen dem Rubel und den konvertiblen Währungen.
559 SCHÜRER u.a. 1992: 1114.
560 Ebd.: 1119.

Schürers Krisendiagnose bleibt im Grundsatz richtig, auch wenn die Verschuldung in quantitativer Hinsicht weniger dramatisch war als von Schürer im Oktober 1989 angenommen. Schätzungen der Deutschen Bundesbank zufolge war die Auslandsverschuldung der DDR im nichtsozialistischen Wirtschaftsgebiet zwar angestiegen, aber nicht auf 49 Milliarden Valutamark (oder 26,6 Milliarden US-Dollar) im Jahre 1989, sondern auf 19,9 Milliarden Valutamark (oder 10,8 Milliarden US-Dollar)[561]. Zudem muss zwischen riskanter und weniger riskanter Auslandsverschuldung unterschieden werden. Der Kern des Problems lag nicht in der Verschuldung im westlichen Ausland insgesamt. Denn dazu gehörten die – weniger gefährliche – Verschuldung in den Entwicklungsländern sowie die Kredite, die der DDR im Rahmen des innerdeutschen Handels gewährt wurden. Die brandgefährlichen Risiken der Auslandsverschuldung aber waren „die Hartwährungsverschuldung und die Liquidität in konvertierbaren Devisen"[562]. Mit ihnen hatte die DDR-Führung eine Hochrisikopolitik begonnen.

Ende der 1980er Jahre war die DDR zwar noch nicht bankrott, aber eine wesentliche Besserung der wirtschaftlichen Lage war nicht in Sicht. Die DDR konnte die Liquiditätskrise nur um den Preis eines Pyrrhussieges zurückdrängen: der Verkauf auf ausländischen Märkten wurde mit wachsenden Verlusten erwirtschaftet[563]. Und hinsichtlich Innovationsfähigkeit, Steigerung der Arbeitsproduktivität und außenwirtschaftliche Schwäche war – nicht zuletzt infolge der überehrgeizigen Sozialpolitik einschließlich der Arbeitsplatzgarantie – keine Abhilfe in Sicht. Die erstrebte Einheit von Wirtschafts- und Sozialpolitik war verloren. In der DDR war nichts in Sicht, was sie je hätte zurückbringen können.

Legitimierende und entlegitimierende Funktionen der Sozialpolitik des SED-Staates

Von der Sozialpolitik hatte die SED-Führung beträchtlichen Nutzen erwartet. Nicht nur als Voraussetzung und Ansporn wirtschaftlicher Leistung und Produktivitätssteigerung, sondern auch als Quelle von Massenloyalität sollte sie dienen und somit den grundlegenden Mangel an Anerkennungswürdigkeit des SED-Regimes kompensieren. Ist dies gelungen?

Stabilisierungs-
funktion

Die sozialwissenschaftliche Forschung neigt mehrheitlich zur These, dass die Politik der sozialen Sicherung in begrenztem Maß zur Stabilisierung des SED-Regimes beigetragen habe[564]. Der paternalistische Herrschaftsmechanismus der Sozialpolitik habe Wohlverhalten und konsumorientierte Anpassung hervorgerufen oder verstärkt. Und die Sozialpolitik habe zumindest zeitweise eine Brücke zwischen den Herrschenden und den Beherrschten geschlagen, so pflichten manche dieser Auffassung bei, meist unter Berufung auf die Aufwertung der Sozialpolitik in den 1970er Jahren im Allgemeinen und die Arbeitsplatzgarantie im Besonderen.

---

561 Vgl. DEUTSCHE BUNDESBANK 1999.
562 VOLZE 1999: 163.
563 Ebd.: Zur Devisenverschuldung der DDR, 161.
564 Z.B. MEYER 1989: 414, 1991, SCHULZ 1997: 569f.

Allerdings betonen alle seriösen Untersuchungen die eng gezogenen Grenzen der Legitimierungsleistungen der DDR-Sozialpolitik und heben deren widersprüchliche, teils Anerkennung, teils Protest hervorrufende Wirkungen hervor. Beides muss gewogen werden – die Legitimierung und die Delegitimierung[565]. So sind Hans Günter Hockerts zufolge die ‚sozialistischen Errungenschaften' wie Vollbeschäftigung und Grundversorgung von der Bevölkerung insgesamt angenommen und genutzt worden. Doch als dauerhafte Herrschaftsstützen seien die ‚Errungenschaften' viel zu schwach, wenn nicht gar morsch gewesen. Überdies, so Hockerts weiter, habe die Sozialpolitik nicht nur Zustimmung gefunden, sondern auch Widerspruch hervorgerufen, so im Falle offenkundiger Leistungsmängel – mangelhafte Altenpflege, verfallende Bausubstanz in den Städten, Ausstattungsmängel des Gesundheitswesens seien Beispiele – und wegen Unzufriedenheit ob der Vernachlässigung produktionsferner Lebenslagen und Risiken, wie im Falle der Rentner. Obendrein kam der Sozialpolitik der DDR, so eine These von Rainer Lepsius, neben der „statischen Festschreibung" eine „abnehmende Bindekraft"[566] zu: Sie befriedigte zwar Elementarbedürfnisse, aber nicht den Bedarf an gehobenen Konsumgütern; sie gewährleistete lange nur den Konsum- und den Lebensstil eines Arbeiterhaushaltes der Vorkriegsjahre und reichte nie an den Bedarf an höherwertigen Konsumgütern heran, der in der DDR heranwuchs.

Damit sind Kehrseiten der Sozialpolitik der DDR angesprochen, die kaum legitimierend, sondern eher entlegitimierend gewirkt haben. Zu den Grenzen der Legitimierung durch Sozialpolitik wird man ein Weiteres zählen können: Die DDR-Sozialpolitik legte ihre Bürger viel stärker als die Sozialpolitik westlicher Prägung auf eine Politiknehmerrolle fest[567]. Soweit das den Politiknehmer der unbotmäßigen Eigeninitiative beraubte, konnte man darin eine system- und ideologiegerechte Konsequenz sehen. Doch der Politiknehmerstatus förderte Anspruchshaltung und Bedienungsmentalität. Überdies behinderte er, was die DDR-Sozialpolitik der parteioffiziellen Ideologie zufolge fördern sollte: die Entwicklung von Staatsbürgertugenden der – loyalen, produktiven und konstruktiv mitwirkenden – ‚sozialistischen Persönlichkeit'. Doch von der war am Ende ebenso wenig zu sehen wie von der Steigerung der Produktivität durch die „Einheit von Wirtschafts- und Sozialpolitik". Dass beides ausblieb, ist auch der Sozialpolitik des DDR-Sozialismus zuzuschreiben.

Eine noch brisantere Legitimierungsgrenze ergab sich für die Sozialpolitik der DDR aus dem Ost-West-Vergleich, vor allem dem Vergleich mit der Bundesrepublik Deutschland. Hier stößt man auf die Achillesferse der DDR[568]. Im Ost-West-Vergleich nämlich erwiesen sich ihre Leistungen, auch ihre ‚sozialistischen Errungenschaften' einschließlich der Sozialleistungen, als mittelmäßig, häufig als unzulänglich und überwiegend als nicht befriedigend. Hierfür verantwortlich waren der autoritäre Staat des DDR-Sozialismus, aber auch der viel niedrigere Entwicklungsstand der DDR-Wirtschaft, die entsprechend geringere Produktivität, die rückständige Technologie, die geringe Qualität der Dienstleistungen, die bescheidene Kaufkraft der Löhne und der Sozialeinkommen und das unzureichende Angebot an Konsumgütern des gehobenen Bedarfs. Der wirtschafts-

---

565 LEPSIUS 1994, HOCKERTS 1994a, 1994b.
566 LEPSIUS 1994: 24.
567 MEYER 1989, 1991.
568 KOPSTEIN 1997.

sektoralen Zusammensetzung und dem Industrialisierungsgrad nach zu urteilen, war die DDR ein Industrieland, der Wirtschaftsproduktivität nach allerdings nur ein Schwellenland, zwar höher entwickelt als die sozialistischen ‚Bruderstaaten', aber im Westen wohl am besten Griechenland und Portugal vergleichbar[569]. Das bedeutete einen großen Produktivitätsrückstand und einen großen Rückstand des volkswirtschaftlichen Wohlstands sowie des privaten und öffentlichen Konsumniveaus gegenüber den fortgeschrittenen westlichen Industrieländern wie der Bundesrepublik Deutschland. Den übergroßen Rückstand der DDR-Ökonomie gegenüber der Wirtschaft der Bundesrepublik Deutschland vermochte auch die – im Vergleich zur Wirtschaftskraft – übergroße Sozialpolitik der DDR nicht zu kompensieren. Vor diesem Rückstand schrumpften die ‚sozialistischen Errungenschaften' des SED-Staates – wiewohl im Vergleich zu anderen sozialistischen Ländern und relativ zur Wirtschaftskraft des Landes beachtlich – zu Gütern, welche die überwältigende Mehrheit der DDR-Bürger gerne gegen die volle Teilhabe an den Gütern der Sozialen Marktwirtschaft der Bundesrepublik Deutschland einzutauschen bereit war und bei erster Gelegenheit umgehend eintauschte.

Der sozialistische Wohlfahrts- und Arbeitsstaat: Die DDR-Sozialpolitik im internationalen Vergleich

Ein heterogener Wohlfahrtsstaat von großer Reichweite und hochgradigem Interventionismus war in der DDR entstanden. Dieser gewährleistete die Grundsicherung fast aller Staatsbürger von der Wiege bis zur Bahre – auf Basis von Arbeitseinkommen möglichst vieler, auf insgesamt kargem Niveau aber mit erheblicher Privilegierung für politisch besonders wichtige Gruppen und überwiegend gemäß des sozialpolitischen Prinzips der Versorgung, deren Niveau durch politisch-administrativen Befehl definiert wurde. Das verträgt sich mit Hockerts These, dass der „planwirtschaftliche Versorgungsstaat" die Sozialpolitik der DDR kennzeichne[570] – eine Diagnose, die mitunter mit Blick auf die autoritäre Staatsverfassung zum Befund einer „Versorgungsdiktatur" gesteigert wurde[571]. Das lenkt die Aufmerksamkeit darauf, dass zum Wohlfahrtsstaat der DDR in großem Umfang auch Benachteiligung und Begünstigung sowie Zwang, Exklusion politisch Missliebiger und Repression gehörten, und dass dieser Wohlfahrtsstaat zudem von einem ungewöhnlich großen Überwachungs- und Repressionsapparat flankiert wurde.

Ost-West- und RGW-Staaten-Vergleich

Am Vergleichen geschulte Beobachter haben Ähnlichkeiten zwischen einzelnen Elementen der DDR-Sozialpolitik und der sozialen Sicherung anderer Länder aufgedeckt[572]. Manche haben in der DDR-Sozialpolitik eine starke Neigung zur „Sowjetisierung" geortet und dabei vor allem das Gesundheitswesen im Auge gehabt, ferner die betriebliche Sozialpolitik, den Betriebskollektivvertrag

---

569 Lange war die Leistungskraft der DDR-Wirtschaft überschätzt worden (z.B. SUMMERS & HESTON 1984), vgl. aber GUTMANN & BUCK 1996.
570 HOCKERTS 1998b: 7.
571 BOUVIER 2002: 337
572 KAELBLE 1994.

und die Organisation des Feriendienstes und anderer begehrter Dienstleistungen durch die Gewerkschaften. Andere sahen hauptsächlich den Rückgriff auf Traditionen der Weimarer Linksparteien, insbesondere auf Programmbestände aus Kreisen der Kommunistischen Partei, der USPD und des linken Flügels der SPD.

Der Streit darüber, ob die Hauptwurzeln der DDR-Sozialpolitik sowjetisch waren oder ob sie in der Weimarer Republik zu suchen sind, führt nicht weit, weil beide Wurzeln vorhanden waren. Wichtiger als die Sowjetisierung aber war das Anknüpfen an den programmatischen Traditionen der linkssozialistisch-kommunistischen Sozial- und Wirtschaftspolitik der Weimarer Republik. Sowjetische oder einheimische Wurzeln?

Parallelen gab es auch zwischen Teilen der DDR-Sozialpolitik und dem französischen Wohlfahrtsstaat, so vor allem in der pronatalistischen Familienpolitik. Am deutschen Fall geschulte Beobachter sahen zudem Parallelen zwischen dem Pronatalismus in der DDR-Familienpolitik und der bevölkerungspolitisch gezielten Sozialpolitik der NS-Diktatur. Und in der Betonung der Arbeitskräfte-mobilisierung und der Vollbeschäftigung kann man Wahlverwandtschaften entdecken – zwischen der DDR-Sozialpolitik und dem beschäftigungspolitischen Ehrgeiz des schwedischen Wohlfahrtsstaates der 1970er und 1980er Jahre. Allerdings setzte Schweden auf öffentliche und private Beschäftigung, während die DDR-Beschäftigungspolitik ausschließlich auf den staatssozialistischen und den produktionsgenossenschaftlichen Sektor der Wirtschaft zielte. DDR-Sozialpolitik im Vergleich

Ferner existierten Parallelen zwischen dem staatlichen Gesundheitswesen der DDR und dem britischen National Health Service. In beiden Ländern war der Verstaatlichungsgrad des Gesundheitswesens sehr hoch – in der DDR allerdings noch höher als in Großbritannien.

Außerdem fanden die kargen Sozialversicherungsrenten und Sozialfürsorge-leistungen der DDR eine Parallele in der sparsamen Dosierung von Sozialleistungen in einem überwiegend „liberalen Wohlfahrtsstaat"[573]. Wie der liberale Wohlfahrtsstaat, so betonte auch die DDR-Sozialpolitik die Verklammerung von „welfare" und „workfare", also von wohlfahrtsstaatlicher Leistung ohne direkte Gegenleistung und sozialpolitischer Inpflichtnahme, insbesondere Verpflichtung zu beruflicher Arbeit. Im Unterschied zu den liberalen Wohlfahrtsstaaten aber gewährleistete die DDR-Sozialpolitik der Bevölkerung im erwerbsfähigen Alter das Recht auf Arbeit.

Auch die betriebliche Sozialpolitik der DDR hatte andernorts Parallelen. Die bedeutende Rolle der Betriebe in der DDR-Sozialpolitik, die von der Vollbe-schäftigungspolitik über die Wohnraumversorgung, die Gestaltung der Wochen-end- und Naherholung und die Hilfe bei Familienkonflikten bis zur betrieblichen Kinderbetreuung reichte, fand so manches Gegenstück im unternehmensbasierten Teil von Japans Sozialpolitik[574] und vor allem in der Sozialpolitik sowjetischer Großbetriebe. Ferner knüpfte sie auch an sozialpolitische Traditionen von Großbe-trieben im Deutschen Reich der Kaiserzeit und der Weimarer Republik an.

Mit den anderen Staaten des Blocks der sozialistischen Länder, den Warschauer Pakt-Staaten, hatte die DDR in ihrer Sozialpolitik die Staatszentriertheit, die Zentralisierung und den Primat der kommunistischen Staatspartei gemeinsam. Aber auch Unterschiede fördert der Vergleich der Sozialpolitik im ehemaligen Ostblock zutage. So war die DDR unter den sozialistischen Ländern das Sozialpolitik in der DDR und in den RGW-Staaten

---

573 Im Sinne von ESPING-ANDERSEN 1990: 69ff.
574 SEELEIB-KAISER 2001: 178ff.

wirtschaftlich am höchsten entwickelte Land. Das verschaffte der DDR insoweit Konkurrenz- und Lebensstandardvorteile vor den ‚Bruderstaaten' – auch wenn ihre Sozialleistungsquote nach Kriterien der Internationalen Arbeitsorganisation am Ende der 1980er Jahre mit 15,6 Prozent nicht sonderlich hoch war. Allerdings ist der beschäftigungspolitische Kontext zu sehen: Die prioritäre Förderung der Beschäftigung in der DDR und die damit gegebene außerordentlich hohe Erwerbsquote verringerte den von Sozialleistungen abhängigen Bevölkerungsanteil. Auch wurde die DDR die „weiblichste Arbeitsgesellschaft Europas"[575]. In keinem anderen sozialistischen Land war der Anteil der erwerbstätigen Frauen an allen Erwerbstätigen größer. Dies resultierte überwiegend aus einer besonders aktiven Arbeitskräftemobilisierung, der zugleich pronatalistisch und beschäftigungspolitisch orientierten Familien- und Frauenförderungspolitik und der knapp bemessenen Alterssicherung mit hohem Renteneintrittsalter. All dies hob die DDR ebenfalls aus dem Kreis der sozialistischen Staaten hervor.

Auch im Vergleich mit der Sozialpolitik in westlichen Ländern fallen die ehrgeizigen beschäftigungspolitischen Ziele und Maßnahmen der DDR-Sozialpolitik auf. Die DDR-Führung scheute keine Kosten, um das erstrebte Gut, das Recht auf Arbeit, im Sinne einer „Arbeitsplatzsicherheit, die nahe an eine Arbeitsplatzgarantie heranreichte"[576], zu sichern. An dieser Weichenstellung hielt die politische Führung des SED-Staates bis zum Ende fest – buchstäblich unter Inkaufnahme jeden Preises, auch um den der langfristig hochriskanten Verschuldung in den Hartwährungsländern und der Unterminierung der Anpassungsfähigkeit der Betriebe an den wirtschaftlichen Wandel. Vergleichbares gab es im Westen nicht.

Im Unterschied aber zur Sozialpolitik der westlichen Industrieländer standen die Sozialleistungen der DDR weitaus stärker unter dem Vorbehalt des Politischen. Auch das Fehlen einer regelgebundenen Dynamisierung der Sozialleistungen in der DDR einerseits und die fallweise gewährte Aufbesserung andererseits fügen sich diesem Muster ein. Im Unterschied dazu wurden die meisten Sozialleistungen im Westen Deutschlands (und in den meisten westlichen Ländern) in regelmäßigen Abständen an die Entwicklung der Arbeitseinkommen angepasst.

Ferner blieb der Anteil der privaten Sozialausgaben am gesamten Sozialaufwand in der DDR klein – im Unterschied zu einem größeren Sektor privater Vorsorge in der Bundesrepublik Deutschland und – mehr noch – in Japan, den USA und der Schweiz. Sozialpolitik war in der DDR – bis auf Randbereiche privater Lebensversicherung und kirchlicher Fürsorge – ein Staatsmonopol. Zum Staatsmonopolismus gehörten die vollständige Unitarisierung der Sozialpolitik und ihre – bis auf die betriebliche Sozialpolitik – ausgeprägte Zentralisierung. In der Bundesrepublik hingegen war neben der – bundesstaatlich gebrochenen - etatistischen Komponente der Sozialpolitik die verbandliche Komponente viel stärker. Sie beruhte vorrangig auf Selbstverwaltung und mittelbarer Staatsverwaltung durch die Träger der Sozialversicherungen sowie auf flankierender Sozialpolitik der freien Wohlfahrtsverbände.

Auch die Finanzierung bezeugt die Staatszentriertheit der DDR-Sozialpolitik. In der Bundesrepublik Deutschland wurden bis zu rund zwei Drittel der Sozialaus-

---

575 NIETHAMMER 1993: 135.
576 VON MAYDELL, BOECKEN & HEINE 1996: 58.

gaben aus Sozialversicherungsbeiträgen von Arbeitgebern und Arbeitnehmern finanziert. In der DDR hingegen stieg allein der steuerfinanzierte Anteil der Einnahmen der sozialen Sicherung (im engeren Sinn) bis auf rund die Hälfte. Fast ausschließlich aus Steuern wurden zudem die meisten sozialpolitischen Leistungen im weiteren Sinne finanziert, einschließlich der hohen Kosten des Rechts auf Arbeit.

Die Sozialpolitik der DDR hatte aktiv daran mitgewirkt, die Klassen- und die Standesunterschiede der Zeit vor 1945 aufzulösen. Allerdings hatte sie neue, regimespezifische Privilegierungen ins Leben gerufen. Das geschah vor allem durch den Auf- und Ausbau der vielen Zusatz- und Sonderversorgungssysteme. Diese bildeten ein schwer überschaubares System mit beträchtlicher Besserschlechter-Differenzierung, das zum Verdruss vieler Bürger die Nomenklatura und andere besonders wichtige Gruppen der Gefolgschaft des SED-Staates erheblich privilegierte. Überdies kennzeichnete ein besonders steiles Gefälle zwischen produktions- und bevölkerungspolitisch wichtigen und unwichtigen Risiken und Lebenslagen die DDR-Sozialpolitik. Hierzu gehörten die besondere Unterstützung von Familien, vor allem Familien mit mehreren Kindern, und die relative Benachteiligung der Altersrentner, also eine der Sozialpolitik der Bundesrepublik entgegengesetzte Schieflage.

Zum Wohlfahrtsstaat der DDR gehörte eine pronatalistische Familienpolitik. Die Familienpolitik ebenso wie die Förderung allein erziehender Frauen zielte zugleich auf Geburtenförderung – mit bescheidenem Erfolg – und Steigerung der Frauenerwerbstätigkeit – mit großem Erfolg. Auch hier springt der Unterschied zur Bundesrepublik Deutschland ins Auge. Pronatalismus ist im Westen Deutschlands seit dem NS-Staat verpönt. Und von Mobilisierung der Frauen für den Arbeitsmarkt wollte die Familienpolitik in der Bundesrepublik Deutschland lange nichts wissen. Sie zielte bis in die 1980er Jahre auf eine staatsdistanzierte, die Zuständigkeit der Eltern für die Kindererziehung betonende Familienförderung im Rahmen einer Arbeitsteilung, die dem Mann die Erwerbs- und der Frau die Haus- und Erziehungsarbeit zuteilte. Erst in den 1980er Jahren wandelte sich die Familienpolitik in Richtung einer optionenerweiternden Politik, die die Wahl zwischen Berufstätigkeit und familienzentrierter Tätigkeit erleichtern sollte.

Im Vergleich zum durchschnittlichen Arbeitseinkommen erreichten viele Sozialleistungen in der DDR nur eine bescheidene Höhe. Das bezeugen beispielsweise die relativ geringen durchschnittlichen Lohnersatzleistungen der Altersrenten in der Sozialversicherung und die kargen Sozialfürsorgesätze. Mindestsicherung auf niedrigem Niveau für alle – so hieß die Parole. Das bedeutete Volksversicherung und Grundversorgung auf einem Stand, der den Konsumstandard und Lebensstil der Arbeiterschaft der Vorkriegszeit als Maß nahm, allerdings ergänzt um die Arbeitsplatzgarantie für die Bevölkerung im erwerbsfähigen Alter. Auch die Bundesrepublik Deutschland hat mit der Sozialhilfe (und seit 1994 mit den im Vergleich zur regulären Sozialhilfe abgesenkten Leistungen für Asylbewerber) eine – allerdings bedürftigkeitsgeprüfte – Grundsicherung auf einem Niveau, auf dem keiner reich wird. Aber immerhin reicht die Sozialhilfe zur Existenzsicherung auf dem Stand der Gegenwart und nicht auf dem von 1938. Über der Grundsicherung durch Sozialhilfe wölben sich in der Bundesrepublik zudem sozialstaatliche Leistungen unterschiedlichster Höhe und Größenordnung. Wie vor allem die Alterssicherung zeigt, wurden dabei weit höhere Sozialleistungen zustande gebracht als in der Sozialversicherung der DDR.

Wer die DDR-Sozialpolitik in ihrer Gesamtheit erfassen will, kommt mit den gängigen Typologien der Wohlfahrtsstaaten nicht weit. Diese berücksichtigen nicht die Lohnpolitik, traditionell ein besonders wichtiger Zweig des Teils der DDR-Sozialpolitik, der auf der Basis des Rechts auf Arbeit ein existenzsicherndes Einkommen der „Werktätigen" sicherstellen und zugleich das Nivellierungsstreben voranbringen sollte. Zudem entgeht diesen Typologien der größte Teil der arbeitsweltbezogenen Sozialpolitik. Ferner mangelt es den Typologien des Wohlfahrtsstaates an Sensibilität für die Verbindung zwischen Sozialschutz und Repression und für die Kaufkraft der Pro-Kopf-Sozialleistungen.

Wer diese Komponenten den Sozialpolitik-Typologien und dem Vergleich der DDR-Sozialpolitik hinzufügt, bekommt ein trennschärferes Bild. Bei der Lohnpolitik der DDR beispielsweise ragte zweierlei heraus. Erstens wurde die Lohnpolitik größtenteils staatlicherseits diktiert, wenngleich in der Regel unter Anhörung von – und mitunter nach Abstimmung mit – Vertretern des FDGB. Das unterschied die DDR-Lohnpolitik markant von der Bundesrepublik Deutschland, in der die Tarifparteien der Arbeitgeber- und der Arbeitnehmerorganisationen autonom über die Löhne verhandeln. Das zweite hervorstechende Merkmal der DDR-Lohnpolitik war die außerordentlich weit vorangeschrittene Nivellierung der Löhne. Auch die Lohnpolitik betonte die Egalisierung und vergrößerte die in der DDR ohnehin schon hohe Spannung zwischen Gleichheit und wirtschaftlicher Leistungskraft.

Die Grundsicherung kommt in den üblichen Typologien der Wohlfahrtsstaaten ebenfalls zu kurz. Die Sozialpolitik der DDR gewährleistete eine Basissicherung von der Wiege bis zur Bahre. Allerdings war der hiermit gesicherte Stand von bescheidener Höhe und brachte erhebliche Armutsrisiken mit sich. Schätzungen zufolge schloss er relative Armut in erheblichem Umfang ein. Rund zehn Prozent aller Haushalte und 45 Prozent aller Rentnerhaushalte der DDR besaßen am Ende der 1980er Jahre ein Einkommen von weniger als 50 Prozent des durchschnittlichen Haushaltseinkommens[577].

Hinsichtlich der arbeitspolitischen Ausrichtung der DDR-Sozialpolitik sind das Recht auf Arbeit und die Verwirklichung dieses Rechtes in einer faktischen Arbeitsplatzgarantie für den Großteil der Bevölkerung im erwerbsfähigen Alter mehrfach erwähnt worden. Das Recht auf Arbeit war Teil einer autoritären Arbeitsverfassung mit konsultativen Einsprengseln. Die Arbeitsbeziehungen und die Mitwirkungsrechte der ‚Werktätigen' in der Wirtschaft waren im Wesentlichen durch einen parteidominierten Verbund aus SED und Staatsapparat auf der einen und der Staatsgewerkschaft FDGB auf der anderen Seite bestimmt. Ein autoritärer parteistaatlich gelenkter Korporatismus und mitunter der etatistisch-parteistaatliche Befehl regelten somit den Großteil der Arbeitsbeziehungen in der DDR – im Unterschied zu den liberal-korporatistischen, sozialpartnerschaftlichen Arbeitsbeziehungen in der Bundesrepublik Deutschland.

Hinzu kam die Brüchigkeit des Rechtsschutzes in der DDR – im Unterschied zum Rechtswegestaat der Bundesrepublik, in dem die Arbeits-, die Sozial- und die Verwaltungsgerichtsbarkeit, die Verfassungsgerichte in den Ländern und das Bundesverfassungsgericht in allen Fragen der Sozialpolitik einen nahezu lückenlosen Rechtsschutz geschaffen haben. In der DDR waren die juristischen Garan-

---

577 Schlußbericht der Enquete-Kommission vom 10. Juni 1998, in: Deutscher Bundestag 1999: 538.

tien und Rechtsschutzvorschriften in sozial- und arbeitsrechtlichen Fragen durchaus zahlreich. Doch hatte der Rechtsschutz an entscheidenden Stellen Lücken: Ihm fehlten die Verwaltungsgerichtsbarkeit und ein Verfassungsgericht[578].

Ein Weiteres deckt der Vergleich der DDR-Sozialpolitik und ihres Umfeldes auf. Ihre Sozialpolitik war, wie oben schon angetippt, das eine Gesicht der januskopfartigen „Fürsorgediktatur"[579] des ostdeutschen Sozialismus. Sie war das ‚Zuckerbrot' neben der ‚Peitsche', das Gegen- und zugleich Ergänzungsstück zum Polizeistaat. Gänzlich neu war diese Konstellation nicht. Aber besonders bemerkenswert an der DDR war dies: Der Auf- und Ausbau der Sozialpolitik ging mit einem noch stärkeren Ausbau eines umfangreichen Observierungs- und Repressionsapparates einher.

Schlussendlich ist zu bedenken, dass die DDR den westlichen Industrieländern an Wirtschaftskraft weit unterlegen war. So wurde beispielsweise die Arbeitsproduktivität der DDR im Vereinigungsjahr 1990 auf knapp ein Drittel des Wertes der Bundesrepublik geschätzt[580]. Alles Streben nach Steigerung der Arbeitsproduktivität durch „Einheit von Wirtschafts- und Sozialpolitik" hatte wenig gefruchtet.

Das Scheitern der Bestrebungen nach Arbeitsproduktivitätssteigerung durch Sozialpolitik hatte auch Folgen für die Höhe der Pro-Kopf-Sozialleistungen. Diese war in der DDR bescheiden. Somit hatte die Sozialpolitik der Bundesrepublik einen weiteren Vorteil auf ihrer Seite, dem die DDR-Sozialpolitik nichts Gleichwertiges entgegensetzen konnte: ein – auch im internationalen Vergleich – weit überdurchschnittlich hohes Pro-Kopf-Sozialausgabenniveau[581].

Wer die Sozialpolitik im engeren und im weiteren Sinn berücksichtigt, gelangt zu folgenden Befunden. Die DDR hatte sich einen weit ausgebauten Wohlfahrtsstaat geleistet. Im Vergleich zur nur mäßigen Höhe ihrer Wirtschaftskraft war dieser Wohlfahrtsstaat sogar übermäßig groß. Und so wie die gesamte Wirtschaftspolitik der DDR in der Planwirtschaft ihr Heil gesucht hatte und von „Plan zu Plan"[582] weitergeeilt war, so lag ein besonders wichtiger Daseinszweck ihrer Sozialpolitik darin, die Arbeitskraft von Personen im erwerbsfähigen Alter zu mobilisieren und zu schützen. Zugleich gehörten zum Wohlfahrtsstaat der DDR das Recht auf Arbeit und die Pflicht zur Arbeit. Das schloss kräftige Anreize zur Arbeitsaufnahme und Erwerbsarbeit in der Planwirtschaft ein – auch für Personen im Rentenalter und insbesondere für Frauen.

Dies und die vorrangige Ausrichtung der Sozialpolitik auf produktions- und bevölkerungspolitisch wichtige Lebenslagen und Risiken zeigen einen Doppel-Wohlfahrtsstaat an. Der DDR-Wohlfahrtsstaat war – erstens – ein umfassender Wohlfahrtsstaat der autoritär-paternalistischen Variante. Dieser gewährleistete Schutz gegen Marktkräfte und bürgte für die Grundversorgung nahezu aller Staatsbürger. Er sah aber auch Protektion für besonders Umworbene vor. Und er tat all dies hierarchisch, autoritär und stand dabei im Zeichen des Primats der Politik. Zweitens war der Wohlfahrtsstaat der DDR auf umfassende Mobilisierung des Arbeitsvermögens angelegt – unter anderem durch massive pronatalistische Familienpolitik – sowie auf sozialistisch-planwirtschaftliche Arbeitsplatz-

---

578 LOHMANN 1987, 1996.
579 JARAUSCH 1998: 33.
580 HEERING 1999: 2265.
581 SCHMIDT 2001b.
582 STEINER 2003.

sicherheit, selbst unter Inkaufnahme schwerster wirtschaftlicher Effizienzmängel. Insoweit verkörperte die DDR-Sozialpolitik eine Mischung aus „welfare state" und „workfare state", aus sozialistisch-autoritärem „Wohlfahrts"- und „Arbeitsstaat".

Der sozialistische Arbeits- und Wohlfahrtsstaat

Der autoritär-paternalistische Wohlfahrts- und Arbeitsstaat der DDR unterschied sich markant vom Sozialstaat der Bundesrepublik Deutschland, dem eine Mittelposition zwischen den konservativen und dem sozialdemokratischen Modell eigen ist, und stand in großer Distanz zum liberalen, konservativen und sozialdemokratischen Typus des Wohlfahrtsstaates.

Allerdings führte der Pfad der DDR-Sozialpolitik am Ende nicht zu einem lebensfähigen System der sozialen Sicherheit, sondern zu einem umfassenden Wohlfahrtsstaat auf Pump, zu Lasten der Wirtschaftskraft und der Zukunft. Insoweit kann man von der Sozialpolitik der DDR unter anderem lernen, dass sich eine Industriegesellschaft mit nur mäßig hoher Arbeitsproduktivität und einer ehrgeizigen Sozialpolitik übernimmt und – falls Abhilfe ausbleibt – langfristig ruiniert.

Die Abhilfe blieb nicht aus. Die Wiedervereinigung Deutschlands schuf die Möglichkeit, die hausgemachten Probleme der DDR-Sozialpolitik aufzufangen, und zwar durch Übernahme des westdeutschen Sozialstaats und Abwälzung der Kosten mitsamt der aufgehäuften Verschuldung des DDR-Sozialstaats auf die Steuerzahler und Sozialversicherungspflichtigen des vereinigten Deutschlands, vor allem der wirtschaftlich wohlhabenden alten Bundesländer. Diese Möglichkeit wurde genutzt. Die wichtigsten Stationen hierbei waren die Währungs-, Wirtschafts- und Sozialunion vom Juli 1990 und im Oktober desselben Jahres die Herstellung der staatsrechtlichen Einheit Deutschlands sowie im Einheitsvertrag näher ausgeführte Übergangsregelungen.

Transformations-gesetzgebung

All dies setzte noch vor Juli 1990 in der alten Bundesrepublik und in der DDR einen gewaltigen Gesetzgebungsschub in Gang[583]. Und so kam es, dass im letzten Jahr der DDR die sozialpolitische Gesetzgebung einen ungeahnten Aufschwung nahm. Das gilt in quantitativer Hinsicht: dem Gesetzblatt der DDR ist zu entnehmen, dass der Gesetzgeber in der Sozialpolitik in keinem anderen Jahr so aktiv wie 1990 war. Und es gilt in qualitativer Hinsicht: Nach der Volkskammerwahl vom März 1990 setzte die Regierung de Maizière, gestützt auf eine große Mehrheit in der im März gewählten Volkskammer und in Abstimmung mit den Fachleuten aus den Bundesministerien der Bundesrepublik Deutschland, die Hebel für den zweiten Umbau der Sozialpolitik auf dem Gebiet der DDR in Gang. Dieser war nicht minder radikal als der Umbau in der SBZ und in den 1950er Jahren der DDR. Doch im Unterschied zum ersten Umbau nach 1946, der ohne demokratische Legitimierung in den sozialistisch-autoritären Wohlfahrts- und Arbeitsstaat mündete, erfolgte der Umbau von 1990 in die Richtung eines freiheitlichen Sozialstaats zentristischer Prägung, und zwar auf demokratisch legitimiertem Weg.

Die Ironie der Geschichte allerdings wollte es, dass ein Grundgedanke von Tocquevilles Meisterwerk „Der alte Staat und die Revolution"[584] auch zum Wandel von der DDR-Sozialpolitik zum Sozialstaat der neuen Bundesländer passt: der Grundgedanke nämlich, dass unbeschadet aller Diskontinuität eines Regimewandels ein beachtliches Maß an Kontinuität gewahrt werde. Bei Tocqueville war

---

583 Vgl. z.B. SCHMÄHL 1992, BMS 1993a, LOHMANN 1996, VON MAYDELL u.a. 1996.
584 TOCQUEVILLE 1978.

dies der Zentralisierungsgrad des Staates und der Politik überhaupt. Im Fall der Wiedervereinigung liegt die Kontinuität woanders, nämlich in der schweren Spannung zwischen umfangreichem Sozialschutz und geringerer wirtschaftlicher Leistungskraft. Dieser Zielkonflikt hatte die DDR-Sozialpolitik zunehmend geprägt und zum Risiko werden lassen. In den neuen Bundesländern des wiedervereinigten Deutschlands ist dieser Zielkonflikt nicht geringer geworden. Das zeigt beispielsweise die Sozialleistungsquote an, d.h. der Anteil der öffentlichen Sozialausgaben am Bruttoinlandsprodukt. Dieser Anteil hat in den neuen Bundesländern mit 58 Prozent (1995) einen – im historischen und internationalen Vergleich – enorm hohen Stand erreicht[585]. Einen solchen Vorrang des Sozialgedankens und eine so große Spannung zwischen Sozialschutz und Wirtschaft gab es in der westlichen Welt bislang nicht. Nur Mitteleuropa zu Zeiten des Staatssozialismus enthielt hierzu ein Gegenstück: und das war die Sozialpolitik des SED-Staates.

---

585 BREIER 1997: 6. Der Höchststand lag bei 68% im Jahre 1992.

1.6 Struktur, Trends und Determinanten der Sozialpolitik in Deutschland von 1883 bis zum Beginn des 21. Jahrhunderts

Struktur und Trends der Sozialpolitik

Die staatliche Sozialpolitik in Deutschland ist mehr als 120 Jahre alt. Sie hat unterschiedliche politische Regime erlebt, das Wilhelminische Kaiserreich als „Machtstaat vor der Demokratie"[586], die Weimarer Republik, das Präsidialsystem der Jahre 1930-33, den Staat des Nationalsozialismus, die „Jahre der Besatzung"[587], die Bundesrepublik Deutschland der Jahre von 1949 bis 1990, den Sozialismus der Deutschen Demokratischen Republik und die seit dem 3. Oktober 1990 wiedervereinigte Bundesrepublik. Aus den kargen Sozialversicherungen des Deutschen Reiches der 1880er Jahre entstand allmählich, vor allem in der zweiten Hälfte des 20. Jahrhunderts, ein umfassender Sozialstaat. Dem Typ nach ist Deutschlands Sozialstaat ein zwischen dem „konservativen" und dem „sozialdemokratischen Wohlfahrtsstaatsregime" positionierter zentristischer Wohlfahrtsstaat[588].

Von der Größe des deutschen Wohlfahrtsstaates zeugen das ausufernde, zahllose Gesetzesblätter füllende Sozialrecht, ein Heer von Beschäftigten der Sozialverwaltung, umfangreiche Sozialdienstleistungen und hohe Sozialausgaben. Die öffentlichen Sozialausgaben beliefen sich nach den neuesten verfügbaren amtlichen Zahlen 2003 laut Sozialbudgetstatistik auf 694,5 Milliarden Euro. Das entsprach 32,6 Prozent des Bruttoinlandsprodukts des vereinigten Deutschlands. Im früheren Bundesgebiet war die Sozialleistungsquote mit 30,3 Prozent etwas niedriger, in den hochgradig subventionierten neuen Bundesländern jedoch mit 49,4 Prozent viel höher[589]. Der größte Teil der Sozialleistungen entfiel im Jahre 2003 auf die Allgemeinen Systeme der sozialen Sicherung[590]. Deren größte Posten sind die Rentenversicherung (10,9 Prozent des Bruttoinlandprodukts) und die Gesetzliche Krankenversicherung (6,7 Prozent). Beträchtlich weniger Mittel erforderten die Arbeitsförderung (3,4 Prozent), die Pflegeversicherung (0,8 Prozent) und die Gesetzliche Unfallversicherung (0,5 Prozent). Neben den Allgemeinen Systemen der sozialen Sicherung bestehen Sondersysteme, allen voran

---

586 NIPPERDEY 1992.
587 ESCHENBURG 1983.
588 Zu diesen Begriffen Kapitel 2.4.
589 Alle Zahlen aus BMGS 2005a: 934. Zur Struktur der Sozialpolitik in Deutschland im frühen 21. Jahrhundert LEIBFRIED & WAGSCHAL 2000, ZACHER 2001, KAUFMANN 2003, LEISERING 2003, LESSENICH 2003, von MAYDELL & RULAND 2003, BLESES & SEELEIB-KAISER 2004, EVERS 2004, BMGS 2005a.
590 Berechnungsbasis der folgenden Prozentanteile des Bruttoinlandsproduktes: BMGS 2005a: 938f., 943.

die Alterssicherung der Landwirte, die auch in den mageren Jahren der Sozialpolitik von der christdemokratisch-liberalen Koalitionsregierung kräftig ausgebaut wurde. Auf sie entfielen 2003 0,3 Prozent des Bruttoinlandsprodukts. Finanziell bedeutsamer waren die leistungsrechtlichen Systeme des öffentlichen
Dienstes (Pensionen, Familienzuschläge und Beihilfe für die Krankenversicherung) mit 2,5 Prozent und die Arbeitgeberleistungen, vor allem für Entgeltfortzahlung im Krankheitsfall, betriebliche Altersversorgung, Zusatzversorgung und
sonstige Arbeitgeberleistungen, die ebenfalls 2,5 Prozent des Bruttoinlandsprodukts entsprachen. Für Entschädigungen waren 0,3 Prozent des Inlandsproduktes
vorgesehen, vor allem für die Soziale Entschädigung (Kriegsopferversorgung),
die Wiedergutmachung für nationalsozialistische Gewalttaten und den Lastenausgleich zugunsten der Heimatvertriebenen und Flüchtlinge. Zum Sozialbudget
zählen auch Förder- und Fürsorgesysteme (2,7 Prozent), unter ihnen die Sozialhilfe (1,3 Prozent) und die Jugendhilfe (0,8 Prozent).

Alle erwähnten Leistungen sind direkte Sozialleistungen. Ihnen fügt das Sozialbudget die indirekten Leistungen hinzu (3,5 Prozent des Bruttoinlandsproduktes), unter ihnen der Familienleistungsausgleich (1,7 Prozent) und sonstige steuerlich begünstigte Leistungen (1,8 Prozent).

Funktionale
Aufgliederung

Wie die Aufgliederung des Sozialbudgets nach Aufgabenbereichen zeigt, kam
der größte Teil der Sozialausgaben 2003 dem Funktionsbereich „Alter und Hinterbliebene" zugute: auf ihn entfielen 38,3 Prozent des gesamten Sozialbudgets[591].
Der Funktionsbereich „Gesundheit" konsumierte 33,9 Prozent des Sozialbudgets.
„Ehe und Familie" war der mit erheblichem Abstand drittgrößte Bereich. Doch sein
Anteil am Sozialbudget lag mit 14,7 Prozent so deutlich unter dem von 1960 (16,9
Prozent) oder 1980 (16,1 Prozent), dass er nicht zur These von der Transformation
des deutschen Sozialstaats durch ein wachsendes Gewicht der Familienpolitik
passt[592]. Für den Funktionsbereich „Beschäftigung" wurden im Jahre 2003 9,9 Pro-
zent des Sozialbudgets ausgegeben; mit diesen wurden die Beschäftigung und die
Mobilität von Arbeitskräften gefördert und Leistungen für Arbeitslose finanziert.
Zu den sonstigen Posten zählt unter anderem das Wohnen (1,2 Prozent).

Finanzierungsquellen

Aus welchen Quellen wird das Sozialbudget finanziert? Die Sozialpolitik in
der Bundesrepublik Deutschland ist, wie schon vor 2003, größtenteils auf die
Sozialversicherungen gegründet[593]. Fast 60 Prozent des Sozialbudgets werden
durch Beiträge finanziert. Die Sozialbeiträge der Versicherten (d.h. vor allem der
Arbeitnehmer, der Rentner und der versicherten Selbständigen) kamen beispielsweise 2003 für 25,9 Prozent der Einnahmen des Sozialbudgets auf. Die
Arbeitgeber entrichteten einen höheren Anteil: er betrug 33,7 Prozent. Und 39,1
Prozent des Sozialbudgets entstammten Zuweisungen aus öffentlichen Haushalten, der größte Teil davon vom Bund. Der Rest der Finanzierung entfiel auf sonstige Zuweisungen und Einnahmen.

Der Finanzierung nach basiert Deutschlands Sozialpolitik auf einem Misch-
system – insoweit der Finanzierung des Wohlfahrtsstaates in Belgien, Frankreich, den Niederlanden, Österreich und Japan ähnlich[594]: knapp 60 Prozent des

---

591 Berechnet auf der Basis von BMGS 2005a: 936f.
592 Für diese These haben sich insbesondere BLESES & SEELEIB-KAISER 2004 stark gemacht.
593 BMGS 2005a: 939 mit Zahlen für 2003.
594 Berechnungen der OECD zufolge wird der sozialbeitragsfinanzierte Sozialbudgetanteil Deutsch-
     lands 2000 auf 47,8% geschätzt. Übertroffen wird dieser Wert von Frankreich (53,0%), Japan
     (55,9%), den Niederlanden (50,5%), Spanien (55,3%), Schweden (52,4%), Korea (71,4%) und

Sozialbudgets der Bundesrepublik Deutschland tragen die Versicherten und die Arbeitgeber bei, rund 40 Prozent werden hauptsächlich aus Steuern finanziert. Die Verteilung spiegelt den Tripartismus der Sozialpolitik wider, also die liberalkorporatistische Verflechtung von Staat und Gesellschaft, vor allem die Einbindung der Verbände der Produzenteninteressen, der Sozialversicherten und der Leistungsanbieter im Sozial- und Gesundheitswesen wie der Standesorganisationen der Ärzte in die Politikformulierung und den Politikvollzug.

In der Bundesrepublik basiert die Inkorporierung der Verbände auf Freiwilligkeit und Respektierung von Selbstverwaltungsrechten. Das war schon im Kaiserreich der Fall und mehr noch in der Weimarer Republik, jedoch nicht im NS-Staat und im DDR-Sozialismus. Selbstverwaltung wird den Trägern der Sozialversicherung gewährt, die rechtsfähige Körperschaften des öffentlichen Rechts sind. Zu den Trägern der Sozialversicherungen gehören vor allem die Gesetzlichen Krankenkassen, die Rentenversicherungsanstalten, die Berufsgenossenschaften und die Bundesagentur für Arbeit. Die Selbstverwaltung sieht die „Wahrnehmung von öffentlichen Aufgaben (vor), die aus der allgemeinen Staatsverwaltung ausgegliedert und als eigene Angelegenheit auf einen selbständigen, unterstaatlichen Träger öffentlicher Gewalt zur Erfüllung im eigenen Namen und auf eigene Kosten übertragen werden, unbeschadet einer Aufsicht des Staates"[595], die den Wirkungskreis der Selbstverwaltung allerdings beträchtlich einschränken kann. Die Selbstverwaltungsorgane setzen sich in der Regel zur Hälfte aus Vertretern der Versicherten und der Arbeitgeber zusammen.

Der Sozialstaat der wiedervereinigten Bundesrepublik ist das Produkt einer mehr als hundertjährigen wechselvollen Geschichte. Kamen in ihr trotz aller Regimewandel übergreifende Trends zum Tragen? Auffällig ist zunächst, dass die Sozialpolitik im Unterschied zum föderalen Prinzip der Staatsorganisation das unitarische Element verkörpert und dieses gestärkt hat. Wenn die Bundesrepublik Deutschland als „unitarischer Bundesstaat"[596] bezeichnet wird, so hat daran die reichs- bzw. bundesweit uniforme Sozialpolitik maßgeblichen Anteil. Auffällig ist ferner der mittlere Weg der Sozialpolitik Deutschlands zwischen einer sozialen Sicherung nach liberalem, marktorientiertem Modell und einer egalitären, etatistisch-wohlfahrtsstaatlichen Rundumversorgung aller Staatsbürger – mit Ausnahme der DDR-Sozialpolitik, die der Rundumversorgung von der Wiege zur Bahre auf Mindestversorgungsniveau am nächsten kam. Auch hinsichtlich der Interessenvermittlung zwischen Staat und Gesellschaft wandelt die Sozialpolitik im Kaiserreich, in der Weimarer Republik und in der Bundesrepublik[597] auf einem mittleren Weg: im Unterschied zum etatistischen Wohlfahrtsstaat und zur dezentralisierten, betriebs- oder familienbasierten Sozialpolitik gründet sie sich auf die staatlich-politische Formung der gesellschaftlichen Versicherten-

Übergreifende Trends

---

den postsozialistischen Staaten außer Polen. (Berechnungsbasis: OECD 2003 a: 410, 2004a). Gemessen am Sozialproduktanteil der Sozialabgaben wird Deutschland mit 13% (2000) nur noch übertroffen von Frankreich, Spanien und der Tschechischen Republik mit jeweils 15%. Allerdings liegt der von der OECD geschätzte sozialbeitragsfinanzierte Sozialbudgetanteil rund 12 Prozentpunkte unter dem Wert, den die deutsche Sozialbudgetstatistik ausweist (BMGS 2005a: 939). Der langfristige Sozialbeitragsanteil am Sozialbudget schwankt zwischen 54,2% (1960) und 66,7% (1990), vgl. ebd.: 939.

595 KRAUSE 1994: 364.
596 HESSE 1962.
597 Wie das 3. und das 5. Kapitel des Teils I verdeutlichen, unterscheiden sich hiervon die Strukturen des NS-Staates und des SED-Staates fundamental.

stände, vor allem der Angestellten- und der Arbeiterschaft mitsamt der Familienangehörigen, und auf der Inkorporierung dieser Stände, ihrer Verbände und der Interessenorganisationen der Arbeitgeber und der Ärzte in den Staat.

Die Grundlage der Sozialpolitik in Deutschland und ihres dritten Weges zwischen dem Marktstaat und dem entfalteten Wohlfahrtsstaat besteht aus Pflichtsozialversicherungen, die überwiegend aus Beiträgen der Versicherten und deren Arbeitgeber finanziert werden. Das kennzeichnete sogar einen wesentlichen Teil der Sozialpolitik des NS-Staates und – wenngleich in stark schrumpfendem Maß – die DDR-Sozialpolitik, in der am Ende der Staat auch mehr als die Hälfte der Sozialleistungen aus dem Steueraufkommen finanzierte. In allen anderen politischen Regimen in Deutschland war aber nicht der Zentralstaat der Hauptfinanzierer der Sozialpolitik. Wiederum mit Ausnahme der DDR und des NS-Staates gilt: Nicht die Zentralisierung beim Reich oder beim Bund charakterisierte die Sozialpolitik Deutschlands, sondern die Politik eines vielfältig gegliederten, nach Ständen und Institutionen fragmentierten, durch Wohlfahrtsverbände der Kirchen und der weltlichen Interessen ergänzten, gleichwohl unitarischen Systems, das die älteren Traditionen des „korporativistischen Interventionstaates"[598] des Deutschen Reiches von 1871 auf eine freiheitliche Basis stellte.

Leitbilder der Sozialpolitik

Die Leitidee der staatlichen Sozialpolitik in Deutschland bestand zunächst darin, eine Versichertengemeinschaft schutzbedürftiger Arbeiter zu schaffen und zu protegieren. Später wurde die Leitidee zum Konzept der Arbeitnehmerversicherung und sodann zur Versicherung aller Arbeitnehmer und ihrer Familienangehörigen erweitert. Parallel dazu oder schon vorher wurden die Sicherungssysteme für die Beamten nach dem Prinzip der beamtenrechtlichen Fürsorge und der Alimentation[599] auf- und ausgebaut. Doch nach wie vor sind die Kernsysteme der sozialen Sicherung primär an die Erwerbstätigkeit des Versicherten gebunden, insbesondere an die abhängige Erwerbstätigkeit, nicht an die Staatsbürgerschaft oder die Zugehörigkeit zur Wohnbevölkerung. Allerdings ist der Zugang zur Versichertengemeinschaft erleichtert, der Rechtsanspruch auf Versicherungsleistungen vertieft und seine enge Bindung an den Arbeiterstatus gelockert worden, vor allem zugunsten von Familienangehörigen des Versicherten. Ein Beispiel: Nichterwerbspersonen galten der sozialen Sicherung lange als Passagiere zweiter oder dritter Klasse, sofern sie überhaupt mitreisen durften, bis ihnen die Expansion des Sozialstaates den Zugang zur sozialen Sicherung öffnete. Davon profitierten beispielsweise in der Rentenversicherung die Hinterbliebenen, in der Krankenversicherung die Familienangehörigen, in der Pflegeversicherung die meisten Pflegebedürftigen und in der Sozialhilfe alle Staatsbürger.

Nach wie vor kommt der Statusaufrechterhaltung in Deutschlands Alterssicherungspolitik eine erhebliche Bedeutung zu, aber nicht in der gesamten Sozialpolitik. Die Alterssicherung überträgt einen Teil des im Erwerbsleben erreichten Status in der Einkommensverteilung auf die Schichtung der Altersrenten. Hinzu kommt die Differenzierung der Sozialleistungen nach Berufsgruppe oder Arbeitnehmerstand. So hängen Art und Höhe der Sozialleistungen davon ab, ob der Versicherte Arbeiter, Angestellter, Bergmann oder Beamter ist. Allerdings wurde die berufsständische Ungleichheit der Sozialpolitik allmählich gemildert. Die Ungleichbehandlung von Arbeitern und Angestellten in der Sozialversicherung beispielsweise

---

598 WEHLER 1995: 662ff.

599 Also nach dem Grundsatz der Gewährleistung eines angemessenen Lebensunterhaltes von Beamten, Ruhestandsbeamten und deren Hinterbliebenen durch den Arbeitgeber.

hat der Gesetzgeber nach schüchternem Anfang in der Weimarer Republik und beherzterem Zugriff im Nationalsozialismus in der Bundesrepublik spürbar verringert und in der DDR gänzlich beseitigt, jedoch durch privilegierende Zusatz- und Sonderversorgungssysteme für strategisch besonders wichtige Gruppen ersetzt.

Noch stärker eingeebnet wurden die Sozialleistungen außerhalb der Alterssicherung, so beispielsweise in der Krankenversicherung, der Pflegeversicherung und der Arbeitslosenversicherung. Außerhalb der Sozialversicherungen werden überdies viele Sozialleistungen erst unterhalb bestimmter Einkommen gewährt.

Über weite Strecken war die Expansion ein Markenzeichen der Sozialpolitik in der Bundesrepublik Deutschland. Ein Anzeiger der Expansion der Sozialpolitik war ihr zunehmender Versichertenkreis. Dieser Kreis nahm absolut und relativ zur Bevölkerung zu. Was ursprünglich eine Arbeiterversicherung war, wandelte sich allmählich zur – Arbeiter und Angestellte umfassenden – Arbeitnehmerversicherung und kam seit den 1970er Jahren dem Typus der Volksversicherung näher als je zuvor. Im Gegensatz zur Erweiterung des allgemeinen Wahlrechts, das zunächst nur den besitzenden Klassen zustand und später unteren sozialen Klassen gewährt wurde, erfasste die Sozialversicherung im Anfang nur die unteren Erwerbsklassen, vor allem die gewerblichen Arbeiter. Erweitert wurde der Sozialschutz von unten nach oben. Wohlhabende Angestellte und Selbständige kamen erst später unter seine Obhut. Der Beamtenschaft und dem Militär allerdings wurde schon vor der Arbeiterschaft Sozialschutz zuteil: ihnen gewährte der Dienstherr, der Staat, Protektion durch Fürsorge und Alimentation.

Zögerlicher entwickelte sich die Integration der hauswirtschaftlich Tätigen, insbesondere der Hausfrauen, in die Sozialpolitik. Ihre soziale Sicherung hing lange Zeit von der des Haushaltsvorstandes ab, sofern dieser einer sozialversicherungspflichtigen Beschäftigung nachging. Diese Anbindung resultierte aus dem Prinzip der Arbeitnehmerversicherung und sie war Ausdruck tief verwurzelter patriarchalischer Herrschaft. Auch diese wurde allmählich durch das Voranschreiten der Rechtsgleichheit von Männern und Frauen gemildert.

In ihren ersten Jahrzehnten bot die staatliche Sozialpolitik in Deutschland nur lückenhaften Schutz gegen Risiken des Alters, der Krankheit und der Invalidität. Erst in der Demokratie kam die Versicherung gegen Arbeitslosigkeit hinzu (1927). Später gesellten sich ihr ergänzende Maßnahmen der sozialen Sicherung zur Seite, z.B. Familienbeihilfen, Wohngeld, Ausbildungsförderung für Schüler und Studenten, und Sozialleistungen zur Eingliederung schwächerer Gruppen wie der Behinderten, so ansatzweise in der Weimarer Republik und in vollem Umfang in der Bundesrepublik Deutschland. Doch selbst im weit ausgebauten Sozialstaat der Bundesrepublik währte es mehr als vier Jahrzehnte, bis der Gesetzgeber die Pflegeversicherung, die überfällige fünfte Säule der Sozialversicherung, errichtete.

Größe und Zusammensetzung der Sozialstaatsklientel dokumentieren die Expansion der Sozialpolitik in Deutschland und die zunehmende Distanz zum Typus der Arbeiterversicherung und dem der Arbeitnehmerversicherung. Zählt man zur Sozialstaatsklientel nur diejenigen, die den Lebensunterhalt hauptsächlich oder vollständig aus Sozialeinkommen bestreiten, stieg ihr Anteil an der Wohnbevölkerung von 14,6 Prozent (1965) auf 23,3 Prozent (1990)[600] und wird 2002 auf knapp 30 Prozent geschätzt[601].

Versichertenkreis

---

600 DISI 1995. Das ist eine konservative Schätzung. Höhere Werte ermittelte ALBER 1989: 133ff..
601 Berechnet aus STATISTISCHES BUNDESAMT, WZB & ZUMA 2004: 99.

Tabelle 1: Struktur und Wandel der Sozialstaatsklientel in der Bundesrepublik
Deutschland seit 1950

Sozialpolitisches Programm	Größe der Klientel 1950	Größe der Klientel 1989	Größe der Klientel 2002
Altersrenten (Anzahl und Anteil der Empfänger an der Bevölkerung über 60) am 1. Juli[a]	2.601.000 (36,4%)	8.302.000 (64,3%)	15.827.000 (78,7%)
Berufs- und Erwerbsunfähigkeitsrenten (Anzahl und Anteil an Bevölkerung über 60) am 1. Juli	-/-	1.849.000 (14,3%)	1.851.000 (9,21%)
Witwen- und Witwerrenten (Anzahl und Anteil an der Bevölkerung über 60) am 1. Juli	1.236.000 (17,3%)	4.277.000 (33,1%)	5.412.000 (26,9%)
Pflichtversicherte in der gesetzlichen Krankenversicherung (mit Rentnern) und Anteil an der Gesamtbevölkerung (Jahresdurchschnitt)	20.444.000 (40,1%)	37.230.000 (59,4%)	50.971.000 (61,6%)
Unfallversicherungsrenten (Anzahl und Anteil an den Erwerbspersonen) am Jahresende	636.000 (2,9%)	930.143 (3,1%)	1.121.741 (2,8%)
Arbeitslosenversicherung (Empfänger von Arbeitslosengeld/-hilfe und Anteil an allen Arbeitslosen) (Jahresdurchschnitt)	1.455.000 (77,8%)	1.384.000 (67,9%)	3.591.000 (88,5%)
Pflegeversicherung (Leistungsempfänger und Anteil an der Bevölkerung über 60) am Jahresende	-/-	-/-	1.889.000 (9,4%)
Kriegsopferversorgung (Anzahl Versorgungsberechtigter und Anteil an der Gesamtbevölkerung) am 1. Januar	3.939.000 (7,7%)	1.429.000 (2,3%)	762.000 (0,9%)
Kindergeld (Kinder, für die Leistungen gezahlt wurden, Anteil an allen Kindern bis 18 Jahre)	-/-	10.117.000 (88,7%)	15.107.000 (99,2%)
Sozialhilfe (Empfänger insgesamt und Anteil an der Bevölkerung)[b]	-/-	3.141.000 (5,1%)	4.316.000 (5,2%)
Wohngeld (Anzahl der Empfängerhaushalte und Anteil an privaten Haushalten) am Jahresende	-/-	1.792.500 (6,5%)	3.101.000 (8,0%)

Anmerkungen: a = 1950: Versichertenrenten in der Invaliden-, der Angestellten- und der knappschaftlichen Rentenversicherung, b = Summe aus laufender Hilfe außerhalb von Einrichtungen am Jahresende und Hilfe in besonderen Fällen während des Jahres.

Quellen: BMA 1996a, 1996b, BMGS 2004a, STATISTISCHES BUNDESAMT: Statistisches Jahrbuch für die Bundesrepublik Deutschland (diverse Jahrgänge).

Mindestens 40 Prozent aller Wähler sind somit zur Sicherung ihres Lebensunterhaltes existentiell auf die Sozialpolitik angewiesen – der Anteil der direkt in der Sozialverwaltung und Sozialpolitik Beschäftigten und ihrer Angehörigen ist dabei noch nicht berücksichtigt. Die Sozialstaatsklientel hat mithin beträchtliche „Staatsmacht"[602] errungen, und zwar in Form von Wählerstimmen, um die vor allem die großen Parteien im ureigenen Interesse werben müssen.

---

602 LEPSIUS 1979: 199. Schätzungen von PIERSON (2001b: 413) zufolge betrug der Anteil der Sozialstaatsklientel an der Wählerschaft schon 1996 50,8%. In Schweden lag dieser Prozentsatz noch höher (57,3%) und in den sozialpolitisch zurückhaltenden USA immerhin bei 32,9%.

Die Daten in der Tabelle 1 zeigen Millionen zählende Heere von Sozialleistungsempfängern an. Man betrachte nur die Zahlen für das frühe 21. Jahrhundert: 15,8 Millionen Altersrenten wurden gezählt, ferner 1,9 Millionen Berufs- und Erwerbsunfähigkeitsrenten, sodann 5,4 Millionen Hinterbliebenen- und 1,1 Millionen Unfallversicherungsrenten, weiter 3,6 Millionen Empfänger von Arbeitslosengeld oder -hilfe, 1,9 Millionen Pflegeabhängige, mehr als 0,7 Millionen Versorgungsberechtigte der Kriegsopferversorgung, Kindergeldzahlungen für 15,1 Millionen Kinder und am Jahresende 3,1 Millionen Wohngeldempfänger und 4,3 Millionen Sozialhilfeempfänger[603]. Die Anzahl der Sozialleistungsempfänger zu Beginn des 21. Jahrhunderts übersteigt die von 1950 mitunter um ein Mehrfaches. Nur zu einem kleinen Teil spiegelt dies die Auswirkungen der deutschen Einheit wider, mit der das westdeutsche Sozialpolitiksystem auf die neuen Bundesländer übertragen wurde. Die Sozialpolitik ist wahrlich zur sozialen Sicherung der Vielen geworden.

Vom Trend von der sozialen Sicherung für Wenige zur Sozialpolitik für die Vielen künden auch die Sozialausgaben und die Sozialbeiträge. Die Sozialleistungsquote, der Anteil der öffentlichen Sozialleistungen am Sozialprodukt, betrug in Deutschland bis 1900 nach Schätzungen von Andic & Veverka kaum mehr als ein Prozent des Bruttoinlandsprodukts. In der Weimarer Republik kletterte die Sozialleistungsquote bis auf 9,3 Prozent (1931), während sie im NS-Staat auf 5,3 Prozent (1938) zurückgeführt wurde. 1950 lag die Sozialleistungsquote bei 11 Prozent, mit steigender Tendenz in den folgenden Jahren. Diese Schätzungen erfassen allerdings nur die Ausgaben der Sozialversicherungen. Einen stärkeren Trend auf höherem Niveau zeigt die Sozialleistungsquote nach Berechnungen der ILO an[604]. Zur nachhaltigen Expansion des Sozialetats, auch relativ zum Sozialprodukt, kam es in der Bundesrepublik Deutschland, und zwar beflügelt durch zunehmenden Wohlstand und Demokratie. Die Wachstumsschübe der Sozialleistungsquote in Deutschland fielen den Daten in der Tabelle 2 zufolge auf die zweite Hälfte der 1950er Jahre, die 1960er Jahre, die erste Hälfte der 1970er Jahre, die ersten vier Jahre nach der Wiedervereinigung von 1990 und die Jahre der rot-grünen Regierung Schröder. Die Sozialbeiträge auf den Bruttolohn zeigen ähnliche Tendenzen an: kräftig angehoben hatte sie der Gesetzgeber im Kontext der Rentenreform von 1957, in der Großen Koalition von 1966 bis 1969, unter der SPD-FDP-Koalition insbesondere 1974/75 sowie von 1980 bis 1982 und in der Ära Kohl vor allem in den Jahren 1991, 1994 und 1996. Wie die Tabelle 2 zeigt, expandierte der Sozialstaat der Bundesrepublik sowohl unter den SPD- wie auch unter den CDU-geführten Bundesregierungen. Hinsichtlich der Veränderung der Sozialabgaben und -ausgaben bestanden zwischen den Regierungen der beiden großen Sozialstaatsparteien in der Periode von 1950 bis 1996 keine signifikanten Differenzen[605]. Dies spiegelt wider, dass Deutschlands Sozialstaat zu einem beträchtlichen Teil das gemeinsame Produkt von christdemokratischer und sozialdemokratischer Regierungspraxis ist, und zwar unter

Sozialleistungsquote und Sozialbeiträge im Zeitverlauf

---

603 Daten für 2002. Quellen: Tabelle 1 im Kapitel 1.6.

604 ANDIC & VEVERKA 1963/64: 247. ILO-Daten zufolge liegt die Sozialleistungsquote der Bundesrepublik 1950 bei 14,8% (ILO 1952, 1953).

605 Dies indizieren die durchweg insignifikanten bivariaten Korrelationen zwischen der Veränderung der Sozialpolitikindikatoren der Tabelle 2 einerseits und Indikatoren christdemokratischer, liberaler oder sozialdemokratischer Regierungsbeteiligung (nach Kabinettssitzanteilen oder nach der parteipolitischen Couleur des Regierungschefs) andererseits.

Mittäterschaft der – nach der Programmatik sozialstaatskritischen – FDP. Gleichwohl nahmen die durchschnittlichen Sozialleistungen in absoluten Zahlen beträchtlich zu: 1960 betrugen die Sozialleistungen pro Kopf der Bevölkerung in der Bundesrepublik Deutschland umgerechnet 588 Euro, 2003 aber waren es 8411 Euro[606]. Der Unterschied hängt auch mit dem steigenden wirtschaftlichen Wohlstand Deutschlands zusammen. Nach 1949 expandierten nicht nur die Sozialleistungen, sondern auch das gesamtwirtschaftliche Wohlfahrtsniveau, und zwar stärker als je zuvor in der Geschichte Deutschlands. Das dokumentieren international und historisch vergleichende Berechnungen des Wirtschaftswachstums[607]. Das preisbereinigte Pro-Kopf-Bruttoinlandsprodukt beispielsweise wuchs im Deutschen Reich zwischen 1883 und 1913 im Jahresdurchschnitt im Vergleich zum Vorjahr um 1,7 Prozent. In der Weimarer Republik hingegen wuchs die Wirtschaft jahresdurchschnittlich um 1,3 Prozent. Der NS-Staat konnte sich von 1933 bis 1944 eines starken Wachstums rühmen (5,1 Prozent), endete aber 1945 in einem auch wirtschaftlich beispiellosen Niedergang. 1945 stürzte das Sozialprodukt um minus 26 Prozent ab, und im folgenden Jahr schrumpfte es um weitere 51 Prozent. Der Wirtschaftsaufschwung kam wesentlich erst in der Bundesrepublik Deutschland in Gang. Über viele Jahre hinweg wuchs die Wirtschaft überdurchschnittlich stark, allerdings mit von Zyklus zu Zyklus sinkenden Wachstumsraten und vor allem seit Mitte der 1990er Jahre nur noch mit verhaltenem Tempo. Hieraus resultierte von 1950 bis 1990 ein jahresdurchschnittliches Wachstum des Pro-Kopf-Sozialproduktes gegenüber dem Vorjahr von 4,2 Prozent und in den nachfolgenden Jahren bis 2005 ein Wachstum von 1,3 Prozent[608]. Somit wurde der Ausbau der staatlichen Sozialpolitik in der Bundesrepublik insbesondere bis in die 1990er Jahre von einem kräftigen Wachstum der „anonymen Sozialpolitik des Marktmechanismus"[609] begleitet.

Für den Großteil der Bevölkerung der Bundesrepublik resultierte aus der staatlichen und der marktbedingten Sozialpolitik eine substantielle Verbesserung des Lebensstandards, ja: ein zuvor in Deutschland nie erreichtes, auch international höchst beachtliches Wohlfahrtsniveau. Obendrein hielten die Sozialleistungen pro Empfänger Schritt mit dem wachsenden Einkommen der erwerbstätigen Arbeitnehmer, vor allem seit der Rentenreform von 1957.

---

606 BMGS 2005a: 934.
607 Die folgenden Daten basieren auf Berechnungen der preisbereinigten Pro-Kopf-Dollars (Gheary-Khamis International Dollars) nach MADDISON 2003: 60-64.
608 Berechnet aus MADDISON 2003: 60-64.
609 ROSENBERG 1976: 217.

Tabelle 2: Sozialleistungsquote, Sozialabgaben und Pro-Kopf-Sozialprodukt in der Bundesrepublik Deutschland seit 1950

Jahr	Sozial-leistungs-quote (% BIP)	Arbeitnehmersozialbeiträge (% Bruttoarbeitsentgelt)					Pro-Kopf-Sozialpro-dukt	Partei des Bundes-kanzlers
		Alle Bei-träge	Rentenver-sicherung der Arbeiter und Angestellten	Kranken-versiche-rung	Arbeitslo-senver-sicherung	Pflegever-sicherung		
1950	19,2	10,0	5,0	3,0	2,0		3881	CDU
1951	18,4	10,0	5,0	3,0	2,0		4206	CDU
1952	18,8	10,0	5,0	3,0	2,0		4553	CDU
1953	19,0	10,0	5,0	3,0	2,0		4905	CDU
1954	20,0	10,1	5,0	3,1	2,0		5247	CDU
1955	19,1	10,1	5,5	3,1	1,50		5797	CDU
1956	19,6	10,1	5,5	3,1	1,50		6177	CDU
1957	21,2	11,9	7,0	3,9	1,0		6492	CDU
1958	22,3	12,2	7,0	4,2	1,0		6737	CDU
1959	21,8	12,2	7,0	4,2	1,0		7177	CDU
1960	21,1	12,2	7,0	4,2	1,0		7705	CDU
1961	21,4	12,7	7,0	4,7	1,0		7952	CDU
1962	21,7	12,5	7,0	4,8	0,70		8222	CDU
1963	22,0	12,5	7,0	4,8	0,70		8386	CDU
1964	22,1	12,5	7,0	4,85	0,65		8822	CDU
1965	22,5	12,6	7,0	4,95	0,65		9199	CDU
1966	23,3	12,65	7,0	5,0	0,65		9388	CDU
1967	24,9	12,7	7,0	5,05	0,65		9397	CDU
1968	24,9	13,25	7,5	5,1	0,65		9864	CDU
1969	24,6	13,9	8,0	5,25	0,65		10440	CDU
1970	25,0	13,25	8,5	4,1	0,65		10839	SPD
1971	25,6	13,25	8,5	4,1	0,65		11077	SPD
1972	26,3	13,55	8,5	4,2	0,85		11481	SPD
1973	26,8	14,45	9,0	4,6	0,85		11966	SPD
1974	28,6	14,55	9,0	4,7	0,85		12063	SPD
1975	31,4	15,2	9,0	5,2	1,0		12041	SPD
1976	30,7	16,1	9,0	5,6	1,5		12684	SPD
1977	30,8	16,2	9,0	5,7	1,5		13072	SPD
1978	30,4	16,2	9,0	5,7	1,5		13455	SPD
1979	29,8	16,1	9,0	5,6	1,5		13993	SPD
1980	30,4	16,2	9,0	5,7	1,5		14114	SPD
1981	31,0	16,65	9,25	5,9	1,5		14149	SPD
1982	30,7	17,0	9,0	6,0	2,0		14040	SPD
1983	30,0	17,45	9,25	5,9	2,3		14329	CDU
1984	29,7	17,25	9,25	5,7	2,3		14783	CDU
1985	29,8	17,55	9,6	5,9	2,05		15140	CDU
1986	29,7	17,7	9,6	6,1	2,0		15469	CDU
1987	30,0	17,8	9,35	6,3	2,15		15701	CDU
1988	29,8	18,0	9,35	6,5	2,15		16160	CDU
1989	28,8	18,0	9,35	6,5	2,15		16558	CDU
1990	27,6	17,8	9,35	6,3	2,15		15929	CDU
1991	28,4	18,35	8,85	6,1	3,4		16604	CDU
1992	29,9	18,4	8,85	6,4	3,15		16847	CDU
1993	30,7	18,7	8,75	6,7	3,25		16554	CDU
1994	30,5	19,45	9,6	6,6	3,25		16884	CDU
1995	31,1	19,65	9,3	6,6	3,25	0,50	17125	CDU
1996	31,9	20,5	9,6	6,8	3,25	0,85	17212	CDU
1997	31,4	20,85	10,15	6,6	3,25	0,85	17425	CDU
1998	31,3	21,05	10,15	6,8	3,25	0,85	17764	CDU
1999	31,7	20,65	9,75	6,8	3,25	0,85	18076	SPD
2000	31,8	20,5	9,65	6,75	3,25	0,85	18596	SPD
2001	32,0	20,45	9,55	6,8	3,25	0,85	18677	SPD
2002	32,5	20,65	9,55	7,0	3,25	0,85	18696	SPD
2003	32,6	21,00	9,75	7,15	3,25	0,85	18677	SPD
2004		20,85	9,75	7,0	3,25	0,85	18910	SPD
2005		20,85	9,75	7,0	3,25	0,85	19175	SPD

Anmerkungen:
Spalte 1: Beobachtungsjahr. Zahlen für 2005: Stand Juli 2005.

Spalte 2: Sozialleistungsquote (öffentliche Sozialausgaben in Prozent des Bruttosozialprodukts). 1960-2003: Sozialbudget-Daten (BMGS 2005a: 934). 1950-59: Schätzungen des Sozialbudgets anhand von ALBER 1987: 325. 2001-2003: Vorläufige Daten.

Spalte 3: Summe der Sozialbeitragssätze der Arbeitnehmer in den alten Bundesländern (in Prozent des Bruttoarbeitsentgelts bis zur jeweiligen Beitragsbemessungsgrenze). Ein gleich hoher Beitragssatz ist vom Arbeitgeber des versicherten Arbeitnehmers zu entrichten. Quelle: BMGS 2004a, 2005c; 111f.

Spalte 4: Beitragssatz zur Rentenversicherung in Prozent des Bruttoarbeitsentgelts bis zur Beitragsbemessungsgrenze (Arbeitnehmeranteil) in der Arbeiter- und Angestelltenversicherung in den alten Ländern. Quelle: BMGS 2004a.

Spalte 5: Durchschnittlicher Beitragssatz der Arbeitnehmer zur Krankenversicherung in Prozent des Bruttoarbeitsentgelts bis zu 75% der Beitragsbemessungsgrenze (bis 1969 Beitragssätze der Arbeiter). Ab 1991 Durchschnitt der Beitragssätze in den alten Ländern.

Spalte 6: Beitragssatz der Arbeitnehmer zur Arbeitslosenversicherung (in Prozent des Bruttoarbeitsentgelts bis zur Beitragsbemessungsgrenze). Quelle: BMGS 2004a.

Spalte 7: Beitragssatz der Arbeitnehmer zur Pflegeversicherung (in Prozent des Bruttoarbeitsentgelts bis zu 75 % der Beitragsbemessungsgrenze). Quelle: BMGS 2004a.

Spalte 8: Höhe des preisbereinigten Pro-Kopf-Bruttoinlandsproduktes nach MADDISON 2003: 60-64 (Geary-Khamis International Dollars). Zahlen für 2002 bis 2005: Schätzungen anhand der Wachstumsraten des preisbereinigten BIP.

Spalte 9: Parteipolitische Zugehörigkeit des Bundeskanzlers (nach der Mehrzahl der Monate eines Jahres). Stand Juli 2005.

Mitunter wuchsen die Sozialeinkommen sogar schneller als die verfügbaren Einkommen aus abhängiger Erwerbstätigkeit. Das war den Mehrheiten der Sozialstaatsparteien im Parlament zuzuschreiben, die in der Regel danach strebten, einerseits die wichtigsten Sozialleistungen, insbesondere die wahlpolitisch besonders ertragreichen Sozialprogramme wie die Alterssicherung, gegen Kaufkraftverluste zu schützen oder real zu erhöhen und andererseits die Finanzierungslasten der Sozialpolitik vor allem den abhängig Beschäftigten und ihren Arbeitgebern aufzubürden.

Nicht nur die Politik gab den Sozialleistungsempfängern mehr Schützenhilfe als je zuvor, sondern auch das Bundesverfassungsgericht. 1980 stellte das Bundesverfassungsgericht die durch Beiträge begründeten Leistungen der Sozialversicherung unter Eigentumsschutz, beginnend mit Rentenansprüchen und Rentenanwartschaften[610]. Das war eine Entscheidung von historischer Bedeutung: sie beseitigte auf verfassungsrechtlichem Weg einen wesentlichen Teil proletarischer Existenz, die Eigentumslosigkeit.

Trotz Auf- und Ausbaus einer gewaltigen Sozialstaatsmaschinerie herrscht ein beträchtliches Maß an Ungleichheit unter den Sozialleistungsempfängern, vor allem unter den Altersrentnern. Dies resultiert zu einem erheblichen Teil aus den Verteilungsregeln der Alterssicherung, die vorrangig darauf geeicht ist, die Versicherten je nach Beitragsleistungen zu bedienen und den im Erwerbsleben erzielten Einkommensstatus aufrechtzuerhalten. Wer lange hohe Beiträge entrichtet hat, erhält eine hohe Altersrente; wer wenig einbezahlte, muss sich im Alter mit einer geringen Rente begnügen. Hinzu kommen Unterschiede des Leistungsniveaus der

---

610 BUNDESVERFASSUNGSGERICHT: Entscheidungen 53, Nr.17, 28. Februar 1980, 257-313.

verschiedenen Sozialprogramme. So sieht das unterste Netz der sozialen Sicherung, die Sozialhilfe, in der Regel niedrigere Leistungen vor als Programme mit einer Einkommensersatzfunktion wie die Altersrente, das Krankengeld und das Arbeitslosengeld. Und unter Letzteren sind die Leistungen der Arbeitslosenversicherung knapper bemessen als die der Kranken- und der Rentenversicherung[611].

Zum Teil reflektieren diese Unterschiede des Sozialleistungsniveaus die unterschiedliche Markt- und Staatsmacht der Versicherten. Nicht minder wichtig
sind politisch-institutionelle Bedingungen und strategische Weichenstellungen.
So soll das – im Vergleich zum Krankengeld – niedrigere Niveau des Arbeitslosengeldes die Arbeitsbereitschaft fördern. Und die – im Vergleich zur Rentenversicherung – höheren Renten der Unfallversicherung spiegeln das altherge-
brachte Prinzip der Sozialpolitik in Deutschland wider, die soziale Hilfe nicht
am Grad der Hilfsbedürftigkeit, sondern an deren Ursache auszurichten.

Allerdings sind die Unterschiede zwischen den sozialen Sicherungssystemen   Vereinheitlichung
der verschiedenen Berufsstände und Berufsgruppen beträchtlich vermindert worden. Mittlerweile ist die Einebnung der sozialen Sicherung von Angestellten und
Arbeitern vollzogen, sofern man Qualifikationsniveaus und hierdurch begründete Einkommensunterschiede konstant hält. Größere Bedeutung hat dagegen
die Differenz zwischen Versicherten ohne und solchen mit Anspruch auf zusätzliche betriebliche Altersversorgungsleistungen gewonnen. Von Letzteren profitieren in der Bundesrepublik schätzungsweise zwei Drittel aller Arbeitnehmer in
Betrieben mit mehr als 10 Beschäftigten[612]. Beim schwächeren Drittel konzentrieren sich die schmal bemessenen Einkommen. Dort herrschen nicht selten be-
engte Verhältnisse.

Manche ständischen Unterschiede haben sich in der sozialen Sicherung ge-   Sonderstatus der
halten, wenngleich geringere als früher. Beispielsweise sieht die Alterssicherung   Beamten
der Beamten in der Regel höhere Alterseinkommen vor als die der Arbeiter und
der Angestellten außerhalb des öffentlichen Dienstes. Die Alterssicherung der
Beamten ist nach dem Versorgungsprinzip konzipiert; sie ist Teil der Fürsorge
ihres Dienstherren. Vor allem drei Merkmale der Beamtenversorgung wecken in
der Regel die Begehrlichkeit anderer Versicherter: 1) der Höchstanspruch auf
Altersruhegeld sieht höhere Versorgungsbezüge vor, lange Zeit rund 75 Prozent
der ruhegehaltsfähigen Dienstbezüge, seit 2003 mit einer allmählichen Absenkung auf 71,75 Prozent; 2) auch eine kürzere Dienstzeit kann zu relativ ansehnlichen Altersruhegehältern führen, was vor allem Frühinvaliden, Witwen und
Personen, die erst spät zum Beamten ernannt wurden, zugute kommt; 3) überdies
haben die Beamten aufgrund des Versorgungsprinzips keine Beiträge zur Altersversicherung zu entrichten, was jedoch bei der Festlegung des Entgelts berücksichtigt wird, das im Vergleich zur Entlohnung gleichwertiger Tätigkeit in der
Privatwirtschaft meist niedriger ist.

Allerdings wird die Alterssicherung von Beamten häufig überschätzt. Ein beträchtlicher Teil ihrer Besserstellung im Rentenalter ist nicht der Berufsgruppenzu-
gehörigkeit zuzuschreiben, sondern höherer formaler Qualifikation und höheren
Positionen in der Berufshierarchie. Ferner sind die Einkünfte aus der Beamtenversorgung zu versteuern, während im Falle der Altersruhegelder von Angestellten
und Arbeitern bislang nur ein geringer Teil der Renten, ihr Ertragswert, der Be-

---

611 Für andere ALBER 1989, LEISERING & LEIBFRIED 1999.
612 GORDON 1989: 159. Laut Wirtschaftswoche Nr. 7, 6.2.1997, S.30, hatten 1993 66% aller Indus-
triebeschäftigten Anspruch auf eine betriebliche Rente.

steuerung unterliegt. Zudem haben die Beamten im Gegensatz zu den Arbeitern und Angestellten des öffentlichen Dienstes keine Zusatzversorgung, die vielfach bei langer Versicherungszugehörigkeit das Alterseinkommen in die Nähe des Nettoeinkommens im beruflichen Leben hebt. Schlussendlich relativieren genauere Analysen der Lebenseinkommen von Beamten und privatwirtschaftlich Beschäftigten mit gleichwertiger Qualifikation und Position die These der Beamtenprivilegierung. Beispielsweise ist die Rente ehemaliger Beamter des mittleren Dienstes nicht höher als das Altersruhegeld ehemaliger Meister der Industrie. Und nach dem Lebenseinkommen zu urteilen, sind die Beamtenpensionäre schlechter gestellt als die Vergleichsgruppe der Meister der gewerblichen Wirtschaft[613].

Planloser Wandel

Die Sozialversicherung wurde in ihrer mehr als 120 Jahre alten Geschichte zahllosen Änderungen unterzogen. Bis auf wenige große Reformen lag den Änderungen kein großer Plan zugrunde. Meistens ging es um Stückwerk-Reformen eines Sozialversicherungszweiges. Am häufigsten wurde die Rentenversicherung reformiert, während sich die Krankenversicherung lange als reformresistent erwies, bis die Gesundheitsstrukturreform von 1992 mit dem Gesetz der Serie brach. Trotz aller Reformen blieb die vielgliedrige Struktur der sozialen Sicherungssysteme in Deutschland bemerkenswert konstant. Sie überdauerte sogar den NS-Staat und – im Westen Deutschlands – die Jahre der Besatzung, nicht aber im Osten, wo die Einheitsversicherung ihre Stelle einnahm, aber alsbald von privilegierenden Zusatz- und Sonderversorgungssystemen ergänzt wurde. Auch das Kausalitätsprinzip behielt im Westen Deutschlands und in der wiedervereinigten Bundesrepublik die Oberhand über das Finalitätsprinzip: Voraussetzung, Art, Höhe, Dauer und Umfang sozialer Leistungen werden weniger von deren Zweck oder vom Schadensfall bestimmt (Finalitätsprinzip), sondern hauptsächlich von den Ursachen des Schadens und der institutionellen Zuordnung des Falles (Kausalitätsprinzip). Just dies wird vielfach als eine Ursache der kostspieligen Kompetenzüberschneidungen und der suboptimalen Effektivität und Effizienz der Sozialpolitik gewertet.

Trotz der Effektivitäts- und Effizienzprobleme hat die Sozialpolitik die Lebenslage von Millionen Leistungsempfängern substantiell verbessert. Im Deutschen Reich von 1871 dienten die Sozialleistungen nur als Zubrot. Später nahm ihr Leistungsniveau pro Empfänger zu, wenngleich mit krisenbedingten Einbrüchen wie 1923/24 und 1930-1933. Heutzutage sichern die Sozialleistungen der großen Mehrheit der Empfänger eine leidliche Existenz. Das bringt ein neues Leitbild der sozialen Sicherung zum Ausdruck: die ehemalige Zuschussversicherung, die als Zubrot zu anderweitigen Einkommen oder Hilfen gedacht war, wandelte sich in Richtung Lebensstandardsicherung, wenngleich das Sicherungsniveau im Vergleich zu den typischen Arbeitseinkommen abgesenkt ist.

Verteilungs- und
Umverteilungs-
maschine

Das System der sozialen Sicherung ist eine gewaltige Verteilungs- und Umverteilungsmaschinerie. Untersuchungen der Leistungen und Belastungen durch öffentliche Einkommensübertragungen (Transfers) und ihre Finanzierung haben nachgewiesen, dass in fast allen Haushalten positive und negative Transfers anfallen. Überproportional kommen die Leistungen überwiegend den Haushalten zugute, die keine oder nur geringe Arbeitseinkommen erzielen. Ferner verringern die Transfers den Abstand zwischen den durchschnittlichen Einkommen der Selbständigenhaushalte und der Arbeitnehmerhaushalte.

---

613 MERKLEIN 1986: Kp. 7.

160

Insgesamt verteilen die Transfer-Systeme das verfügbare Einkommen gleich-mäßiger und reduzieren somit die Ungleichheit der Bruttoerwerbs- und Vermö-genseinkommen, so der Befund der Transfer-Enquete-Kommission aus den frühen 1980er Jahren[614]. Wie international vergleichende Studien zeigen, wird hierdurch auch das Armutsrisiko beträchtlich verringert, sogar in größerem Maß als in den Niederlanden, in Großbritannien, der Schweiz, den USA, in Australien und Kanada und nur etwas geringer als in Schweden[615]. Auch der 2. Armuts- und Reichtumsbericht der Bundesregierung von 2005 zeigt, dass Deutsch-land hinter Schweden und Dänemark in der Europäischen Union das Land mit dem geringsten Armutsrisiko ist[616]. Der Sozialstaat der Bundesrepublik Deutschland verteilt demnach nicht nur in horizontaler Richtung um, beispielsweise zwischen den Generationen, sondern auch in der vertikalen, nämlich zwischen sozialen Gruppen ein und derselben Generation.

Im Zentrum dieses Buches steht die staatliche Sozialpolitik im engeren Sinn des Schutzes gegen die Kernrisiken Alter, Krankheit, Invalidität, Arbeitslosigkeit und Pflege. Damit wird zwar der Kernbereich der Sozialpolitik erfasst, aber den-noch ein unvollständiges Bild des gesamten Sozialschutzes gezeichnet. Parallel zur Ausweitung der Sozialpolitik im engeren Sinn wuchs nämlich die soziale Si-cherung im weiteren Sinn, verhalten in der Weimarer Republik und in beträchtli-chem Tempo in der Bundesrepublik Deutschland, vor allem in den 1960er und 1970er Jahren. Die Einführung und Erweiterung betrieblicher, arbeitsplatzbezo-gener, arbeitsmarktorientierter und wohnungspolitischer Sozialprogramme sowie der Auf- und Ausbau der Betriebsverfassung und der Mitbestimmung sind an vorderster Stelle zu erwähnen[617]. Hinzuzufügen sind indirekte, steuerfinanzierte Leistungen, ferner die Sozialleistungen der Arbeitgeber und der Wohlfahrtsverbän-de sowie die private Vorsorge[618]. Einer Studie von Josef Schmid zufolge entspricht der Umfang der durch die Wohlfahrtsverbände erbrachten Sozialleistungen in der Bundesrepublik einem Anteil von rund 4-5 Prozent des Sozialprodukts, und es wird geschätzt, dass hierzulande rund 1,5 Millionen ehrenamtliche Helfer in den Wohlfahrtsverbänden tätig sind[619]. Das verdeutlicht, dass die vorliegende Studie die Größe des Sozialstaats sogar etwas unterschätzt, weil sie vorrangig die staatli-che Sozialpolitik und davon hauptsächlich die soziale Sicherung erfasst. Doch diese Schwerpunktsetzung ist begründet: mit ihr bekommt man den Kern und das dynamische Zentrum der modernen Sozialpolitik am besten in den Griff.

Sozialpolitik im engeren und weiteren Sinne

Antriebs- und Bremskräfte der Sozialpolitik in Deutschland

Welche Kräfte bestimmten die staatliche Sozialpolitik in Deutschland seit ihrer Gründung in den 1880er Jahren, welche beförderten und welche behinderten sie? In welchem Ausmaß wurde sie von ökonomischen, demographischen, sozialen und politischen Bedingungen geprägt? Geleitet von diesen Fragen soll nun die in

---

614 BMA 1981.
615 BARR 1992, 2004, ATKINSON 1996, OECD 1995a, TARATABAI 1996.
616 BUNDESREGIERUNG 2005: XXIf.
617 HENTSCHEL 1983, ARMINGEON 1994, BMA 1994.
618 ZÖLLNER 1963, ROSE & SHIRATORI 1986, GORDON 1989, SCHMID 1996b.
619 SCHMID 1996b.

den vorangehenden Kapiteln beschriebene Sozialpolitik vom Deutschen Reich von 1871 bis zur wiedervereinigten Bundesrepublik zu Beginn des Jahrhunderts ausgewertet werden. Der Auswertung liegt ein Längsschnittvergleich zugrunde. Er wird in den folgenden Kapiteln vom internationalen Vergleich der Sozialpolitik ergänzt.

Das Fundament der staatlichen Sozialpolitik in Deutschland wurde in den 80er Jahren des 19. Jahrhunderts gelegt. In den folgenden Jahrzehnten wurde der Sozialschutz ausgebaut, mit Ausnahme der Jahre von 1930 bis 1932, des NS-Staates und der Jahre der Besatzungsherrschaft von 1945 bis 1949. Der Ausbau erfolgte zunächst langsam, später mitunter schneller und in besonders hohem Tempo in der Bundesrepublik Deutschland, vor allem von der Mitte der 1950er bis in die 1970er Jahre und in der ersten Hälfte der 1990er Jahre. Auch in der DDR, wo der Regimewandel einen besonders radikalen Umbau der Sozialpolitik herbeiführte, waren die 1970er Jahre die ‚fetten Jahre‘ der Sozialpolitik. Welche Faktoren förderten und welche hemmten die soziale Sicherung? Die Antwort, die auf den folgenden Seiten auf diese Frage gegeben wird, basiert auf der Auswertung der einschlägigen Fachliteratur und auf eigenständiger Analyse von Daten zur gesellschaftlichen, wirtschaftlichen und politischen Entwicklung in Deutschland seit den 1880er Jahren mit Hilfe von Instrumenten der quantifizierenden und der qualitativen Staatstätigkeitsforschung.

Zu diesen Instrumenten gehören die Theorien, die sich bei der Erklärung von Struktur, Entwicklung und Variation der Sozialpolitik im internationalen und historischen Vergleich besonders bewährt haben. Sechs Theoriefamilien bzw. die Kombination dieser Theorien sind besonders wichtig: die sozialökonomische Theoriefamilie, die Machtressourcentheorie, die Parteiendifferenzlehre, der politisch-institutionalistische Ansatz, die Lehre vom Politik-Erbe und die Internationale Hypothese[620]. Die sozioökonomische Theorie erkundet den Zusammenhang zwischen Sozialgesetzgebung und wirtschaftlichen und gesellschaftlichen Bedingungen. Auf die Verteilung von Machtressourcen auf Kollektivakteure wie Gewerkschaften und organisierten Arbeitgebern führt die Machtressourcentheorie, die zweite Theorie im Bunde, das Staatshandeln zurück. Die parteipolitische Zusammensetzung der Regierung ist für die Parteiendifferenzlehre, die dritte Theorie, die zentrale erklärende Variable. Der politisch-institutionalistische Ansatz hingegen erklärt Staatstätigkeit vor allem mit institutionellen Bedingungen des politischen Willensbildungs- und Entscheidungsprozesses. Außenpolitische und internationale Konstellationen sind die Schlüsselgrößen des fünften Beitrags, der Internationalen These. Und die sechste Lehre wertet die Politik-Erblast als Hauptdeterminante der Regierungspolitik.

Expansionsgeschichte der Sozialpolitik und ihre sozioökonomischen Determinanten

„Die Geschichte der Sozialversicherung in Deutschland ist eine Geschichte ihrer Expansion". Mit diesen Worten charakterisierte Detlev Zöllner den Trend der Sozialpolitik bis zum Ende der 1970er Jahre[621]. Aus heutiger Sicht ist Zöllners These um die Wachstumsgrenzen der Sozialpolitik[622] zu ergänzen, ganz abgesehen davon, dass es auch vor 1979 Phasen der Stagnation und mitunter Perioden des Rückschritts der Sozialpolitik gab. Wer nach den Bestimmungsfaktoren der Sozialpolitik seit ihrer Gründung sucht, sollte deshalb entwicklungsfördernde und -hemmende Bedingungen erkunden. Dennoch hat die Expansionsthese

---

620 Vgl. SCHMIDT 2001a.
621 ZÖLLNER 1981: 126.
622 FLORA 1986a und 1986b.

162

einiges für sich: Sie beschreibt einen potenziell expansiven Impuls, der in die Sozialpolitik eines Landes eingelagert ist, das sich auf dem Pfad der sozial-ökonomischen Modernisierung befindet. Das Deutsche Reich von 1871 und die Bundesrepublik Deutschland sind Beispiele. Aus einem Staat, der zunächst von Industrie und Agrarwirtschaft geprägt wurde, entstand eine Wirtschafts- und Gesellschaftsordnung mit einem kleinen Agrarsektor, einem wachsenden Dienstleistungsbereich und einem mittelgroßen, aber insgesamt abnehmenden Industriesektor. Im Zuge dieser Umwälzung wurden aus zahlreichen Bauern, Selbständigen und mithelfenden Familienangehörigen abhängige Beschäftigte, Erwerbssuchende, Nichterwerbspersonen oder Sozialeinkommensempfänger. In diesem Prozess nahm auch die Arbeitnehmerquote zu, d. h. der Anteil der abhängig Beschäftigten an der Bevölkerung. Und das war – Zöllners bahnbrechender Studie von 1963 zufolge – eine besonders erklärungskräftige Determinante der Sozialausgaben im internationalen Vergleich, wichtiger noch als die sekundären Determinanten der Sozialausgaben, nämlich Kriegsfolgelasten, Altersaufbau der Bevölkerung und Beschäftigungslage[623].

Zöllners Erklärung der Sozialausgaben war – ähnlich wie die später publizierten Abhandlungen der sozioökonomischen Schule wie Wilensky (1975) – von der Modernisierungstheorie inspiriert worden. Der Prozess der ökonomischen und gesellschaftlichen Entwicklung erhöhte den „Wohlstand der Nationen" im Adam Smith'schen Sinne. Aber der Produktivitätsfortschritt ging auch mit Zerstörungen einher: der ökonomische Modernisierungsprozess überlastete alte soziale Sicherungsnetze. Lokale, kirchliche und familiäre Sicherungsnetze alleine hielten dem Ansturm der Modernisierungsfolgen und -kosten nicht Stand. Sozialdemographische Umwälzungen kamen hinzu. Mit zunehmender Lebenserwartung der Bevölkerung, nicht zuletzt selbst ein Ergebnis von steigendem Lebensstandard und aufwändigerer Sozialpolitik, wuchs der durchschnittliche Pro-Kopf-Bedarf an Sozialleistungen – im Gesundheitswesen, bei der Alterssicherung, im Falle von Arbeitslosigkeit oder bei Einkommensausfall durch Tod des Ernährers. Ferner wandelte sich die Altersstruktur der Bevölkerung im Zuge des Modernisierungsvorganges grundlegend: Der Anteil der mindestens 65-Jährigen wuchs, und entsprechend stark stieg die Nachfrage nach ausgabenintensiven Leistungen der Alterssicherungssysteme, der Krankenversicherung und der Pflegeversicherung.

Nachfrageseitig expansiv wirkten auch Katastrophen und Krisen. Die sozialen Zeitbomben, die die NS-Diktatur und der Weltkrieg 1945 in den folgenden Jahren hinterlassen hatten, sind weiter oben schon erörterte Beispiele. Ferner erhöhen Wirtschaftskrisen den Bedarf an sozialer Sicherung. Hohe Arbeitslosenquoten ergeben unter sonst gleichen Bedingungen höhere Ausgaben der Arbeitslosenversicherung, und die Sozialhilfebedürftigkeit wächst tendenziell mit der Tiefe und der Dauer von Beschäftigungskrisen – konstante Leistungsniveaus, konstante Anspruchsberechtigungen und gleich bleibende Inanspruchnahme vorausgesetzt.

Ferner spielen auch angebotsseitige Determinanten der Gesellschaft und Wirtschaft in die Sozialpolitik hinein. Das Gesundheitswesen bietet mannigfache Beispiele. Ausgabensteigernd auf Seiten seiner Leistungsanbieter wirken beispielsweise der rasante medizinische Fortschritt und die dadurch verbesserten

---

623 ZÖLLNER 1963: 34-52.

Möglichkeiten der Diagnostik, Therapie und Rehabilitation, die hohe Ärzte-dichte und oligopolistische Angebotsstrukturen im medizinisch-technischen Bereich.

Ökonomische Faktoren

Zugleich aber vergrößert sich im Zuge der Modernisierung der Gesellschaft auch das Volumen der Ressourcen, die für die Finanzierung sozialpolitischer Bedarfsdeckung in Frage kommen: mit der ökonomischen Modernisierung wächst der ökonomische „Wohlstand der Nationen". Damit wächst eine Basis heran, die durch Besteuerung, Belegung mit Sozialbeiträgen oder Erhebung von Gebühren fiskalische Ressourcen abgeben kann, die für öffentliche Aufgaben weiterverwendet werden. Der Trend zur – vom Markt und Staat geformten – Arbeitnehmergesellschaft ist somit eng verknüpft mit dem Stand wirtschaftlicher Entwicklung und dem Wirtschaftswachstum, die ihrerseits die Sozialpolitik antreiben. Beide befördern den Wandel der Staatätigkeit von den ordnungs- und rechtsstaatlichen Funktionen zum Ausbau der kultur- und sozialstaatlichen Einrichtungen, so das berühmte Wagner'sche Gesetz vom wachsenden Staatsbedarf[624]. Der von Wagner vorhergesagte Mechanismus erzeugte in der Sozialpolitik bis zu einer bestimmten Obergrenze einen überzufälligen Zusammenhang, wie vor allem der historische und internationale Vergleich wirtschaftlich reicher und armer Staaten zeigt: je höher der wirtschaftliche Entwicklungsstand, gemessen am Bruttosozialprodukt pro Kopf, desto tendenziell höher die Sozialleistungen pro Kopf der Bevölkerung. Und mitunter gibt es auch Hinweise auf einen – von Land zu Land allerdings sehr unterschiedlich geformten und mit erheblichen Abweichungen versehenen – Zusammenhang zwischen dem wirtschaftlichen Entwicklungsstand und dem Anteil der Sozialausgaben am Bruttosozialprodukt[625].

Politische Ursachen des Auf- und Ausbaus der Sozialpolitik: Befürworter-Koalitionen und Korporatismus

Wie alle bisher genannten sozioökonomischen Faktoren zum Auf- und Ausbau der Sozialpolitik beitragen konnten, lässt sich zureichend erst verstehen, wenn die politischen Mechanismen identifiziert werden, die einen gesellschaftlich erzeugten Bedarf in politische Entscheidungen zum Auf- und Ausbau des Sozialstaates übersetzen. Unter diesen Mechanismen sind ein politisch-bürokratischer Faktor und die durch ihn begründete Eigendynamik an vorderer Stelle zu nennen. Eine spezialisierte Bürokratie entfaltet Beharrungs- und Wachstumstendenzen im von ihr verwalteten Politikfeld und strebt nach dessen Erweiterung. Verantwortlich hierfür sind sowohl Eigeninteressen der Bürokratie und der in ihr Tätigen wie auch das Zusammenwirken von Bürokratie und angelagerten Interessengruppen, Wissenschaftlern und dem politischen Prozess. Hieraus entstehen „Befürworter-Koalitionen"[626], die darauf bedacht sind, ihr Politikfeld zu bewahren oder zu erweitern. Dieser Mechanismus wirkt in Deutschland besonders stark, denn hierzulande hat die Sozialstaatsverwaltung eine besonders lange, einflussreiche Tradition und aufgrund ihrer Verankerung in korporatistischen Arrangements besonders tiefe, Halt gebende Wurzeln.

Solange in Deutschland ein Rechtsstaat intakt war, also im Deutschen Reich vor 1918, in der Weimarer Republik und der Bundesrepublik Deutschland, erhielt die Sozialpolitik zudem Energiezufuhr von der Beharrungstendenz gesetzlich regulierter Materien. Deren Rücknahme oder Schrumpfung stehen einklagbare Rechtsansprüche ebenso im Wege wie die politische Schwierigkeit von Be-

---

624 WAGNER 1893, 1911.
625 Vgl. SCHMIDT 2001b: 40-43.
626 SABATIER 1993.

strebungen, Vergünstigungen abzubauen[627]. Besonderes Gewicht gewann dieser Faktor in der deutschen Sozialpolitik, weil ihr Kern aus Sozialversicherungen besteht. Und diese werden durch Beiträge finanziert, die einen eigentumsrechtlichen Leistungsanspruch begründen. Solange der Rechtsstaat intakt ist, die Staatsverfassung demokratisch ist und Besitzstandsverteidiger Vetopositionen im politischen System nutzen können, werden diese Besitzstände in der Regel respektiert und nur in Ausnahmefällen angetastet, beispielsweise im Falle schwerer Wirtschafts- und Finanzkrisen oder unabweisbarer stabilisierungspolitischer Bestrebungen.

Der Expansion der Sozialpolitik kommt ferner eine der deutschen Sozialversicherung innewohnende expansive Komponente entgegen. Zugeschnitten ist die Sozialversicherung vorrangig auf Risiken von Arbeitnehmern. In dem Maße, in dem deren Zahl wächst, vergrößert sich der Kreis der Versicherten auch ohne Zutun der Sozialpolitik[628]. Bleibt alles andere gleich, vergrößern die wirschaftliche Entwicklung und der durch sie bewirkte beschäftigungsstrukturelle Wandel von der Agrar- zur Industrie- und Dienstleistungsgesellschaft den Adressatenkreis der Sozialgesetzgebung. Das verstärkte die – in Deutschland schon zuvor ausgeprägte – staatlich-politische Überformung der Klassenstruktur[629] und modernisierte und erweiterte sie um die wohlfahrtsstaatliche Versorgungsklassenlage[630].

Unter den politischen Mechanismen, die zu Gunsten der Sozialpolitik wirken, spielen zudem die in Deutschland tief verwurzelten Traditionen sozialpolitischer Verantwortlichkeit eine wichtige Rolle. Zu diesen Traditionen gehört die Verantwortung des Herrn für Knecht und Magd – und allgemeiner die Verantwortlichkeit der wirtschaftlich und politisch Herrschenden auch für die ,kleinen Leute', eine Verantwortung, die mit voranschreitender Demokratisierung zunehmend von denjenigen politischen Parteien eingeklagt wurde, die sich für die Sache des Wohlfahrtsstaates einsetzten. Zur Sozialpolitik „von oben" kam die Sozialpolitik „von unten" hinzu, und zwar umso stärker, je länger sie auf günstige politische Rahmenbedingungen zählen konnte, wie insbesondere Koalitionsfreiheit und Demokratie. Beides kam auch der Sozialpolitik in Deutschland zugute. Die sozialpolitische Affinität der Demokratie basiert hauptsächlich auf dreierlei. Die Demokratie ist der Expansion der Staatsausgaben förderlich, wie schon der scharfsichtige Alexis de Tocqueville in seinem Meisterwerk „Über die Demokratie in Amerika" (1835/40) vorhersagte. Die Gründe lägen hauptsächlich in den beträchtlichen Kosten heftiger Gefolgschaftswerbung seitens der Regierung und der Opposition. Gestützt wird Tocquevilles These auch durch den internationalen Vergleich. Der internationale Vergleich von demokratischen und autokratischen Staaten enthüllt einen engen Zusammenhang nicht nur zwischen der demokratischen Staatsverfassung und der Sozialleistungsquote, dem Anteil der öffentlichen Sozialausgaben am Sozialprodukt eines Landes, sondern auch zwischen den öffentlichen Sozialausgaben und dem Demokratiealter: Die Sozialleistungsquote ist in Demokratien signifikant höher als in Nichtdemokratien –

Sozialpolitik „von oben" und „von unten" – die Rolle der Demokratie

---

627 PIERSON 1996, 2001, vgl. HEPPLE 1986b: 144f.
628 ZÖLLNER 1963.
629 NIPPERDEY 1990: 416ff.
630 LEPSIUS 1979.

und zwar im Durchschnitt um rund 9 Prozentpunkte[631]. Ferner gilt: je älter die Demokratie, desto tendenziell höher die Sozialleistungsquote[632].

Vor allem das Zusammenwirken von raschem Wirtschaftswachstum und Demokratie verschafft der sozialen Sicherung fette Jahre. In besonderem Maße gilt das für Sozialversicherungssysteme: ein hohes Wirtschaftswachstum stärkt die Beschäftigung und vergrößert somit die Zahl der Beitragszahler und das Volumen der Sozialabgaben. Hierdurch werden die ökonomisch fetten Jahre gleichsam automatisch fette Jahren der Sozialpolitik; sie ermöglichen die Erweiterung und Leistungsverbesserung der sozialen Sicherungssysteme. Wie der internationale und historische Vergleich lehrt, wurde diese Chance von der Politik vor allem in den kontinentaleuropäischen Demokratien der 1960er und frühen 1970er Jahre in großem Umfang genutzt[633].

Tertiäre Effekte

Anschub erhält die Sozialpolitik auch von den tertiären Effekten. Hierunter verbirgt sich folgender Sachverhalt: Die Verwaltung der Sozialpolitik und ihre Leistungen werden hauptsächlich von abhängig Beschäftigten erbracht, einmal abgesehen vom Gesundheitswesen, in dem privatwirtschaftlich tätige Ärzte eine große Rolle spielen. Die Entlohnung der Sozialstaatsbeschäftigten richtet sich in der Regel nach der Lohnentwicklung in der Privatwirtschaft. Deren Produktivitätsniveau und Produktivitätssteigerung übertreffen allerdings die des öffentlichen Sektors, einschließlich des Sozialstaats. Folgt nun die Entlohnung der Sozialstaatsarbeitnehmer den Löhnen in der Privatwirtschaft nach, wird zur Erbringung einer gleichen Menge öffentlicher Dienste ein überdurchschnittlich wachsender Finanzaufwand erforderlich. Dies sind die tertiären Effekte oder die nach ihrem Entdecker benannte Baumol'sche Kostenkrankheit. Diese trägt in beträchtlichem Maße zur Expansion der Sozialfinanzen bei[634].

Regimeeffekte

Entwicklungen der Sozialpolitik können ohne politisch-institutionelle und politisch-prozessuale Bestimmungsfaktoren nicht hinreichend verstanden werden. Sozialpolitik ist das Produkt von Entscheidungen über öffentliche Angelegenheiten. Diese Entscheidungen sind nicht vorherbestimmt, sondern im Rahmen bestimmter vorgegebener Pfade kontingent – sie könnten auch anders ausfallen. Diese Pfadabhängigkeit und die Möglichkeit der Wahl von Handlungsalternativen innerhalb der Pfade werden allerdings in beträchtlichem Maß von politischen Bedingungen geprägt, wie auch die Geschichte der Sozialpolitik in Deutschland zeigt. Unter ihren politischen Determinanten verdient der Regime-Effekt zuvorderst Erwähnung. Im 20. Jahrhundert hat sich die Staatsform Deutschlands mehrfach gewandelt. Der polykratischen konstitutionellen Monarchie des Deutschen Reiches folgte 1918/19 der Übergang zur Demokratie der Weimarer Republik. Die allerdings währte nicht lange. Ihr Zusammenbruch wurde 1930 eingeläutet: die Präsidialkabinette der Jahre von 1930-33, die sich auf die Notverordnungspraxis des Reichspräsidenten stützten, standen im Zeichen der autoritären Transition. 1933 erfolgte der eigentliche Machtwechsel, der Hitler und

---

631 Basis: Regression der Sozialleistungsquote (Y) auf eine Demokratie-Diktatur-Dummy-Variable X (Demokratie = 1, andere: 0) in 95 Ländern (1996): Y = 6,90 + 9,21*(Demokratie-Autokratie-Dummy), R^2 = 0,24 (korrigiertes R^2), N = 95. Quelle: SCHMIDT 2004d: 48-50.

632 SCHMIDT 2004d: 48-50. Nichtlinearen Modellspezifikationen zufolge reicht der expansive Effekt der Demokratie allerdings nur bis zu einem bestimmten oberen Plateau. Bei einem weit vorangeschrittenen Demokratiealter flacht der expansive Effekt ab. Auch hier stößt das Wachstum an Grenzen.

633 WILENSKY 1975, 2002, GORDON 1989: Kp. 2., FLORA 1986a, 1986b, 1986d, ZACHER 2001.

634 Vgl. SCHMIDT 2001b: 37-43.

die NSDAP an die Macht brachte. Die Herrschaft des Nationalsozialismus in Deutschland währte zwölf Jahre, bis der NS-Staat unter den militärischen Schlägen der Alliierten zusammenbrach. In den Westzonen des besetzten Deutschlands nahm eine „Liberalisierungsdiktatur"[635] seine Stelle ein, und in der Sowjetischen Besatzungszone wurde ein diktatorischer Staatssozialismus aufgebaut. Im Westen mündete die Liberalisierungsdiktatur in die Wiedererrichtung einer demokratischen Staatsverfassung im Jahre 1949, und im Osten wuchs der SED-Staat empor – bis im Jahre 1990 die Spaltung Deutschlands durch den Beitritt der Deutschen Demokratischen Republik zur Bundesrepublik überwunden wurde.

Inwieweit machen sich die radikalen Regimewechsel, die Deutschland im 20. Jahrhundert erfahren hat, in der Politik der sozialen Sicherung bemerkbar? Der Fachliteratur zu Staatsformen und Regimewandel zufolge hinterlässt der Wandel der Herrschaftsformen tiefe Spuren in der Staatstätigkeit. Verfechter der Gegenthese betonen hingegen die geplante oder ungeplante Kontinuität der Staatstätigkeit trotz Regimewechsel, beispielsweise die Kontinuität infolge des Vorrangs der Bürokratie[636], des Eigengewichts zentralisierter Staatsorganisation[637] und der Handlungszwänge, die von den Vorgängen und Einrichtungen einer modernen Industriegesellschaft auf die Regierungspolitik ausgehen, so die Konvergenztheorie[638].

Welche Einsichten fördert die Analyse der Regime-Effekte auf die Sozialpolitik in Deutschland zutage? Die Dokumente und die Fachliteratur zeigen sowohl Diskontinuität als auch Kontinuität an[639], wobei Kontinuität im Sinne gleichartiger Struktur („statische Kontinuität") und gleichartiger Veränderungsrichtung („dynamische Kontinuität") verstanden wird. Man betrachte zunächst die Kontinuität der Sozialpolitik in der Bundesrepublik Deutschland. Ihre Basisstrukturen haben, so eine einflussreiche Auffassung, die verschiedenen politischen Regime überdauert. Jens Alber hat diese Sichtweise in folgende Worte gefasst: „Der internationale Vergleich zeigt, dass der deutsche Sozialstaat immer noch vorwiegend von der schon im Kaiserreich geschaffenen Sozialversicherung geprägt ist"[640]. Tatsächlich ist Deutschlands Sozialstaat auch zu Beginn des 21. Jahrhunderts noch zu rund 60 Prozent ein „Sozialversicherungsstaat" – 60 Prozent seiner Finanzen stammen aus Sozialbeiträgen. Auch wenn dieser Sozialversicherungsstaat einen weiten Mantel hat und mittlerweile keineswegs nur Arbeitnehmer versichert, sondern auch die Familienmitglieder, und auch wenn 40 Prozent des Sozialetats steuerfinanziert sind, ist die Kontinuität der Sozialversicherungsform eindrucksvoll. Kontinuität zeigen sodann auch Binnenstrukturen der Sozialpolitik an, beispielsweise das vielfältig gegliederte System der sozialen Sicherung, die Vielfalt von autonomen, in Selbstverwaltung organisierten Kassen[641], ferner die Ausrichtung vieler Sozialleistungen nicht am Bedarf, sondern an der Ursache des Einkommensausfalles und an der Höhe bisheriger Beitragszahlungen. Ferner

Regimewechsel und Sozialpolitik

---

635 NIETHAMMER 1973.
636 WEBER 1988a und 1988b.
637 TOCQUEVILLE 1978 (1856).
638 KERR u.a. 1960.
639 Vgl. RITTER 1991, ALBER 1982, 1989, HOCKERTS 1998a, BMA/BUNDESARCHIV 2001a, 2001b, LEIBFRIED & WAGSCHAL 2000, SCHMIDT 2005c.
640 ALBER 1989: 37.
641 Wenngleich deren Zahl sehr stark abgenommen hat: von 18.971 im Jahre 1888 auf 1.153 im Jahre 1989 (HERDER-DORNEICH 1994: 169).

signalisieren Größe und Wandel der Mitgliederschaft der Sozialversicherung eher Kontinuität denn Diskontinuität: Der Anteil der Versicherten an allen Erwerbspersonen wuchs nahezu unabhängig vom Regimetypus, und zwar bis zum Erreichen der natürlichen Obergrenze. Die Ausnahme ist die vorübergehende Trendabweichung in den letzten Jahren der Weimarer Republik[642]. Und noch ein Weiteres deutet auf Kontinuität: Die Unitarisierung durch Sozialpolitik, die reichs- bzw. bundesweit einheitliche, uniforme Regelung der sozialen Sicherung, kennzeichnet Deutschland vom ausgehenden 19. Jahrhundert bis heute. Diese Befunde veranschaulichen die Resistenz von Deutschlands sozialen Sicherungssystemen gegen die Regimewechsel. Eine erstaunliche Konstanz!

Kontinuitätsbrüche Doch irrt, wer die Sozialpolitik in Deutschland nur aus dem Blickwinkel statischer oder dynamischer Kontinuität betrachtet. Wer nur dies tut, übersieht die Kontinuitätsbrüche, wie regimespezifische Unterschiede der Form und der Substanz der Sozialpolitik. Typisch für das Kaiserreich war eine teils integrative, teils repressive Sozialpolitik des Paternalismus, der Einbindung und der Gefahrenabwehr. Allerdings umfasste die korporatistische Staatsintervention im Deutschen Reich von 1871 auch Ausgleich und Keimformen der Sozialpartnerschaft. Deshalb verlief der Übergang von der Monarchie zur Republik 1918/19 in der Sozialpolitik weicher als diejenigen erwarteten, die im Kaiserreich nur den autoritären Staat sahen. Gleichwohl wurde die Sozialpolitik der Weimarer Demokratie von den Institutionen der demokratischen Wahl, der offenen Werbung um Bundesgenossen und Gefolgschaft sowie des Parteienwettbewerbs beeinflusst. Stärker als zuvor erhielt die Sozialpolitik zudem Antrieb von der gewachsenen Macht der Arbeiterbewegung und der Regierungsbeteiligung sozialstaatsfreundlicher Parteien, vor allem des Zentrums und der SPD.

Nachhaltig beeinflusst wurde die Sozialpolitik aber auch von der Transformation der Weimarer Demokratie zum Präsidialregime auf Notverordnungsbasis und, in besonderem Maße, vom Regimewechsel zum NS-Staat. Austerität und Ausrichtung des Sozialschutzes auf die „Volksgemeinschaft", vor allem auf „die schaffenden Deutschen der Stirn und der Faust", so die Selbstbeschreibung, charakterisierten die Politik der sozialen Sicherung im NS-Staat. Wer nicht zu dieser „Volksgemeinschaft" zählte, wurde ausgeschlossen. Dass die Jahre der NS-Diktatur auch in der Sozialpolitik tiefe Spuren hinterließen, überrascht nicht. Von Diskontinuität zeugten dort insbesondere die Auflösung der Selbstverwaltung in der Sozialversicherung, die Zerschlagung der Gewerkschaften, die Einführung des Führerprinzips in der Arbeitsordnung und vor allem die „rassenbiologische Ausdeutung der ‚sozialen Frage'"[643], die in der Diskriminierung und Ausgrenzung ganzer Bevölkerungsgruppen gipfelte. Zu den Opfern der rassenbiologischen Wendung der Sozialpolitik gehörte vor allem die jüdische Bevölkerung Deutschlands und der von der Wehrmacht besetzten Gebiete. Von der rassenbiologischen Wendung der Sozialpolitik zeugte zudem der Wandel vom freiheitlichen zum „völkischen Wohlfahrtsstaat"[644], der sich am deutlichsten in der Wohlfahrtspflege abzeichnete, aber auch in der Familienpolitik und Geburtenregulierung erkennbar war. Dort gesellte sich zum Pronatalismus der „Antinatalismus"[645], die Zwangs- und Massensterilisation.

---

642 ALBER 1982, ALBER & BERNARDI-SCHENKLUHN 1992.
643 HOCKERTS 1998b: 16.
644 SACHßE & TENNSTEDT 1992.
645 HOCKERTS 1998b: 16.

168

Einen weiteren radikalen Umbau machte sodann die Sozialpolitik in der Sowjetischen Besatzungszone und in der DDR durch: er prägte sowohl die Form, wie auch den Prozess und den Inhalt der Sozialpolitik in einer dem „SED-Staat" konformen Weise. Zu dessen Merkmalen zählte insbesondere ein autoritärer Wohlfahrts- und Arbeitsstaat mit fünf Ringen des Sozialschutzes einschließlich einer Vollbeschäftigungsgarantie, eines ausgeprägten Pronatalismus in der Familienpolitik und bei der Förderung von Alleinerziehenden sowie der Privilegierung politisch besonders wichtiger Gruppen durch die Zusatz- und Sonderversorgungssysteme.

Unübersehbar waren sodann die demokratiespezifischen Kennzeichen der Sozialpolitik in der Bundesrepublik Deutschland. In ihr kam, wie in allen ausgebauten Demokratien, die Gesamtheit der „Have nots", der „Habenichtse", in den Besitz von Wählerstimmenmacht. Und diese wirkte zusammen mit dem demokratischen Parteienwettbewerb, dem infolge regelmäßiger Wahlen kurzen Zeittakt der Demokratie, der harten Konkurrenz zwischen zwei großen Sozialstaatsparteien und dem Wachstum der Sozialstaatsklientel als Schubkraft eines weit ausgebauten Sozialstaates mitsamt einer freiheitlichen, sozialpartnerschaftlichen Arbeitsverfassung.

Diese Beobachtungen stützen die Regime-Hypothese: die Differenz zwischen Demokratie und Diktatur beispielsweise macht auch in der Sozialpolitik einen gewaltigen Unterschied. Man kann diese These präzisieren: Die soziale Sicherung wurde in den demokratischen Phasen der deutschen Geschichte, in der Weimarer Republik und der Bundesrepublik Deutschland, viel stärker gefördert als im semiautoritären Deutschen Reich vor 1918 und im NS-Staat, und zwar nicht nur aufgrund demographischer oder sonstiger sozioökonomischer Bedingungen[646]. Der Anteil der Sozialausgaben am Sozialprodukt beispielsweise war in den demokratischen Perioden der deutschen Geschichte bislang überdurchschnittlich groß, und er ist dort schneller als im nichtdemokratischen Staat gewachsen. Allerdings ist der Zusammenhang zwischen Sozialpolitik und Regimetyp nicht linear und eindimensional, sondern nichtlinear und mehrdimensional. Das spiegelt die Tatsache wider, dass auch ein autokratischer Staat ein elementares Interesse an sozialer Sicherung haben kann, vor allem an einer Sozialpolitik, die strategisch besonders wichtige soziale Klassen einbindet, so die Absicht der politischen Führung des deutschen Kaiserreichs, oder an einer Sozialprotektion, die Massenloyalität und rassenideologische Ziele anstrebt, so im NS-Staat, oder an einem Sozialschutz, der neben egalitärer Basissicherung auf niedrigem Niveau auf Mobilisierung von Arbeitskräften und pronatalistische Bevölkerungspolitik zielt, so im Falle der DDR.

Unter den politischen Bestimmungsfaktoren der Sozialpolitik ragen nicht nur die Regime, also die Staatsverfassungen, hervor, sondern auch die Regierungsparteien. Das gilt für die Diktatur und deren jeweilige Staatspartei – die NSDAP von 1933 bis 1945 und die SED in der DDR – ebenso wie für die Regierungsparteien in der Demokratie. Dass Parteien einen Unterschied in der Staatstätigkeit machen, zeigt auch die Sozialpolitik in Deutschland. Manche politischen Parteien sind kraft sozialreformerischer Programmatik und wahlpolitischer Interessenlage Sozialstaatsparteien, so das Zentrum der Weimarer Republik, die

---

646 Hiervon weicht die – im Vergleich zur mäßigen Wirtschaftskraft – überdimensionierte DDR-Sozialpolitik im weiteren Sinne ab. Hierzu Teil I, Kapitel 1.5.

Unionsparteien und die SPD, andere hingegen halten größtmögliche programmatische Distanz zur staatlichen sozialen Sicherung, so vor allem die Liberalen[647]. Aber auch die Parteien des starken Sozialstaats hegen unterschiedliche
Vorstellungen von der besten Sozialpolitik. Die SED beispielsweise, eine Partei
des starken autoritären Wohlfahrtsstaates, strebte nach „sozialistischer Sozialpolitik" einschließlich der Arbeitsplatzgarantie. Die Unionsparteien hingegen zogen den Wiederaufbau und den Ausbau des „Sozialversicherungsstaates"[648] dem
egalitäreren Wohlfahrtsstaat vor. „Sozialer Kapitalismus"[649] oder „Social Capitalism"[650] hat man ihr Sozialstaatsmodell genannt. Im Gegensatz hierzu richteten
sich sozialpolitische Programmatik und Praxis der SPD mehr an umfassender
Staatsbürgerversorgung und Beschäftigungssicherung wie in Schweden von den
1960er bis Anfang der 1990er Jahre aus. Insoweit sind die Unterschiede zwischen den Unionsparteien und der SPD im Politikfeld Arbeit und Soziales beachtlich, aber viel kleiner als die ideologische Distanz zwischen der Sozialdemokratischen Partei und den bürgerlichen Parteien im Deutschen Reich vor 1914
und in der Weimarer Republik.

Zwei Sozialstaats-
parteien

Ferner ruhen die Unterschiede zwischen der CDU/CSU- und der SPD-
Sozialpolitik auf einem wuchtigen Sockel aus Gemeinsamkeiten: Beide Parteien
werten die Sozialpolitik grundsätzlich als unverzichtbaren Wesensbestandteil
staatlicher Daseinsvorsorge und als Voraussetzung innenpolitischer Stabilität
und Gefahrenabwehr. Beide sind in dem Sinne Sozialstaatsparteien, dass sie sich
dem Anliegen des Schutzes gegen Not, der Hilfe für Schwächere und der Eindämmung krasser gesellschaftlicher Ungleichheit verschrieben haben. Insoweit
ruht die Sozialpolitik in der Bundesrepublik Deutschland auf einem außerge-
wöhnlichen Fundament, nämlich auf zwei Sozialstaatsparteien. Allerdings gibt
es zwei einflussreiche Gegentendenzen: erstens den Wirtschaftsflügel der Unionsparteien, der den Sozialstaat kritisch beäugt, und zweitens die FDP, die in
Wirtschafts- und Sozialpolitikfragen den Wirtschaftsliberalismus betont und sich
als Steuersenkungspartei zu profilieren sucht. Was die beiden Sozialstaatspartei-
en angeht, haben nur wenige Staaten ein der Bundesrepublik ähnliches sozial-
staatsfreundliches Parteiensystem, vor allem die Benelux-Staaten und Österreich.
In anderen Ländern ist die Sozialpolitik im Parteienwettbewerb meist viel umstrit-
tener. In den englischsprachigen Demokratien beispielsweise hat die Sozialpolitik
beim Kampf um den Sozialetat entweder nur schwache Vertreter, wie in den USA,
oder bestenfalls nur einen Fürsprecher, in der Regel die Labour Party, und mindestens einen mächtigen parteipolitischen Gegner, so beispielsweise die britische Conservative Party seit den späten 1970er Jahren. Und selbst in den sozialpolitisch lange führenden nordischen Ländern ist die parteipolitische Basis der Sozialpolitik
fragiler als in den Staaten des „Sozialen Kapitalismus": für den Sozialstaat sind in
Nordeuropa die sozialdemokratischen Parteien sowie die linkssozialistischen und
kommunistischen Parteien eingetreten, mitunter mit Schützenhilfe vom Zentrum
und – bis in die 1980er Jahre – von den Liberalen. Ansonsten hat die Sozialpolitik
dort mehr Gegner und härtere Widersacher, vor allem unter den Konservativen und
– zunehmend – den Liberalen.

---

647 LAVER & HUNT 1992, PAPPI, KÖNIG & KNOKE 1995. Ähnliche Befunde ergeben Auswertun-
     gen der Wahlplattformen der Parteien (KLINGEMANN & VOLKENS 2001).
648 RIEDMÜLLER & OLK 1994.
649 HARTWICH 1970.
650 van KERSBERGEN 1995.

Insoweit ist die politische Struktur der Bundesrepublik Deutschland in besonderem Maße sozialstaatsfreundlich. Bestärkt wurde die Sozialstaatsneigung hierzulande durch die hohe ethnische Homogenität – sie macht Verteilung und Umverteilung leichter akzeptabel als in ethnisch heterogenen Ländern – und bis 1989/90 durch die Spaltung Deutschlands und seine exponierte Stellung im Ost-West-Konflikt. Beides sensibilisierte die Politiker aller Parteien für den Wettstreit zwischen dem demokratischen Kapitalismus im Westen und dem autoritären Sozialismus in Mittel- und Osteuropa. Die Sozialpolitik wurde somit zur Arena des Wetteiferns zwischen Ost und West. Das stärkte ihren Rang unter den Staatsaufgaben, zumal ihr zugedacht war, die Bevölkerung der Bundesrepublik gegen sozialistische und kommunistische Propaganda resistent zu machen. „In der Innenpolitik war das Streben der Bundesregierung darauf gerichtet, unser Volk wirtschaftlich und sozial widerstandsfähig zu machen und ihm damit eine stärkere Sicherheit gegen kommunistische Einflüsse und Unterwanderungen zu schaffen", schrieb Bundeskanzler Konrad Adenauer im Vorwort zum Tätigkeitsbericht der Bundesregierung für das Jahr 1955[651], um nur ein Beispiel zu erwähnen. Zugleich sollte die Sozialpolitik nicht nur die bundesdeutsche Bevölkerung anziehen, sondern auch die der Deutschen Demokratischen Republik. Als unwiderstehlicher Magnet sollte sie wirken, eine Hoffnung, die sich allerdings erst 1989/90 erfüllte.

Zugute kam dem Aufschwung der Sozialpolitik auch die Demokratieform der Bundesrepublik Deutschland, die eine Mischung aus Mehrheitsdemokratie und Konkordanzdemokratie ist. Somit fehlt in Deutschland eine reine Mehrheitsdemokratie wie beispielsweise in Großbritannien, die typischerweise die Polarisierung zwischen den wichtigsten Parteien prämiert und das Emporkommen einer sozialstaatsfreundlichen und einer sozialstaatskritischen Partei fördert. Ebenso unverzichtbar zum Verständnis der Sozialpolitik hierzulande sind die eigentümlichen institutionellen Begrenzungen des Parteienstaates in der Bundesrepublik. Ihn fesseln besonders viele mächtige gegenmajoritäre Institutionen[652]. Der Föderalismus gehört zu ihnen, vor allem die Zwangslage der Bundesregierung, für zustimmungspflichtige und verfassungsändernde Gesetze die Zustimmung des Bundesrates zu erlangen. Sodann sind das einflussreiche Verfassungsgericht hinzuzuzählen, überdies die Deutsche Bundesbank bzw. die Europäische Zentralbank sowie der „Sozialversicherungsstaat", den beträchtliche Selbststeuerung und Schutz vor politischem Zugriff auszeichnen[653]. Auch der vergleichsweise kleine finanzpolitische Spielraum der Bundesregierungen verdient in diesem Zusammenhang Erwähnung: er resultiert aus der Fragmentierung der öffentlichen Haushalte in den Bundeshaushalt, die Länder- und Gemeindehaushalte und die Etats der Sozialversicherungen und der Bundesagentur für Arbeit.

Die gegenmajoritären Institutionen vergrößern die Zahl und Wirkungskraft von „Vetospielern"[654], begrenzen die Manövrierfähigkeit des Zentralstaates und er-

Ethnische Homogenität und Systemkonkurrenz

Konsenszwänge

---

651 PRESSE- UND INFORMATIONSAMT DER BUNDESREGIERUNG 1955: IV.

652 SCHMIDT 2000b: 351-354.

653 Vgl. DÖHLER 1990: 521f.

654 TSEBELIS 1995. Dem Vetospieler-Theorem zufolge schrumpft das Potential für Politikänderungen umso mehr, je größer die Zahl der Vetospieler, je unähnlicher deren Policy-Positionen und je kongruenter die Policy-Positionen der sozialen Gefolgschaft der Vetospieler sind.

schweren Kurswechsel der Regierungspolitik[655]. Als Hemmschuh für größere Kurswechsel in der Politik wirkt auch der Beinahe-Dauerwahlkampf in Deutschland, für den die Bundestagswahlen und die 16 Landtagswahlen von jeweils bundespolitischer Bedeutung verantwortlich sind. Diese Hemmnisse wirken auch in der Sozialpolitik, und dies trägt zur Erklärung dafür bei, dass trotz sozialstaatsfreundlicher Struktur des Parteiensystems die Sozialleistungsquote hierzulande langsamer als in den nordischen Ländern und den Niederlanden wuchs und die Politik eher den „zentristischen" als den „sozialdemokratischen Wohlfahrtsstaat"[656] ansteuerte.

Allerdings erschweren die politisch-institutionellen Bedingungen in Deutschland im Normalfall die elastische Anpassung der Sozialpolitik an veränderte Rahmenbedingungen wie Wirtschaftsschwäche oder Alterung der Gesellschaft. Dies kann nicht nur die Ausbauelastizität der Sozialpolitik mindern, sondern auch ihre Rückbauelastizität herabsetzen. Überdies wirkt eine der Sozialversicherung innewohnende Reformsperre: die Sozialversicherung lässt sich „nur mittelbar und sehr begrenzt für die Sanierung der Staatsfinanzen funktionalisieren"[657], weil sie „ein Gegengewicht zum Gesetzgeber"[658] ist, das diesen und die Staatsverwaltung entlastet und zugleich den Aktionsradius des Parlaments und der Verwaltung einengt. Freilich ist eine Einschränkung wichtig: Institutionen sind meist wirkungsmächtig, aber sie determinieren nicht die Wahl von Handlungsalternativen. Institutionen sind vielmehr beschränkende und ermöglichende Spielregelwerke, die Abzweigungen neuer Wege nicht verhindern – die Paradigmenwechsel in der Alterssicherungspolitik insbesondere in den Jahren der rot-grünen Regierungen Schröder sind hierfür ein lehrreiches Beispiel.

Auch die Lehre vom Politik-Erbe trägt zum besseren Verstehen der Sozialpolitik bei. So wie Deutschlands politischer Apparat in der Regel zu inkrementellen Politikänderungen neigt[659], so spielt die Politik der Trippelschrittreformen auch in der Sozialpolitik eine bedeutende Rolle – sowohl seitens des Gesetzgebers, als auch in der Theorie und Praxis der Sozialrechtssprechung. Sozialpolitische Änderungen werden meist in kleinen Schritten und auf der Basis eines Erbes vollzogen, das wie ein mächtiger Sockel die Hauptlast trägt. Hinzu kommen allerdings die Nachwirkungen früher getroffener Entscheidungen, die mitunter gravierend sind[660]. Die Einführung der dynamisierten bruttolohnbezogenen Altersrente in der Ära Adenauer beispielsweise entfaltete ihre durchschlagende Wirkung erst viel später, vor allem als der Anteil der älteren Bevölkerung zunahm und die Zahl der Beitragszahler abnahm, stagnierte oder nur geringfügig wuchs. Die These von der Pfadabhängigkeit steht für die dritte Variante der Lehre vom Politik-Erbe. „Pfadabhängigkeit" meint die Prägung politischer Steuerung durch frühere politische Entscheidungen und den dort gebahnten Weg oder ‚Pfad' der Problemlösung. Im Besonderen bezeichnet Pfadabhängigkeit auch die hohe Wahrscheinlichkeit, dass die Lösung eines bestimmten Problems nicht vorrangig nach dem Prinzip problemadäquater Therapie erfolgt, sondern gemäß

Schwerfällige Institutionen

---

655 Das zeigen historisch-empirische Darstellungen wie KATZENSTEIN 1987, SCHMIDT 1992 und international vergleichende Analysen, z.B. SCHMIDT 1996a, 1996b.
656 Vgl. hierzu Teil I Kapitel 1.5 und Teil II Kapitel 2.4.
657 DÖHLER 1990: 521f.
658 VON MAYDELL 1993: 475.
659 KATZENSTEIN 1987.
660 ROSE & DAVIS 1984.

172

eingefahrener Standardprozeduren, die früher entwickelt wurden und einen Pfad geschaffen haben, der den Spielraum zukünftiger Problemlösungen festschreibt. Ein klassisches Beispiel für Pfadabhängigkeit ist die Entwicklung des deutschen Sozialstaats, dessen Problemlösungen vom Sozialversicherungsprinzip der Bismarck'schen Sozialreformen mitgeformt sind, so auch im Falle der Pflegeversicherung.

Auch inter- und transnationale Beziehungen haben die Sozialpolitik in der Bundesrepublik Deutschland beeinflusst. Das wurde zuvor schon mit Blick auf den Ost-West-Konflikt angesprochen. Rückwirkungen direkter oder indirekter Art sind zudem inter- und transnationalen Konstellationen zuzuschreiben. Zu ihnen gehören Anpassungszwänge, die den Sozialstaat besser auf den wirtschaftlichen Standortwettbewerb im Zeichen einer sich globalisierenden Wirtschaft einstellen, oder auch Rückwirkungen der Europäischen Union auf die nationalstaatliche Sozialpolitik. Davon soll aber nicht hier die Rede sein, sondern im Kapitel 2.6. An dieser Stelle soll aber auf eine in der Diskussion häufig übersehene umgekehrte Wirkung der nationalstaatlichen Sozialpolitik auf internationale oder supranationale Entwicklungen aufmerksam gemacht werden. Zugrunde liegt die Beobachtung, dass Länder mit hoher Außenhandelsabhängigkeit einen größeren sozialpolitischen Bedarf als Staaten mit einem relativ kleinen Außenhandel haben. Der Grund liege in dem Bestreben, die Weltmarktintegration, die zu schweren wirtschaftlichen Erschütterungen führen kann, in innenpolitisch verträglicher Weise zu gestalten[661]. Rieger und Leibfried (1997) haben diese These zugespitzt: Ein leistungsstarker Sozialstaat sei eine Grundvoraussetzung für erfolgreiche Weltmarktintegration der nationalen Ökonomien. Das ist die Gegenthese zu der – in der allgemeinen politischen Diskussion dominierenden – These, wonach die Globalisierung den Wohlfahrtsstaat gefährdet[662].

Trotz aller Hemmnisse wandelt sich der Sozialstaat. Gleiches gilt für seine verschiedenen Abteilungen. Die meisten von ihnen sind im Trend gewachsen, manche aber blieben konstant oder schrumpften, teils wegen Programmbeendigung, teils aufgrund von Alterung. Zu den Schrumpfungsbranchen gehören in der Bundesrepublik Deutschland von 1960 bis 2003 vor allem die sozialpolitisch motivierte Steuerentlastung, ihr Anteil am Sozialprodukt sank von 3,5 auf 1,8 Prozent, die Soziale Entschädigung einschließlich der Kriegsopferversorgung, ihr Anteil am Sozialprodukt ging von 1,3 auf 0,3 Prozent zurück, und der Lastenausgleich (er sank von 0,7 auf 0,0 Prozent) sowie die beamtenrechtlichen Systeme der Sozialpolitik, insbesondere Pensionen, Beihilfen und Familienzuschläge – sie nahmen von 2,9 auf 2,4 Prozent ab. Den Schrumpfungsbranchen des Sozialstaats stehen Wachstumsbranchen gegenüber, allen voran, trotz zahlreicher Kürzungen[663], die Rentenversicherungen für Arbeiter und Angestellte einschließlich der knappschaftlichen Rentenversicherung (von 6,5 auf 10,9 Prozent), ferner die Krankenversicherung (von 3,2 auf 6,7 Prozent), gefolgt von der Arbeitslosenversicherung einschließlich der Arbeitsförderung (ihr Sozialproduktanteil stieg von 1960 bis 2003 von 0,4 auf 3,4 Prozent). Hinzu kam der Aufwand für Soziale Hilfe und Dienste,

Schrumpfungs- und Wachstumsbranchen der Sozialpolitik

661 CAMERON 1978.
662 RIEGER & LEIBFRIED 2003.
663 SIEGEL 2002: 131ff., 295ff.

der von 0,9 auf 2,7 Prozent zunahm. Und ab 1995 war die Pflegeversicherung zu finanzieren. Ihr Sozialproduktanteil beträgt mittlerweile 0,8 Prozent[664].

Theorientest – die sozioökonomische Schule

Welche Theorien der Staatstätigkeitsforschung können die Schub- und die Bremsfaktoren der Sozialpolitik am besten erklären? So lautete eine der Leitfragen der vorliegenden Abhandlung. Sie kann man auf der Basis der ersten sechs Kapitel dieses Buches in einem Zwischenergebnis wie folgt beantworten. Zweifelsohne gebührt der sozioökonomischen Theorie ein wichtiger Platz. Ohne ihre Schlüsselgrößen wie Stand ökonomischer Entwicklung, Wirtschaftswachstum, Arbeitslosigkeit und Altersstruktur der Bevölkerung sind weder die Anlässe noch die Ressourcen und Schranken der Sozialpolitik zu verstehen. Allerdings prägen die sozialökonomischen Faktoren die Staatstätigkeit nicht direkt: um Einfluss auf das Regieren zu gewinnen, bedürfen sie der politischen Artikulation, der Umsetzung in politische Entscheidungen und des Entscheidungsvollzugs. Doch deren Analyse überschreitet den Horizont der sozialökonomischen Theorie.

Machtressourcen-Ansatz

Der Machtressourcen-Ansatz kommt in der deutschen Sozialpolitik ebenfalls ins Spiel, allerdings nicht an vorderster Stelle und nicht in reiner Form. Das hängt damit zusammen, dass in Deutschland der Klassenkonflikt nur eine von mehreren Konfliktlinien ist. Nicht minder wichtig ist dies: Die Sozialpolitik hierzulande hat maßgeblich an der Konstituierung von gesellschaftlichen Klassen mitgewirkt, so an der Differenzierung zwischen Facharbeitern und ungelernten Arbeitern und zwischen Angestellten und Staatsbeamten. Mehr noch: die Sozialpolitik trug entscheidend dazu bei, die konfligierenden Gesellschaftsklassen und die verschiedenen Arbeitnehmerstände dem Staat als Sozialpartner zu inkorporieren. Interventionsstaat mit korporatistischen Regelungsmechanismen[665] und unitarische an Stelle von föderaler Regelung sind die Schlüssel zur Gestalt der Sozialpolitik im Deutschen Reich von 1871 und zu dem Pfad, auf dem sie nach dem Untergang des Wilhelminischen Reiches in der Weimarer Republik und in der Bundesrepublik Deutschland weiter voranschritt.

Politisch-institutionalistische Erklärung

Doch komplexe Staat-Gesellschafts-Vermittlungen wie der korporatistische Interventionsstaat bedürfen einer komplexeren Theorie als der traditionell-marxistischen Klassentheorie oder der Machtressourcentheorie von Walter Korpi und Gøsta Esping-Andersen. Ein geeigneteres Instrumentarium enthält ein dritter Ansatz der vergleichenden Staatstätigkeitsforschung, der politisch-institutionalistische Ansatz. Seine Erklärungskraft stellt er auch in der Sozialpolitikforschung unter Beweis. Zu seinen Schlüsselgrößen gehören besonders Bestimmungsfaktoren wie der korporatistische Interventionsstaat, die politisch-institutionellen Schub- und Bremsfaktoren der Sozialpolitik und das politische Regime, d.h. die Staatsverfassung und deren Verfassungswirklichkeit.

Parteiendifferenz

Auch die Parteiendifferenzthese trägt dazu bei, Hemmnisse und Schubkräfte der Sozialpolitik zu erklären, also die Theorie, wonach die politisch-ideologische Richtung einer Regierungspartei deren Tun und Lassen an der Regierung nachhaltig prägt. Das gilt nicht nur für die Extremfälle des Einparteienstaates, wie die NSDAP im NS-Staat, oder des verkappten Einparteienstaates, wie die SED im Falle des DDR-Sozialismus. Die Parteiendifferenzthese erklärt auch die besonders günstigen Bedingungen, die der Sozialstaat der Bundesrepublik im Parteiensystem

---

664 Im Berichtszeitraum nahm die gesamte Sozialleistungsquote gemäß Sozialbudgetstatistik um 11 Prozentpunkte zu. Berechnungsbasis aller Zahlen: BMA 1994: 258ff., BMGS 2005a: 938.
665 Hierfür wegweisend WEHLER 1995: 662-680.

vorfindet: dieser gründet sich auf das Wirken zweier Sozialstaatsparteien, nicht nur auf einen Parteigänger[666]. Allerdings wird das Tun und Lassen der Sozialstaatsparteien normalerweise von den gegenmajoritären Institutionen hierzulande nachhaltig beschränkt. Ferner wird man politisch-kulturelle Bedingungen berücksichtigen müssen, mehr als bislang im institutionalistischen Ansatz geschehen. Ohne das hohe Maß an ethnischer Homogenität wird man weder die Anfänge der Sozialpolitik in Deutschland noch ihren Ausbau zureichend verstehen können, während ethnisch gespaltene Staaten, wie die USA, sich mit – einer dem Solidaritätsgedanken verpflichteten – Sozialpolitik weit schwerer tun.

Überdies ist die Internationale Hypothese zu erörtern, der zufolge die nationalstaatliche Politik hauptsächlich von inter- oder supranationalen Bedingungen geprägt wird. Doch für diese These gibt die Sozialpolitik in Deutschland bislang nur wenig her. Gewiss erhält sie Impulse von der Europäischen Union und gibt dieser manche Anregung, aber diese Anstöße waren nicht strukturbestimmend. Vielmehr ist die Sozialpolitik bis heute überwiegend von anderen Kräften bestimmt worden, allen voran von den zuvor erörterten innenpolitischen und sozioökonomischen Faktoren. *(Internationale Hypothese)*

Schlussendlich ist die Lehre vom Politik-Erbe zu erwähnen. Sie spielt auch in der Sozialpolitik der Bundesrepublik Deutschland eine überragende Rolle – Inkrementalismus, Spätwirkungen früherer Entscheidungen und Pfadabhängigkeit sind in ihr weit verbreitet. *(Politik-Erbe)*

Diesen Befund stützen auch statistische Auswertungen der Daten von 1951 bis 2003, während historisch weiter ausholende Analysen bislang noch an der mangelnden Verfügbarkeit vergleichbarer Zahlen scheitern. Aufgrund der relativ geringen Zahl der Beobachtungsjahre – 53 Fälle – kann allerdings nur ein Teil der erwähnten Bestimmungsfaktoren der Sozialpolitik in ein Erklärungsmodell aufgenommen werden. Innerhalb dieser Grenzen fördert die statistische Analyse ein bemerkenswertes Resultat zutage. Die Sozialleistungsquote wird ihm zufolge vor allem von vier Faktoren geprägt. Es sind dies: 1. die Eigendynamik der Sozialpolitik oder ihr Erblasteffekt[667], 2. das Wachstum des preisbereinigten Sozialproduktes pro Kopf, 3. der Regierungsparteieneffekt[668] und 4. die Wirkung der deutschen Einheit[669]. Diese Bestimmungsfaktoren·erklären die Variation der Sozialleistungsquote *(Vier maßgebliche Determinanten)*

---

666 Zur Präzisierung ist auf die oben erörterten Differenzen zwischen beiden Parteien hinzuweisen. Obendrein differieren beide in der Neigung zur Konsolidierungs- und Rückbaupolitik: sie ist seitens der SPD schwach, vor allem solange sie in der Opposition ist, und bei den Unionsparteien, vor allem seitens des Wirtschaftsflügels der Union, deutlich stärker. Das zeigt auch die Thematisierung der Sozialpolitik in den Wahlplattformen der Parteien, wie die Auswertung von Wahlplattformen der Parteien in westlichen Demokratien verdeutlichen: die Unionsparteien betonen in den 1980er Jahren sozialpolitisch Fragen in nach wie vor beträchtlichem Umfang, jedoch deutlich geringer als zuvor und mit zunehmendem Abstand zur SPD (Basis: Auswertung der Party-Manifesto-Daten 1948-1989, vgl. DATA SET CMPR4 1997).

667 Gemessen durch den Sozialbudgetanteil im Vorjahr.

668 Gemessen durch die nach Kabinettssitzanteilen ermittelte jahresdurchschnittliche Regierungsbeteiligung der SPD. Dieser Indikator kann mit umgekehrten Vorzeichen als Anzeiger der Regierungsbeteiligung nichtsozialdemokratischer, vor allem christdemokratischer und liberaler Parteien gelesen werden. Dem Regressionskoeffizienten zufolge bewirkt der Unterschied zwischen einer SPD-Regierungsbeteiligung von 100% und einer Regierung ohne SPD-Beteiligung eine in jedem Jahr um 0,6 Prozentpunkte höhere Sozialleistungsquote (vgl. die übernächste Anmerkung).

669 Gemessen durch eine „Wiedervereinigungs-Variable" (ab 1991 = 1, sonst = 0).

in der Bundesrepublik Deutschland sehr gut[670]. Diese Bestimmungsfaktoren wirken im Übrigen auch auf die Sozialpolitik im Ausland – mit Ausnahme des deutschlandspezifischen Einheit-Faktors. Dies zeigt der zweite, dem internationalen Vergleich gewidmete Teil des vorliegenden Bandes, und von den Wirkungen der Sozialpolitik handelt der abschließende dritte Teil.

---

670 Zugrunde liegt die Regressionsgleichung (Y = Sozialleistungsquote nach Sozialbudget-Kriterien, 1951-2003): Y = 6,26 + 0,81*(Sozialleistungsquote im Vorjahr) − 0,28*(preisbereinigtes Wirtschaftswachstum) + 0,01*(SPD-Kabinettssitzanteil) + 1,46*(Wiedervereinigungsjahre-Effekt = 1, sonst = 0), R^2 (bereinigt) =0,99, N = 45, Durbin-Watson-Statistik d: 1,44. Alle Koeffizienten sind auf dem 0,001-Niveau signifikant.

Teil II
Historisch und international vergleichende
Analysen

Einleitung

Der erste Teil dieses Buches handelte von der Geschichte der Sozialpolitik in Deutschland von den 1880er Jahren bis zum frühen 21. Jahrhundert. Sein zweiter Teil beleuchtet die Politik der sozialen Sicherung aus der Perspektive des internationalen Vergleichs. Der Vergleich erstreckt sich hauptsächlich auf die Länder, die heutzutage wirtschaftlich reiche und verfassungsstaatlich organisierte Demokratien sind. Ergänzt wird dieser Vergleich durch die Gegenüberstellung der Sozialpolitik in reichen und armen Demokratien und in Autokratien. Fünf Themen werden dabei vorrangig erörtert:

1. Die Anfänge der Sozialgesetzgebung und ihre Hintergründe einschließlich der Klärung der Frage, warum die Sozialgesetzgebungen zu unterschiedlichen Zeitpunkten eingeführt wurden, sowie die Beantwortung der weiteren Frage, warum Deutschland zum Pionier der Sozialgesetzgebung wurde, während wirtschaftlich höher entwickelte Länder, wie die USA, zu den Nachzüglern der sozialen Sicherung zählen,

2. die Erscheinungsformen und Ursachen des Wandels der Sozialpolitik vom Ende des 19. Jahrhunderts bis zum frühen 21. Jahrhundert,

3. der Vergleich der Sozialpolitik in reichen und armen Demokratien und in Autokratien unter besonderer Berücksichtigung der Frage, in welchem Ausmaß politische Konstellationen noch einen Unterschied machen, wenn die Strukturdifferenzen zwischen reichen und armen Ländern sowie zwischen Demokratie und Autokratie berücksichtigt werden,

4. der Einfluss inter- und transnationaler Bedingungen auf die nationalstaatliche Sozialpolitik unter besonderer Berücksichtigung der Wechselwirkungen zwischen der Sozialpolitik der Europäischen Union und der Politik der sozialen Sicherung in den EU-Mitgliedstaaten, und

5. die Beantwortung der Frage, welche der wichtigsten Theorien der vergleichenden Staatstätigkeitsforschung sich in besonderem Maße dafür eignen, die Gemeinsamkeiten und Unterschiede der Sozialpolitik in den Demokratien und den Autokratien zu erklären. Dafür kommen vor allem sechs Ansätze in Betracht: a) die sozialökonomische Schule, die den Einfluss wirtschaftlicher und gesellschaftlicher Bedingungen auf die Staatstätigkeit erforscht[671], b) die Machtressourcenlehre, die insbesondere nach den Wirkungen von Machtverteilungen zwischen gesellschaftlichen Klassen und politi-

---

671 Herausragende Beispiele sind ZÖLLNER 1963 und WILENSKY 1975.

schen Strömungen auf die Regierungspraxis fragt[672], c) die Parteiendifferenzthese, der zufolge die Regierungspolitik wesentlich von der parteipolitischen Färbung der Regierungsparteien und deren Umfeld geprägt wird[673], d) die institutionalistische Schule, die vor allem die Beeinflussung von Staatstätigkeit durch institutionelle Bedingungen des Willensbildungs- und Entscheidungsprozesses erörtert[674], e) die Internationale Hypothese[675], der zufolge die Staatstätigkeit von inter- oder supranationalen Konstellationen maßgeblich bestimmt wird, und f) die Lehre vom Politik-Erbe, die der Prägung der Politik in der Gegenwart durch politische Weichenstellungen in der Vergangenheit nachspürt[676].

Zweck des Vergleichs Der internationale Vergleich, der in den folgenden Kapiteln verwendet wird, dient mehreren Zwecken. Er ermöglicht das Lernen von anderen Ländern. Ferner erlaubt er es, die Besonderheiten eines einzelnen Landes und dessen Gemeinsamkeiten mit anderen Staaten herauszuarbeiten. Hinzu kommt ein methodologischer Vorteil des Vergleichs. In der Politikwissenschaft (und in den Sozial- und Wirtschaftswissenschaften generell) können verallgemeinerungsfähige Aussagen über Grund-Folge-Verhältnisse oder wahrscheinliche Zusammenhänge nur selten mittels kontrollierter, wiederholbarer Experimente gewonnen und überprüft werden. Deshalb ist ein Ersatz für experimentelle Untersuchungsanordnungen erforderlich. Hierzu dient der Vergleich. Er gibt ein Quasi-Experiment und ein Instrument zur Hand, mit dem Einflüsse verschiedener Faktoren isoliert, Ursache-Folge-Verhältnisse oder wahrscheinliche Zusammenhänge entdeckt und Aussagen über solche Zusammenhänge anhand einer Vollerhebung oder einer repräsentativen Auswahl aus der Gesamtheit aller Fälle ermittelt und überprüft werden können[677].

Die Beantwortung der oben erwähnten Leitfragen für den zweiten Teil des Buches basiert auf dem Schrifttum vor allem der deutsch- und englischsprachigen Fachwissenschaft und der Auswertung zahlreicher Dokumente, Datensammlungen und Umfragen zur Sozialpolitik. Dazu gehören die Auswertungen international vergleichender Daten zur Sozialpolitik, zu den Staatsformen der verschiedenen Länder und zum ökonomischen Entwicklungsstand[678] sowie zahlreicher Fall- und Länderstudien zu den Anfängen und zur Expansion der Sozialpolitik[679].

---

672 Vgl. ESPING-ANDERSEN 1990, KORPI 1989 und – mit politisch-institutionalistischer Erweiterung – MERKEL 1993.
673 Vgl. HIBBS 1977, SCHMIDT 1980.
674 Für andere SCHARPF 1987.
675 Vgl. JACHTENFUCHS & KOHLER-KOCH 2003.
676 ROSE & DAVIES 1994.
677 PRZEWORSKI & TEUNE 1970, BERG-SCHLOSSER & MÜLLER-ROMMEL 2003.
678 Vgl. im Literaturverzeichnis insbesondere die Einträge unter BMA, BMGS, EUROPÄISCHE KOMMISSION, ILO und OECD. Vgl. ferner MARSHALL & JAGGERS 2004, MADDISON 2003 sowie die Datensammlungen und Analysen in ALBER 1982, FLORA u.a. 1981, 1983, ALBER & KOHL 1977, FLORA 1986a, 1986b, 1986c und LINDERT 2004a, 2004b.
679 Vgl. ROSENBERG 1976, RIMLINGER 1971, HECLO 1974, TALOS 1981, CASTLES 1985, ASHFORD 1986, BALDWIN 1990, ESPING-ANDERSEN 1990, 1999, RITTER 1991, PINKER 1992, HICKS 1999, de SWAAN 1993, SKOCPOL 1995, REIDEGELD 1996, SCHARPF & SCHMIDT 2000, SEELEIB-KAISER 2001, MANOW 2002, SIEGEL 2002, SWANK 2002, CASTLES 2004, HINRICHS 2004c.

180

2.1   Die Entstehung staatlicher Sozialpolitik im internationalen Vergleich

Wann und unter welchen Bedingungen wurden die Systeme der sozialen Sicherung in den westlichen Ländern eingeführt? Wodurch sind die Unterschiede der Einführungstermine, vor allem die Differenz zwischen Pioniernationen und Nachzüglern der Sozialpolitik, zu erklären? Gibt es Zusammenhänge zwischen dem Einführungstermin und dem Stand der wirtschaftlichen Entwicklung oder der Art der Staatsverfassung? Inwieweit ist die frühe Einführung der Sozialpolitik in Deutschland ein Sonderfall, inwieweit Teil eines allgemeinen Vorgangs der Modernisierung? Dies sind die Leitfragen des vorliegenden Kapitels.

Betrachten wir zunächst die Entwicklung in Westeuropa, wo der moderne Sozialstaat – wie in Australien und Neuseeland – frühzeitig Fuß fasste[680]. Die Anfänge der Politik der sozialen Sicherung sind hier wie dort auf das ausgehende 19. Jahrhundert zu datieren. In dieser Zeit wurden in einigen Ländern Kerngesetze zur sozialen Sicherung vor allem gegen Unfall, Krankheit, Alter und Invalidität verabschiedet. In Westeuropa waren Deutschland und Österreich Pioniernationen der Sozialpolitik. Die Einführung der sozialen Sicherungssysteme folgte meist einem bestimmten Rhythmus: Zunächst wurde die Unfallversicherung errichtet, anschließend der Sozialschutz gegen Risiken des Alters, der Krankheit und Invalidität, sodann mit erheblicher Zeitverzögerung die Arbeitslosenversicherung und meist mit noch größerem Abstand die Sozialpolitik für Familien. Und erst im letzten Viertel des 20. Jahrhunderts folgten der Auf- und der Ausbau der Pflegeversicherung, aber nur in einigen Ländern. Über die Gründungsjahre der Sozialversicherungen und über die politischen Strukturen sowie den Stand der ökonomischen Entwicklung zum Zeitpunkt der Einführung der sozialen Sicherungssysteme unterrichtet im Einzelnen die Tabelle 3.

Die Daten in der Tabelle 3 werfen Fragen wie diese auf: Warum kam die Sozialpolitik in manchen Ländern sehr früh zum Zuge, in anderen jedoch spät? Und wie ist die Abfolge zu erklären, mit der die Sozialversicherungssysteme eingeführt wurden? Zunächst zur ersten Frage.

---

680   Vgl. beispielsweise FLORA 1986a, CASTLES 1985.

Tabelle 3: Gründungsjahre der Sozialpolitik und Stand der politischen und wirtschaftlichen Entwicklung in Westeuropa, Nordamerika, Japan, Australien und Neuseeland

Land	Unfall-ver-siche-rung	Kran-kenver-siche-rung	Ren-ten-versi-che-rung	Arbeits-losen-versiche-rung	Familien-unterstüt-zung	Rang nach Grün-dungs-jahren der Sozi-alpolitik	Demokra-tiegrad im Jahr der Einführung d. ersten Sozialge-setzes	Autokratie-grad im Jahr der Einführung d. ersten Sozialge-setzes	Ökonomi-sche Ent-wicklung im Jahr des 1. Sozialgeset-zes des Landes	Ökonomische Entwicklung im Jahr des 1. Sozialge-setzes Deutschlands 1883
Australien	1902	1948	1908	1944	1941	15	10	0	3823	4475
Belgien	1903	1894	1900	1920	1930	3	7	1	3468	3145
Deutschland	1884	1883	1889	1927	1954	1	1	5	2143	2143
Dänemark	1898	1892	1891	1907	1952	2	1	4	2555	2299
Finnland	1895	1963	1937	1917	1948	17	8	0	1492	1230
Frankreich	1898	1928	1910	1905	1932	6	8	0	2760	2288
Griechenland	1914	1922	1934	1945	1958	18	10	0	1592	1178
Großbritannien	1897	1911	1908	1911	1945	5	8	0	4264	3643
Irland	1897	1911	1911	1911	1944	7	8	0	2736	1775
Island	1925	1936	1909	1936	1946	16	10	0	–	–
Italien	1898	1943	1919	1919	1937	13	1	5	1672	1568
Japan	1911	1927	1941	1947	1971	19	5	4	837	1356
Kanada	1930	1977	1927	1940	–	23	10	0	4847	2090
Luxemburg	1902	1901	1911	1921	1947	8	7	0	–	–
Neuseeland	1908	1938	1898	1930	1926	11	10	0	3985	3495
Niederlande	1901	1931	1919	1916	1939	12	4	6	3440	3305
Norwegen	1895	1909	1936	1906	1946	10	4	6	1872	1588
Österreich	1887	1888	1907	1920	1948	4	1	5	2404	2209
Portugal	1913	1935	1935	1975	1942	20	8	1	1250	1008
Schweden	1901	1891	1913	1934	1947	9	2	6	2105	1937
Schweiz	1918	1911	1946	1982	1952	21	10	0	4378	2396
Spanien	1900	1942	1919	1919	1938	14	6	0	1654	1720
USA	1930	1965	1935	1935	1935	22	10	0	6213	3008
Mittelwert	1905	1924	1917	1929	1944	12	6,5	2,1	2822	2279

Anmerkungen zu Tabelle 3:

Spalte 1: Ländername. Berücksichtigt wurden die OECD-Mitgliedstaaten mit langjähriger demokratischer Staatsverfassung. Deutschland ab 1949: Bundesrepublik Deutschland. Werte für Irland vor 1921 von Großbritannien.

Spalten 2-6: Jahr der Einführung der ersten (nicht notwendigerweise umfassenden) staatlichen Sozialgesetze. Nicht berücksichtigt wurden ältere soziale Sicherungssysteme für militärische Berufsstände (Soldaten und Kriegsveteranen). Basis: SOCIAL SECURITY ADMINISTRATION (OFFICE OF RESEARCH AND STATISTICS) 1995, FLORA & HEIDENHEIMER 1981, ALBER 1982: 28, ROSE & SHIRATORI 1986, OBINGER & WAGSCHAL 2000.

Spalte 7: Reihung nach dem durchschnittlichen Einführungsjahr der Unfall-, der Kranken-, der Renten-, der Arbeitslosenversicherung und der Familienunterstützungsprogramme. Rang 1 = Pioniernation der Sozialpolitik, Rang 23 = Nachzügler.

Spalte 8: Demokratieskala von 0 (Minimum) bis 10 (entwickelte institutionelle Demokratie im Sinn von MARSHALL & JAGGERS 2004). Werte für Finnland für 1917, für Irland 1921. Quelle: MARSHALL & JAGGERS 2004, Daten für Island und Luxemburg entstammen JAGGERS & GURR 1996.

Spalte 9: Autokratieskala nach MARSHALL & JAGGERS 2004. Maximum: 10, Minimum: 0. Werte für Finnland für 1917, für Irland 1922 und für Island 1918.

Spalte 10 und Spalte 11: International und historisch vergleichbare Messungen des Pro-Kopf-Bruttoinlandsproduktes in internationalen Dollars (Geary-Khamis Dollars). Spalte 10: Griechenland 1913, Irland 1913; Spalte 11: Irland 1870, Griechenland 1890, Portugal und Spanien: 1890, Japan: 1885, für die Schweiz: Interpolation auf der Basis von 1870 und 1899. Quelle: MADDISON 2003: Tabellen 1c, 2c, 5c.

182

Wie die Tabelle 3 zeigt, wurden die Sozialgesetze zu unterschiedlichen Terminen eingeführt. Am frühesten wurden die fünf wichtigsten Zweige der Sozialpolitik – die Alters-, Kranken-, Unfall- und Arbeitslosenversicherungen sowie die Familienunterstützung – in Deutschland errichtet. Auf den nächsten drei Plätzen folgten Dänemark, Belgien und Österreich. Zu den Nachzüglern der Sozialpolitik zählen die USA, Kanada, die Schweiz, aber auch Japan. Wie ist diese Reihenfolge zu erklären? Warum gehören beispielsweise Deutschland und Österreich zu den Pionierstaaten der Sozialpolitik, obgleich sie wirtschaftlich geringer entwickelt als die meisten Länder der Tabelle 3 und obwohl sie autoritär verfasst waren? Und warum wurde ein landesweites System der sozialen Sicherung in den USA und in anderen Nachzüglernationen erst auf einem sehr viel höheren Stand ökonomischer Entwicklung aufgebaut?

Lange hatte man diese Frage zugunsten der Betonung der Gemeinsamkeiten aller sich modernisierenden Länder unbeantwortet gelassen. Die Einführung der Sozialpolitik wurde diesem Blickwinkel zufolge grundsätzlich als Reaktion auf die großen Umwälzungen in den westeuropäischen Ländern des 19. Jahrhunderts gedeutet: Diese Länder entwickelten sich von Agrargesellschaften mit geringem Verstädterungsgrad zu industriell-kapitalistischen, urbanisierten, bürokratischen und demokratisch verfassten Gesellschaften, in denen sich die Arbeiterschaft in Gewerkschaften und in Parteien zusammenschloss, die auf weitreichende Sozialreform oder auf Umsturz der Herrschaftsverhältnisse setzten. Die Folgen dieser „Großen Transformation"[681] haben Beobachter unterschiedlicher Schulenzugehörigkeit ähnlich beschrieben: Die ständischen Gesellschaftsverfassungen lösten sich auf; ältere soziale Sicherungsnetze auf familiärer, karitativer, kommunaler oder kirchlicher Basis rissen, und mit der Entstehung einer rasch wachsenden Klasse von Lohnarbeitern brachen neue soziale Konflikte auf, welche die politischen und wirtschaftlichen Herrschaftsordnungen in den Grundfesten erschütterten. Staatlicherseits kam in dieser Situation eine Politik des sozialen Ausgleichs und der Eingliederung der von Not und Armut bedrohten Bevölkerungsmassen in Frage, sofern das Problem nicht ignoriert oder in seinen politischen Ausdrucksformen gewaltsam unterdrückt werden sollte. Dies waren die Wurzeln der modernen staatlichen Sozialpolitik, so die traditionelle These der Modernisierungstheorie. Sie erklärt Sozialpolitik mit Funktionslücken, die im Prozess der gesellschaftlichen und politischen Modernisierung entstanden und vom Staat gefüllt worden seien.

So zutreffend die These der „Großen Transformation" den allgemeinen Hintergrund der Sozialpolitik schildert, so wenig vermag sie zu erklären, warum die sozialpolitische Reaktion von Land zu Land höchst unterschiedlich ausfiel. Wie die Tabelle 3 verdeutlicht, reagierten die politischen Eliten mancher Länder offenbar rasch auf die neue Lage, während sie in anderen Staaten, unter ihnen die Schweiz, Großbritannien und die USA, mit beträchtlicher Verzögerung handelten – sowohl in chronologischer Hinsicht als auch hinsichtlich des Standes der wirtschaftlichen Entwicklung.

Man könnte vermuten, die Sozialpolitik folge dem Stand und dem Tempo der sozialökonomischen Entwicklung auf dem Fuße. Dafür spricht die Hypothese vom Vorrang sozioökonomischer Determinanten der Sozialpolitik, beispielsweise Wagners Gesetz des wachsenden Staatsbedarfs. Doch die Zahlen der Tabelle 3 zeigen, dass die Sozialpolitik in den westlichen Ländern auf unterschiedlichen Entwick-

Die Große Transformation

Ökonomische und politische Ursachen

---

681 POLANYI 1978.

lungsniveaus eingeführt wurde: bisweilen auf niedrigem Entwicklungsstand, so in Finnland, Japan, Portugal, Spanien, Österreich und Deutschland, mitunter auf mittlerer Stufenleiter, wie in Frankreich, aber auch erst auf fortgeschrittenem Stand der Modernisierung, vor allem in den USA, in Australien und Neuseeland. Deutschlands erste Sozialgesetzgebung von 1883 basierte auf einem Sozialprodukt pro Kopf von 2.143 Dollar[682]. Zwölf Länder führten ihre erste Sozialgesetzgebung erst auf einem höheren Stand ökonomischer Entwicklung ein, unter ihnen Australien, Großbritannien, Kanada und die USA, acht weitere Staaten allerdings auf niedrigerem Niveau, beispielsweise Japan und Spanien. Es gibt demnach keine Eins-zu-eins-Entsprechung zwischen dem Problemdruck, der durch die Industrialisierung, die Verstädterung und die Gewerbefreiheit erzeugt wurde, und der sozialpolitischen Reaktion der Regierungen[683]. Gleiches gilt für den Zusammenhang zwischen dem Einführungstermin der sozialen Sicherungssysteme und der Gewerbefreiheit sowie anderen Indikatoren wirtschaftlicher Modernisierung[684].

Diese Befunde sprechen gegen die Theorie der sozioökonomischen Determination staatlicher Politik[685] und gegen funktionalistische Erklärungsmodelle, welche die staatliche Sozialpolitik als unmittelbare Reaktion auf Funktionslücken der Modernisierung deuten[686]. Zwar können diese Ansätze begründen, so Jens Albers Einwand, dass „alle Länder irgendwann im Industrialisierungsprozess zur Errichtung staatlicher Sicherungssysteme schreiten, aber vor der Aufgabe, genauere Entwicklungsniveaus der Einführung zu bestimmen oder nationale Variationen in der Chronologie der Gesetzgebung zu erklären, versagen sie völlig"[687]. Allerdings sind weniger eng gefasste Theorien sozialökonomischer Prägung der Sozialpolitik mit den Daten besser verträglich. Wie die vorletzte Spalte der Tabelle 3 zeigt, waren auf einem ökonomischen Entwicklungsstand von rund 6.000 Dollar pro Kopf in allen Industrieländern die ersten Sozialgesetze eingeführt worden.

Funktionalismus versus Institutionalismus

Die Sozialpolitik wurde nicht nur funktionalistisch erklärt, sondern auch mit institutionenzentrierten Ansätzen und Konflikttheorien. Letztere erörtern den Einfluss von Machtressourcen, Herrschaftsbeziehungen und Konflikten zwischen sozialen Gruppen und Klassen auf die Sozialpolitik. Inwieweit können diese Beiträge die unterschiedlichen Einführungstermine der Sozialpolitik erklären? Aufschlussreiches zu dieser Frage steuerte vor allem Jens Albers bahnbrechende Studie zur Sozialversicherung in Westeuropa bei[688]. Alber zufolge tragen weder die Schlüsselgrößen des institutionenzentrierten Ansatzes noch die der Konflikttheorien zur Erklärung der Einführungstermine der Sozialgesetzgebung bei. Das Wahlrecht sei ein Beispiel: Sozialgesetze seien relativ früh in Ländern mit fortgeschrittenem und in Staaten mit rückschrittlichem Wahlrecht eingeführt worden. Gleiches gelte für die späte Etablierung sozialer Sicherungssysteme in den Nachzüglerstaaten. Ferner bestünden kein überzufälliger Zusammenhang zwischen dem Geburtsjahr der Sozialpolitik und der Präsenz von Arbeiterparteien in den nationalen Parlamenten. Nicht wenige Sozialversicherungen seien vor

---

682 MADDISON 2003: 60.
683 FLORA u.a. 1977, ALBER 1982: 119-125.
684 ALBER 1982: 125.
685 So tendenziell WILENSKY 1975.
686 Vgl. z.B. LENHARDT & OFFE 1977.
687 ALBER 1982: 124.
688 ALBER 1982.

der Demokratisierung des Wahlrechtes und vor dem Einzug von Arbeiterparteien in das Parlament errichtet worden. Auch die Stärke der Gewerkschaften und die der Arbeiterbewegung erklärten nicht den Einführungstermin der ersten Sozialgesetze. In vielen Ländern sei die Arbeiterschaft zum Zeitpunkt der Einführung von Kerngesetzen der sozialen Sicherung politisch noch schwach gewesen, so in Deutschland und Österreich. Gleiches gelte für die ersten großen Sozialgesetzgebungen in Großbritannien zwischen 1908 und 1911 und die Einführung der Unfall- und der Rentenversicherung in Schweden[689].

Allerdings habe die politische Mobilisierung der Arbeiterschaft indirekt auf die Sozialpolitik eingewirkt: sie habe die Herrschaftsträger nach neuen „Mechanismen der Legitimitätssicherung"[690] suchen lassen. Hierfür schien die Errichtung von Sozialversicherungen ein geeignetes Mittel zu sein. Von ihr erhoffte man sich Entschärfung typischer Risiken proletarischer Lebenslagen, vor allem Risiken der Krankheit, des Unfalls und des Alters. Ansonsten müsse man sich von der Vorstellung lösen, dass die unterschiedlichen Einführungstermine der Sozialgesetzgebungen direkt mit den Erscheinungsformen der Sozialen Frage zusammenhingen, wie noch John Stephens[691] vermutet hatte. Triftiger sei die These, dass die Entstehung der sozialen Sicherung im ausgehenden 19. Jahrhundert nicht das Werk einer Sozialpolitik von unten, nicht eine Errungenschaft der Arbeiterbewegung, sondern eine Sozialpolitik von oben gewesen sei, eine Veranstaltung vor allem der politischen Eliten zwecks Herrschaftsstabilisierung. Pioniere der Sozialpolitik seien vor allem die autoritär-konstitutionellen Monarchien wie Deutschland und Österreich gewesen, während die parlamentarisch-demokratischen Regime wie die Schweiz und Großbritannien sich zunächst als Nachzügler der Sozialpolitik entpuppten[692].

Mobilisierung der Arbeiterschaft

Im Lichte dieser Befunde schlug Jens Alber vor, die konflikttheoretische Erklärung der Sozialpolitik wie folgt zu ergänzen: In der Gründungsphase der Sozialpolitik sei der Schlüssel zum Verständnis der frühen sozialpolitischen Entwicklung in Westeuropa „nicht in den Reformansprüchen der Arbeiterbewegung" zu suchen, „sondern in den Legitimierungsstrategien der nationalen Eliten"[693]. Auch die Reichweite der einzelnen Sicherungssysteme ergibt Alber zufolge den gleichen Befund wie die Gesetzgebungschronologie: „Nicht die Reformforderungen der Arbeiterbewegung waren der Motor der frühen sozialpolitischen Entwicklungen in Westeuropa, sondern die Legitimationsnöte der nationalen Eliten, die sich vor allem im Kontext autoritärer politischer Strukturen einstellten. Die frühe Sozialpolitik war eine Sozialpolitik von oben, nicht durch die Arbeiterbewegung, sondern gegen sie realisiert, einigen ihrer sozialen Ansprüche entgegenkommend, um ihren weitergehenden politischen Forderungen zu begegnen"[694].

Sozialpolitik von oben

Das ist scharfsinnig und findet eine Bestätigung in dem Befund, dass autokratische Regime der Tendenz nach früher als demokratischere Systeme sozial-

---

689 Ebd.: 126ff. und 260f.
690 Ebd.: 134.
691 STEPHENS 1979: 89.
692 Dies ist mittlerweile aufgrund genauerer Messungen des Demokratie- und Autokratiegehaltes und der Einführungsjahre in außerwesteuropäischen Industriestaaten zu korrigieren: immerhin zählen 12 der 23 Länder der Tabelle 3 zum Zeitpunkt ihrer ersten großen Sozialgesetzgebung zu den Demokratien (vgl. Tabelle 3, insbes. die Spalten 8 und 9).
693 ALBER 1982: 133.
694 ALBER 1982: 149f.

politisch aktiv wurden[695]. Doch bedarf Albers These der Korrektur. Auch der Regimetyp, insbesondere die Differenz zwischen relativ demokratischer und autoritärer Staatsverfassung, steht nur in lockerer Wechselbeziehung mit der Neigung zur frühen oder verspäteten Sozialgesetzgebung[696]. Gewiss: in Deutschland und Österreich wurde der Staat sozialpolitisch frühzeitig aktiv. Doch das war nicht in allen autoritären oder semiautoritären Regimes der Fall, wie beispielsweise die Niederlande und Schweden in der Periode vor ihrer vollen Demokratisierung zeigen. Ferner verhielten sich keineswegs alle Demokratien oder Semidemokratien sozialpolitisch abstinent. Das verdeutlichen Großbritannien, Neuseeland und einzelne Bundesländer Australiens[697].

Unbestritten nahmen aber sozialkonservative Regimes einen vorderen Rangplatz unter den Pionierstaaten der Sozialpolitik ein. Wie die Geschichte lehrt, gab es jedoch verschiedene Formen der Sozialpolitik von oben. Hierfür ist ein Vergleich des Deutschen Kaiserreichs mit der Österreichisch-Ungarischen Donaumonarchie instruktiv[698]. Im Wilhelminischen Kaiserreich war die Sozialpolitik das Werk einer sozialkonservativen protestantischen Regierung, die in diesem Politikfeld unter anderem vom katholischen Zentrum unterstützt wurde. In der Donaumonarchie hingegen waren die Politik der sozialen Sicherung und die mit ihr verknüpfte Arbeitsschutz- und Kleingewerbegesetzgebung hauptsächlich ein Produkt des sozialkonservativen politischen Katholizismus, der auf einem ähnlich niedrigen wirtschaftlichen Entwicklungsstand wie in Deutschland und im Rahmen einer härter verkrusteten autoritären Struktur regierte. Im Deutschen Reich ging es zunächst nur um Sozialversicherungspolitik, ausdrücklich nicht um Arbeitsschutzpolitik. In Österreich jedoch setzte eine politisch erzkonservative Kaste auf Sozialversicherung und auf Arbeitsschutz sowie zusätzlich auf Protektion des Kleingewerbes.

In Deutschland, so kann man verallgemeinern, war die Reaktion der politischen Führungsschicht auf die Industrialisierung, den Aufstieg des Unternehmertums und den der Arbeiterbewegung anti-liberal und anti-sozialistisch. In der Donaumonarchie hingegen fiel die Antwort anti-liberal, anti-sozialistisch, antisemitisch und entschieden anti-kapitalistisch aus. In Deutschland wollten die Machthaber das Rad der Geschichte nicht rückwärts drehen, sondern vorwärts, freilich mit paternalistischem und solidarprotektionistischem Einschlag. In der Donaumonarchie hingegen hielten die Regierenden Kurs vor allem nach rückwärts, in Richtung eines modifizierten Ständesystems der vorindustriellen Gesellschaft. Aus diesem Grund kombinierte die sozialkonservative Führung der Donaumonarchie ihre Sozialversicherungspolitik mit fortschrittlichen Gewerbeordnungen für die Arbeiter der gewerblichen Mittel- und Großbetriebe (1883 und 1885) und einer „rückschrittlichen Schutzgesetzgebung für die Handwerksmeister und Kleinladenbesitzer". Man sorgte so für eine „doppelpolige Gesetzgebung"[699]. Allerdings war die Sozialversicherung in der Donaumonarchie lückenhafter als die in Deutschland. So wurde die Rentenversicherung erst 18 Jahre später als in Deutschland eingeführt (1907) und zunächst auf die Privatangestellten begrenzt. Bis dahin zielte die Sozialpolitik in der Donaumonarchie vor

---

695 Vgl. Tabelle 3, ferner ROSENBERG 1976.
696 BERG-SCHLOSSER & QUENTER 1996.
697 CASTLES 1985.
698 ROSENBERG 1976: Kapitel 6, TALOS 1981.
699 Beide Zitate aus ROSENBERG 1976: 237.

allem auf einen Teil der Lohnarbeiter und mittelbar auf den alten Mittelstand. Durch die Sozialgesetzgebung sollte, wie Hans Rosenberg gezeigt hat, „das politisch bereits stark geschwächte und diskreditierte, in die Verteidigung zurückgedrängte liberale deutsch-jüdische Großbürgertum nun auch in seiner Bewegungsfreiheit als Unternehmer und Arbeitgeber beschränkt und der Expansion des Industriekapitalismus durch Erschwerung fabrikmäßiger Erzeugnisse die Flügel beschnitten werden. Zweitens sollten die Handwerksmeister und Kleinladenbesitzer gegen die ‚unlautere‘ Konkurrenz des Großkapitals und der ‚Pfuscherarbeit‘ durch die Restauration unzeitgemäß gewordener berufsständischer Innungen und korporativer Vorrechte und die Erschwerung des Zugangs zum kollektiven Kleingewerbemonopol durch Beschneidung der Aufstiegschancen der Gesellen geschützt werden. Die Wettbewerbsfähigkeit der kleinen selbständigen Geschäftsleute sollte durch die Erhöhung der laufenden Unkosten in den Mittel- und Großbetrieben mittels gesetzgeberischer Regulierung der Arbeitsbedingungen und Steigerung der Soziallasten verbessert werden, durch einen doppelten Staatseingriff also, der auf die Lohnarbeiter als unmittelbare Nutznießer und auf die Kleingewerbetreibenden als mittelbar Begünstigte abzielte"[700]. Schlussendlich sollte das Industrieproletariat „sozialradikalen Programmen und dem Verlangen nach aktiver Teilnahme am politischen Klassenkampf entfremdet und für den ‚Christlichen Ständestaat‘ aristokratischen Gepräges gewonnen werden"[701].

Sozialkonservative Regime gehörten zu den Pionieren der Sozialpolitik. Zunächst hielten sie auch beim Ausbau der sozialen Sicherung einen der vordersten Plätze. Bis etwa 1900 wahrten die autoritär regierten Regime in Westeuropa, vor allem Deutschland, Österreich, Dänemark, Schweden und Italien, in der Sozialpolitik einen Vorsprung vor den parlamentarischen Demokratien wie Belgien, die Schweiz und Großbritannien. Dies belegen die überdurchschnittlich hohe Zahl der Sozialversicherungsprogramme und Pflichtversicherungen in den autoritär regierten Ländern und der größere Personenkreis, den ihre Sozialversicherung erfasste[702]. Vor allem zwischen 1900 und dem Vorabend des Ersten Weltkrieges holten die westeuropäischen Demokratien in der Sozialpolitik jedoch auf, und am Ende dieser Periode hatten sie die Pioniere erreicht. Die sozialpolitische Aufholjagd der Demokratien wurde sowohl von sozialkonservativen Motiven angetrieben als auch vom parteipolitischen Wettbewerb zwischen sozialdemokratischen und bürgerlichen Parteien. Jens Alber beschrieb die Wechselwirkungen so: „Auch im sozialpolitischen Aktivismus der Demokratien in der Vorkriegszeit hat man wohl mehr ein herrschaftssicherndes Integrationsbemühen ‚von oben‘ als ein Nachgeben gegenüber organisierten Forderungen der Arbeiterbewegung zu sehen. Erfolgreichen sozialpolitischen Initiativen seitens der Arbeiter stand nicht nur die schwankende, sowohl von Land zu Land wie von Zeit zu Zeit variierende strategische Einschätzung sozialer Reformen durch ihre Führung entgegen, sondern auch die Tatsache, dass ihre parlamentarische Stärke

Sozialkonservative Pioniere

---

700 Ebd.: 250.

701 Ebd.: 251.

702 ALBER 1982. Allerdings überzeichnen die Berechnungen von Alber das Bild insofern, als im Untersuchungszeitraum Italien mitunter als parlamentarische Demokratie (z.B. S. 132) und durchweg die Niederlande schon vor 1917 und Norwegen schon vor 1889 als parlamentarische Demokratie eingestuft werden. Folgt man den Messungen demokratischer und autokratischer Staatsverfassungen in MARSHALL & JAGGERS 2004, wurden alle drei Länder in den genannten Perioden überwiegend autokratisch regiert.

noch nicht ausreichte, um politische Forderungen in Gesetze umzumünzen. Immerhin hatten die Arbeiterparteien mittlerweile aber Zugang zu sämtlichen nationalen Parlamenten gefunden, und nach den frühen Erfolgen in den autoritären Monarchien gelangen ihnen nun auch in den Demokratien erhebliche Stimmengewinne, die sie in Belgien und Dänemark über zwanzig, in den restlichen Demokratien rund zehn Prozent der Parlamentssitze erobern ließen. In dieser Situation sahen die liberalen Parteien, die außer in Belgien in allen Demokratien nach der Jahrhundertwende dominierten, in sozialpolitischen Reformen vermutlich das geeignete Mittel, der Arbeiterbewegung das Wasser abzugraben und sich selbst an der Mehrheit zu halten"[703].

Nachzügler Großbritannien

In Ländern mit starker liberaler Partei wurden verschiedene Wege zur Sozialpolitik begangen. Eine große Politikwende vollzogen Großbritanniens Gesetzgeber in den ersten zwei Dekaden des 20. Jahrhunderts. Bis dahin gehörte Großbritannien zu den Nachzüglerstaaten der Sozialpolitik, obwohl es im Vergleich mit den Pionierstaaten der Sozialpolitik ein wirtschaftlich reiches und bis in die frühen 1920er Jahre obendrein das wirtschaftlich höchstentwickelte Land Europas war[704]. Nunmehr wurde die Altersversicherung eingeführt (1908), und 1911 folgten Pflichtversicherungen gegen Krankheitsrisiken und, früher als in den meisten anderen Staaten, gegen Arbeitslosigkeit. Hinzu kamen im gleichen Zeitraum weitere Sozialprogramme wie Schulspeisung und ärztliche Versorgung für Kinder und in einzelnen Industriezweigen die Mindestlohngesetzgebung.

Warum kam es in Großbritannien zu dieser Wende der Sozialpolitik? Unzureichend ist der Vorschlag, sie mit größeren Machtressourcen der Arbeiterschaft und größerer Nachfrage nach Sozialpolitik zu erklären. Das zeigen die Befunde der großen Mehrheit der Sozialhistoriker. Besser greifen die Erklärungsansätze, die das Zusammenwirken der Lernprozesse von Bürokratie und Regierung[705], der Machterhaltinteressen und des Druckes ‚von unten‘ erörtern. Hinzu kamen das Streben, Sozialkonflikte einzudämmen, und das Motiv, die Arbeiterwähler an die regierende liberale Partei zu binden. All dies erhielt weiteren Antrieb von der Befürchtung, die britische Wirtschaft gerate im Wettbewerb mit den kontinentaleuropäischen Staaten, vor allem dem sozialpolitisch so aktiven Deutschland, ins Hintertreffen. Ferner suchte man nach geeigneten wirtschafts- und sozialpolitischen Maßnahmen zur Verbesserung der viel diskutierten „nationalen Effizienz". Sodann sollten die „respectable poor", d.h. die ehrenwerten Armen, vom ökonomisch nicht integrierbaren Pauperismus getrennt werden[706].

Richtig in Fahrt kam die Sozialpolitik in Westeuropa im 20. Jahrhundert. In Skandinavien, mit Ausnahme des Nachzüglers Finnland, entfielen die meisten der entscheidenden Gesetzgebungen auf das erste Drittel des 20. Jahrhunderts und die 1960er und 1970er Jahre[707]. In den Niederlanden und in Finnland gelang der Sozialpolitik der Durchbruch erst nach dem Zweiten Weltkrieg[708]. Auch in den Industriestaaten außerhalb Westeuropas wurde die Sozialpolitik auf unterschiedlichen Niveaus wirtschaftlicher Entwicklung eingeführt. Neuseeland und einzelne Staaten Australiens waren Frühstarter der Sozialpolitik, allerdings gehörten beide damals

---

703 ALBER 1982: 150f.
704 MADDISON 2003: 60-65.
705 HECLO 1974.
706 HECLO 1974, HAY 1975, ASHFORD 1986, PARRY 1986.
707 Z.B. FLORA 1986a, ESPING-ANDERSEN 1990.
708 Z.B. ALESTALO, FLORA & UUSITALO 1985, FLORA 1986d, VAN KERSBERGEN 1995.

zu den reichsten Staaten der Welt. Dort schufen die Gesetzgeber noch im ausgehenden 19. und im ersten Drittel des 20. Jahrhunderts, so in Neuseeland, und im frühen 20. Jahrhundert, so in Australien teils auf Bundesstaats-, teils auf Gliedstaatenebene, die Grundlagen der staatlichen sozialen Sicherung. Zu ihr zählten vor allem die Unfall- und Altersversicherung sowie eine weitreichende Arbeiterschutzpolitik vor allem mittels Schlichtung von Verteilungskonflikten und eines ausgefeilten Sozialschutzsystems, das zunächst hauptsächlich für Arbeitnehmer bestimmt war. Hinzu kamen protektionistische Maßnahmen, die hauptsächlich den Unternehmern und den Arbeitnehmern zugute kamen. Das hat Frank Castles zur These angeregt, man habe dort den „wage-earners' welfare state" geschaffen, d.h. den Wohlfahrtsstaat der Lohnarbeiter[709]. Das hohe Maß an sozialer Sicherung im Lohnarbeiter-Wohlfahrtsstaat erstaunte viele Beobachter. Den „socialism without doctrine" sahen Beobachter in Australien und Neuseeland verwirklicht, einen erfolgreichen Sozialismus, der im Unterschied zum europäischen Sozialismus ohne große Worte und Theorie auskam. Allerdings haben diese Beobachter, wie auch später Frank Castles, den Gesamtwohlstand im Blick gehabt: den, der durch die staatliche Sozialpolitik hervorgerufen wurde, und die markterzeugte Wohlfahrt – noch zählten Australien und Neuseeland zu den reichsten Staaten der Welt![710]

Nicht überall wurde der wirtschaftliche Reichtum für Sozialpolitik genutzt. Nachzügler USA
Die USA beispielsweise galten in der Fachliteratur lange Zeit als Paradebeispiel eines Sozialpolitiknachzüglers auf hohem wirtschaftlichem Entwicklungsstand. Das stimmt insoweit, als die soziale Sicherung eines größeren Bevölkerungsteils erst im New Deal der 1930er Jahre und nach 1945 erreicht wurde. Allerdings bedarf die These vom Wohlfahrtsstaatsnachzügler USA der Korrektur[711]. Vorreiter waren die USA nämlich bei der sozialen Sicherung von Kriegsveteranen, Soldaten und Müttern der Arbeitnehmer im zivilen und im militärischen Bereich der Gesellschaft[712]. Ansonsten blieb die Sozialpolitik in den USA bis auf den heutigen Tag schwächer und weitmaschiger als die der westeuropäischen Staaten[713]. Allerdings sind in den USA aufgrund des hohen sozialökonomischen Entwicklungsstandes für viele die Chancen größer, an die Früchte der anonymen Sozialpolitik einer expansiven Marktwirtschaft zu gelangen, sofern man nicht auf dem Weg dorthin im Räderwerk des Kapitalismus stecken bleibt und im eigenen Land gleichsam in die Dritte Welt abstürzt.

Nach wie vor zurückhaltend in der staatlichen Sozialpolitik ist auch Japan, jedenfalls im Vergleich zu anderen reichen Demokratien und zum hohen Stand wirtschaftlicher Entwicklung, den das Land im 20. Jahrhundert mit seinem rasanten Spurt aus dem Stadium einer vormodernen Gesellschaft erreicht hat. Lange Zeit war Sozialpolitik in Japan hauptsächlich eine Angelegenheit der Betriebe, vor allem der Großbetriebe, und der Familien. Das ging so lange leidlich gut, wie die Wirtschaft, die Arbeitsnachfrage und die Löhne kräftig wuchsen, die Mehrgenerationenfamilie intakt blieb und die Senioren- und die Altersrentner-

---

709 CASTLES 1985: 102, 12-21.
710 MADDISON 2003, Tabelle 1c, 2c, 5c.
711 MURSWIECK 2004.
712 SKOCPOL 1995.
713 Vgl. MURSWIECK 1988, 1996, 2004. Allerdings deuten Schätzungen der sogenannten Nettosozialleistungsquote, die unter anderem den Effekt von „tax expenditures" und von Besteuerungen der Sozialleistungen erfassen, auf einen höheren sozialpolitischen Aktivitätsgrad der USA hin, vgl. ADEMA 2001a, 2001b, KEMMERLING 2004.

quote niedrig waren. Dies und die nachholende Modernisierung sowie die besonderen Kräfteverhältnisse in Politik und Wirtschaft, vor allem die Schwäche der Links- und Mitteparteien, trugen zum verspäteten Aufbruch der Sozialpolitik bei. Deren Entwicklung beschleunigte sich jedoch in dem Maße, in dem die Senioren- und die Altersrentnerquote anstiegen und die traditionellen Netze der sozialen Sicherung überlastet wurden[714]. Dieser Mechanismus ist in Europa nicht unbekannt. Dort kam er allerdings viel früher als in Japan in Gang: in Europa stellten die weite Verbreitung der Kleinfamilie, die relativ frühe Ablösung der Jugendlichen vom Haushalt der Eltern, das hohe Heiratsalter und die große Zahl Unverheirateter frühzeitig die Weichen auf wachsenden Bedarf an staatlicher sozialer Sicherung[715].

Vorreiter Australien und Neuseeland

Die Einführungstermine und der Wandel der Sozialpolitik in den westeuropäischen und den außereuropäischen Industrieländern passen allerdings nicht ohne weiteres zu den Erklärungsmodellen, die vor allem Jens Alber und Peter Flora am Beispiel Westeuropas entwickelt haben. Zweierlei sperrt sich gegen ihre Integration. Erstens: die Zusammenhänge zwischen den Geburtsjahren der Sozialpolitik und dem Typus des politischen Regimes sind weniger eindeutig, als es die These der sozialdefensiven Modernisierungspolitik autoritär-konservativer Eliten nahe legt. Zweitens: Berücksichtigt man die Sozialpolitikentwicklung in den USA, in Japan, Australien und Neuseeland, werden die Klassenpolitik- und die Parteipolitikthese aufgewertet. Dafür ist der folgende Grund verantwortlich: in Ländern mit frühzeitig mobilisierter starker Arbeiterbewegung, wie vor allem in Australien und in Neuseeland um die Jahrhundertwende, hatte man, den westeuropäischen Pioniernationen ähnlich, ebenfalls relativ früh die ersten großen Sozialsysteme errichtet[716]. In Ländern mit schwacher Arbeiterbewegung, schwachen oder gänzlich fehlenden Linksparteien und starken marktorientierten politischen Strömungen hingegen kam die Sozialpolitik erst spät zum Zuge, falls sie überhaupt an Fahrt gewann. Japan und die USA sind Beispiele, abgeschwächt auch Kanada, das jedoch den europäischen Staaten stärker folgte als dem US-amerikanischen Nachbarn[717].

Diese Beobachtungen passen zur Machtressourcentheorie, welche die Kräfteverhältnisse zwischen sozialen Klassen und politischen Strömungen besonders hervorhebt, und sie werten die Parteiendifferenzlehre auf, die vor allem die Wirkung parteipolitischer Kräfteverhältnisse auf die Staatstätigkeit erkundet. Das entwertet nicht die ältere sozialökonomische Schule der Sozialpolitikforschung, rückt aber deren Stellenwert zurecht. Die sozialökonomische Schule sensibilisiert für die großen Umwälzungen, die mit dem Übergang von traditionalen Gesellschaften zur modernen Industrie- und Dienstleistungsgesellschaft, der sozioökonomischen Entwicklung und dem wachsenden volkswirtschaftlichen Reichtum, der zugleich Bedarf, Chancen und Ressourcen für Sozialpolitik schafft, zustande kamen. Die sozialökonomische Schule trägt auch dazu bei, die materiellen Handlungsbegrenzungen und -ermöglichungen der Politik genauer zu bestimmen. Doch davon, wie die Politik auf diese Schranken und Gelegenheiten reagiert, vermag

---

714 ROSE & SHIRATORI 1986, THRÄNHARDT 1996, CAMPBELL 1992.
715 FLORA 1986c, RITTER 1991, ALBER 2001.
716 Wenngleich auf höherem Stand wirtschaftlicher Entwicklung als in Deutschland, mitunter auf Ebene der Gliedstaaten, ferner unter besonderer Betonung der Lohnpolitik und nicht in allen Sozialversicherungszweigen! Vgl. CASTLES 1985.
717 KUDRLE & MARMOR 1981, SCHULTZE 1991, OBINGER & WAGSCHAL 2000.

die sozialökonomische Schule wenig zu berichten – im Unterschied zu den politisch-institutionellen und den akteurszentrierten Beiträgen.

Politisch-institutionelle Bedingungen tragen auch dazu bei, einen weiteren Befund der Tabelle 3 zu erklären, nämlich die eigentümliche Reihenfolge, in der die Sozialversicherungszweige eingerichtet wurden. Warum wurden die Sozialversicherungssysteme meist in einer bestimmten Abfolge eingeführt: zuerst die Unfallversicherung, später die Kranken- und die Altersversicherung, darauf die Arbeitslosenversicherung, mit beträchtlicher Verzögerung die Familienunterstützung und – in einigen Ländern – schließlich die Pflegeversicherung? Erklärung der Reihenfolge

Die wichtigsten Gründe hierfür liegen in den unterschiedlichen administrativen Steuerungschancen und -hemmnissen und im Ausmaß, in dem die jeweilige Sozialversicherung von den althergebrachten Prinzipien der Selbsthilfe, der Fürsorge und der privaten Versicherung abwich[718]. Die Errichtung der Unfallversicherung erwies sich als das einfachste Vorhaben. Mit ihr führte man ältere Vorstellungen von der Haftpflicht für individuell verursachte Schäden weiter. Tiefer reichte der Bruch mit den alten Vorstellungen von der rechten Wirtschafts- und Gesellschaftsordnung in der Alters- und Krankenversicherung. Beide hoben weit verbreitete Risiken aus der Sphäre individueller Verantwortung und Schuldzumessung. Überdies erforderten sie größere administrative Innovationen als die Unfallversicherung, deren Durchführung den Selbstverwaltungskörperschaften der Unternehmen übertragen werden konnte. Hinzu kam die Kostenfrage. Die Deckung der Alters- und Krankheitsrisiken kostete ein Vielfaches der Unfallversicherung. Ferner stellte die exakte Berechnung von Beiträgen und Versicherungsleistungen der Kranken- und Altersversicherung die Staatsverwaltung vor schwierige Aufgaben.

Überdurchschnittlich große Hindernisse standen der Arbeitslosenversicherung im Wege. Dies erklärt deren verspätete Einführung zumindest teilweise. Die Arbeitslosenversicherung brach nämlich mit der vom Liberalismus geprägten Vorstellung, der Staat sei für Wirtschaftsfragen nur formell, nicht aber materiell zuständig. Ferner ging sie von der paternalistischen Herrschaftsform ab, indem sie die Verantwortung für unfreiwilligen Müßiggang weder dem Herrn noch dem Knecht allein zuwies, sondern einer von beiden finanzierten Kollektivversicherung. Überdies erschwerten rechtliche und administrative Hindernisse die rasche Einführung der Arbeitslosenversicherung. Im Gegensatz zur Unfallversicherung konnte sie nicht an bestehende Rechtsformen anknüpfen; für sie mussten neue Rechtsformen geschaffen werden[719]. Weiterhin umfassten die Arbeitslosenversicherung und die Arbeitsvermittlung Aufgaben, die organisatorisch nicht einfach zu bewerkstelligen waren und eine hoheitliche, auf Hierarchie und Befehl gerichtete Staatsverwaltung vor ein großes Problem stellten: die Erbringung sozialer Dienstleistungen.

Tief war der Bruch auch im Fall der Familienunterstützung und der Pflegeversicherung. Beiden stand die tief verwurzelte Abneigung entgegen, intrafamiliär erbrachte personenbezogene Dienstleistungen zu monetarisieren, zu kommerzialisieren und vielleicht sogar zu verstaatlichen, ganz abgesehen von der Befürchtung, dass hierdurch die Steuer- und Sozialabgabenpflichtigen überlastet würden.

---

718 FLORA u.a. 1977: 731ff., ALBER 1982: 49ff.
719 LEIBFRIED 1977.

2.2 Die Expansion der sozialen Sicherung im 20. Jahrhundert

Die Geschichte der Sozialpolitik war lange die Geschichte einer Expansion[720]. Allerdings gab es auch Phasen der Stagnation und des Rückschritts. Ferner stieß die Expansion der Sozialpolitik an obere Grenzen, wie vor allem die 80er und 90er Jahre des 20. Jahrhunderts zeigen, teils an Sättigungs-, teils an Finanzierungsgrenzen[721]. Zudem variierten Reichweite, Quantität und Qualität der Expansion der Sozialpolitik von Land zu Land. Von den Gemeinsamkeiten und Unterschieden der Expansion der Sozialpolitik seit dem ausgehenden 19. Jahrhundert handelt dieses Kapitel. Welches sind die Gründe der Gemeinsamkeiten und der Differenzen der von Land zu Land unterschiedlichen Entwicklungstempi? Inwieweit sind diese den Unterschieden der wirtschaftlichen Entwicklung, des politischen Regimes und der parteipolitischen Zusammensetzung der Regierungen zuzuschreiben? Diese Fragen werden im vorliegenden Kapitel anhand der relativen Größe des Kreises der Sozialversicherten beantwortet. Gemessen wird dieser Kreis durch den Anteil der Sozialversicherten an den Erwerbspersonen, und zwar auf der Grundlage des durchschnittlichen Prozentsatzes der in der Unfall-, Kranken-, Renten- und Arbeitslosenversicherung erfassten Erwerbsbevölkerung[722].

Im Lichte dieses Indikators behielten die Pioniernationen der Sozialpolitik, vor allem Deutschland und mit Einschränkungen die Donaumonarchie, bis Ende des 19. Jahrhunderts einen großen Vorsprung gegenüber den Nachzüglern der Sozialpolitik. Allerdings holten einige Nachzüglerstaaten in den folgenden 15 bis 20 Jahren auf, vor allem Belgien, die Niederlande, Norwegen, Schweden und Großbritannien. Und nach dem Ersten Weltkrieg hatte sich ihr sozialpolitisches Profil, soweit es durch den Kreis der Sozialversicherten erfasst wird, dem der Pioniernationen angeglichen. Allerdings gehörte damals nur eine Minderheit der Erwerbspersonen zur Sozialversicherung. Im Jahr 1915 waren das im Durchschnitt der westeuropäischen Länder gerade knapp 20 Prozent aller Erwerbspersonen.

Wie vor allem Jens Albers Studie über die westeuropäischen Wohlfahrtsstaaten und ergänzende Analysen gezeigt haben, charakterisieren sechs Hauptmerkmale die Entwicklung der Sozialversicherungen[723]:

Sechs Hauptmerkmale

---

720 ZÖLLNER 1981.
721 FLORA 1986a, 1986b, 1986c.
722 Als Hauptquelle dient ALBER 1982, ergänzend KUDRLE & MARMOR 1981. International vergleichbare Daten für andere Indikatoren des Schutzes durch Sozialpolitik sind für die hier zu erfassende Periode nicht mit ausreichender Flächendeckung verfügbar.
723 ALBER 1982: 152, KUDRLE & MARMOR 1981: 85.

1. In allen Ländern erfassten die Sozialversicherungen einen zunehmend größeren Anteil der Erwerbspersonen und ab Mitte der 1960er Jahre mindestens zwei Drittel der Erwerbspersonen – mit Ausnahme der USA und Kanadas. Dabei expandierte die Sozialversicherung in Sprüngen, auf die plateauartige Stagnationsphasen folgten, wie während der Depression der frühen 1930er Jahre und der Jahre des Zweiten Weltkriegs[724].

2. Besonders stark erweitert wurden die Sozialversicherungen in der Mehrzahl der westeuropäischen Länder vor allem nach dem Ersten und nach dem Zweiten Weltkrieg sowie in der zweiten Hälfte der 1920er und der 1930er Jahre.

3. Vor allem die Periode von 1945 bis Mitte der 1970er Jahre stand im Zeichen eines „allgemeinen und kontinuierlichen Siegeszuges der Sozialversicherung"[725]. Mit ihm wurden die Sozialschutzprogramme, vor allem in Westeuropa, allmählich auf den größten Teil der Erwerbspersonen ausgedehnt, allen voran auf die abhängig Beschäftigten. Mitte der 1970er Jahre erfassten die Sozialversicherungen mehr als 80 Prozent der Erwerbsbevölkerung; von den übrigen 20 Prozent standen nicht wenige unter dem Schirm eigenständiger Sicherungssysteme, so in der Bundesrepublik Deutschland die Beamten in der vom Staat finanzierten beamtenrechtlichen Fürsorge. Allerdings kam die Sozialversicherung in nahezu allen Ländern nur einem Teil der Selbständigen zugute, wenngleich auch für diese der Zugang zur sozialen Sicherung beträchtlich erweitert worden war[726].

4. In den Ländern mit tendenziell universalistischem Sozialschutz (im Sinne einer Sozialpolitik für alle Staatsbürger) reichten die Sicherungsnetze ohnehin schon weit über die Grenze zwischen Erwerbs- und Nichterwerbspersonen hinaus, z.B. in Schweden. Aber auch dort, wo die Sozialpolitik ursprünglich als Arbeitnehmerversicherung oder als berufsgruppenspezifische Sozialversicherung gedacht war, wie in Deutschland, kamen die Sozialleistungen zunehmend zuvor ausgeschlossenen Gruppen zugute, beispielsweise durch Öffnung für Familienangehörige und andere Nichterwerbspersonen wie Hausfrauen, Schüler und Studenten.

5. Aufschlussreiche Einsichten vermittelt die Rangreihung der Staaten nach der Größe des versicherten Personenkreises zu verschiedenen Zeitpunkten. Gemessen an diesem Anzeiger, hielt Deutschland bis 1915 den ersten Platz. Auch in den folgenden Jahrzehnten blieb Deutschland in der Spitzengruppe, doch wurde der Ausdehnungsgrad seiner Sozialversicherung nun von dem Großbritanniens und der nordeuropäischen Staaten (zunächst mit Ausnahme von Finnland) übertroffen. Überdies stießen in den 1950er und 1960er Jahren Belgien und die Niederlande in die Spitzengruppe der sozialpolitisch besonders aktiven Staaten vor[727].

6. Zu den Nachzüglerstaaten der Sozialpolitik zählten, gemessen am Niveau und der Expansion der Sozialversicherung, bis 1975 Irland, lange auch die Schweiz und – trotz frühzeitiger Einführung von Sozialgesetzen – Italien. In diesen Ländern war der Ausdehnungsgrad der Sozialversicherung bis Mitte der 1970er Jahre nur unterdurchschnittlich groß, mit Ausnahme der Schweiz, in

---

724 CAMPBELL 1992: 4.
725 ALBER 1982: 151.
726 EUROPÄISCHE KOMMISSION 1996: Kp. 6.
727 ROEBROK 1993, van KERSBERGEN 1995.

der die Sozialpolitik allmählich beträchtlich erweitert wurde[728]. Zögerlicher entwickelte sich die Sozialpolitik in den USA und zunächst auch in Kanada, doch näherte sich Kanadas Sozialpolitik seit Mitte der 1950er Jahre den führenden europäischen Sozialstaaten an[729].

Vergleich

Welche Ursachen hatte die Expansion der Sozialversicherung und wie sind die länderspezifischen Unterschiede ihres Entwicklungstempos zu erklären[730]? Hierfür kommen die Determinanten in Betracht, die schon die Analyse der Sozialpolitik in Deutschland im ersten Teil dieses Buches aufgedeckt hat, beispielsweise die Modernisierung, die Alterung der Gesellschaft oder der Wandel der politischen Regimes und die Parteienkonkurrenz. Allerdings gibt es keine Eins-zu-eins-Entsprechung zwischen dem Niveau und der Expansion der Sozialversicherung einerseits und den wirtschaftlichen, demographischen und politischen Bedingungen andererseits. Jedoch bestehen signifikante Zusammenhänge zwischen der Entwicklung der Sozialversicherung und den ökonomischen und politischen Strukturmerkmalen: der Ausdehnungsgrad der Sozialversicherung ist insgesamt in den Demokratien spürbar größer als in autoritär verfassten Regimes, wenngleich es gewichtige Ausnahmen von dieser Tendenz gibt, wie den Auf- und Ausbau der Sozialversicherungspolitik im Wilhelminischen Kaiserreich und später in den sozialistischen Ländern Mittel- und Osteuropas. Positive Zusammenhänge existieren auch zwischen dem Niveau der Sozialversicherung und der Staatsquote, dem Anteil öffentlicher Ausgaben am Sozialprodukt. Nicht minder auffällig ist die Korrelation mit dem Stand der wirtschaftlichen Entwicklung: je höher der Stand der ökonomischen Entwicklung, desto tendenziell größer der sozialversicherte Bevölkerungsanteil[731]. Überdies kommt das Politik-Erbe zum Zuge: der Sozialversicherungsschutz zu einem bestimmten Zeitpunkt wird auch maßgeblich von seiner Größe in der Vorperiode bestimmt. Ferner spielt ein Regimeeffekt mit: auch wenn man die Erblast früherer sozialpolitischer Entscheidungen mitberücksichtigt, sind ein kräftiger Demokratieeffekt zugunsten der Sozialpolitik und ein dämpfender oder rückschrittlicher Effekt der meisten autoritären Regimes nachweisbar[732].

Phasen der Sozialpolitik

Inwieweit haben demokratieinterne Unterschiede den Ausdehnungsgrad der Sozialpolitik befördert? Inwieweit bestimmen beispielsweise der Parteienwettbewerb und die parteipolitische Zusammensetzung von Regierungen das Niveau und die Entwicklung der Sozialversicherung? Hierauf gab Jens Alber eine inte-

---

728 Vgl. MAURER 1981, SCHMIDT 1985b, GILLIAND 1993, BSV 1988, OBINGER 1998, OBINGER & WAGSCHAL 2000, OBINGER, LEIBFRIED & CASTLES 2005.

729 KUDRLE & MARMOR 1981: 82ff., OBINGER & WAGSCHAL 2000.

730 Die abhängige Variable ist hier und im ganzen Kapitel das Niveau bzw. die Veränderung des Niveaus des sozialversicherten Bevölkerungsanteils. Vgl. ALBER 1982: 236-239.

731 Ein Beispiel aus dem Vergleich der heutigen demokratischen Industrieländer im Zeitraum von 1870 bis Mitte der 1970er Jahre: Dieser Vergleich identifiziert signifikante Korrelationen zwischen dem Ausdehnungsgrad der Sozialversicherung (Sozialversicherungsdaten nach ALBER 1982 mit Ergänzungen für die USA und Kanada) einerseits und dem Autokratie-Index nach MARSHALL & JAGGERS 2004 (r = -0,35, N = 215), dem Demokratie-Index nach MARSHALL & JAGGERS 2004 (r = 0,43, N=215), der Staatsquote (r = 0,74, N=125) und dem Pro-Kopf-Sozialprodukt in Geary-Khamis Dollars nach MADDISON 2003 (r = 0,74, N=232) andererseits.

732 Die in der vorangehenden Fußnote erwähnten Demokratie-, Autokratie-, Staatsquoten- und Sozialprodukteffekte sind auch dann signifikant – die Staatsquote und das Sozialprodukt allerdings nur auf dem 0,10-Niveau –, wenn sie zusammen mit der zeitverzögerten abhängigen Variable geprüft werden. Allerdings ist vom Bruttoeffekt der Demokratie der dämpfende Effekt der Direktdemokratie auf die Staatstätigkeit abzuziehen (WAGSCHAL 1997).

ressante Antwort[733]. Man müsse drei Etappen unterscheiden. Vor dem Ersten Weltkrieg habe die ‚Sozialpolitik von oben' das Feld beherrscht, in der Zwischenkriegszeit hingegen die ‚Sozialpolitik von unten' mit kräftigen parteipolitischen Differenzen: Besonders weit seien die Sozialprogramme ausgebaut worden, wenn Linksparteien regierten oder Arbeiterparteien zumindest größere Wahlerfolge verzeichneten. Nach dem Ende des Zweiten Weltkrieges habe eine dritte Phase begonnen. Ihr war Alber zufolge „eine Entpolitisierungstendenz"[734] eigen. Nunmehr sei die Expansion der sozialpolitischen Programme unter Links- und Rechtsregierungen ähnlich verlaufen. Hinzuzufügen sei ein Aufholprozess: „Im Zeichen einer internationalen Konvergenz trieben, unabhängig von der inneren Kräfteverteilung, vor allem jene Länder die Erweiterung der Programme voran, die bei Ausbruch des Krieges im westeuropäischen Vergleich zu den Nachzüglern der Sozialversicherungsentwicklung gezählt hatten"[735].

Solange die wirtschaftlichen Ressourcen kontinuierlich flossen, neigten in den demokratisch verfassten Ländern zufolge „alle Parteien der breiten Mitte"[736] zu einer expansiven Sozialpolitik, so Jens Alber weiter. In wirtschaftlich widrigen Lagen hingegen sorgten nur noch Linksparteien für den weiteren Ausbau des Sozialstaates. Für Perioden wirtschaftlicher Prosperität scheint demnach eine sozialpolitische Variante der Allerweltsparteien-These zu passen[737].

Allerweltsparteien-
These

Passt die Allerweltsparteien-These wirklich zur Sozialversicherungspolitik nach 1945? Unbestritten wirkten sowohl sozialdemokratische als auch christdemokratische Parteien kräftig am Auf- und Ausbau des Sozialstaates nach 1945 mit[738]. Beide Parteien prägte die Erfahrung gemeinsamer Not in der Wirtschaftskrise der frühen 1930er Jahre und im Zweiten Weltkrieg. Und beide betrachteten die Sozialpolitik „als Ausdruck nationaler Solidarität"[739], Voraussetzung innenpolitischer Stabilität und Garant eines politisch und ökonomisch produktiven sozialen Friedens. Insoweit sind beide Sozialstaatsparteien. Diesen Eindruck bestätigen die Daten zur Politikorientierung von Parteien und die Wahlkampfplattformen politischer Parteien in westlichen Demokratien[740].

Allerdings expandierten die Sozialversicherungen zwischen 1950 und 1975 unter den Regierungen der Mitteparteien sogar überdurchschnittlich stark, stärker als unter Linksregierungen[741]. Warum? Zum Teil liegt das an der pro-sozialpolitischen Programmatik der Mitte-Parteien, zum Teil auch an ihrem wahlpolitischen Kalkül. Bekanntlich haben namentlich die großen Parteien der Mitte eine soziale Basis in der Wählerschaft, die breiter und heterogener ist als die der liberalen, der konservativen, der sozialdemokratischen und der grünen Parteien. Zu

---

733 ALBER 1982: 155ff.
734 ALBER 1982: 164.
735 Ebd.
736 Ebd.
737 Dieser These zufolge haben Parteien, denen es vorrangig um Optimierung von Wählerstimmen geht und die konfessionell und klassenstrukturell unspezifisch geworden sind, die alten Gesinnungs- und Kampfgemeinschaften auf konfessioneller und klassenstruktureller Basis abgelöst, so KIRCHHEIMER 1965, der Hauptvertreter dieser These.
738 van KERSBERGEN 1995.
739 ALBER 1982: 164.
740 LAVER & HUNT 1992, KLINGEMANN u.a. 1994.
741 Die Korrelation der Regierungsbeteiligung von Parteien der (christlichen und der nicht religiös gebundenen) Mitte (gemessen an den Kabinettssitzanteilen) und der Veränderung des Anteils der sozialversicherten Bevölkerung in Westeuropa und Nordamerika in 5-Jahreszeiträumen zwischen 1950 und 1975 beträgt r = 0,37 (N=85).

196

ihr gehören Landwirte, Selbständige, Arbeiter, Beamte, Angestellte und Sozial-
rentner. Die heterogene soziale Basis und die Verankerung in der Sozialstaatsklientel sensibilisiert die Mitte-Parteien aus wahlpolitischen Gründen für die Sozialpolitik. Und unter den Bedingungen der langen Nachkriegsprosperität und
des rapiden wirtschaftlichen Strukturwandels gerade im ureigenen Wählerbe-
reich war die Neigung der Mitteparteien zur Sozialpolitik, insbesondere zum
Ausbau des „Sozialversicherungsstaates"[742], sogar besonders ausgeprägt.

Hierin liegt im Übrigen auch ein Schlüssel zur Erklärung der Politik des
„Sozialen Kapitalismus", zu der eine spezielle Gruppierung unter den Parteien
der Mitte neigte, nämlich die christdemokratischen Parteien. Die Politik des „Sozialen Kapitalismus" brachte einen Sozialstaat hervor, der in quantitativer und
qualitativer Hinsicht mit dem Wohlfahrtsstaat, den die sozialdemokratisch geführten Regierungen in Nordeuropa schufen, mithalten kann. Allerdings sind die
Unterschiede zwischen beiden Sozialstaatstypen unübersehbar: der Wohlfahrtsstaat des „Sozialen Kapitalismus" orientiert sich stärker an Sozialversicherung,
Leistung, Markteinkommen und Statusgruppen- oder Standeszugehörigkeit als
der sozialdemokratische Wohlfahrtsstaat. Und im Gegensatz zu diesem delegiert
der Wohlfahrtsstaat des „Sozialen Kapitalismus" einen erheblich größeren Teil
der sozialpolitischen Aufgaben an die Wohlfahrtsverbände, im Besonderen an
die Kirchen. Überdies legt sich der Wohlfahrtsstaat des „Sozialen Kapitalismus" in
der Beschäftigungspolitik Zurückhaltung auf. Diese gilt ihm als Sache des Marktes
und der Sozialpartner, im Gegensatz zum Wohlfahrtsstaat der Sozialdemokratie,
der, so zumindest die Idee, nach sozialer Sicherung und nach ehrgeiziger Beschäftigungspolitik strebt. Insofern hat der Konsens über die Sozialpolitik unter
den großen „Parteien der breiten Mitte"[743] ähnlich große leistungsstarke Systeme
der sozialen Sicherung geschaffen, aber Raum für unterschiedliche Gestaltung
der Sozialpolitik und unterschiedliche Entwicklungstempi gelassen.

Zu dieser These passt auch eine weitere parteipolitische Hypothese: Die Al-
leinregierung oder Regierungsdominanz von marktorientierten Parteien, wie die
Liberalen oder die britische Conservative Party in der Ära des Thatcherismus,
manifestiert sich in der Neigung zum ‚schlankeren Staat' und zur ‚schlankeren
Sozialpolitik'. Für Letzteres war auch Japan bis 1975 ein Beispiel, bis dort die steil
ansteigende Senioren- und Altersrentnerquote und die Überlastung der familiären und betrieblichen Sozialnetze einen Kurswechsel in der Sozialpolitik her-
vorriefen, der vor allem dem Ausbau der Alterssicherung zugute kam[744]. Ein
weiteres Beispiel sind die Vereinigten Staaten von Amerika, die nach dem wirtschaftlichen Entwicklungsstand zu den reichsten Staaten der Welt und nach der
Ausdehnung der Sozialversicherung außerhalb der Alterssicherung zu den armen
Vettern unter den westlichen Demokratien zählen.

Christlicher Wohl-
fahrtskapitalismus

---

742 RIEDMÜLLER & OLK 1994.
743 ALBER 1982: 164.
744 CAMPBELL 1992.

2.3 Sozialausgaben im internationalen Vergleich: Vom „kurzen Traum immerwährender Prosperität" bis zum ausgehenden 20. Jahrhundert

Nach dem sozialversicherten Anteil der Erwerbsbevölkerung zu urteilen, konvergiert die Sozialpolitik der westlichen Länder. Andere Messlatten zeigen allerdings nicht Konvergenz an, sondern Konstanz oder Divergenz. Ein Beispiel ist die Sozialleistungsquote[745], der Anteil der öffentlichen Sozialausgaben am Bruttoinlandsprodukt. Zwar stieg diese Quote in allen westlichen Ländern vor allem in der zweiten Hälfte des 20. Jahrhunderts höher als je zuvor, doch verringerte dies die Unterschiede zwischen den Industrieländern nicht nennenswert. Vielmehr wuchs der Abstand zwischen den Staaten mit der jeweils höchsten und der niedrigsten Sozialleistungsquote. Im Jahre 1950 betrug diese Spannweite in den demokratischen Industrieländern den Berechnungen der ILO zufolge 11,3 Prozentpunkte: die höchste Sozialleistungsquote verzeichnete damals die Bundesrepublik Deutschland mit 14,8 Prozent, die niedrigste Japan mit 3,5 Prozent. 46 Jahre später war die Spannweite zwischen dem demokratischen Industriestaat mit der höchsten und der niedrigsten Sozialleistungsquote noch größer: bei 14,1 Prozent lag sie in Japan und bei 34,7 Prozent in Schweden, so die Berechnungen der ILO für das Jahr 1996[746]. Noch größere Spannweiten ergaben sich, wenn auch die wirtschaftlich weniger weit entwickelten OECD-Mitgliedstaaten berücksichtigt werden, wie die Türkei. Ähnliches zeigen die OECD-Sozialausgaben. Ihnen zufolge betrug der durchschnittliche Anteil der öffentlichen Sozialleistungen am Bruttoinlandsprodukt in den Mitgliedstaaten der OECD im Jahre 2001 21,2 Prozent. Weit überdurchschnittliche Quoten wurden in Dänemark, Schweden, Frankreich und Deutschland erreicht. Unterdurchschnittliche Sozialleistungsquoten charakterisieren demgegenüber unter anderem Japan, die USA, Australien und Irland sowie die wirtschaftlich weniger entwickelten Länder[747].

Konvergenz, Konstanz und Divergenz

---

745 Vgl. O'CONNOR & BRYM 1988.
746 ILO 1958, 1961, 2002.
747 Details in Tabelle 4, vgl. OECD 2004a. Nach der Definition der ILO umfassen die Sozialausgaben vor allem den öffentlichen Finanzaufwand für die klassischen Sozialversicherungssysteme, das öffentliche Gesundheitswesen, die Beamtenversorgung, Familienbeihilfen, Sozialhilfe und Kriegsopferversorgung. Die OECD zählt dem vor allem gesetzliche Leistungen für die aktive Arbeitsmarktpolitik, für soziale Förderung des Wohnens, soziale Dienstleistungen für Familien, Hinterbliebenenversorgung, Behinderte und für die Pflege hinzu (OECD 1996a). Die OECD legt folgende Definition der Sozialausgaben zugrunde: „Social expenditure is the provision by public (and private) institutions of benefits to, and financial contributions targeted at, households and individuals in order to provide support during circumstances which adversely affect their welfare, provided that the provision of the benefits and financial contributions constitutes neither a direct

Tabelle 4: Sozialleistungsquoten in OECD-Mitgliedstaaten seit 1950

Staat	1950 ILO-Daten	1996 ILO-Daten	1960 OECD-Daten	1980 OECD-Daten	2001 OECD-Daten	2001 Private Ausgaben	2001 Pro-Kopf-Ausgaben
Australien	4,7	15,7	17,7	11,3	18,0	0,9	3939
Belgien	11,6	27,1	14,5	24,1	27,2		5691
BR Deutschland	14,8	33,0	17,5	23,0	27,4	1,4	5117
Dänemark	7,9	29,7	12,4	29,1	29,2	0,3	6763
Finnland	7,4	32,3	18,0	18,5	24,8	0,1	5045
Frankreich	11,5	30,1	14,3	21,1	28,5		6011
Griechenland	4,0	22,7	(6,1)	11,5	24,3		3040
Großbritannien	9,6	22,8	19,8	17,9	21,8	0,5	4388
Irland	7,2	17,8	19,0	17,0	13,8		3202
Island	5,5	18,6			19,8	1,4	
Italien	8,4	23,7	13,3	18,4	24,4	1,4	4646
Japan	4,0	14,1	14,7	10,2	16,9	0,6	3495
Kanada	6,2	17,7	18,6	14,3	17,8		3970
Korea		5,6			6,1	2,6	895
Luxemburg	10,8	3,7	14,5	23,5	20,8		
Mexiko	2,0	25,2			11,8		836
Neuseeland	9,7	19,2	10,7	17,2	18,5		2982
Niederlande	8,0	26,7	11,3	26,9	21,8	0,7	4735
Norwegen	6,2	28,5	17,9	17,9	23,9	1,3	5874
Österreich	12,4	26,2	16,5	22,5	26,0	0,9	5259
Polen	7,1	25,1			23,0		1723
Portugal	4,9	19,0		10,9	21,1	0,4	3002
Schweden	9,7	34,7	10,3	28,8	28,9	0,6	5942
Schweiz	5,9	25,9	15,0	14,2	26,4	0,6	5877
Slovak. Republik	10,8	20,9			17,9	0,3	1447
Spanien	3,4	22,0		15,9	19,6		3069
Tschech. Rep.	10,8	18,8			20,1		1880
Türkei	1,4	7,1		4,3	13,2		823
Ungarn	8,8	22,3			20,1		1494
USA	4,0	16,5	17,1	13,3	20,4	0,4	4136
Mittelwert	7,5	21,8	15,4	17,9	21,1	0,8	3760

Spalte 1: Ländername. Berücksichtigt werden alle Mitgliedstaaten der OECD im Jahre 2005.

Spalte 2: Öffentliche Sozialausgaben in Prozent BSP 1950 (ILO-Definition). ILO 1972: 324-330, ergänzend ILO 1958, 1961, 1972. Griechenland geschätzt auf der Basis von 1960 und für die Tschechische Republik und die Slovakische Republik Schätzung auf der Basis der Zahlen für die Tschechoslowakei 1950. Messung von Mexiko 1961, Polen 1955, Portugal 1952, Spanien 1958 und Ungarn 1961.

Spalte 3: Öffentliche Sozialausgaben (% BIP) 1989 (ILO-Definition). Belgien: 1986, Griechenland 1988. ILO 2002.

Spalte 4: Öffentliche Sozialausgaben in Prozent BIP 1960 (OECD 1985, abzüglich der Bildungsausgaben). Belgien: 1964, Dänemark und Luxemburg: Schätzungen auf der Basis von OECD- und ILO-Daten.

Spalte 5: Öffentliche Sozialausgaben in Prozent BIP 1980 (OECD 2004a).

Spalte 6: Öffentliche Sozialausgaben in Prozent BIP 2001 (OECD 2004a, Türkei: 1999, Quelle: OECD 2003b).

Spalte 7: Gesetzliche vorgeschriebene private Sozialausgaben in Prozent BIP, OECD 2004a.

Spalte 8: Öffentliche Sozialausgaben pro Kopf in Geary-Khamis Dollar nach MADDISON 2003, OECD 2004a.

payment for a particular good or service nor an individual contract or transfer. Such benefits can be cash transfers, or can be direct („in-kind") provision of goods and services" (OECD 1996a: 3).

Wie die Statistiken der OECD und der ILO ferner zeigen, wuchs die Sozialleistungsquote in einem von Land zu Land unterschiedlichen Tempo, beispielsweise verhalten in Japan und in den USA. In anderen Ländern nahm der Anteil der Sozialausgaben am Sozialprodukt vor allem in den 1960er und 1970er Jahren sehr schnell zu, so in den Niederlanden, in Dänemark, Schweden und Norwegen. Über die Details informiert die Tabelle 4. Sie enthält verschiedene Schätzungen der Sozialleistungsquote zwischen 1950 und dem frühen 21. Jahrhundert[748]. Die geschätzten Größen reichen von enger definierten Sozialausgaben nach Angaben der ILO bis zu weiter gefassten Berechnungen der OECD, die rund 90 Prozent der Sozialausgaben gemäß der Sozialbudgetstatistik der Bundesrepublik Deutschland umfassen[749]. Ferner informiert die letzte Spalte der Tabelle 4 über die Höhe der Pro-Kopf-Sozialleistungen. Diese Zahlen unterstreichen einerseits die Spitzenposition der nordischen Länder in der Sozialpolitik, sie machen aber auch deutlich, dass das hohe Pro-Kopf-Sozialprodukt der USA trotz unterdurchschnittlicher Sozialleistungsquote zu beachtlichen Pro-Kopf-Sozialausgaben führt.

Besonders rasch nahmen die Sozialleistungsquoten in den 1960er und den 1970er Jahren und zu Beginn der 1990er Jahre zu, während sie sich in den 1950er und 1980er Jahren meist nur verhalten entwickelten. Ein Teil der Expansion der Sozialpolitik fiel in die Prosperitätsperiode nach Ende des Zweiten Weltkrieges, in der die Wirtschaft – auch im historischen Vergleich – sehr stark wuchs. Hierdurch nahm auch die „anonyme Sozialpolitik des Marktmechanismus"[750] in ungewöhnlichem Tempo zu. Das und die Verteilungswirkungen der Sozialpolitik schufen Wohlstand für viele[751]. Allerdings entpuppte sich die Nachkriegsprosperität als eine vorübergehende Erscheinung, als „kurzer Traum immerwährender Prosperität", so Burkart Lutz[752]. Die Prosperitätsphase brachte allerdings mehr Wohlstand als je zuvor und leitete einen tief greifenden Wandel der Arbeitsteilung zwischen Staat und Markt ein: der Anteil der Staatsausgaben am Sozialprodukt nahm im Trend zu, und zwar fast so, wie es das Wagner'sche Gesetz des wachsenden Staatsbedarfs vorhergesagt hatte. Sein Urheber, Adolph Wagner, ein deutscher Nationalökonom, hatte hellsichtiger als viele andere den heranwachsenden Industriegesellschaften das Wachstum des „Cultur- und Wohlfahrtsstaates" prognostiziert: Der „Staat fortschreitend kulturfähiger Völker, so namentlich der modernen, hört immer mehr auf, einseitig Rechtsstaat, im Sinne der möglichst alleinigen Verwirklichung des Rechts- und Machtzwecks zu sein und wird immer mehr Cultur- und Wohlfahrtsstaat in dem Sinne, dass gerade seine Leistungen auf dem Gebiete des Cultur- und Wohlfahrtszwecks sich be-

---

748 Nicht systematisch berücksichtigt werden beispielsweise ein sozialpolitisch motivierter Einnahmenverzicht des Staates, Steuern und Sozialbeiträge auf Sozialleistungen, indirekte Steuern auf durch Sozialleistungen finanzierten Konsum und freiwillig erbrachte private Sozialleistungen. Ersten Schätzungen umgerechneter Sozialausgaben („Nettosozialleistungen") zufolge, sind die Nettoausgabenquoten der entwickelten Wohlfahrtsstaaten wie Schweden bis zu einem Sechstel niedriger und die der Länder mit geringeren Sozialleistungsquoten deutlich höher – in den USA sogar um die Hälfte höher – als die bislang ausgewiesenen Bruttosozialleistungsquoten (ADEMA 2001a, 2001b, KEMMERLING 2001, 2004). Vgl. S. 214f.
749 Vgl. den Teil I.
750 ROSENBERG 1976: 217.
751 Um daraus „Wohlstand für Alle" zu machen, so der Titel von ERHARD (1957), bedurfte es massiver sozialstaatlicher Intervention nach Art der Rentenreform 1957. Die allerdings war nicht nach dem Geschmack von Ludwig Erhard (ABELSHAUSER 1996: 387).
752 LUTZ 1984.

ständig mehr ausdehnen und mannigfachen Inhalt gewinnen"[753]. Wagners Gesetz zufolge wachsen die Staatsaufgaben und der hierfür erforderliche Finanzaufwand mit zunehmender Industrialisierung und Urbanisierung. Das kommentierte Wagner beifällig, zählte er doch zu den von liberalen Kritikern als Kathedersozialisten beschimpften Anhängern einer Lehre, die auf den Machtstaatsgedanken *und* den des sozialen Ausgleichs setzte.

Dass der soziale Ausgleich allerdings die Oberhand über die Machtstaatsidee gewann, zeigen das Wachstum der Sozialausgaben und die – bis auf Kriegszeiten – vergleichsweise geringen und seit den 1960er Jahren tendenziell abnehmenden Militärausgabenquoten[754]. Mehr noch: das Wachstum der Sozialetats ist die Hauptursache der wachsenden Staatsquote. Mindestens zwei Drittel des Anstiegs der Staatsquote in den demokratisch verfassten Industrieländern seit 1950 können auf das Wachstum der Sozialausgaben zurückgeführt werden.

Bestimmungsfaktoren der Sozialausgaben: zum Diskussionsstand

Höhe und Wachstum der Sozialleistungsquoten variieren beträchtlich. Das zeigen die Daten in der Tabelle 4. Beträchtliche Unterschiede kennzeichnen auch die Pro-Kopf-Sozialleistungen. Wie sind diese Unterschiede zu erklären? Diese Frage führt in das Zentrum einer Debatte, an der sich Wirtschaftswissenschaftler, Soziologen und Politikwissenschaftler beteiligen[755]. Vereinfachend kann man die Beiträge zu dieser Debatte sechs Schulen der Sozialpolitikforschung zuordnen: 1) der sozialökonomischen Richtung, 2) der neomarxistischen politökonomischen Staatstheorie, 3) dem makrosoziologischen Ansatz in der Tradition des Soziologen Émile Durkheim, 4) der Parteiendifferenzthese, 5) der politisch-institutionalistischen Schule und 6) der Lehre vom Politik-Erbe[756].

Sozialökonomische Schule   Die sozialökonomische Schule erklärt Höhe und Trends der Sozialausgaben hauptsächlich mit wirtschaftlichen, sozialen und demographischen Bestimmungsfaktoren. Politischen Größen misst sie nur eine untergeordnete Bedeutung bei. Ein Beispiel ist Detlev Zöllners wegweisende Erforschung der Bestimmungsfaktoren der Sozialleistungsquote in ausgewählten westlichen Ländern und Entwicklungsländern[757]. Zöllner zufolge können die Sozialausgaben vor allem mit vier Variablen erklärt werden. Der primäre Erklärungsfaktor ist die nichtlandwirtschaftliche Arbeitnehmerquote, gemessen durch den Anteil der nicht im Agrarsektor beschäftigten Arbeitnehmer an der Bevölkerung. Diese Quote ist ein Modernisierungs- und ein Bedarfsanzeiger. Hohe Arbeitnehmerquoten und der durch sie erzeugte Bedarf an sozialer Sicherung der abhängig Beschäftigten sind nach Zöllner

---

753 WAGNER 1893 Teil I: 888.
754 KEMAN 1987.
755 Vgl. ZÖLLNER 1963, WILENSKY 1975, 1981, ALBER 1982, 1989, CASTLES 1982a, 1982b, 1998, 2004, SCHMIDT 1982: Kp. 7, 1999, 2001b, OECD 1985, FLORA 1986c, MYLES 1989, PAMPEL & WILLIAMSON 1989, KANGAS 1991, PALME 1990, HICKS & SWANK 1992, JANOSKI & HICKS 1994, HUBER & STEPHENS 2001, SIEGEL 2002, SIEGEL & JOCHEM 2003b.
756 Die Machtressourcentheorie hingegen (z.B. ESPING-ANDERSEN 1990) hat sich weniger mit den Ausgaben, als mit den Typen des Wohlfahrtsstaates beschäftigt.
757 ZÖLLNER 1963.

202

letztlich ursächlich für hohe Sozialleistungsquoten: zunehmende Arbeitnehmerquoten führen zu wachsenden Sozialleistungsquoten, während niedrige Arbeitnehmerquoten, wie in vielen Entwicklungsländern, niedrige Sozialleistungsquoten hervorbrächten. Der zweitstärkste Erklärungsfaktor sind die Kriegsfolgelasten in der sozialen Sicherung, vor allem die Kriegsopferversorgung und die Waisen- und Witwenrenten. Allerdings schrumpft deren Gewicht mit zunehmendem Abstand zum Kriegsende. Drittens ist die Seniorenquote wichtig, insbesondere der Anteil der Altersrentner an der Wohnbevölkerung, und viertens kommt die Arbeitslosenquote ins Spiel: je höher die Senioren- und die Arbeitslosenquote, desto höher die Sozialleistungsquote. Zöllners Studie zufolge wird die Sozialpolitik letztlich von technischen und wirtschaftlichen Sachgesetzlichkeiten regiert, nicht von Politik: „Die Sozialleistungsquote entwickelt sich weitgehend unabhängig von politischen Wertvorstellungen", so lautete Zöllners Diagnose[758].

Doch diese Folgerung ist angesichts des Forschungsstandes, der nach der Publikation von Zöllners Studie im Jahre 1963 erreicht wurde, nicht länger haltbar. Zugleich hat die neuere Forschung die Grenzen des älteren sozialökonomischen Ansatzes genauer bestimmt. Die Unterschiede zwischen sozialpolitisch „sparsamen" und „verschwenderischen" Staaten hängen nicht eng mit den Schlüsselfaktoren der sozialökonomischen Schule zusammen. Nach Wirtschaftswachstum, Arbeitnehmerquote und demographischer Entwicklung zu urteilen, sind die Unterschiede beispielsweise zwischen den USA und Schweden nicht groß genug, um die Differenz ihrer Sozialpolitik erklären zu können. Zu Recht betont die sozialökonomische Schule wirtschaftliche und sozialstrukturelle Ressourcen und Restriktionen der Sozialpolitik. Auch setzen wirtschaftlicher Entwicklungsstand, Wirtschaftswachstum und Altersaufbau der Bevölkerung der Sozialpolitik Rahmenbedingungen. Allerdings, so der Generaleinwand der neueren politikwissenschaftlich vergleichenden Forschung, werden weder die Sozialausgaben noch andere Entscheidungen in der Sozialpolitik von solchen sozialökonomischen Bestimmungsfaktoren determiniert. Diese beeinflussen zwar den Handlungsrahmen der Politik, doch prägen sie nicht direkt die Entscheidungen strittiger sozialpolitischer Angelegenheiten.

Bestätigt wurde diese These in Untersuchungen der OECD zu einzelnen Komponenten des Wachstums der Sozialausgaben von 1960 bis 1975[759]. Dort gelangte eine Methode zur Anwendung, mit der das Wachstum der Sozialausgaben in vier Komponenten zerlegt werden konnte: Preissteigerung, demographische Effekte, Anspruchsberechtigte und Verbesserung des Leistungsniveaus[760]. Dieser Auswertung zufolge entfiel der größte Teil des rapiden Wachstums der preisbereinigten Sozialausgaben in der Zeit von 1960 bis 1975 auf Leistungsverbesserungen. Der Anstieg des Leistungsniveaus pro Sozialleistungsempfänger machte im Gesundheitswesen fast zwei Drittel und in der Renten- und der Arbeitslosenversicherung jeweils etwa 50 Prozent des Wachstums der Ausgaben aus. Die Verbesserung der Sozialleistungen umfasste beispielsweise die Aufstockung der Renten und des Arbeitslosengeldes sowie die zunehmende Inanspruchnahme aufwändiger medizinischer Diagnose und Therapie. Das restliche Wachstum der Sozialausgaben von 1960 bis 1975 war hauptsächlich der demographischen Komponente zuzurechnen, vor allem der zunehmenden Senioren-

Komponenten-Ansatz

---

758 ZÖLLNER 1963: 115.
759 OECD 1985, OECD 1996a.
760 Zur Methodik OECD 1985.

quote, und abgeschwächt dem erweiterten Kreis der Anspruchsberechtigten[761]. Mit anderen Worten: Ein Großteil des Sozialausgabenwachstums von 1960 bis 1975 war durch politische Entscheidungen, die auf soziale Leistungsverbesserungen zielten, zustande gekommen.

Allerdings konnte die Frage, wovon diese Entscheidungen gesteuert werden, mit dem Komponentenansatz der OECD nicht beantwortet werden. Doch diese Erklärungslücke schließen die Beiträge anderer Schulen der Sozialpolitikforschung. Am wenigsten eignen sich hierfür die politisch-ökonomischen Analysen. Diese konzentrieren sich in der Regel auf Gemeinsamkeiten aller kapitalistischen Länder. Unterschiede zwischen den Ländern werden in ihnen zwar wahrgenommen, aber nicht systematisch vergleichend analysiert[762]. Deshalb scheitern die politökonomischen Ansätze, vor allem die neomarxistischen Varianten, an der Aufgabe, die beträchtlichen Unterschiede der Sozialpolitik zwischen den verschiedenen Ländern zu erklären.

Tradition Durkheims   Auch die Forschung in der Tradition von Émile Durkheim hat Mühe, die Gemeinsamkeiten und Unterschiede der Sozialpolitik der westlichen Industrieländer präzise zu erklären. Die eigentliche Stärke der ‚Durkheimianer' liegt darin, langfristige Entwicklungstendenzen aufzudecken, während sie bei der Analyse kurz- oder mittelfristiger Prozesse und internationaler Unterschiede in einer Gruppe kulturell und wirtschaftlich relativ homogener Länder mitunter in Atemnot geraten. Die Schwierigkeiten verdeutlicht der Versuch, ein Schlüsselkonzept der Theorie, die durch Modernisierung verstärkte Anomie (d.h. ein Zustand der Regel- bzw. Normlosigkeit), auf die Analyse von Sozialpolitik anzuwenden. Von Jens Alber stammt der Vorschlag, anomische Prozesse näherungsweise durch das Niveau und die Veränderung von Scheidungsraten zu erfassen und in Verbindung mit der Sozialpolitik zu bringen. Damit könnten Zusammenhänge zwischen den Scheidungsraten und dem Wachstum der Sozialleistungsquote nachgewiesen werden[763]. Andere Studien, ausführlichere als die von Alber, haben diese These jedoch nicht gestützt[764]. Ferner ist die Validität des Schlüsselindikators fraglich: Scheidungsraten erfassen Anomie nur teilweise und werden von vielen anderen, den Anomieeffekt überlagernden Faktoren geprägt. Schließlich wird man in der Sozialpolitik nur partiell wirksame Vorkehrungen gegen Anomie sehen können[765].

Machtressourcen und Parteidifferenzthese   Zur Erklärung unterschiedlicher Sozialausgaben eignen sich jene Ansätze besser, die mit politischen Größen arbeiten. Hierzu gehören die Parteiendifferenzthese, die Unterschiede der Staatstätigkeit auf Differenzen der parteipolitischen Zusammensetzung von Regierungen zurückführt[766]. Diesen Ansätzen zufolge findet Sozialpolitik innerhalb restriktiver sozialökonomischer Bedingungen, politisch-rechtlicher Rahmen und politisch-institutioneller Konstellationen statt, doch billigen sie der Politik ein beträchtliches Maß an Autonomie gegenüber den sozialökonomischen Bedingungen und den Sonderinteressen in Wirtschaft und Gesellschaft zu. Ein Beispiel: Jens Albers Studien zufolge war die politische Stärke der Arbeiterbewegung ein Motor der sozialstaatlichen Expansi-

---

761 OECD 1985, SAUNDERS & KLAU 1985: 95ff.
762 Z.B. MÜLLER & NEUSÜß 1970.
763 ALBER 1983: 104f.
764 CASTLES & FLOOD 1993.
765 ALBER 1983: 111, FLORA & HEIDENHEIMER 1981: 24.
766 Vgl. HIBBS 1977, TUFTE 1978, SCHMIDT 1980, 1982, 1996a, 2001c, ROSE 1984.

on. Ferner sorgten vor allem Linksparteien an der Regierung für überdurchschnittliches Wachstum der Sozialausgaben, so Alber weiter[767], wenngleich die regierungsparteipolitische Prägung der Ausgabenpolitik abgenommen habe. Dennoch spielen Parteiendifferenzen in Regierung und Opposition nach wie vor eine wichtige Rolle in der Sozialpolitik, wie auch andere vergleichende Studien zeigen[768]. Untersuchungen zu Japan und den USA, wo die Netze der sozialen Sicherung weitmaschig sind, stützen die Parteiendifferenzthese insoweit, als sie die Schwäche der Sozialpolitik durch die Schwäche oder das Fehlen sozialstaatsfreundlicher politischer Parteien erklären[769].

In diese Richtung weist auch Frank Castles' internationaler Vergleich der Sozialausgaben in den 1960er und frühen 1970er Jahren. Castles entdeckte einen starken Zusammenhang zwischen sozialstaatlichen Ausgaben und der Regierungsbeteiligung der „wichtigsten Rechtspartei"[770]: Niveau und Wachstum der Sozialleistungsquote waren in den Ländern signifikant höher, in denen die wichtigste Partei der Rechten, im Originalton die „major party of the right", nicht an der Regierung beteiligt war und umso niedriger, je stärker die dominierende Partei der Rechten die Regierungsgeschäfte beeinflusste. Zur wichtigsten Partei der Rechten zählte Castles Parteien, die auf dem rechten Flügel des Links-Rechts-Spektrums standen und regelmäßig in nationalen Wahlen mehr als 10 Prozent der Stimmen erhielten. Allerdings rechnete er hierzu auch diejenigen christdemokratischen Parteien, die zu ihrer Rechten keine andere gewichtige, regelmäßig mehr als 10 Prozent der Stimmen mobilisierende Partei haben, so die Unionsparteien in der Bundesrepublik, die Österreichische Volkspartei und Italiens Christdemokraten. Die zentrale These von Castles besagt, dass die Schwäche der Rechtsparteien die Expansion des Wohlfahrtsstaates in den 1960er und 1970er Jahren ermöglicht habe und dass dies zugleich auch größtenteils die unterschiedliche Höhe der Sozialleistungsquote erkläre.

Castles' Erklärung

Das war eine interessante Begründung einer erklärungsbedürftigen Beobachtung: Einige der sozialpolitischen Nachzüglerstaaten überholten in den 1960er Jahren die Pioniernationen der sozialen Sicherung, so vor allem die Niederlande, Norwegen, Schweden und Dänemark. Ihr Tun und Lassen kann mit Castles' These erklärt werden: diese Staaten liegen in der Sozialpolitik seit Mitte der 1960er Jahre unter anderem deshalb vorn, weil sie nicht von mächtigen Rechtsparteienregierungen gebremst wurden. Und die Pioniernationen der Sozialpolitik, Deutschland und Österreich, wurden überholt, so besagt Castles' These weiter, weil dort die jeweils „wichtigste Rechtspartei" eine Expansion der Sozialpolitik nach Art der nordischen Länder blockierte. Ferner passt Castles' These zu Japan, den USA und Kanada. Auch dort war die dominante Stellung einer starken rechten Partei das entscheidende Bollwerk gegen die Herausbildung eines Sozialstaates nach Muster der skandinavischen oder der Benelux-Länder.

Allerdings missdeutet Castles die sozialstaatsfreundliche Position der christdemokratischen Parteien. Dafür mitverantwortlich ist eine inkonsistente Einstufung dieser Parteien. Die christdemokratischen Parteien mancher Länder klassifizierte Castles zutreffend als Parteien der Mitte oder der rechten Mitte, die einiger anderer Länder, so vor allem Deutschlands, Österreichs und Italiens, jedoch unzu-

---

767 ALBER 1983: 112.
768 Vgl. HICKS & SWANK 1992, SCHMIDT 2001b, 2005b: 89-97.
769 Z.B. STEPHENS 1979, SCHMIDT 1982: 161ff., ESPING-ANDERSEN 1990.
770 CASTLES 1982b: 58-60.

treffend als rechte, sozialstaatsgegnerische Gruppierungen[771]. Denn nicht zuletzt die christdemokratischen Regierungen dieser Länder hatten sich mit dem Auf- und Ausbau eines umfassenden Wohlfahrtsstaates profiliert[772].

Die bislang erwähnten Studien zu den Sozialausgaben basieren auf vergleichsweise kurzen Untersuchungsperioden und mitunter auf unvollständigen Datenserien. Mittlerweile ist die Datenbasis größer und besser. Für die international vergleichende Erforschung von Determinanten der Sozialausgaben kommen derzeit vor allem zwei Datensätze in Frage: die Sozialleistungsquoten der ILO, die von 1950 bis 1996 reichen, und die Sozialausgabenstatistik der OECD, die mittlerweile – wenngleich mit unterschiedlicher Vergleichbarkeit – von 1960 bis ins 21. Jahrhundert reicht[773]. Dies ermöglicht die genauere Erkundung der Bestimmungsfaktoren der Höhe und des Wandels der Sozialleistungsquote in den westlichen Demokratien als zuvor.

Neuere Forschungen   Wie schon die ältere Forschung so zeigen auch neuere Untersuchungen, dass der Umfang, die Architektur und die Dynamik der Sozialpolitik Produkte politischer Entscheidungen sind. Das schließt nicht aus, dass diese Entscheidungen mitunter erst unter starkem Anpassungsdruck zustande kommen: Die Internationalisierung der Wirtschaft kann solche Anpassungszwänge begründen, der Strukturwandel der Wirtschaft oder konjunkturelle Einbrüche und damit induzierte Arbeitslosigkeitsschübe sowie die demographische Entwicklung, insbesondere die Alterung der Gesellschaft. Klarer als in älteren Studien hat die neuere Forschung auch die Bedeutung institutioneller Arrangements für die Architektur und Entwicklung des Wohlfahrtsstaates herausgearbeitet[774]. Institutionelle Schranken gegen die Legislative und die Exekutive wirken häufig dämpfend auf die Sozialausgabendynamik und verlangsamen tendenziell auch das Tempo und die Reichweite von Reformen, die auf Sozialstaatsumbau oder Sozialstaatsrückbau zielen. Allerdings wirkt der Föderalismus keineswegs automatisch als Schranke der Staatstätigkeit. Nur in demokratischen Bundesstaaten mit dualer föderalistischer Struktur (im Unterschied zum kooperativen Föderalismus) und somit in Staaten, in denen die Bundesregierung zunächst wenig finanzielle Potenz und geringe politische Gestaltungskraft hat, nur dort wurde die Sozialpolitik spät eingeführt. Und nur dort wuchs sie anschließend meist langsamer als in den anderen Ländern, die heutzutage zum Klub der Wohlfahrtsstaaten zählen. Eine ganz andere Entwicklung nahm die Sozialpolitik in jenen Bundesstaaten, die zum Zeitpunkt der Einführung der Sozialpolitik nicht demokratisch, sondern autokratisch verfasst waren, in denen die Sozialpolitik von Anfang an eine zentralstaatliche Aufgabe war, und in denen anstelle des dualen Föderalismus Vorformen oder reife Formen des kooperativen Bundesstaates vorhanden waren. Unter diesen Bedingungen steht einem frühen Einstieg in die Sozialpolitik, einem frühen und kräftigen Wachstum der Sozialpolitik und ihrer Reifung bis zu einem weit ausgebauten Wohlfahrtsstaat von Seiten des Bundesstaates nichts

---

771 Vgl. hierzu die Theorie des „Sozialen Kapitalismus", dem die Mitteparteien, vor allem die christdemokratischen Parteien, charakteristischerweise nachstreben. Hierzu WILENSKY 1981, SCHMIDT 1985a, 2005c, van KERSBERGEN 1995, HUBER & STEPHENS 2001, grundlegend für die Bundesrepublik HARTWICH 1970.

772 FLORA 1986a, 1986b, 1986d, van KERSBERGEN 1995, HUBER & STEPHENS 2001, ZACHER 2001.

773 OECD 1985, 1996a, 2004a.

774 Zur international vergleichenden Messung der institutionellen Begrenzer staatlichen Handelns SCHMIDT 2000b: 351-354.

Entscheidendes im Wege. Deutschland und Österreich sind hierfür Beispiele[775].

Dass überdies der Kompromisszwang beispielsweise in einer Koalitionsregierung häufig ausgabensteigernd wirkt, ist ebenfalls wohlbekannt. Hinter diesem Faktor stehen in der Regel komplexe politische Tauschgeschäfte zwischen den Koalitionspartnern, die nicht selten zu Ausgabensteigerungen führen.

Die neuere Forschung ist hinsichtlich des Parteiendifferenzfaktors zurückhaltender als die Studien etwa von Castles, weil in Zeiten des reduzierten Wachstums und des starken Anpassungsdrucks durch die Internationalisierung und unter Umständen auch durch Europäisierung der Handlungsspielraum für unterschiedliche parteipolitische Strategien geringer wird, aber auch deshalb, weil in Zeiten größerer wirtschaftlicher Schwierigkeiten die christdemokratischen Regierungen weniger sozialausgabenfreudig sind als ihre Konkurrenz zur Linken. Andererseits zeigen alle Studien insbesondere zu den gesamten Staatsausgaben, aber auch zu den Sozialausgaben, dass ein besonders prägnanter Regierungsparteieneffekt erst dann sichtbar wird, wenn zwischen den säkular-konservativen, marktfreundlichen Parteien einerseits und den sozialstaatsfreundlichen Parteien, üblicherweise den Linksparteien, mitunter im Verein mit den christdemokratischen Mitteparteien, andererseits unterschieden wird. Die sozialstaatsfreundlichen Regierungsparteien neigen zu betont staatsinterventionistischer Politik, mithin auch zu aufwändigen Sozialausgaben, die marktwirtschaftsfreundlichen konservativen Regierungsparteien hingegen führen den Staat regelmäßig am kurzen Zügel – und schaffen dafür mitunter auch beträchtlichen Spielraum für die private Finanzierung, beispielsweise im Gesundheits- und im Bildungswesen[776].

Von überragender Erklärungskraft hat sich sowohl in der älteren wie auch in der neueren Forschung der demokratische Parteienwettbewerb um Wählerstimmen erwiesen. Gemäß vielen Untersuchungen sind es weniger die politisch-ideologischen Positionen der Regierungsparteien, die beispielsweise die Sozialausgabendynamik oder die Struktur der Sozialpolitik bestimmen, „als vielmehr das Bestreben der Regierung, wiedergewählt zu werden"[777]. In der Tat sind die Priorität der Wiederwahl und die daraus folgende Ausrichtung politischer Entscheidungen auf ihre Popularität in der Bevölkerung sowie das Streben nach Machterwerb ein zentraler stabiler Erklärungsfaktor für die Expansion der Sozialpolitik und für die Neigung vieler Regierungen, beim Sozialstaatsumbau oder bei der finanziellen Konsolidierung der Sozialfinanzen zögerlich zu agieren. Das Streben nach politischer Schadensvermeidung – „blame avoidance" – und das „credit claiming", das Streben nach Einheimsen der politischen Profite von Entscheidungen oder Nichtentscheidungen, kennzeichnen in hohem Maße auch das Tun und Lassen von Regierungs- und Oppositionsparteien in der Sozialpolitik[778].

Nicht zuletzt verdient die ältere, von der Geschichtswissenschaft herkommende Lehre vom Politik-Erbe besondere Würdigung auch bei der Suche nach den Determinanten der Sozialausgaben und anderer Eigenschaften des Wohlfahrtsstaates. Dass die früheren politischen Entscheidungen in hohem Maße in die Gegenwart ausstrahlen, und dass der Bestand eines sozialpolitischen Systems

---

775 So die überzeugende Darstellung in OBINGER, LEIBFRIED & CASTLES 2005 sowie CASTLES, OBINGER & LEIBFRIED 2005.
776 Vgl. SCHMIDT 2004a: 24-27.
777 OBINGER & KITTEL 2003: 377.
778 PIERSON 2001a, 2001b.

in der Vorperiode von allergrößter Bedeutung auch für die nachfolgende Periode ist, gehört auch in der Sozialpolitikforschung zu den ehernen Regelmäßigkeiten, ja: Gesetzmäßigkeiten. Und oft zählt zum Politik-Erbe-Effekt auch die viel zitierte Pfadabhängigkeit politischer Entscheidungen, also die Ausrichtung von Problemlösungen auf ältere, eingespielte Problemlösungstraditionen auch in Fällen, in denen sie nicht mehr zweckmäßig ist.

Vergleichsmethodik   Die genauere Erkundung der Bestimmungsfaktoren der Sozialleistungen hat mittlerweile bessere Bedingungen, als dies zu Beginn dieser Forschung in den 1960er Jahren der Fall war. Doch nicht in allen Studien werden die Chancen der verfügbaren Daten der Länderstudien und der Methodologie ausgeschöpft. Wer die Bestimmungsfaktoren beispielsweise der Sozialausgaben oder anderer Staatsausgaben untersucht, sollte, so kann das Idealprofil eines Vergleichs näher bestimmt werden, sowohl die Niveaus wie auch die Veränderung der abhängigen Variable erklären. Und bei der ist nicht nur an die Sozialleistungsquote zu denken, sondern auch an die Pro-Kopf-Sozialleistungen, deren Messung die Analyse stärker für den Effekt unterschiedlicher ökonomischer Entwicklungsniveaus sensibilisiert. Ferner sollte, wo immer möglich, nicht nur diachron oder getrennt davon synchron verglichen werden, sondern zusätzlich sollten auch der Längs- und der Querschnittsvergleich kombiniert werden. Und wo immer dies vom Datenmaterial her machbar und den Auswertungsstrategien nach zu urteilen legitim ist, kann durch solches Poolen der Untersuchungsfälle in einem kombinierten Quer- und Längsschnitt die Zahl der Beobachtungsfälle beträchtlich vergrößert werden. Das hat den unschätzbaren Vorteil, dass das leidige Problem der Komparatistik – eine zu geringe Fallzahl relativ zur potenziell sehr großen Zahl an Wirkfaktoren – gelindert werden kann. Denn eine größere Fallzahl schafft Raum dafür, in den Erklärungsmodellen eine größere Zahl von Wirkfaktoren gleichzeitig zu berücksichtigen[779], wenngleich gepoolte Analysen eigene Probleme haben[780].

Bestimmungsgründe der Sozialausgaben im internationalen Vergleich

Wovon wird die Höhe der Sozialausgaben im 21. Jahrhundert bestimmt, und welche Kräfte bewirken ihre Veränderung? Wie sind die Unterschiede des Niveaus und der Veränderung beispielsweise der Sozialleistungsquote oder der Pro-Kopf-Sozialausgaben zu erklären? Warum haben Schweden, Frankreich und Deutschland zu Beginn des 21. Jahrhunderts eine Sozialleistungsquote, die mindestens doppelt so hoch ist wie in Japan und den USA? Hinweise zur Beantwortung dieser Fragen erhält, wer die wichtigsten Theorien der vergleichenden

---

779 Gemessen an diesen Gütekriterien schneiden auch viele ansonsten zu Recht gerühmte Analysen der Vergleichenden Sozialpolitikforschung nicht sonderlich gut ab, wie zum Beispiel ESPING-ANDERSEN 1990, der seine wichtigste abhängige Variable, den Dekommodifizierungsgrad und den Typ des wohlfahrtsstaatlichen Regimes im Wesentlichen nur im Querschnitt erfasst hat, woran auch die partielle und lückenhafte Weiterentwicklung in ESPING-ANDERSEN 1999 nichts Wesentliches ändert.

780 Zu den Chancen und Fallstricken gepoolter Analysen JANOSKI & HICKS 1994, KITTEL 1999, KITTEL & WINNER 2002

Staatstätigkeitsforschung kombiniert, also den sozioökonomischen Ansatz, die Lehre von den politischen Institutionen, die Parteiendifferenztheorie, den Lehrsatz vom Politik-Erbe, ferner potenzielle Rückwirkungen inter- und supranationaler Politik auf die Nationalstaaten und mitunter auch die Machtressourcentheorie.

Wie umfangreiche Auswertungen des Verfassers dieses Buches zeigen, sprechen etliche Befunde für die verschiedenen Lehrmeinungen. Um den Argumentationsgang überschaubar und möglichst nachvollziehbar zu halten, werden im Folgenden zunächst nur ausgewählte Befunde von bivariaten Analysen präsentiert, also Analysen des Zusammenhangs zwischen zwei Variablen. Für die sozialökonomische Schule spricht erneut viel, beispielsweise die hohe Korrelation der öffentlichen Sozialleistungsquote 2001 und der Seniorenquote dieses Jahres[781]. Für diese Schule spricht ferner die ebenfalls enge Beziehung zwischen den Pro-Kopf-Sozialleistungen 2001 und dem Stand der wirtschaftlichen Entwicklung: je reicher ein Land, desto höher seine Sozialleistungen pro Kopf der Bevölkerung[782].

Eindrucksvoll gestützt wird die Parteiendifferenzthese: die Sozialleistungsquote ist umso höher, je stärker in den Jahren von 1950 bis 2001 die Linksparteien an der Regierung beteiligt waren – gemessen an ihrem Kabinettssitzanteil[783] –, je schwächer die Regierungsbeteiligung von marktorientierten konservativen Parteien ausfiel[784] und je größer der Abstand zwischen der Regierungsbeteiligung von Linksparteien und säkular-konservativen Parteien war[785].

Für die Machtressourcenschule hingegen werden die Belege schwächer. Während die ältere Forschung noch enge Zusammenhänge zwischen der Höhe der Sozialleistungsquote und dem Organisationsgrad der Gewerkschaften zu Beginn der 1990er Jahre berichtete, ist dieser Zusammenhang nicht länger signifikant. Im Kreis der alten OECD-Mitgliedstaaten – also ohne die post-sozialistischen Länder und sonstigen neuen Mitglieder – korrelieren allerdings nach wie

Forschungsergebnisse im Vergleich

---

781 Pearsons Korrelationskoeffizient r = 0,56, 30 Beobachtungsfälle (im Folgenden abgekürzt als N = 30) – es sind dies alle Länder der Tabelle 4. Die Seniorenquote stammt hauptsächlich aus OECD 2005a, OECD 2004d, LANE, MCKAY & NEWTON 1997: 13ff. und Interpolationen für fehlende Werte. Unstandardisierter Regressionskoeffizient: b = 0,90 (t-Statistik: 3,54).

782 r = 0,82, N = 28 (ohne Island und Luxemburg); unstandardisierter Regressionskoeffizient b = 0,24 (t = 7,29).

783 r = 0,63, N = 23 – berücksichtigt werden aus Gründen der besseren Vergleichbarkeit nur die etablierten Demokratien unter den OECD-Ländern. Der unstandardisierte Regressionskoeffizient (b = 0,15 und t = 3,76) zeigt einen starken Linksparteieneffekt an: ihm zufolge führt eine im gesamten Untersuchungszeitraum allein regierende Linkspartei in der Regel zu einer Sozialleistungsquote, die um 15 Prozentpunkte höher ist als bei Nichtbeteiligung von Linksparteien an der Regierung.

784 r = -0,62, N = 23. Unstandardisierter Regressionskoeffizient b = -0,09 (t = -3,59). Der unstandardisierte Regressionskoeffizient zeigt einen starken Effekt der marktorientierten konservativen Parteien an: ihm zufolge führt eine im gesamten Untersuchungszeitraum allein regierende konservative Partei in der Regel zu einer Sozialleistungsquote, die um 9 Prozentpunkte niedriger ist als bei Nichtbeteiligung von säkular-konservativen Parteien an der Regierung. Die säkular konservativen Parteien nach Art der britischen Conservative Party oder der Republican Party der USA sind strikt von den üblicherweise viel sozialpolitikfreundlicher gestimmten Mitte-Parteien zu unterscheiden, unter denen vor allem die christdemokratischen Parteien als Sozialstaatsparteien herausragen.

785 r = 0,75, N = 23, Beobachtungszeitraum 1950-2001. Unstandardisierter Regressionskoeffizient b = 0,08 (t = 5,12).

vor die Sozialleistungsquoten mit dem Korporatismusgrad der Staat-Verbände-Beziehungen[786].

Auch die institutionelle Sichtweise trägt – den bivariaten Analysen nach zu urteilen – insgesamt nur wenig zur Erklärung der Sozialleistungsquoten von 2001 bei. Das gilt sowohl für die gängigen Indizes der gegenmajoritären Begrenzungen als auch für die Vetospieler- und Mitregentendichte[787] und die Föderalismus-Indikatoren. Nur der Indikator der Demokratieformen, den Lijpharts Studie von 1999 aufdeckt, steht in einem lockeren Zusammenhang mit den Sozialausgaben: höhere Sozialleistungsquoten kennzeichnen eher die nichtmajoritären Demokratien, insbesondere die föderalen Konsensusdemokratien (zum Beispiel Deutschland, Österreich und die Schweiz) sowie einige einheitsstaatliche Konsensusdemokratien, insbesondere die nordischen Länder[788]. Die Internationale Hypothese allerdings wird durch die Daten zu Beginn des 21. Jahrhunderts nicht länger gestützt: die Außenhandelsabhängigkeit beispielsweise steht in keinem signifikanten Zusammenhang mit dem Sozialausgabenanteil am Sozialprodukt. Die Lehre vom Politik-Erbe aber erfährt erneut Bestätigung: die Staaten, die vor rund 20 Jahren sozialpolitisch stark engagiert waren, sind dies auch heute noch[789] – wenngleich Aufholvorgänge zustande kamen[790]. Gleiches gilt, wenn man noch weiter zurückblickt und den Zusammenhang zwischen der Sozialleistungsquote zu Beginn der 1950er Jahre und am Anfang des 21. Jahrhunderts untersucht. In diesem halben Jahrhundert ist das Sozialbudget aller OECD-Länder stark gewachsen und hat sich überall mindestens verdoppelt, mitunter sogar verdreifacht oder vervierfacht. Dabei haben vor allem die nordischen Länder und – überraschend[791] – die Schweiz besonders rasch aufgeholt und etliche Länder überholt[792].

Nicht zuletzt stehen die Sozialausgaben in engem Zusammenhang mit der Wirtschaftsentwicklung: je schwächer das jahresdurchschnittliche Wirtschaftswachstum nach dem ersten Ölpreisschock von 1973 bis 2001, desto tendenziell stärker stieg die Sozialleistungsquote an[793] und desto höher war ihr Stand zu Beginn des 21. Jahrhunderts[794].

Multivariate Analyse der Sozialausgaben 2001

Wer die verschiedenen Determinanten in einem Erklärungsmodell bündeln will, stößt auf eng gezogene Grenzen: die vergleichsweise geringe Zahl der Untersuchungsfälle – 23 alte OECD-Mitglieder, 30 einschließlich der neuen Mit-

---

786 r = -0,68 (N = 13) im Falle des Korporatismusindikators von SIAROFF 1999 und r = 0,60 (N = 18) im Falle des Indikators von CZADA 1992.

787 SCHMIDT 2000b: 352f.

788 r = 0,41 (Sozialleistungsquote und Lijpharts Indikator der „Executives-Parties"-Dimension), N = 22.

789 r = 0,62, N = 22 (Sozialleistungsquote 1980 und 2001).

790 r = 0,62, N = 22 (Korrelation zwischen der Sozialleistungsquote 1980 und der Differenz zwischen dieser Quote und der von 2001).

791 Überraschend, weil die Schweiz lange als Verkörperung einer stark liberal geprägten Sozialpolitik galt. In Wirklichkeit aber ist die Schweizer Sozialpolitik eine, für dynamische Entwicklungen offene, eigentümliche Mixtur aus liberalen, säkular-konservativen und sozialdemokratischen Elementen, vgl. OBINGER 1998, OBINGER & WAGSCHAL 2000, OBINGER, LEIBFRIED & CASTLES 2005.

792 Vgl. für die Details Tabelle 4, Spalten 2 und 6. Beim Vergleich ist allerdings darauf zu achten, dass die 2. Spalte ILO-Messungen der Sozialausgaben und die 6. Spalte OECD-Daten enthält.

793 Die Korrelation ist moderat invers.

794 r = -0,50, N = 23 (alte OECD-Mitgliedstaaten) für die Korrelation des durchschnittlichen Wirtschaftswachstums mit der Veränderung der Sozialleistungsquote und r = -0,63, N = 23 für die Korrelation mit ihrem Niveau 2001.

gliedstaaten – begrenzt die Zahl der Erklärungsfaktoren, die gleichzeitig in ihrem Zusammenhang mit der Sozialleistungsquote erfasst werden können. Hinzu kommt, dass für die neuen OECD-Mitgliedstaaten, unter ihnen die post-sozialistischen Länder, keine vergleichbaren Daten für die Entwicklung vor 1990 vorliegen. Das erschwert den Vergleich und legitimiert die Konzentration einer Erklärung der Sozialausgaben zumindest auf die 23 Fälle umfassende Gruppe der älteren OECD-Mitgliedstaaten. Innerhalb dieser Grenzen zeigt die statistische Analyse mit Hilfe einer linearen Mehrfachregression, dass die Sozialleistungsquote 2001 am besten mit fünf Faktoren erklärt werden kann: ihrem Niveau in den frühen 1950er Jahren, der Alterung der Gesellschaft (insbesondere dem Bevölkerungsanteil der über 65-Jährigen), dem Tempo des Wirtschaftswachstums insbesondere nach dem ersten Ölpreisschock von 1973, der Regierungsbeteiligung sozialdemokratischer Parteien und dem Kabinettssitzanteil säkularkonservativer Regierungen jeweils in der gesamten Untersuchungsperiode. Dabei zeigen sich im Einzelnen folgende Zusammenhänge: Die Sozialleistungsquote ist umso höher (niedriger), je höher (niedriger) sie 1950 war, je höhere (niedrigere) Werte die Seniorenquote erreichte, je langsamer (schneller) die Wirtschaft insbesondere nach 1973 wuchs, je mehr (weniger) Linksparteien an der Regierung beteiligt waren und je schwächer (stärker) die Regierungsbeteiligung der säkular-konservativen Parteien ausfiel. Diese Bestimmungsfaktoren erklären zusammen mit 83 Prozent, so der bereinigte Determinationskoeffizient, einen Großteil der zu erklärenden Unterschiede der Sozialleistungsquote von 2001[795].

Somit schließt sich der Kreis. Wie die oben vorgestellten Ergebnisse zeigen, können Höhe wie Wandel der Sozialleistungsquote in den Demokratien der zweiten Hälfte des 20. Jahrhunderts in beträchtlichem Umfang erklärt werden. Zu den Erklärungsfaktoren gehören Schlüsselgrößen der sozialökonomischen Schule wie wirtschaftliche Konstellationen und die Altersstruktur der Bevölkerung. Von hervorragender Bedeutung sind sodann die Effekte politischer Parteien auf die Regierungspolitik und nicht zuletzt das Politik-Erbe. Dieser Befund hat umso mehr Gewicht, als er von einer Vielzahl qualitativhistoriographischer Länderanalysen gestützt wird, aber auch mit einer beträchtlichen Reihe von quantitativen Studien kompatibel ist, vorausgesetzt, dass diese die längeren Wellen der sozialpolitischen Entwicklung erkunden und nicht nur kleinere Unterperioden, die für konjunkturelle und Sonderperiodeneffekte anfällig sind[796].

---

795 Alle Koeffizienten sind mindestens auf dem 0,02-Niveau signifikant. Die lineare Regressionsgleichung hat die Form: Y = 15,91 + 0,37*Sozialleistungsquote (1950) + 0,52*Seniorenquote – 1,89*Wirtschaftswachstum 1974/73-2001/2000 + 0,07* (Kabinettssitzanteil sozialdemokratischer Parteien) – 0,04* (Kabinettssitzanteil säkular-konservativer Parteien). – Wer die Bestimmungsfaktoren der Sozialleistungsquote allerdings noch genauer erfassen will, muss Quer- und Längsschnittanalysen zusammenlegen und zudem nach Sozialpolitikprogrammen unterscheiden. Vgl. hierzu beispielsweise SCHMIDT 1999 (anhand der Gesundheitsausgaben in den älteren OECD-Demokratien), SCHMIDT 2001b (anhand der Pro-Kopf-Sozialausgaben in der gleichen Ländergruppe) und SIEGEL 2002 am Beispiel der Rentenausgaben ebenfalls hinsichtlich der älteren OECD-Demokratien.

796 Beispielsweise 1980-1998, so CASTLES 2004, um nur ein prominentes Beispiel zu erwähnen. Hierdurch wird die gesamte erklärungsbedürftige Variation entscheidend verkürzt, und zwar um die Periode unmittelbar nach und die langen Phasen vor dem ersten Ölpreisschock von 1973. Entsprechend defizitär sind die Erklärungsmodelle – sie erfassen nur subperiodenspezifische Rhythmen. Das gleiche Problem betrifft Studien, die sich größtenteils auf den Zeitraum

Wachstums- und Schrumpfungsbranchen des Sozialstaats

Welchen Zwecken kommen die Sozialausgaben zugute? Wie die Sozialstatistiken der OECD zeigen, beansprucht die Rentenversicherung in den demokratischen OECD-Ländern im frühen 21. Jahrhundert im OECD-Länderdurchschnitt 7,6 Prozent des Sozialproduktes. Das entspricht durchschnittlich 35 Prozent des Sozialbudgets, in Griechenland sogar über 50 Prozent aller öffentlichen Sozialausgaben[797]. Stark ins Gewicht fallen auch die Aufwendungen für die Krankenversicherung und das öffentliche Gesundheitswesen. Mit beträchtlichem Abstand folgen, in von Land zu Land unterschiedlicher Rangordnung, die Ausgaben für Familien, für Arbeitsförderung, für Hinterbliebene und für das Wohnungswesen[798].

Natürlich gibt es länderspezifische Schwerpunkte der Sozialausgaben. Den OECD-Statistiken zufolge entfällt der größte Teil der Sozialausgaben in 2001 beispielsweise in Korea, Island und den englischsprachigen OECD-Ländern außer Großbritannien auf die Krankenversicherung und das Gesundheitswesen[799] – ein sozialinvestives Profil, das neben Korea auch andere ostasiatische Wohlfahrtsstaaten kennzeichnet[800]. In allen anderen demokratischen OECD-Staaten hingegen ist bislang die Alterssicherung der größte Posten im Sozialhaushalt. Legt man den Anteil einzelner Sozialpolitikfelder am Sozialprodukt zugrunde, werden ebenfalls spezifische Profile sichtbar[801]. Der größte Sozialproduktanteil entfällt auf die Alterssicherung in Griechenland, der Schweiz, Deutschland, Italien und in Österreich. Bei den öffentlichen Gesundheitsausgaben führen Deutschland, Schweden, Frankreich und Dänemark. Der Familienpolitik kommen vor allem in Nordeuropa und Frankreich relativ viel Mittel zu, und bei der Arbeitsförderung haben die nordischen Länder, Belgien und die Niederlande Spitzenpositionen inne[802]. Beträchtliche Unterschiede kennzeichnen auch die Finanzierung der Sozialpolitik.

Nach dem Finanzierungsmodus sind zwei Ländergruppen zu unterscheiden: in einer Gruppe entfallen die Finanzierungslasten des Sozialbudgets überwiegend auf die Beitragszahler, also auf die versicherten Arbeitnehmer und deren Arbeitgeber. Berechnungen der OECD zufolge wird der sozialbeitragsfinanzierte Sozialbudgetanteil Deutschlands 2000 auf 47,8 Prozent geschätzt – der deutschen Sozialbudgetstatistik zufolge liegt der Beitragsanteil allerdings knapp unter 60 Prozent. Mehr als die Hälfte des Sozialetats finanzieren die Arbeitnehmer und ihre Arbeitgeber auch in Frankreich (53,0 Prozent gemäß OECD-Statistik), Japan (55,9 Prozent), den Niederlanden (50,5 Prozent), Spanien (55,3 Prozent), Schweden (52,4 Prozent), Korea (71,4 Prozent) und in den postsozialistischen Staaten außer Polen[803]. In allen anderen

---

von 1960 bis zum ersten Ölpreisschock oder wenige Jahre darüber hinaus beziehen, beispielsweise CAMERON 1978 oder HICKS & SWANK 1992.

797 OECD 2004a mit Zahlen für 2001.
798 OECD 2004a, ALBER 1983: 98, FLORA u.a. 1983: 456ff., OECD 1985: Anhang.
799 OECD 2004a, SIEGEL 2002.
800 RIEGER & LEIBFRIED 1997, CROISSANT, ERDMANN & RÜB 2004.
801 Zahlen für 1992 (OECD 1996a).
802 OECD 2004a, THERBORN 2004, vgl. für Deutschland auch BMGS 2005a: 939.
803 Berechnungsbasis: OECD 2003a: 410, 2004.

Fällen werden den OECD-Daten zufolge die Sozialetats hauptsächlich aus Steuern oder sonstige Einnahmen finanziert.

Welche Sozialstaatsbranchen waren Gewinner des Ausgabenzuwachses, welche Verlierer? Der größte Teil des Zuwachses der Sozialausgaben in den OECD-Mitgliedsländern zwischen 1960 und dem frühen 21. Jahrhundert entfiel auf die Rentenversicherung, mit Abstand folgten das Gesundheitswesen sowie die Arbeitslosenversicherung und die Arbeitsmarktpolitik. Auch die Pflegeversicherung gehört zu den expandierenden Abteilungen der Sozialpolitik. Unter den Schrumpfungsbranchen sind die kriegsbedingten Sozialleistungen, vor allem die Kriegsopferversorgung, an vorderster Stelle zu erwähnen.

Gerwinner und Verlierer

Allerdings kamen auch die Wachstumsbranchen der Sozialpolitik nicht ungeschoren durch die Sozialpolitik der „mageren Jahre". So mussten auch die Alterssicherung und das Gesundheitswesen seit der zweiten Hälfte der 1970er Jahre Leistungskürzungen hinnehmen[804]. Dennoch nahmen ihre Anteile am Sozialprodukt weiter zu: als zu mächtig erwiesen sich die Kostensteigerungen infolge von Alterung und Rentnerjahrgängen mit langem Erwerbsleben und höheren Einkommen einerseits und infolge von medizinisch-technischem Fortschritt, höherer Ärztedichte und hohen Personalkosten andererseits[805]. Tribut zollten auch die Arbeitslosenversicherung und die Sozialhilfe- oder Sozialassistenzprogramme den Bestrebungen, die Sozialetats in Grenzen zu halten[806]. Allerdings hat die Bekämpfung der „Neuen Sozialen Frage", also die Aufwertung der Sozialpolitik zugunsten von weniger organisations- und konfliktfähigen Gruppen, mitunter den Kürzungsmaßnahmen einen Riegel vorgeschoben[807]. Von diesem Muster wichen aber die Länder mit stärker marktorientierter Wirtschafts- und Sozialpolitik ab, insbesondere die englischsprachigen OECD-Mitgliedstaaten[808].

Schwerpunkte von Leistungskürzungen

Trotz allem Streben nach Kostendämpfung, Umbau oder Rückbau, ist die Sozialpolitik ein ziemlich stabiles, tendenziell weiter wachsendes System geblieben[809]. Davon zeugt die Entwicklung der Sozialleistungsquote. Zwischen 1980 und 2001 beispielsweise schrumpfte die Sozialleistungsquote nur in drei Ländern: in Irland, wo der Abschwung durch einen beispiellosen Wirtschaftsaufschwung kompensiert wurde, in Luxemburg und in den Niederlanden. In allen anderen OECD-Staaten nahm die Sozialleistungsquote weiter zu oder verharrte auf dem Anfang der 1980er Jahre erreichten Stand.

Andererseits ist die Sozialleistungsquote nur ein Indikator unter anderen. Andere Anzeiger, wie die im nächsten Kapitel erörterten Messlatten des Schutzes, den die Sozialpolitik gegen Marktabhängigkeit gewährt, die Dekommodifizierungs-Indikatoren, zeigen sogar eine beträchtliche Veränderungsdynamik der Sozialpolitik an. Zudem muss bei der Auslegung der Sozialleistungsquote zweierlei bedacht werden: Erstens misst sie den relativen Anteil der Sozialausgaben am Sozialprodukt. Sie kann deshalb keine Auskunft über die sozialpolitische Bedeutung geben, die dem Umfang des Sozialproduktes

Grenzen der (Brutto-) Sozialleistungsquote

---

804 ALBER 1989, ALBER & BERNARDI-SCHENKLUHN 1992, BLANKE 1996, BRANDHORST 2003, WENDT 2003.
805 SIEGEL 2002, SCHMIDT 1999.
806 LEIBFRIED u.a. 1995, EARDLEY u.a. 1996.
807 ALBER 2000a am Beispiel der Sozialpolitik in der Ära Kohl.
808 Für die USA MURSWIECK 2004.
809 BORCHERT 1995: 55, PIERSON 1994: 199, 2001a.

zuzuschreiben ist. Wenn ein sehr wohlhabendes Land eine niedrige Sozialleistungsquote hat, können dennoch die Pro-Kopf-Sozialleistungen hoch sein – die USA sind ein Beispiel. Und umgekehrt kann eine hohe Sozialleistungsquote in einem ärmeren Land mit relativ niedrigen Pro-Kopf-Sozialleistungen einhergehen – die postsozialistischen Länder kann man hierzu zählen.

Nettosozialausgaben

Zweitens: die gängigen Sozialleistungsquoten basieren auf Bruttosozialausgaben. Sie erfassen nicht die „Nettosozialausgaben"[810]. Sie erfassen beispielsweise nicht den Effekt, den die Steuerpolitik haben kann. Wenn die Regierungen eines Landes hohe Sozialleistungen gibt und diese durch direkte und/oder indirekte Steuern hoch besteuert, wie in Schweden, kann am Ende der Sozialleistungsempfänger erheblich weniger Nettoleistungen erhalten als derjenige eines Landes, in dem die Sozialleistungen gering besteuert werden, wie in der Bundesrepublik Deutschland oder in den USA. Addiert man ferner die „tax expenditures", die sozialpolitisch motivierten Steuervorteile, sowie gesetzlich vorgeschriebene private Sozialleistungen und einiges andere, wird das tatsächliche Leistungsniveau der Sozialpolitik genauer erfasst. Die diesbezüglichen Spezialuntersuchungen weisen potenziell große Unterschiede zwischen der Brutto- und der Nettosozialleistungsquote nach. Den neuesten Berechnungen zufolge schrumpfen die sozialpolitischen Unterschiede zwischen den Staaten mitunter beträchtlich. Drei Beispiele: Nach der Bruttosozialleistungsquote zu urteilen, war Schweden mit 37,2 Prozent im Jahre 1997, dem Jahr mit den neusten vergleichbaren Brutto- und Nettoausgaben, der ehrgeizigste Wohlfahrtsstaat, und die USA waren mit 15,8 Prozent der sozialpolitische Nachzügler. Deutschland lag nach dieser Messlatte mit 29,2 Prozent näher bei Schweden als bei den USA. Im Lichte der Nettosozialleistungsquote aber wird klar, dass die wirklichen Sozialleistungen in Schweden erheblich geringer und die in den USA erheblich höher waren, als es die Bruttozahlen anzeigen. Im Lichte der Nettosozialleistungsquote kam Schweden im Jahre 1997 auf 30,6 Prozent, die USA aber immerhin auf 23,4 Prozent, und Deutschland rückte mit 28,8 Prozent noch näher an Schweden heran als bei den Bruttoausgaben. Die Differenz zwischen Schweden und den USA, die bei den Bruttoausgaben bei 21,4 Prozentpunkten lag, schrumpft bei den Nettoausgaben auf bescheidene 7,2 Prozentpunkte!

Allerdings ist auch die Nettosozialleistungsquote nicht aller Probleme ledig. Sie verrät nichts über die Zusammensetzung der Sozialleistungen. Die relativ hohe amerikanische Nettosozialleistungsquote beispielsweise ist intern anders aufgeteilt als die schwedische. Schweden ist nach wie vor in hohem Maße ein Staat der vergleichsweise egalitären Staatsbürgerversorgung. Die US-amerikanische Sozialpolitik hingegen ist durch stärkere Konzentration und auffälligere Schichtung gekennzeichnet. So profitieren von den privaten Sozialausgaben in großem Maße nur die regulär Beschäftigten in mittleren Betrieben und Großbetrieben.

Dennoch zeigen die Berechnungen der Nettosozialleistungsquote ein interessantes Bild: Es gibt unterschiedliche Wege zur sozialen Sicherung. Neben dem nordeuropäischen staatszentrierten Weg existiert ein zweiter Weg, der neben den staatlichen Leistungen einen recht erheblichen privaten Sozialausgabenbeitrag kennt, teils auf Basis gesetzlicher Verordnungen, teils durch freiwillige

---

810 Zum Folgenden insbesondere ADEMA 2001a, 2001b, KEMMERLING 2004.

private Leistungen. Und im Gesamtausmaß des Engagements für Sozialpolitik wird aus dem Vergleich der Nettosozialleistungsquoten auch ersichtlich, dass die auf den ersten Blick großen Unterschiede zwischen Amerika und Europa relativiert werden. Das stellt aber auch die Erforschung der Ursachen der verschiedenen sozialpolitischen Weichenstellungen vor neue Herausforderungen[811].

---

811 Vgl. KEMMERLING 2001, 2004.

2.4 Typen des Sozialstaats in den wirtschaftlich entwickelten Demokratien

Bis zu diesem Kapitel wurde die Sozialpolitik hauptsächlich anhand von vier Stellgrößen untersucht: der Einführungstermine und der Fortentwicklung der Sozialgesetzgebung, der Größe des versicherten Personenkreises und der Sozialausgaben. In diesem Kapitel kommt die vergleichende Beschreibung und Erklärung institutioneller Merkmale und Typen der Sozialpolitik sowie „wohlfahrtsstaatlicher Regime"[812] hinzu.

Staatsbürgerversorgung, Sozialversicherung und Fürsorge

In der Wissenschaft von der Sozialpolitik hat sich seit langem die Unterscheidung dreier Idealtypen der Sozialpolitik eingebürgert: Staatsbürgerversorgung, Sozialversicherung und Fürsorge. Den weitreichendsten Sozialschutz gewährt die Staatsbürgerversorgung, und zwar unabhängig vom beruflichen Stand und vom Status als Erwerbs- oder Nichterwerbsperson. Sie kommt allen Staatsbürgern zugute, im Grenzfall allen in einem politischen Gemeinwesen Wohnhaften, Inländern ebenso wie dort ansässigen Ausländern. Ihre typische Organisation ist die Einheitsversicherung. Typischerweise zielen die Leistungen der Staatsbürgerversorgung darauf ab, gesellschaftliche Ungleichheit einzuebnen. Finanziert wird die Staatsbürgerversorgung hauptsächlich aus Steuern, nicht aus Beiträgen der Versicherten. Legt man Titmuss' Typologie der Sozialpolitik zugrunde, kommt die Staatsbürgerversorgung dem „institutionellen Umverteilungsmodell" am nächsten[813]. In ihm haben die Bürger nicht nur politische Rechte und Bürgerrechte, sondern auch „soziale Rechte" im Sinne eines Rechtsanspruchs auf Sozialleistungen.

Drei Idealtypen

Im Unterschied zur Staatsbürgerversorgung basiert die Sozialversicherung auf gesetzlicher Pflichtversicherung gegen Gefährdungen der sozialen Existenzgrundlage des Versicherten und der Versichertengemeinschaft. Sozialversicherungen sind Solidargemeinschaften, in denen der Anspruch auf Leistungen in der Regel durch die Zahlung von Beiträgen des Versicherten (meist auch des beitragspflichtigen Arbeitgebers) begründet wird. Die Wurzeln der Sozialversiche-

Versorgung versus Versicherung

---

812 ESPING-ANDERSEN 1990.
813 In Titmuss' Terminologie: „institutional redistributive model" (TITMUSS 1974).

rung liegen in der genossenschaftlichen Selbsthilfe. Die Sozialversicherung kann einen Teil oder alle Gesellschaftsmitglieder umfassen. Typisch ist allerdings die Versicherung von abhängigen Erwerbspersonen, mittlerweile meist einschließlich der Angehörigen. Aus dem Prinzip der Sozialversicherung kann demnach ein Arbeitnehmersozialstaat, ein Erwerbspersonensozialstaat oder ein Sozialversicherungsstaat entstehen. In diesen Sozialstaaten sind die Versicherungszweige typischerweise nicht in einer Einheitsversicherung zusammengeführt, sondern in – nach Risikoart und Berufsgruppen getrennten – Versicherungen mit Leistungen gegliedert, die nach Berufsstand, Arbeitseinkommen und Beitragshöhe geschichtet sind. Leistungen der Sozialversicherung sind typischerweise auf das Ziel gerichtet, die Position des Mitglieds in der Pyramide der Arbeitseinkommensverteilung auch im Versicherungsfall aufrechtzuerhalten. Indem Beiträge und Leistungen der Sozialversicherungen in der Regel – bis zu einer bestimmten Obergrenze – nach dem Arbeitseinkommen gestaffelt sind, übertragen sie den im Erwerbsleben erzielten Einkommensstand auf die Sozialpolitik. Hiermit bewirken sie meist weniger Umverteilung als die Staatsbürgerversorgung. Folgt man Titmuss' Typologie, entspricht das System der Sozialversicherung im Wesentlichen dem Leistungs-Performanz-Modell („industrial achievement performance model").

„Residuales Wohlfahrtsmodell"

Den dritten Typ der Sozialpolitik nannte Titmuss „residuales Wohlfahrtsmodell" („residual welfare model"). Gemeint war ein selektives Sicherungssystem oder nachrangig gewährte Fürsorge. Im residualen Wohlfahrtsmodell wird der Staat sozialpolitisch nur tätig, wenn dezentralere Netze wie Markt oder Familie versagen. Subsidiarität ist seine Leitidee. Diesem Typ zufolge werden Sozialleistungen nur im Falle bestandener Bedürftigkeitstests gewährt oder in Form von Versicherungsleistungen für eng definierte Gruppen, meist besonders Bedürftige, mitunter auch besondere Berufsgruppen, so in der beamtenrechtlichen Fürsorge. In der Regel sind die Sozialleistungen des Fürsorgeregimes in sozialer, sachlicher und zeitlicher Hinsicht begrenzt. Da sie meist besonders bedürftigen Gruppen zugute kommen, bringen sie eine beachtliche Umverteilung zustande.

Die erwähnten Typen der Sozialpolitik – Staatsbürgerversorgung, Sozialversicherung und Fürsorge – treten in der Praxis nicht in Reinform auf, sondern in vielfältigen Mischformen. So finden sich beispielsweise Mixturen von Staatsbürgerversorgung und Sozialversicherungen in der Schweiz und in den Niederlanden. In beiden Ländern haben die Rentenversicherungen den Charakter von Staatsbürgerversorgungssystemen, während die anderen Sozialversicherungszweige den Mitgliederkreis durch Versicherungspflichtgrenzen oder andere Stellgrößen begrenzen. Überdies ergänzen umfangreiche private oder halb öffentliche, halb private Versicherungssysteme die staatlichen sozialpolitischen Einrichtungen dieser Länder („gemischte" Sicherungssysteme)[814]. Mischformen kennzeichnen auch die Systeme der sozialen Sicherung in der Bundesrepublik Deutschland. Nach der Finanzierung zu urteilen, ist der deutsche Sozialstaat zu knapp 60 Prozent ein Sozialversicherungsstaat. Doch wird dieser in beträchtlichem Maß von anderen Prinzipien ergänzt, und zwar insbesondere durch das Versorgungsprinzip (z.B. im Falle des Kindergeldes, der Kriegsopferversorgung und der Witwen- und Waisenrenten), durch das Prinzip der Entschädigung (beispielsweise im Falle des Lastenausgleichs für kriegs- oder kriegsfolgenbedingte Schädigungen), durch den Grundsatz der sozialen Hilfe, durch die Alimentation

---

814 Nachweise in FLORA 1986d, SCHMID 1996a, 1996b, 2005, VON MAYDELL & RULAND 2003.

(im Falle des Beamtenrechtes) und die Fürsorge, Letzteres vor allem in Gestalt der Sozialhilfe. Ferner ist die Krankenversicherung infolge der Mitversicherung der Familienangehörigen schon fast zur Staatsbürgerversorgung geworden. Gleiches gilt für die Pflegeversicherung.

Mischformen kennzeichnen auch die Staaten, deren Sozialpolitik ansonsten nach Staatsbürgerversorgung strebt, so Schweden, wo neben den Volksversicherungseinrichtungen die Zusatzrente und die nach dem Versicherungsprinzip organisierte und von den Gewerkschaften verwaltete Arbeitslosenversicherung existiert. Elemente des Residualmodells oder der Fürsorge schließlich spielten in allen Staaten zumindest in der frühen und mittleren Phase der Sozialpolitik eine bedeutende Rolle und sind in einigen wirtschaftlich entwickelten Staaten von großer Bedeutung geblieben, so in den USA, in Australien, Neuseeland und – hinsichtlich der Arbeitslosenversicherung – auch bis in die zweite Hälfte der 1970er Jahre in der Schweiz, bis dort eine bundesweite Arbeitslosenversicherung errichtet wurde[815].

Dem Typus der Sozialversicherung kommen die Bundesrepublik Deutschland, Österreich, Frankreich, Italien und die Benelux-Staaten näher als anderen Sozialpolitiktypen, während die Staatsbürgerversorgung vor allem das Leitbild der Sozialpolitik der nordischen Länder geworden ist.

Ob die Sozialpolitik eines Landes vom Staatsbürgerversorgungs-, vom Sozialversicherungs- oder vom Fürsorgeprinzip geprägt wird, hängt nicht zuletzt damit zusammen, welches Problem sie anfänglich lösen sollte[816]. War die Sozialpolitik vor allem als Arbeiterfrage definiert, wie in Deutschland, neigte man zur Sozialversicherungspolitik für abhängig Beschäftigte. Wo Armut ursprünglich das Hauptproblem der Sozialpolitik war, wie in Großbritannien, strebte man stärker entweder zum System der Fürsorge oder zu dem der Staatsbürgerversorgung, so im Falle des National Health Service. Und wo die Politik der sozialen Sicherung vor allem gesellschaftliche Ungleichheit verringern sollte, wie in den nordischen Ländern, bekam die Staatsbürgerversorgung Vorfahrt.

Wie sehr sich die westlichen Länder nach ihrer Sozialpolitik im engeren und weiteren Sinn unterscheiden, zeigen nicht nur die älteren Typologien, sondern auch die international vergleichende Forschung zum Wohlfahrtsstaat. Beispiele dieser Forschung finden sich vor allem in den Werken von Flora u.a. (1977), Alber (1982), Castles (1982, 1993 und 2004), Schmidt (1982), van Kersbergen (1995), Huber & Stephens (2001), Pierson (2001), Siegel (2002) und den Beiträgen der skandinavischen Sozialpolitikforschung um Korpi und Esping-Andersen, der mit seiner Studie *The Three Worlds of Welfare Capitalism* Aufsehen erregt hat[817]. Diese Studie wird aufgrund ihrer besonderen Bedeutung im Folgenden ausführlicher vorgestellt und diskutiert.

„Drei Welten des Wohlfahrtsstaats" – Darstellung, Würdigung und Weiterentwicklung

Zur Messung der „Drei Welten des Wohlfahrtsstaats" verwendet Esping-Andersen Indikatoren, die hauptsächlich den Zielen der sozialdemokratischen Arbeiterbe-

---

815 SCHMIDT 1985b, CASTLES 1985, 1996, OBINGER 1998, SIEGEL 2002: 336-370.
816 KAUFMANN 2003.
817 ESPING-ANDERSEN 1990, 1999, KORPI 1989, 1995.

wegung in Nordeuropa und ihrer akademischen Fürsprecher entstammen. Drei Konzepte dienen ihm als Schlüssel: erstens der Index der durch die Sozialpolitik erwirkten „Dekommodifizierung", zweitens das Ausmaß, zu dem die soziale Sicherung durch ein „liberales", ein „konservatives" oder ein „sozialdemokratisches wohlfahrtsstaatliches Regime" geprägt ist und die gesellschaftliche Schichtung geformt hat und drittens das Maß, zu dem die Wohlfahrtsproduktion dem Staat, dem Markt oder der Familie obliegt.

Drei Welten

Die Anwendung dieser Konzepte deckt – um ein Hauptergebnis vorwegzunehmen – drei Welten des sozialpolitisch regulierten Kapitalismus auf: eine liberale, eine konservative und eine sozialdemokratische Welt. Über Einzelheiten informiert die Spalte 2 in der Tabelle 5. Genau genommen handelt es sich bei diesen Welten hauptsächlich um Idealtypen, auch wenn ihr Urheber dies nicht ausdrücklich erwähnt[818]. Die Sozialpolitik der verschiedenen Länder weicht selbstverständlich mehr oder minder stark von den Idealtypen ab – mit auffälliger Distanz und Nähe: Esping-Andersen zufolge kommen die nordischen Länder dem sozialdemokratischen Wohlfahrtsstaatsregime am nächsten, allen voran das von ihm bevorzugte Schweden, so jedenfalls die Zuordnung zu Beginn der 1980er Jahre. Die Bundesrepublik Deutschland stuft er zusammen mit Italien als Paradebeispiele des „konservativen Wohlfahrtsregimes" ein[819], und die USA verkörpern für ihn das „liberale Regime" des Wohlfahrtsstaats. Diese Aufteilung der OECD-Länder zum Stand von 1980 ist nicht völlig neu. Mit den oben erwähnten Kriterien von Titmuss beispielsweise würden die westlichen Länder ähnlich klassifiziert werden. Bambras Replikation der Studie von Esping-Andersen führt größtenteils zu ähnlichen Gruppierungen[820].

Dekommodifizierung

Welche Messoperationen liegen den drei Welten des Wohlfahrtskapitalismus zugrunde? Der Schlüssel ist der Indikator der „Dekommodifizierung"[821]. Die Dekommodifizierung soll messen, wie weit den Bürgern Schutz vor der Behandlung als Ware geboten wird: „Dekommodifizierung findet statt, wenn eine Leistung als ein Recht gewährt wird, und wenn man den Lebensunterhalt ohne Abhängigkeit vom Markt bestreiten kann"[822]. Mit ihr wird erfasst, in welchem Ausmaß jeder Staatsbürger die Chance zur würdigen Lebensführung unabhängig vom Markt hat[823]. Schlüsselgrößen dafür sind nach Esping-Andersen vor allem 1. ein großzügig geregelter Zugang zu den Versicherungsleistungen anstelle streng definierter Zugangsvoraussetzungen wie Bedürftigkeitstests, über längere

---

818 Vgl. KOHL 1993b und RIEGER 1997. Ein Idealtypus ist nach Max Weber ein pointiertes Gedankenbild, das durch extreme Steigerung eines Anhaltspunktes oder einiger Gesichtspunkte und durch Zusammenfügung einer Vielzahl von Einzelerscheinungen zustande kommt. Ein solches Gedankenbild ist, so Weber, in seiner begrifflichen Reinheit in der Wirklichkeit nicht vorfindbar. Es ist eine „Utopie". Aus ihr erwächst für die historisch-empirische Analyse die Aufgabe, in jedem einzelnen Falle zu prüfen, wie nahe oder wie fern die Wirklichkeit jenem Idealbilde steht (WEBER 1988c: 190). Diesen Weg versperrt Esping-Andersens Analyse nicht.

819 Passender ist die Bezeichnung „zentristischer Sozialstaat" aufgrund seiner Verwandtschaft mit den Präferenzen einer prinzipiell sozialreformerischen Mitte- bzw. Mitte-Rechts-Partei wie auch seiner Prägung durch eine sozialdemokratische Partei.

820 Allerdings wird Dänemark nun als „konservativ" eingestuft, Japan als „liberal" und Kanada als „konservativ", BAMBRA 2004: 15, 17-19. Vgl. die Tabelle 5.

821 Vom englischen „de-commodification" („commodity" = Ware), d.h. die Warenförmigkeit einer Sache oder Person aufheben.

822 ESPING-ANDERSEN 1990: 22 (Übersetzung des Verfassers).

823 Im Original heißt es: „... the ease with which an average person can opt out of the market" (ebd.: 49).

Zeiträume entrichtete Sozialbeiträge und vorherige längere Beschäftigung, 2. schwache oder gänzlich fehlende ökonomische Abschreckungseffekte, wie das Fehlen von Karenztagen, sowie die Berechtigung, Sozialleistungen über längere Fristen zu beziehen, 3. die Annäherung der Sozialleistungen an das durchschnittliche Erwerbseinkommen und 4. die relative Größe des vom jeweiligen Sozialprogramm erfassten Personenkreises.

Esping-Andersens Dekommodifizierungsindex der Sozialpolitik basiert auf einer Vielzahl von Indikatoren, die jeweils separat für die Alterssicherung, die Krankenversicherung und die Arbeitslosenversicherung erhoben werden. Weil die Alterssicherung in Esping-Andersens Analyse eine hervorragende Rolle spielt, wird sie in den folgenden Abschnitten vorrangig berücksichtigt. Die folgenden Indikatoren sollen die Dekommodifizierung der Alterssicherung messen: 1. die Lohnersatzrate der Mindestrente nach Steuer, gemessen durch ihren Anteil am Lohneinkommen eines durchschnittlich verdienenden Arbeitnehmers im verarbeitenden Gewerbe, 2. die Nettostandardrente, gemessen durch die Standardrente eines durchschnittlich verdienenden Arbeitnehmers im verarbeitenden Gewerbe, 3. die Leistungsberechtigung, gemessen an der für eine Standardrente erforderlichen Zahl der Beitragsjahre, die einen Anspruch auf eine Standardrente begründet, und 4. der Anteil der privaten Beiträge zur Rentenfinanzierung, gemessen an dem Teil der Altersrenten, der durch individuelle Beiträge finanziert wird. 5. Die Werte dieser Indikatoren werden sodann – unter Doppelzählung des ersten und zweiten Indikators – addiert und mit dem Prozentanteil der Altersrentner an der Bevölkerung gewichtet[824]. Die Ergebnisse dieser Berechnung fasst die Tabelle 5 zusammen und ergänzt sie um die Ergebnisse von Bambras Wiederholung von Esping-Andersens Studie an der Wende vom 20. zum 21. Jahrhundert. Wie die dritte Spalte der Tabelle zeigt, war die Dekommodifizierung um das Jahr 1980, dem Hauptzeitpunkt der Messung in Esping-Andersens Studie, in Schweden, Norwegen und Dänemark besonders weit vorangeschritten. Mit Abstand folgten Belgien, die Niederlande und Österreich vor der Schweiz, Finnland, Deutschland und Frankreich. Unter dem Mittelwert lagen Japan und Italien. Am untersten Ende der Skalen rangierten die englischsprachigen Industrieländer, die bis heute stärker als die anderen OECD-Mitgliedstaaten zum liberalen Kapitalismus mit „unkoordinierter Marktökonomie" neigen im Unterschied zum wohlfahrtsstaatlichen Kapitalismus mit „koordinierter Marktökonomie"[825].

Messung der Dekommodifizierung

---

824 Für Details der Berechnung der Dekommodifizierung der Kranken- und der Arbeitslosenversicherung ebd.: 50. In diesen Zweigen bemisst sich die Dekommodifizierung – vereinfacht gesagt – nach a) der Lohnersatzrate, b) der zum Leistungsbezug erforderlichen Beitragszeit, c) der Zahl der Karenztage, d) der maximalen Leistungsdauer und e) der Größe des versicherten Personenkreises.
825 Vgl. SOSKICE 1999, HALL & SOSKICE 2001.

Tabelle 5: Die Wohlfahrtsstaatsregime und die Schutzfunktionen der
Sozialpolitik im Industrieländervergleich 1980 und 1998/99

Staat	Typ des Wohl-fahrtsstaates ca. 1980	Dekommo-difizierung ca. 1980	Dekommo-difizierung 1998/1999	Konservatives Wohlfahrts-staatsregime	Liberales Wohlfahrts-staatsregime	Sozialdemo-kratisches Wohlfahrts-staatsregime
Australien	Liberal	13,0	13,5	0	10	4
Belgien	Konservativ	32,4	31,9	8	4	4
BR Deutschland	Konservativ	27,7	27,7	8	6	4
Dänemark	Sozialdemo-kratisch	38,1	29,0	2	6	8
Finnland	Sozialdemo-kratisch	29,2	34,6	6	4	6
Frankreich	Konservativ	27,5	31,5	8	8	2
Großbritannien	Liberal	23,4	15,4	0	6	4
Irland	Liberal	23,3	22,1	4	2	2
Italien	Konservativ	24,1	27,6	8	6	0
Japan	Konservativ	27,1	18,3	4	10	2
Kanada	Liberal	22,0	27,9	2	12	4
Neuseeland	Liberal	17,1	11,5	2	2	4
Niederlande	Konservativ	32,4	28,0	4	8	6
Norwegen	Sozialdemo-kratisch	38,3	34,0	4	0	8
Österreich	Konservativ	31,1	31,1	8	4	2
Schweden	Sozialdemo-kratisch	39,1	34,7	0	0	8
Schweiz	Konservativ	29,8	29,7	0	12	4
USA	Liberal	13,8	14,0	0	12	0
Mittelwert		27,2	25,7	3,8	6,2	4

Quelle: Spalten 2, 3, 5, 6 und 7: ESPING-ANDERSEN 1990, Spalte 3: BAMBRA 2004: 14f. mit
einer Messung der Lage von 1998/1999.

Die Daten in der vierten Spalte der Tabelle 5 informieren zudem über eine Messung der Dekommodifizierung rund 20 Jahre nach der Erstmessung von 1980. Die
neue Messung der Dekommodifizierung entstammt einer Studie von Clare Bambra. Ihr zufolge ist das wichtigste Ergebnis der neuen Messung ihre „auffällige
Ähnlichkeit"[826] mit Esping-Andersens Daten und der darauf basierenden Gruppierung der Länder zu liberalen, konservativen und sozialdemokratischen Wohlfahrtsstaaten. Doch genauso wichtig sind die Veränderungen, die Bambras Replikation
aufdeckt – und von der Verfasserin seltsamerweise nicht erörtert werden. In manchen Ländern nimmt die Dekommodifizierung spürbar ab – und zwar ausgerechnet
in den führenden sozialdemokratischen Wohlfahrtsstaaten Schweden, Dänemark
und Norwegen sowie in einigen liberalen Wohlfahrtsstaaten, insbesondere Großbritannien und Neuseeland. Deutschlands Position hingegen bleibt stabil[827] – ebenso die der Schweiz, was angesichts der Einführung einer insgesamt generösen Arbeitslosenversicherung in den 1980er Jahren überrascht.

Wohlfahrtsstaats-
regimes

Esping-Andersen wollte nicht nur die Dekommodifizierung durch Sozialpolitik messen, sondern auch die von ihr hervorgerufene gesellschaftliche Schich-

---

826 BAMBRA 2004: 14.
827 Fundamentale Änderungen wie die Einführung der Pflegeversicherung ab 1995 werden von
dem Dekommodifizierungsindex nicht erfasst – ein Hinweis auf die Lückenhaftigkeit dieses
Indikators, die durch die Ausklammerung der Sozialhilfe oder äquivalenter Systeme noch un-
terstrichen wird.

tung. Hierzu dient die Unterscheidung der liberalen, konservativen und sozialdemokratischen „Wohlfahrtsstaatsregimes"[828].

Das liberale Sozialpolitikregime wird am Ausmaß gemessen, zu dem die Sozialleistungen an Bedürftigkeitstests gebunden sind, sowie an der Bedeutung privater Finanzierung der Alters- und Krankenversicherung. Zu seinen Kennzeichen gehören ferner geringer Inklusionsgrad, Bevorzugung von Fürsorgeprinzipien in der Sozialpolitik, niedrige Sozialleistungen und möglichst Vorrang für privatwirtschaftliche Trägerschaft der sozialen Sicherung.

Die Hauptattribute des konservativen Wohlfahrtsstaatsregimes sind die Statussegregation, gemessen durch die Anzahl der wichtigsten berufsgruppenspezifischen Alterssicherungssysteme, die statusgruppenspezifischen Leistungen und den Etatismus, den Esping-Andersen durch den Anteil der Ausgaben für die Alterssicherung von Staatsdienern am Sozialprodukt erfassen will. Der Zugang zu Sozialleistungen wird im konservativen Regime über die sozialversicherte Erwerbstätigkeit und über Ehe und Familienzugehörigkeit geregelt. Der Inklusionsgrad ist mittel bis hoch. Finanziert wird das konservative Sozialpolitikregime hauptsächlich durch Beiträge, und mit diesen geht die Trägerschaft überwiegend durch Sozialpartner und Sozialversicherungen einher.

Das sozialdemokratische Wohlfahrtsstaatsregime schließlich soll durch den Universalismus der Sozialpolitik quantifiziert werden, und zwar anhand des durchschnittlichen Anteils der Alters-, Kranken- und Arbeitslosenversicherten an den 16- bis 64-Jährigen und an der Gleich- bzw. Ungleichverteilung der Sozialleistungen[829]. Zu seinen Kennzeichen zählen darüber hinaus der Zugang für prinzipiell alle Staatsbürger, ein sehr hoher Inklusionsgrad, der Programmstruktur nach eine einheitliche Volksversicherung mit Grundsicherungskomponenten, ferner eine starke, wenn nicht ausschließliche Steuerfinanzierung sowie die Trägerschaft durch den Staat.

Der Vollständigkeit halber sind auch charakteristische beschäftigungspolitische, demographische sowie ungleichheits- und konfliktbezogene Wirkungen der drei Wohlfahrtswelten zu erwähnen[830]. Der liberale Wohlfahrtsstaat steht einer dynamischen Beschäftigungsentwicklung nicht im Wege, geht mit hoher sozialer Ungleichheit einher und steht in Wechselwirkung vor allem mit Intra-Klassen- und Intra-Rassenkonflikten. Der konservative Wohlfahrtsstaat hingegen wirkt, so Esping-Andersen, vor allem als Beschäftigungsbremse insbesondere im Niedriglohnsektor und bei der Erwerbstätigkeit von Frauen, steht in Wechselwirkungen mit scharfen Insider-Outsider-Spaltungen zwischen Arbeitsplatzbesitzern und Arbeitslosen und resultiere letztendlich in einer auffällig niedrigen Geburtenrate. Die sozialdemokratische Welt des Wohlfahrtskapitalismus führt am ehesten in Esping-Andersens gelobtes Land: hohe Beschäftigungsquoten nicht zuletzt durch viele Arbeitsplätze im öffentlichen Sektor, geringe soziale Ungleichheit und höhere Geburtenraten gehören zu seinen Merkmalen. Allerdings nehmen dort die Konflikte zwischen dem privaten und dem öffentlichen Sektor zu – Letzterer muss aus sehr hohen Steuern finanziert werden. Und zudem wird dieser Konflikt durch einen Gender-Konflikt verschärft – die Beschäf-

Wirkungen der drei Welten des Wohlfahrtsstaates

---

828 Übersetzung der englischen Bezeichnung „welfare state regimes" (ESPING-ANDERSEN 1990).
829 Zur Messung verwendet Esping-Andersen die Verhältniszahl der Mindestleistungen („basic level of benefit") und des gesetzlich verbrieften Maximums der Sozialleistungen (ebd.: 73).
830 Vgl. ESPING-ANDERSEN 1990, 1999.

tigung im staatlichen Sektor ist größtenteils Sache der Frauen, die im privaten Sektor hauptsächlich Männersache.

Welche Wege führen zu den verschiedenen wohlfahrtsstaatlichen Regimes? Warum entsteht in einem Land ein liberales, in anderen Staaten hingegen ein konservatives oder ein sozialdemokratisches Regime? Esping-Andersen zufolge sind hierfür politische Bestimmungsfaktoren hauptverantwortlich, vor allem das politische Gewicht der sozialdemokratischen Parteien im Parlament und an der Regierung[831]. Ferner spielen die Stärke katholischer Parteien, die Größe der Seniorenquote und der wirtschaftliche Entwicklungsstand eine Rolle, wenngleich eine nachrangige. Im Einzelnen hat Esping-Andersen, hauptsächlich anhand von Querschnittsanalysen, von folgenden Zusammenhängen berichtet:

1. Die Dekommodifizierung der Sozialpolitik eines Landes ist umso höher, je stärker die Linksparteien in Parlament und Regierung vertreten sind und je höher die Seniorenquote ist[832]. Umgekehrt gilt: je schwächer die Linksparteien und je niedriger die Seniorenquote, desto geringer der Schutz, den die Sozialpolitik eines Landes gegen Marktkräfte gewährt.

2. Das Wohlfahrtsstaatsregime eines Landes neigt umso mehr zum Konservatismus, je größer der durchschnittliche Stimmenanteil der katholischen Parteien während der Periode 1946-80 war und je stärker der Absolutismus die Staatsstrukturen geprägt hat[833].

3. Das liberale Wohlfahrtsstaatsregime ist umso stärker, je schwächer die Linksparteien im Parlament und an der Regierung und je wirtschaftlich höher entwickelt die Staaten sind[834].

4. Das sozialdemokratische Wohlfahrtsstaatsregime wurzelt hauptsächlich in starken Linksparteien: je stärker diese im Parlament und in der Regierung vertreten sind, desto höher sind die Werte auf der Skala des sozialdemokratischen Wohlfahrtsstaatsregimes[835].

The Three Worlds of Welfare Capitalism wurde als „ein Meilenstein in der vergleichenden Wohlfahrtsstaatsforschung"[836] gewürdigt. Zu Recht. In ihm wird die Sozialpolitik in den demokratischen Industriestaaten auf innovative Weise untersucht und in eine international vergleichende Analyse der Wechselwirkungen von Sozialstaat, politischen Rahmenbedingungen, Gesellschaft und Wirtschaft eingebaut[837].

---

831 Ähnlich die Arbeiten von KORPI 1989, 1995.

832 Dekommodifizierungsindex $Y = 7,89 + 0,229*(X1) + 1,275*(X2)$. R^2 (bereinigt): 0,49. X1 = durchschnittlicher Stimmen- und Regierungsbeteiligungsanteil der Linksparteien, X2 = Anteil der älteren Bevölkerung an der gesamten Bevölkerung (ESPING-ANDERSEN 1990: 129).

833 Index des konservativen Wohlfahrtsstaatsregimes $Y = -0,169 + 0,071*(X1) + 0,67*(X2)$, R^2 (bereinigt): 0,57. X1 = durchschnittlicher Stimmenanteil der katholischen Parteien, X2 = Absolutismusskala mit drei Ausprägungen (1 = Stärke und dauerhafte Wirkungen des Neoabsolutismus und des autoritären Etatismus, 2 = schwacher Absolutismus und 3 = kein Absolutismus). Für Details ESPING-ANDERSEN 1990: 120.

834 Index des liberalen Wohlfahrtsstaatsregimes (Y): $Y = -2,304 - 0,198*(X1) + 1,295*(X2)$. R^2 = 0,46, X1 = Durchschnitt der Parlamentssitz- und Kabinettssitzanteile von Linksparteien 1949-80, X2 = Bruttoinlandsprodukt pro Kopf (ESPING-ANDERSEN 1990: 136).

835 Korrelation mit dem Parlamentssitz- und Kabinettssitzanteil von Linksparteien: R^2 = 0,46 (ebd.: 137).

836 KOHL 1993b: 67.

837 Eine punktuelle Aktualisierung enthält ESPING-ANDERSEN 1996, 1999.

Lob wurde Esping-Andersens Werk von 1990 zuteil, aber auch Kritik[838]. Seine Theorie politischer und institutioneller Entwicklung sei stark rationalistisch geprägt, hielt ein Kritiker ihm vor[839]. Dieser Theorie zufolge gab es am Anfang herrschende Eliten, die sich mit Verbündeten für bestimmte Projekte engagierten und am Ende einer „Kette gewollter historischer Verursachungen" den modernen Sozialstaat hervorbrachten. Dieser werde hauptsächlich als Erbe von Gründungseliten begriffen. Dahinter stehe die Annahme, dass die Menschen „wissen, was sie tun, und sie erreichen, was sie wollen"[840]. Doch diese Annahme vernachlässige unbeabsichtigte Folgen von Handeln, latente Möglichkeiten, Konflikte und Anpassungszwänge. Das ist ein zutreffendes Argument. Ihm stehen andere zur Seite: Esping-Andersen neigt dazu, Politik auf Machtressourcen und Konflikt zu verkürzen. Damit entgehen ihm die institutionellen Bedingungen von Staatstätigkeit, die Handlungsspielräume einerseits begrenzen, andererseits öffnen. Insoweit kann man Esping-Andersens Werk von 1990 Institutionenblindheit vorhalten, sowohl hinsichtlich der Staatsstrukturen als auch hinsichtlich der Institutionen an der Schnittstelle zwischen Politik und Ökonomie, wie beispielsweise der Interessenvermittlung zwischen Staat und Privatwirtschaft. Auch werden religiöse Faktoren nur verkürzt analysiert. So übersieht Esping-Andersen, wie stark staatsgläubig und sozialstaatsfreundlich sich insbesondere der lutheranische Protestantismus erwiesen hat[841].

Auch die Methodologie in *The Three Worlds of Welfare Capitalism* wurde kritisiert. „Querschnittsanalysen mit einem beschränkten Zeithorizont, deren Ergebnisse allerdings im Sinne historischer Verursachungsmechanismen interpretiert werden", hielt ihr Jürgen Kohl zu Recht vor[842]. Kritik zogen auch die Messinstrumente der *Three Worlds*-Studie auf sich. Dass die dort vorgenommene Analyse der Machtverteilung nur ein erster Schritt ist, hat ihr Verfasser ausdrücklich hervorgehoben. Allerdings fällt ein Teil seiner Indikatoren hinter den Stand der vergleichenden Institutionen- und Machtverteilungsforschung der frühen 1980er Jahre zurück[843]. Auch fehlt Esping-Andersens Werk die exakte Aufgliederung der parteipolitischen Färbung von Regierungsparteien und der Kräfteverhältnisse zwischen verschiedenen politischen Lagern, insbesondere zwischen den Sozialstaatsparteien sozial- und christdemokratischer Art einerseits und den marktfreundlicheren liberalen und säkular-konservativen Parteien. Überdies sind Definitionen und Messungen der abhängigen Variablen nicht über alle Kritik erhaben. Der Dekommodifizierungsindex spiegelt die sozialpolitischen Ziele der schwedischen Sozialdemokratie wider und vernachlässigt die Zielsetzungen anderer Sozialstaatsmodelle[844]. Da verwundert nicht, dass hohe Dekommodifizierung vor allem dort erreicht wird, wo die nordeuropäische Sozialdemokratie dominiert. Dieser Beweisführung ist tatsächlich „etwas Tautologisches"[845] eigen. Ferner basiert die Messung der Dekommodifizierung und der wohlfahrtsstaatlichen Regimes auf der Alters-, der Kranken- und der Arbeitslo-

---

838 KOHL 1993b, LESSENICH & OSTNER 1997.
839 OFFE 1993: 85.
840 Ebd.
841 MANOW 2002.
842 KOHL 1993b: 79f.
843 CASTLES 1982a, 1982b, SCHMIDT 1982.
844 KOHL 2000.
845 KOHL 1993b: 78.

senversicherung[846], doch die Unfall- und Pflegeversicherung sowie Sozialleistungen familien- oder frauenpolitischer Art blendet sie ebenso aus wie den gesamten Bereich der auf die Arbeitswelt bezogenen Sozialpolitik, die vom Arbeitsschutz bis zur Mitbestimmung reicht. Überhaupt nicht ins Blickfeld geraten Sozialassistenzprogramme, die als unterste Netze der Sozialpolitik mitunter einen schier hundertprozentigen Schutz vor Marktabhängigkeit garantieren, also Dekommodifizierung pur bereitstellen, so beispielsweise die Sozialhilfe der Bundesrepublik Deutschland insbesondere bis zur Einführung des „Arbeitslosengeldes II" im Jahre 2005. Überdies fehlt jegliche Messung der Veränderung der wohlfahrtsstaatlichen Regimes bzw. des Dekommodifizierungsgrades – ein Mangel, der durch Bambras Wiederholung der *Three Worlds*-Studie gelindert wird.

Weiterentwicklungen

Ein Weiteres kommt hinzu: In der *Three Worlds*-Studie wurde die Analyse der Ursachen der Dekommodifizierung und der verschiedenen Sozialpolitikregimes vorzeitig abgebrochen. Zu Unrecht, wie die nachfolgenden Auswertungen zeigen. Wie erwähnt, hat Esping-Andersen die Dekommodifizierung der Sozialpolitik zu Beginn der 1980er Jahre hauptsächlich auf die Stärke der Linksparteien und den Anteil der älteren Bevölkerung zurückgeführt. Mit einer Trefferquote von rund 49 Prozent schnitt diese Erklärung gut ab. Bessere Resultate erzielt allerdings ein ausführlicherer Vergleich, der neben Parteienpolitik, Machtressourcen und demographischen Bedingungen auch politisch-institutionelle Konstellationen und politisch-ökonomische Vermittlungsmechanismen zwischen Staat und Wirtschaft berücksichtigt. Die Dekommodifizierung Anfang der 1980er Jahre hing nämlich hauptsächlich von vier Determinanten ab:

Determinanten der Dekommodifizierung ca. 1980

1. Allen voran spielt die Regierungsbeteiligung von Linksparteien, wie schon in Esping-Andersens Studie, eine wichtige Rolle: je stärker sie nach 1945 war, desto höhere Werte erreichte die Dekommodifizierung.

2. Hiervon abzuziehen ist allerdings ein weiterer Parteieneffekt: je stärker die säkular-konservativen Parteien (nach Art der britischen Conservative Party) am Regieren beteiligt waren, desto weniger Schutz bietet die Sozialpolitik vor Marktkräften. Im Parteiensystem wirken demnach zwei gegenläufige Kräfte auf die Sozialpolitik, nicht nur ein Kraftfeld. Die Differenz zwischen der linken Sozialstaatspartei und der konservativen sozialstaatsgegnerischen Partei macht den eigentlichen Unterschied aus.

3. Hinzu kommt die Wirkung politisch-institutioneller Rahmenbedingungen. Vor allem der Unterschied zwischen Föderalismus und zentralistischer Staatsstruktur spielt eine beträchtliche Rolle. Der Föderalismus bremst die zentralstaatliche Exekutive und Legislative in ihrem Aktivismus, und zwar dadurch, dass er oppositionellen Kräften, die nach Zügelung von Staatsintervention streben, Vetopositionen offeriert[847]. Das mindert in der Regel die

---

846 Dort aber ist sie recht robust. Das zeigt jedenfalls die Validierung des Konzeptes anhand einer unabhängig von Esping-Andersen entwickelten Messung der Leistungskraft der Arbeitslosenversicherung, gemessen an der Nettolohnersatzrate der Arbeitslosenversicherung (OECD 1997b: 82): Die Übereinstimmung zwischen dem Dekommodifizierungsgrad Anfang der 1980er Jahre und der Höhe der Nettolohnersatzrate ist sehr hoch (r = 0,86).

847 Das ist mit Tsebelis' Vetospieler-Theorem verträglich: Das Potential für Politikänderungen schrumpft umso mehr, je größer die Zahl der Vetospieler, je inkongruenter deren Policy-Positionen und je kohärenter die Policy-Positionen der sozialen Gefolgschaft der Vetospieler (TSEBELIS 1995, 2001).

Dynamik der öffentlichen Ausgaben, schränkt die Gestaltungsfreiheit der Sozialpolitik ein und dämpft insbesondere ehrgeizige egalitäre Bestrebungen.

4. Überdies wirken die Konzertierung-Konsensus-Strukturen zwischen Staat und Verbänden auf die Sozialpolitik[848]: Wo der Staat und die wichtigsten Wirtschaftsverbände in den 1960er und 1970er Jahren ihr Handeln in einigen wichtigen Politiksektoren aufeinander abstimmten und wo sozialpartnerschaftliche Arbeitsbeziehungen bestanden, wurde der Sozialschutz meist verstärkt, unter anderem dadurch, dass der Gesetzgeber den Gewerkschaften sozialpolitische Zugeständnisse für die Kooperation auf anderen Politikfeldern gewährte.

Die Trefferquote dieses Erklärungsmodells ist beachtlich: es erklärt 83 Prozent der Unterschiede des Dekommodifizierungsgrades Anfang der 1980er Jahre[849]. Das ist weitaus besser als der 49 Prozent-Treffer der *Three Worlds*-Studie von 1990. Nicht minder interessant sind die Gewichte, mit dem die verschiedenen Erklärungsfaktoren zur Dekommodifizierung beitragen. So beträgt der Unterschied zwischen einer allein regierenden Linksparteienregierung und einer Regierung ohne Linksparteien im Zeitraum von 1950-1980 acht Punkte auf der Dekommodifizierungsskala. Noch stärker ist der Effekt der konservativen Parteien. Regieren sie im gesamten Untersuchungszeitraum allein, wird ein Dekommodifizierungsgrad erreicht, der den anderer Regierungen insgesamt um 10 Punkte unterschreitet. Dämpfend wirkt auf die Dekommodifizierung auch der Föderalismus, und zwar um rund 5 Punkte, während der Konzertierungs- und Konsensus-Mechanismus sie um 4 Punkte erhöht. Den Strukturen des modernen Sozialstaates kommt folglich derjenige besser auf die Spur, der zusätzlich zu den Machtressourcen, denen Esping-Andersens Hauptinteresse galt, die Institutionen des demokratischen Verfassungsstaates, Staat-Verbände-Beziehungen und die vielfältigen Wirkungen von Regierungsparteien als Bestimmungsgrößen berücksichtigt[850].

Verbessern kann man auch Esping-Andersens Erklärung des sozialdemokratischen Wohlfahrtsstaatsregimes, die hauptsächlich auf die Stärke der Linksparteien im Parlament und an der Regierung abstellte. Die genauere Analyse zeigt jedoch, dass der politische Unterbau des sozialdemokratischen Wohlfahrtsstaates vielgliedriger ist. Drei politische Größen sind besonders wichtig. Zu ihnen gehört – erstens – dic Stärke der Regierungsbeteiligung der Linksparteien, gemessen durch den auf Tagesbasis ermittelten Kabinettssitzanteil in der Periode 1950-80. Hinzu kommt – zweitens – die Kohäsion des Lagers der Mitte-, Mitte-Rechts- und Rechtsparteien: Ein Lager der Nicht-Linksparteien, das zersplittert und somit in seiner Durchschlagskraft gelähmt ist, begünstigt das Emporwach-

Komplexer Verursachungszusammenhang

---

848 Vgl. SCHMIDT 1982, 1983, 1986, 1989b.

849 Überdies sind alle Koeffizienten signifikant. Das Erklärungsmodell basiert auf folgender regressionsstatistisch ermittelten Gleichung: Dekommodifizierungsgrad Y = 30,73 + 0,08*(Kabinettssitzanteil von Linksparteien 1950-80) – 0,10*(Kabinettssitzanteil konservativer Parteien 1950-80) – 5,46*(Föderalismus) + 4,13*(Konzertierung-Konsens-Skala nach SCHMIDT 1986). N = 18, R² (bereinigt) = 0,83. Alle Koeffizienten sind auf dem 0,01-Niveau signifikant, mit Ausnahme des Koeffizienten der Linksparteien (s = 0,07).

850 Bis auf den Linksparteieneffekt bleiben alle in der vorangehenden Anmerkung genannten Variablen auch bei der Erklärung der Dekommodifizierungsgrade von 1998/1999 nach BAMBRA 2004 signifikant.

sen des sozialdemokratischen Wohlfahrtsstaats, ein kohäsives Lager dieser Parteien hingegen wirkt als Barriere. Drittens: je stärker die politisch-kulturellen Traditionen vom Katholizismus geprägt sind (gemessen durch den Katholikenanteil der Bevölkerung), desto tendenziell schwächer ist die Sozialdemokratisierung des Sozialstaates. Und je kleiner der katholische Bevölkerungsanteil und je geringer das Gewicht katholischer Soziallehre und der Sozialpolitik von zur katholischen Kirche gehörenden Wohlfahrtsverbänden, desto größer die Sozialdemokratisierung der Sozialpolitik. Allein diese Faktoren erklären 71 Prozent der zu erklärenden Unterschiede[851]. Das politische Gefüge, auf dem die drei wohlfahrtsstaatlichen Regimes beruhen, ist komplexer als dasjenige in *The Three Worlds of Welfare Capitalism*[852].

Elastischer Unterbau Überdies ist der Unterbau der Sozialstaatstypen elastischer, als es Esping-Andersens Studie vermuten lässt. Verändern sich die tragenden Pfeiler der Sozialpolitik, kann ein Land von einem Sozialstaatstypus zu einem anderen wandern. Ein Beispiel ist Dänemark in den 20 Jahren nach Esping-Andersens Messung Anfang der 1980er Jahre, ein weiteres Exempel ist Schweden in den 1990er Jahren. Dort wurde die Sozialpolitik marktkonformer als zuvor ausgerichtet, so durch Einführung von Karenztagen in der Krankenversicherung[853]. Im gleichen Atemzug sind die Niederlande zu nennen. Dort zeigen die Abschaffung der gesetzlichen Krankenversicherung und die völlige Privatisierung der Krankengeldversicherung ab 1. März 1996 Kehrtwenden an, für die vor allem die liberalen Koalitionsparteien, allen voran die Volkspartij voor Vrijheid en Democratie (VVD), verantwortlich sind[854]. Umgekehrt führt ein Zuwachs der Regierungsbeteiligung von Linksparteien, wie in Australien von den 1980er bis Mitte der 1990er Jahre, zu einer beträchtlichen Aufwertung schutzgewährender Sozialpolitik. Auch solche Kurswechsel erklärt das erweiterte Modell besser als Esping-Andersens Ansatz. Dem erweiterten Erklärungsmodell zufolge schrumpft der Dekommodifizierungsgrad insbesondere mit zunehmender Regierungsbeteiligung konservativer Parteien und Schwächung von Konzertierung und Konsens, beispielsweise durch Erosion korporatistischer Politiknetzwerke und Zerfall sozialpartnerschaftlicher Arbeitsbeziehungen. Und Fallanalysen insbesondere von Deutschland zwischen 2000 und 2005 zeigen, dass unter sozialdemokratischen Regierungen der Einstieg in die kapitalgedeckte Altersicherung ebenso wenig ausgeschlossen ist wie die Zusammenlegung von Sozialhilfe und Arbeitslosenhilfe zwecks Stärkung des „aktivierenden Sozialstaates" – und beide Maßnahmen ent-

---

851 Die Formel zur Erklärung des Index des sozialdemokratischen Wohlfahrtsregimes (Y) lautet: Y = 4,67 + 0,42*(Linksparteien) – 1,71*(Kohäsion bürgerliches Lager 1950-80, Kohäsion = 1, sonstige = 0) – 0,02*(Katholikenanteil). R² bereinigt = 0,71; N = 18. Alle Koeffizienten sind auf dem 0,05-Niveau signifikant.

852 Erwähnung verdient auch Castles' Vorschlag, einen vierten Wohlfahrtsstaatstypen zu konstruieren (CASTLES 1993). Australien, Neuseeland und Großbritannien seien als Ausdruck eines radikalen bzw. radikalliberalen Sozialpolitiktypus zu begreifen: Leistungserbringung zugunsten der wirklich Bedürftigen auf insgesamt niedrigem Niveau der Sozialleistungen, um ein Verweilen in der Position des Sozialleistungsempfängers unattraktiv zu machen, lautet die Leitformel. Sie bringt infolge der Fokussierung auf die besonders Bedürftigen eine beträchtliche Umverteilung zustande. – Allerdings überschneiden sich die Welten des „liberalen" und des „radikalen" Wohlfahrtsstaatsregimes so beträchtlich, dass die Weiterverwendung von Esping-Andersens Typologie gerechtfertigt ist.

853 Vgl. ESPING-ANDERSEN 1996, JOCHEM 1998, HUBER & STEPHENS 2001: 115ff, 241ff.

854 KÖTTER 1997, SEILS 2005, WOLDENDORP 2005.

stammen eher dem liberalen, marktfreundlicheren Arsenal als dem klassisch-etatistischen Werkzeugkasten der Sozialdemokratie.

Der internationale Vergleich der Wohlfahrtsstaatsregimes deckt bemerkenswerte Unterschiede zwischen den verfassungsstaatlichen Demokratien auf. Zweierlei sticht hervor. Erstens: Niveau, Instrumente und Institutionen der sozialen Sicherungssysteme sind von Land zu Land sehr verschieden. Zweitens: ein Großteil dieser Unterschiede kann nicht durch sozialökonomische Gegebenheiten erklärt werden, wohl aber durch unterschiedliche politische Machtverteilung zwischen Parteien, durch Staatsstrukturen und Beziehungsgeflechte zwischen Staat und Verbänden sowie zwischen Gewerkschaften und Unternehmerschaft.

Spielräume der Politik

Damit sind Themen angesprochen, die zum Kern der vergleichenden Politikwissenschaft gehören. Diese trägt zum besseren Verständnis der sozial- und wirtschaftspolitischen Strukturen und Entwicklung der demokratischen Industriestaaten bei. Und sie verdeutlicht, dass Marktwirtschaft nicht gleich Marktwirtschaft, Kapitalismus nicht gleich Kapitalismus und Demokratie nicht gleich Demokratie ist. Die Unterschiede zwischen den demokratischen OECD-Staaten sind groß. Prinzipiell ist auch der Spielraum groß, den die Politik gegenüber der Ökonomie und der Gesellschaft besitzt. Ob und wie er genutzt wird, hängt von vielerlei ab, von früheren Weichenstellungen, kulturellen Traditionen, politischen Rahmenbedingungen und vom Tun und Lassen politischer Kollektivakteure wie den Parteien. In manchen Ländern wurde dieser Manövrierraum für ehrgeizige Sozialpolitik genutzt. Deutschland ist ein historisch frühes Beispiel, später kamen die nordischen Länder und die Benelux-Staaten hinzu. Anderswo knüpfte man soziale Sicherungsnetze auf andere Weise. Private Netze überragten beispielsweise in Japan, den USA und der Schweiz lange Zeit die staatlichen Arrangements. In diesen Staaten gibt es bis heute einen beträchtlichen familiären, betrieblichen oder privatversicherungsrechtlichen Sozialschutz[855]. Auch in der Bundesrepublik Deutschland sorgten die Anhäufung privaten Wohlstands, die „anonyme Sozialpolitik des Marktmechanismus"[856], sowie hunderttausende amtliche und ehrenamtliche Mitglieder der Wohlfahrtsverbände für mehr Sicherheit, als das Sozialbudget anzeigt[857]. Berücksichtigt man die Stellung der Wohlfahrtsverbände im System sozialer Sicherung stärker als im Hauptstrom der vergleichenden Sozialstaatsforschung, tritt eine beträchtliche Differenz zutage. Sie trennt Länder mit starken Wohlfahrtsverbänden, vor allem die Niederlande, die Bundesrepublik Deutschland und mit Einschränkungen Belgien, von den staatsdominierten Varianten der Sozialpolitik in Nord- und in Südosteuropa. Die USA, Frankreich und Irland nehmen hierbei eine Mitteposition ein[858].

Staatliche und nichtstaatliche Sozialpolitik

Insoweit vermitteln die Daten zur staatlichen Sozialpolitik, auf die das vorliegende Buch hauptsächlich gegründet ist, einen unvollständigen Einblick in die Größe und Dichte der sozialen Sicherungsnetze und in das gesamte, aus privaten und öffentlichen Quellen gespeiste Wohlfahrtsniveau. Verschiedene Studien von Josef Schmid stützen sogar die Vermutung, dass der Sozialschutz vor allem in den Niederlanden, in Deutschland und mit Abstrichen in Belgien größer als derjenige ist, den Sozialleistungsquoten oder Sozialpolitikregimes anzeigen. Dafür

---

855 Vgl. ZÖLLNER 1963, SEELEIB-KAISER 2001.
856 ROSENBERG: 1976: 217.
857 ZAPF 1977, ZAPF & HABICH 1996, BAUER & THRÄNHARDT 1987, SCHMID 1996a, 1996b, 2005.
858 SCHMID 1996b.

spricht auch Zöllners Studie, die gezeigt hat, dass die private Sozialvorsorge, gemessen durch Zahl und Volumen der Lebensversicherungen, invers mit der Höhe der öffentlichen Sozialleistungsquote korreliert. Das besagt, dass in Ländern mit starkem Sozialstaat private Versicherungen weniger gefragt sind, während in Staaten mit schwächerer Sozialpolitik die Bürger, sofern sie es sich leisten können, für ihren Sozialschutz in beträchtlichem Umfang selbst aufkommen, sofern sie nicht betriebliche Sozialleistungen erhalten[859].

Ein weiteres instruktives Beispiel bieten die Länder, die auch im 20. und im 21. Jahrhundert mit einem relativ schlanken Staat aufwarten, wie die USA. Für einen beträchtlichen Teil der Bevölkerung der USA hat die kräftige Expansion der Marktökonomie hohen Wohlstand geschaffen, der den Schutz übertrifft, den die entwickelten Sozialstaaten typischerweise bereitstellen. Allerdings zeigt der Fall USA, dass die „anonyme Sozialpolitik des Marktmechanismus" (Hans Rosenberg) nicht universeller Art, sondern hochgradig selektiv ist: oft belohnt sie nur die Starken und vernachlässigt die Schwachen. Letzteren droht im Schadensfall der Sturz aus der „Ersten Welt", derjenigen der primären Arbeitsmärkte und der attraktiven Entlohnungsbedingungen, in die „Dritte Welt" im eigenen Lande, d.h. in die Unterklasse, in der man bestenfalls einer prekären, arbeits- und sozialrechtlich schlecht gesicherten Beschäftigung nachgeht oder in erzwungenem Müßiggang dahinvegetiert.

Mischung von Markt und Staat

Die Mischung von privater und staatlicher Sozialpolitik variiert von Land zu Land. Sie hängt eng mit den oben erläuterten Unterschieden der politischen Strukturen der westlichen Demokratien zusammen. Eine starke Arbeiterbewegung und starke Regierungsbeteiligung von Linksparteien sowie ein fragmentiertes Lager der Mitte-, Mitte-Rechts- und Rechtsparteien ließen einen starken Sozialstaat emporkommen und beschleunigten den Niedergang des privaten Sozialschutzes. Für die Sache des starken Sozialstaats traten meist auch die Mitteparteien ein, allen voran die Christdemokraten[860]. Im Unterschied zu ihrer Konkurrenz zur Linken waren die christdemokratischen Parteien jedoch bestrebt, den Wohlfahrtsverbänden, vor allem den kirchlichen Sozialverbänden, Domänen in den sozialen Dienstleistungen zu sichern. Die Vorherrschaft marktorientierter Parteien wie der britischen Konservativen hingegen ging in der Sozialpolitik mit stärkerer privater Sozialsicherung und schwächerem staatlichem Sozialschutz einher[861]. Die Regierungen dieser Staaten strebten vorrangig nach einer Wohlstandsgesellschaft, im Unterschied zu den Mitte- und den Linksregierungen, die auf den Auf- und Ausbau des Wohlfahrtsstaates oder Sozialstaates, so die gebräuchlichere Terminologie in Deutschland, setzten und nur unter massivem Anpassungsdruck bereit waren, ihre Sozialpolitik nach Staatsbürgerversorgung

---

859 ZÖLLNER 1963, ROSE & SHIRATORI 1986.
860 van KERSBERGEN 1995.
861 Eindrucksvoll erweist sich dies auch an den Auswertungen der Wahlkampfplattformen politischer Parteien. Parteigänger der starken Sozialpolitik sind vor allem die sozialdemokratischen und die kommunistischen Parteien, aber auch – vor allem in Prosperitätsphasen – die Christdemokraten und meist auch die Agrarparteien. Beträchtliche Distanz zur Sozialpolitik kennzeichnet demgegenüber die Position der säkular-konservativen, liberalen, regionalen und der meisten Protestparteien. So die Hauptergebnisse der Analyse der Sozialpolitikpositionen der Parteien, soweit diese sich in Wahlkampfplattformen spiegeln. Quelle: LAVER & HUNT 1992, DATA SET CMPR4 1997, WAGSCHAL 1996: 57, KLINGEMANN u.a. 1994, KLINGEMANN & VOLKENS 2001.

oder umfassender Sozialversicherung bereichsweise durch private sozialpolitische Vorsorge abzusichern.

Der Vollständigkeit halber ist hinzuzufügen, dass sich auch die Länder mit starkem privatem Sozialschutz dem Sog der Verstaatlichung der Sozialpolitik nicht entziehen konnten. Das zeigt das langfristige Wachstum der öffentlichen Sozialausgaben am Sozialprodukt in den Nachzüglernationen der sozialen Sicherung und dort, wo der Staat im Vergleich betrachtet noch relativ schlank ist, wie in Japan und den USA. Und noch deutlicher wird das am Fall Schweiz, die sich – mit der üblichen helvetischen Verzögerung – mittlerweile zu einem der engagiertesten Wohlfahrtsstaaten entwickelt hat[862]. Die historische Tendenz zur Verstaatlichung des Sozialschutzes rechtfertigt die verbreitete, auch dem vorliegenden Band zugrunde liegende Entscheidung, die Aufmerksamkeit hauptsächlich auf die staatliche Sozialpolitik zu richten.

Gleichwohl hat die vergleichende Analyse der staatlichen Sozialschutzpolitik auch Lücken. In ihr Zentrum rückten bislang hauptsächlich die durch Transferzahlungen abgewickelte Sozialpolitik und die Politikfelder Alter, Gesundheitswesen und Arbeitslosenversicherung. Vernachlässigt wurde die vergleichende Erkundung sozialer Dienstleistungen[863]. Dort scheinen mitunter andere Regelmäßigkeiten als in der Sozialtransferpolitik zu wirken. In der Familiensicherung und der Absicherung des Pflegefallrisikos beispielsweise war Deutschland, obgleich Pionier der älteren Sozialpolitik, lange Zeit ein Nachzügler, während Frankreich mittlerweile in der materiellen Unterstützung von Familien und Kindern zusammen mit den nordischen Staaten, Belgien und den Niederlanden führt[864]. Überdies haben Fachleute der Frauenforschung und der Analyse von Geschlechterordnungen („gender") dem Mainstream der vergleichenden Sozialpolitikforschung die Vernachlässigung ungleicher Teilhabechancen von Frauen und Männern am Wohlfahrtsstaat vorgeworfen[865]. Der Vorwurf ist nicht ohne weiteres von der Hand zu weisen. Allerdings deuten die verfügbaren Daten und Analysen darauf hin, dass der Mainstream offenbar einen beträchtlichen Teil der geschlechterspezifischen Teilhabechancen erfasst hat. Ein Beispiel: die nordischen Wohlfahrtsstaaten oder sozialdemokratischen Sozialpolitikregime, so Esping-Andersens Terminologie, waren auch bei der Eindämmung von Ungleichheit zwischen Frauen und Männern erfolgreich. Somit bestehen sie zumindest einen der Tests, welche die Frauen- und Genderforschung vom Wohlfahrtsstaatsvergleich fordert. Deutlich ungünstiger schneiden hierbei die Länder mit konservativem oder zentristischem Wohlfahrtsstaat ab: in ihnen liegt die Frauenbeschäftigung hinter der Männererwerbsquote, im Unterschied zu den nordischen und den meisten englischsprachigen Demokratien[866]. Auch bei einer weiteren Messlatte der feministischen Sozialpolitikforschung, nämlich Anspruch auf Sozialleistungen unabhängig vom Familienstand[867], schneiden die nordischen Länder überdurchschnittlich gut

Lücken der vergleichenden Forschung

---

862 Vgl. OBINGER 1998.
863 Darauf hat Jens Alber verschiedentlich aufmerksam gemacht und wichtige Beiträge zur Füllung dieser Forschungslücke publiziert, beispielsweise ALBER & SCHÖLKOPF 1997.
864 BAHLE 1995, GUILLEMARD u.a. 1995: Kp. 5, OSTNER 1995, WINGEN 1997.
865 Vgl. z.B. ORLOFF 1993, SAINSBURY 1994, 1996.
866 Vgl. SCHMIDT 1993a, SAINSBURY 1994, 1996.
867 Zusätzlich zur „Dekommodifizierung" im Sinne von Esping-Andersen 1990 handelt es sich hier um das Ziel maximaler Autonomie und maximaler Sozialschutzrechte, und zwar unabhängig vom Status in der Geschlechterordnung. Vgl. SAINSBURY 1996, HIRSCHMANN & LIEBERT 2001.

ab, allerdings auch die Benelux-Staaten und die Bundesrepublik, in der die Sozialhilfe das – allerdings bedürftigkeitsabhängige – Mindestversorgungsniveau für jeden Staatsbürger garantiert. Diese Daten sind mit zwei – weiter zu prüfenden – Hypothesen verträglich. Erstens: je höher das Sozialstaatsniveau, gemessen an den Standardindikatoren des Sozialpolitikvergleichs, desto „frauenfreundlicher" der Staat[868] und desto größer die soziale Gleichheit von Frauen und Männern. Zweitens: ein vergleichsweise hohes Maß an sozialer und ökonomischer Gleichheit von Frauen und Männern hat allerdings auch eine „Länderfamilie"[869] mit schwächerer Sozialpolitik und stärkerer Marktorientierung erreicht: die angloamerikanischen Demokratien, mit Ausnahme Irlands. Demnach scheinen mindestens zwei Wege schneller als alle anderen Pfade zu einer egalitäreren Geschlechterordnung zu führen: der nordisch-sozialdemokratische und der angloamerikanisch-marktorientierte Weg.

868 Zum „frauenfreundlichen Staat" HERNES 1989.
869 CASTLES 1993, SCHMIDT 1993a.

232

2.5 Sozialpolitik in westlichen Demokratien, sozialistischen Ländern und Staaten der Dritten Welt

Bis zu diesem Kapitel stand die Sozialpolitik in Deutschland und anderen westlichen Ländern im Zentrum. Diese Staaten sind heutzutage verfassungsstaatliche Demokratien und nach dem Stand wirtschaftlicher Entwicklung reiche Länder. Zweifelsohne begünstigen Demokratie und wirtschaftlicher Reichtum den Auf- und Ausbau der Sozialpolitik, weil alle erwachsenen Bürger, auch die Ärmeren und ökonomisch Schwächeren, im Unterschied zu nichtdemokratischen Staatsverfassungen politisch ein gewichtiges Wort mitzureden haben, und weil ein hoher Stand wirtschaftlicher Entwicklung nicht nur Bedarf an sozialer Sicherung hervorruft, sondern auch Mittel zur Bedarfsdeckung bereitstellt.

Wie aber ist die Sozialpolitik beschaffen, wenn sie weder die Demokratie noch wirtschaftlichen Reichtum auf ihrer Seite weiß? Welche Gestalt nimmt sie an, wenn autoritäre Regime oder Armut oder beide zugleich herrschen? Die Beantwortung dieser Fragen setzt die Analyse der Sozialpolitik in möglichst vielen Ländern voraus, in reichen und armen Demokratien und Nichtdemokratien. Eine solche Analyse sprengt den Rahmen der vorliegenden Studie. Doch kann die Frage, welchen Unterschied die Staatsverfassung und der Stand wirtschaftlicher Entwicklung machen, näherungsweise durch den Vergleich ausgewählter Staaten beantwortet werden.

Den vorangehenden Kapiteln nach zu urteilen, wird man allerdings keine einfache Antwort erwarten können. Die Geschichte lehrt, dass Sozialpolitik keineswegs nur ein Werk der Demokratie ist. Vielmehr entpuppten sich autoritär verfasste Regime wie die konstitutionelle Monarchie des Deutschen Reiches von 1871 und die Österreichisch-Ungarische Monarchie als Schrittmacher der sozialen Sicherung. Ferner haben die mittel- und osteuropäischen sozialistischen Staaten gezeigt, dass eine starke Sozialpolitik nicht nur in den reichen westlichen Demokratien möglich ist, sondern auch in ökonomisch schwächeren Staaten mit Zentralverwaltungswirtschaft. Der Selbstdarstellung der sozialistischen Länder nach zu urteilen, übertraf ihre Sozialpolitik sogar die des Kapitalismus[870].

---

870 Ein Beispiel sind die Ausführungen Erich Honeckers, des damaligen Generalsekretärs des Zentralkomitees der Sozialistischen Einheitspartei Deutschlands, auf der propagandistischen Großveranstaltung zur Eröffnung des Parteilehrjahres 1977/78 in Dresden: „Während der Kapitalismus eine unüberbrückbare Kluft zwischen Wirtschafts- und Sozialpolitik konstatieren muß, kann der Sozialismus die Einheit von Wirtschafts- und Sozialpolitik im Interesse der Arbeiterklasse und aller Werktätigen zu seinem obersten Leitgedanken erheben. Das ist der Kern des gesellschaftlichen Fortschritts unserer Zeit, das ist der Kern der sozialistischen Revolution in der DDR und ihrer Perspektive" (Neues Deutschland v. 27.9.1977).

Dahinter steckte ein wahrer Kern und ein gehöriges Maß Propaganda. Der wahre Kern bestand darin, dass in den sozialistischen Ländern die Politik danach trachtete, die Gesellschaft und die Wirtschaft nach ihren Rationalitätskriterien zu lenken, nicht nach Effizienz oder Maßgabe des Rechts. Eine Totalpolitisierung wurde angestrebt und in beträchtlichem Ausmaß verwirklicht. Zu ihr gehörten ehrgeizige wohlfahrtsstaatliche Ziele, so vor allem die soziale Sicherung der ‚Werktätigen‘, die Vollbeschäftigung und das – vergebliche – Streben nach Ein- und Überholen des Kapitalismus. Die „Einheit von Wirtschafts- und Sozialpolitik" wollte man erreichen, so die Leitformel der DDR-Sozialpolitik seit Mitte der 1970er Jahre. Tatsächlich erhielt die Sozialpolitik zusammen mit der Arbeitsplatzgarantie und der umfassenden Subventionierung der Grundnahrungsmittel Vorrang vor dem Prinzip der Wirtschaftlichkeit. Der hierfür zu entrichtende Preis war hoch: Entdifferenzierung von Politik und Gesellschaft und Überlastung der Ökonomie waren die Hauptposten auf der Rechnung[871].

Reine Propaganda war allerdings die Behauptung, man sei in den sozialistischen Staaten weiter vorangekommen als die westlichen Länder. Das traf nicht zu, wie der geringere Stand wirtschaftlicher Entwicklung, das unterdurchschnittliche Konsumniveau und die Unfreiheit in den sozialistischen Staaten zeigten[872]. Auch nach der Höhe der öffentlichen Ausgaben für Sozialpolitik im engeren Sinn hatten die sozialistischen Länder die meisten westlichen Demokratien nie eingeholt oder überholt. Gemessen an der Sozialleistungsquote nach Kriterien der ILO, besaßen vor allem die westeuropäischen Staaten großzügigere Systeme der sozialen Sicherung, und sie hielten insgesamt ihren beträchtlichen Vorsprung vor den sozialistischen Staaten bis zu deren Untergang Ende der 1980er, Anfang der 1990er Jahre[873].

Vergleich nach Leistungsfähigkeit

Im Vergleich mit allen anderen Ländern der mittleren Einkommensgruppe, beispielsweise in Asien und Lateinamerika, war der Sozialschutz in den sozialistischen Staaten in Mittel- und Osteuropa allerdings beachtlich hoch. Das gilt für die enger und die weiter definierte Sozialpolitik. Man vergleiche beispielsweise die sozialistischen Länder mit den meisten Staaten der Dritten Welt. Deren Sozialpolitik war meist viel lückenhafter als in den sozialistischen Ländern, wie ein Vergleich der versicherten Risiken, der Größe des versicherten Personenkreises und des Niveaus der Sozialleistungen erhellt[874].

Noch größer war bis in die 1980er Jahre der Abstand der Sozialpolitik in lateinamerikanischen Ländern zu den westeuropäischen Wohlfahrtsstaaten. Jens Albers Studien zufolge schützten die sozialen Sicherungssysteme Westeuropas beispielsweise im Jahre 1970 rund 80 Prozent der Erwerbspersonen gegen eine Vielzahl von Risiken. Das war ein Vielfaches des entsprechenden Schutzes in Entwicklungsländern und beträchtlich mehr als die Sozialprotektion lateinamerikanischer Länder. Ähnliches zeigte der Vergleich der Höhe und der Verteilung der Sozialleistungen pro Kopf. Auch zehn Jahre später, 1980, war der Abstand der Sozialpolitik in der Dritten Welt zur Sozialpolitik der reichen Länder der

---

871 Vgl. das Kapitel 1.5 mit Nachweisen.
872 Vgl. MADDISON 1995, 2003, SCHROEDER 1998.
873 Vgl. z.B. ILO 1996. Allerdings strebten die sozialistischen Staaten mit ungleich größerem Aufwand und größerem Erfolg (aber auch höheren Folgekosten) als die westlichen Länder nach sozialer Sicherheit durch Vollbeschäftigung.
874 ALBER 1983: 152, MESA-LAGO 1978, 1985, 1997, SOCIAL SECURITY ADMINISTRATION (OFFICE OF RESEARCH AND STATISTICS) 1995, ILO 1996, KAY 2000.

234

nördlichen Halbkugel nach wie vor groß. In Lateinamerika zählten zu diesem Zeitpunkt etwa 60 Prozent der ökonomisch aktiven Bevölkerung zum Mitgliederkreis von Kranken- und Altersversicherungen, deren Leistungen jedoch oftmals nur ein Zubrot waren. Überdies verdeckte dieser relativ hohe Prozentsatz große Unterschiede zwischen den Staaten und krasse regionale und soziale Ungleichheit des Sozialschutzes in den verschiedenen Ländern. Versichert waren in Argentinien, Brasilien, Costa Rica und Kuba zwischen 75 und 100 Prozent und in Chile, Mexiko und Uruguay zwischen 50 und 74 Prozent der ökonomisch aktiven Bevölkerung, wozu die Beschäftigten des überdurchschnittlich großen informellen Wirtschaftssektors, der Schattenwirtschaft, nicht oder nur am Rande zählten. Viel kleinere Versichertenkreise wiesen die anderen lateinamerikanischen Länder auf[875].

Auch die Sozialausgaben in den reicheren und den ärmeren Staaten der Welt zeigen enorme Unterschiede der Sozialpolitik an. Beispiele sind die ILO-Sozialleistungsquoten und der Anteil der Alterssicherung am Sozialprodukt nach Angaben der Weltbank Ende der 1980er, Anfang der 1990er Jahre – sie werden hier verwendet, weil sie die letzten Möglichkeiten des Sozialismus-Demokratien-Vergleichs sind[876]. Beide Quoten zeigen für 1989, kurz vor dem Zerfall des sozialistischen Länderblocks, dass die sozialpolitischen Anstrengungen der entwickelten westlichen Länder im Durchschnitt die der sozialistischen Staaten beträchtlich übertrafen. So lag die Sozialleistungsquote der demokratischen OECD-Mitgliedstaaten nach ILO-Kriterien mit durchschnittlich 19,9 Prozent damals um rund 5 Prozentpunkte über der Durchschnittsquote der sozialistischen Länder. Mit beträchtlichem Abstand zu den sozialistischen Staaten folgten die lateinamerikanischen Länder[877].

Gewiss war das Niveau der sozialen Sicherung in diesen Ländergruppen sehr unterschiedlich. Nach der Höhe der Sozialleistungsquote zu urteilen, hatte die Tschechoslowakei unter den sozialistischen Staaten die führende Position (1989: 21,8 Prozent), mit erheblichem Vorsprung vor der DDR (15,6 Prozent) und der Sowjetunion (10,2 Prozent). Auch in den lateinamerikanischen Ländern schwankte die Sozialleistungsquote zwischen sehr geringen Werten wie in Peru und einem mittleren Niveau. Chile gehörte mit Argentinien und Uruguay übrigens zu den Frühstartern der wohlfahrtsstaatlichen Politik auf diesem Kontinent. Staatliche soziale Sicherungen wurden dort schon im 19. Jahrhundert errichtet, zunächst für das Militär, die Staatsbeamten und die Richterschaft und vor allem seit dem 20. Jahrhundert für andere politisch-ökonomisch wichtige Gruppen, allen voran die Arbeiteraristokratie der Erdölindustrie, der Eisenbahnen und der Elektroindustrie, sowie für Polizei und Lehrerschaft. Mit beträchtlicher Verzögerung wurde der Sozialschutz anderen städtischen Arbeitnehmergruppen zuteil und noch später auf Beschäftigte des Agrarsektors und häusliches Dienstpersonal ausgedehnt.

Wie Analysen vor allem der Sozialpolitik in Lateinamerika zeigen, lag den eigentümlichen Schwerpunkten und Rhythmen der Sozialpolitik eine politische Logik zugrunde: Art und Größe der sozialpolitisch geschützten Bevölkerungsgruppen sowie Richtung, Umverteilungsgehalt und Wachstum der Sozialpolitik hingen hauptsächlich von der Verhandlungsmacht und der Konfliktfähigkeit der

Globale Vergleiche

---

875 MESA-LAGO 1978, 1985, 1997, WORLD BANK 1994, DE OLIVEIRA 1994.
876 ILO 1996, WORLD BANK 1994.
877 Diese und die folgenden Daten entstammen ILO 1996: 70ff.

Zielgruppen und extensiver Patronage ab[878]. Das erzeugte in der Sozialpolitik dieser Länder ein hohes Maß an „Fragmentierung und Ungleichheit, Massierung von Privilegien, Ausgrenzung ganzer Bevölkerungsgruppen, regressive Umverteilungswirkung, hohe Verwaltungskosten infolge institutioneller Zersplitterung", einen ausgeprägten „Immobilismus aufgrund der Vetomacht privilegierter Gruppen"[879] und mitunter exzessiven Klientelismus. Er äußert sich in sozial- und wirtschaftspolitisch kontraproduktiven Arrangements, beispielsweise für bestimmte Arbeitnehmergruppen Frühverrentung in jungen Jahren, Auszahlung üppiger, vollindexierter „Altersrenten" an Vollzeitbeschäftigte oder ein über dem Lohnniveau liegendes Rentenniveau[880].

Sozialistische Länder
Im Unterschied zu Lateinamerika, den ärmeren Entwicklungsländern und den wirtschaftlich aufstrebenden ostasiatischen Staaten wie Hongkong, Malaysia, Singapur, Süd-Korea und Taiwan[881], kam in den mittel- und osteuropäischen sozialistischen Staaten, wie oben schon erwähnt, ein beträchtlich größerer Teil des wirtschaftlichen Reichtums der Sozialpolitik zugute. Legt man die Sozialleistungsquoten der ILO zugrunde, war die Sozialpolitik in Ungarn in den 1980er Jahren so ausgebaut worden, dass dieses Land nach der Tschechoslowakei der zweite sozialistische Staat wurde, der die durchschnittliche Sozialausgabenquote der OECD-Länder erreichte[882].

Relativ zur Wirtschaftskraft entsprachen die Sozialleistungsquoten der meisten sozialistischen Staaten den sozioökonomischen und demographischen Trends: je höher der wirtschaftliche Entwicklungsstand, desto tendenziell höher die Sozialleistungsquote, und je geringer die wirtschaftliche Entwicklung, desto geringer der Anteil der öffentlichen Sozialausgaben am Sozialprodukt oder am Nettomaterialprodukt. Ferner: je höher (niedriger) der Anteil nichtlandwirtschaftlicher Arbeitnehmer an der Bevölkerung, desto höher (niedriger) die Sozialleistungsquote. Und je höher (niedriger) die Seniorenquote, desto höher (niedriger) die Sozialleistungsquote. Allerdings wichen manche sozialistischen Länder vom Trend ab: relativ zu ihrer hohen Seniorenquote war beispielsweise in der DDR die Sozialleistungsquote im engeren Sinn relativ niedrig[883].

---

878 MESA-LAGO 1978.
879 WACHENDORFER 1986: 113.
880 Zur neueren Entwicklung KAY 2000.
881 OECD 1996e, RIEGER & LEIBFRIED 1997, CROISSANT, ERDMANN & RÜB 2004.
882 Grundsätzlich änderte sich an dieser Tendenz in der nachsozialistischen Ära wenig (vgl. OECD 1995d, 1995e, 1996f, 1997a: 64f., GÖTTING 1998).
883 Die erwähnten Trends basieren auf statistischen Analysen der Zusammenhänge zwischen der Sozialleistungsquote in den 1980er Jahren einerseits (Y) und Indikatoren der Wirtschaftskraft pro Kopf (MADDISON 1995: Tabelle D) (X1), der Arbeitnehmerquote nach der Definition von ZÖLLNER 1963 (X2) und dem Anteil der mindestens 65-jährigen an der Bevölkerung (X3) andererseits. Die Korrelation dieser Variablen für 1989 und der Sozialleistungsquote nach ILO-Definition im Jahre 1989 betragen für die 89 Staaten der Tabelle 6 weiter unten: für Y und X1: r = 0,80 (N = 49), für Y und X2: r = 0,77 (N = 89), für Y und X3 r = 0,88 (N = 89), für X1 und X2: r = 0,87 (N = 49), für X1 und X3: r = 0,82 (N = 49) und für X2 und X3: r = 0,80 (N = 89). Nicht bestätigt wurde die in meinem Sozialpolitik-Buch von 1988 vertretene These, dass die Sozialleistungsquote der ehemaligen DDR beträchtlich geringer gewesen sei, als es dem Stand der wirtschaftlichen Entwicklung entsprochen habe. Die dort verwendeten Daten zum wirtschaftlichen Entwicklungsstand der DDR nach SUMMERS & HESTON (1984) hatten die Leistungskraft der DDR-Wirtschaft erheblich überschätzt.

Auch wenn die sozialistischen Staaten Mittel- und Osteuropas mittlerweile zusammengebrochen sind, lohnt der Blick auf die Eigentümlichkeiten ihrer Sozialpolitik. Sieben Hauptmerkmale kennzeichneten sie[884].

1. An vorderster Stelle ist die fast vollständige Verstaatlichung der sozialen Sicherung zu erwähnen. Im Sozialismus war der Staat der Organisator der sozialen Sicherung, nicht wie im Westen der Verbund von Staat, Markt, Selbstverwaltung und Wohlfahrtsverbänden. Darüber kann nicht hinwegtäuschen, dass die Durchführung der Sozialpolitik zu einem beträchtlichen Teil den jeweiligen Staatsgewerkschaften, wie dem FDGB oblag. Die Gewerkschaften der sozialistischen Länder verkörperten nämlich nicht authentische, auf freiwilliger Mitgliedschaft basierende Arbeitnehmervertretungen; sie wirkten vielmehr als etatozentristische „Transmissionsriemen" zwischen Staatspartei und Gesellschaft.

2. Im Unterschied zur Sozialpolitik der westlichen Demokratien, setzten die sozialistischen Länder mit ihrer Umsetzung des „Rechts auf Arbeit" in die Garantie eines Arbeitsplatzes um nahezu jeden Preis ihre Sozialpolitik auf einen beschäftigungspolitischen Grundpfeiler.

3. Anspruch auf Sozialschutz sollten im Prinzip alle Staatsbürger haben. Tatsächlich erfasste die Sozialpolitik der sozialistischen Staaten den Großteil der Bevölkerung, und zwar schon auf einer niedrigeren Stufe wirtschaftlicher Entwicklung als in der Sozialpolitik der westlichen Länder.

4. Allerdings ist zwischen Planung und Planverwirklichung zu unterscheiden. Auch in der Sozialpolitik bewährte sich der Lehrsatz, dass der Plan in den sozialistischen Ländern „Befehl und Fiktion"[885] und die Diskrepanz zwischen Propaganda und Zielerreichung besonders groß war. So stand in der Sowjetunion die Verwirklichung einer leistungsfähigen Sozialversicherung für alle Staatsbürger auf dem Plan, doch gelangte man auf diesem Weg nicht sonderlich weit voran. Aber auch die hoch gesteckten Ziele des im Vergleich zur Sowjetunion effizienteren SED-Staates – „Weiter voran zum Wohle des Volkes" sollte es dort laut SED-Propaganda gehen[886] – wurden nie so erreicht, dass das Volk mit seinem Wohle zufrieden gewesen wäre.

5. Wo Arbeitskräftemangel herrschte, so vor allem in der DDR, wurde die Produktionsorientierung der Sozialpolitik von einer pro-natalistischen familien- und frauenpolitischen Komponente ergänzt. Mit ihr sollte die Reproduktion der sozialistischen Gesellschaft sichergestellt und eine möglichst hohe Erwerbsquote, auch eine hohe Frauenerwerbsquote, erreicht werden. Damit wurde die Position von Frauen in Wirtschaft und Gesellschaft aufgewertet; weil jedoch in den Haushalten meist die traditionelle Arbeitsteilung zwischen den Geschlechtern beibehalten wurde, erbrachte die ökonomische Emanzipation den Frauen zugleich beträchtlich größere Lasten[887].

6. Spiegelbildlich zur Orientierung auf Arbeit und Produktion wurden produktions- und wachstumsferne Risiken vernachlässigt, wiederum mit Ausnahme des

884 Zur DDR Kapitel 1.5, VON BEYME 1975, 1977, 1981, STILLER 1983, BUNDESMINISTERIUM FÜR INNERDEUTSCHE BEZIEHUNGEN 1987.
885 LEPSIUS 1994.
886 Das Zitat entstammt der Publikation „Weiter voran zum Wohle des Volkes. Die Verwirklichung des sozialpolitischen Programms der SED 1978 bis 1985", Berlin-Ost 1986.
887 HELWIG & NICKEL 1993.

Sonderfalls der pro-natalistischen Politik. Im Kern ging die produktions- und die bevölkerungspolitische Ausrichtung vor allem zu Lasten der Altersrentner und anderer arbeitsmarktferner und politisch schwacher Gruppierungen. Die Vernachlässigung der Rentner unterschied die Sozialpolitik der sozialistischen Staaten markant von derjenigen der westlichen Länder, während die Vernachlässigung anderer arbeitsmarktferner Gruppen einige Parallelen zur Sozialpolitik des liberalen Wohlfahrtsstaatsregimes und zu frühen und mittleren Entwicklungsstadien des konservativen Wohlfahrtsstaatsregimes im Sinne von Esping-Andersen aufwies[888].

7. Die bevorzugte Behandlung produktionsrelevanter Risiken enthielt einen starken Anreiz – wenn nicht gar Zwang – zur Erwerbstätigkeit auch derjenigen Bevölkerungsgruppen, die in den westlichen Ländern meist in geringerem Umfang in den Arbeitsmarkt integriert sind, vor allem Frauen und Ältere. Dies war ein Hauptgrund der sehr hohen Frauenerwerbsquote und der hohen Erwerbsbeteiligung der älteren Bevölkerung in den sozialistischen Staaten, allen voran in der DDR.

In der Regel resultiert aus einer hohen Arbeitnehmerquote eine hohe Sozialleistungsquote, so das Zöllner'sche Gesetz[889]. Unter bestimmten Bedingungen kann die Sozialleistungsquote jedoch auch im Falle einer hohen Arbeitnehmerquote niedrig sein, z.B. infolge einer hohen Altersgrenze in der Rentenversicherung und der hierdurch bedingten geringeren Inanspruchnahme von Leistungen der Altersversicherung, oder infolge niedriger Altersrenten, hoher Erwerbsquote und Vollbeschäftigung. Diese Bedingungen waren in der DDR erfüllt. Das erklärt zu einem erheblichen Teil, warum die Sozialleistungsquote im engeren Sinn in der DDR trotz sehr hoher Arbeitnehmerquote vergleichsweise niedrig war.

Soziale Nivellierung als Ziel

Dem Anspruch nach zielte die Politik der sozialen Sicherung im mittel- und osteuropäischen Sozialismus innerhalb der durch Produktionsorientierung und Natalismus gebotenen Grenzen auf Nivellierung. Tatsächlich wurden dort traditionelle schicht-, klassen- und geschlechtsspezifische Unterschiede der gesellschaftlichen Existenz insgesamt und der sozialen Sicherung im Besonderen verringert[890]. Die Sozialpolitik im Sozialismus gewährleistete ein Mindestversorgungsniveau, vor allem in den wirtschaftlich höher entwickelten Ländern. Allerdings war dieses Niveau sehr niedrig, so dass von ihm ein kräftiger Anreiz ausging, zusätzliches Arbeitseinkommen zu erzielen oder die Renten aus freiwilligen Zusatzversicherungen oder aus Sondertöpfen aufzubessern. Von Letzteren gab es in den sozialistischen Ländern viele, wie im DDR-Kapitel dieses Buches gezeigt wurde. Bevorzugt wurden hierdurch die Führungskräfte in Politik, Wirtschaft, Kultur, Militär, Polizei, Staatssicherheit und Zollverwaltung, ferner hauptangestellte Mitarbeiter des Staatssicherheitsdienstes, Beschäftigte in den Bereichen Volksbildung, Bahn und Post, sodann Bergleute sowie anerkannte „Kämpfer gegen den Faschismus" und anerkannte „Verfolgte des Faschismus".

Gruppenspezifische Sozialpolitik charakterisierte auch die Sowjetunion in der Ära des Stalinismus und, wenngleich abnehmend, in der nachstalinistischen

---

888 Vgl. Kapitel 2.4.
889 ZÖLLNER 1963.
890 Z.B. VON BEYME 1975, 1977.

Periode. Ein Paradebeispiel war die Alterssicherung[891]. Anspruch auf Altersruhegeld erhielten zuerst die Lehrer und Offiziere (1924/25 und 1926), nicht – wie im Deutschen Reich von 1871 – die Industriearbeiter. In der Sowjetunion rückten die Industriearbeiter erst in den Jahren zwischen 1928 und 1932 zum Mitgliederkreis der Alterssicherung auf. Im Jahre 1929 folgten die Ärzte, später Angestellte. Aber selbst diese Öffnung der Alterssicherung war bescheiden dimensioniert: Altersrente bezog noch 1956 nur jeder zehnte Sowjetbürger im Rentenalter. Vor allem ab Mitte der 1950er Jahre wurde die Sozialpolitik erweitert. Ab 1956 beispielsweise besaßen nahezu alle Arbeiter und Angestellten des sozialisierten Wirtschaftssektors Rentenansprüche. Später wurde die Alterssicherung auch auf die Kolchosbauern ausgedehnt, der bis dahin größten Gruppe der von der Rentenpolitik Benachteiligten. Im letzten Jahrzehnt der Sowjetunion war die Alterssicherung immerhin so weit ausgebaut, dass sie allen Beschäftigten einen gewissen Schutz bot, wenngleich sie oftmals nur eine kärgliche gesellschaftliche Existenz ermöglichte. Im Jahre 1980 beispielsweise belief sich die durchschnittliche Altersrente nur auf ein Viertel des durchschnittlichen Monatslohns[892].

Trotz nachholender Sozialpolitik seit Mitte der 1950er Jahre kennzeichneten viele Mängel die Sozialpolitik der Sowjetunion bis zu deren Ende. Der sowjetischen Sozialpolitik hatten Experten nachgesagt, sie sei mit einer Verzögerung von durchschnittlich 10 bis 15 Jahren den Problemen hinterhergehinkt und habe auch dann ihre Aufgaben nur mangelhaft erledigt[893]. Außerdem hielten sich Privilegierungen und Diskriminierungen hartnäckig. Die beste Altersversorgung erhielten ehemalige Mitarbeiter des Partei- und Staatsapparats sowie die Intelligenzberufe, die schlechteste die Kolchosbauern, auf Fürsorge angewiesene Bürger und Privatbeschäftigte.

Der Vergleich deckt große Unterschiede zwischen der Sozialpolitik in den reichen Industrieländern des Westens, den sozialistischen Staaten und der Dritten Welt auf. Woher rühren diese Unterschiede. Entstammen sie dem Typ der Staatsverfassung? Liegt der entscheidende Grund in der Differenz zwischen Diktatur und Demokratie? Oder sind wirtschaftliche Unterschiede ausschlaggebend? Machen Kapitalismus bzw. Sozialismus oder die Abhängigkeit eines Landes der Dritten Welt oder die sozialistische Vergangenheit den Unterschied aus, oder liegt der Schlüssel einfach darin, dass die westlichen Länder wirtschaftlich höher entwickelt sind als die sozialistischen und nachsozialistischen Staaten und die Entwicklungsländer?

Über diese Fragen streiten die Experten des Ost-West-Vergleiches. Frederic Pryor beispielsweise gelangte in seiner Studie zur Ausgabenpolitik kapitalistischer und kommunistischer Staaten zu einem sensationellen Ergebnis. Die Regierungen in West und Ost hatten ihm zufolge oft mit ähnlichen Problemen zu kämpfen. Berücksichtige man, dass die sozialistischen Länder dies auf einem niedrigeren wirtschaftlichen Entwicklungsstand als die westlichen Staaten taten und halte man das Wirtschaftsgefälle zwischen West und Ost konstant, erwiesen sich die Politikreaktionen in Ost und West als ähnlich. Die Differenz von Kapitalismus und Kommunismus machte Pryor zufolge nicht den großen Unterschied aus, sofern man den unterschiedlichen wirtschaftlichen Entwicklungsstand in Ost

Sozialpolitische
Konvergenzthesen

---

891 STILLER 1983.
892 LANE 1985: 62.
893 STILLER 1983: 302.

und West berücksichtigte[894]. Zu einem ähnlichen Ergebnis gelangte ein gutes Jahrzehnt später Harold Wilensky in seiner Studie zur Sozialpolitik in armen und reichen Ländern. Sozialpolitik maß Wilensky hauptsächlich an den „social policy efforts", also an den sozialpolitischen Anstrengungen des Staates, gemessen an der Sozialleistungsquote. Deren Höhe hing Wilensky zufolge im Wesentlichen vom ökonomischen Entwicklungsstand, der Altersstruktur der Bevölkerung und dem Alter des Systems der sozialen Sicherung ab. Je höher der ökonomische Entwicklungsstand, je älter die Bevölkerung und je älter die sozialen Sicherungssysteme, desto höher die Sozialleistungsquote, so lautete der Hauptbefund. Politische und ideologische Faktoren spielten demgegenüber eine zweitklassige Rolle[895].

Zu einem vergleichbaren Ergebnis war Detlev Zöllner gelangt, schon lange vor Pryor und Wilensky[896]. Zöllner hatte die unterschiedlich hohen Sozialleistungsquoten – wie im Kapitel 2.4 schon erwähnt – vornehmlich mit der Arbeitnehmerquote, dem Anteil der im nichtagrarischen Sektor beschäftigten Arbeitnehmer an der gesamten Bevölkerung, erklärt. Je größer die Arbeitnehmerquote, desto größer und wachstumskräftiger das System der sozialen Sicherung, so lautete seine Hauptthese. Ferner spiele die Altersstruktur eine Rolle, insbesondere der Druck, der vom Anteil der Bevölkerung im Rentenalter auf die Sozialpolitik ausgehe: je höher die Seniorenquote, desto höher die Sozialleistungsquote. An dritter und vierter Stelle rangierten die Bewältigung von Kriegsfolgen und die Arbeitslosenquote. So die Thesen von Zöllner, der eine klassisch sozialökonomische Erklärung von Staatstätigkeit entwickelte und den Effekt politischer Einflussfaktoren als gering einstufte[897].

Zöllners, Wilenskys und Pryors Befunde passen zur Konvergenztheorie, die sich in den 1950er und 1960er Jahren einiger Beliebtheit erfreute. Dieser Theorie zufolge werden sich modernisierende Länder mit zunehmendem Komplexitätsniveau ähnlicher. Die Konvergenz mache vor Ideologie, Wirtschaftsverfassung und Staatsverfassung nicht Halt und erfasse die kapitalistischen Länder ebenso wie die sozialistischen Staaten[898]. Allerdings war und ist die Konvergenzthese umstritten: Zu groß waren die Unterschiede zwischen den westlichen und den sozialistischen Staaten. Ferner hatten viele Studien Konvergenz und Divergenz in und zwischen Ost und West nachgewiesen[899]. Die Sozialpolitik im Sinne der Kriterien der ILO ist ein Beispiel zunehmender Divergenz: seit 1960 wurde sie nämlich in einer Reihe westlicher Länder ausgebaut, während sie in den sozialistischen Ländern nur in gemächlicherem Tempo erweitert wurde, bis auf wenige Ausnahmen sogar langsamer als in jenen westlichen Ländern, die von marktorientierten Parteien regiert wurden[900]. Das vergrößerte den Abstand zwischen den führenden Sozialstaaten Westeuropas und der Sozialpolitik der mittel- und osteuropäischen sozialistischen Länder, wenngleich dem hinzuzufügen ist, dass die

---

894 PRYOR 1968.
895 WILENSKY 1975.
896 ZÖLLNER 1963.
897 Ebd.: 115. Die wesentlich differenziertere Vermutung, dass bei steigendem Wohlstand und hoher Arbeitnehmerquote „mehr Freiheitsraum für alternative Entscheidungen erwächst" (ZÖLLNER 1963: 67), ordnete Zöllner der These unter, dass den politischen Wahlmöglichkeiten durch die Industriegesellschaft enge Grenzen gesetzt seien (ebd.: 115). Zur Erweiterung des Zöllner-Modells durch einen politisch-institutionalistischen Ansatz: SCHMIDT 1989c.
898 LUDZ 1969.
899 VON BEYME 1977.
900 ILO 1985: 56-59, CASTLES 1987.

westlichen Länder der Betonung der Arbeitsplatzgarantie in den sozialistischen Ländern nichts Gleichwertiges entgegensetzen konnten.

Diese Unterschiede spiegelten nicht unterschiedliche wirtschaftliche Entwicklungsniveaus und eine unterschiedliche Nachfrage nach Sozialleistungen infolge auseinander strebender demographischer Entwicklungen wider. Vielmehr spielten Wirtschaftsverfassung, Ideologie und Politik eine weitaus größere Rolle, als die Anhänger der Konvergenztheorie geglaubt hatten. Das zeigten auch Überprüfungen von Zöllners Gesetz des engen Zusammenhangs zwischen Arbeitnehmer- und Sozialleistungsquote und Tests der Hypothesen von Wilensky und Pryor[901]. Man betrachte beispielsweise die in der Tabelle 6 zusammengestellten Sozialleistungsquoten von 90 Ländern im Jahr 1989, dem letzten Jahr vor dem Zerfall der sozialistischen Regimes in Mittel- und Osteuropa[902]. Wodurch sind die großen Unterschiede der sozialpolitischen Anstrengungen zu erklären, die diese Tabelle veranschaulicht? Inwieweit spiegeln sie sozialökonomische Faktoren wider, wie den Stand wirtschaftlicher Entwicklung, die Arbeitnehmer- oder die Seniorenquote, inwieweit politische Konstellationen, beispielsweise die Demokratie? Benötigt man überhaupt politische Erklärungsfaktoren beim Vergleich der gewaltigen Unterschiede der sozialpolitischen Anstrengungen in reichen und in armen Ländern?

Wer diese Frage beantworten will, findet im Vergleich der Sozialleistungsquoten aller Länder der Tabelle 6 einen Schlüssel. Dieser Vergleich fördert folgende Ergebnisse zutage:

1. Insgesamt passen die sozialökonomischen Erklärungsmodelle recht gut zu den Sozialpolitikdaten. Die statistischen Zusammenhänge sind eindeutig: Die Sozialleistungsquote ist umso höher, je höher die Arbeitnehmerquote und die Seniorenquote sind. Dieses Ergebnis wird durch die signifikante Korrelation von Sozialleistungsquote und wirtschaftlichem Entwicklungsstand, gemessen am Pro-Kopf-Sozialprodukt, bestätigt[903].
2. Allerdings weichen manche Staaten weit vom Trend ab. Mit einem rein sozialökonomischen Ansatz kann weder Schwedens hohe noch Japans niedrige Sozialleistungsquote befriedigend erklärt werden. Auch die – trotz hoher Arbeitnehmer- und Seniorenquote – relativ niedrige Sozialleistungsquote der DDR passt nicht recht zum sozialökonomischen Ansatz. Das sind nur drei Beispiele von vielen.

---

901 Vgl. CASTLES 1987, SCHMIDT 1989c.
902 Es wurden diejenigen Staaten ausgewählt, deren Sozialleistungsquote von 1989 in ILO 1996 ausgewiesen und deren Bevölkerungszahl größer als eine Million ist.
903 Korrelation zwischen der Sozialleistungsquote 1989 (ILO 1996) und dem BIP pro Kopf (Daten für 1988): r = 0,69 (N = 86).

Tabelle 6: Sozialausgaben in westlichen Demokratien, sozialistischen Ländern und Staaten der Dritten Welt

Staat	Sozial-leistungs-quote 1989	Arbeit-nehmer-quote 1989	Senioren-quote 1989	Sozialis-mus	Föde-ralismus	Demokratie-erfahrung (in Jahren)	Starke Links- oder Mitte-partei
Ägypten	1,1	14,95	4,13	0	0	0	0
Algerien	7,6	15,83	3,42	0	0	0	0
Argentinien	3,9	31,15	8,92	0	1	6	0
Äthiopien	1,2	8,52	3,31	0	0	0	0
Australien	7,8	43,51	10,75	0	1	82	0
Belgien	26,4	40,61	14,72	0	1	42	1
Benin	0,9	14,03	2,80	0	0	0	0
Bolivien	2,3	16,89	3,21	0	0	8	0
Brasilien	5,4	25,27	4,45	0	1	0	0
Bulgarien	15,2	40,78	16,15	1	0	0	0
BR Deutschland	22,7	43,99	15,24	0	1	41	1
Burkina Faso	0,8	6,05	3,03	0	0	0	0
Burundi	0,9	3,65	3,02	0	0	0	0
Chile	11,8	30,14	6,12	0	0	0	0
China (Volksrepublik)	3,4	15,70	5,71	1	0	0	0
Costa Rica	7,4	25,22	3,96	0	0	40	0
Dänemark	28,4	51,44	15,35	0	0	72	0
DDR	15,6	51,63	16,76	1	0	0	0
Elfenbeinküste	0,7	13,42	2,09	0	0	0	0
El Salvador	1,1	23,17	3,29	0	0	0	0
Finnland	21,4	44,93	13,06	0	0	84	1
Frankreich	27,1	40,95	13,60	0	0	44	0
Gabun	0,2	12,04	4,79	0	0	0	0
Ghana	0,3	16,90	3,09	0	0	0	0
Griechenland	17,9	26,37	13,91	0	0	16	0
Großbritannien	17,3	46,91	15,59	0	0	62	0
Guatemala	1,2	12,28	2,94	0	0	0	0
Guinea	0,1	10,44	3,54	0	0	0	0
Indien	0,3	11,42	4,41	0	1	0	0
Indonesien	0,1	16,83	3,91	0	0	0	0
Iran	1,0	18,88	2,92	0	0	0	0
Irland	18,9	33,40	11,19	0	0	69	0
Israel	15,1	36,70	8,05	0	0	41	0
Italien	23,4	35,52	14,46	0	0	44	1
Jamaika	1,2	35,02	6,30	0	0	28	0
Japan	11,8	44,64	11,68	0	0	43	0
Kamerun	1,2	11,12	3,71	0	0	0	0
Kanada	18,0	47,79	10,84	0	1	70	0
Kenia	1,1	7,91	2,89	0	0	0	0
Kolumbien	1,7	20,73	4,45	0	0	0	0
Kuba	17,9	31,62	8,08	1	0	0	0
Kuwait	3,0	38,99	2,44	0	0	0	0
Libyen	2,8	19,43	2,64	0	0	0	0
Madagaskar	0,4	8,34	3,12	0	0	0	0
Malaysia	2,8	23,05	3,78	0	1	0	0
Marokko	1,6	16,69	4,12	0	0	0	0
Mauretanien	0,9	10,49	3,47	0	0	0	0
Mauritius	3,3	29,14	4,02	0	0	14	0
Mexiko	2,9	31,92	3,72	0	1	0	0
Mongolei	20,5	28,25	3,42	1	0	0	0
Neuseeland	20,1	42,33	10,17	0	0	97	0
Nicaragua	3,4	16,46	2,87	0	0	0	0
Niederlande	28,5	38,64	13,21	0	0	90	1
Niger	0,6	4,25	2,71	0	0	0	0

Staat	Sozial-leistungs-quote 1989	Arbeit-nehmer-quote 1989	Senioren-quote 1989	Sozialis-mus	Föde-ralismus	Demokratie-erfahrung (in Jahren)	Starke Links- oder Mitte-partei
Nigeria	0,0	11,49	2,61	0	1	0	0
Norwegen	21,2	46,07	16,18	0	0	77	1
Österreich	24,8	42,60	15,08	0	1	44	1
Pakistan	0,9	13,47	2,64	0	0	0	0
Panama	9,8	24,39	4,69	0	0	0	0
Peru	1,2	19,73	3,66	0	0	0	0
Philippinen	0,9	17,21	3,44	0	0	0	0
Polen	9,9	36,58	9,96	1	0	0	0
Portugal	10,6	33,69	12,81	0	0	14	0
Ruanda	0,5	3,48	2,70	0	0	0	0
Rumänien	11,3	35,01	10,19	1	0	0	0
Saudi-Arabien	1,5	14,21	8,36	0	0	0	0
Schweden	35,9	47,66	17,87	0	0	69	1
Schweiz	14,4	46,05	14,02	0	1	19	0
Senegal	1,0	8,25	2,63	0	0	0	0
Singapur	8,9	46,86	5,37	0	0	0	0
Sowjetunion	10,2	40,60	10,15	1	1	0	0
Spanien	17,9	30,33	13,06	0	0	13	0
Sri Lanka	2,3	17,58	5,27	0	0	0	0
Sudan	0,0	9,33	3,04	0	0	0	0
Syrien	0,7	16,89	2,69	0	0	0	0
Tansania	0,7	6,70	2,26	0	0	0	0
Thailand	0,0	15,21	4,24	0	0	0	0
Togo	1,3	10,52	3,02	0	0	0	0
Trinidad u. Tobago	2,4	35,02	5,18	0	0	14	0
Tschad	0,2	5,94	3,53	0	0	0	0
Tschechoslowakei	21,8	46,27	11,88	1	0	0	0
Tunesien	5,0	20,51	4,06	0	0	0	0
Türkei	6,1	17,78	4,16	0	0	0	0
Uganda	0,0	6,61	2,36	0	0	0	0
Ungarn	19,4	40,77	13,70	1	0	0	0
Uruguay	11,3	32,96	11,16	0	0	5	0
USA	12,2	47,27	12,33	0	1	70	0
Venezuela	1,3	29,08	3,61	0	1	0	0
Ver. Arab Emirate	0,2	46,99	1,86	0	1	0	0
Zentralafrik. Republik	0,9	12,94	2,79	0	0	0	0
Mittelwert/Modus	8,0	28,51	6,39	0	0	7,42	0

Anmerkungen zur Tabelle 10:

Spalte 1: Ländername.

Spalte 2: Sozialleistungsquote nach ILO 1996 in Prozent des Bruttoinlandsproduktes oder des Nettomaterialproduktes der sozialistischen Staaten 1989. Wert für Belgien: 1986.

Spalte 3: Arbeitnehmerquote 1989.

Spalte 4: Ältere Bevölkerung (65+) in Prozent der Gesamtbevölkerung.

Spalte 5: 1 = Länder mit sozialistischer Wirtschaftsverfassung, 0 = andere.

Spalte 6: 1 = Staaten mit föderalistischem Staatsaufbau, 0 = andere.

Spalte 7: Demokratieerfahrung (Alter der Demokratie in Jahren seit Beginn des allgemeinen Männer- und Frauenwahlrechtes, Stand 1990).

Spalte 8: 1 = Existenz einer starken demokratischen Links- oder Mittepartei an der Regierung (gemessen am Kabinettssitzanteil beider Parteien 1950-89 in Höhe von mindestens 66,6 Prozent nach SCHMIDT 1996a: Tabelle 1), 0 = andere.

3. Die beste Erklärung der unterschiedlichen Sozialleistungsquoten erhält, wer sozialökonomische und politische Bestimmungsfaktoren berücksichtigt. Als besonders erklärungskräftig erweist sich ein sechs Variablen umfassendes Mo-

dell[904]. Ihm zufolge ist die Sozialleistungsquote umso höher, je stärker die lohn- und gehaltsabhängige Arbeit (gemessen durch die Zöllner'sche Arbeitnehmerquote) verbreitet, je höher die Seniorenquote (65+) und je älter die Demokratie ist (gemessen durch die Anzahl der Jahre, die seit der Einführung des allgemeinen Männer- und Frauenwahlrechts bis 1989 verstrichen sind). Ferner wirken die sozialistische Staats- und Wirtschaftsverfassung expansiv auf die Sozialleistungsquote, während der föderalistische Staatsaufbau, der Indikator gegenmajoritärer Institutionen und Vetochancen nichtetatistischer Kräfte, insgesamt die Sozialpolitik eher dämpft[905]. Überdies spielt die Parteienpolitik eine große Rolle: in Ländern, in denen hauptsächlich demokratisch gewählte Linksparteien oder zentristische Parteien regieren, erhält die Sozialleistungsquote zusätzlichen Antrieb.

Ergebnisse   Die Trefferquote dieses Erklärungsmodells ist überaus beachtlich: es erklärt 84 Prozent der Variation der Sozialleistungsquote in den 90 Staaten der Tabelle 6. Ferner passieren alle Erklärungsfaktoren strenge Signifikanztests. Auch die Struktur des Erklärungsmodells verdient Würdigung: Es kombiniert Schlüsselgrößen verschiedener Theorien, nämlich der sozialökonomischen Schule, der Lehre der politischen Regimes, der These der gegenmajoritären Einrichtungen und der Theorie der parteipolitischen Determination der Staatstätigkeit. Diese Kombination ist leistungsstark: sie erklärt nicht nur die sozialpolitischen Differenzen reicher und armer Länder, sondern auch die Unterschiede der Sozialpolitik innerhalb der Gruppe der reichen Staaten.

Man sieht: der Unterschied zwischen Demokratie und Diktatur, politische Machtverhältnisse, institutionelle Bedingungen und politisch-ideologische Konstellationen tragen zur Erklärung der sozialpolitischen Unterschiede zwischen den reichen Ländern und zwischen ihnen und den armen Staaten bei. Zusätzlich ist der sozialökonomische Entwicklungsstand zu berücksichtigen, wie vor allem der Vergleich ärmerer und reicher Länder lehrt. Er mindert allerdings nicht die hervorragende Bedeutung politischer Bestimmungsfaktoren der Staatstätigkeit. „Does Politics Matter?" – machen politische Strukturen und Vorgänge in der Regierungspraxis einen Unterschied? So lautet eine selbstkritische Schlüsselfrage der Politikwissenschaft. Fasst man die Ergebnisse des vorliegenden Buches zusammen, kommt nur eine Antwort in Frage: Ja!

---

904   Zugrunde liegt das folgende Erklärungsmodell der Sozialleistungsquote (SLQ) in 90 Ländern im Jahre 1989: SLQ = -2.74 + 0,85* (Seniorenquote 1989) + 0,13* (Arbeitnehmerquote 1989) + 3.90* (Sozialismus-Variable) – 2,51* (Föderalismus) + 0,07* (Demokratiealter) + 6,86* (Links- und Zentrumsparteien-Variable); R^2 (bereinigt): = 0,84; N = 90. Die Föderalismus-Variable ist auf dem 0,03-Niveau signifikant, die übrigen Koeffizienten sind auf dem 0,02-Niveau signifikant. – Die Zahlen vor den Variablennamen informieren über die Größe des Prägeeffektes der jeweiligen Variable auf die Sozialleistungsquote. Nimmt die Seniorenquote um einen Prozentpunkt zu, wird dem Modell zufolge die Sozialleistungsquote um 0,85 Prozentpunkte erhöht. Ein Anstieg der Arbeitnehmerquote um einen Prozentpunkt erhöht die Sozialleistungsquote um 0,13 Prozentpunkte. Der Sozialismusfaktor hebt sie um 3,9 Prozentpunkte und der Föderalismusfaktor reduziert sie um 2,51 Prozentpunkte. Eine starke Links- oder Zentrumspartei an der Regierung bewirkt eine um 6,86 Prozentpunkte höhere Sozialleistungsquote.

905   Allerdings steht der Bundesstaat dem relativ frühen und ehrgeizigen Ausbau des Wohlfahrtsstaates dann nicht im Wege, wenn die Staatsverfassung zum Zeitpunkt der Einführung der Sozialpolitik nicht demokratisch sondern autokratisch war, wenn die Sozialpolitik von Anfang an eine zentralstaatliche Aufgabe war, und wenn anstelle des dualen Föderalismus Vorformen oder reife Formen des kooperativen Bundesstaates existierten, vgl. OBINGER, LEIBFRIED & CASTLES 2005, CASTLES, OBINGER & LEIBFRIED 2005, BROSCHEK 2005.

2.6 Inter- und supranationale Sozialpolitik

Bis zu diesem Kapitel wurde die Sozialpolitik vorrangig aus dem Blickwinkel des Nationalstaates betrachtet. Das geschah aus gutem Grund. Der allergrößte Teil der sozialen Sicherung fiel bislang in die Zuständigkeit von nationalstaatlichen Institutionen. Die Nationalstaaten aber sind nicht autonom, sondern in inter- und supranationale Beziehungen eingebunden, und zwar in zunehmendem Ausmaß[906]. In welchem Ausmaß wird die Sozialpolitik mittel- oder unmittelbar von inter- und supranationalen Beziehungen geprägt? Inwieweit besteht in einem Zeitalter, das viele als Ära der Globalisierung deuten, überhaupt noch ein nennenswerter Spielraum für nationalstaatliche Alleingänge in der Sozialpolitik? Ferner: macht es namentlich in Europa angesichts der wachsenden Bedeutung der Europäischen Union (EU) und der zunehmenden europäischen Vergemeinschaftung vieler Politikfelder überhaupt noch Sinn, die Sozialpolitik vorrangig aus nationalstaatlicher Perspektive zu beschreiben und zu erklären, oder ist die Sozialpolitik längst schon vergemeinschaftet und Bestandteil der komplexen politischen Prozesse der EU[907]?

Antworten auf diese Fragen erhält, wer die Sozialpolitik als „Sozialpolitik mit Auslandsberührung" analysiert[908] und ihre inter- und supranationalen Dimensionen würdigt. „Internationale Sozialpolitik" meint diejenigen Bestrebungen und Maßnahmen, die darauf gerichtet sind, den staatlichen Sozialschutz auf bi- oder multilateraler zwischenstaatlicher Grundlage zu regeln, im Wesentlichen entweder durch Koordinierung von Sozialrechtsvorschriften verschiedener Staaten oder durch neue Rechtssetzungen, beispielsweise durch Vereinbarungen verbindlicher Mindestnormen sozialer Sicherung. „Supranationale Sozialpolitik" meint hingegen jene Bestrebungen, die darauf gerichtet sind, sozialpolitische Fragen von einer transnationalen, mehrere Staaten oder internationale Organisationen umfassenden Einrichtung, die befugt ist, Entscheidungen mit bindender Wirkung für die Mitgliedstaaten zu fällen, regeln zu lassen. Ein Beispiel ist die Regelung sozialpolitischer Materien durch die EU, und zwar sowohl durch das primäre Gemeinschaftsrecht als auch durch das sekundäre Recht der übrigen EU-Regelungen.

---

906 KEOHANE & MILNER 1996. Vgl. die im Einleitungskapitel vorgestellte Internationale Hypothese.
907 Vgl. u.a. JACHTENFUCHS & KOHLER-KOCH 2003.
908 In Abwandlung von SCHULIN 1993: 422, der von einem „Sozialrecht mit Auslandsberührung" spricht.

Die inter- und die supranationale Sozialpolitik kam im Wesentlichen erst lange nach der Einführung nationalstaatlicher Sozialpolitiken zum Zug. Gemeinsam war beiden die beträchtliche Verspätung relativ zu den regelungsbedürftigen Tatbeständen, nämlich Angelegenheiten, die nationalstaatliche Grenzen überschreiten und die Kapazitäten des Nationalstaates überfordern, beispielsweise die grenzüberschreitende Wanderung von Arbeitskräften oder grenzüberschreitende Epidemien. Der Durchbruch zur internationalen Sozialpolitik erfolgte mit der Gründung der Internationalen Arbeitsorganisation im Jahre 1919. Nennenswert beschleunigt wurde die internationale Sozialpolitik allerdings erst nach dem Ende des Zweiten Weltkriegs. Und dennoch blieb sie bis auf den heutigen Tag höchst lückenhaft. Ihr Schwerpunkt liegt vor allem in – meist auf geringem Mindestnormenniveau basierenden – Regelungen arbeits- und produktionsbezogener Materien. Beispielsweise sollten internationale Abkommen und Empfehlungen die Arbeits- und Lebensbedingungen verbessern und der sozialpolitischen Praxis der Mitgliedsländer Mindestnormen oder -ziele vorgeben, beispielsweise durch Förderung der Koalitionsfreiheit, Bekämpfung von Diskriminierung, Verstärkung des Arbeitsschutzes, wirkungsvolle Organisation der Arbeitsverwaltung oder Beschäftigungspolitik. Zwar haben die Empfehlungen der Internationalen Arbeitsorganisation keine Bindungswirkung, doch kommt ihnen ein beträchtlicher informeller Verpflichtungsgrad zu. Dieser ist mittlerweile so groß, dass man die Empfehlungen der Internationalen Arbeitsorganisation als „ein bedeutsames Mittel zur Anregung der nationalen Arbeitsmarkt- und Sozialpolitik"[909] bezeichnet hat.

Von der internationalen Sozialpolitik ist die supranationale Sozialpolitik zu unterscheiden. Ihr Paradebeispiel ist die Sozialpolitik im Rahmen der europäischen Integration. Weil die Sozialpolitik der EU ein viel beachtetes Feld ist und eine größere fachwissenschaftliche Kontroverse hervorgerufen hat, steht sie im Zentrum dieses Kapitels.

Mit der Gründung der Europäischen Wirtschaftsgemeinschaft 1957 und ihrer Weiterentwicklung zur Europäischen Gemeinschaft und später zur Europäischen Union (1993) wurde im inter- und supranationalen Sozial- und Arbeitsrecht ein neues Kapitel aufgeschlagen. Im Staatenverbund der EU wurden nämlich erstmals nationalstaatliche Hoheitsrechte in der Sozialpolitik an eine supranationale Organisation abgegeben und der Wirkungskreis nationalstaatlicher Gestaltung auf das von den europäischen Verträgen begrenzte Gebiet beschränkt. Zweifelsohne handelte es sich hier um einen Kontinuitätsbruch. Allerdings ist dessen Größenordnung strittig. In diesem Zusammenhang werden im Schrifttum drei Hauptthesen vertreten: 1. die These der starken EU-Sozialpolitik, 2. die These der schwachen Sozialpolitik der EU und 3. die Wechselwirkungsthese.

Eine große Bedeutung der EU-Sozialpolitik sieht eine Schule, zu der – nicht überraschend – die zuständige „Generaldirektion Beschäftigung und Soziales" der Europäischen Kommission gehört. Der Gegenthese zufolge steht die Sozialpolitik der EU nach wie vor unter dem Primat der nationalstaatlichen Regulierung. Dies ist die These der schwachen Sozialpolitik der Europäischen Union. Sie spielt vor allem im Hauptstrom der vergleichenden Sozialpolitikforschung eine zentrale Rolle. Vertreter einer vermittelnden Position hingegen erörtern die – nach Regelungsbereich und Zeitraum variierenden – Verschränkungen von supranationaler und nationalstaatlicher Sozialpolitik.

---

909 KLEINHENZ 1982: 864, FRERICH & FREY 1993c: 462.

Der These der starken EU-Sozialpolitik zufolge existiert das „Soziale Europa" bereits. Die EU wirke in der Sozialpolitik der Mitgliedstaaten direkt und indirekt maßgebend mit. Sie sorge für Koordinierung der verschiedenen nationalen Systeme sozialer Sicherung und diene dazu, Sozialleistungen transportabel zu machen und im Inland ansässige Bürger anderer EU-Staaten in die jeweiligen Systeme der sozialen Sicherung einzubeziehen. Vor allem die aktivistische Rechtsprechung des Europäischen Gerichtshofs habe viel zur Expansion der europäischen Sozialpolitik beigetragen. Der Europäische Gerichtshof habe nämlich mit zahlreichen Entscheidungen zur Sozialpolitik faktisch ein europäisches sozialpolitisches Koordinationsrecht geschaffen. Dieses Recht regele vor allem, wie sich die Freizügigkeit der Arbeitskräfte zwischen den Mitgliedstaaten auf die Sozialleistungen vor allem in der Renten- und der Krankenversicherung auswirkt. So sei durch die EU die Souveränität der Mitgliedstaaten zur eigenständigen Sozialpolitik eingeschränkt und deren Handlungsautonomie, d.h. die materielle Fähigkeit, Wohlfahrtsleistungen selbständig zu gewähren und zu gewährleisten, spürbar eingeengt worden[910].

„Soziales Europa"

Der Auffassung, wonach das „Soziale Europa" schon existiere, liegt allerdings ein sehr weiter Sozialpolitikbegriff zugrunde. Er umfasst alle politischen Maßnahmen, welche die Funktionsweise der privaten Ökonomie modifizieren, ergänzen oder ersetzen[911], so die Regulierung des Arbeitsschutzes, der Arbeitsbeziehungen, der Immigration, aber auch der Regionalpolitik und der Gemeinsamen Agrarpolitik[912]. Dieses Begriffsverständnis folgt dem Sprachgebrauch in der EG bzw. in der EU. Dort meint „Soziales" die – im weiteren Sinn verstandene – Wohlfahrt oder Wohlfahrtsmehrung durch Förderung wirtschaftlichen und sozialen Fortschritts[913].

Fasst man den Sozialpolitikbegriff enger und konzentriert man ihn auf Bekämpfung von absoluter Armut und Not, auf soziale Sicherungssysteme, Arbeitsschutz und Regulierung der Arbeitsbeziehungen, gelangt man zu einem Befund, der von der Diagnose „Soziales Europa" weit abweicht und den Primat nationalstaatlicher Regelung sozialer Fragen betont. Vertreter dieser Schule betonen, dass die genuin sozialpolitische Funktion der EU von Anfang an eng begrenzt war. In dieser Schule betont man ferner, dass die EU-Sozialpolitik auch heute noch vergleichsweise wenige Sozialschutzfelder umfasse und nur ein löchriges Netz der sozialen Sicherung zustande gebracht habe[914]. Dieser Auffassung zufolge ist nicht ein Europäischer Wohlfahrtsstaat entstanden, vielmehr handelt es sich um Wohlfahrtsstaaten im EU-Europa, in denen jeweils der Nationalstaat der Hauptakteur der Sozialpolitik geblieben ist[915]. Gestützt wird diese These von der Beobachtung, dass die Sozialausgaben des EU-Haushaltes im Vergleich zu den nationalstaatlichen Sozialausgaben eine zu vernachlässigende Größe sind.

Primat des Nationalstaats

---

910 Vgl. neben den Selbstdarstellungen der EU (z.B. EUROPÄISCHE KOMMISSION 2004, 2005) LEIBFRIED 1992, LEIBFRIED & PIERSON 1998, 2000.

911 LEIBFRIED & PIERSON 1995: 3.

912 An anderer Stelle haben LEIBFRIED & KODRÉ 1996 die Sozialpolitik – kaum weniger umfassend – als „Umverteilungspolitik" definiert, und zwar als Umverteilung zwischen den Lebensphasen eines Individuums, Generationen, Klassen und zwischen Regionen.

913 Präambel zum Vertrag über die Europäische Union vom 7. Februar 1992, BGBl. 1992 II: 1253.

914 FRERICH & FREY 1993c: 426, SCHMITTER 1996: 125f.

915 So z.B. SCHULTE 1997b.

Eine mittlere Linie zwischen der These der starken und der Auffassung der schwachen EU-Sozialpolitik schlagen die Anhänger der Wechselwirkungsthese vor. Sie betonen symmetrische und asymmetrische Wechselwirkungen zwischen europäischem und nationalstaatlichem Sozialrecht und heben hervor, dass das Europarecht zunehmend an Bedeutung für die nationale Rechtsanwendung in den EU-Mitgliedstaaten gewinne – allerdings in Abhängigkeit vor allem vom eigenen Sozialstaatsregime, von dem sozialpolitischen Spielregelwerk der EU und von den politisch-ideologischen Gemeinsamkeiten oder Unterschieden zwischen Nationalstaat und Europäischer Gemeinschaftspolitik[916]. Gleiches gelte für die Sozialpolitik. Mitunter wird die These der Wechselwirkungen europäischen und nationalstaatlichen Sozialrechts zur Hypothese erweitert, sie nähmen an Bedeutung zu. So hat beispielsweise Hans Zacher in der Wanderarbeitnehmer-Verordnung der europäischen Sozialpolitik eine Wachstumsdynamik mit endogener und exogener Komponente verortet. Zur endogenen Komponente gehörten Wachstumsgründe, die sich aus der Verordnung selbst ergeben, vor allem aus ihrer Alterung, „die dem Recht der sozialen Sicherung der Wanderarbeitnehmer immer neue Anlässe zur ,Landnahme' bot, so dass schließlich die Wanderarbeitnehmer-Verordnung selbst auf dem Wege zu einer umfassenderen Ordnung zu sein scheint"[917]. Hinzu kämen exogene Gründe, vor allem die Nachfrage nach einer umfassenden sozialen Ordnung für Europa. Diese erwachse aus dem Streben nach Einheit Europas, dem Verlangen nach mehr Freizügigkeit, dem Auf- und Ausbau des Gemeinsamen Binnenmarktes und der Forderung, Europa durch den Ausgleich zwischen reicheren und ärmeren Regionen sozialer zu gestalten.

Welche der drei Thesen trifft am ehesten? Zieht man zur Prüfung das Vertragswerk zur Europäischen Einigung, die geringen Sozialausgaben der EU und das Fehlen einer Brüsseler Sozialstaatsbürokratie heran, deutet viel auf eine schwache Sozialpolitik im engeren Sinn hin. Dem EG-Vertrag zufolge gehört die Sozialpolitik nicht zu den Primärzielen der Europäischen Gemeinschaften. Diese Ziele sind vielmehr hauptsächlich wirtschaftlicher Art. Der EG-Vertrag nennt zwar ausdrücklich als Aufgabe der Gemeinschaft, „ein hohes Maß an sozialem Schutz" ebenso zu fördern wie „die Hebung der Lebenshaltung und der Lebensqualität, den wirtschaftlichen und sozialen Zusammenhalt und die Solidarität zwischen den Mitgliedstaaten"[918]. Allerdings enthält der EG-Vertrag einen Katalog an konkreteren sozialpolitischen Zielen, der sehr lückenhaft ist. Dieser Katalog umfasst 1. die Artikel, welche die Rechtsgrundlage der Freizügigkeit der Arbeitnehmer innerhalb der Europäischen Gemeinschaft und der hierfür erforderlichen Koordination nationaler Rechtsvorschriften zur sozialen Sicherung bilden, 2. die Bestimmungen über die Errichtung des Europäischen Sozialfonds, der hauptsächlich dazu dienen soll, beschäftigungspolitisch negative Folgen der europäischen Integration zu mildern, 3. die Regelungen der europäischen Dimension der allgemeinen und der beruflichen Bildung, 4. die Abstimmung der Sozialordnungen der Mitgliedstaaten und die Förderung ihrer Zusammenarbeit in sozialen Fragen sowie Maßnahmen, die mittels Mindestvorschriften die Arbeitswelt verbessern, den Dialog zwischen den Sozialpartnern entwickeln und gleiches Entgelt für Frauen und Männer bei gleicher Arbeit fördern sollen, ferner 5. die Pflicht der Europäischen Kommission, über die Entwicklung der sozialen

---

916 Vgl. FALKNER 1998.
917 ZACHER 1991.
918 EGV i. d. Fassung v. 1999, Artikel 2.

Lage in den Mitgliedstaaten im Jahresbericht der Kommission an das Europäische Parlament vorzutragen sowie 6. seit dem Amsterdamer Vertrag (in Kraft seit 1999) die lose Koordination beschäftigungspolitischer Maßnahmen wie beispielsweise Maßnahmen zur Bekämpfung von Jugendarbeitslosigkeit. Ausdrücklich nicht zum Kompetenzbereich der EU-Sozialpolitik gehören das Arbeitskampfrecht, die Lohnpolitik und der weitaus größte Bereich der finanziell aufwändigen Systeme der sozialen Sicherung.

Die Sozialpolitik der EU hat einen beträchtlichen Wandel durchlaufen. Das wird besonders deutlich, wenn die Formung der Sozialpolitik durch das Sekundärrecht der europäischen Staatengemeinschaft ins Blickfeld gerät. Hierbei bietet sich die Gliederung in vier Phasen an: von 1958 bis 1972, von 1972 bis Ende der 1980er Jahre, von 1989 bis Ende des 1990er Jahre und schließlich die Entwicklung seit 1999[919]. In der ersten Phase war die Sozialpolitik der europäischen Staatengemeinschaft „ein Annex zur Wirtschaftspolitik"[920], obendrein ein sehr lückenhaftes Anhängsel. Es bestand aus zwei Teilen: 1) den Vorschriften über die Koordinierung der Systeme der sozialen Sicherheit der Mitgliedstaaten im Interesse der Arbeitnehmerfreizügigkeit und 2) der Verankerung der Entgeltgleichheit bei der Entlohnung gleichwertiger Arbeit von Mann und Frau. Für beide Sozialprojekte waren wirtschaftliche Gründe verantwortlich: man wollte freizügigkeitsbedingte Wettbewerbsnachteile für inländische Arbeitnehmer vermeiden und Arbeitgeber schützen, die den Grundsatz der Lohngleichheit von Mann und Frau schon befolgten. Dass diese Sozialpolitik aber den Arbeitnehmern wenig gebracht hätte, ist bei längerfristiger Betrachtung übertrieben. Denn beide Regelungen wurden in der Folgezeit durch die integrationsfreundliche Auslegung des europäischen Rechtes durch den Europäischen Gerichtshof mit einem individualgrundrechtlichen Inhalt bestückt und sozialpolitisch festgeklopft.

Ökonomische Kalküle spielten auch für die zweite Phase der europäischen Sozialpolitik eine große Rolle, die im Wesentlichen mit dem 1974 vorgelegten sozialpolitischen Aktionsprogramm begann und bis ans Ende der 1980er Jahre reichte. Der Arbeitsschutz gewann nun an Gewicht in der europäischen Sozialpolitik – nicht zuletzt zwecks Vermeidung von Wettbewerbsnachteilen für Staaten mit hohem Arbeitsschutzniveau. Wie andere Politikfelder der Europäischen Staatengemeinschaft erhielt auch die Sozialpolitik in den 1980er Jahren einen kräftigen Integrationsschub. Mehr Unterstützung bekam sie zunächst aufgrund der Besorgnis, die wirtschaftsschwächeren neuen EG-Mitgliedstaaten Griechenland (1981), Spanien und Portugal (1986) könnten mittels Niedriglohnpolitik und „Sozialdumping" die Wirtschaft der entwickelten Wohlfahrtsstaaten im europäischen Staatenverbund unterbieten. Unterstützung erhielt die Sozialpolitik der Europäischen Gemeinschaft zudem durch die Initiative zur Vollendung des Binnenmarktes, an der Jacques Delors, Präsident der Europäischen Kommission von 1985 bis 1994, tatkräftig mitwirkte.

Mit der Verabschiedung der Einheitlichen Europäischen Akte (EEA) 1986 wurden dem EWG-Vertrag[921] zwei neue Sozialpolitikartikel mit Rechtsvorschriften zur Verbesserung der Arbeitsumwelt und des Arbeitsschutzes eingefügt, und es wurde die Abstimmung mit qualifizierter Mehrheit für Maßnahmen fest-

Vier Phasen der europäischen Sozialpolitik

---

919 Hierzu vor allem SCHULTE 2003: 1615ff., ferner FALKNER 1998, 2003, EICHENHOFER 2005.
920 SCHULTE 2003: 1615.
921 So die damals offizielle Bezeichnung für den Vertrag zur europäischen Integration, der heute „EG-Vertrag" heißt.

geschrieben, welche die Arbeitsumwelt verbessern und die Sicherheit und Gesundheit der Arbeitnehmer gewährleisten sollen. Der Artikel 139 des europäischen Vertragswerks gibt der EU-Kommission zudem auf, sich um Entwicklung des Dialogs zwischen den Sozialpartnern zu bemühen und, wenn diese es wünschen, zu vertraglichen Beziehungen zu führen.

Ein Zeichen der Bedeutungsaufwertung der europaweiten Sozialpolitik war auch die Unterzeichnung der Gemeinschaftscharta der sozialen Grundrechte durch die Staats- und Regierungschefs der EG-Mitgliedstaaten am 9.12.1989, mit Ausnahme Großbritanniens. Sie läutete die dritte Phase der europäischen Sozialpolitik ein, für die die „Stärkung der sozialen Dimension auf Gemeinschaftsebene"[922] kennzeichnend wurde. Aufgewertet wurde die Sozialpolitik der Europäischen Gemeinschaft unter anderem mit dem Maastrichter Vertrag von 1993, dem ein Protokoll über die Sozialpolitik angefügt ist, das „Sozialabkommen". Die Mitgliedstaaten, wiederum mit Ausnahme von Großbritannien[923], konnten in den im Abkommen angeführten Fällen durch Mehrheitsentscheid sozialpolitische Maßnahmen beschließen. Davon machten sie alsbald Gebrauch, so bei der Richtlinie zur Einsetzung europäischer Betriebsräte von 1994.

Aufgewertet wurde die Sozialpolitik auch – insbesondere in beschäftigungspolitischer Hinsicht – durch den Amsterdamer Vertrag von 1997, der 1999 in Kraft trat[924] sowie durch einen allgemeineren Qualitätssprung: die Europäische Gemeinschaft und die Mitgliedstaaten haben nämlich seither gemeinsam die Aufgabe, die im Artikel 136 des EG-Vertrages genannten sozialpolitischen Ziele zu verfolgen. Zu diesen gehören unter anderem die Entwicklung des Arbeitskräftepotentials, die Förderung der Beschäftigung, der soziale Dialog und die Bekämpfung von sozialer Ausgrenzung. Zudem verpflichtet der Artikel 137 des EG-Vertrages die Europäische Gemeinschaft, die Tätigkeit der Mitgliedstaaten zur Zielverwirklichung nach Artikel 136 in fünf Feldern zu unterstützen und zu ergänzen – Ausbau des Arbeitsschutzes, Arbeitsbedingungen, Unterrichtung und Anhörung der Arbeitnehmer, berufliche Eingliederung ausgegrenzter Personen sowie Chancengleichheit von Mann und Frau auf dem Arbeitsmarkt und Gleichbehandlung am Arbeitsplatz. Hierzu kann der Rat durch Richtlinien Mindestvorschriften erlassen, unter Berücksichtigung der in den einzelnen Mitgliedstaaten bestehenden Regelungen. Aufwertung fand die EU-Sozialpolitik schließlich auch nach 1999 durch einen Strategiewechsel bei Maßnahmen zur „Modernisierung des Sozialschutzes". Wie bei der Beschäftigungspolitik nach Amsterdamer Vertrag wurde ein Prozedere auch für die Modernisierung des Sozialschutzes vereinbart, das gemeinsame Zielsetzungen vorsieht, einen sozialpolitischen „benchmarking" einleitet und von den Mitgliedstaaten regelmäßige Berichterstattung mit anschließender Beratung, Bewertung und gegebenenfalls erneuerten Zielsetzungen verlangt – eine „offene Methode der Koordinierung".

Schlussendlich ist die „mittelbare Sozialpolitik" zu bedenken, also „diejenigen Einwirkungen des Europäischen Gemeinschaftsrechts und Europäischer Gemeinschaftspolitik, die nicht originär sozialpolitische Ziele verfolgen, sich jedoch auf die Sozialpolitik auswirken und insbesondere auch auf die Sozial-

---

922 SCHULTE 2003: 1615.
923 Diese Entscheidung wurde nach dem Machtwechsel von der Regierung der Conservative Party zur Labour-Regierung im Jahre 1997 rückgängig gemacht.
924 ZOHLNHÖFER & OSTHEIM 2005.

schutzsysteme der Mitgliedstaaten Einfluss nehmen"[925]. Hierzu gehören Urteile des Europäischen Gerichtshofes, die das Gesundheits- und Sozialwesen dem Wettbewerbsprinzip öffnen und beispielsweise die grenzüberschreitende Inanspruchnahme von medizinischen Dienstleistungen und den grenzüberschreitenden Erwerb von Gesundheitsgütern ermöglichen[926].

In der Bilanz sind im Falle der EU-Sozialpolitik drei Formen der Sozialpolitik – „Freizügigkeits-Sozialrecht", das „Wettbewerbs-Sozialrecht" und das „originäre Gemeinschafts-Sozialrecht"[927] – und drei Wirkungsketten zu unterscheiden: die „positive Sozialpolitik", die wettbewerbsorientierte „negative Sozialpolitik" und mittelbare Effekte. Bilanz

Mit „positiver Sozialpolitik" sind diejenigen Initiativen gemeint, mit denen die Europäische Gemeinschaft selbst unmittelbar sozialpolitisch engagiert ist. Beispiele sind die vertragliche Verpflichtung zur gleichen Entlohnung für gleiche Arbeit von Männern und Frauen nach Art. 141 EGV und der Arbeitsschutz sowie die gesundheitspolitischen Regelungen nach Art. 137 EGV. Dieser Teil der EU-Sozialpolitik ist allerdings hochgradig fragmentiert und lückenhaft.

Hinzu kommt die – flächendeckendere – „negative Sozialpolitik" der EU. Sie erwächst aus dem Bestreben, die Marktintegration im europäischen Binnenmarkt rechtsverbindlich durchzusetzen. Sozialpolitische Regelungen der Freizügigkeit der Arbeitnehmer gehören zu diesem Komplex, seit Ende der 1980er Jahre auch die Dienstleistungsfreiheit sowie sonstige sozialpolitische Interventionen in Angelegenheiten, die in Verdacht geraten sind, den ungehinderten freien Verkehr von Kapital, Waren sowie von Arbeitskräften und sozialen Dienstleistungen im europäischen Binnenmarkt zu behindern[928].

Ferner wirkt die Europäische Union durch mittelbare Anpassungszwänge auf die nationalstaatliche Sozialpolitik ein. Beispiele sind Maßnahmen zur Abwehr von Sozialdumping oder Bestrebungen, die auf die Harmonisierung der Steuersysteme zielen oder auf Regelungen zur Einführung eines gemeinsamen europaweiten Marktes für private Versicherungen. Auch sind die Anpassungszwänge für die Sozialpolitik zu bedenken, die aus dem Wettbewerb der EU-Mitgliedstaaten um möglichst zugkräftige Standortbedingungen resultieren. Ferner sind mittelbare Effekte des Stabilitäts- und Wachstumspaktes der EU auf die Sozialpolitik zu berücksichtigen: Die finanzpolitische Disziplinierung, die der Theorie nach von diesem Pakt ausgehen soll, kann auch die Finanzierung der Sozialpolitik beeinträchtigen und unter Anpassungszwang setzen. Faktisch hat sie dies schon getan, so beispielsweise bei Reformen des italienischen Alterssicherungssystems in den 1990er Jahren.

Die europäische Integration hat demnach auch die Sozialpolitik erfasst. Dennoch kann im Falle der Sozialpolitik nicht von einem europäisierten Politikfeld gesprochen werden – im Unterschied zur Agrar- oder zur Geldpolitik. Der Grad der Europäisierung der Sozialpolitik ist insgesamt noch gering – er liegt Grad der Europäisierung der Sozialpolitik

---

925 SCHULTE 2003: 1666.
926 Vgl. SCHULTE 2003: 1667.
927 HAVERKATE & HUSTER 1999: 81ff., 285ff., 369ff.
928 Der Zusammenhang zwischen den vier Grundfreiheiten des Binnenmarktes und ihren Auswirkungen auf die Sozialpolitik zeigt allerdings eine Asymmetrie an: Hinsichtlich des Faktors Arbeit hinkt die Integration anderen Grundfreiheiten hinterher (LEIBFRIED 2000: 90f., LEIBER 2005). Die europäische Sozialpartnerschaft ist nach wie vor schwach, und die europäische Sozialpolitik bezieht sich in diesem Feld hauptsächlich auf negative Integration. Überdies ist die Arbeitnehmermobilität viel geringer als die Kapitalmobilität.

um Längen hinter dem Grad der Vergemeinschaftung in anderen Politikfeldern, insbesondere der Wirtschaftspolitik und vor allem der Geldpolitik. Davon zeugen auch die Längsschnittanalysen des Europäisierungsgrades verschiedener Politikfelder in Europa von 1950 bis zum Beginn des 21. Jahrhunderts[929]. Diesen Analysen zufolge nimmt zwar auch der Grad der Europäisierung in der Sozialpolitik allmählich zu, doch ist er insgesamt noch gering, ähnlich gering wie in der Militärpolitik und erheblich geringer als in der Wirtschafts- und der Umweltpolitik. In der Sozialpolitik ist die EU bislang ein Nachzügler geblieben[930]. Und dasjenige, was an europäischer Sozialpolitik auf den Weg gebracht wird, hat oft mit formidablen Verzögerungen und sonstigen Vollzugshemmnissen zu tun – Deutschland ist dabei mitunter Mitglied jener Ländergruppe, in der die Umsetzung von EU-Richtlinien zur Sozialpolitik an Mustern nationaler Politik aufläuft, im Unterschied zu den diesbezüglich meist „gesetzestreueren" nordeuropäischen Mitgliedstaaten der Europäischen Union[931].

Nimmt man all dies zusammen, erweist sich die EU als eine Einrichtung überwiegend zur Förderung der Marktintegration und zur Stärkung des „Wettbewerbsstaates"[932], nicht des Sozialstaates. Beim „Staatenverbund"[933] der EU handelt es sich – der politischen Regulierung nach zu urteilen – um einen „regulativen Staat"[934], der hauptsächlich mittels Gebot und Verbot eingreift, jedoch nicht oder nur am Rande mit Instrumenten zur gesamtwirtschaftlichen Stabilisierung und Einkommensverteilung. Und so ist auch die Sozialpolitik der EU im Wesentlichen regulative Sozialpolitik geblieben.

Die relativ schwache EU-Sozialpolitik

Warum ist die Sozialpolitik im vereinten Europa vergleichsweise schwach geblieben? Warum wurde sie nicht so stark vergemeinschaftet wie beispielsweise die Agrarpolitik oder zumindest wie die Umweltpolitik? Wer nach wohlbegründeter Antwort sucht, wird vor allem in den Schriften von G. Majone fündig[935]. Die besondere Art des Regierens im „regulativen Staat" und im Mehrebenensystem der EU gehört dazu. Sie ermöglicht nur Steuerung via Gebote und Verbote, nicht aber über Transfers und materielle Anreize, und verlangt Einstimmigkeit oder Beinahe-Einstimmigkeit. Zu den Gründen der relativ schwachen EU-Sozialpolitik gehören die knapp bemessene Finanzausstattung der Europäischen Gemeinschaften, die Weigerung der Mitgliedstaaten, ihre Herrschaft über die traditionelle Sozialpolitik aufzugeben[936], überdies die Schwierigkeiten, die höchst unterschiedlichen nationalen Sozialpolitiksysteme zu vereinheitlichen, ferner die erheblichen Unterschiede im wirtschaftlichen Entwicklungsstand und in der damit einhergehenden sozialpolitischen Belastbarkeit der Ökonomie sowie der Umstand, dass sich das „politische Unternehmertum der (EU-)Kommis-

---

929 SCHMITTER 1996: 125, SCHMIDT 2005d.
930 MAJONE 1993, 1996a, 1996b, 1996c.
931 FALKNER & TREIB 2005: 15f., TREIB 2004 und – mit Blick auf die Effekte der Sozialpartnerschaft – LEIBER 2005.
932 STREECK 1997.
933 So die vom Bundesverfassungsgericht geprägte Bezeichnung der neuen Staatlichkeit Europas (Bundesverfassungsgericht, Aktenzeichen 2 BvR 2134/92 und 2 BvR 2159/92 v. 12.10.1993), vgl. HOMMELHOFF & KIRCHHOF 1994.
934 MAJONE 1996a, 1996b, 1996c.
935 MAJONE 1996c.
936 Vgl. beispielsweise die äußerst zurückhaltende Position des Bundesministeriums für Arbeit und Sozialordnung zur Europäisierung der Sozialpolitik in BMA 1993a: 111f.

sion"[937] mehr für eine sozial-regulative Politik als für traditionelle Sozialpolitik eignet.

Man kann die relative Schwäche der EU-Sozialpolitik allerdings auch mit Theorien der Integration erklären, beispielsweise mit der Theorie des Intergouvernementalismus und der Theorie der negativen und positiven Integration. Die Intergouvernementalismus-Theorie betont das Prinzip des rationalen Verhaltens der EU-Mitgliedstaaten. Dieses und die zugrunde liegenden Interessenunterschiede machten die Erweiterung der EU-Sozialpolitik unwahrscheinlich: zu tief seien dafür die sozialstaatlichen Regulierungen in den Mitgliedstaaten verwurzelt, und zu populär sei die Sozialpolitik bei den derzeitigen und den potentiellen Sozialleistungsempfängern. Gewiss kennen auch die Intergouvernementalisten Wege, die zur Stärkung der EU-Sozialpolitik führen. Die Koordination der nationalstaatlichen Sozialpolitiken wird beispielsweise für den Fall vorhergesagt, dass hohe negative Politikexternalitäten entstehen, d.h. Kostenabwälzungen einer Maßnahme zu Lasten eines oder mehrerer Mitgliedstaaten. Positive Politikexternalitäten (oder insignifikante Externalitäten oder die Chance, negative Externalitäten kostenwirksam zu neutralisieren) hingegen minderten den Anreiz zur Kooperation oder ließen diese gänzlich versiegen. Bremsend wirke auf die EU-Sozialpolitik sodann die Erblast früherer Entscheidungen. Brems- und Blockierungseffekte gingen ferner von der – für die Europäische Union typischen – Mehrebenenverflechtung der Politik aus. Die Existenz politischer Regulierung auf der nationalstaatlichen Ebene sprenge den Aktionsradius von Akteuren auf der Ebene der Gemeinschaft.

Intergouvernementalismus-Theorie

Auch die Theorie der negativen und positiven Integration[938] argumentiert mit einer eigentümlichen Asymmetrie der Politikgestaltung durch die Europäische Union. Vorrang habe für die EU der Gemeinsame Markt, vor allem die Beseitigung von Hindernissen, die dem freien Verkehr von Gütern, Kapital, Dienstleistungen und Personen entgegenstehen. Der Abbau solcher Hemmnisse sei obere Richtschnur der politischen Gestaltung in der EU. Dort erweise diese sich als gestaltungsmächtig. Hierdurch werde eine marktorientierte, „negative" Integration zustande gebracht, aber zugleich würden dadurch all jene nationalstaatlichen Maßnahmen verboten oder behindert, die als Handelshindernisse oder Wettbewerbsverzerrungen interpretiert werden. Auch dies fördere die Herausbildung eines „Wettbewerbsstaates" anstelle des Sozial- und Interventionsstaates. Mehr noch: der Europäische Gerichtshof setze durch expansionistische Auslegungen des Gemeinschaftsrechtes durch, dass der Modus der negativen Integration in der Europapolitik der EU-Mitgliedstaaten handlungsbestimmend geworden sei.

Negative und positive Integration

Die negative Integration enge aber den Spielraum der positiven Integration ein, den der positiv gestaltenden europäischen Politik. Deren Aktionsradius werde allein durch die hohen Konsenserfordernisse im Ministerrat begrenzt, insbesondere durch die besonders hohen Konsensbildungskosten von prozess- und standortbezogenen Maßnahmen. Vor allem in diesen Regelungsfeldern werde die Kompromissfindung dadurch erschwert, dass ihr ein steiles Nord-Süd-Gefälle im wirtschaftlichen Entwicklungsstand der EU-Mitgliedstaaten entgegenstehe. Vor allem bei produktions- und standortbezogenen Regelungen wie

---

937 MAJONE 1996b: 225.
938 SCHARPF 1999, 2003.

253

der Sozialpolitik prallten die gegensätzlichen Interessen der reichen und der ärmeren EU-Staaten aufeinander: die reichen Länder träten mehrheitlich für europaweite Sozialstandards auf hohem Niveau ein, die ärmeren hingegen setzten auf ein niedriges Sozialschutzniveau. Hiervon erhofften sie sich Wettbewerbsvorteile. Diese würden von den reichen Ländern jedoch als gefährliche – und zu unterbindende – Konkurrenz gedeutet. Kompliziert werde die Lage dadurch, dass auch das Verharren auf einem niedrigen Stand der Regulierung den Interessen der armen Länder zuwiderlaufen könne, weil deren einheimische Unternehmen dem verschärften Wettbewerb von deregulierten Konkurrenten aus Mitgliedstaaten mit hoher Produktivität ausgesetzt werden. Die Einigung auf ein höheres Niveau der produktions- und standortbezogenen Regelungen sei für die ärmeren Mitgliedstaaten aber nur akzeptabel, wenn sie hierfür Ausgleichszahlungen von den entwickelten Ländern erhielten. Deren Größenordnung allerdings übersteige meist die Verteilungs- und Umverteilungsbereitschaft der reicheren Staaten. Im Endeffekt bleibe es meist bei der Vorherrschaft der negativen Integration und der Schwäche der positiven Integration. Aufgrund dieser Mechanismen werde auch die Sozialpolitik am kurzen Zügel geführt.

Bilanz Insgesamt zeigt die Erörterung der inter- und der supranationalen Sozialpolitik, dass trotz aller Wechselwirkungen zwischen nationalstaatlicher und internationaler Ebene die Sozialpolitik vorrangig eine Angelegenheit der Nationalstaaten geblieben ist. Das rechtfertigt die Vorgehensweise, die im vorliegenden Buch gewählt wurde: sie setzt hauptsächlich auf der Ebene des Nationalstaats an und folgt insoweit ganz bewusst und sachlich angemessen einem erweiterten „methodologischen Nationalismus", den kosmopolitische Beobachter irrtümlich als überholt einstufen[939]. Der erweiterte „methodologische Nationalismus" schließt allerdings die Berücksichtigung von Wechselwirkungen zwischen nationalstaatlicher und europäischer Politik ebenso wenig aus wie die Analyse der Zusammenhänge zwischen nationalstaatlicher Regierungspolitik und der inter- und der supranationalen Ebene insgesamt.

---

939 BECK & GRANDE 2004.

254

Teil III
Politische, soziale und wirtschaftliche Wirkungen
der Sozialpolitik

Einleitung

Was bewirkt die Sozialpolitik? Stabilisiert sie die Politik, die Gesellschaft und die Wirtschaft? Verbessert sie die Lebensbedingungen ihrer Klientel? Oder erzeugt sie mehr Schaden als Nutzen? Löst sie womöglich Probleme um den Preis noch größerer Folgeprobleme, so dass sie am Ende nur noch mit selbst erzeugten Aufgaben beschäftigt ist? Über diese Fragen wird fachwissenschaftlich und politisch ausgiebig gestritten. Zu ihrer Beantwortung soll der dritte Teil des vorliegenden Buches beitragen.

Von ihren Nutznießern wird die Sozialpolitik gepriesen. Wo sehr viele von ihr profitieren, wie im „konservativen" oder im „sozialdemokratischen Wohlfahrtsstaat", um mit Esping-Andersen zu sprechen, ist ihr die Zustimmung der Mehrheit gewiss[940]. Allerdings zieht der entwickelte Sozialstaat auch harsche Kritik auf sich, nicht nur von seinen „natürlichen Feinden"[941], vor allem denjenigen, die von seinen Leistungen ausgeschlossen sind und trotzdem für sie bezahlen. Seit der Mitte der 1970er Jahre erfolgten Wende zum reduzierten Wirtschaftswachstum ist der Chor der Sozialstaatskritiker nicht mehr zu überhören. Waren bis dahin noch viele Beobachter davon überzeugt, dass die Sozialpolitik die Gesellschaft befriede[942], gewann seither die Meinung an Gewicht, dass die Sozialpolitik mehr Probleme als Lösungen hervorbringe[943].

Dem politischen Standort der Sozialstaatskritik nach zu urteilen, verschob sich der Schwerpunkt vom konservativen und linken zum liberalen Pol. Die traditionelle Linke hatte bemängelt, dass trotz aller Sozialintervention zuviel Ungleichheit übrig bliebe. Die Neue Linke hingegen hielt dem Sozialstaat vor, er übertünche grundlegende Konflikte einer kapitalistischen Gesellschaft. Und die konservative Kritik nahm Anstoß vor allem an der Gleichmacherei, dem schier unaufhaltsamen Nivellierungsdrang der Sozialpolitik und diagnostizierte Verlust echter Staatlichkeit[944]. Zur konservativen und linken Kritik gesellte sich – seit den 1970er Jahren zunehmend – die Sozialstaatsschelte liberaler, insbesondere wirtschaftsliberaler Denker und Politiker[945]. Diese werteten die Sozialpolitik als Einrichtung, die – gemessen an der individuellen Freiheit und Selbstverantwort-

Sozialstaatskritik

---

940 COUGHLIN 1980, ROLLER 1992, 1995a, 1995b, 1996, 1997, ULLRICH 2000, KOHL 2002, 2003.
941 FLORA 1986c: XXIX.
942 Beispielsweise MÜLLER & NEUSÜß 1970.
943 Vgl. beispielsweise STRASSER 1979, LUHMANN 1981, VOBRUBA 1989, WEEDE 1996, WOGAWA 2000, MAYER 2001, TIGGES 2005.
944 FORSTHOFF 1971.
945 Vgl. z.B. WEEDE 1996, DIERKES & ZIMMERMANN 1996, LINDBECK 1996.

lichkeit sowie am wirtschaftlichen Wohlstand – beträchtlichen Schaden anrichte. Mehr soziale Sicherung, so hieß es dort, bedeute Bürokratisierung, Zentralisierung, mehr Herrschaft, weniger Wohlfahrt und mehr freiheits- und effizienzmindernde Kontrolle der Lebenswelt der Bürger. Eine sozialstaatliche „Klientelgesellschaft"[946] sah man entstehen, die traditionelle Staatsbürgertugenden, wie Selbstverantwortung und Übernahme von Verantwortung für andere untergrabe. Und die Pflegeversicherung? War das nicht eine Einrichtung, mit der sich Söhne und Töchter wohlhabender Haushalte vor der Kranken- und Altenpflege ihrer Eltern drücken können und die so manches Erbe wohlhabender Haushalte ungeschoren ließ?

Kolonialisierung der Lebenswelt

So drastisch drücken sich progressive Kritiker nicht aus. Aber auch sie halten gehörige Distanz zur Sozialpolitik – entweder weil diese zu wenig Egalität erzeuge oder zu viel Machtausübung mit sich bringe. Unübersehbar sind die Parallelen zwischen der von liberalen Theoretikern favorisierten These, wonach die Sozialpolitik die Freiheit unterminiere, und der von der progressiven Kritik entwickelten Lehre der „Kolonialisierung der Lebenswelt"[947] durch Kommerz und Staatstätigkeit. Kaum weniger hart kritisieren viele Wirtschaftswissenschaftler – vom Standpunkt liberaler Freiheitsrechte und gesamtwirtschaftlicher Leistung aus urteilend – die Sozialpolitik in den entwickelten Wohlfahrtsstaaten. Diese überlaste die Steuerzahler und unterminiere die Investitions- und die Arbeitsbereitschaft[948]. So orten nicht wenige Ökonomen die Ursachen der Beschäftigungsmisere seit den 1970er Jahren dort, wo die Sozialpolitiker ihr Heil suchen: im hohen Stand der sozialen Sicherung[949]. Schützenhilfe bekam die wirtschaftswissenschaftlich begründete Kritik der Sozialpolitik von der Soziologie: Diese hat im Ausbau der Sozialpolitik eine Ursache zunehmender Konflikte in den westlichen Industrieländern erblickt[950] und die Auffassung vertreten, die wohlfahrtsstaatliche Eindämmung negativer Externalitäten der kapitalistischen Ökonomie münde in „Überlastung der Ökonomie wie auch der Politik"[951].

Inwieweit sind diese Argumente und mit ihnen verwandte Aussagen stimmig und zutreffend? Inwieweit trägt die Sozialpolitik zur Lösung regelungsbedürftiger Probleme bei, und in welchem Ausmaß ist sie selbst zum Problemerzeuger geworden? Diese Fragen werden unterschiedlich beantwortet. Fünf Hauptthesen ragen aus dem breiten Spektrum der Antworten hervor: die Belastungs-, die Zielkonflikt-, die Funktionsvoraussetzungs-, die Heilungs- und die Doppelrollethese[952].

Überlastungsthese

Der Überlastungsthese zufolge ist die Sozialpolitik unter wohlfahrtstheoretischen Perspektiven grundsätzlich von Übel, weil sie effizientes wirtschaftliches Handeln behindere oder verunmögliche. Diese These favorisieren vor allem radikale wirtschaftsliberale Denker[953].

Zielkonfliktthese

Milder urteilen die Vertreter der Zielkonflikt-These. Ihnen zufolge besteht ein Zielkonflikt zwischen Sozialschutz und (einzel- und gesamtwirtschaftlicher) Leistungskraft: je größer, tiefer und dauerhafter der Sozialschutz, desto tenden-

---

946 BAIER 1977: 141.
947 HABERMAS 1981, Bd. 2: 489ff.
948 Vgl. BALASSA 1984, WEEDE 1990, 1996.
949 OECD 1994b.
950 JANOWITZ 1976.
951 WILLKE 1997: 85.
952 Vgl. die Tabelle 7.
953 Z.B. WEEDE 1990, 1996 oder OLSON 1982.

258

ziell größer der Konflikt mit wirtschaftspolitischen Zielen, wie Wirtschaftsleistung und Beschäftigung, und je knapper die Sozialpolitik dosiert ist, desto tendenziell größer die Leistungskraft der Ökonomie[954].

Ökonomische Wirksamkeit bescheinigt eine dritte Schulmeinung der Sozialpolitik. Sie sieht in einem leistungsfähigen System der sozialen Sicherung eine unerlässliche Funktionsvoraussetzung einer arbeitsteiligen, hochproduktiven, weltmarktoffenen Ökonomie mit fortwährendem Strukturwandel. Nur die Sozialpolitik federe die Unsicherheiten ab, die in dieser Wirtschaftsordnung erzeugt würden. Diese Sichtweise entstammt der älteren Sozialstaatslehre Lorenz von Steins und den neueren sozialstaatsfreundlichen Perspektiven christ- und sozialdemokratischer Sozialphilosophie sowie empirisch-analytischen Studien [955].

Funktionsvoraussetzungsthese

Die Anhänger einer vierten These geben dem Sozialstaat Vorfahrt auf allen Wegen: für sie ist Sozialpolitik die beste Medizin nicht nur zur Kriminalitätsverhütung, sondern auch zur Stabilisierung und Weiterentwicklung einer produktiven Ökonomie, vor allem wegen des sozialpolitisch verstärkten Zwangs, Arbeitskosten durch arbeitssparenden technischen Fortschritt und somit durch einzel- und gesamtwirtschaftliche Modernisierung zu vermindern[956].

Produktivitätsthese

Skeptischer äußern sich die Anhänger einer fünften These. Sie steigern den Zielkonflikt-Gedanken und erweitern die Funktionsvoraussetzungsthese, indem sie die Doppelrolle der Sozialpolitik hervorheben: diese sei nicht nur Funktionsvoraussetzung einer marktwirtschaftlichen Industrie- und Dienstleistungsgesellschaft, sondern auch ein Fremdkörper. Die Doppelfunktion der Sozialpolitik hat schon 1929 Eduard Heimann eindrücklich beschrieben: Für Heimann war Sozialpolitik „Abbau der Herrschaft zugunsten der Beherrschten", „Einbau des Gegenprinzips in den Bau der Kapitalherrschaft und Sachgüterordnung" und „Verwirklichung der sozialen Idee im Kapitalismus gegen den Kapitalismus". Somit wirke die Sozialpolitik zugleich als „Fremdkörper und ... Bestandteil im kapitalistischen System"[957].

Doppelrollethese

Welche dieser Thesen trifft den Sachverhalt am besten, die Belastungs-, die Zielkonflikt-, die Funktionsvoraussetzungs-, die Produktivitäts- oder die Doppelrollenthese? Diese Thesen und Konkretisierungen ihrer Grundgedanken werden im Folgenden ausführlicher erörtert und – soweit die Datenlage dies zulässt – überprüft[958].

---

954 Die Grundform dieses Zielkonflikts hat OKUN 1975 in der Formel vom „equality-efficiency-trade-off" eingefangen, vgl. ferner OECD 1994b, SCHARPF & SCHMIDT 2000.

955 Zu L. von Stein FORSTHOFF 1972. Vgl. HARTWICH 1970, NELL-BREUNING 1979, van KERSBERGEN 1995, RIEGER & LEIBFRIED 2003.

956 Für eine frühe Fassung dieser These vgl. KLEEIS 1928.

957 HEIMANN 1980: 167f. Der Grundgedanke – die Dialektik von systemstabilisierender und systemsprengender sozialpolitischer Intervention – wurde in Hegels Rechtsphilosophie entwickelt (HEGEL 1967: §§ 243-245).

958 Für den – These für These vorgetragenen Befund – siehe die Tabelle 7 in Kapitel 3.3.

3.1 Wirtschaftliche Wirkungen

Besonders heftig gestritten wird über den wirtschaftlichen Wert und Unwert der Sozialpolitik[959]. Das ist nicht verwunderlich, geht es doch um einen Verteilungskonflikt mit hohen Einsätzen. Fast 700 Milliarden Euro wurden allein in der Bundesrepublik Deutschland 2003 für Zwecke der sozialen Sicherung ausgegeben. Das entspricht rund 33 Prozent des Sozialproduktes[960]. Dabei ist Deutschlands Sozialleistungsquote im internationalen Vergleich noch nicht einmal die höchste.

In der Erörterung wirtschaftlicher Wirkungen der Sozialpolitik spielt die These der Überlastung eine besonders wichtige Rolle. Ihr zufolge haben der Auf- und Ausbau eines starken Sozialstaats wie in der Bundesrepublik und in Nordeuropa die Leistungsfähigkeit der privaten Wirtschaft überlastet und die Arbeits- und die Steuermoral untergraben. Diese These wird vor allem mit einem oder mehreren der folgenden Argumente begründet[961]: Sozialstaat als
Überlast

1. Die Expansion der Sozialpolitik, vorwiegend die der „konservativen" und „sozialdemokratischen Wohlfahrtsstaaten" im Sinne von Esping-Andersen, habe die Balance zwischen Staat und Markt zugunsten des Staates verschoben. Die Finanzierung der Sozialpolitik durch höhere Steuern, Sozialabgaben oder Verschuldung sei wirtschaftlich tendenziell kontraproduktiv. Sie mindere den Anreiz zu sparen und zu investieren, erhöhe die inflationsstabile Arbeitslosenquote[962] und verteuere somit die wirtschaftlichen Kosten der Inflationsbekämpfung. Überdies beschädige sie die Anpassungselastizität und Konkurrenzfähigkeit der Wirtschaft. Ein Anzeiger dafür sei das insgesamt langsamere Wachstum der Wirtschaft in Ländern mit starker Sozialpolitik im Vergleich zu Staaten mit schwächeren sozialen Sicherungssystemen.

2. Auch die Beschäftigung werde von einem starken Sozialstaat in Mitleidenschaft gezogen. Das habe zwei Hauptursachen: Erstens induziere die Sozialpolitik arbeitssparende Rationalisierungsinvestitionen; zweitens erhöhe sie die

---

959 Beispielsweise OKUN 1975, VOBRUBA 1989, BARR 1992, 2004, DIERKES & ZIMMERMANN 1996.
960 BMGS 2005A: 934.
961 Vgl. SAUNDERS & KLAU 1985, DIERKES & ZIMMERMANN 1996, GIERSCH 1997.
962 Das ist das Arbeitslosigkeitsniveau, ab dem die Inflationsrate sich nicht weiter beschleunigt, auch NAIRU genannt (von „non-accelerating inflation rate of unemployment"). Entspricht die tatsächliche Arbeitslosenquote der NAIRU, so ist hinsichtlich der Inflationsbekämpfung ein Gleichgewicht erreicht, überschreitet sie jedoch die NAIRU, so sind zunehmende Inflation und überdurchschnittlich hohe Kosten bei der Inflationsbekämpfung in Kauf zu nehmen, vor allem in Form von Sozialproduktschrumpfung und zunehmender Arbeitslosigkeit. Hierzu u.a. SACHS & LARRAIN 1993.

Arbeitskosten und/oder die gesetzlichen Lohnnebenkosten. Werden diese nicht durch Produktivitätszuwachs ausgeglichen oder überkompensiert, bestehe der hohe Preis der Sozialpolitik in stagnierender oder abnehmender Beschäftigung. Doch dies unterminiere die materielle Basis des Sozialstaats. Hinzu komme, dass die soziale Sicherung die inflationsstabile Arbeitslosenquote erhöhe. Letztere sei eine Hauptursache der hohen Arbeitslosigkeit, vor allem in Europa.

3. Hoher Sozialschutz und hohe Sozialabgaben bestärkten die Neigung von Unternehmen, ihre Wirtschaftstätigkeit zumindest teilweise entweder in die steuer- und sozialabgabenfreie Schattenwirtschaft oder in Staaten mit spürbar niedrigeren Arbeitskosten zu verlagern. Das vergrößere die – von der Sozialpolitik schon miterzeugte – Lücke zwischen Staatseinnahmen und -ausgaben. Hieraus erwüchsen zunehmende Finanzierungsdefizite der sozialen Sicherungssysteme oder weitere Erhöhung der Abgabenlast – mit abträglichen Folgen für die Wirtschaftskraft und die Beschäftigung.

4. In die gleiche Richtung wirkten die Belastungen der Sozialbeitrags- und Steuerzahler durch die Sozialpolitik. Die Steuern und Sozialabgaben trieben einen Keil zwischen Bruttoverdienst einerseits und Nettoeinkommen bzw. verfügbarem Einkommen andererseits. Das mindere die Leistungsbereitschaft der wirtschaftlich Handelnden und sei mitverantwortlich für die Höhe der Arbeitslosenquote: je höher der Steuerkeil, desto tendenziell höher die Arbeitslosenquote[963].

5. Überdies seien Sekundärwirkungen der Sozialstaatsfinanzierung zu berücksichtigen. Diese gehöre zu den Hauptursachen der hohen und in vielen Ländern zunehmenden Staatsverschuldung, die ihrerseits den haushaltspolitischen Spielraum verringere, die Zinssätze erhöhe und somit die Investitionstätigkeit bremse.

6. Die Sozialleistungssysteme lösten nicht einmal ihren eigenen Anspruch ein, ihre Aufgaben effektiv und effizient zu bewältigen, vor allem weil Markt-, Konkurrenz- und Leistungsprinzipien in ihr zu kurz kämen. Dies sei auch die Wurzel des Übels verbreiteter missbräuchlicher Inanspruchnahme von Sozialleistungen.

Die Überlastungsthese erfreut sich besonders großer Wertschätzung seitens der Anhänger liberaler Theorie und Praxis der Wirtschafts- und Sozialpolitik. Vor einfacher Zuordnung dieser These zu einem bestimmten politischen Lager ist allerdings zu warnen. Belastungen der Wirtschaft durch Sozialpolitik betonen nicht nur liberale und konservative Kritiker, sondern auch gesellschaftskritische Beobachter, wie Jürgen Habermas' Umschreibung der Grenzen der Staatsintervention zeigt: Der Sozialstaat stoße, „je erfolgreicher er seine Programme durchsetzt, umso deutlicher, auf den Widerstand der privaten Investoren. Es gibt natürlich viele Ursachen für eine verschlechterte Rentabilität der Unternehmen, für schwindende Investitionsbe-

---

963 OECD 1994b. Mit dem „Steuerkeil" („tax wedge") wird mitunter auch die Variation der Arbeitslosenquote im internationalen Vergleich erklärt: je größer der Steuerkeil, desto tendenziell höher die Arbeitslosenquote und desto größer die Finanzierungsschwierigkeiten der Sozialpolitik (OECD 1994b). Der Steuerkeil ist der Anteil der Summe aus der persönlichen Einkommensteuer und den Sozialbeiträgen der Arbeitnehmer und Arbeitgeber an den Bruttoarbeitskosten. – Die Überlastungsthese, vor allem die These, die Sozialpolitik mindere die weltwirtschaftliche Konkurrenzfähigkeit der Wirtschaft, wurde im Übrigen auch schon im Wilhelminischen Kaiserreich – bei aus heutiger Sicht sehr niedrigen Beitragssätzen und Sozialleistungsquoten – mit Verve vertreten (vgl. BORN u.a. 1993: 8f.).

reitschaften und fallende Wachstumsraten. Aber die Verwertungsbedingungen des Kapitals bleiben eben auch vom Ergebnis der sozialstaatlichen Politiken nicht unberührt, weder tatsächlich noch ... in der subjektiven Wahrnehmung der Unternehmen. Zudem verstärken wachsende Lohn- und Lohnnebenkosten die Neigungen zu Rationalisierungsinvestitionen, die – im Zeichen einer zweiten industriellen Revolution – die Arbeitsproduktivität so erheblich steigern und die gesamtgesellschaftlich notwendige Arbeitszeit so erheblich senken, dass trotz des säkularen Trends zur Arbeitszeitverkürzung immer mehr Arbeitskräfte freigesetzt werden"[964].

Von Grenzen des Sozialstaates sprechen Kritiker unterschiedlicher Schulen- oder Lagerzugehörigkeit. Allerdings variieren die Theorien, die Begründungen und die favorisierten Therapien. Für weitest möglichen Rückbau des Sozialstaats plädieren die meisten liberalen Kritiker, für Beibehaltung und vorsichtigen, ‚sozialverträglichen' Umbau hingegen die Vertreter der Arbeitnehmer, für bedarfsorientierte Grundsicherung vor allem Wohlfahrtsverbände, die Grünen und seit geraumer Zeit auch die Linksparteien und Teile der Gewerkschaften und für soziale Sicherung als Menschenrechte vor allem Organisationen internationaler Sozialpolitik[965].

Besonders drastisch fiele ein Kurswechsel der Sozialpolitik nach liberaler Therapie aus. Er müsste die Sozialausgaben und die sie finanzierenden Steuern oder Sozialabgaben drastisch kürzen. Bis auf welches Niveau? „Die wollen das Rentenniveau von Bangladesch", hielt Heiner Geißler, CDU-Sozialpolitiker, unwirsch Einsparplänen der FDP vor[966]. Das war übertrieben, hat aber einen wahren Kern: Denkt man die neoliberale Kritik konsequent zu Ende, steht eine radikale Strukturreform an, welche die Sozialleistungen mindestens auf das Niveau der japanischen oder der US-amerikanischen Sozialleistungsquote drückt[967], vielleicht sogar auf dasjenige Chiles während der Pinochet-Diktatur. Wer allerdings die hohe Verletzbarkeit komplexer Gesellschaftssysteme gegenüber schockartigen Veränderungen berücksichtigt, wird vor solchen Strukturreformen warnen müssen: Ohne schwerste Beschädigungen von Wirtschaft und Gesellschaft und ohne heftigste politische Erschütterungen ist eine solche Transformation nicht vorstellbar, und es ist überhaupt nicht gewiss, ob sie ihre Ziele auch nur näherungsweise erreichen könnte. Unter demokratischen Bedingungen würde eine derartige Strukturreform voraussichtlich schon früh an den Hürden der Konsensbildung und Mehrheitsgewinnung scheitern. Machbar wäre sie wohl nur in einer Diktatur und auch dort nur im Zeichen einer tiefen Wirtschaftskrise.

Aussichtsreicher als der radikale Abbau ist der Umbau des Sozialstaats. So sehen das auch ansonsten harte Kritiker der Sozialpolitik, wie die Bundesvereinigung der Deutschen Arbeitgeberverbände in ihrer nach der Bundestagswahl von 1994 veröffentlichten Schrift „Sozialstaat vor dem Umbau"[968]. Besonders dringend ist in Staaten mit ausgebauten Sozialversicherungssystemen eine Reform, welche die Finanzierungsbürde, insbesondere die auf dem Faktor Arbeit lastenden Sozialabgaben, drastisch reduziert. Doch die hat nur Sinn, wenn sie zugleich sicherstellt, dass die Gewerkschaften den hierdurch geschaffenen Spielraum nicht durch aggressive Lohnpolitik ausbeuten oder die Arbeitgeber den Handlungsspielraum durch Ausbau der betrieblichen Sozialpolitik ausschlachten. Für die Entlastung des Faktors

964 HABERMAS 1985: 149.
965 SCHÖNIG & L'HOEST 2000.
966 SÜDDEUTSCHE ZEITUNG v. 5.2.1997: 4.
967 WEEDE 1990, 1996.
968 BDA 1994.

Arbeit von hohen Sozialbciträgen kommen verschiedene Wege in Frage, so die Verlagerung versicherungsfremder Leistungen auf andere Etats, was Sozialstaatsanhänger goutieren, oder Einsparungen, was Liberalen das Herz höher schlagen lässt, oder Ersatz der Sozialabgaben durch andere Finanzierungsquellen wie indirekte oder direkte Steuern, wofür sich hierzulande vor allem Sozialdemokraten und ein Teil der CDU/CSU-Sozialpolitiker erwärmen. Auch diesem Vorhaben stehen schwere Konflikte und große bürokratisch-politische Hindernisse im Wege, doch ist es unter Machbarkeits- und Akzeptanzgesichtspunkten besser austariert als ein radikaler Rück- oder Abbau der Sozialpolitik.

Doch bevor um die Therapie gestritten wird, ist genaue Diagnose erforderlich. Wie hieb- und stichfest sind die oben vorgestellten Thesen? Ist die Sozialpolitik wirklich nur ein Kostenfaktor, eine Last und ein Problemerzeuger, oder löst sie auch Probleme? Herrscht wirklich eine unauflösbare Spannung zwischen Sozialschutz und wirtschaftlicher Leistungsfähigkeit, oder handelt es sich um einen gestaltbaren Zielkonflikt? Wenn ja, unter welchen Bedingungen können Sozialprotektion und wirtschaftliche Leistung optimal austariert werden? Und was ist von der These der Doppelrolle der Sozialpolitik – Funktionserfordernis und Fremdkörper – zu halten?

Widersprüchliche Befunde

Wer nach erfahrungswissenschaftlich gesicherten Antworten auf diese Fragen sucht, trifft auf vielfältige, mitunter widersprüchliche Befunde. Manche Studien weisen Wechselbeziehungen zwischen starker Sozialpolitik und schwacher wirtschaftlicher Entwicklung nach und deuten die Wirtschaftsschwäche als Ergebnis überzogener sozialer Sicherung[969]. Andere Studien, unter ihnen viele vergleichende Analysen, billigen der Sozialpolitik einen beträchtlichen „wirtschaftlichen Wert" zu[970]. Und die historisch und international vergleichend angelegten Analysen von Peter H. Lindert wiederum zeigen, dass der wirtschaftliche Wert oder Unwert der Sozialpolitik von allerlei intervenierenden Variablen abhängt, so insbesondere von einer wachstums- und beschäftigungsfreundlichen oder beschäftigungsfeindlichen Finanzierung der Sozialpolitik und der Staatätigkeit insgesamt[971].

Pro und Kontra können wie folgt konkretisiert werden. Dass die Sozialpolitik ihre ureigenen Ziele verfehle, um mit der sechsten These zu beginnen, lässt sich nicht halten, wie im folgenden Kapitel ausführlicher gezeigt wird. Vielmehr löst die Sozialpolitik insbesondere in einer weit ausgebauten Form ihre ureigenen Aufgaben in der Regel zufriedenstellend oder gut. Besser trifft das Missbrauchs-Argument. Missbräuchliche Inanspruchnahme von Sozialleistungen kommt vor, und sie ist ein Problem. Ihr Ausmaß ist aus nahe liegenden Gründen nur schwer zu schätzen, die vorliegenden Schätzungen deuten aber auf eine beachtliche Neigung zum Versicherungsbetrug[972].

Auswirkungen auf das Wirtschaftswachstum

Schwächt die Sozialpolitik wirklich das Wirtschaftswachstum? Ziehen überdurchschnittlich hohe Sozialleistungsquoten und stark zunehmende Sozialleistungsquoten ein mittel- und längerfristig abnehmendes Wirtschaftswachstum nach sich[973], vor allem wegen der sozialpolitisch bedingten Verteuerung der Produktion und anderer gesamtwirtschaftlich abträglicher Entwicklungen, wie Stärkung von

---

969 Beispielsweise WEEDE 1990, 1996.
970 VOBRUBA 1989, LAMPERT 1995, ESPING-ANDERSEN 1996, SALA-I-MARTIN 1996, vgl. auch – Vor- und Nachteile abwägend – SCHMÄHL 1982, 1995.
971 LINDERT 2004a, 2004b.
972 Vgl. BRUNS 1996, WOGAWA 2000.
973 Beispielsweise WEEDE 1986, 1990.

organisierten Sonderinteressen, von „Verteilungskoalitionen"[974], die nach überdurchschnittlichen Renten streben? Die Befunde sind nicht eindeutig, vor allem wenn man andere Bestimmungsfaktoren wirtschaftlicher Entwicklung mitberücksichtigt, wie größere Aufholchancen wirtschaftlich schwächerer Staaten („catchup") und Sicherung der Eigentumsrechte[975]. Andererseits deutet manches auf eine beträchtliche Spannung zwischen einer weit ausgebauten Sozialpolitik und dem Tempo wirtschaftlicher Entwicklung. So stützen Auswertungen von allen demokratischen OECD-Ländern im Zeitraum von 1960 bis 2001 die folgende These: Je höher das Niveau der Sozialleistungsquote im Vorjahr, desto tendenziell schwächer das Wirtschaftswachstum im nachfolgenden Jahr, und je größer der Zuwachs der Sozialleistungsquote, desto tendenziell niedriger die Wirtschaftswachstumsrate im folgenden Jahr. Der Auswertung aller OECD-Länder in den Jahren von 1960 bis 2001 zufolge, reduziert eine um einen Prozentpunkt höhere Sozialleistungsquote das Wirtschaftswachstum um 0,12 Prozent oder – bei Berücksichtigung von Catchup-Vorgängen – um 0,08 Prozent. Ein Unterschied von 10 Prozentpunkten bei der Sozialleistungsquote vermindert demnach das jahresdurchschnittliche Wirtschaftswachstum immerhin um 1,2 bzw. um 0,8 Prozentpunkte[976]. In Stagnation mündet dieser Schätzung zufolge eine Sozialleistungsquote aber erst bei einem Stand von mindestens 46 Prozent. Spätestens dort hätte der Sozialstaat die Endstation erreicht. Würde er dennoch weiter wachsen, wäre dieser Schätzung zufolge ein sich beschleunigender wirtschaftlicher Niedergang unausweichlich.

Allerdings handelt es sich hierbei nur um eine einfache Betrachtung, in der andere Determinanten wirtschaftlicher Entwicklung nur ausschnitthaft erfasst oder nur über ihre indirekten, über die Sozialleistungsquote vermittelten Wirkungen berücksichtigt werden. Mit diesen Einschränkungen deuten die vorliegenden Daten aber doch auf höchstwahrscheinlich beträchtliche ökonomische Kosten der Sozialpolitik hin. Ferner zeigen die Daten obere Grenzen des Sozialstaats an, deren Überschreitung in die wirtschaftliche Stagnation oder die Rückentwicklung der Ökonomie führen kann, sofern nicht andere Faktoren entgegenwirken. Die Daten zeigen allerdings auch an, dass die Kosten der Sozialpolitik von Vielerlei abhängen. Schlussendlich ist die längerfristige, vor 1960 zurückreichende Entwicklung im Blick zu behalten. Hierbei zeigt sich, dass wirtschaftlicher Aufstieg und Ausbau des Sozialstaats miteinander verträglich sein konnten: Deutschland, Frankreich, Italien, Österreich, die Benelux-Staaten und die skandinavischen Länder beispielsweise sind reicher geworden, obwohl in ihnen ein starker Wohlfahrtsstaat entstand. Und viele Dritte Welt-Staaten sind arm geblieben, obwohl die Sozialpolitik in ihnen keine nennenswerte Rolle spielte (vgl. die Abbildung 1 weiter unten). Das Ziel, den „Wohlstand der Nationen"[977] zu mehren, um Adam Smiths ökonomische Lösungsstrategie des Knappheitsproblems in Erinnerung zu rufen, kann offenbar auf vielen Wegen erreicht oder verfehlt werden. Andererseits deckt die Abbildung 1 auch dies auf: Wirtschaftlich besonders wohlhabend wurden die Staaten, in denen

---

974 OLSON 1982.

975 ARJONA, LADAIQUE & PEARSON 2001, OBINGER 2004.

976 Allerdings ist die Erklärungskraft dieses Modells mit einem Determinationskoeffizienten von R^2 (bereinigt) = 0,09 relativ bescheiden. Zugrunde liegt folgende Regressionsgleichung für eine integrierte Quer- und Längsschnittsanalyse aller OECD-Demokratien in allen Jahren von 1960 bis 2001: Y = 5,51 – 0,12*(X), wobei Y = Wachstum des preisbereinigten Bruttoinlandproduktes gegenüber dem Vorjahr und X = Sozialleistungsquote nach OECD-Daten im Vorjahr, N = 860, Durbin-Watson d = 1,37. Alle Koeffizienten sind hochgradig signifikant.

977 SMITH 1981 (1789).

die Sozialpolitik am kürzeren Zügel geführt wurde: allen voran die USA, gefolgt von Kanada und Japan sowie bis ans Ende der 1980er Jahre die Schweiz, die allerdings seither ihren Sozialetat beträchtlich vergrößert hat.

Der zweiten und dritten sozialstaatskritischen These zufolge herrscht ein Zielkonflikt zwischen starkem Sozialschutz und Beschäftigung: Hohe Abgabenlasten (Steuern und Sozialabgaben) förderten die Abwanderung von Unternehmen zu kostengünstigeren Auslandstandorten oder in die Schattenwirtschaft oder machten Geldkapitalanlagen attraktiver als Investitionen und reduzierten somit die Beschäftigung, sofern alles Übrige konstant bleibt. Relativ niedrige Steuern und Sozialabgaben hingegen könnten zusammen mit einem flexiblen unternehmensfreundlichen Kündigungsrecht eine Beschäftigungsmaschinerie in Gang setzen wie in der US-amerikanischen Wirtschaft in den 1980er und 1990er Jahren, im Unterschied zu Europa, wo die Beschäftigung vielerorts nur langsam zunahm oder stagnierte[978].

Diese These kann nur teilweise überprüft werden, weil gut vergleichbare Daten zur sozialpolitisch induzierten Abwanderung von Kapital fehlen und robuste Informationen zur Größe und Entwicklung der Schattenwirtschaft Mangelware sind und obendrein extrem unterschiedliche Schätzungen enthalten. Die verfügbaren Daten für die OECD-Staaten in den Jahren von 1960 bis 2001 jedenfalls sprechen teils gegen, teils für die These des Sozialpolitik-Beschäftigungs-Zielkonflikts. Die Korrelationen zwischen dem Beschäftigungswachstum und der Höhe der Sozialleistungsquote in der Vorperiode sind zwar tatsächlich inverser Art und insgesamt signifikant, aber alles in allem so locker, dass nur ein geringfügiger Teil der erklärungsbedürftigen Variation erklärt wird. Dieser Befund reflektiert gegenläufige Tendenzen im Zusammenhang zwischen Sozialpolitik und Beschäftigung. Das ist nicht weiter verwunderlich, weil der Sozialstaat selbst ein Arbeitgeber ist und zudem auf vielfältige Weise direkt oder indirekt das Arbeitskräfteangebot und die Arbeitskräftenachfrage beeinflussen kann[979]. Gegen die These vom systematischen Sozialleistungs-Beschäftigungs-Zielkonflikt spricht die Beobachtung, dass eine weit ausgebaute Sozialpolitik Arbeitsplätze im Sozialstaat, bei seinen Zulieferanten und seiner Verwaltung schafft. Andererseits hat insbesondere eine aufwändige Sozialpolitik beschäftigungsabträgliche Wirkungen. Frühverrentung und Verknappung des Arbeitskräfteangebots durch weitere arbeitsmarktpolitische Maßnahmen sind Beispiele. Ferner wirken hohe Abgaben und im Besonderen auch hohe Sozialbeiträge der versicherten Arbeitnehmer wie eine beschäftigungshemmende oder beschäftigungsfeindliche Steuer – insbesondere im Bereich der Niedriglohnsektorbeschäftigung[980]. An diesem Problem laborieren vor allem Länder mit einem überwiegend beitragsfinanzierten Sozialbudget und einem großen Steuerkeil – unter ihnen Deutschland, Belgien, Frankreich und Italien[981].

Ferner sind Nebenfolgen eines hohen Sozialschutzes zu bedenken: Hohe Lohnersatzleistungen und lange Bezugsdauer der Arbeitslosenversicherung beispielsweise können eine tendenziell höhere Arbeitslosenquote hervorbringen – ein Fall der sozialleistungsinduzierten Arbeitslosigkeit. Auch für diese These gibt es Belege, wenngleich nicht durchgängig. Die Sozialpolitik kann die Arbeitslosigkeit dadurch erhöhen, dass die Höhe und die Dauer der Arbeitslosenversicherungsleistungen die Bereitschaft der Leistungsempfänger, schlechter bezahlte Jobs anzu-

---

978 So der Tendenz nach OECD 1994b.
979 ROSENOW & NASCHOLD 1994, VON RHEIN-KRESS 1996, ALBER & KOHL 2001.
980 Vgl. SCHARPF & SCHMIDT 2000, SINN 2003.
981 OECD 2004e: 87.

nehmen, vermindern und so die Sucharbeitslosigkeit verlängern, oder dadurch, dass die zum Beschäftigungsausbau erforderliche Lohndifferenzierung erschwert und die inflationsstabile Arbeitslosenquote erhöht wird[982]. Zudem wird durch beachtliche Leistungen der Arbeitslosenversicherungen das Niveau der untersten Lohngruppen angehoben, sofern dies nicht schon durch andere Regelsysteme geschehen ist, wie in Deutschland durch die Sozialhilfe. Auch dies drosselt die Beschäftigung. Vor allem können hohe und lange gewährte Leistungen der Arbeitslosenversicherungen im Falle von Massenarbeitslosigkeit ein wachsendes Heer an Langzeitarbeitslosen entstehen lassen und dessen Wiedereingliederung erschweren[983].

Der Industrieländervergleich deckt manches auf, was für die zuletzt erwähnte These spricht[984]. Das Zusammentreffen eines entwickelten Sozialstaats und Massenarbeitslosigkeit kann eine paradoxe Intervention zustande bringen: der Sozialstaat lindert das Arbeitslosigkeitsrisiko, beispielsweise durch Arbeitslosenversicherungsleistungen, verfestigt aber durch seinen erfolgreichen Eingriff und mit zunehmender Interventionsdauer die Arbeitslosigkeit und schwächt darüber hinaus die Wirtschaftsdynamik. Führen die Arbeitsplatzbesitzer und die Firmen überdies eine Lohnpolitik, welche vor allem nur den Arbeitsplatzbesitzern nützt und den Arbeitssuchenden schadet, verfestigt sich die Arbeitslosigkeit auf hohem, möglicherweise weiter zunehmendem Niveau. Sie wird persistent und kann selbst dann noch bestehen bleiben, wenn ihre eigentliche Ursache weggefallen ist – ein klassisches Beispiel für „Hysteresis", d.h. Nachschwingen einer Wirkung auch nach Wegfall ihrer Ursache[985].

Paradoxe Intervention *(marginalie)*

Allerdings vernachlässigt die These des beschäftigungsabträglichen Effektes der Sozialpolitik den gesamtwirtschaftlichen Wert der Sozialpolitik und der Arbeitslosenversicherung im Besonderen. In einer Rezession stabilisiert die Arbeitslosenversicherung die gesamtwirtschaftliche Nachfrage nach Konsumgütern. Auch hält sie einen beträchtlichen Teil der Arbeitslosen am Markt und lindert somit das Risiko der Humankapitalentwertung. Wer geordnete Arbeitsbeziehungen als Wert an sich schätzt, kann zwei weitere Argumente hinzufügen: Die Arbeitslosenversicherung stützt die Aufrechterhaltung sozialpartnerschaftlicher Arbeitsbeziehungen. Überdies ist die mit der Arbeitslosenversicherung verknüpfte aktive Arbeitsmarktpolitik, wie Weiterbildungs- und Umschulungsmaßnahmen, ein Mittel zur Arbeitsförderung bestimmter Arbeitsmarktgruppen und zur Reduktion der potenziellen Arbeitslosigkeit[986].

Diese Beobachtungen erhärten die These der Doppelfunktion. Die Sozialpolitik ist tatsächlich eine wichtige Funktionsvoraussetzung einer komplexen leistungsfähigen Wirtschaft. Allerdings steht sie in einem Spannungsverhältnis mit den Rationalitätskriterien unternehmerischen Handelns. Diese Spannung ist insbesondere seit der zweiten Hälfte der 1970er Jahre vor allem in Ländern mit weit ausge-

These der Doppelfunktion *(marginalie)*

---

982 Vgl. z.B. LAYARD u.a. 1994, OECD 1994b, 2. Bd.: 211, LIPSEY & CHRYSTAL 1995.
983 Zugrunde liegen komplexe Prozesse, die in der Arbeitsmarktforschung unter den Stichworten „Insider-Outsider"-Spaltungen zwischen Arbeitsplatzbesitzern und Jobsuchenden, Hebung der Löhne über das markträumende Niveau (z.B. „Effizienzlohn"), „Steuerkeiltheorie" („tax wedge") und „Hysteresis"-oder Nachschwingeffekte hoher Arbeitslosigkeit erörtert werden. Vgl. OECD 1994b, FRANZ 2004.
984 LAYARD u.a. 1994, OECD 1994b, JOCHEM 1998, SIEGEL & JOCHEM 2000.
985 Vgl. hierzu neben der neueren Arbeitsmarktökonomik (Überblick in FRANZ 2004) auch Ergebnisse einer Studie zu den politischen Ursachen der Beschäftigungsentwicklung in den skandinavischen Ländern in den 1980er und 1990er Jahren (JOCHEM 1998).
986 LAYARD u.a. 1994, OECD 1994b, SCHMID & REISSERT 1996, SCHMID & GAZIER 2002.

bauter Sozialpolitik größer geworden – und besonders groß in Staaten mit überwiegend beitragsfinanziertem Sozialbudget und hohem Steuerkeil, wozu Deutschland gehört. Ein Zeichen der größeren Spannung ist die mit zunehmender Sozialleistungsquote tendenziell abnehmende Wirtschaftswachstumsrate, ein anderes – wie in der vierten These oben zu Recht hervorgehoben – die zunehmende Staatsverschuldung, die hierdurch bewirkte Erhöhung des Zinssatzes und die Belastung der öffentlichen Haushalte durch Zinszahlungen auf die Staatsschulden[987].

Wer dieses Spannungsverhältnis im Blick hat, sollte allerdings dessen Kehrseite nicht übersehen: Wird die Sozialpolitik einschließlich der Arbeitslosenversicherung nur mit kargen Mitteln ausgestattet, wächst das Armutsrisiko und dieses wiederum kann zu Lasten der sozialen Kohäsion und des gesellschaftlichen Friedens gehen. Die USA geben hierfür ein nachdenklich stimmendes Exempel ab, aber auch europäische Länder mit relativ homogenen und in ghettoartiger Existenz lebenden Minderheiten. Und wer hochmoderne Wirtschaft und gar keinen Sozialstaat haben will, müsste erst noch das alternative Netz sozialer Sicherheit erfinden, das Schutz gegen die Wechselfälle des Lebens gewährt und schwere Reibungsverluste wirtschaftlichen Handelns infolge von struktureller sozialer Unsicherheit vermindert.

Gestaltbares Spannungsverhältnis

Eine starke Sozialpolitik wie im konservativen und sozialdemokratischen Wohlfahrtsstaat ist gleichwohl eine Bürde der Wirtschaft, während ihre Last in Staaten mit selektivem Sozialschutz geringer ist. Das überrascht den nicht, der weiß, dass auch wortgewaltige Fürsprecher der Sozialpolitik deren Doppelnatur betonen, den Schutz und „wirtschaftlichen Wert"[988] ebenso wie ihre Kosten für die Wirtschaft. Zugleich sind aber die Zusammenhänge zwischen Sozialschutz und Wirtschaft facettenreicher, als es die Überlastungs- und die Zielkonfliktthese vermuten lassen. Studien zum Industrieländervergleich stützen die These, dass der Zielkonflikt zwischen Sozialprotektion und wirtschaftlicher Leistungsfähigkeit gestaltbar ist und gedämpft werden kann[989]. Zu den besonders interessanten Konstellationen zählen die Kombination von starkem Sozialschutz und erfolgreicher wirtschaftlicher Entwicklung sowie die Verbindung von schwachem Sozialschutz und Wirtschaftsproblemen. So haben in den 1970er, 1980er und 1990er Jahren zumindest einige Länder mit ausgebauter Sozialpolitik und sozialpartnerschaftlichen Arbeitsbeziehungen wirtschaftliche Krisen besser überstanden als Staaten mit schwacher Sozialpolitik[990]. Und mitunter wurde die Wirtschaft in Staaten mit ausgebauter Sozialpolitik erfolgreicher modernisiert als dort, wo die sozialen Sicherungen dürftig sind. Erfolgreicher sind diese Länder vor allem wegen des Konsenses der wichtigsten Akteure und infolge des Zwangs zur Modernisierung und Produktivitätssteigerung, den hohe Sozialabgaben oder steuerfinanzierte Sozialsysteme erzeugen oder verstärken[991]. Und zudem legen vergleichende Analysen der Effizienz und der Effektivität der Sozialpolitik den Schluss nahe, dass Länder mit weit ausgebauter Sozialpolitik und hohem Dekommodifizierungsgrad alles in allem vorteilhaft abschneiden[992].

---

987 WAGSCHAL 1996, 2003.
988 VOBRUBA 1989.
989 Vgl. OKUN 1975, SCHMÄHL 1995, SCHMIDT 1982, BLANK 1994, ESPING-ANDERSEN 1999.
990 Vgl. PALOHEIMO 1984, SCHMIDT 1982, 1983, KORPI 1985a, 1985b, BLANK 1994, SAUNDERS & KLAU 1985, SCHARPF 1987.
991 CZADA 1985.
992 GOODIN, HEADEY, MUFFELS & DIRVEN 2000: 261f.

Das darf jedoch nicht zum Umkehrschluss verleiten, nur die Verteidiger des Sozialstaats behielten Recht. Wer im Sozialstaat nur die Belastung der Wirtschaft erblickt, hat nur die Hälfte erfasst, aber genauso einseitig urteilt, wer die Sozialpolitik nur als „Entlastung"[993] und Problemlösung begreift. Unbestritten erhöht die Sozialpolitik die Kosten der Produktion, des Handels und der Dienstleistungen. Besonders große Lasten bürdet sie der Wirtschaft derjenigen Länder auf, in denen die Sozialabgaben- und die Sozialleistungsquote im Vergleich zur wirtschaftlichen Konkurrenz überdurchschnittlich hoch sind. Eine schwere Bürde ist die Sozialpolitik auch dort, wo sie hauptsächlich aus Abgaben versicherter Arbeitnehmer und ihrer Arbeitgeber finanziert wird, wie in der Bundesrepublik Deutschland. Das verteuert den Faktor Arbeit nicht nur relativ zu Ländern mit schwacher Sozialpolitik, sondern auch zu Wohlfahrtsstaaten mit steuerfinanziertem Sozialbudget.

Allerdings wird die Kritik am Sozialstaat, vor allem die Überlastungsthese **Kritik der Belastungsthese** und die These des starren Zielkonfliktes von Sozialprinzip und Wirtschaft, mitunter überzogen. Die Überlastungs- und die starre Zielkonfliktthese unterschätzen die Belastbarkeit der Ökonomie sowie den wirtschaftlichen Wert der Sozialpolitik, und sie übersehen länderspezifische Belastungs- und Akzeptanzgrenzen. Es wäre nicht das erste Mal, dass die als kritisch erachteten Grenzen der Sozialpolitik und der Staatstätigkeit insgesamt nach oben korrigiert werden müssten. Im 19. Jahrhundert orteten Nationalökonomen die Obergrenze wirtschaftlich unschädlicher Staatsausgaben bei einer Staatsquote von rund 10 Prozent. Mehr als 50 Jahre später sah Colin Clark in Friedenszeiten das obere Limit bei 25 Prozent. Andere Wissenschaftler, so Assar Lindbeck, haben demgegenüber die kritische Grenze in den 1970er Jahren bei rund 60 Prozent gezogen, auf einem Niveau, das damals in den nordischen Ländern und in den Niederlanden erreicht wurde. Das klingt plausibel. Für diese These spricht auch die Beobachtung, dass die Wirtschaft in Ländern mit einer Staatsquote von mindestens 50 Prozent im Durchschnitt erheblich langsamer wächst als bei Staatsquoten unter 50 Prozent.

Doch sind neben kurz- und mittelfristigen Spannungen zwischen dem Sozialprinzip und der Wirtschaftskraft auch die langfristigen Trends im Blick zu behalten. Man betrachte beispielsweise den Zusammenhang zwischen der wirtschaftlichen Entwicklung und dem Auf- und Ausbau der Sozialpolitik vom Ende des 19. Jahrhunderts bis zum ausgehenden 20. Jahrhundert in den heutigen OECD-Mitgliedstaaten, in Dritte-Welt-Staaten und in den mittlerweile untergegangenen sozialistischen Ländern in Mittel- und Osteuropa, für die mittlerweile vergleichbare Daten zur wirtschaftlichen und sozialpolitischen Entwicklung verfügbar sind[994]. Der Überlastungsthese zufolge müsste die Wirtschaft in den Staaten besonders kräftig gewachsen sein, in denen die Sozialpolitik am kurzen Zügel geführt wurde und dort besonders langsam zugenommen haben, wo ein umfassender Sozialstaat entstand. Doch dem widersprechen die Zahlen zur wirtschaftlichen und sozialpolitischen Entwicklung von 1890 bis 1989, wie das Schaubild 1 verdeutlicht. Selbst wenn nur die heutigen ökonomisch entwickelten Länder herangezogen werden[995],

Langfristige Trends: Wirtschaft und Sozialpolitik

---

993 Kleeis 1928: 297.

994 Maddison 1995, 2003, ILO 1996. Der Beobachtungszeitraum endet in diesem Fall 1990, um auch die sozialistischen Länder in den Vergleich einbeziehen zu können.

995 Was methodologisch zweifelhaft ist, weil hierbei nur die Staaten mit erfolgreicher wirtschaftlicher Entwicklung berücksichtigt wurden, während die korrekte Auswahl sowohl diese Länder als auch diejenigen einschließen muss, deren Wirtschaft seit 1890 nur schwach wuchs. Letzte-

zeigt sich, dass die Wirtschaft auch dort kräftig expandierte, wo ein starker Sozialstaat entstand, wie in Deutschland, wenngleich nicht ganz so stark wie dort, wo der
Staat am kurzen Zügel geführt wurde, allen voran in den USA. Andererseits ist eine am kurzen Zügel geführte Sozialpolitik keine Garantie für hohes Wirtschaftswachstum, wie der Fall Australien zeigt.

   Noch aufschlussreicher ist der Vergleich, der nicht nur die erfolgreich wachsenden Volkswirtschaften berücksichtigt, sondern auch die Staaten, die seit dem
19. Jahrhundert trotz geringer Sozialbudgets wirtschaftlich nur langsam voran-
kamen, wie Mexiko oder Indien. Dieser Vergleich deckt einen denkwürdigen
Trend auf, der vom Egalitäts-Effizienz-Zielkonflikt wegführt: je größer der Anstieg der Sozialleistungsquote, desto tendenziell größer der langfristige Zuwachs
an Wirtschaftskraft[996]!

Abbildung 1: Wirtschaftswachstum und Sozialstaatsentwicklung
              1890 bis 1989

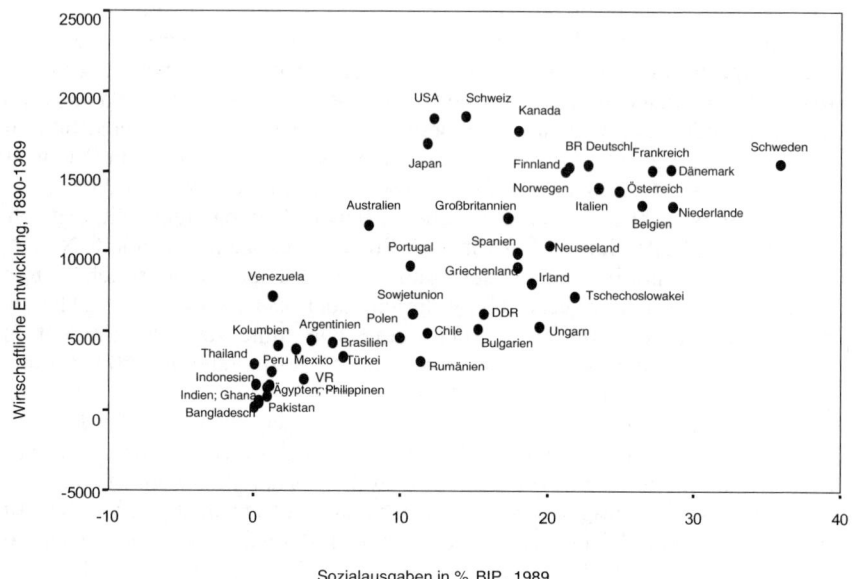

Sozialausgaben in % BIP, 1989

Anmerkung zur Abbildung 1:
Waagrechte: Entwicklung des (in international und historisch vergleichbaren Dollars erfassten) preisbereinigten Pro-Kopf-Sozialproduktes zwischen 1890 und 1989, dem letzten Jahr, in
dem ein Vergleich einschließlich der sozialistischen Länder möglich war. Quelle: MADDISON
1995: 193-206.
Senkrechte: Wachstum der Sozialleistungsquote (nach ILO-Daten) von 1890 bis 1989 (geschätzt durch die Sozialleistungsquote von 1989). R² (bereinigt) = 0,51.

---

     res ist eine ergebnisoffene Ex-ante-Stichprobe, im ersten Fall wurde hingegen eine problemati-
     sche Ex-post-Stichprobe gezogen, vgl. GROSSMAN 1996, OBINGER 2004.
996 R² = 0,51. Allerdings sind periodenspezifische Unterschiede erwähnenswert. Weiter oben
     wurde beispielsweise gezeigt, dass seit den 1970er Jahren in einigen Ländern eine inverse Be-
     ziehung zwischen Sozialpolitik und Wirtschaftswachstum entstand.

Allerdings sind Einschränkungen angebracht. Die Abbildung 1 zeigt den Zusammenhang zweier sehr hoch aggregierter Größen an. Ferner differenziert sie weder nach Unterabschnitten des Untersuchungszeitraums noch nach einzelnen Abteilungen der Sozialpolitik, die recht unterschiedlich auf das Wirtschaftswachstum wirken können. Auch lässt die Abbildung die Frage offen, welches die bewirkende und welches die bewirkte Größe ist. Doch stützt das Schaubild die These, dass die Herausbildung des Sozialstaats mit erfolgreicher wirtschaftlicher Entwicklung verträglich sein kann und tatsächlich in nicht wenigen Ländern bislang verträglich war. Ferner zeigt die Abbildung 1, dass eine schwache Sozialpolitik mit dynamischer wirtschaftlicher Entwicklung einhergehen kann, diese allerdings nicht garantiert[997]. Das schließt nicht aus, dass eine sparsame Sozialpolitik der Ökonomie bekömmlich ist und ein hohes Maß an sozialer Sicherung die Wirtschaft ruinieren kann. Das sozialistische Kuba und die Deutsche Demokratische Republik sind Beispiele. In den westlichen Ländern ist allerdings der Radius der Sozialpolitik bis zum frühen 21. Jahrhundert viel kleiner geblieben als in den sozialistischen Ländern, deren Gesellschaft und Wirtschaft einer Totalpolitisierung unterworfen waren. Das stützt die folgende These: Zweifellos ist ein entwickelter Sozialstaat eine Bürde der Wirtschaft, doch vermag er auch Probleme zu lösen, die sonst wohl keine Einrichtung bewältigen könnte – die privaten Haushalte ebenso wenig wie die Wirtschaft. Ferner ist die Sozialpolitik vielschichtiger und die Elastizität der Wirtschaft gegenüber der sozialen Sicherung größer, als der Überlastungsthese und der These vom unverrückbaren Zielkonflikt zwischen Sozialschutz und Wirtschaftskraft zufolge zu erwarten ist[998]. Überdies sind der Sozialpolitik Stabilisierungs- und Entlastungsleistungen zugunsten der Wirtschaft zugute zu halten. Berücksichtigt man all dies, wird man etlichen Teilnehmern an der Debatte über die Kosten und den Nutzen der Sozialpolitik vorhalten müssen, dass sie den „wirtschaftlichen Wert" der Sozialpolitik zu gering veranschlagen und die wirtschaftlichen Kosten überschätzen.

Das aber soll nicht verdecken, dass in manchen Wohlfahrtsstaaten ein auffälliges Ungleichgewicht zwischen der Höhe des Sozialschutzes und der Wirtschaftskraft des Landes entstanden ist. Zu diesen Ländern gehört mittlerweile – insbesondere seit der deutschen Einheit – auch die Bundesrepublik Deutschland: Relativ zu seiner – im OECD-Vergleich – nur noch mäßig hohen Wirtschaftskraft leistet sich Deutschland eine sehr hohe Sozialleistungsquote und obendrein ein sehr hohes Maß an arbeits- und sozialrechtlichem Schutz der Arbeitsplatzbesitzer[999]. Sozialpolitisch lebt man in Deutschland, so belegen diese Beobachtungen, sehr üppig und, bei Lichte besehen, über die Verhältnisse.

Noch nicht abschließend geklärt ist die Frage, wie der „wirtschaftliche Wert" der Sozialpolitik vergrößert und ihr „wirtschaftlicher Unwert" vermindert werden kann – ohne dabei an politischen und gesellschaftlichen Stabilisierungsleistungen zu verlieren. Ein lehrreiches Beispiel sind die Länder mit heutzutage entwickeltem Wohlfahrtsstaat. Sie sind – mit Ausnahme der postsozialistischen Länder – eine Staatengruppe, in der eine hochproduktive Wirtschaft herangereift ist – und zwar parallel zu einer allmählich erstarkenden Sozialpolitik. Dies relativiert Kritiken, die

Wege zur Balancierung des ökonomischen Werts und der Kosten der Sozialpolitik

---

997 Sehr hohe Ungleichheit kann ein schweres Wachstumshemmnis sein, ALESINA & RODRICK 1994.
998 Die Determinanten hoher oder niedriger Elastizität bedürfen allerdings noch weiterer Erforschung. Ansätze hierzu insbesondere bei SCHARPF & SCHMIDT 2000, LINDERT 2004a, 2004b.
999 Berechnungsbasis: OECD 1999: 50-68, 2004d, 2005a: 24.

der Sozialpolitik nachsagen, sie bremse oder lähme notwendig die Wirtschaftsentwicklung. Das kann der Fall sein, wie vor allem Länder mit einer Sozialpolitik zeigen, die im Verhältnis zu ihrer wirtschaftlichen Basis überdimensioniert ist, wie Argentinien im Peronismus oder die DDR in ihrem letzten Jahrzehnt, aber es muss nicht notwendig so sein. Ehrgeiziger Sozialschutz und Wirtschaftswachstum stehen zweifelsohne in einem Spannungsverhältnis, sie können aber unter bestimmten Bedingungen Hand in Hand gehen. Das ist am ehesten der Fall, wenn – erstens – die Steuerpolitik und die Finanzierung der Sozialpolitik beschäftigungsfreundlich gestaltet sind, wenn – zweitens – die meisten oder alle Stimmberechtigten zur Finanzierung der Sozialpolitik beitragen und einen Rechtsanspruch auf Sozialleistungen genießen, und wenn drittens die sozialpolitischen Anstrengungen im Gleichgewicht mit der Wirtschaftskraft sind. Beschäftigungsfreundliche Art und Höhe der Finanzierung – eher aus Steuermitteln als aus Sozialabgaben –, ferner Universalismus auf der Einnahmen- und der Leistungsseite der Sozialpolitik und Balance zwischen Sozialschutzaufwand und Wirtschaftskraft sind nach dem bisherigen Kenntnisstand zentrale Voraussetzungen für eine relativ stabile und wirtschaftsverträgliche Entwicklung der Sozialpolitik[1000].

1000 LINDERT 2004a, 2004b. Deutschland ist bei der zweiten Voraussetzung weit vorangekommen und bei der ersten und dritten noch ungünstig positioniert.

3.2 Wirkungen der Sozialpolitik auf die Gesellschaft

Über die Wirkungen der Sozialpolitik auf die Wirtschaft wird heftig gestritten. Mehr Übereinstimmung ergibt die Frage, ob die Sozialpolitik ihre ureigenen Aufgaben bewältige. Sie wird von vielen Fachleuten grundsätzlich bejaht. Mit der These, die Sozialpolitik habe die demokratischen Industrieländer „effizienter, stabiler und gerechter"[1001] gemacht, trugen die Autoren einer OECD-Studie allerdings zu dick auf. Doch den Trend bestimmten sie richtig: vor allem in Staaten mit ausgebauter sozialer Sicherung hat die Sozialpolitik ihre originären Ziele zu einem Gutteil erreicht[1002]. Sie hat dort die besonders Verletzlichen, die Schwachen, die sich nicht selbst schützen können, wirksam protegiert[1003]. Doch leistet sie erheblich mehr als nur dies: Sie schützt vor existentieller materieller Not und sichert den größten Teil oder die Gesamtheit der Bevölkerung gegen individuell nicht zureichend versicherbare Wechselfälle des Lebens, insbesondere gegen Existenzbedrohung infolge von Arbeitslosigkeit, Alter, Krankheit, Invalidität, Pflegebedürftigkeit und Tod des Ernährers.

Gutzuschreiben ist dem Wohlfahrtsstaat ferner sein Beitrag zur Linderung großer gesellschaftlicher Spannungen. Dazu gehört die Entschärfung von Konflikten zwischen wirtschaftlich gedeihenden Regionen und wirtschafts- und finanzschwachen Gebieten: Letztere profitieren von Sozialleistungen in überdurchschnittlichem Maße. Zur Konfliktentschärfung durch Sozialpolitik gehört auch die Eindämmung des Konfliktes zwischen Arbeit und Kapital. Diesen entschärft der Sozialstaat unter anderem durch den Beitrag zur Institutionalisierung des Klassenkonfliktes. Im Klassenkonflikt wurzelnde Konfliktlagen entschärft die Sozialpolitik ferner dadurch, dass die staatlichen Transferzahlungen der markterzeugten sozialen Ungleichheit den Stachel nehmen, und dadurch, dass die Sozialpolitik die Sozialstruktur durch die Kombination von Markt- und Transfereinkommen differenziert und die Definition von eindeutigen klassenhomogenen Interessenlagen erschwert[1004]. Konfliktentschärfend wirkt auch, dass im Wohlfahrtsstaat Entscheidungen über Sozialeinkommen im Wesentlichen im Parlament getroffen werden und somit die Betriebe von heftigem Streit über ei-

---

1001 OECD 1994a: 7.
1002 Vgl. RINGEN 1987, BARR 2004, ATKINSON & MOGENSEN 1993, OECD 1995b; kritisch dazu beispielsweise MIEGEL 2002 und SINN 2003, die beide die hohen Kosten und Nebenwirkungen der Sozialpolitik hervorheben.
1003 So eines der wichtigsten Prüfkriterien in R.E. Goodin's normativer Politischer Theorie des Wohlfahrtsstaates (GOODIN 1988, vgl. GOODIN, HEADEY, MUFFELS & DIRVEN 2000).
1004 ALBER 2001: 61.

nen beträchtlichen Teil der Lohnzusatzkosten entlastet werden. Durch die Trennung der Sozialpolitik von betrieblichen oder überbetrieblichen Entscheidungsarenen werden potenziell brisante Verteilungsfragen auf verschiedene Arenen verteilt und fragmentiert. Und das verhindert, so jedenfalls die Befürworter des Wohlfahrtsstaates, dass Verteilungsfragen zu Verfassungsfragen werden. Auch vermindert eine weit ausgebaute Sozialpolitik mit leistungsfähigen untersten Sicherungsnetzen die Armut und verkürzt deren durchschnittliche Dauer. Die bundesdeutsche Sozialhilfe beispielsweise ist, wie tiefenscharfe Beobachtungen der Bremer Sozialhilfepraxis lehren, eine für die meisten Klientel relativ rasch vorübergehende „Zeit der Armut"[1005]. Ferner glättet die Sozialpolitik das Einkommen im individuellen Lebenszyklus, so dass wirtschaftlich fette Jahre etwas geschmälert und Zeiten der Bedürftigkeit gemildert werden. Überdies verteilt sie das Einkommen gleichmäßiger, trotz der Unübersichtlichkeit zahlloser Sozialmaßnahmen und ungeachtet des dort eingebauten Matthäuseffektes[1006]. Sodann ist die staatliche Sozialpolitik die einzige Institution, welche die Aufgaben der – überlasteten – traditionellen Einrichtungen der sozialen Sicherung auf familiärer, gemeindlicher oder karitativer Basis in vollem Umfang übernommen und erweitert hat. Gäbe es die Sozialpolitik nicht, müsste man Einrichtungen mit vergleichbaren gesellschaftsweiten Wirkungen erfinden, sofern Verelendung verhindert, Schwache geschützt, Vorsorge vor den Wechselfällen des Lebens getroffen, soziale Ungleichheit vermindert und partikulare Scheinlösungen verhindert werden sollen, wie beispielsweise Sicherung des Existenzminimums durch Eigenanbau, Schattenwirtschaft oder Kriminalität[1007].

Wie weit der sozialpolitische Schutz reicht, zeigen die im ersten und zweiten Teil dieses Buches vorgelegten Materialien. In Westeuropa ist mittlerweile der größte Teil, wenn nicht gar die gesamte Bevölkerung, gegen die elementarsten Wechselfälle des Lebens geschützt. Welch Unterschied zum Ende des 19. Jahrhunderts, als nur wenige Schutz erhielten, und welch gewaltige Differenz zu dem Zustand, in dem das menschliche Leben „einsam, armselig, ekelhaft, tierisch und kurz" ist, so Thomas Hobbes' Charakterisierung des Natur- und des Kriegszustandes![1008]

Vergleichendes Leistungsprofil

Sicherlich deckt die Sozialpolitik auch heutzutage nicht alle Risiken ab, auch nicht in den ehrgeizigsten Wohlfahrtsstaaten[1009]. Und dass die unentwegte Attacke der Sozialpolitik auf gesellschaftliche Ungleichheit fortwährend neue Ungleichheiten hervorbringt, beispielsweise positiv oder negativ privilegierte „Versorgungsklassen"[1010], gehört zu denjenigen Gesetzmäßigkeiten jeglichen Sozialinterventionismus, die von vielen Sozialpolitikern am liebsten ignoriert werden. Vorrangig schützt die Sozialpolitik gegen Einkommensausfall infolge von Alter, Invalidität, Krankheit, Arbeitslosigkeit, Tod des Ernährers und Pflegebedürftigkeit – sofern Pflegeversicherungen bestehen, wie in Deutschland seit 1995. Auch variieren Stärke und Reichweite der Sozialprotektion von Programm

---

1005 So der treffende Titel der Studie von LEIBFRIED u.a. 1995, vgl. LEISERING & LEIBFRIED 1999.
1006 „Wer hat, dem wird gegeben", vgl. DELEECK 1984.
1007 Und wer möchte schon sein Alter in käfigartigen Unterkünften verbringen, so die Ärmsten im reichen Hongkong?, vgl. FAZ v.19.7.1997: 3.
1008 Im Original: „And the life of man, solitary, poore, nasty, brutish, and short" (HOBBES 1985 [1651]: 196).
1009 Vgl. für viele andere PALME u.a. 2002: 336ff., BÄCKER, BISPINCK, HOFFMANN & NAEGELE 2000, BUTTERWEGGE 2001, BMGS 2005b.
1010 LEPSIUS 1979: 179.

zu Programm und von Land zu Land. Das zeigen die einschlägigen vergleichenden Analysen[1011] ebenso wie der „Leitfaden für den aufgeklärten Sozialstaatsklienten" durch die sozialen Sicherungssysteme in Europa, den Redakteure des *Economist* erstellten[1012]. Dieser Leitfaden informierte darüber, in welchem Land die höchsten Sozialleistungen gewährt werden, und zwar gemessen am Durchschnittslohn manuell tätiger Arbeitnehmer im gewerblichen Sektor abzüglich Steuern und Sozialversicherungsbeiträgen. Die Ergebnisse sind berichtenswert, auch wenn sie mehr als zehn Jahre alt sind: Die – relativ zum Lohn – höchsten beitragspflichtigen Alterspensionen erwarb man damals in Griechenland[1013]. Für Behinderte wurde am besten in Belgien gesorgt. Dort stellte sich auch ein 18-jähriger Empfänger von Arbeitslosenversicherungsleistungen finanziell besser als anderswo. Bei Mutterschaft empfahlen die Redakteure des *Economist* Portugal und rieten von Großbritannien ab, vor allem nach Ablauf der ersten sechs Wochen seit der Geburt. Alleinerziehende, vor allem jene ohne Sozialversicherungsschutz, waren am besten in den Niederlanden aufgehoben und Witwen am günstigsten in Belgien. Wer hauptsächlich auf Familienleistungen angewiesen war, wurde in Luxemburg und Frankreich besonders zuvorkommend bedient. Bei der Alimentierung von Invalidität standen Luxemburg und Deutschland an vorderster Stelle. In der Pflegeversicherung wiederum könnte man, volle Freizügigkeit vorausgesetzt und nach dem Leistungsniveau zu urteilen, Dänemark und mit Abstrichen die Niederlande als erste Adressen empfehlen und, so ist der „Leitfaden" zu ergänzen, seit 1995 auch Deutschland.

Die Sozialpolitik glättet die Verteilung der Einkommen über den individuellen Lebenszyklus. Damit werden die Wirkungen abgeschliffen, die mit Zeiten des Mangels und des relativen Wohlstandes einhergehen, z.B. Perioden altersbedingter Abhängigkeit und solche, in denen das Arbeitseinkommen den Lebensstandard leidlich sichert. Die hiermit bewirkte intertemporale Umverteilung übertrifft in der Regel die vertikale Umverteilung beispielsweise zwischen Empfängern niedriger und höherer Einkommen. Beide Umverteilungsformen haben allerdings bestimmte Gesellschaftsgruppen protegiert und andere vernachlässigt. Vereinfachend gesagt: viele Altersrentner gehören zu den Gewinnern der Sozialpolitik in den westlichen Industrieländern, vor allem ein beträchtlicher Teil der Pensionäre, die seit den 1960er Jahren bis heute vergleichsweise hohe Renten erhielten, obwohl sie während ihres Arbeitslebens relativ niedrige Beitragssätze entrichtet hatten. Besonders groß ist dieser Gewinn vor allem bei den Altersrentnern der neuen Bundesländer, die auf eine lange Erwerbskarriere noch zu DDR-Zeiten zurückblickten. Überdurchschnittlich stark ist auch der Schutz gegen Einkommensausfall infolge von Invalidität, Krankheit und Tod des Hauptverdieners. Ferner profitieren die Ärmeren überproportional vom Sozialstaat, während die Bürger mit höherem oder hohem Einkommen in der Regel zu seinen Nettozahlern gehören.

Zur Verminderung von Armut hat die Sozialpolitik viel beigetragen, vor allem in Ländern mit ausgebauten Systemen der sozialen Sicherung, wie in den sozialdemokratischen und den konservativen Wohlfahrtsstaaten, um mit Esping-Andersens Begriffen zu sprechen[1014]. Armut kann allerdings auch in Ländern mit

Verminderung von Armut

1011 Z.B. FLORA 1986a, 1986b, 1986c, ESPING-ANDERSEN 1990, PALME 1990, SCHMID 1996a.
1012 THE ECONOMIST 12.3.1994.
1013 Vgl. OECD 1996d.
1014 Vgl. z.B. OECD 1995a, LEIBFRIED & VOGES 1992, LEIBFRIED u.a. 1995.

liberaler Sozialpolitik wirksam bekämpft werden, vor allem wenn die Sozialleistungen auf besonders Schutzbedürftige konzentriert werden, wie näherungsweise in Australien[1015]. Aber nicht nur die weitgehende Beseitigung absoluter Armut ist der Sozialpolitik gutzuschreiben, sondern auch die beträchtliche Verringerung relativer Armut. In den 1980er Jahren zählten – je nach Definition der relativen Armut – zwischen 5 und 20 Prozent der Bevölkerung der westeuropäischen Länder zu den Armen. Definiert man als arm, wer weniger als die Hälfte des durchschnittlichen Pro-Kopf-Nettoeinkommens verfügt, befanden sich in den Mitgliedstaaten der Europäischen Gemeinschaft damals etwa 10 Millionen Haushalte (rund 11,4 Prozent aller Haushalte) oder 30 Millionen Menschen unter der Armutsgrenze. Gemessen an dieser Grenze war der Prozentanteil armer Haushalte in Irland und Italien mit 23,1 Prozent bzw. 21,8 Prozent am höchsten und in Belgien (6,6 Prozent), der Bundesrepublik Deutschland (ebenfalls 6,6 Prozent), Großbritannien (6,3 Prozent) und den Niederlanden (4,8 Prozent) am niedrigsten[1016]. Notorisch hohe Armutsquoten hingegen verunzieren die Leistungsbilanz der US-amerikanischen Sozial- und Wirtschaftspolitik[1017].

Auch andere Untersuchungen stellen der Armutsbekämpfung im entwickelten Sozialstaat meist gute Noten aus[1018]. So wurde nachgewiesen, dass die staatlichen Transferzahlungen (im Wesentlichen Sozialleistungen) und Steuern die Armutsrate (gemessen an einem Haushaltseinkommen von höchstens 50 Prozent des landesweiten Medianäquivalenzeinkommens) drastisch senken: in Deutschland von 21,2 auf 5,8 Prozent, in den USA aber nur von 16,9 auf 13,0 Prozent[1019]. Dass eine starke Sozialpolitik die Armutsrisiken vermindert, belegen viele andere Studien, so Analysen von Kinderarmut. Diese ist in den nordischen Ländern, den Benelux-Staaten, in Frankreich und der Bundesrepublik Deutschland viel geringer als in den angloamerikanischen Demokratien[1020].

Die Verminderung des Armutsrisikos resultiert zu einem beträchtlichen Teil aus der Verteilungsmaschinerie des Sozialstaats. Ob diese fair ist, hängt von den Gerechtigkeitskriterien ab, die ihre Bewertung leiten. So hat man Deutschlands Sozialpolitik nach Leistungs- und Besitzstandsgerechtigkeit mit sehr guten, nach Bedarfsgerechtigkeit jedoch mit schlechteren Noten bedacht[1021]. Und wer Gerechtigkeit auch nach dem Ausmaß der Erwerbsbeteiligung misst, wird Deutschland nicht mit den besten Noten bedecken[1022]. Doch gleichviel, wie die Gerechtigkeitskriterien beschaffen sind: man kann der Sozialpolitik, vor allem jener der entwickelten Wohlfahrtsstaaten, nicht absprechen, dass sie gegen tiefstes materielles Elend schützt, die Ungleichheit der Einkommens- und Lebenschancen spürbar verringert und gesellschaftliche Exklusion nachhaltig eindämmt, und somit

---

1015 CASTLES 1985, 1996.
1016 SCHULTE 1985.
1017 BARR 2004: 227f.
1018 GOODIN, HEADEY, MUFFELS & DIRVEN 2000: 152-172, 276-291.
1019 GOODIN, HEADEY, MUFFELS & DIRVEN 2000: 276, vgl. BARR 1992: 775, 2004: 227f.
1020 ATKINSON 1996, HUSTER 1996: 30f., OECD 1996c: 89-97, TABATABAI 1996: 73f., 125, OECD 2005b: 56.
1021 ZACHER 1989. Allerdings relativiert der internationale Vergleich diese These: bei der Armutsbekämpfung und der Verminderung von Einkommensungleichheit durch Steuern und Sozialabgaben schneidet Deutschlands Sozialpolitik bemerkenswert gut ab (BARR 1992, OECD 1995a). Auch andere Studien zur Bundesrepublik kommen zu milderen Urteilen (OECD 1996c: 89, GOODIN, HEADEY, MUFFELS & DIRVEN 2000: 152-172, 276-291).
1022 MERKEL 2001, MERKEL & KRÜCK 2003.

eine leidlich gesicherte soziale Existenz ermöglicht. Das ist beachtlich und wird nicht dadurch relativiert, dass die Sozialpolitik vor der Umverteilung von Vermögensbeständen wie Geld-, Kapital- und Immobilienvermögen in der Regel Halt gemacht hat[1023] – mit guten Gründen, weil sonst Kapitalabwanderung oder Substanzverzehr droht.

Definiert man allerdings Vermeidung gesellschaftlicher Exklusion nicht nur passiv, sondern aktiv, vor allem im Sinne der Eingliederung Arbeitssuchender in den Arbeitsmarkt, stößt man alsbald an Grenzen der Sozialpolitik, vor allem wenn sie aus hohen Sozialbeiträgen der versicherten Arbeitnehmer finanziert wird und einen großen Steuerkeil zur Folge hat.

Spannung Sozialpolitik – Beschäftigung

Fragezeichen wird man hinter die Behauptung setzen dürfen, die Sozialpolitik habe die westlichen Länder generell effizienter gemacht. Da wird man nach ökonomischer, sozialer und politischer Effizienz differenzieren müssen. Die Sozialpolitik erreicht ein beträchtliches Maß sozialer und politischer Effizienz. Dass sie allerdings im engeren ökonomischen Sinne effizient sei, ist – mit gewichtigen Ausnahmen – übertrieben. Zu den Ausnahmen zählen der Beitrag der Sozialpolitik zur Verminderung von Transaktionskosten der Ökonomie und sektorale Effizienz: großzügige Frühverrentung beispielsweise macht die Firmen und Branchen, die sich ihrer auf großer Stufenleiter bedienen, produktiver[1024], aber die Gesamtgesellschaft wird hierdurch kein günstigeres Verhältnis von Aufwand und Ertrag erreichen.

Zurück zu den Wirkungen der Sozialpolitik auf gesellschaftliche Ungleichheit. Die Sozialpolitik ist ein mächtiger Bestimmungsfaktor der Ungleichheit bzw. Gleichheit. Die weit ausgebaute Alterssicherung in Deutschland beispielsweise hat bislang Altersarmut zu einem Randphänomen gemacht. Armutsrisiken betreffen eher jüngere Familien mit mehreren Kindern oder Alleinerziehende. Allerdings haben Kritiker auf Schwächen der Alterssicherung hingewiesen. Die Sozialpolitik, so wird gesagt, hinke der gesellschaftlichen Entwicklung hinterher, vor allem in der Alterssicherung. Das rühre daher, dass die Rentenpolitik auf Lebensverläufe für Frauen und Männer zugeschnitten sei, die sich überlebt hätten, nämlich für Frauen auf das Modell des „temporären Zuverdienstes" und für Männer auf das Normalarbeitsverhältnis[1025]. Das ist bedenkenswert, wenngleich insoweit überzeichnet, als die übergroße Mehrheit der männlichen Personen im erwerbsfähigen Alter immer noch in einem solchen Arbeitsverhältnis steht oder auf ein solches zustrebt[1026], und ferner insoweit überzeichnet, als die Alterssicherungspolitik in Deutschland in den letzten Jahren ein Grundsicherungselement in die Rentenversicherung eingebaut hat.

Beitrag zur Gleichheit

Der historische und internationale Vergleich fördert noch mehr zutage: Die soziale Ungleichheit zwischen Frauen und Männern wurde von der Sozialpolitik beträchtlich vermindert. In ihrer Gründungsphase schloss die soziale Sicherung noch die meisten weiblichen Erwerbspersonen und nichterwerbstätigen Frauen aus. Später verbesserte sich die sozialpolitische Lage von Frauen. Daraus zog vor allem Nutzen, wer kontinuierlich in abhängiger Erwerbstätigkeit beschäftigt

---

1023 Vgl. beispielsweise BUNDESREGIERUNG 2005.

1024 ROSENOW & NASCHOLD 1994.

1025 ALLMENDINGER 1994.

1026 Die verbreitete Auffassung, wonach den westlichen Ländern die Arbeit ausgehe, nimmt die nach wie vor hohen, in manchen Ländern sogar zunehmenden Erwerbsquoten und das hohe Niveau an Vollzeitarbeitsplätzen nicht gebührend zur Kenntnis.

oder mit einem sozialversicherungspflichtigen Ehepartner verheiratet war. In letzterem Fall hatte der nichterwerbstätige Partner, in den meisten Fällen die Frau, Teil an der sozialen Sicherung des Ehepartners. Das brachte viel mehr Schutz als zuvor. Dieser allerdings basierte nicht auf eigenständigem Arbeitsverdienst, sondern auf dem Familienstatus. Lange warf er in vielen Fällen nur niedrigere Renten ab, so bei den Hinterbliebenenrenten. Insoweit blieb die „gender gap", also die Lücke zwischen den sozialpolitischen Teilhabechancen von Frauen und Männern, in der Sozialpolitik lange groß.

Verkleinert wurde die „gender gap" vor allem im letzten Drittel des 20. Jahrhunderts, und zwar hauptsächlich durch Beseitigung diskriminierender sozialrechtlicher Bestimmungen, zunehmende Arbeitsnachfrage und den Ausbau des öffentlichen Sektors, der vielen Frauen im erwerbsfähigen Alter Brot und Arbeit gab, insbesondere in den Sozialdienstleistungsberufen, dem Bildungswesen und der Staatsverwaltung. All dies erhöhte die Frauenerwerbsquote. Besonders kräftig wuchs die Frauenerwerbsquote in den personalintensiven Sozialstaaten des skandinavisch-britischen Typs, schwächer nahm sie in den transferintensiven Sozialstaaten Kontinentaleuropas zu, so in der Bundesrepublik Deutschland[1027]. Je mehr die „gender gap" der Erwerbsbeteiligung, d.h. die Differenz zwischen Männer- und Frauenerwerbsquote, abnahm, desto kleiner wurden die Unterschiede der Sozialeinkommenschancen zwischen den Geschlechtern.

Der Lehrsatz, dass nicht alles Gold ist, was glänzt, gilt auch in der Sozialpolitik. Neben vielen anderen Faktoren haben die zunehmende Berufstätigkeit von Frauen und die verbesserte Alterssicherung zur sinkenden Geburtenrate beigetragen. Diese reicht in den meisten reichen westlichen Ländern mittlerweile nicht mehr aus, um die Reproduktion der Bevölkerung sicherzustellen. Besonders niedrige Geburtenraten werden unter anderem aus Deutschland, Italien, Spanien und den post-sozialistischen OECD-Mitgliedstaaten berichtet, während die liberalen und die nordischen Wohlfahrtsstaaten offenbar familien- und kinderfreundlicher beschaffen sind[1028]. Auch würden beileibe nicht alle Experten der Sozialpolitik bescheinigen, sie habe die Gesellschaft wirklich „effizienter, stabiler und gerechter"[1029] gemacht. Die Wirtschaftswissenschaft beispielsweise neigt zur Annahme, die Sozialpolitik mache die Wirtschaft und die Gesellschaft ineffizient, rigide und verkrustet, nicht stabil, und gerecht allenfalls im Sinn von Normen der sozialdemokratischen oder katholischen Arbeiterbewegung.

Selbsterzeugte Probleme

Auch in anderen Disziplinen äußern sich viele Beobachter kritisch zur Sozialpolitik. Die moderne Systemtheorie beispielsweise ergötzt die These, die Sozialpolitik habe hauptsächlich mit selbst erzeugten Problemen zu tun, wie Folgelasten der sozialpolitischen Konstruktion von Alter, Arbeitslosigkeit und Krankheit[1030]. Dieser These ist zugute zu halten, dass der Sozialstaat mitunter tatsäch-

---

1027 SCHMIDT 1993a, OECD 2005a: 97. Allerdings gibt es auch in halbstaatlichen Sektoren der kontinentaleuropäischen Wohlfahrtsstaaten eine – von der amtlichen Statistik nur teilweise erfasste – hohe Personalintensität, vor allem in den Wohlfahrtsverbänden. Dort basiert die Erwerbstätigkeit allerdings häufig auf Teilzeitarbeit, geringfügiger Beschäftigung im Sinne des deutschen Sozialversicherungsrechtes oder auf ehrenamtlicher Basis. Vgl. SCHMID 1996a, 1996b.
1028 IMMERFALL 1996, KAUFMANN 2005.
1030 OECD 1994a: 7.
1030 LUHMANN 1981.

278

lich seine Bedürftigen erst schafft[1031], beträchtliches Beharrungsvermögen an den Tag legt und bei der Bewältigung von Aufgaben Nebenfolgen und kontraproduktive Effekte hervorbringt, die nach neuem sozialpolitischem Tun und Lassen verlangen. Auch neigt die Sozialpolitik, wie jede andere Politik, dazu, neue Probleme zu suchen, um ihre Unentbehrlichkeit zu demonstrieren.

Doch hier endet der Scharfsinn der These, dass der Sozialstaat hauptsächlich von den selbst geschaffenen Problemen lebe. Diese These übersieht, dass dasjenige, was als selbst erzeugt erscheint und die sozialpolitische Maschinerie in Gang hält, zu einem beträchtlichen Teil die soziale Form regelungsbedürftiger Tatbestände ist, die ohne Sozialpolitik wahrscheinlich die Namen geringe Lebenserwartung, Unterbezahlung, Ausbeutung, exzessiver Verschleiß der Arbeitskraft, Verslumung, Verelendung der wirtschaftlich inaktiven Bevölkerung und Anomie tragen würden. Ein Beispiel: großzügig dosierte Leistungen der Arbeitslosenversicherung können die durch einen angebots- oder nachfrageseitigen Schock erzeugte Arbeitslosigkeit weit über jene Unterbeschäftigung heben, die ohne die Arbeitslosenversicherung entstanden wäre. Berechtigt das zur Folgerung, die Arbeitslosigkeit insgesamt sei die Folge und die Arbeitslosenversicherung der Grund? Nur zum Teil, höchstens bis zur Differenz zwischen tatsächlicher Arbeitslosigkeit und dem Teil der Unterbeschäftigung, der ohne Arbeitslosenversicherung entstanden wäre. Vollständig selbstbezüglich wäre die Arbeitslosenversicherung demnach nur dann, wenn ohne Arbeitslosenversicherung alle Arbeitssuchenden ausreichend Brot und Arbeit fänden. Doch wer könnte dies garantieren – außer dem Himmel? Die verbreitete Unterbeschäftigung und die große Schattenwirtschaft in Dritte Welt-Staaten sprechen jedenfalls nicht für eine Lösung hier auf Erden.

Neben den schweren Geschützen der modernen Systemtheorie ist die Sozialpolitik auch mit altmodischeren Waffen traktiert worden, beispielsweise dem Soll-Ist-Vergleich. So wurden der sozialen Sicherung beträchtliche Lücken nachgewiesen – trotz hohen Finanzaufwands. Beispielsweise wurde selbst ausgebauten Sozialstaaten wie jenem der Bundesrepublik Deutschland vorgehalten, sie verteilten die Leistungen nicht zielgerichtet und treffsicher[1032]. Das Fehlen wirksamer Grundsicherung aller Staatsbürger bemängeln sodann Kritiker, die der Basissicherung durch Sozialhilfe ein weniger stigmatisierendes Bürgereinkommen vorziehen. Auch hält man Deutschlands Sozialpolitik vor, ihr ginge vor der Armutsbekämpfung die Luft aus[1033]. Zu Unrecht, denn Deutschlands Sozialpolitik schneidet beim internationalen Vergleich von Armutsrisiken und ihrer Eindämmung durch Sozial- und Steuerpolitik, wie oben erwähnt, gut ab. Ferner haben Verlaufsstudien, wie ebenfalls schon erwähnt, nachgewiesen, dass die Sozialhilfe für den Großteil ihrer Empfänger eine Durchgangsstation ist. Nicht die Zwei-Drittel-Gesellschaft herrscht vor – zwei Drittel recht wohlhabend, ein Drittel arm –, sondern die 70:20:10-Gesellschaft, d.h. eine Gesellschaft, „in der siebzig Prozent nie arm werden, zwanzig Prozent zeitweise und zehn Prozent für

Soll-Ist-Vergleich

1031 Mancher Arbeitnehmer ist nur deshalb auf Sozialleistungen wie Wohn- oder Kindergeld angewiesen, weil die von ihm zu entrichtenden Steuern und Sozialabgaben ihn erst zum Sozialleistungsfall machen.
1032 ALBER 1989, einschränkend allerdings GOODIN, HEADEY, MUFFELS & DIRVEN 2000.
1033 HANESCH u.a. 1994, vgl. jedoch BARR 1992, 2004 OECD 1995a.

längere Zeiträume arm sind"[1034]. Keine schlechte Bilanz eines Landes, in dem vor wenigen Generationen absolute Armut gang und gäbe war[1035]!

Unbestritten hat die Sozialpolitik Mängel, unter ihnen Defizite der Effektivität, d.h. der Wirksamkeit, mit der gesetzte Ziele erreicht werden, und der Effizienz, also des optimalen Aufwand-Ertrag-Verhältnisses[1036]. Hierfür sind viele Ursachen verantwortlich, so die Schwäche vorbeugender Maßnahmen, der Vorrang nachträglicher Problembewältigung oder Reparatur, die Vorfahrt für Hochtechnologie-Medizin vor ‚weicherer' Krankenversorgung und Gesundheitspflege, sodann die Traktierung körperlicher Leiden mit größtmöglichem Aufwand, während im Fall von Dienstleistungen für seelisch Kranke und geistig Behinderte schnell das Geld ausgeht, ferner die Lücke zwischen kurzfristiger Bekämpfung akuter Schäden und der geringen Fähigkeit, chronische Krankheit, chronische psychosoziale Risiken und chronische Arbeitslosigkeit zu bewältigen[1037].

Paternalisierung und Kolonialisierung der Lebenswelt

Hinzu kommen Nebenwirkungen und kontraproduktive Effekte der Sozialpolitik. Die wichtigsten Stichworte der Kritiker sind „Freiheitsbedrohung und Entmündigung", „neue Ungleichheit" bzw. „neue Verteilungskonflikte" und „Kolonialisierung der Lebenswelt". Während die alte politische Linke in der Sozialpolitik mehr Verteilungsgerechtigkeit und wirksame Kriminalitätsverhütung erblickt, verorten nicht wenige liberale und konservative Kritiker sie bei der Freiheitsbedrohung und Entmündigung. Diese ergäben sich aus einem Übermaß an sozialpolitischer Steuerung und Reglementierung. Paternalistische Daseinsvorsorge und Daseinsfürsorge statt selbstbestimmter freiheitlicher Ordnung, so lautet der Vorwurf. Ihn hat beispielsweise Horst Baier erhoben. An Max Weber geschult, nimmt Baier dessen kritische Sicht der Theorie und Praxis der Sozialpolitik des Deutschen Reiches von 1871 als Basis. An der Sozialpolitik des Deutschen Reiches (und ihrer Fortführung) stört ihn, wie Weber, das Obrigkeitsstaatliche. An Stelle eines offenen Kampfes um politische Mitbestimmungsmacht werden Ansprüche auf Sozialleistungen gewährt, „passive Demokratisierung per Stimmzettel" genieße Vorrang vor „aktiver Solidarität genossenschaftlicher Selbstverwaltung" und eine soziale Existenz werde als „Treugut" des Staates an Stelle „selbstsicherer und selbstgesicherter Mündigkeit" gegeben[1038].

Doch so richtig überzeugen kann die wortgewaltige Kritik nicht, bei aller Wertschätzung ihres Anliegens, die Freiheit zu bewahren und gegen Gleichmacherei und einen übermäßigen Interventionsstaat zu schützen. Wie soll die selbstverantwortliche kraftvolle Selbstverwaltung denn seitens jener bewerkstelligt werden, die sich nicht artikulieren können, die zu schwach zur permanenten Aussprache, unfähig zur funktionsgerechten Organisation ihrer gemeinschaftlichen Anliegen sind und womöglich pflegebedürftig ans Bett gefesselt sind? Und warum sollte die genossenschaftliche Selbstverwaltung viel besser funktionieren als die Sozialversicherungen des Deutschen Reiches von 1871, der Weimarer Republik und vor allem der Bundesrepublik Deutschland? Auch diejenigen Sicherungssysteme, die hauptsächlich auf private Initiative, Selbsthilfe und Wohl-

---

1034 ZENTRUM FÜR SOZIALPOLITIK BREMEN 1996: 8.
1035 FISCHER 1982.
1036 BADURA & GROß 1976, SAUNDERS & KLAU 1985: Kapitel 4, mit insgesamt positiverem Befund jedoch GOODIN, HEADEY, MUFFELS & DIRVEN 2000.
1037 BADURA & GROß 1976, KIRCHENAMT DER EVANGELISCHEN KIRCHE IN DEUTSCHLAND UND SEKRETARIAT DER DEUTSCHEN BISCHOFSKONFERENZ 1994.
1038 BAIER 1988: 1209.

fahrtsverbände setzen, sind keine durchgängig praktikablen Alternativen zu einem leistungsfähigen Sozialstaat, etwa nach Art der konservativen oder der sozialdemokratischen Wohlfahrtsstaaten. Das zeigt die Geschichte der Sozialpolitik. Es liegen keine überzeugenden Nachweise zugunsten der These vor, dass sich die sozialen Probleme einer modernen Industriegesellschaft ohne staatliche Pflichtversicherungen und ohne aktive staatliche Unterstützung angemessen und in menschenrechtsverträglicher Weise bewältigen lassen. Selbst wirtschaftsliberal gesinnte Politiker der Schweiz haben 1977 die bis dahin überaus löchrige freiwillige Arbeitslosenversicherung durch eine staatliche Pflichtversicherung ergänzt. Zu groß und zu anstößig waren die Lücken, die das alte freiwillige Versicherungssystem kennzeichneten[1039] und zu gefährlich das Trugbild der niedrigen Arbeitslosenquote, das die selektive Arbeitslosenversicherung hervorgerufen hatte.

Die These, der Sozialstaat beschränke die Freiheit und entmündige die Bürger, verrät gutes Gespür für moderne Varianten des Paternalismus, aber voll überzeugen vermag sie nicht. Besser passt diese These: Erst auf der Grundlage leistungsfähiger Sozialpolitik gibt es Freiheit von Not, und erst dort kommt es zu nennenswerter Optionserweiterung, einschließlich der Chance zur freiheitlichen, mündigen Lebensführung. Michael Stolleis hat diesen Gedanken an der deutschen Sozialversicherung konkretisiert: Vor allem der Arbeitnehmerschaft habe sie nicht kleinere, sondern größere „Entfaltungsfreiräume"[1040] gebracht: „Die aus dem 19. Jahrhundert unzählige Male bezeugte Lebensangst der Arbeiterfamilien, durch Krankheit, Arbeitslosigkeit, Unfall oder im Alter vor dem Nichts zu stehen, wurde durch die Sozialversicherung gebannt. Die Befreiung von dieser Angst stellt reale Freiheit dar"[1041]. Stolleis' These wird durch Befunde der modernen Sozialstrukturanalyse bestätigt: ihnen zufolge ist die Sozialpolitik eine Funktionsvoraussetzung von Modernität, z.B. von Individualisierung und Pluralisierung der Lebensstile[1042]. Der Sozialstaat entpuppt sich somit als eine Einrichtung, welche die Freiheitsgrade vieler beträchtlich vergrößert. Welcher „Yuppie" nähme nicht gerne das Angebot der Kranken- oder der Pflegeversicherung an, ihn von der Pflicht zu befreien, seine bettlägerigen Eltern zu pflegen?

Überzeugender als die These der Freiheitsbeschränkung ist die der Spannung zwischen Sozialpolitik und Sozialstruktur. Einer altehrwürdigen Lehrmeinung zufolge hat die Sozialpolitik durch den Schutz der Armen und Schwachen gesellschaftliche Spannungen entschärft und somit die Sozialstruktur stabilisiert. Mittlerweile ist man skeptischer, weil die Sozialpolitik die Gesellschaft sichtlich komplexer und komplizierter geschichtet hat. Mit ihr kommen Transferzahlungen und andere öffentliche Geldleistungen zur Einkommenserzielung durch Arbeit und Besitz hinzu. Neben die – nach Quellen des Lebensunterhalts definierten – Erwerbs- und Besitzklassenlagen tritt somit eine neue Klassenlage, die sich nach dem unterschiedlichen Zugang zu öffentlichen Leistungen und Gütern bemisst. Aus ihr erwächst eine neue soziale Klasse, die „Versorgungsklasse"[1043]. Diese kann neue Konflikte hervorbringen, den Bürgern die Definition ihrer politischen Interessen erschweren, die Beziehungen zwischen sozialen Gruppierun-

Sozialpolitik und Freiheit

Entstehung einer Versorgungsklasse

1039 SCHMIDT 1985b: Kp. 8.
1040 STOLLEIS 1980: 176, 2001.
1041 STOLLEIS 1980: 176.
1042 ZAPF 1987.
1043 LEPSIUS 1979: 179, JANOWITZ 1976.

gen und politischen Parteien lockern und die politischen Präferenzen unbeständig werden lassen, so die These von Morris Janowitz. Deshalb kämen politische Mehrheiten nur noch selten zustande, und dies beeinträchtige die Entscheidungsfähigkeit von Parlamenten, die Stabilität von Regierungen und die Legitimität der politischen Institutionen[1044].

Allerdings muss die sozialstaatlich erzeugte Versorgungsklassenlage nicht notwendig Konflikte vermehren und Instabilität hervorrufen. Das ist vor allem dort nicht der Fall, wo die Bürger dauerhafter und stabiler an parteipolitische Gruppierungen gebunden sind als in den USA, die Janowitz vor allem im Blickfeld hatte. Und nur so lässt sich besser verstehen, warum eine besondere Schieflage der meisten westlichen Wohlfahrtsstaaten bislang bemerkenswert klaglos hingenommen wurde: Die Sozialpolitik sorgt zwar für Altersrenten, aber sie stellt keine Kinder- und Jugendrenten bereit[1045]. Auch das konstituiert eine Versorgungsklassenlage – zugunsten der Älteren und zu Lasten der jüngeren Generationen bzw. zu Lasten der Familien mit Kindern und der Alleinerziehenden. Allerdings wächst mit zunehmender Größe der Versorgungsklassen die Wahrscheinlichkeit eines Konfliktes zwischen der Sozialstaatsklientel und den Hauptfinanzierern der Sozialpolitik. Unter bestimmten Bedingungen bricht dieser Konflikt auf. Zwei Konstellationen kommen hierfür besonders in Frage: 1. die Neubildung von Senioren- oder Rentnerparteien zwecks Verteidigung oder Expansion der Alterssicherung und 2. das Emporkommen einer Steuerprotestpartei wie in Dänemark in den 1970er und 1980er Jahren. Letzteres ist vor allem dann wahrscheinlich, wenn die Belastung durch sichtbare Steuern, insbesondere direkte Steuern, schon sehr hoch ist und weiter zunimmt und wenn die Steuerfrage zum Thema des Parteienwettbewerbs wird. Die Entstehung einer Seniorenpartei hingegen wird begünstigt durch Streit um Um- oder Abbau der Sozialpolitik, nachlassende Bindungskraft einer Sozialstaatspartei und zunehmende Kompetenz der Senioren zur politischen Organisierung und Artikulation.

Die Befürchtung, wachsende Steuer- und Sozialabgaben riefen notwendig schwere Konflikte hervor, ist allerdings nicht begründet. Der Konflikt um Steuer- und Sozialabgaben kann latent bleiben, ebenso der Streit zwischen Alt und Jung. Weder trifft die Hypothese zu, dass ein ausgebauter Sozialstaat notwendig Konflikte wegen zu hoher Abgaben erzeuge, noch stimmt die Gegenthese, wonach Einsparungen am Sozialhaushalt unweigerlich Protest in Form von Seniorenparteien hervorbrächten. Beide Thesen sind zu allgemein. Zu manchen Ländern passen sie gar nicht, beispielsweise zur Bundesrepublik Deutschland. Warum sind dort neue politische Gruppenbildungen und Konflikte auf Basis sozialstaatlicher Versorgungsklassenlagen bislang jedenfalls nicht entstanden? Zum einen liegt das an der Positionierung der Sozialpolitik im Parteiensystem: in der Bundesrepublik wird sie von zwei großen Sozialstaatsparteien getragen. Zum anderen sind, so zeigen vor allem Jens Albers Studien, die folgenden Gründe wichtig:

1. In der Bundesrepublik haben ältere Spannungslinien, vor allem die zwischen Arbeit und Kapital und zwischen den Konfessionen, in Verbänden und Parteien einen festen Ausdruck gefunden. Diese Spannungs- oder Konfliktlinien sind relativ stabil; ohne größere und länger andauernde Krisen werden sie nicht aufgeweicht. Das schützt gegen das Emporkommen neuer Konfliktlinien.

1044 JANOWITZ 1976.
1045 Hierzu vor allem KAUFMANN 1989, 2005.

2. Konflikte über sozialpolitische Fragen werden von bereits etablierten Interessengruppen wirksam aufgegriffen und kanalisiert. Deshalb sind die Chancen effektiver Opposition gegen die Sozialpolitik seitens neuer politischer Gruppierungen gering, was allerdings die Stärkung kleinerer wohlfahrtsstaatlicher Parteien nicht ausschließt, wie die PDS und das Streben nach einer Linkspartei aus PDS und Abspaltungen vor allem aus der SPD im Jahre 2005 zeigen.

3. Die sozialen Sicherungssysteme der Bundesrepublik erfassen die große Mehrheit der Bevölkerung. Somit hat fast jeder Haushalt ein Interesse am Bestand der Sozialpolitik. Auch das wirkt einem Konflikt auf Versorgungsklassenbasis entgegen.

4. Rund zwei Drittel aller Sozialeinkommen sind an Arbeitseinkommen und Versicherungsbeiträge gebunden. Folglich ist das Ausmaß konflikträchtiger Umverteilung zugunsten einkommensschwächerer Gruppen außerhalb des Arbeitsmarktes geringer. Das vermindert die Wahrscheinlichkeit der Opposition besser gestellter Einkommensbezieher gegen eine als zu weitreichend empfundene Umverteilung.

5. Überdies ist die Verwaltung der Sozialpolitik nicht nur Sache des Staates, sondern auch Aufgabe der Sozialversicherungsinstitutionen, an denen die Verbände der Arbeitgeber und Arbeitnehmer mitbeteiligt sind. Das vergrößert die Chance, einen besonders wichtigen Teil der politischen Opposition zu inkorporieren und somit Konflikte zu entschärfen.

6. Schließlich fehlen in der Bundesrepublik weitgehend die steuerpolitischen Bedingungen, die beispielsweise in Dänemark den Steuerprotest schürten: hierzulande sind die Abgabenlast, der Anteil der sichtbaren Steuern (insbesondere der direkten Steuern) an allen Abgaben und das Wachstum der Steuer- und Sozialabgaben niedriger als in Dänemark[1046].

Albers Studie zeigt eindrucksvoll, dass ein Sozialstaat wie in der Bundesrepublik Versorgungsklassenkonflikte unter Kontrolle halten kann. Das legt die Hypothese nahe, wonach das Ausmaß, zu dem die Sozialpolitik Probleme bewältigt und Probleme erzeugt, nicht nur von Institutionen, Parteien- und Machtkonstellationen, sondern auch vom Sozialstaatstyp abhängt. Weil diese Größen von Land zu Land verschieden sind, ist zu erwarten, dass auch die Problemlösung und die Problemerzeugung der Sozialpolitik von Staat zu Staat variieren. Dies übersehen Architekten großer Theorieentwürfe häufig. Ein Beispiel ist Jürgen Habermas´ These der „Kolonisierung der Lebenswelt"[1047], zu welcher der Sozialstaat beitrage. Dieser Auffassung zufolge greife der Staat nicht nur in den Wirtschaftskreislauf ein, sondern auch in den „Lebenskreislauf" der Bürger[1048]. Was gut gemeinte rechtlich-administrative Umsetzung sozialer Programme sein wolle, werde in der Praxis mit „Tatbestandsvereinzelung ..., Normalisierung und Überwachung" verknüpft[1049]. Durch sie werde die Lebenswelt der Bürger betreut, reglementiert, kontrolliert und zergliedert. „Die Kolonisierung der Lebenswelt" bringe Oppositionelle hervor, die der Wachstumsgesellschaft misstrauten und zum Sozialstaat eine ambivalente Haltung einnähmen. Hier sammelten sich

Kritik der
Kolonisierungsthese

1046 ALBER 1989: Kp. 4.
1047 HABERMAS 1981, Bd. 2: 198ff.
1048 HABERMAS 1985: 150.
1049 Ebd.: 151.

Minderheiten zu einer „antiproduktivistischen Allianz"[1050] aus Alt und Jung, Feministinnen, Arbeitslosen, Homosexuellen, Behinderten sowie Gläubigen und Ungläubigen[1051]. Sie eine die Auffassung, die Lebenswelt würde durch kapitalistische Marktwirtschaft und staatliche Bürokratie, also durch Markt, Macht und Hierarchie, bedroht. Der Sozialstaat erzeuge somit eine neue, recht lautstarke und wirkungsvolle „antiproduktivistische" Opposition in der Gesellschaft. Ferner erwachse ihm eine zweite Oppositionsfront aus rechten und neoliberalen politischen Strömungen. Dort trete man gegen den Sozialstaat an und setze sich für mehr Markt ein. Somit sei der Sozialstaat in eine Sackgasse geraten[1052]. Mit ihm hätten sich auch die Energien der gesellschaftlichen Utopien, die auf dem Gefüge der Arbeitsgesellschaft aufbauen konnten, erschöpft.

Wie die Freiheitsbeschränkungsthese liberaler und konservativer Kritiker des Sozialstaats, geht auch die Kolonialisierungsthese davon aus, dass der individuell beherrschte Lebensraum schrumpfe. Beide Kritikergruppen streben nach Rückgewinnung des verloren geglaubten Terrains. Allerdings können beide Thesen nicht erklären, warum sich so viele Bürger der Freiheitsbeschränkung und Kolonialisierung ihrer Lebenswelt beugen und gar noch gegen Kürzungen an diesem oder jenem Sozialgesetz lautstark protestieren. Beiden Thesen zufolge müsste der Sozialabbau mehr Freiheit und Dekolonisierung bringen! Da könnte man doch Jubel erwarten, zumindest Beifall! Doch von beiden ist in Perioden magerer Sozialpolitik wenig zu hören.

Ebenso wenig wie die Freiheitsbeschränkungsthese vermag die Kolonialisierungsthese zu erklären, warum derselbe Impuls – die Politik des Sozialstaates – bei den Adressaten höchst verschiedenartige Reaktionen hervorruft, Ablehnung oder Opposition hier, Befürwortung des Sozialstaats oder passives Erleiden dort. Überdies sind beide Hypothesen so gehalten, dass sie eigentlich auch für Staaten gelten müssten, die der Bundesrepublik in sozialpolitischer und politisch-wirtschaftlicher Hinsicht ähneln. Auch in dieser Hinsicht überzeugen beide Thesen nicht, denn zu unterschiedlich reagieren die Bürger auf die Prägung ihrer Welt durch Bürokratie und Marktwirtschaft, und zu unterschiedlich sind die neuen Protestbewegungen in den westlichen Ländern, als dass man sie nur mit Hypothesen, die Kapitalismus- mit Bürokratiekritik verbinden, erklären könnte.

Hinzu kommt ein dritter Einwand. Auf die Sozialpolitik im engeren Sinn trifft die Kolonialisierungsthese nur bedingt zu. Vom dichten Netz und der Kontrolle seitens des Sozialstaates werden die meisten Anhänger der „antiproduktivistischen Allianz"[1053] gar nicht erfasst, mit Ausnahme der wenigen Altersrentner und Arbeitslosen unter ihnen. Ferner verhält sich die große Mehrheit der Sozialstaatsklientel anders, als der Kolonialisierungsthese zufolge zu erwarten ist: nicht weniger soziale Sicherung fordert sie, sondern Beibehaltung des Status quo oder sogar Ausbau des Sozialstaats[1054]. Überdies ist die Lehre der Kolonialisierung der Lebenswelt an einer weiteren Stelle auf Sand gebaut. Ihre Diagnose der zunehmenden sozialen Kontrolle der Sozialstaatsklientel ist falsch: Die Sozialpolitik ist nachweislich großzügiger geworden, und ihre Kontrollfunktionen wie Be-

1050 Ebd.: 155.
1051 Ebd.: 155.
1052 Ebd.: 157, ähnlich OFFE 1983.
1053 HABERMAS 1985: 155.
1054 ROLLER 1992, 1995a, 1997.

dürftigkeitstests, persönliche Vorsprache, regelmäßige Meldung und direkte Überprüfung durch die Bürokratie haben in den meisten Ländern im Trend abgenommen[1055]. Das sollten auch diejenigen nicht übersehen, die im Aufkommen des „aktivierenden Sozialstaates", also einer Sozialpolitik, die zugleich fördert und zur tätigen Mitwirkung und Selbsthilfe auffordert[1056], eine neue Qualität sehen.

Allerdings sieht sich die Sozialpolitik an anderen Stellen großen Herausforderungen gegenübergestellt. Die Stichworte sind: zunehmende Seniorenquote, abnehmende Geburtenrate, also schrumpfende Gesellschaft, ferner anhaltend hohe Arbeitslosigkeit und voraussichtlich schrumpfende, höchstens konstante Akzeptanz hoher Steuern und Sozialabgaben. Allen demographischen Projektionen zufolge nimmt das Zahlenverhältnis von Senioren und Personen im erwerbsfähigen Alter (von 20 bis zum Verrentungsalter) sehr stark zu, beispielsweise in Deutschland von 43 Prozent im Jahre 2000 auf voraussichtlich 85 Prozent im Jahre 2050[1057]. Ähnliche Entwicklungen werden den meisten anderen Industrieländern prognostiziert[1058]. Und in den meisten wirtschaftlich entwickelten Ländern wird die Bevölkerung voraussichtlich schrumpfen. Nur wenige Staaten haben etwas günstigere Bedingungen zu erwarten: Wegen einer jüngeren Bevölkerung wird das Zahlenverhältnis von Senioren und Bevölkerung im erwerbsfähigen Alter in den USA niedrigere Werte erreichen; ähnlich verläuft voraussichtlich die Kurve in Kanada. Allein wegen der demographischen Komponente steigt die Finanzierungslast der Alterssicherung in den OECD-Ländern von rund 11 Prozent des Sozialproduktes Mitte der 1990er Jahre auf rund 18 Prozent um das Jahr 2030, so hieß es in einer Mitte der 1990er veröffentlichten Schätzung[1059]. Dem ist der zunehmende Bedarf an Gesundheitsdienstleistungen für die ältere Bevölkerung hinzuzurechnen, so dass von dort ein weiterer Kostenschub zu erwarten ist. Bleibt alles Übrige gleich, würde der Anteil der Sozialabgaben am Bruttoarbeitseinkommen ebenso wie die Sozialleistungsquote voraussichtlich weiter wachsen. Besonders stark wird der Druck in den Staaten mit ausgebautem Sozialschutz sein. Doch das wird den Verteilungskampf zwischen Arbeitnehmern und Arbeitgebern, Steuerzahlern und öffentlichen Kassen und zwischen Staat und Markt verschärfen. Verlauf und Ausgang dieses Konfliktes sind nur umrisshaft zu erahnen. Unschwer zu prognostizieren ist, dass er die Sozialpolitik an finanzielle, wirtschaftliche und politische Grenzen führt. Die Grenze ist dort überschritten, wo der Sozialstaat seine Existenzgrundlage zerstört. Das ist der Fall, wenn die wirtschaftliche Basis die zur Sozialpolitikfinanzierung erforderlichen Beiträge wegen Überlastung durch Steuern und Sozialabgaben nicht mehr hergibt, oder wenn die Beitrags- und Steuerzahler den Generationenvertrag mit den Sozialleistungsempfängern kündigen, oder wenn durch niedrige Geburtenraten die Gesellschaften wie nie zuvor schrumpfen und in eine Abwärtsspirale geraten.

Spätestens an dieser Stelle wird deutlich, dass die Länder, die heutzutage zum Kreis der Wohlfahrtsstaaten zählen, in ein schwerwiegendes demographisches Ungleichgewicht verstrickt sind, an dessen Entstehung und Aufrechter-

Probleme durch Alterung und Schrumpfung der Gesellschaft

1055 So eine bedenkenswerte These von ALBER 1982: 62.
1056 LÜTZ & CZADA 2004.
1057 KAUFMANN 2005: 46f., LEIBFRITZ & ROSEVEARE 1995/96: 34ff.
1058 OECD 2005a: 15.
1059 LEIBFRITZ & ROSEVEARE 1995/96.

haltung die Sozialpolitik nicht unschuldig ist. Diese Verstrickung ist umso fester, je größer die Alterslast und je geringer die Geburtenrate ist. Und deshalb ist die Sozialpolitik in Deutschland auch von diesem Ungleichgewicht in besonderem Maße betroffen.

3.3 Politische Wirkungen des Sozialstaats

Dass die Sozialpolitik die Gesellschaft befriede und stabilisiere, gilt vielen ihrer Befürworter und Gegner als unumstößlicher Glaubenssatz. Ihm hingen auch die Architekten der Sozialpolitik an, beispielsweise der Reichskanzler von Bismarck. Mittlerweile sind allerdings auch die politischen Wirkungen des Sozialstaats strittig geworden. Wertet der eine den Wohlfahrtsstaat als stabilisierenden Daseinsvorsorger von der Wiege bis zur Bahre, sieht der andere ihn als eine aus dem Schlaraffenland stammende Einrichtung, die die Effizienz und die Anpassungselastizität der Gesellschaft beschädige. Erblickt der eine in der Sozialpolitik die beste Kriminalverhütungspolitik, gilt sie dem anderen als die schlechteste Wirtschaftspolitik und als ein Arrangement, das verweichlicht und der Verteidigungsbereitschaft abträglich ist. Entschärfung von Interessenkonflikten und Kanalisierung gefährlicher Klassenkonflikte stufen die einen als besondere Leistung entwickelter Sozialpolitik ein. Andere halten dagegen, die soziale Sicherung könne Konflikte eindämmen, aber auch alte Konflikte schüren und neue hervorbringen. Hohe Sozialabgaben beispielsweise heizten den Verteilungskonflikt zwischen Arbeit und Kapital und zwischen Privatwirtschaft und Steuerstaat an. Überdies erzeugten sie mit der Versorgungsklasse eine komplexere Klassenstruktur, aus der neue politische Konflikte entstünden.

Auch das Argument, die Sozialpolitik entlaste die private Wirtschaft dadurch, dass sie strittige Materien, wie den Kampf um Sozialeinkommen, nicht betrieblichen Arenen überlasse, sondern dem Parlament, der Regierung, den Sozialversicherungen und der Staatsverwaltung überantworte, hält der Überprüfung anhand neuerer Daten nur teilweise stand. Diese These benennt zwar zu Recht eine folgenreiche Kompetenzverschiebung von den Betrieben zum Staat und insoweit eine Entlastung der Unternehmen. Das ist ein beträchtlicher Vorteil für die Arbeitgeber, den nur aufs Spiel setzt, wer meint, er könne durch betriebsnahen Verteilungskampf um Sozialrechte und Sozialeinkommen weitere Wettbewerbsvorteile erringen. Nicht haltbar ist aber die gesteigerte Form dieser These, wonach die Sozialpolitik umso mehr zu friedlichen Arbeitsbeziehungen beitrage, je stärker sie sei. In manchen Ländern stützt die Sozialpolitik zwar sozialpartnerschaftliche Arbeitsbeziehungen, so in den deutschsprachigen Industrieländern, aber nicht überall. Außerdem gibt es mehr als nur einen Weg zu friedlichen partnerschaftlichen Arbeitsbeziehungen, beispielsweise den japanischen Weg.

Vor allem hält die von Douglas Hibbs stark gemachte These, wonach ein ausgebauter Sozialstaat die Zahl und Größenordnung von Streiks und Aussper-

Kein Zusammenhang mit Streikfrequenz

rungen im Trend vermindere, dem genaueren Vergleich nicht stand[1060]. Hibbs' Diagnose lagen ältere Daten und nur eine Teilerhebung der westlichen Industrieländer zugrunde. Berücksichtigt man jedoch ältere und neuere Streikdaten nicht nur für wenige, sondern für alle westlichen Industrieländer, soweit für sie vergleichbare Daten erhältlich sind, zeigt sich, dass die Sozialleistungsquote mit dem Streikvolumen nur schwach invers korreliert[1061]. Mit anderen Worten: wenig gestreikt wird sowohl in Ländern mit entwickeltem Wohlfahrtsstaat wie auch in Staaten mit schwacher Sozialpolitik. Ein Beispiel für Letztere ist Japan, und Exempel des ersteren Falles finden sich dort, wo Hibbs zu analysieren begann: in Ländern mit entwickeltem Wohlfahrtsstaat und geringer Zahl und Intensität industrieller Konflikte wie der Bundesrepublik Deutschland, den Niederlanden und bis zu Beginn der 1980er Jahre Schweden. Umgekehrt gilt: Länder mit schwächerer Sozialpolitik neigen tatsächlich, wie von Hibbs vorhergesagt, zu konfliktiven Arbeitsbeziehungen, so die USA und Australien. Allerdings kommen auch in ausgebauten Wohlfahrtsstaaten instabile Arbeitsbeziehungen und unstrukturierte Konfrontation zwischen Arbeit und Kapital zustande. Frankreich und Italien sind eindrucksvolle Beispiele dafür, wie schon milde Leistungskürzungen in der Sozialpolitik massenhaften politischen Protest hervorrufen können. Ferner brechen besonders harte Konflikte dort auf, wo die Sozialpolitik gegen den Protest von Linksparteien und Gewerkschaften um- oder rückgebaut wird, so beispielsweise in Frankreich im Herbst und Winter 1995 und in der Bundesrepublik Deutschland im Jahr 1996 sowie 2004 und 2005 bei den Auseinandersetzungen um die „Hartz-IV"-Reformen. Zu einfach ist auch die These, der Sozialstaat halte die Massenloyalität aufrecht. Gewiss: leistungsfähige Institutionen der sozialen Sicherung sind bei der Mehrzahl der Bürger populär[1062] und tragen so zu politischer Stabilität bei. Andererseits ruft die Sozialpolitik heftigen Protest hervor, vor allem seitens ihrer Gegner unter den Freiberuflichen, Selbständigen, höheren Einkommensgruppen und Führungskräften in der Wirtschaft. Diese neigen dazu, dem Staat die Loyalität eher ob der ausgebauten sozialen Sicherung als wegen fehlender Daseinsvorsorge aufzukündigen. Und dieser Konflikt scheint in dem Maße an Schärfe zuzunehmen, in dem die Steuer- und Sozialabgabenlasten wachsen.

Auswirkungen auf die Demokratie

Inwieweit hält die These, die Sozialpolitik fördere die Konsolidierung und Verwurzelung der Demokratie, den Daten stand? Für sie spricht einiges, wie die Geschichte der Bundesrepublik Deutschland in den 1950er Jahren zeigt. Dort sorgten Wirtschaftswachstum und Sozialpolitik für „Wohlstand für Alle", so der Titel eines Buches Ludwig Erhards, des ersten Bundeswirtschaftsministers der Bundesrepublik Deutschland[1063]. Hiermit trug auch die Sozialpolitik ihr Scherflein zur Legitimierung der jungen Demokratie bei[1064]. Folgt man der Umfrageforschung, ist dieser Befund verallgemeinerbar: die positive Bewertung sozial-

---

1060 HIBBS 1978.
1061 Berechnungsbasis: ARMINGEON 1992: 432, Spalte 7: THE ECONOMIST 21.1.1995, Sozialausgaben: ILO 1972, 1979, 1985, 1992, 1996, OECD 1985, 1996a. Neue Daten bestätigen den Befund.
1062 COUGHLIN 1980, ROLLER 1992, 1995a, 1996, ALLBUS 1996 (Variablen 383 u. 409).
1063 ERHARD 1957.
1064 CONRADT 1980, ROLLER 1996.

politischer Leistungen sei „für jede liberale Demokratie eine Existenzvorausset-
zung und eine entscheidende Grundlage für ihre Legitimität."[1065]

Allerdings bedarf die These, die Sozialpolitik stabilisiere die Demokratie,
der Ergänzung. Erstens: Die Demokratie überlebt auch dann, wenn die Sozialpolitik schwächer dosiert wird als in der Bundesrepublik, wie beispielsweise die
USA und Großbritannien zeigen. Das legt die These nahe, dass relativ niedrige
Niveaus sozialer Sicherung zur Demokratiestabilisierung ausreichen, wie beispielsweise das Sicherungsniveau, das in den meisten westlichen Industrieländern in den 1950er Jahren erreicht wurde. Zweitens: der demokratische Wettbewerb hat Unarten. Er kann die um Wählerstimmen werbenden Parteien zu langfristig systemschädigender Gefälligkeitspolitik verleiten. Für diese eignet sich
die Sozialpolitik aufgrund ihrer Wählerwirksamkeit in besonderem Maße. Davon hat die Politik rege Gebrauch gemacht: nicht selten wurde die Sozialpolitik
für wahltermingerechte politische Steuerung eingesetzt[1066]. Drittens: Wie im
vorangehenden Kapitel gezeigt wurde, bringt die Sozialpolitik neue Versorgungsklassen hervor und kann hierdurch politisch destabilisieren.

Wer die politischen Wirkungen der Sozialpolitik erkundet, stößt unweigerlich auf den von ihr ausgehenden gewaltigen Bürokratisierungsschub. Er bietet
schönstes Anschauungsmaterial für Bürokratieforschung und -kritik im Gefolge
von Max Weber und moderner, die Besonderheiten der Dienstleistungsverwal-
tung reflektierender Verwaltungsforschung. Der Sozialstaat ist eine gewaltige
Maschinerie, in der fachgeschultes Personal teils hierarchisch, teils nichthierar-
chisch innerhalb festgelegter Kompetenzen und durch regelgebundenes Handeln
die Daseinsvorsorge in Wirtschaft und Gesellschaft reglementiert, administriert
und implementiert. Die Sozialstaatsmaschinerie erzeugt ein hohes Maß an ein-
heitsstaatlicher Standardisierung und Nivellierung. Dem wird je nach Standpunkt
Beifall gespendet oder Ablehnung zuteil. Der Sachverhalt selbst ist unstrittig:
Der Vormarsch des Sozialstaats hat die Gesellschaft und die Wirtschaft mit Bürokratie, also Herrschaft der Verwaltung, durchdrungen und dabei Daseinsvorsorge und Nivellierung in einem Ausmaß erzeugt, das dem hellsichtigen Pro-
pheten des Zeitalters der Gleichheit, Alexis de Tocqueville, wohl den Atem ver-
schlagen hätte.

Dass die Sozialpolitik erhebliche Schwächen hat, liegt nach dem bisher Dar-
gelegten auf der Hand. Allerdings konzedieren selbst ihre härtesten Kritiker,
dass sie Beträchtliches zur politischen Stabilität beigetragen hat. Die Sozialpolitik hat beispielsweise die Gesellschaft und Politik berechenbarer gemacht. Die
Ursachen liegen auf der Hand: das große Gewicht der Sozialpolitik, ihr Beharrungsvermögen, ihre Pfadabhängigkeit[1067] und ihr gewaltiges Budget schmälern
den Variationsspielraum zukünftiger Sozialpolitik und der politischen Steuerung
anderer ausgabenintensiver Politikfelder. Das schafft einerseits Unbeweglichkeit
und andererseits mehr Kontinuität der Struktur und der Veränderungsrichtung.

1065 KAASE 1989: 210.

1066 Nicht zufällig gilt die Rentenreform von 1957 als Paradebeispiel für einen folgenreichen
„Strukturwandel der Öffentlichkeit" hin zu einer inszenierten, nichtauthentischen Öffentlichkeit. HABERMAS 1962: Kp. VI § 22.

1067 Pfadabhängigkeit ist der Fachausdruck für die weitgehende Prägung der Politik zum Zeitpunkt
t durch die Strukturen, Vorgänge und Maßnahmen der Politik zu zeitlich vorgelagerten Zeitpunkten und durch den dort gebahnten „Weg" oder „Pfad" der Problemlösung, auch wenn dieser mittlerweile überholt ist.

Die Berechenbarkeit resultiert ferner aus dem Beitrag der Sozialpolitik zur Verbesserung qualitativer Standortfaktoren, der mit ihrem Beitrag zur Standortverschlechterung zu verrechnen ist. Den Wirtschaftsstandort begünstigt sie, indem sie das Arbeitsvermögen qualifiziert und schützt und die Akzeptanz der politischen und wirtschaftlichen Ordnung fördert. Ferner erleichtert die Sozialpolitik, vor allem die des Sozialversicherungsstaates, die Einbindung der Gewerkschaften und der Arbeitgeberverbände in den Staat. In der Regel stabilisiert sie sozialpartnerschaftliche Arbeitsbeziehungen. Dies schafft Vorteile wie verlässlichere Kanalisierung von Konflikten zwischen Arbeit und Kapital, längerfristiger Planungszeitraum und geringere Informationsbeschaffungs- und Transaktionskosten, d.h. Kosten infolge von Vorbereitung, Abschluss und Überwachung von Verträgen einschließlich der Sanktionierung von Vertragsbruch.

Damm gegen
Umformung
ökonomischer in
politische Krisen Nicht minder wichtig ist ein Weiteres: Ist die Sozialpolitik gut ausgebaut, wirkt sie wie ein Damm gegen das Umschlagen wirtschaftlicher Krisen in schwere politische Erschütterungen. Die politische Geschichte Deutschlands im 20. Jahrhundert lehrt, dass ein ausgebauter Sozialstaat die Staatsverfassung stabilisieren kann. Man stelle sich vor, der Übergang Ostdeutschlands von der Zentralverwaltungs- zur Marktwirtschaft wäre ohne den zunächst voluminösen Einsatz der Arbeitsmarktpolitik und ohne das westdeutsche Netz der sozialen Sicherungssysteme erfolgt. Das hätte wohl zu beispielloser Verelendung und unkalkulierbaren politischen Verhältnissen geführt. So aber linderte die rasche Übertragung der westdeutschen Sozialpolitik auf Ostdeutschland die sozialen Folgen der schweren Strukturkrise in den neuen Ländern, die allerdings auch durch die hohen Ansprüche des Sozialrechts und die hohen Sozialabgaben vertieft worden war. Noch wichtiger war wohl dies: Die Sozialpolitik verkleinerte den politischen Zündstoff des Übergangs von der sozialistischen Diktatur zur Marktwirtschaft und Demokratie. Die Differenz zur Wirtschaftsdepression der Jahre von 1930 bis 1932 könnte kaum größer sein! Damals war die Sozialpolitik unter die Räder von Wirtschaftskrise und Deflationspolitik der Regierung Brüning geraten und hatte nicht länger den Schutz zu bieten, der zur Stabilisierung der Lebenslage vieler Millionen erforderlich gewesen wäre. So war mit ihr ein Pfeiler des politischen Systems der Weimarer Republik zusammengebrochen.

Politische Stabilisierungsleistungen hat die Sozialpolitik nach 1945 auch dadurch bewiesen, dass sie die Auswirkungen der Arbeitslosigkeit in den westlichen Industriestaaten linderte. Die weltweiten Rezessionen der 1970er und 1980er Jahre des 20. Jahrhunderts hoben die Arbeitslosenquote in den meisten OECD-Ländern auf ein Niveau, das Erinnerungen an die Depression der 1930er Jahre wachrief. Im Unterschied zu den 1930er Jahren blieb jedoch in den 1970er und 1980er Jahren eine große politische Krise aus. Nur gedämpfte politische Reaktionen brachte die hohe Arbeitslosigkeit hervor. Das überraschte sozialwissenschaftliche Krisenforscher und Politiker gleichermaßen. Beide hatten schwere Legitimationsprobleme erwartet, wenn die Arbeitslosenquote ein kritisches Niveau um die fünf Prozent übersteigt[1068].

Politische
Folgenlosigkeit von
Arbeitslosigkeit Warum die politischen Reaktionen auf die Arbeitslosigkeit schwach waren, kann man erklären. Fünf Faktoren sind hierfür besonders wichtig: 1. die geringe Organisations- und Konfliktfähigkeit der Arbeitslosen, 2. der Tatbestand, dass

---

1068 Vgl. für andere BERGMANN u.a. 1969, die für den Fall einer Arbeitslosenquote von 5 Prozent schwerste Legitimationskrisen vorhersagten.

Arbeitslosigkeit für viele nur ein Durchgangsstadium ist, 3. die Konzentration der Arbeitslosigkeitsrisiken und der Wiedereingliederungsbarrieren auf die sogenannten Problemgruppen des Arbeitsmarktes (insbesondere Ausländer, Frauen und geringer Qualifizierte), 4. die Existenz von Alternativrollen außerhalb der etablierten Ökonomie, wie Selbsthilfeprojekte, Schattenwirtschaft und – im Falle älterer Arbeitnehmer – der Frühverrentung und 5. das Niveau der sozialen Sicherung. Für die Mehrzahl der Arbeitslosen ist Arbeitslosigkeit eine wirtschaftliche und psychische Last, sofern nicht die Kombination auf Arbeitslosengeld und Einkommen aus der informellen Ökonomie für kommodes Geldeinkommen sorgen. Heutzutage geht die Arbeitslosigkeit nicht mehr mit materieller Verelendung einher. Vielmehr lindern die Leistungen der Arbeitslosenversicherung, die mit abnehmendem Einkommen überproportional abnehmende Steuerschuld des Arbeitslosen sowie die Einkommen anderer Haushaltsmitglieder den Einkommensausfall des Erwerbslosen. Hinzu treten mitunter Maßnahmen der aktiven Arbeitsmarktpolitik wie Umschulung und Weiterbildung, welche die Wiedereingliederungschancen der Arbeitslosen verbessern können.

Somit wirkt ein ausgebauter Sozialstaat im Fall der Arbeitslosigkeit als zweifache Sicherungsinstanz: als Einrichtung der kollektiven sozialen Sicherung und als Schutz gegen die Politisierung der Arbeitslosigkeit. Wiederum erweist sich der Sozialstaat als ein wirksamer Problemzerstäuber, der auch extreme Gegensätze verarbeiten kann und hierdurch die Friedenssicherungsfunktion der Verfassung nachhaltig unterstützt. Somit sind die Netze der sozialen Sicherung zugleich Schutzvorkehrungen für die politische Herrschaftsform. Funktionieren sie, geben sie zugleich dem gesellschaftlichen, wirtschaftlichen und dem politischen Handeln eine verlässliche Grundlage. Das ist kein geringes Gut[1069]. Doch keine Problemlösung ohne Kosten: Diese Stabilisierung kann bei lang anhaltender Strukturkrise zur Verfestigung der Arbeitslosigkeit beitragen.

Auch bei den politischen Wirkungen des Wohlfahrtsstaates sind Ungleichgewichte unübersehbar. Die Finanzierungskonkurrenz zwischen Sozialpolitik und anderen finanzaufwändigen Politikfeldern ist in vielen Ländern ein dorniges Problem. In besonderem Maß gilt das wiederum für Deutschland. Denn in Deutschland wird für Soziales ungewöhnlich viel ausgeben – relativ zu anderen Ländern und mehr noch relativ zur nur noch mittelmäßigen Pro-Kopf-Wirtschaftskraft des Landes. Zugleich aber ist in Deutschland der Anteil der öffentlichen Ausgaben für alle nicht-sozialpolitischen Staatsaufgaben relativ niedrig – ein Reflex des nur mittelhohen Anteils der Steuern und Sozialabgaben am Sozialprodukt. Anders gesagt: in Deutschland ist die Finanzierungskonkurrenz um knappe öffentliche Mittel in ungewöhnlich deutlicher Form zugunsten der sozialen Sicherung entschieden worden. Und angesichts der Wirkkräfte in der Sozialpolitik ist die Weiterführung dieses Trends wahrscheinlicher als seine Umkehr. Die Kehrseite dieser Medaille ist die knappe finanzielle Ausstattung, wenn nicht Unterausstattung, anderer Politikfelder – unter ihnen das Bildungswesen[1070]. Zukunftssicherung wird in Deutschland insoweit relativ einseitig als Sicherung durch Sozialpolitik definiert – unter Vernachlässigung anderer zukunftsorientierter Felder[1071] und obendrein um den weiteren Preis einer hohen und voraussichtlich weiter zunehmenden Staatsverschuldung.

1069 CZADA 1995.
1070 ALLMENDINGER & LEIBFRIED 2003, SCHMIDT 2004a.
1071 SCHMIDT 2004b.

3.4 Bilanz: Von den Kosten und vom Nutzen der Sozialpolitik

Es ist Zeit Bilanz zu ziehen. Welches sind die Kosten der Sozialpolitik, und worin besteht ihr Nutzen? Hierüber wird, die vorangehenden Kapitel zeigen es, heftig gestritten, teils mit guten, teils mit weniger stichhaltigen Argumenten. Kritikern zufolge zeichnen sich Länder mit ausgebautem Wohlfahrtsstaat durch institutionelle Trägheit bei der Anpassung an veränderte Umweltbedingungen aus sowie durch zahlreiche negative Effekte, insbesondere Dämpfung wirtschaftlicher und gesellschaftlicher Dynamik. Fürsprecher des Wohlfahrtsstaates sind anderer Meinung. Ihnen zufolge hat der Wohlfahrtsstaat die Industrieländer stabiler und gerechter, und manche meinen auch effizienter, gemacht. Ein weit ausgebauter Wohlfahrtsstaat leiste vor allem fünferlei: er sichere die individuelle Wohlfahrt, fördere durch Aktivierung seiner Klienten deren Mitwirkung an öffentlichen Angelegenheiten, sorge für Sozialintegration, wirke politisch stabilisierend und habe einen beträchtlichen wirtschaftlichen Wert.

Doch beide Sichtweisen – die der Kritiker und die der Fürsprecher – vereinfachen den Sachverhalt zu sehr. Die Kritiker sehen überwiegend nur die Probleme einer ausgebauten Sozialpolitik und bewerten ihre Leistungen zu gering. Die Fürsprecher des Wohlfahrtsstaates hingegen vernachlässigen die Mängel, Nebenwirkungen und Zielkonflikte, in die sich eine ausgebaute Sozialpolitik verstricken kann. Zudem verstoßen beide Sichtweisen gegen einen gesicherten Lehrsatz der Evaluation der Sozialpolitik. Nur wer beides sieht – die Stärken der Sozialpolitik wie auch ihre Schwächen – und nur wer dabei sowohl die politischen als auch die sozialen und die ökonomischen Kosten und Vorteile berücksichtigt, wird der Sozialpolitik gerecht[1072]. Und wer zudem berücksichtigt, dass unterschiedliche Wohlfahrtsstaatstypen auch unterschiedliche Folgen zeitigen können, trägt der Komplexität der Sozialpolitik und ihrer Auswirkungen am besten Rechnung.

Bewertet man das Für und Wider der wichtigsten Thesen, ist das Hauptergebnis dies: Die Sozialpolitik hat ein Doppelgesicht – sie ist ein Problemlöser *und* ein Problemerzeuger, ein Nutzenstifter *und* ein Kostenverursacher, ein Lastenträger *und* eine Bürde. Der Wohlfahrtsstaat löst Probleme, und er erzeugt Probleme. Er kann sich zwar einerseits rühmen, „ein recht erfolgreiches Modell sozialer Ordnung zu sein"[1073], andererseits verursacht er sehr beachtliche ökonomische, gesellschaftliche und politische Kosten. Darüber informiert die Ta-

Grundsätze der Evaluation der Sozialpolitik – und ihre Hauptergebnisse

---

1072 LEIBFRIED, MÜLLER, SCHMÄHL & SCHMIDT 1998.
1073 ALBER 2001: 97.

belle 7 zusammenfassend. Und in einigen Ländern erweist sich der Wohlfahrtsstaat sogar als ein sanierungsbedürftiger Problemfall – insbesondere in den
Staaten, in denen die Problemerzeugung die Problemlösung in überdurchschnittlichem Maße übertrifft. Die finanziellen und ökonomischen Kosten einer weit
ausgebauten Sozialpolitik sind groß, und seine sozialen und politischen Kosten
fallen ins Gewicht. Sozialpolitische Probleme zweiter Ordnung, Zentralisierung
und Bürokratisierung, mitunter Überlastung der Wirtschaft, womöglich Zielkonflikte mit der Beschäftigung, finanzielle Austrocknung anderer Politikfelder sind
nur einige Stichworte.

Allerdings sind die Kosten mit dem Nutzen der Sozialpolitik abzuwägen.
Und der Nutzen ist beträchtlich, wie die Tabelle 7 ebenfalls zeigt. Welcher Politiker möchte denn freiwillig der Legitimation entsagen, die die Sozialpolitik ihm,
seiner Partei oder seiner Regierung bringt? Und welche Regierung möchte auf
den Wohlfahrtsstaat als „Problemzerstäuber" verzichten? Ferner: welcher Unternehmer möchte wirklich ab morgen mit den Interessenvertretern der Belegschaft
in Verhandlungen über den gesamten Lohn eintreten, also einschließlich der
Entlohnung für Fragen der Altersicherung, der Krankenversicherung, der Arbeitslosigkeit, der Invalidität oder der Pflegeabhängigkeit?

Wachsende
Spannungen

Allerdings ist die Spannung zwischen den sozialpolitischen Zielen und anderen Richtgrößen, vor allem ehrgeizigen Wirtschafts- und Beschäftigungszielen,
nicht geringer, sondern im Zuge der Reifung des Wohlfahrtsstaates und des großen Wandels in seinem ökonomischen und gesellschaftlichen Umfeld größer
geworden. Verantwortlich dafür ist vor allem das Zusammentreffen mehrerer
Großprobleme. Zu diesen Problemen gehören das in vielen OECD-Ländern
mittlerweile relativ geringere und in manchen Ländern sehr niedrige Wirtschaftswachstum, ferner tief greifende weltwirtschaftliche Veränderungen wie
zunehmende internationale Abhängigkeit und wachsender Wettbewerbsdruck,
sodann die Alterung der Gesellschaft und ihre Schrumpfung infolge von niedrigen Geburtenraten, die in allen Wohlfahrtsstaaten mehr oder minder weit unter
dem zur Bevölkerungsreproduktion erforderlichen Niveau liegen. Nicht zu vergessen sind die Akzeptanzgrenzen gegenüber hohen und womöglich weiter steigenden Steuern und Sozialabgaben, und in manchen Ländern Sonderprobleme,
beispielsweise in Deutschland die hohen Kosten der Finanzierung der deutschen
Einheit und die Nachbarschaft von mittel- und osteuropäischen Niedriglohnlän-
dern, die infolge der Osterweiterung der Europäischen Union den Druck auf den
Standortwettbewerb weiter erhöhen.

Hinzu kommen die indirekten Kosten der Sozialpolitik, einschließlich des
durch sie entgangenen Nutzens. Fast überall wurde die Sozialpolitik in mehr
oder minder starkem Maße zu Lasten der Zukunftsvorsorge in sozialpolitikex-
ternen Feldern ausgebaut. Während die Alterssicherungspolitik in den Wohlfahrtsstaaten für eine aufwändige Zukunftsvorsorge sorgt, wenngleich meist auf
Pump finanziert, ist die materielle Ausstattung anderer zukunftsrelevanter Felder
– Bildung, Forschung und Umwelt beispielsweise – vielfach nur mittelmäßig.
Insoweit stützt die Regierungspraxis in den entwickelten Wohlfahrtsstaaten eine
weitsichtige These: In der Demokratie ist es schwierig, schrieb der scharfsichtige
Alexis de Tocqueville, „die Leidenschaften zu beherrschen und die Bedürfnisse
des Augenblicks zugunsten der Zukunft zu unterdrücken"[1074]. Zugute zu halten

---

1074 TOCQUEVILLE 1984: 258.

294

ist den wohlfahrtsstaatlichen Demokratien jedoch, dass sie – zum Wohlgefallen der Mehrheit – die „Bedürfnisse des Augenblicks" tatkräftig stillen und bei der Zukunftsvorsorge in sozialpolitischen Feldern recht rührig sind. Das sorgt auf kurze und mittlere Frist für satte Zufriedenheit, Ruhe und großflächige Zustimmung sowie für beträchtliche Kalkulierbarkeit, langfristig allerdings für schwer abzutragende Lasten.

Für den beträchtlichen Nutzen der Sozialpolitik ist mittlerweile ein höherer Preis als zuvor zu entrichten. Wahrscheinlich wird dieser Preis noch weiter steigen. Daraus ergeben sich prinzipiell drei Möglichkeiten. Die erste davon wäre der Verzicht auf Sozialpolitik. Der Schaden wäre groß, und lebensfähige Alternativen auf nichtstaatlicher Basis sind nicht in Sicht, sofern wirklich alle größeren Sozialrisiken gebührend berücksichtigt werden sollen. Für die Umsetzung dieser Option wäre eine lange, lange Wegstrecke erforderlich, die als Politik der Sozialstaatszertrümmerung in die Geschichtsbücher eingehen würde. Dass dies auf demokratischer Basis politisch machbar wäre, ist unwahrscheinlich. Und selbst eine Diktatur würde wohl das enorme politische Risiko der Zerschlagung der Sozialpolitik nicht ohne Not eingehen wollen. *(Randnotiz: Alternativen: Verzicht auf Sozialpolitik, Preiszahlung oder Preissenkung)*

Wer die erste Option nicht will, hat nur die folgende Wahl: Wer den Nutzen der Sozialpolitik zur Gänze haben will, muss ihren hohen und wahrscheinlich weiter steigenden Preis[1075] akzeptieren und zahlen, und zwar in der Münze hoher und wahrscheinlich weiter zunehmender Steuern und Sozialabgaben – es sei denn, es geschähe ein Wunder, das den wirtschaftlich entwickelten OECD-Mitgliedstaaten einen neuen Wirtschaftsaufschwung mit hohen Wachstumsraten beschert. Solange dies nicht eintritt, wird der, der für Preissenkung in Sachen Sozialpolitik eintritt, nach Kosten senkender Reform des Wohlfahrtsstaates streben müssen. Letzteres ist jedoch – abgesehen von den Rationalisierungsreserven im Sozialstaat – ebenfalls nicht zum Nulltarif zu haben und setzt Befähigung zur Sozialstaatsreform sowie Reformierbarkeit des Sozialstaates voraus[1076]: Wer den aus Steuern und Sozialabgaben finanzierten Aufwand für die Sozialpolitik spürbar senken will, wird wohl auch ihren Nutzen erheblich mindern oder durch Aktivierung von mehr Eigenbeteiligung Schadensbegrenzung betreiben müssen.

1075 Preissteigernd wirken insbesondere die Alterung der Gesellschaft, ihre Schrumpfung, der medizinisch-technische Fortschritt und die „tertiären Effekte" (BAUMOL 1967, 1993) infolge der geringeren Produktivitätssteigerung im öffentlichen Sektor.

1076 Dass dies große Herausforderungen für die Politik mit sich bringt, ist unbestritten. Zu den Erfahrungen und Voraussetzungen solcher Reformen vgl. insbesondere MAYNTZ 1991, SCHARPF & SCHMIDT 2000, PIERSON 1996, 2001, ZOHLNHÖFER 2001, SIEGEL 2002, SIEGEL & JOCHEM 2003a, HINRICHS 2004a, 2004c, SCHMIDT 2005a, 2005b, 2005c, 2005e.

Tabelle 7:   Der Sozialstaat als Problembewältiger und als Problemerzeuger

PROBLEMBEWÄLTIGUNG	PROBLEMERZEUGUNG
I. Politische Dimension	*I. Politische Dimension*
Bewältigt ureigene Probleme der Sozialpolitik zuverlässig: schützt vor Verelendung, sichert gegen Einkommensausfall infolge von Wechselfällen des Lebens, dämmt Ungleichheit ein und kontrolliert Konsequenzen krasser sozialer Ungleichheit	Erzeugt Probleme zweiter Ordnung, wie sozialstaatsinduzierte Probleme (z.B. Anspruchsinflation, neue Ungleichheit, politisch konflikthafte Versorgungsklassenlagen)
Eine wichtige Quelle der Legitimation	Zuwachs an Bürokratisierung und Zentralisierung
Schottet die Politik gegen Erschütterungen infolge von ökonomischen Krisen ab	Verdrängt oder blockiert finanziell aufwändige öffentliche Daseinsvorsorge jenseits der Sozialpolitik**
Sozialpolitik ist bereichsweise zukunftsorientiert (z.B. durch die Stabilisierung der Lebenslage Älterer) und kann gesellschaftliche Ungewissheit beträchtlich vermindern	Kostenabwälzung auf jüngere Generationen, zukünftige Generationen (insb. durch hohe Staatsverschuldung) und zukunftsorientierte Politikfelder
II. Gesellschaftliche Dimension	*II. Gesellschaftliche Dimension*
Dämpft und kanalisiert den Konflikt zwischen Arbeit und Kapital; entlastet Betriebe von Konflikten über Sozialeinkommen*	Erzeugt einen Schutzwall um die abhängig Beschäftigten und die Gewerkschaften, der zu einer Lohnpolitik verleitet, die die Spaltungen zwischen Arbeitsplatzbesitzern und Arbeitssuchenden verstärkt und Kosten auf Dritte abwälzt (z.B. durch Frühverrentung)**
Sorgt für höheres Maß an sozialer Kohäsion	Erzeugt neues Konfliktpotential durch Eingriff in alte – und Produktion neuer – ‚Versorgungsklassenlagen'
Vermindert geschlechterspezifische Ungleichheit	Unbeabsichtigte Folgen abnehmender geschlechtsspezifischer Ungleichheit, wie Dekomposition von Kollektiven auf Mikro- und Makroebene
Massive Umverteilung von Einkommen zwischen Einkommensgruppen und zwischen Generationen	Unbeabsichtigte Folgen massiver Redistribution, wie intensivierte Zielkonflikte zwischen Sozialschutz und anderen wichtigen Zielen
III. Wirtschaftliche Dimension	*III. Wirtschaftliche Dimension*
Beträchtlicher „wirtschaftlicher Wert" durch Protektion, Reproduktion und Gesundheitsversorgung der Arbeitskraft, Konflikteindämmung und Anreize für produktivitätssteigernde Investitionen	Zielkonflikt zwischen ehrgeizigem Sozialschutz einerseits und ökonomischer Effizienz sowie ehrgeiziger Beschäftigungspolitik andererseits**
Die Wirtschaft der heutigen Wohlfahrtsstaaten ist so schnell oder schneller gewachsen als die vieler anderer Länder	Der höchste „Wohlstand der Nationen" (gemessen am BIP pro Kopf) wurde dort erreicht, wo die Sozialpolitik nur relativ moderat ausgebaut wurde (USA)
Sozialpolitik verstetigt die Nachfrage für Konsumgüter	Ausbeutung von Versicherungen und Anreiz zur Abwanderung in die Schattenwirtschaft

Die Aussagen gelten für einen reifen, finanziell aufwändigen Wohlfahrtsstaat des Typs, der sich in den nordeuropäischen Ländern und in größeren kontinentaleuropäischen Staaten im frühen 21. Jahrhundert findet.

*   = Diese Eigenschaft ist in steuerfinanzierten Wohlfahrtsstaaten stärker ausgeprägt.
** = Diese Eigenschaft ist in sozialversicherungsfinanzierten Wohlfahrtsstaaten stärker ausgeprägt.

Quellen: Zusammengestellt vor allem anhand von Alber 1983, 1989, 2001, BADURA & GROß 1976, BAIER 1977, BALASSA 1984, BARR 2004, BARTHOLOMEW 2004,   DIERKES & ZIMMERMANN 1996, ESPING-ANDERSEN 1990, 1999, FLORA 1986a, 1986b, 1986c, FRANZ 2004, GEIßLER 1976, GIERSCH 1997, GOODIN, HEADEY, MUFFELS & DIRVEN 2000, HABERMAS 1981, 1985, IIO 1996, JANOWITZ 1976, JOCHEM 1998, LAMPERT 1995, LAMPERT & ALTHAMMER 2001, LEIBFRIED; MÜLLER; SCHMÄHL & SCHMIDT 1998a, LINDERT 2004a, 2004b, KAUFMANN OECD 1985, 1994b, OKUN 1975, OPIELKA 2004, PFALLER u.a. 1991, RINGEN 1987, ROLLER 1992, 1997, SAUNDERS & KLAU 1985, SCHMÄHL 1995, SCHMIDT 2001b, SCHÖNIG & L'HOEST 2000, ULLRICH 2000, VOBRUBA 1989, WEEDE 1986, 1996, WILENSKY 2002, ZACHER 2001.

Gesamtverzeichnis der zitierten Dokumente und Fachliteratur

Verzeichnis der wichtigsten Abkürzungen

AJS	American Journal of Sociology
AER	American Economic Review
APSR	American Political Science Review
APuZ	Aus Politik und Zeitgeschichte
Bd.	Band
Bde.	Bände
BDA	Bundesvereinigung deutscher Arbeitgeberverbände
BfA	Bundesversicherungsanstalt für Angestellte
BGBl.	Bundesgesetzblatt
BMA	Bundesministerium für Arbeit und Sozialordnung
BMGS	Bundesministerium für Gesundheit und Soziale Sicherung
BJPS	British Journal of Political Science
BSV	Bundesamt für Sozialversicherung der Schweiz
CPS	Comparative Political Studies
DDR	Deutsche Demokratische Republik
DGB	Deutscher Gewerkschaftsbund
DIW	Deutsches Institut für Wirtschaftsforschung
E.A.	Erstausgabe
EJPR	European Journal of Political Research
ESR	European Sociological Review
FAZ	Frankfurter Allgemeine Zeitung
FR	Frankfurter Rundschau
Gbl.	Gesetzblatt der Deutschen Demokratischen Republik, Berlin-Ost
GMH	Gewerkschaftliche Monatshefte
GuG	Geschichte und Gesellschaft
HDWW	Handwörterbuch der Wirtschaftswissenschaften
Hg.	Herausgeber
IAO	Internationale Arbeitsorganisation (engl. ILO)
ILO	International Labour Office (deutsch IAO)
IPSR	International Political Science Review
ISI	Informationsdienst Soziale Indikatoren, Mannheim ZUMA
JESP	Journal of European Social Policy
KZfSS	Kölner Zeitschrift für Soziologie und Sozialpsychologie
MPIfG	Max-Planck-Institut für Gesellschaftsforschung
OECD	Organisation for Economic Co-Operation and Development
ÖZP	Österreichische Zeitschrift für Politikwissenschaft
PVS	Politische Vierteljahresschrift
RGBl.	Reichs-Gesetzblatt
SVR	Sachverständigenrat zur Begutachtung der gesamtwirtschaftlichen Entwicklung
WEP	West European Politics
WZB	Wissenschaftszentrum Berlin für Sozialforschung
ZfS	Zeitschrift für Soziologie
ZParl	Zeitschrift für Parlamentsfragen
ZSR	Zeitschrift für Sozialreform
ZUMA	Zentrum für Umfragen, Methoden und Analysen

Dokumente und Fachliteratur

ABELSHAUSER, Werner 1983: Wirtschaftsgeschichte der Bundesrepublik Deutschland, Frankfurt a.M.

ABELSHAUSER, Werner (Hg.) 1987: Die Weimarer Republik als Wohlfahrtsstaat, Wiesbaden

ABELSHAUSER, Werner 1996: Erhard oder Bismarck? Die Richtungsentscheidung der deutschen Sozialpolitik am Beispiel der Reform der Sozialversicherung in den Fünfziger Jahren, in: GuG 22, 376-392

ACHINGER, Hans 1958: Sozialpolitik als Gesellschaftspolitik, Hamburg

ADAMY, Wilhelm 1984: Gewinner und Verlierer der Sparrunde '84, in: Soziale Sicherheit 33, 100-105

ADEMA, Willem 2001a: Net Social Expenditure, Paris

ADEMA, Willem 2001b: Eine vergleichende Analyse des Wohlfahrtsstaates in ausgewählten OECD-Ländern, in: THEURL, Engelbert (Hg.), Der Sozialstaat an der Jahrtausendwende. Analysen und Perspektiven, Heidelberg, 77-113

ALBER, Jens 1982: Vom Armenhaus zum Wohlfahrtsstaat. Analysen zur Entwicklung der Sozialversicherung in Westeuropa, Frankfurt a.M. u. New York

ALBER, Jens 1983: Einige Grundlagen und Begleiterscheinungen der Entwicklung der Sozialausgaben in Westeuropa, in: ZfS 12, 93-118

ALBER, Jens 1986: Germany, in: FLORA (Hg.) 1986, Bd. 2, 1-154

ALBER, Jens 1989: Der Sozialstaat in der Bundesrepublik 1950-1983, Frankfurt a.M. u. New York

ALBER, Jens 1998: Der deutsche Sozialstaat im Licht international vergleichender Daten, in: Leviathan 26, 199-227

ALBER, Jens 2000a: Der deutsche Sozialstaat in der Ära Kohl. Diagnosen und Daten, in: LEIBFRIED & WAGSCHAL (Hg.) 2000, 153-170

ALBER, Jens 2000b: Social Dumping, Catch-up, or Convergence? Europe in a Comparative Global Context, in: JESP 10, 99-119

ALBER, Jens 2001: Hat sich der Wohlfahrtsstaat als soziale Ordnung bewährt?, in: MAYER (Hg.) 2001, 59-112

ALBER, Jens 2002a: Allmählicher Umbau bei nach wie vor deutlichen nationalen Unterschieden. Analysen zu jüngsten Wandlungstendenzen in westlichen Wohlfahrtsstaaten, in: ISI Nr. 28, 1-6

ALBER, Jens 2002b: Modernisierung als Peripetie des Sozialstaats, in: Berliner Journal für Soziologie 12, 5-35

ALBER, Jens & BERNARDI-SCHENKLUHN, Brigitte 1992: Westeuropäische Gesundheitssysteme im Vergleich: Bundesrepublik Deutschland, Schweiz, Frankreich, Italien, Großbritannien, Frankfurt a.M.

ALBER, Jens & KOHL, Jürgen (Hg.) 2001: Arbeitsmarkt und Sozialstaat, Wiesbaden 2001

ALBER, Jens & SCHÖLKOPF, Martin 1999: Seniorenpolitik. Die soziale Lage älterer Menschen in Deutschland und Europa, Amsterdam, 134-163

ALESINA, Alberto & RODRIK, Dani 1994: Distributive Politics and Economic Growth, in: The Quarterly Journal of Economics 109, 465-490

ALESTALO, Matti, FLORA, Peter & UUSITALO, Hannu 1985: Structure and Politics in the Making of the Welfare State: Finland in Comparative Perspective, in: ALAPURO, Risto (Hg.), Small States in Comparative Perspective, Oslo, 118-210

ALLBUS 1996: Allgemeine Bevölkerungsumfrage der Sozialwissenschaften, Köln

ALLMENDINGER, Jutta 1994: Lebensverlauf und Sozialpolitik. Die Ungleichheit von Mann und Frau und ihr öffentlicher Ertrag, Frankfurt a.M. u. New York

ALLMENDINGER, Jutta & LEIBFRIED, Stephan 2003: Education and the Welfare State: The four Worlds of Competence Production, in: JESP 13, 63-81

ALY, Götz u.a. 1987: Sozialpolitik und Judenvernichtung. Gibt es eine Ökonomie der Endlösung?, Berlin

ALY, Götz 2005: Hitlers Volksstaat. Raub, Rassenkrieg und nationaler Sozialismus, Frankfurt a.M.

ANDIC, Suphan & VEVERKA, Jindrich 1963/64: The Growth of Government Expenditure in Germany since the Unification, in: Finanzarchiv N.F. 23, 169-278

ARJONA, Roman, LADAIQUE, Maxime & PEARSON, Mark 2001: Growth, Inequality and Social Protection, OECD Labour Market and Social Policy – Occasional Papers Nr. 51

ARMINGEON, Klaus 1988: Politische Regulierung industrieller Beziehungen. Vom Kaiserreich zur Bundesrepublik Deutschland, in: SCHMIDT, Manfred G. (Hg.), Staatstätigkeit (PVS-Sonderheft 19), Opladen, 151-177

ARMINGEON, Klaus 1992: Streiks, in: SCHMIDT, Manfred G. (Hg.), Die westlichen Länder, München, 431-435

ARMINGEON, Klaus 1994: Staat und Arbeitsbeziehungen. Ein internationaler Vergleich, Opladen

ARMINGEON, Klaus & BEYELER, Michelle (Hg.) 2004: The OECD and European Welfare States, Cheltenham u. Northampton

ASHFORD, Douglas E. 1986: The Emergence of the Welfare States, Oxford

ATKINSON, A.B. 1996: Income Distribution in Europe and the United States, in: Oxford Review of Economic Policy 12, 15-28

ATKINSON, A.B. & MOGENSEN, G.V. (Hg.) 1993: Welfare and Work Incentives, Oxford

AUTORENKOLLEKTIV (unter Leitung von TIETZE, Gerhard & WINKLER, Gunnar) 1988: Sozialpolitik im Betrieb, Berlin-Ost

BÄCKER, Gerhard, BISPINCK, Reinhard, HOFFMANN, Klaus & NAEGELE, Gerhard [3]2000a: Sozialpolitik und Soziale Lage in Deutschland, 2 Bde., Wiesbaden

BADURA, Bernhard & GROß, Peter 1976: Sozialpolitische Perspektiven. Eine Einführung in Grundlagen und Probleme sozialpolitischer Dienstleistungen, München

BAHLE, Thomas 1995: Familienpolitik in Westeuropa. Ursprünge und Wandel im internationalen Vergleich, Frankfurt a.M.

BAIER, Horst 1977: Herrschaft im Sozialstaat, in: FERBER, Christian von & KAUFMANN, Franz-Xaver (Hg.), Soziologie und Sozialpolitik, Opladen, 128-142

BAIER, Horst 1988: „Vater Sozialstaat": Max Webers Widerspruch zur Wohlfahrtspatronage, in: Universitas 42, 1200-1207

BALASSA, Bela 1984: The Economic Consequences of Social Policies in the Industrial Countries, in: Weltwirtschaftsarchiv 120, 213-227

BALDWIN, Peter 1990: The Politics of Social Solidarity. Class Bases of the European Welfare State 1875-1975, Cambridge

BAMBRA, Clare 2004: Weathering the Storm: Convergence, Divergence and the Robustness of the „Worlds of Welfare", in: The Social Policy Journal 3, H. 3, 3-23

BARING, Arnulf 1982: Machtwechsel. Die Ära Brandt-Scheel, Stuttgart

BARR, Nicholas 1992: Economic Theory and the Welfare State: A Survey and Interpretation, in: Journal of Economic Literature 30, 741-803

BARR, Nicholas 2004: The Economics of the Welfare State, Oxford

BARTHOLOMÄI, Reinhart u.a. (Hg.), Sozialpolitik nach 1945. Geschichte und Analysen, Bonn-Bad Godesberg

BARTHOLOMEW, James 2004: The Welfare State We're In. The Failure of the Welfare State, London

BAUER, Rudolf & THRÄNHARDT, Anna-Maria (Hg.) 1987: Verbandliche Wohlfahrtspflege im internationalen Vergleich, Opladen

BAUMOL, William J. 1967: Macroeconomics of Unbalanced Growth: The Anatomy of Urban Crisis, in: AER 57, 415-426

BAUMOL, William J. 1993: Health Care, Education and the Cost Disease: A Looming Crisis for Public Choice, in: Public Choice 77, 17-28

BDA 1994: Sozialstaat vor dem Umbau, Leistungsfähigkeit und Finanzierbarkeit sichern, Köln

BECK, Ulrich & GRANDE, Edgar 2004: Das kosmopolitische Europa, Frankfurt a.M.

BECKER, Uwe 2000: Welfare State Development and Employment in the Netherlands in Comparative Perspective, in: JESP 10, 219-239

BEICHELT, Timm 2004: Die Europäische Union nach der Osterweiterung, Wiesbaden

BERGMANN, Joachim u.a. 1969: Herrschaft, Klassenverhältnis und Schichtung, in: ADORNO, Theodor W. (Hg.), Spätkapitalismus oder Industriegesellschaft?, Frankfurt a.M., 67-87

BERG-SCHLOSSER, Dirk & MÜLLER-ROMMEL, Ferdinand (Hg.) [4]2003: Vergleichende Politikwissenschaft, Leverkusen

BERG-SCHLOSSER, Dirk & QUENTER, Sven 1996: Makro-quantitative vs. makro-qualitative Methoden in der Politikwissenschaft – Vorzüge und Mängel komparativer Verfahrensweisen am Beispiel der Sozialstaatstheorie, in: PVS 37, 100-118

Bericht der Kommission „Soziale Sicherheit" 2003 zur Reform der sozialen Sicherungssysteme („Herzog-Kommission"), Berlin

BERLEPSCH, Hans-Jörg von 1987: „Neuer Kurs" im Kaiserreich? Die Arbeiterpolitik des Freiherrn von Berlepsch 1890 bis 1896, Bonn

BEYME, Klaus von 1975: Ökonomie und Politik im Sozialismus, München u. Zürich

BEYME, Klaus von 1977: Sozialismus oder Wohlfahrtsstaat?, München

BEYME, Klaus von 1981: Soviet Social Policy in a Comparative Perspective, in: IPSR 2, 73-94

BfA (Hg.) 1997a: Die Zusatz- und Sonderversorgungssysteme der ehemaligen DDR, Berlin

BISS (Berliner Institut für Sozialwissenschaftliche Studien) (Hg.) 1990: Ostdeutschland – Lebenslage und soziale Strukturen 1990, Köln (Zentralarchiv der Universität zu Köln: Umfrage S 6344)

BLANK, Rebecca M. (Hg.) 1994: Social Protection versus Economic Flexibility. Is There a Trade-off?, Chicago u. London

BLANKE, Bernhard (Hg.) 1996: Umbau des Sozialstaats?, Hannover: Manuskript

BLESES, Peter & ROSE, Edgar 1998: Deutungswandel der Sozialpolitik. Die Arbeitsmarkt- und Familienpolitik im parlamentarischen Diskurs, Frankfurt a.M.

BLESES, Peter & SEELEIB-KAISER, Martin 2004: The Dual Transformation of the German Welfare State, Basingstoke

BLÜM, Norbert & ZACHER, Hans F. (Hg.) 1990: 40 Jahre Sozialstaat Bundesrepublik Deutschland, Baden-Baden

BMA 1979: Statistisches Taschenbuch 1979, Arbeits- und Sozialstatistik, Bonn

BMA 1980: Sozialbericht 1980, Bonn

BMA 1981a: Statistisches Taschenbuch 1981. Arbeits- und Sozialstatistik, Bonn

BMA (Hg.) 1981b: Das Transfersystem in der Bundesrepublik Deutschland. Schriften zum Bericht der Transfer-Enquête-Kommission, 4 Bde., Stuttgart

BMA 1983: Sozialbericht 1983, Bonn

BMA 1986: Sozialbericht 1986, Bonn

BMA 1989: Sozialraum Europäische Gemeinschaft. Antwort der Bundesregierung (Bundestagsdrucksache 11/4700), Bonn

BMA 1990a: Sozialbericht 1990, Bonn

BMA 1990b: Materialband zum Sozialbudget 1990, Bonn

BMA 1994: Sozialbericht 1993, Bonn

BMA 1998: Sozialbericht 1997, Bonn

BMA 2001: Arbeits- und Sozialstatistik. Hauptergebnisse, Bonn

BMA 2002a: Sozialbericht 2001, Bonn

BMA 2002b: Materialband zum Sozialbericht 2001, Bonn

BMA & BUNDESARCHIV (Hg.) 2001a: Grundlagen der Sozialpolitik. Geschichte der Sozialpolitik in Deutschland seit 1945. Bd. 1, Baden-Baden

BMA & BUNDESARCHIV (Hg.) 2001b: 1945-1949. Die Zeit der Besatzungszonen. Geschichte der Sozialpolitik in Deutschland seit 1945. Bd. 2. Bandverantwortlicher Udo WENGST, Baden-Baden

BMGS (Hg.) 2002: Sozialbudget – Tabellenauszug (Juni 2003), Bonn

BMGS (Hg.) 2003: Nachhaltigkeit in der Finanzierung der sozialen Sicherungssysteme. Bericht der Kommission, Berlin

BMGS (Hg.) 2004a: Statistisches Taschenbuch 2004. Arbeits- und Sozialstatistik, Bonn

BMGS (Hg.) 2004b: Übersicht über das Sozialrecht, Ausgabe 2004, Nürnberg

BMGS (Hg.) 2005a: Übersicht über das Sozialrecht, Ausgabe 2005, Nürnberg

BMGS (Hg.) 2005b: Lebenslagen in Deutschland. Der 2. Armuts- und Reichtumsbericht der Bundesregierung, Berlin

BMGS 2005c: Sozialbericht 2005, Berlin

BMGS & BUNDESARCHIV (Hg.) 2004: Geschichte der Sozialpolitik in Deutschland seit 1945. Band 8: 1949-1961. Deutsche Demokratische Republik. Im Zeichen des Aufbaus des Sozialismus, Bandherausgeber: Dierk HOFFMANN und Michael SCHWARTZ, Baden-Baden

BMGS & BUNDESARCHIV (Hg.) 2005: Geschichte der Sozialpolitik in Deutschland seit 1945. Band 7: Bundesrepublik Deutschland 1982-1989. Finanzielle Konsolidierung und institutionelle Reform, Bandherausgeber: Manfred G. SCHMIDT, Baden-Baden

BOGS, Walter 1981: Die Sozialversicherung in der Weimarer Demokratie, München

BÖHRET, Carl 1966: Aktionen gegen die „kalte Sozialisierung" 1926-1930, Bonn

BONZ, Hans-Jörg 1989: DDR: Umfangreiche Rentenerhöhung ab 1.12.1989, Vierte Rentenverordnung brachte erhebliche Leistungsverbesserungen, in: Die Angestelltenversicherung 12/1989, 526-528

BORCHARDT, Knut 1976: Wachstum und Wechsellagen 1914-1970, in: AUBIN, Hermann & ZORN, Wolfgang (Hg.), Handbuch der deutschen Wirtschafts- und Sozialgeschichte, Bd. 2, Stuttgart, 685-740

BORCHERT, Jens 1995: Die konservative Transformation des Wohlfahrtsstaates, Frankfurt a.M. u. New York

BORN, Karl Erich 1957: Staat und Sozialpolitik seit Bismarcks Sturz. Ein Beitrag zur Geschichte der innenpolitischen Entwicklung des Deutschen Reiches 1890-1914, Wiesbaden

BORN, Karl Erich u.a. 1993: Die Sozialpolitik in den letzten Friedensjahren des Kaiserreiches (1905-1914): Die Jahre 1911 bis 1914, Stuttgart u.a.

BOUVIER, Beatrix 2002: Die DDR – ein Sozialstaat? Sozialpolitik in der Ära Honecker, Bonn

BRANDHORST, Andreas 2003: Gesundheitspolitik zwischen 1998 und 2003: Nach der Reform ist vor der Reform, in: GOHR & SEELEIB-KAISER (Hg.) 2003, 211-228

BREIER, Bernd 1997: Sozialbudget 1995: Neue statistische Ergebnisse, in: Bundesarbeitsblatt Nr. 3, 5-7

BRIEFS, Götz 1930: Der wirtschaftliche Wert der Sozialpolitik, in: Gesellschaft für Sozialreform (Hg.), Die Reform des Schlichtungswesens. Der wirtschaftliche Wert der Sozialpolitik. Bericht über die Verhandlungen der XI. Generalversammlung der Gesellschaft für Soziale Reform in Mannheim am 24./25. Oktober 1929, Jena, 140-170

BRODNITZ, Georg S. 1902: Bismarcks nationalökonomische Anschauungen, Jena

BROSCHEK, Jörg 2005: Föderalismus und Wohlfahrtsstaat im historischen Kontext: Der Fall Kanada, in: PVS 46, 238-262

BRUCHE, Gert & REISSERT, Bernd 1985: Die Finanzierung der Arbeitsmarktpolitik, Frankfurt a.M. u. New York

BRUNS, Werner 1996: Sozialkriminalität in Deutschland, Frankfurt a.M.

BSV 1988: Geschichte, Aufgaben und Organisation des Bundesamtes für Sozialversicherung, Bern

BUCK, Hannsjörg F. 2004: Mit hohem Anspruch gescheitert – Die Wohnungspolitik der DDR, Münster

BÜHLER, Theodor ²1943: Deutsche Sozialwirtschaft, Stuttgart u. Berlin

BUNDESMINISTERIUM FÜR INNERDEUTSCHE BEZIEHUNGEN 1987: Materialien zum Bericht zur Lage der Nation im geteilten Deutschland 1987, Bonn

BUNDESTAGSFRAKTON DER SOZIALDEMOKRATISCHEN PARTEI DEUTSCHLANDS 2002: Zwischenbilanz der rot-grünen Regierungspraxis im Jahre 2002, Berlin

BUNDESVERFASSUNGSGERICHT 1980: Entscheidungen 53, Nr.17, 28. Februar 1980, 257-313

BUSEMEYER, Marius 2005: Pension Reform in Germany and Austria: System Change vs. Quantitative Retrenchment, in: WEP 28, 569-591

BUTTERWEGGE, Christoph 2000: Sozialreform oder Sozialdesaster? Eine kritische Zwischenbilanz rot-grüner Politik, in: GMH 10, 537-544

BUTTERWEGGE, Christoph ³2001: Wohlfahrtsstaat im Wandel, Opladen

BUTTERWEGGE, Christoph 2002: Eine kritische Bilanz der rot-grünen Sozialpolitik, in: EICKER-WOLF, Kai u.a. (Hg.), Deutschland auf den Weg gebracht: Rot-grüne Wirtschafts- und Sozialpolitik zwischen Anspruch und Wirklichkeit, Marburg, 313-342

CAMERON, David R. 1978: The Expansion of the Public Economy, in: APSR 72, 1243-1261

CAMERON, David R. 1984: Social Democracy, Corporatism, Labor Quiescence, and the Representation of Economic Interest in Advanced Capitalist Society, in: GOLDTHORPE, John H. (Hg.), Order and Conflict in Contemporary Capitalism, Oxford, 143-178

CAMPELL, John C. 1992: The Japanese Government and the Ageing Society, Princeton

CASTLES, Francis G. (Hg.) 1982a: The Impact of Parties. Politics and Policies in Democratic Capitalist States, London u. Beverly Hills

CASTLES, Francis G. 1982b: The Impact of Parties on Public Expenditure, in: CASTLES (Hg.) 1982a, 21-96

CASTLES, Francis G. 1985: The Working Class and the Welfare State. Australia and New Zealand, Wellington u.a.

CASTLES, Francis G. 1987: Whatever happened to the Communist Welfare State?, in: Comparative Communism 19, 213-226

CASTLES, Francis G. (Hg.) 1993: Families of Nations. Patterns of Public Policy in Western Democracies, Aldershot

CASTLES, Francis G. 1996: Needs-Based Strategies of Social Protection in Australia and New Zealand, in: ESPING-ANDERSEN (Hg.) 1996, 88-115

CASTLES, Francis G. 1998: Comparative Public Policy: Patterns of Post-War Transformation, Cheltenham

CASTLES, Francis G. 2002: Developing New Measures of Welfare State Change and Reform, in: EJPR 41, 613-641

CASTLES, Francis G. 2004: The Future of the Welfare State. Crisis Myths and Crisis Realities, Oxford

CASTLES, Francis G. & FLOOD, Michael 1993: Why Divorce Rates Differ: Law, Religious Belief and Modernity, in: CASTLES (Hg.) 1993, 293-326

CASTLES, Francis G. & MAIR, Peter 1984: Left-Right Political Scales: Some Expert Judgements, in: EJPR 12, 73-88

CASTLES, Francis G., OBINGER, Herbert & LEIBFRIED, Stephan 2005: Bremst der Föderalismus den Leviathan? Bundesstaat und Sozialstaat im internationalen Vergleich, 1880-2005, in: PVS 46, 215-237

CLASEN, Jochen & FREEMAN, Richard 1994: Social Policy in Germany, New York u.a.

CONRAD, Christoph 1994: Vom Greis zum Rentner. Der Strukturwandel des Alters in Deutschland 1830 und 1930, Göttingen

CONRADT, David P. 1980: Changing German Political Culture, in: ALMOND, Gabriel A. & VERBA, Sidney (Hg.), The Civic Culture Revisited, Newbury Park u.a., 212-272

CONZE, Werner & LEPSIUS, Rainer M. (Hg.) 1983: Sozialgeschichte der Bundesrepublik Deutschland, Stuttgart

COUGHLIN, Richard M. 1980: Ideology, Public Opinion & Welfare. Attitudes towards Taxing and Spending in Industrialized Societies, Berkeley

CROISSANT, Aurel, ERDMANN, Gero & RÜB, Friedbert W. (Hg.) 2004: Wohlfahrtsstaatliche Politik in jungen Demokratien, Wiesbaden

CZADA, Roland 1985: Zwischen Arbeitsplatzinteresse und Modernisierungszwang. Industriepolitische Performanz und gewerkschaftliche Orientierung im internationalen

302

Vergleich, in: WIMMER, Hannes (Hg.), Wirtschafts- und Sozialpartnerschaft in Österreich, Wien, 135-183

CZADA, Roland 1992: Korporatismus, in: SCHMIDT, Manfred G. (Hg.), Die westlichen Länder, München, 218-224

CZADA, Roland 1995: Der Kampf um die Finanzierung der deutschen Einheit, in: LEHMBRUCH, Gerhard (Hg.), Einigung und Zerfall. Deutschland und Europa nach dem Ende des Ost-West-Konflikts, Opladen, 73-102

CZADA, Roland 2004: The End of a Model? Working Paper WP 1/04, Universität Osnabrück

DATA SET CMPR4 1997: Comparative Manifesto Project, Science Center Berlin (Research Unit Institutions and Social Change in Zusammenarbeit mit der Manifesto Research Group), Berlin: WZB

DELEECK, Hermann 1984: Der Matthäus-Effekt. Die ungleiche Verteilung der öffentlichen Sozialausgaben, in: Sozialer Fortschritt 33, 173-182

DEUTSCHE BUNDESBANK 1986: Die Belastung mit Sozialausgaben seit Beginn der siebziger Jahre, in: Monatsbericht 38, Nr. 1, 17-25

DEUTSCHE BUNDESBANK 1996: Zur Diskussion über die öffentlichen Transfers im Gefolge der Wiedervereinigung, in: Monatsbericht 48, Nr. 10, 17-31

DEUTSCHE BUNDESBANK 1999: Die Zahlungsbilanz der ehemaligen DDR 1975-1989. Frankfurt a.M.

DEUTSCHE BUNDESBANK 2002: Staatliche Leistungen für die Förderung von Familien, in: Monatsbericht 54, Nr. 4, 15-32

DEUTSCHER BUNDESTAG (Hg.) 1999: Schlußbericht der Enquete-Kommission vom 10. Juni 1998, in: Materialien der Enquete-Kommission „Überwindung der Folgen der SED-Diktatur im Prozeß der deutschen Einheit", 13. Wahlperiode des Deutschen Bundestages, Bd. 1, Baden-Baden, 142-803

DEUTSCHES INSTITUT FÜR ALTERSVORSORGE (Hg.) 2000: Die gesetzliche Rentenversicherung unter Anpassungsdruck, Köln

DGB 1983: Die Haushaltspolitik der Bundesregierung: Sozialabbau, Lohnverzicht, mehr Arbeitslose, Düsseldorf

DIERKES, Meinolf & ZIMMERMANN, Klaus 1996: Sozialstaat in der Krise: Hat die soziale Marktwirtschaft noch eine Chance?, Frankfurt a.M. u. Wiesbaden

DISI 1995: System sozialer Indikatoren für die Bundesrepublik, Mannheim: ZUMA

DIW 1947: Die Deutsche Wirtschaft zwei Jahre nach dem Zusammenbruch, Berlin

DIW 1997: Wissensintensivierung der Wirtschaft: Wie gut ist Deutschland darauf vorbereitet?, in: DIW Wochenbericht 64/22, 387-394

DÖHLER, Marian 1990: Gesundheitspolitik nach der „Wende". Policy-Netzwerke und ordnungspolitischer Strategiewechsel in Großbritannien, den USA und der Bundesrepublik Deutschland, Berlin

DÖHLER, Marian & MANOW, Philip 1997: Strukturbildung von Politikfeldern. Das Beispiel bundesdeutscher Gesundheitspolitik seit den fünfziger Jahren, Opladen

DÖRING, Diether u.a. 1995: Gerechtigkeit im Wohlfahrtsstaat, Marburg

DURKHEIM, Émile 1983 (franz. 1897): Der Selbstmord, Frankfurt a.M..

EARDLEY, Tony u.a. 1996: Social Assistance in OECD Countries: Country Reports (Department of Social Security Research Report No. 47), London

EBBINGHAUS, Bernhard 2002: Exit from Labor. Reforming Early Retirement and Social Partnership in Europe, Japan, and the USA, Wirtschafts- und Sozialwissenschaftliche Fakultät zu Köln: Habilitationsschrift

EBSEN, Ingwer & KNIEPS, Frank 2003: Krankenversicherungsrecht, in: MAYDELL & RULAND (Hg.) 2003, 813-900

EICHENHOFER, Eberhard 2005: Internationale Sozialpolitik, in: BMGS & BUNDESARCHIV (Hg.) 2005, 727-748

ENQUETE-KOMMISSION 1994: Bericht der Enquete-Kommission „Aufarbeitung von Geschichte und Folgen der SED-Diktatur in Deutschland" (Bundestagsdrucksache 12/7820), Bonn

EPPELMANN, Rainer u.a. (Hg.) ²1997: Lexikon des DDR-Sozialismus. Das Staats- und Gesellschaftssystem der Deutschen Demokratischen Republik, Paderborn u.a.

ERHARD, Ludwig 1957: Wohlstand für Alle, Düsseldorf

ESCHENBURG, Theodor 1983: Jahre der Besatzung 1945-1949, Wiesbaden u. Stuttgart

ESPING-ANDERSEN, Gøsta 1990: The Three Worlds of Welfare Capitalism, Cambridge

ESPING-ANDERSEN, Gøsta 1994: Welfare States and the Economy, in: SMELSER, Neil J. & SWEDBERG, Richard (Hg.), The Handbook of Economic Sociology, Princeton u. New York, 711-732

ESPING-ANDERSEN, Gøsta (Hg.) 1996: Welfare States in Transition. National Adaptations in Global Economies, London u.a.

ESPING-ANDERSEN, Gøsta 1999: Social Foundations of Post Industrial Economies, Oxford

ESPING-ANDERSEN, Gøsta 2002: Why We Need a New Welfare State, Oxford

EUROPÄISCHE KOMMISSION 2002a: Soziale Sicherheit in Europa 2001, Luxemburg

EUROPÄISCHE KOMMISSION 2002b: Gemeinsamer Bericht über die soziale Eingliederung, Luxemburg

EUROPÄISCHE KOMMISSION 2003: Social Protection in the 13 Candidate Countries. A Comparative Analysis, Luxemburg

EUROPÄISCHE KOMMISSION 2004: Die Gemeinschaftsbestimmungen über die soziale Sicherheit. Ihre Rechte bei Aufenthalt in anderen Mitgliedstaaten der Europäischen Union, Luxemburg

EUROPÄISCHE KOMMISSION 2005: Joint Report on Social Protection and Social Inclusion 2005, Luxemburg

EUROPÄISCHE KOMMISSION 1996: Soziale Sicherheit in Europa 1995, Brüssel

EVERS, Adalbert (Hg.) 2004: Eine neue Architektur der Sozialen Sicherung in Deutschland?, in: ZSR 50, H. 1-2

EVERS, Adalbert & OLK, Thomas (Hg.) 1996: Wohlfahrtspluralismus. Vom Wohlfahrtsstaat zur Wohlfahrtsgesellschaft, Opladen

FALKNER, Gerda 1998: EU Social Policy in the 1990s. Towards a corporatist policy community, London u. New York

FALKNER, Gerda 2003: Wohlfahrtsstaat und europäische Integration – Theorie und Praxis, in: JACHTENFUCHS & KOHLER-KOCH (Hg.) 2003, 479-512

FALKNER, Gerda & TREIB, Oliver 2005: Europäische Sozialpolitik in der nationalen Praxis, in: ZSR 51, 139-163

FAUST, Anselm 1986: Arbeitsmarktpolitik im Deutschen Kaiserreich. Arbeitsvermittlung, Arbeitsbeschaffung und Arbeitslosenunterstützung 1890-1918 (VSWG-Beiheft 79), Wiesbaden

FERRERA, Maurizio 1996: The ‚Southern Model‘ of Welfare in Social Europe, in: JESP 6, 17-37

FERRERA, Maurizio, HEMERIJCK, Anton & RHODES, Martin 2001: Recasting European Welfare States for the 21st Century, in: LEIBFRIED (Hg.) 2001, 151-179

FERRERA, Maurizio & RHODES, Martin (Hg.) 2000: Recasting European Welfare States, in: WEP 23, H. 2, London

FEST, Joachim 1989: Hitler, Frankfurt a.M.

FIEDLER, Helene, BEIER, Marita & REICHELT, Helga 1984: Zur Sozialpolitik in der antifaschistisch-demokratischen Umwälzung 1945-1949, Berlin-Ost

FISCHER, Wolfram 1982: Armut in der Geschichte, Göttingen

FISCHER, Wolfram 1985: Deutschland 1850-1914, in: FISCHER, Wolfram (Hg.), Europäische Wirtschafts- und Sozialgeschichte von der Mitte des 19. Jahrhunderts bis zum Ersten Weltkrieg, Stuttgart, 357-442

FLORA, Peter 1985: On the History and Current Problems of the Welfare State, in: EISENSTADT, Shmuel N. & AHIMEIR, Ora (Hg.), The welfare state and its aftermath, Beckenham, 11-30

FLORA, Peter (Hg.) 1986a: Growth to Limits. The Western European Welfare States Since World War II, Bd. 1, Berlin u. New York

FLORA, Peter (Hg.) 1986b: Growth to Limits. The Western European Welfare States Since World War II, Bd. 2, Berlin u. New York

FLORA, Peter 1986c: Introduction, in: FLORA (Hg.) 1986a, XI-XXXVI

FLORA, Peter (Hg.) 1986d: Growth to Limits. The Western European Welfare States Since World War II, Bd. 4, Berlin u. New York

FLORA, Peter, ALBER, Jens & KOHL, Jürgen 1977: Zur Entwicklung der westeuropäischen Wohlfahrtsstaaten, in: PVS 18, 707-772

FLORA, Peter & HEIDENHEIMER, Arnold J. (Hg.) 1981: The Development of the Welfare State in Europe and America, New Brunswick u. London

FLORA, Peter, KRAUS, Franz & PFENNING, Winfried 1987: State, Economy and Society in Europe 1815-1975: A Data Handbook in two Volumes, Vol. II: The Growth of Industrial Societies and Capitalist Economies, Frankfurt a.M. u.a.

FLORA, Peter u.a. 1983: State, Economy and Society in Europe 1815-1975: A Data Handbook in two Volumes, Vol. I: The Development of Mass Democracies and Welfare States, Frankfurt a.M. u.a.

FÖRSTER, Michael & PIERSON, Paul 2002: Income Distribution and Poverty in the OECD Area: Trends and Driving Forces, in: OECD Economic Studies 34, 7-40

FORSTHOFF, Ernst 1971: Der Staat der Industriegesellschaft, München

FORSTHOFF, Ernst (Hg.) 1972: Lorenz von Stein: Gesellschaft, Staat und Recht, Frankfurt a.M.

FRAENKEL, Ernst 1973 (engl. 1940): Der Doppelstaat, Frankfurt a.M.

FRANZ, Wolfgang ⁵2004: Arbeitsmarktökonomik, Berlin u. Heidelberg

FREI, Norbert ³1993: Der Führerstaat: nationalsozialistische Herrschaft 1933 bis 1945, München

FRERICH, Johannes & FREY, Martin 1993a: Handbuch der Geschichte der Sozialpolitik in Deutschland, Bd. 1: Von der vorindustriellen Zeit bis zum Ende des Dritten Reiches, München u. Wien

FRERICH, Johannes & FREY, Martin 1993b: Handbuch der Geschichte der Sozialpolitik in Deutschland, Bd. 2: Sozialpolitik in der Deutschen Demokratischen Republik, München u. Wien

FRERICH, Johannes & FREY, Martin 1993c: Handbuch der Geschichte der Sozialpolitik in Deutschland, Bd. 3: Sozialpolitik in der Bundesrepublik Deutschland bis zur Herstellung der Deutschen Einheit, München u. Wien

FÜHRER, Karl Christian 1990: Arbeitslosigkeit und die Entstehung der Arbeitslosenversicherung in Deutschland 1902-1927, Berlin

GALL, Lothar 1980: Bismarck. Der weiße Revolutionär, Berlin

GEIßLER, Heiner 1976: Die Neue Soziale Frage, Freiburg u.a.

Gesetzblatt der Deutschen Demokratischen Republik, Berlin-Ost

GEYER, Martin H. 1987: Die Reichsknappschaft. Versicherungsreformen und Sozialpolitik im Bergbau 1900-1945, München

GIERSCH, Herbert (Hg.) 1997: Reforming the Welfare State, Berlin u.a.

GILLIAND, Pierre 1993: Politique sociale, in: SCHMID, Gerhard (Hg.), Handbuch Politisches System der Schweiz, Bd. 4, Politikbereiche, Bern u.a., 109-223

GINDULIS, Edith 2003: Der Konflikt um die Abtreibung, Wiesbaden

GLADEN, Albin 1974: Geschichte der Sozialpolitik in Deutschland, Wiesbaden

GOHR, Antonia 2001a: Was tun, wenn man die Regierungsmacht verloren hat? Die Sozialpolitik der SPD-Opposition in den 80er Jahren, Dissertationsschrift, Bremen

GOHR, Antonia 2001b: Eine Sozialstaatspartei in der Opposition. Die Sozialpolitik der SPD in den 80er Jahren, in: SCHMIDT (Hg.) 2001a, 262-293

GOHR, Antonia 2003: Auf dem „dritten Weg" in den „aktivierenden Sozialstaat"? Programmatische Ziele von Rot-Grün, in: GOHR & SEELEIB-KAISER (Hg.) 2003, 37-60

GOHR, Antonia & SEELEIB-KAISER, Martin (Hg.) 2003: Sozial- und Wirtschaftspolitik unter Rot-Grün, Wiesbaden

GOODIN, Robert E. 1988: Reasons for Welfare. The Political Theory of the Welfare State, Princeton

GOODIN, Robert E., HEADEY, Bruce, MUFFELS, Ruud & DIRVEN, Henk-Jan 2000: The Real Worlds of Welfare Capitalism, Cambridge

GORDON, Margaret S. 1989: Social Security Policies in Industrial Countries. A Comparative Analysis, Berkeley

GÖTTING, Ulrike 1998: Transformation der Wohlfahrtsstaaten in Mittel- und Osteuropa. Eine Zwischenbilanz, Opladen

GROH, Dieter 1973: Negative Integration und revolutionärer Attentismus, Berlin u.a.

GROSSMAN, Gene M. (Hg.) 1996: Economic Growth: Theory and Evidence, Vol. 1, Cheltenham u. Brookfield

GROTTIAN, Peter u.a. (Hg.) 1988: Die Wohlfahrtswende. Vom Zauber konservativer Sozialpolitik, München

GRUNER, Wolf 2002: Öffentliche Wohlfahrt und Judenverfolgung. Wechselwirkung lokaler und zentraler Politik im NS-Staat (1933-1942), München

GUILLEMARD, Anne-Marie u.a. (Hg.) 1995: Comparing social welfare systems in Europe, Bd. 1: France – United Kingdom, Paris

GUTMANN, Gernot & BUCK, Hannsjörg F. 1996: Die Zentralplanwirtschaft der DDR – Funktionsweise, Funktionsschwächen und Konkursbilanz, in: KUHRT, Eberhard in Verbindung mit BUCK, Hannsjörg F. & HOLZWEIßIG, Gunter im Auftrag des Bundesministeriums des Innern (Hg.), Die wirtschaftliche und ökologische Situation der DDR in den achtziger Jahren, Bd. 2, Opladen, 7-54

HABERMAS, Jürgen 1962: Strukturwandel der Öffentlichkeit. Untersuchungen zu einer Kategorie der bürgerlichen Gesellschaft, Neuwied u. Berlin

HABERMAS, Jürgen 1981: Theorie des kommunikativen Handelns, 2 Bde., Frankfurt a.M.

HABERMAS, Jürgen 1985: Die Krise des Wohlfahrtsstaates und die Erschöpfung utopischer Energien, in: HABERMAS, Jürgen (Hg.), Die neue Unübersichtlichkeit, Frankfurt a.M., 141-166

HALL, Peter 1993: Policy Paradigms, Social Learning, and the State. The Case of Economic Policymaking in Britain, in: Comparative Politics 25, 275-296

HALL, Peter A. & SOSKICE, David 2001: Varieties of Capitalism. The Institutional Foundations of Comparative Advantage, Oxford

Handeln im Sozialbereich, in: Bundesarbeitsblatt Nr. 5, 1997, 7-17

HANESCH, Walter u.a. 1994: Armut in Deutschland, Reinbek bei Hamburg

HARDT, Freia 2003: Regierungswechsel und Arbeitsmarktpolitik in Frankreich, Opladen

HARTWICH, Hans-Hermann 1970: Sozialstaatspostulat und gesellschaftlicher Status quo, Opladen

HARTWICH, Hans-Hermann 1977: Sozialstaatspostulat und Reformpolitik, in: BÖHRET, Carl (Hg.), Politik und Wirtschaft. Festschrift für Gert von Eynern (PVS Sonderheft 8), Opladen, 137-155

HAVERKATE, Görg 1985: Der Staat und die Sozialversicherung nach 100 Jahren gesetzlicher Unfallversicherung, in: Internationale Revue für Soziale Sicherheit 38, 452-466

HAVERKATE, Görg & HUSTER, Stefan 1999: Europäisches Sozialrecht. Eine Einführung, Baden-Baden

HAY, J.R. 1975: The Origins of the Liberal Welfare Reforms 1906-1914, London u. Basingstoke

HAYS, R. Allen (Hg.) 1993: Ownership, Control, and the Future of Housing Policy, Westport u. London

HECLO, Hugh 1974: Modern Social Politics in Britain and Sweden, London

HEERING, Walter 1999: Die Wirtschaftspolitik der Regierungen Modrow und ihre Nachwirkungen, in: Materialien der ENQUÊTE-KOMMISSION „Überwindung der Folgen der SED-Diktatur im Prozeß der deutschen Einheit", 13. Wahlperiode des Deutschen Bundestages, Bd. 3.3. Wirtschafts-, Sozial- und Umweltpolitik, hg. vom Deutschen Bundestag, Baden-Baden, 2261-2322

HEGEL, Georg Wilhelm Friedrich 1967 (E.A. 1821): Grundlinien der Philosophie des Rechts, hg. von HOFMEISTER, Johannes, Hamburg

HEIDENHEIMER, Arnold J. 1981: Education and Social Security Entitlements in Europe and America, in: FLORA & HEIDENHEIMER (Hg.) 1981, 269-306

HEIMANN, Eduard 1980 (E.A. 1929): Theorie der Sozialpolitik, Frankfurt a.M.

HELWIG, Gisela & NICKEL, Hildegard M. (Hg.) 1993: Frauen in Deutschland 1945-1992, Bonn

HENNING, Hansjoachim 1979: Sozialpolitik III, in: HDWW Bd. 7, 85-110

HENTSCHEL, Volker 1983: Geschichte der Sozialpolitik in Deutschland 1880-1980, Frankfurt a.M.

HEPPLE, Bob (Hg.) 1986a: The Making of Labour Law in Europe. A Comparative Study of Nine Countries up to 1945, London u. New York

HEPPLE, Bob 1986b: Welfare Legislation and Wage-Labour, in: HEPPLE (Hg.) 1986a, 114-153

HERBERT, Ulrich ²1990: Fremdarbeiter. Politik und Praxis des Ausländer-Einsatzes in der Kriegswirtschaft des Dritten Reiches, Bonn

HERBST, Ludolf 1996: Das nationalsozialistische Deutschland 1933-1945, Frankfurt a.M.

HERDER-DORNEICH, Philipp 1994: Ökonomische Theorie des Gesundheitswesens, Baden-Baden

HERNES, Helga Maria 1989 (engl. 1987): Wohlfahrtsstaat und Frauenmacht. Essays über die Feminisierung des Staates, Baden-Baden

HESSE, Konrad 1962: Der unitarische Bundesstaat, Karlsruhe

HEUEL, Eberhard 1989: Der umworbene Stand, Frankfurt a.M.

HIBBS, Douglas A. 1977: Political Parties and Macroeconomic Policy, in: APSR 71, 1467-1487

HIBBS, Douglas A. 1978: On the Political Economy of Long-Run Trends in Strike Activity, in: BJPS 8, 153-175

HICKS, Alexander 1999: Social Democracy and Welfare Capitalism. A Century of Income Security Politics, Ithaca

HICKS, Alexander M. & SWANK, Duane H. 1992: Politics, Institutions, and Welfare Spending in Industrialized Democracies, 1960-82, in: APSR 86, 658-674

HILDEBRAND, Klaus 1984: Von Erhard zur Großen Koalition. 1963-1969, Stuttgart u. Wiesbaden

HINRICHS, Karl 1995: Die Soziale Pflegeversicherung – eine institutionelle Innovation in der deutschen Sozialpolitik, in: Staatswissenschaften und Staatspraxis 6, 227-259

HINRICHS, Karl 2001: Elephants on the Move. Patterns of Pension Reform in OECD Countries, in: LEIBFRIED (Hg.) 2001, 77-102

HINRICHS, Karl 2004a: New Century – New Paradigm: Pension Reforms in Germany, in: BONOLI, Giuliano & SHINKAWA, Toshimitsu (Hg.), Ageing and Pension Reform around the World. Evidence from Eleven Countries, Cheltenham u. Northampton, 47-73

HINRICHS, Karl 2004b: Alterssicherungspolitik in Deutschland: Zwischen Kontinuität und Paradigmenwechsel, in: STYKOW, Petra & BEYER, Jürgen (Hg.), Gesellschaft mit beschränkter Haftung. Reformfähigkeit und die Möglichkeit rationaler Politik. Festschrift für Helmut Wiesenthal, Wiesbaden, 266-286

HINRICHS, Karl 2004c: Active Citizens and Retirement Planning: Enlarging Freedom of Choice in the Course of Pension Reforms in Nordic Countries and Germany, Bremen: ZeS-Arbeitspapier Nr. 11

HIRSCHMANN, Nancy & LIEBERT, Ulrike (Hg.) 2001: Women and Welfare. Theory and Practice in the United States and Europe, New Brunswick u.a.

HOBBES, Thomas 1985 (E.A. 1651): Leviathan, London

HOCKERTS, Hans Günter 1980: Sozialpolitische Entscheidungen im Nachkriegsdeutschland. Alliierte und deutsche Sozialversicherungspolitik 1945 bis 1957, Stuttgart

HOCKERTS, Hans Günter 1983: Sicherung im Alter. Kontinuität und Wandel der gesetzlichen Rentenversicherung 1889-1979, in: CONZE & LEPSIUS (Hg.) 1983, 296-323

HOCKERTS, Hans Günter 1986: Integration der Gesellschaft. Gründungskrise und Sozialpolitik in der frühen Bundesrepublik, in: ZSR 32, 25-40

HOCKERTS, Hans Günter 1992: Vom Nutzen und Nachteil parlamentarischer Parteienkonkurrenz. Die Rentenreform 1972 – ein Lehrstück, in: BRACHER, Karl Dietrich u.a. (Hg.), Staat und Parteien. Festschrift für Rudolf Morsey zum 65. Geburtstag, Berlin, 903-934

HOCKERTS, Hans Günter 1994a: Grundlinien und soziale Folgen der Sozialpolitik in der DDR, in: KAELBLE, Hartmut, KOCKA, Jürgen & ZWAHR, Hartmut (Hg.), Sozialgeschichte der DDR, Stuttgart, 519-544

HOCKERTS, Hans Günter 1994b: Soziale Errungenschaften? Zum sozialpolitischen Legitimitätsanspruch der zweiten deutschen Diktatur, in: KOCKA, Jürgen u.a. (Hg.), Von der Arbeiterbewegung zum modernen Sozialstaat. Festschrift für Gerhard A. Ritter zum 65. Geburtstag, München u.a., 790-804

HOCKERTS, Hans Günter (Hg.) 1998a: Drei Wege deutscher Sozialstaatlichkeit: NS-Diktatur, Bundesrepublik und DDR im Vergleich, München

HOCKERTS, Hans Günter 1998b: Einleitung, in: HOCKERTS (Hg.) 1998a, 7-26

HOFFMANN, Dierk 1996: Sozialpolitische Neuordnung in der SBZ/DDR. Der Umbau der Sozialversicherung 1945-1956, München

HOFMANN, Claus & GRIESWELLE, Detlef 2002: Konsequente Umsetzung der sozialpolitischen Leitbilder, in: Bundesarbeitsblatt H. 7-8, 32-40

HOFMANN, Gunter 1999: Die Sehnsucht nach Gleichheit, in: Die Zeit Nr. 32, 5.8.1999, 3

HOHORST, Gerd, KOCKA, Jürgen & RITTER, Gerhard 1975: Sozialgeschichtliches Arbeitsbuch. Materialien zur Statistik des Kaiserreichs 1870-1914, München

HOLLIDAY, Ian 2000: Productivist Welfare Capitalism: Social Policy in East Asia, in: Political Studies 48, 706-723

HOMMELHOFF, Peter & KIRCHHOF, Paul (Hg.) 1994: Der Staatenverbund der Europäischen Union, Heidelberg

HOWARD, Christopher 2003: Is the American Welfare State Unusually Small?, in: Political Science & Politics 36, 411-416

HUBER, Evelyn, RAGIN, Charles & STEPHENS, John D. 1993: Social democracy, Christian democracy, constitutional structure, and the welfare state, in: AJS 99, 711-749

HUBER, Evelyn & STEPHENS, John D. 2001: Development and Crisis of the Welfare State. Parties and Policies in Global Market, Chicago u. London

HÜBNER, Peter 1995: Konsens, Konflikt und Kompromiß. Soziale Arbeiterinteressen und Sozialpolitik in der SBZ/DDR 1945-1970, Berlin

HÜBNER, Peter 1998: Industrielle Manager in der SBZ/DDR, in: GuG 24, 55-80

HUDEMANN, Rainer 1988: Sozialpolitik im deutschen Südwesten zwischen Tradition und Neuordnung 1945-1953. Sozialversicherung und Kriegsopferversorgung im Rahmen französischer Besatzungspolitik, Mainz

HUSTER, Ernst-Ulrich 1996: Armut in Europa, Opladen

ILO 1952: The Cost of Social Security, in: International Labour Review 65, 726-791

ILO 1953: A Comparative Analysis of the Cost of Social Security, in: International Labour Review 67, 292-303

ILO 1958: The Cost of Social Security. 1949-1954, Genf

ILO 1961: The Cost of Social Security. 1949-1957, Genf

ILO 1964: The Cost of Social Security. 1958-1960, Genf

ILO 1967: The Cost of Social Security. Sixth International Inquiry: 1961-1963, Genf

ILO 1972: The Cost of Social Security. Seventh International Inquiry: 1964-1966, Genf

ILO 1976: The Cost of Social Security. Eight International Inquiry: 1967-1971, Genf

ILO 1979: The Cost of Social Security. Ninth International Inquiry: 1972-1974, Genf

ILO 1981: The Cost of Social Security. Tenth International Inquiry: 1975-1977, Genf

ILO 1985: The Cost of Social Security. Eleventh International Inquiry: 1978-1980, Genf

ILO 1988: The Cost of Social Security. Twelfth International Inquiry: 1981-1983, Genf

ILO 1992: The Cost of Social Security. Thirteenth International Inquiry: 1984-1986, Genf

ILO 1996: The Cost of Social Security. Fourteenth International Inquiry: 1987-1989, Genf

ILO 2002: The Cost of Social Security (www.ilo.org - November 2002)

IMMERFALL, Stefan ²1996: Einführung in den europäischen Gesellschaftsvergleich, Passau

INTERNATIONALE ARBEITSORGANISATION (IAO) 1996: Ohne Sozialstaat keine stabilen Demokratien, in: Soziale Sicherheit - Zeitschrift des BSV Nr. 3, 104-108

IVERSEN, Torben & SOSKICE, David 2001: An Asset Theory of Social Policy Preferences, in: APSR 95, 875-889

JACHTENFUCHS, Markus & KOHLER-KOCH, Beate (Hg.) ²2003: Europäische Integration, Opladen

JÄGER, Wolfgang 1986: Die Innenpolitik der sozial-liberalen Koalition 1969-1974, in: BRACHER, Karl Dietrich, JÄGER, Wolfgang & LINK, Werner (Hg.), Republik im Wandel 1969-1974, Stuttgart u. Mannheim, 15-160

JÄGER, Wolfgang 1987: Die Innenpolitik der sozial-liberalen Koalition 1974-1982, in: JÄGER, Wolfgang & LINK, Werner (Hg.), Republik im Wandel 1974-1982, Stuttgart u. Mannheim, 9-272

JAGGERS, Keith & GURR, Ted R. 1996: Polity III: Regime Type and Political Authority, 1880-1994, Ann Arbor

JANN, Werner & SCHMID, Günther (Hg.) 2004: Eins zu eins? Zwischenbilanz der Hartz-Reformen am Arbeitsmarkt, Berlin

JANOSKI, Thomas & HICKS, Alexander M. (Hg.) 1994: The Comparative Political Economy of the Welfare State, Cambridge

JANOWITZ, Morris 1976: The Social Control of the Welfare State, New York

JARAUSCH, Konrad H. 1998: Realer Sozialismus als Fürsorgediktatur. Zur begrifflichen Einordnung der DDR, in: APuZ Nr. B 20, 33-46

JOCHEM, Sven 1998: Die skandinavischen Wege in die Arbeitslosigkeit. Kontinuität und Wandel der nordischen Beschäftigungspolitik im internationalen Vergleich, Opladen

JOCHEM, Sven 2001: Reformpolitik im deutschen Sozialversicherungsstaat, in: SCHMIDT (Hg.) 2001a, 193-216

JOHNSON, Ailish 2003: European Welfare States and Supranational Governance of Social Policy, Oxford

KAASE, Max 1989: Bewußtseinslagen und Leitbilder in der Bundesrepublik Deutschland, in: WEIDENFELD, Werner & ZIMMERMANN, Hartmut (Hg.), Deutschland-Handbuch. Eine doppelte Bilanz 1949-1989, Bonn, 203-220

KAELBLE, Hartmut 1994: Die Gesellschaft der DDR im internationalen Vergleich, in: KAELBLE, Hartmut, KOCKA, Jürgen & ZWAHR, Hartmut (Hg.), Sozialgeschichte der DDR, Stuttgart, 559-580

KAELBLE, Hartmut & SCHMID, Günther (Hg.) 2004: Das europäische Sozialmodell. WZB-Jahrbuch 2004, Berlin

KANGAS, Olli 1991: The Politics of Social Rights. Studies on the Dimensions of Sickness Insurance in OECD-Countries, Edsbruk

KATZENSTEIN, Peter 1987: Policy and Politics in West Germany. The Growth of a Semi-sovereign State, Philadelphia

KAUFMANN, Franz-Xaver 1989: Familie, in: BLÜM & ZACHER (Hg.) 1989, 547-560

KAUFMANN, Franz-Xaver (Hg.) 1996: Sozialpolitik im französisch-deutschen Vergleich, Wiesbaden

KAUFMANN, Franz-Xaver 1997: Herausforderungen des Sozialstaates, Frankfurt a.M.

KAUFMANN, Franz-Xaver 2001a: Der deutsche Sozialstaat im internationalen Vergleich, in: BMA & BUNDESARCHIV (Hg.) 2001a, 799-990

KAUFMANN, Franz-Xaver 2001b: Der Begriff Sozialpolitik und seine wissenschaftliche Bedeutung, in: BMA & BUNDESARCHIV (Hg.) 2001a, 3-102

KAUFMANN, Franz-Xaver 2003: Varianten des Wohlfahrtsstaats. Der deutsche Sozialstaat im internationalen Vergleich, Frankfurt a.M.

KAUFMANN, Franz-Xaver 2005: Schrumpfende Gesellschaft. Vom Bevölkerungsrückgang und seinen Folgen, Frankfurt a.M.

KAY, Stephen J. 2000: Recent Changes in Latin American Welfare States: is there Social Dumping?, in: JESP 10, 185-203

KELLER, Bernd 1997: Europäische Arbeits- und Sozialpolitik, München

KEMAN, Hans 1987: Welfare and Warfare. Critical Options and Conscious Choice in Public Policy, in: CASTLES, Francis G., LEHNER, Franz & SCHMIDT, Manfred G. (Hg.), Managing Mixed Economies, Berlin u. New York, 97-141

KEMMERLING, Achim 2001: Die Messung des Sozialstaates, WZB Discussion Paper, Berlin

KEMMERLING, Achim 2004: Die Messung sozialstaatlicher Leistungen. Zu den Folgen der Nettosozialleistungsquote Ademas für die Diskussion um staatliche Sozialpolitik. 14. Wissenschaftliches Colloquium des Statistischen Bundesamtes, 20./21.11.2004, Wiesbaden (pdf-Datei)

KEOHANE, Robert O. & MILNER, Helen V. (Hg.) 1996: Internationalization and Domestic Politics, Cambridge

KERR, Clark u.a. 1960: Industrialism and Industrial Man, Harmondsworth

KERSBERGEN, Kees van 1995: Social Capitalism: A Study of Christian Democracy and the Welfare State, London

KIESERITZKY, Wolther von 2002: Liberalismus und Sozialstaat. Liberale Politik in Deutschland zwischen Machtstaat und Arbeiterbewegung (1878-1893), Köln

KIRCHENAMT DER EVANGELISCHEN KIRCHE IN DEUTSCHLAND & SEKRETARIAT DER DEUTSCHEN BISCHOFSKONFERENZ (Hg.) 1994: Zur wirtschaftlichen und sozialen Lage in Deutschland, Hannover u. Bonn

KIRCHHEIMER, Otto 1965: Der Wandel des westeuropäischen Parteiensystems, in: PVS 6, 20-41

KITSCHELT, Herbert 2001: Partisan Competition and Welfare State Retrenchment: When Do Politicians Choose Unpopular Policies?, in: PIERSON (Hg.) 2001, 265-304

KITTEL, Bernhard 1999: Sense and Sensitivity in the Pooled Analysis of Political Data, in: EJPR 35, 225-252

KITTEL Bernhard & WINNER, Hannes 2002: How Reliable is Pooled Analysis in Political Economy? Köln: MPIfG

KITTNER, Michael (Hg.) 1984: Gewerkschaftsjahrbuch 1984: Daten – Fakten – Analysen, Köln

KLEEIS, Friedrich 1928: Die Geschichte der sozialen Versicherung, Berlin

KLEINHENZ, Gerhard 1982: Sozialpolitik, Internationale, in: HDWW Bd. 9, 858-867

KLEINHENZ, Gerhard 1986: Der wirtschaftliche Wert der Sozialpolitik, in: WINTERSTEIN, Helmut (Hg.), Sozialpolitik in der Beschäftigungskrise I, Berlin, 51-81

KLESSMANN, Christoph [5]1991: Die doppelte Staatsgründung. Deutsche Geschichte 1945-1955, Göttingen

KLINGEMANN, Hans-Dieter, HOFFERBERT, Richard I. & BUDGE, Ian u.a. 1994: Parties, Policies, and Democracy, Boulder

KLINGEMANN, Hans-Dieter & VOLKENS, Andrea 2001: Struktur und Entwicklung von Wahlprogrammen in der Bundesrepublik Deutschland 1949-1994, in: GABRIEL, Oscar W., NIEDERMAYER, Oskar & STÖSS, Richard (Hg.), Parteiendemokratie in Deutschland, Bonn, 507-527

KOCKA, Jürgen 1981: Die Angestellten in der deutschen Geschichte 1850-1980, Göttingen

KOCKA, Jürgen 1994: 1945 – Neubeginn oder Restauration?, in: STERN, Carola & WINKLER, Heinrich A. (Hg.), Wendepunkte deutscher Geschichte, Frankfurt a.M., 159-192

KOHL, Jürgen 1985: Staatsfinanzen in Europa, Frankfurt a.M.

KOHL, Jürgen 1987a: Was kostet, was leistet der Sozialstaat? Analyse und Kritik des Sozialbudgets, in: OPIELKA, Michael & OSTNER, Ilona (Hg.), Umbau des Sozialstaats, Essen, 48-71

KOHL, Jürgen 1987b: Ökonomische und politische Determinanten der Entwicklung der Staatsausgaben, in: HEINEMANN, Klaus (Hg.), Soziologie wirtschaftlichen Handelns (KZfSS Sonderheft 28), Opladen, 234-262

KOHL, Jürgen 1993a: Minimum Standards in Old Age Security and the Problem of Poverty in Old Age, in: ATKINSON, Anthony B. & REIN, Martin (Hg.), Age, Work and Social Security, New York, 224-252

KOHL, Jürgen 1993b: Der Wohlfahrtsstaat in vergleichender Perspektive. Anmerkungen zu Esping-Andersens „The Three Worlds of Welfare Capitalism", in: ZSR 39, 67-82

KOHL, Jürgen 2000: Der Sozialstaat: Die deutsche Version des Wohlfahrtsstaates – Überlegungen zu seiner typologischen Verortung, in: LEIBFRIED & WAGSCHAL (Hg.) 2000, 115-152

KOHL, Jürgen 2002: Einstellungen der Bürger zur sozialen Sicherung insbesondere zur Alterssicherung. Vortrag auf der VDR-Konferenz „Wissen über die Rentenversicherung und ihre Bewertung im Wertewandel", Würzburg 2002, in: Deutsche Rentenversicherung 57, H. 9-10, 477-493

KOHL, Jürgen 2003: Breite Zustimmung für Beibehaltung des Rentenniveaus auch bei steigenden Beiträgen. Einstellungen zur Alterssicherung im internationalen Vergleich, in: ISI Nr. 29, 1-6

KÖHLER, Peter A. & ZACHER, Hans F. (Hg.) 1981: Ein Jahrhundert Sozialversicherung in Deutschland, Frankreich, Großbritannien, Österreich und der Schweiz, Berlin

KOPSTEIN, Jeffrey 1997: The Politics of Economic Decline in East Germany, 1945-1989, Chapel Hill u. London

KORPI, Walter 1985a: Economic Growth and the Welfare State: leaky bucket or irrigation system?, in: ESR 1, 97-118

KORPI, Walter 1985b: Economic Growth and the Welfare State: A comparative study of 18 OECD countries, in: Labour and Society 10, 195-209

KORPI, Walter 1989: Macht, Politik und Staatsautonomie in der Entwicklung der sozialen Bürgerrechte, in: Journal für Sozialforschung 29, 137-164

KORPI, Walter 1995: Un État-providence contesté et fragmenté. Le développement de la citoyenneté sociale en France. Comparaisons avec la Belgique, l'Allemagne, l'Italie et la Suède, in: Revue Française de Science Politique 45, 632-667

KÖTTER, Ute 1997: Das niederländische Wohlfahrtsmodell – kein Vorbild mehr?, in: Sozialer Fortschritt 46, 12-16

KRAMER, David 1983: Das Fürsorgesystem im Dritten Reich, in: LANDWEHR, Ralf & BARON, Rüdiger (Hg.), Geschichte der Sozialarbeit, Weinheim u. Basel, 173-218

KRAMER, Hans-Jörg 2004: Rentenversicherungs-Nachhaltigkeitsgesetz – Ein Überblick, in: Die Angestelltenversicherung 51, 404-414

KRASNEY, Otto Ernst 1993: Die gesetzliche Unfallversicherung – Bestand und Wandel in mehr als 100 Jahren, in: Neue Zeitschrift für Sozialrecht 2, 89-136

KRAUS, Franz 1981: The Historical Development of Income Inequality in Western Europe and the United States, in: FLORA & HEIDENHEIMER (Hg.) 1981, 187-238

KRAUSE, Peter 1994: Selbstverwaltung, in: MAYDELL (Hg.) 1984, 364-370

KRIEG, Renate & SCHÄDLER, Monika 2003: Soziale Sicherung, in: STAIGER, Brunhild, FRIEDRICH, Stefan & SCHÜTTE, Hans-Wilm (Hg.), Das große China-Lexikon, Darmstadt, 684-688

KUDLIEN, Fridolf 1985: Ärzte im Nationalsozialismus, Köln

KUDRLE, Robert T. & MARMOR, Theodore R. 1981: The Development of Welfare States in North America, in: FLORA & HEIDENHEIMER (Hg.) 1981, 81-124

KUHNLE, Stein 1981: The Growth of Social Insurance Programs in Scandinavia: Outside Influences and Internal Forces, in: FLORA & HEIDENHEIMER (Hg.) 1981, 125-150

KUHNLE, Stein (Hg.) 2000: Survival of the European Welfare State, London

KUHNLE, Stein 2001: The Nordic Welfare States in a European Context: Dealing with New Economic and Ideological Challenges in the 1990s, in: LEIBFRIED (Hg.) 2001, 103-122

KUNDRUS, Birthe 1995: Kriegerfrauen. Familienpolitik und Geschlechterverhältnisse im Ersten und Zweiten Weltkrieg, Hamburg

LAMPERT, Heinz 1983: Staatliche Sozialpolitik im Dritten Reich, in: BRACHER, Karl-Dietrich, FUNKE, Manfred & JACOBSEN, Adolf (Hg.), Nationalsozialistische Diktatur 1933-1945. Eine Bilanz, Bonn, 177-205

LAMPERT, Heinz 1985: Arbeits- und Sozialordnung der DDR, Marburg

LAMPERT, Heinz 1995: Die Sozialstaatskritik auf dem Prüfstand, in: Wirtschaftsdienst 75, 504-512

LAMPERT, Heinz & ALTHAMMER, Jörg 2004: Lehrbuch der Sozialpolitik, Berlin u. Heidelberg

LANE, David 1985: Soviet Economy and Society, Oxford

LANE, Jan Eric, McKAY, David & NEWTON, Kenneth 1997: Political Data Handbook. OECD Countries, Oxford

LAPP, Klaus 1957: Die Finanzierung der Weltkriege 1914/18 und 1939/45 in Deutschland, Hochschule für Wirtschafts- und Sozialwissenschaften Nürnberg: Inaugural-Dissertation,

LAVER, Michael & HUNT, W. Ben 1992: Policy and Party Competition, London

LAYARD, Richard, NICKELL, Stephen & JACKMAN, Richard 1994: The Unemployment Crisis, Oxford

LEE, W.R.X. & ROSENHAFT, Eve 1990: The State and Social Change in Germany 1880-1980, New York u.a.

LEENEN, Wolf Rainer 1975: Sozialpolitik in der DDR (Teil I u. II), in: Deutschland-Archiv 8, 254-270 u. 512-523

LEENEN, Wolf Rainer 1977: Zur Frage der Wachstumsorientierung der marxistisch-leninistischen Sozialpolitik in der DDR, Berlin

LEHMBRUCH, Gerhard & SCHMITTER, Philippe C. (Hg.) 1982: Patterns of Corporatist Policy-Making, Beverly Hills u. London

LEIBER, Simone 2005: Europäische Sozialpolitik und nationale Sozialpartnerschaft, Frankfurt a.M. u. New York

LEIBFRIED, Stephan 1977: Die Institutionalisierung der Arbeitslosenversicherung in Deutschland, in: Kritische Justiz 10, 289-301

LEIBFRIED, Stephan 1992: Towards a European Welfare State? On Integrating Poverty Regimes into the European Community, in: FERGE, Zsuzsa & KOLBERG, Jon Eivind (Hg.), Social Policy in a Changing Europe, Frankfurt a.M. u. Boulder, 245-279

LEIBFRIED, Stephan 2000: Nationaler Wohlfahrtsstaat, Europäische Union und „Globalisierung": Erste Annäherungen, in: ALLMENDINGER, Jutta & LUDWIG-MAYERHOFER, Wolfgang (Hg.), Soziologie des Sozialstaats, Weinheim u. München, 79-108

LEIBFRIED, Stephan 2001 (Hg.), Welfare State Futures, Cambridge

LEIBFRIED, Stephan & KODRÉ, Petra 1996: Sozialpolitik, in: KOHLER-KOCH, Beate & WOYKE, Wichard (Hg.), Die Europäische Union, München, 244-248

LEIBFRIED, Stephan, MÜLLER, Rainer, SCHMÄHL, Winfried & SCHMIDT, Manfred G. 1998: Thesen zur Sozialpolitik in Deutschland, in: ZSR 44, 525-569

LEIBFRIED, Stephan & PIERSON, Paul 1992: Prospects for Social Europe, in: Politics & Society 20, 333- 366

LEIBFRIED, Stephan & PIERSON, Paul (Hg.) 1995: European Social Policy between Fragmentation and Integration, Washington D.C.

LEIBFRIED, Stephan & PIERSON, Paul (Hg.) 1998: Standort Europa. Europäische Sozialpolitik, Frankfurt a.M.

LEIBFRIED, Stephan & PIERSON, Paul 2000a: Social Policy. Left to Courts and Markets?, in: WALLACE, Helen & WALLACE, William (Hg.), Policy-Making in the European Union, Oxford, 268-292

LEIBFRIED, Stephan & TENNSTEDT, Florian (Hg.) 1985: Politik der Armut und Die Spaltung des Sozialstaats, Frankfurt a.M.

LEIBFRIED, Stephan & TENNSTEDT, Florian 1986: Health Insurance Policy and Berufsverbote in the Nazi Takeover, in: LIGHT, D.W. & SCHULLER, H. (Hg.), Political Values and Health Care: The German Experience, Cambridge (MA) u. London, 127-184

LEIBFRIED, Stephan u.a. 1995: Zeit der Armut. Lebensläufe im Sozialstaat, Frankfurt a.M.

LEIBFRIED, Stephan & VOGES, Wolfgang (Hg.) 1992: Armut im modernen Wohlfahrtsstaat (KZfSS Sonderheft 32), Opladen

312

LEIBFRIED, Stephan & WAGSCHAL, Uwe (Hg.) 2000b: Der deutsche Sozialstaat. Bilanzen – Reformen – Perspektiven, Frankfurt a.M.

LEIBFRITZ, Willi & ROSEVEARE, Deborah 1995/96: Ageing Populations and Government Budgets, in: The OECD Observer Nr. 197, 33-37

LEISERING, Lutz 2003: Der deutsche Sozialstaat – Entfaltung und Krise eines Sozialmodells, in: Der Bürger im Staat 53, 172-180

LEISERING, Lutz & LEIBFRIED, Stephan 1999: Time and Poverty in Western Welfare States. United Germany in Perspective, Cambridge

LENHARDT, Gero & OFFE, Claus 1977: Staatstheorie und Sozialpolitik, in: FERBER, Christian von & KAUFMANN, Franz-Xaver (Hg.), Soziologie und Sozialpolitik, Opladen, 98-127

LEPSIUS, M. Rainer 1979: Soziale Ungleichheit und Klassenstrukturen in der Bundesrepublik Deutschland, in: WEHLER, Hans-Ulrich (Hg.), Klassen in der europäischen Sozialgeschichte, Göttingen, 166-209

LEPSIUS, M. Rainer 1993: Demokratie in Deutschland, Göttingen

LEPSIUS, M. Rainer 1994: Die Institutionenordnung als Rahmenbedingung der Sozialgeschichte der DDR, in: KAELBLE, Hartmut, KOCKA, Jürgen & ZWAHR, Hartmut (Hg.), Sozialgeschichte der DDR, Stuttgart, 17-29

LESSENICH, Stephan 2003 : Dynamischer Immobilismus. Kontinuität und Wandel im deutschen Sozialmodell, Frankfurt a.M.

LESSENICH, Stephan & OSTNER, Ilona (Hg.) 1998: Welten des Wohlfahrtskapitalismus, Frankfurt a.M.

LESTRADE, Brigitte 2004: Les Lois Hartz: La Réforme Du Marché Du Travail Du Gouvernement Schröder, in: Allemagne d´aujourd´hui – Nouvelle Série – 168, 44-64

LIJPHART, Arend 1999: Patterns of Democracy. Government Forms and Performance in Thirty-Six Countries, New Haven u. London

LINDBECK, Assar 1996: Incentives in the Welfare State (CES Working Paper Series No. 111), München

LINDEN, Marcel van der (Hg.) 1996: Social security mutualism: the comparative history of mutual benefit societies, Bern u.a.

LINDERT, Peter H. 2004a: Growing Public. Social Spending and Economic Growth since the Eighteenth Century, Bd.1, Cambridge

LINDERT, Peter H. 2004b: Growing Public. Social Spending and Economic Growth since the Eighteenth Century, Bd. 2, Cambridge

LIPSEY, Richard G. & CHRYSTAL, K. Alec [8]1995: An Introduction to Positive Economics, Oxford

LOHMANN, Ulrich 1987: Das Arbeitsrecht der DDR, Berlin

LOHMANN, Ulrich 1996: Die Entwicklung des Sozialrechts in der DDR, Opladen

LOHR, Manfred 1983: Langfristige Entwicklungstendenzen der Arbeitslosigkeit in Deutschland, in: WIEGAND, Erich & ZAPF, Wolfgang (Hg.), Wandel der Lebensbedingungen in Deutschland. Wohlfahrtsentwicklung seit der Industrialisierung, Frankfurt a.M. u. New York, 237-334

LOTH, Wilfried 1996: Das Kaiserreich. Obrigkeitsstaat und politische Mobilisierung, München

LUDZ, Peter C. 1969: Konvergenz, Konvergenztheorie, in: KERNIG, Claus D. (Hg.), Sowjetsystem und demokratische Gesellschaft, Bd. 3., Freiburg u.a., 890-903

LUHMANN, Niklas 1981: Politische Theorie im Wohlfahrtsstaat, München

LUTZ, Burkart 1984: Der kurze Traum immerwährender Prosperität, Frankfurt a.M.

LÜTZ, Susanne 2002: Der Staat und die Globalisierung von Finanzmärkten. Regulative Politik in Deutschland, Großbritannien und den USA, Frankfurt a.M. u. New York

LÜTZ, Susanne & CZADA, Roland (Hg.) 2004: Wohlfahrtsstaat – Transformation und Perspektiven, Wiesbaden

MACHTAN, Lothar 1985: Risikoversicherung statt Gesundheitsschutz für Arbeiter. Zur Entstehung der Unfallversicherungsgesetzgebung im Bismarck-Reich, in: Leviathan 13, 420-441

313

MACHTAN, Lothar (Hg.) 1994: Bismarcks Sozialstaat. Beiträge zur Geschichte der Sozialpolitik und zur sozialpolitischen Geschichtsschreibung, Frankfurt a.M.

MADDISON, Angus 1982: Phases of Capitalist Development, Oxford u. New York

MADDISON, Angus 1995: Monitoring the World Economy, Paris

MADDISON, Angus 2001: The World Economy. A Millennial Perspective, Paris

MADDISON, Angus 2003: The World Economy. Historical Statistics, Paris

MAGUIRE, Maria 1986: Ireland, in: FLORA (Hg.) 1986b, 241-384

MAI, Günther 1986: „Warum steht der deutsche Arbeiter zu Hitler?". Zur Rolle der Deutschen Arbeitsfront im Herrschaftssystem des Dritten Reiches, in: GuG 12, 212-234

MAI, Gunther ²1993: Das Ende des Kaiserreichs. Politik und Kriegsführung im Ersten Weltkrieg, München

MAIER, Hans 1986 (E.A. 1966): Die ältere deutsche Staats- und Verwaltungslehre, München

MAJONE, Giandomenico 1996a: Problems of the regulatory state, in: MAJONE, Giandomenico, Regulating Europe, Boulder, 265-301

MAJONE, Giandomenico 1996b: Redistributive und sozialregulative Politik, in: JACHTENFUCHS, Markus & KOHLER-KOCH, Beate (Hg.), Europäische Integration, Opladen, 225-247

MAJONE, Giandomenico 1996c: Which social policy for Europe?, in: MÉNY, Yves, MULLER, Pierre & QUERMONNE, Jean-Louis (Hg.), Adjusting to Europe. The impact of the European Union on national institutions and policies, London u. New York, 123-136

MANOW, Philip 2002: The Good, the Bad, and the Ugly. Esping-Andersens Sozialstaats-Typologie und die konfessionellen Wurzeln des westlichen Wohlfahrtsstaats, in: KZfSS 54, 203-225

MANOW, Philip 2005: Germany: Co-operative Federalism and the Overgrazing of the Fiscal Commons, in: OBINGER, LEIBFRIED & CASTLES (Hg.) 2005, 222-262

MANOW, Philip & SEILS, Eric 2000: Adjusting Badly: The German Welfare State, Structural Change, and the Open Economy, in: SCHARPF & SCHMIDT (Hg.) 2000, 264-307

MANOW-BORGWARDT, Philip 1994: Die Sozialversicherung in der DDR und der BRD, 1945-1990: Über die Fortschrittlichkeit rückschrittlicher Institutionen, in: PVS 35, 40-61

MANZ, Günter & WINKLER, Gunnar (Hg.) 1979: Theorie und Praxis der Sozialpolitik in der DDR, Berlin-Ost

MARES, Isabela 2004: Warum die Wirtschaft den Sozialstaat braucht. Ein historischer Ländervergleich, Frankfurt a.M.

MARSHALL, Monty G. & JAGGERS, Keith 2004: Polity IV Project, Political Regime Characteristics and Transitions, 1800-2002, University of Maryland

MASON, Timothy W. 1977: Sozialpolitik im Dritten Reich. Arbeiterklasse und Volksgemeinschaft, Opladen

MAURER, Alfred 1981: Landesbericht Schweiz, in: KÖHLER & ZACHER (Hg.) 1981, 731-836

MAYDELL, Baron Bernd von (Hg.) ²1994a: Lexikon des Rechts – Sozialrecht, Neuwied

MAYDELL, Baron Bernd von 1994b: Sozialversicherung, in: MAYDELL, Bernd von (Hg.) ²1994a, 472-476

MAYDELL, Baron Bernd von & RULAND, Franz (Hg.) ³2003: Sozialrechtshandbuch (SRH), Baden-Baden

MAYDELL, Baron Bernd von u.a. 1996: Die Umwandlung der Arbeits- und Sozialordnung, Opladen

MAYER, Karl-Ulrich (Hg.) 2001: Die beste aller Welten? Marktliberalismus versus Wohlfahrtsstaat, Frankfurt a.M.

MAYNTZ, Renate 1991: Politische Steuerbarkeit und Reformblockaden: Überlegungen am Beispiel des Gesundheitswesens, in: HENKE, Klaus-Dirk, HESSE, Jens Joachim & SCHUPPERT, Gunnar Folke (Hg.), Die Zukunft der sozialen Sicherung in Deutschland (Staatswissenschaften und Staatspraxis Sonderheft 1), Baden-Baden, 73-100

MERKEL, Wolfgang 1993: Ende der Sozialdemokratie? Machtressourcen und Regierungspolitik im westeuropäischen Vergleich, Frankfurt a.M.

MERKEL, Wolfgang 1995: Wohlfahrtsstaat, in: NOHLEN, Dieter & SCHULTZE, Rainer-Olaf, Politische Theorien, München, 696-702

MERKEL, Wolfgang 2001: Soziale Gerechtigkeit und die drei Welten des Wohlfahrtskapitalismus, in: Berliner Journal für Soziologie 11, 135-157

MERKEL, Wolfgang & KRÜCK, Mirko 2003: Soziale Gerechtigkeit und Demokratie: Auf der Suche nach dem Zusammenhang, Friedrich Ebert Stiftung, Bonn

MERKLEIN, Renate 1986: Die Rentenkrise, Reinbek bei Hamburg

MESA-LAGO, Carmelo 1978: Social Security in Latin América: Pressure groups, Stratification and Inequality, Pittsburgh

MESA-LAGO, Carmelo 1985: El Desarrollo De la Seguridad Social en América Latina, Santiago

MESA-LAGO, Carmelo 1997: Social Welfare Reform in the Context of Economic-Political Liberalization: Latin American Cases, in: World Development 25, 497-517

METZLER, Gabriele 2003: Der deutsche Sozialstaat. Vom Bismarckschen Erfolgsmodell zum Pflegefall, Stuttgart

MEYER, Gerd 1989: Sozialistischer Paternalismus. Strategien konservativen Systemmanagements am Beispiel der Deutschen Demokratischen Republik, in: RYTLEWSKI, Ralf (Hg.), Politik und Gesellschaft in sozialistischen Ländern (PVS Sonderheft 20), Opladen, 426-448

MEYER, Gerd 1991: Sozialistischer Paternalismus in der Ära Honecker – Lebensweise zwischen sozialer Sicherheit und politischer Bevormundung, in: RIEGE, Gerhard & MEYER, Gerd (Hg.), In der DDR leben, Jena, 75-89

MEYER, Thomas 2004: Die Agenda 2010 und die soziale Gerechtigkeit, in: PVS 45, 181-190

MEYER, Thomas 2005: Theorie der sozialen Demokratie, Wiesbaden

MICHALSKY, Helga 1984: Parteien und Sozialpolitik in der Bundesrepublik Deutschland, in: Sozialer Fortschritt 33, 134-141

MICHALSKY, Helga 1985: The politics of social policy, in: BEYME, Klaus von & SCHMIDT, Manfred G. (Hg.), Policy and Politics in the Federal Republic of Germany, Aldershot, 56-81

MIEGEL, Meinhard 2002: Die deformierte Gesellschaft. Wie die Deutschen ihre Wirklichkeit verdrängen, Berlin u. München

MIEGEL, Meinhard & WAHL, Stefanie 1993: Das Ende des Individuums. Die Kultur des Westens zerstört sich selbst, Bonn.

MITRA, Subrata K. 2000: Politics in India, in: ALMOND, Gabriel A., POWELL, G. Bingham, STROM, Kaare & DALTON, Russel J. (Hg.), Comparative Politics Today, New York, 629-680

MITZSCHERLING, Peter 1968: Soziale Sicherung in der DDR, Berlin

Moderne Dienstleistungen im Arbeitsmarkt. Vorschläge der Kommission zum Abbau der Arbeitslosigkeit und zur Umstrukturierung der Bundesanstalt für Arbeit, Berlin 16. 8. 2002

MOMMSEN, Hans 1976: Zur Verschränkung traditioneller und faschistischer Führungsgruppen in Deutschland beim Übergang von der Bewegungs- zur Systemphase, in: SCHIEDER, Wolfgang (Hg.), Faschismus als soziale Bewegung, Hamburg, 157-181

MOMMSEN, Hans 1989: Die verspielte Freiheit. Der Weg der Republik von Weimar in den Untergang, Frankfurt a.M. u.a.

MOMMSEN, Hans & GRIEGER, Manfred 1996: Das Volkswagenwerk und seine Arbeiter im Dritten Reich, Düsseldorf

MOMMSEN, Hans & WILLEMS, Susanne 1988: Herrschaftsalltag im Dritten Reich, Düsseldorf

MOMMSEN, Wolfgang J. 1993: Das Ringen um den nationalen Staat. Die Gründung und der innere Ausbau des Deutschen Reiches unter Otto von Bismarck 1850 bis 1890, Berlin

MOMMSEN, Wolfgang J. 1995: Bürgerstolz und Weltmachtstreben: Deutschland unter Wilhelm II. 1890 bis 1918, Berlin

MOMMSEN, Wolfgang J. (Hg., in Zusammenarbeit mit Wolfgang Mock) 1982: Die Entstehung des Wohlfahrtsstaates in Großbritannien und Deutschland 1850-1950, Stuttgart

MUHR, Gerd 1977: Sozialpolitik in der Nachkriegszeit – Betrachtungen aus der Sicht des DGB, in: BARTHOLOMÄI (Hg.) 1977, 477-487

MÜLLER, Wolfgang & NEUSÜß, Christel 1970: Die Sozialstaatsillusion oder Der Widerspruch von Lohnarbeit und Kapital, in: Sozialistische Politik 2, 1-67

MÜNCH, Ursula 1997: Sozialpolitik und Föderalismus. Zur Dynamik der Aufgabenverteilung im sozialen Bundesstaat, Opladen

MÜNCH, Ursula & HORNSTEIN, Walter 2005: Familien-, Jugend- und Altenpolitik, in: BMGS & BUNDESARCHIV (Hg.) 2005, 517-562

MURSWIECK, Axel 1988: Sozialpolitik in den USA: eine Einführung, Opladen

MURSWIECK, Axel 1996: Sozialpolitik unter der Clinton-Administration, in: APuZ Nr. B 8-9, 11-21

MURSWIECK, Axel 2004: Gesellschaft, in: LÖSCHE, Peter u.a. (Hg.), Länderbericht USA, Bonn, 594-697

MYLES, John 1989: Old Age in the Welfare State. The Political Economy of Public Pensions, Lawrence

NAHAMOWITZ, Peter 1978: Gesetzgebung in den kritischen Systemjahren 1967-1969, Frankfurt a.M. u. New York

NASCHOLD, Frieder 1967: Kassenärzte und Krankenversicherungsreform. Zu einer Theorie der Statuspolitik, Freiburg

NELL-BREUNING, Oswald von 1979: Soziale Sicherheit? Zu Grundfragen der Sozialordnung aus christlicher Verantwortung, Freiburg u.a.

NEUMANN, Franz L. 1978: Behemoth. Struktur und Praxis des Nationalsozialismus, Köln u. Frankfurt a.M.

NIETHAMMER, Lutz 1973: Zum Verhältnis von Reform und Rekonstruktion in der US-Zone am Beispiel der Neuordnung des öffentlichen Dienstes, in: Vierteljahrshefte für Zeitgeschichte 21, 177-188

NIETHAMMER, Lutz 1993: Wege aus der sozialen Einheit. Wege zur sozialen Einheit?, in: GMH 44, 130-159

NIPPERDEY, Thomas 1990: Deutsche Geschichte 1866-1918. Erster Band: Arbeitswelt und Bürgergeist, München

NIPPERDEY, Thomas 1992: Deutsche Geschichte 1866-1918. Zweiter Band: Machtstaat vor der Demokratie, München

NULLMEIER, Frank 2003: Alterssicherungspolitik im Zeichen der „Riester-Rente", in: GOHR & SEELEIB-KAISER (Hg.) 2003, 167-187

NULLMEIER, Frank & RÜB, Friedbert W. 1993: Die Transformation der Sozialpolitik. Vom Sozialstaat zum Sicherungsstaat, Frankfurt a.M. u. New York

O'CONNOR, Julia S. & BRYM, Robert J. 1988: Public welfare expenditure in OECD countries: towards a reconciliation of inconsistent findings, in: British Journal of Sociology 39, 47-68

OBINGER, Herbert 1997: Institutionen und Sozialpolitik. Das Beispiel Schweiz, in: ÖZP 26, 149-164

OBINGER, Herbert 1998: Politische Institutionen und Sozialpolitik in der Schweiz, Bern u.a.

OBINGER, Herbert 2004: Politik und Wirtschaftswachstum. Ein internationaler Vergleich, Wiesbaden

OBINGER, Herbert & KITTEL, Bernhard 2003: Parteien, Institutionen und Wohlfahrtsstaat: Politisch-institutionelle Determinanten der Sozialpolitik in OECD-Ländern, in: OBINGER, Herbert, WAGSCHAL, Uwe & KITTEL, Bernhard (Hg.), Politische Ökonomie, Demokratie und wirtschaftliche Leistungsfähigkeit, Opladen, 355-384

OBINGER, Herbert, LEIBFRIED, Stephan & CASTLES, Francis G. (Hg.) 2005: Federalism and the Welfare State. New World and European Experiences, Cambridge

OBINGER, Herbert & WAGSCHAL, Uwe (Hg.) 2000: Der gezügelte Wohlfahrtsstaat. Sozialpolitik in reichen Industrienationen, Frankfurt a.M.

OECD 1981: The Welfare State in Crisis, Paris

OECD 1985: Social Expenditure 1960-1990. Problems of Growth and Control, Paris

316

OECD 1994a: New Orientations for Social Policy, Paris

OECD 1994b: The OECD Jobs Study (2 Bde.), Paris

OECD 1995a: Income Distribution in OECD Countries, Paris

OECD 1995b: The Tax/Benefit Position of Production Workers 1991-1994, Paris

OECD 1995c: The Labour Market and Older Workers, Paris

OECD 1995d: OECD Economic Surveys: Hungary 1995, Paris

OECD 1995e: OECD Economic Surveys: The Russian Federation, Paris

OECD 1996a: Social Expenditure Statistics of OECD Member Countries, Paris

OECD 1996b: OECD Economic Surveys: The Czech Republic 1996, Paris

OECD 1996c: OECD Economic Surveys: Germany 1996, Paris

OECD 1996d: OECD Economic Surveys: Greece 1996, Paris

OECD 1996e: OECD Economic Surveys: South Korea 1996, Paris

OECD 1996f: Revenue Statistics 1965-1995, Paris

OECD 1996g: OECD Economic Surveys: Poland 1996, Paris

OECD 1997a: OECD Economic Surveys: Slovenia 1997, Paris

OECD 1997b: OECD Economic Surveys: Ireland 1997, Paris

OECD 1999: Employment Protection and Labour Market Performance, in: OECD: OECD Employment Outlook June 1999, Paris, 47-132

OECD 2001: Historical Statistics 1970-2000, Paris

OECD 2003a: Taxing Wages 2001-2002, Paris

OECD 2003b: OECD Health Data 2003, Paris

OECD 2004a: Social Expenditure Data Base 2004, Paris (CD-Rom)

OECD 2004b: Education at a Glance 2004, Paris

OECD 2004c: OECD Employment Outlook, Paris

OECD 2004d: OECD Health Data 2004, Paris

OECD 2004e: OECD Economic Surveys: Mexico, Paris

OECD 2005a: OECD Factbook 2005. Economic, Environmental and Social Statistics, Paris

OECD 2005b: Society at a Glance, OECD Social Indicators. 2005 Edition, Paris

OFFE, Claus 1983: Competitive Party Democracy and the Keynesian Welfare State, in: Policy Science 15, 225-246

OFFE, Claus 1991: Smooth Consolidation in the West German Welfare State: Structural Change, Fiscal Policies, and Populist Politics, in: PIVEN, Frances Fox (Hg.), Labor Parties in Postindustrial Societies, Cambridge, 124-146

OFFE, Claus 1993: Zur Typologie von sozialpolitischen „Regimes", in: ZSR 39, 83-86

OKUN, Arthur M. 1975: Equality and Efficiency. The Big Tradeoff, Washington D.C.

OLIVEIRA, Francisco E.B. de (Hg.) 1994: Social Security Systems in Latin America, Washington D.C.

OLSEN, Sven 1986: Sweden, in: FLORA (Hg.) 1986a, Bd. 1, 1-116

OLSON, Mancur 1982: The Rise and Decline of Nations, Princeton

OPIELKA, Michael 2004: Sozialpolitik. Grundlagen und vergleichende Perspektiven, Reinbek bei Hamburg

ORLOFF, Anna S. 1993: Gender and the Social Rights of Citizenship: The Comparative Analysis of Gender Relations and Welfare States, in: ASR 58, 303-328

OSTNER, Ilona 1995: Sozialstaatsmodelle und die Situation der Frauen, in: FRICKE, Werner & FRICKE, Else (Hg.), Jahrbuch Arbeit und Technik 1995, Bonn, 57-67

OVERY, R.J. 1982: The Nazi Economic Recovery 1932-1938, London u. Basingstoke

PALME, Joakim 1990: Pension Rights in Welfare Capitalism. The Development of Old-Age Pensions in 18 OECD Countries 1930 to 1985, Edsbruk

PALME, Joakim 2002: Welfare Trends in Sweden: Balancing the Books for the 1990s, in: JESP 12, 329-346

PALOHEIMO, Heikki 1984: Distributive Struggle and Economic Development in the 1970s in Developed Capitalist Countries, in: EJPR 12, 171-190

PAMPEL, Fred C. & WILLIAMSON, John B. 1989: Age, class, politics, and the welfare state, New York u.a.

PAPIER, Hans-Jürgen 2003: Der Einfluss des Verfassungsrechts auf das Sozialrecht, in: MAYDELL & RULAND (Hg.) 2003, 81-139

PAPPI, Franz Urban, KÖNIG, Thomas & KNOKE, David 1995: Entscheidungsprozesse in der Arbeits- und Sozialpolitik, Frankfurt a.M.

PARRY, Richard 1986: United Kingdom, in: FLORA (Hg.) 1986, 155-240

PETZINA, Dieter, ABELSHAUSER, Werner & FAUST, Anselm 1978: Sozialgeschichtliches Arbeitsbuch III. Materialien zur Statistik des Deutschen Reiches 1914-1945, München

PEUKERT, Detlev J.K. 1987: Die Weimarer Republik. Krisenjahre der Klassischen Moderne, Frankfurt a.M.

PFALLER, Alfred, GOUGH, Ian & THERBORN, Göran (Hg.) 1991: Can the Welfare State Compete? A Comparative Study of Five Advanced Capitalist Countries, Houndmills u.a.

PIERENKEMPER, Toni 1987: The Standard of Living and Employment in Germany, 1850-1980: An Overview, in: The Journal of European Economic History 16, 51-73

PIERSON, Paul 1994: Dismantling the Welfare State? Reagan, Thatcher, and the Politics of Retrenchment, Cambridge

PIERSON, Paul 1996: The New Politics of the Welfare State, in: World Politics 48, 143-179

PIERSON, Paul (Hg.) 2001a: The New Politics of the Welfare State, Oxford

PIERSON, Paul 2001b: Coping with permanent Austerity: Welfare Restructuring in Affluent Democracies, in: PIERSON (Hg.) 2001a, 410-456

PINKER, Robert 1992: Armut, Sozialpolitik, Soziologie – Der englische Weg von der industriellen Revolution zum modernen Wohlfahrtsstaat, in: LEIBFRIED & VOGES (Hg.), 124-148

PIRKER, Theo u.a. 1995: Der Plan als Befehl und Fiktion. Wirtschaftsführung in der DDR. Gespräche und Analysen, Opladen

POLANYI, Karl 1978 (zuerst 1944): The Great Transformation. Politische und ökonomische Ursprünge von Gesellschaften und Wirtschaftssystemen, Frankfurt a.M.

POSCHINGER, Heinrich von 1899: Bismarck-Portefeuille, Bd. 4, Stuttgart u. Leipzig

PRANTL, Heribert 2005: Kein schöner Land. Die Zerstörung der sozialen Gerechtigkeit, München

PRELLER, Ludwig 1978: Sozialpolitik in der Weimarer Republik, Kronberg u. Düsseldorf

PRESSE- UND INFORMATIONSAMT DER BUNDESREGIERUNG 1955: Deutschland im Wiederaufbau. Tätigkeitsbericht der Bundesregierung für das Jahr 1955, Bonn

PRIDDAT, Birger P. 1995: Die andere Ökonomie: eine neue Einschätzung von Gustav Schmollers Versuch einer „ethisch-historischen" Nationalökonomie im 19. Jahrhundert, Marburg

PRINZ, Michael 1985: Sozialpolitik im Wandel der Staatspolitik? – Das „Dritte Reich und die Tradition bürgerlicher Sozialreform", in: BRUCH, Rüdiger von (Hg.), Weder Kommunismus noch Kapitalismus. Bürgerliche Sozialreform in Deutschland vom Vormärz bis zur Ära Adenauer, München, 219-244

Programm der Sozialistischen Einheitspartei Deutschlands – einstimmig angenommen auf dem IX. Parteitag der SED, Berlin-Ost, 18. bis 22. Mai 1976, Bonn: Gesamtdeutsches Institut

PRYOR, Frederic 1968: Public Expenditures in Communist and Capitalist Nations, Homewood

PRZEWORSKI, Adam & TEUNE, Henry 1970: The Logic of Comparative Social Inquiry, New York

REBENTISCH, Dieter 1989: Führerstaat und Verwaltung im Zweiten Weltkrieg 1939-1945, Stuttgart

REBENTISCH, Dieter & TEPPE, Karl 1986: Verwaltung contra Menschenführung im Staat Hitlers. Studien zum politisch-administrativen System, Göttingen

RECKER, Marie-Luise 1985: Nationalsozialistische Sozialpolitik im Zweiten Weltkrieg, München

318

RECKER, Marie-Luise 1991: Sozialpolitik im Dritten Reich, in: POHL, Hans (Hg.), Staatliche, städtische, betriebliche und kirchliche Sozialpolitik vom Mittelalter bis zur Gegenwart, Stuttgart, 245-268

REICHEL, Peter 1991: Der schöne Schein des Dritten Reiches. Faszination und Gewalt des Faschismus, München u. Wien

REIDEGELD, Eckart 1996: Staatliche Sozialpolitik in Deutschland: historische Entwicklung und theoretische Analyse von den Ursprüngen bis 1918, Opladen

REIN, Martin & RAINWATER, Lee (Hg.) 1986: Public/private interplay in social protection. A comparative study, New York

REIN, Martin & SCHMÄHL, Winfried (Hg.) 2003: Rethinking the Welfare State. The Political Economy of Pension Reform, Cheltenham

REINHARD, Hans-Joachim 1997: Der Sozialstaat in Spanien: Sparen für Maastricht, in: Sozialer Fortschritt 46, 21-24.

RHEIN-KRESS, Gaby von 1996: Die politische Steuerung des Arbeitsangebots, Wiesbaden

RIEDMÜLLER, Barbara & OLK, Thomas (Hg.) 1994: Der Sozialversicherungsstaat, Opladen

RIEGER, Elmar 1992: Die Institutionalisierung des Wohlfahrtsstaates, Wiesbaden

RIEGER, Elmar 1997: Soziologische Theorie und Sozialpolitik im entwickelten Wohlfahrtsstaat. Zu Esping-Andersens „Drei Welten des Wohlfahrtskapitalismus" (MZES Working Papers AB I /15), Mannheim

RIEGER, Elmar 1999: Zur „Theorie" der Sozialpolitik und des Wohlfahrtsstaates. Der Beitrag Max Webers, Bremen: ZeS-Arbeitspapier Nr. 14

RIEGER, Elmar 2002: Die sozialpolitische Gegenreformation. Eine kritische Analyse der Wirtschafts- und Sozialpolitik seit 1998, in: APuZ Nr. B 46-47, 3-12

RIEGER, Elmar & LEIBFRIED, Stephan 1997: Wohlfahrtsstaat und Sozialpolitik in Ostasien. Der Einfluß von Religion im Kulturvergleich, in: SCHMIDT, Gert & TRINCZEK, Rainer (Hg.) 1999: Globalisierung (Soziale Welt, Sonderband 13), 413-499

RIEGER, Elmar & LEIBFRIED, Stephan 2001: Grenzen der Globalisierung. Perspektiven des Wohlfahrtsstaates, Frankfurt a.M.

RIEGER, Elmar & LEIBFRIED, Stephan 2003: Limits to Globalization. Welfare States and the World Economy, Cambridge

RIMLINGER, Gaston V. 1971: Welfare Policy and Industrialization in Europe, America and Russia, New York

RIMLINGER, Gaston V. 1987: Social Policy under German Fascism, in: REIN, Martin & ESPING-ANDERSEN, Gøsta (Hg.), Stagnation an Renewal in Social Policy, Armonk, 59-77

RINGEN, Stein 1987: The Possibility of Politics. A Study in the Political Economy of the Welfare State, Oxford

RITTER, Gerhard A. 1983a: Die Sozialversicherung in Deutschland 1881-1914, in: APuZ Nr. B 34, 30-38

RITTER, Gerhard A. 1983b: Sozialversicherung in Deutschland und England. Entstehung und Grundzüge im Vergleich, München

RITTER, Gerhard A. 1991²: Der Sozialstaat. Entstehung und Entwicklung im internationalen Vergleich, München

RITTER, Gerhard A. 1998: Der deutsche Sozialstaat. Anfänge, historische Weichenstellungen und Entwicklungstendenzen, in: RAUSCHER, Anton (Hg.), Grundlagen des Sozialstaats, Köln, 11-44

RITTER, Gerhard A. 2005: Thesen zur Sozialpolitik der DDR, in: HOFFMANN, Dierk & SCHWARTZ, Michael (Hg.), Sozialstaatlichkeit in der DDR, München, 11-29

RITTER, Gerhard A. & TENFELDE, Klaus 1992: Arbeiter im Deutschen Kaiserreich 1871-1914, Bonn

ROEBROEK, Joop M. 1993: The Imprisoned State, Tilburg

ROLLER, Edeltraud 1992: Einstellungen der Bürger zum Wohlfahrtsstaat der Bundesrepublik Deutschland, Wiesbaden

ROLLER, Edeltraud 1995a: The Welfare State: The Equality Dimension, in: BORRE, Ole & SCARBROUGH, Elinor (Hg.), The Scope of Government, Oxford, 165-197

ROLLER, Edeltraud 1995b: Political Agendas and Beliefs about the Scope of Government, in: BORRE, Ole & SCARBROUGH, Elinor (Hg.), The Scope of Government, Oxford, 55-86

ROLLER, Edeltraud 1996: Kürzungen von Sozialleistungen aus der Sicht der Bundesbürger, in: ZSR 42, 777-788

ROLLER, Edeltraud 1997: Sozialpolitische Orientierungen nach der deutschen Vereinigung, in: GABRIEL, Oscar W. (Hg.), Politische Orientierungen und Verhaltensweisen im vereinigten Deutschland, Opladen, 115-147

ROOS, Lothar 1984: Der Sozialkatholizismus und die Sozialpolitik der Zentrumspartei, in: RÜTHER, Günther (Hg.), Geschichte der christlich-demokratischen und christlich-sozialen Bewegungen in Deutschland, Bd. 1, Bonn, 199-218

ROSE, Richard 1984: Do Parties Make a Difference?, London

ROSE, Richard & DAVIES, Phillip L. 1994: Inheritance in Public Policy: Change without Choice in Britain, New Haven u. London

ROSE, Richard & SHIRATORI, Rei (Hg.) 1986: The Welfare State East and West, New York u. Oxford

ROSENBERG, Hans 1976: Große Depression und Bismarckzeit. Wirtschaftsablauf, Gesellschaft und Politik in Mitteleuropa, Frankfurt a.M. u.a.

ROSENOW, Joachim & NASCHOLD, Frieder 1994: Die Regulierung von Altersgrenzen: Strategien von Unternehmen und die Politik des Staates, Berlin

ROTH, Karl H. 1993: Intelligenz und Sozialpolitik im „Dritten Reich". Eine methodisch-historische Studie am Beispiel des Arbeitswissenschaftlichen Instituts der Deutschen Arbeitsfront, München u.a.

ROTHER, Klaus 1994: Die Reichsversicherungsordnung 1911, Aachen

ROTHFELS, Hans 1927: Theodor Lohmann und die Kampfjahre der staatlichen Sozialpolitik (1871-1905), Berlin

RÜB, Friedbert W. 2003: Vom Wohlfahrtsstaat zum „manageriellen Staat"? Zum Wandel der Verhältnisse von Markt und Staat in der deutschen Sozialpolitik, in: CZADA, Roland & ZINTL, Reinhard (Hg.) 2003: Politik und Markt, PVS-Sonderheft 34, Wiesbaden, 256-299

RULAND, Franz (Hg.) 1990: Handbuch der gesetzlichen Rentenversicherung. Festschrift aus Anlaß des 100jährigen Bestehens der gesetzlichen Rentenversicherung, Neuwied

RÜRUP, Bert 2003: Nachhaltige Sozialpolitik, Berlin: WZB

SABATIER, Paul 1993: Advocacy-Koalition, Policy-Wandel und Policy-Lernen, in: WINDHOFF, Adrienne (Hg.), Policy-Analyse, Opladen, 116-148

SACHS, Jeffrey D. & LARRAIN, Felipe B. 1993: Macroeconomics in the Global Economy, New Jersey

SACHßE, Christoph & TENNSTEDT, Florian 1992: Der Wohlfahrtsstaat im Nationalsozialismus, Stuttgart u.a.

SACHßE, Christoph 1996: Public and Private in German Social Welfare, the 1890s to the 1920s, in: KATZ, Michael B. & SACHßE, Christoph (Hg.), The Mixed Economy of Social Welfare, Baden-Baden, 148-172

SAINSBURY, Diane (Hg.) 1994: Gendering Welfare States, London

SAINSBURY, Diane 1996: Gender Equality and Welfare State, Cambridge

SALA-I-MARTIN, Xavier 1996: Transfers, Social Safety Nets, and Economic Growth (IMF Working Paper 96/40), Washington D.C.

SALTER, Frank K. 2004: Welfare, Ethnicity and Altruism. New Data and Evolutionary Theory, London

SAUL, Klaus 1980: Industrialisierung, Systemstabilisierung und Sozialversicherung. Zur Entstehung, politischen Funktion und sozialen Realität der Sozialversicherung des kaiserlichen Deutschland, in: Zeitschrift für die gesamte Versicherungswirtschaft 69, 177-198

SAUNDERS, Peter & KLAU, Friedrich 1985: The Role of the Public Sector (OECD Economic Studies Nr. 4), Paris

SCHÄFER, Dirk-Jürgen 1997: Die große Rentenreform 1957, in: Deutsche Rentenversicherung 3-4/1997, 262-264

SCHARF, Bradley C. 1988: Social Policy and Social Conditions in the GDR, in: RUESCHEMEYER, Marilyn & LEMKE, Christiane (Hg.), The Quality of Life in the German Democratic Republic (International Journal of Sociology 18, Nr. 3), 3-21

SCHARPF, Fritz W. 1987: Sozialdemokratische Krisenpolitik in Europa, Frankfurt a.M. u. New York

SCHARPF, Fritz W. 1999: Governing in Europe: Effective and Democratic?, Oxford

SCHARPF, Fritz W. 2002: The European Social Model: Coping with the Challenges of Diversity, Köln: MPIfG-Working Paper 02/8

SCHARPF, Fritz W. 2003: Politische Optionen im vollendeten Binnenmarkt, in: JACHTENFUCHS & KOHLER-KOCH (Hg.) 2003, 219-254

SCHARPF, Fritz W. & SCHMIDT, Vivien (Hg.) 2000: Welfare and Work in the Open Economy, 2 Bde., Oxford

SCHEUR, Wolfgang 1967: Einrichtungen und Maßnahmen der sozialen Sicherheit in der Zeit des Nationalsozialismus, Köln (Dissertation)

SCHILD, Georg 2003: Zwischen Freiheit des Einzelnen und Wohlfahrtsstaat. Amerikanische Sozialpolitik im 20. Jahrhundert, Paderborn u.a.

SCHMÄHL, Winfried 1982: Sozialausgaben, in: HDWW, Bd. 6, München u.a., 562-603

SCHMÄHL, Winfried 1995: Soziale Sicherung und Wettbewerbsfähigkeit, in: Internationale Vereinigung für Soziale Sicherheit (Hg.), Soziale Sicherheit von morgen: Kontinuität und Wandel, Genf, 23-33

SCHMÄHL, Winfried 2001: Alte und neue Herausforderungen nach der Rentenreform 2001, in: Die Angestelltenversicherung 48, 313-322

SCHMÄHL, Winfried ³2003: Ökonomische Grundlagen sozialer Sicherung, in: MAYDELL & RULAND (Hg.) 2003, 140-191

SCHMÄHL, Winfried 2005: Sicherung bei Alter, Invalidität und für Hinterbliebene, in: BMGS & BUNDESARCHIV (Hg.) 2005, 315-388

SCHMID, Günther 1998: Das Nadelöhr der Wirklichkeit verfehlt, in: WEWER (Hg.) 1998, 59-88

SCHMID, Günther & GAZIER, Bernhard 2002 (Hg.), The Dynamics of Full Employment. Social Integration through Transitional Labour Markets, Cheltenham u. Northampton

SCHMID, Günther & Oschmiansky, Frank 2005: Arbeitsmarktpolitik und Arbeitslosenversicherung, in: BMGS & BUNDESARCHIV (Hg.) 2005, 237-288

SCHMID, Günther & REISSERT, Bernd 1996: Unemployment Compensation and Labour Market Transitions, in: SCHMID, Günther, O'REILLY, Jacqueline & SCHÖMANN, Klaus (Hg.), International Handbook of Labour Market Policy and Evaluation, Cambridge, 235-276

SCHMID, Josef 1996a: Wohlfahrtsstaaten im Vergleich. Soziale Sicherungssysteme in Europa: Organisation, Finanzierung, Leistungen und Probleme, Opladen

SCHMID, Josef 1996b: Wohlfahrtsverbände in modernen Wohlfahrtsstaaten. Soziale Dienste in historisch-vergleichender Perspektive, Opladen

SCHMID, Josef 2002: Wohlfahrtsstaaten im Vergleich, Opladen

SCHMID, Josef 2005: Politische Ökonomie des Wohlfahrtsstaats, FernUniversität Hagen

SCHMIDT, Manfred G. 1978: Die ,Politik der Inneren Reformen' in der Bundesrepublik Deutschland, in: PVS 19, 201-253

SCHMIDT, Manfred G. 1980: CDU und SPD an der Regierung. Ein Vergleich ihrer Politik in den Ländern, Frankfurt a.M. u. New York

SCHMIDT, Manfred G. 1982: Wohlfahrtsstaatliche Politik unter bürgerlichen und sozialdemokratischen Regierungen. Ein internationaler Vergleich, Frankfurt a.M. u. New York

SCHMIDT, Manfred G. 1983: The Welfare State and the Economy in Periods of Economic Crisis: A Comparative Study of Twenty-three OECD Nations, in: EJPR 11, 1-26

SCHMIDT, Manfred G. 1985a: Allerweltsparteien in Westeuropa? Ein Beitrag zu Kirchheimers These vom Wandel des westeuropäischen Parteiensystems, in: Leviathan 13, 376-397

SCHMIDT, Manfred G. 1985b: Der Schweizerische Weg zur Vollbeschäftigung. Eine Bilanz der Beschäftigung, der Arbeitslosigkeit und der Arbeitsmarktpolitik, Frankfurt a.M. u. New York

SCHMIDT, Manfred G. 1986: Politische Bedingungen erfolgreicher Wirtschaftspolitik. Eine vergleichende Analyse westlicher Industrieländer, in: Journal für Sozialforschung 26, 251-273

SCHMIDT, Manfred G. 1989a: Learning from Catastrophes. West Germany's Public Policy, in: CASTLES, Francis G. (Hg.), The Comparative History of Public Policy, Cambridge, 56-99

SCHMIDT, Manfred G. 1989b: Vom wirtschaftlichen Wert der Sozialpolitik. Die Perspektive der vergleichenden Politikwissenschaft, in: VOBRUBA (Hg.) 1989, 149-172

SCHMIDT, Manfred G. 1989c: Social policy in rich and poor countries: socio-economic trends and political-institutional determinants, in: EJPR 17, 641-659

SCHMIDT, Manfred G. 1992: Regieren in der Bundesrepublik Deutschland, Opladen

SCHMIDT, Manfred G. 1993a: Erwerbsbeteiligung von Frauen und Männern im Industrieländervergleich, Opladen

SCHMIDT, Manfred G. 1993b: Theorien in der vergleichenden Staatstätigkeitsforschung, in: HÉRITIER, Adrienne (Hg.), Policy-Analyse (PVS Sonderheft 24), Opladen, 371-394

SCHMIDT, Manfred G. 1996a: When Parties Matter. A Review of the Possibilities and Limits of Partisan Influence on Public Policy, in: EJPR 30, 155-183

SCHMIDT, Manfred G. 1996b: Staat und Markt in den demokratischen Industrieländern, in: Spektrum der Wissenschaft, Nov. 1996, 36-44

SCHMIDT, Manfred G. 1998a: Sozialstaatliche Politik in der Ära Kohl, in: WEWER (Hg.) 1998, 59-87

SCHMIDT, Manfred G. 1998b: Wohlfahrtsstaatliche Regime: politische Grundlagen und politisch-ökonomisches Leistungsvermögen, in: LESSENICH & OSTNER (Hg.) 1998, 179-200

SCHMIDT, Manfred G. 1999: Warum die Gesundheitsausgaben wachsen. Befunde des Vergleichs demokratisch verfasster Länder, in: PVS 40, 229-245

SCHMIDT, Manfred G. 2000a: Immer noch auf dem "mittleren Weg"? Deutschlands Politische Ökonomie am Ende des 20. Jahrhunderts, in: CZADA, Roland & WOLLMANN, Hellmut (Hg.), Von der Bonner zur Berliner Republik, Opladen (Leviathan Sonderheft 19), Wiesbaden, 491-513

SCHMIDT, Manfred G. ³2000b: Demokratietheorien, Opladen

SCHMIDT, Manfred G. (Hg.) 2001a: Wohlfahrtsstaatliche Politik. Institutionen, politischer Prozess und Leistungsprofil, Opladen

SCHMIDT, Manfred G. 2001b: Ursachen und Folgen wohlfahrtsstaatlicher Politik. Ein internationaler Vergleich, in: SCHMIDT 2001a, 33-53

SCHMIDT, Manfred G. 2001c: Parteien und Staatstätigkeit, in: GABRIEL, Oscar W., NIEDERMAYER, Oskar & STÖSS, Richard (Hg.), Parteiendemokratie in Deutschland, Bonn, 528-550

SCHMIDT, Manfred G. 2003: Rot-grüne Sozialpolitik, in: EGLE, Christoph, OSTHEIM, Tobias & ZOHLNHÖFER, Reimut (Hg.), Das rot-grüne Projekt. Eine Bilanz der Regierung Schröder, Wiesbaden, 239-258

SCHMIDT, Manfred G. 2004a: Die öffentlichen und privaten Bildungsausgaben Deutschlands im internationalen Vergleich, in: Zeitschrift für Staats- und Europawissenschaften 2, 7-31

SCHMIDT, Manfred G. 2004b: Sind Demokratien zukunftsfähig?, in: KAISER, André & ZITTEL, Thomas (Hg.), Demokratietheorie und Demokratieentwicklung. Festschrift für Peter Graf Kielmansegg, Wiesbaden, 377-390

SCHMIDT, Manfred G. 2004c: Sozialpolitik der DDR, Wiesbaden

SCHMIDT, Manfred G. 2004d: Wohlfahrtsstaatliche Politik in jungen Demokratien, in: CROISSANT, ERDMANN & RÜB (Hg.) 2004, 43-63

SCHMIDT, Manfred G. 2005a: Rahmenbedingungen, in: BMGS & BUNDESARCHIV (Hg.) 2005, 1-60

SCHMIDT, Manfred G. 2005b: Sozialpolitische Denk- und Handlungsfelder, in: BMGS & BUNDESARCHIV (Hg.) 2005, 61-154

SCHMIDT, Manfred G. 2005c: Gesamtbetrachtung, in: BMGS & BUNDESARCHIV (Hg.) 2005, 749-811

SCHMIDT, Manfred G. 2005d (i.E.): Aufgabeneuropäisierung, in: SCHUPPERT, Gunnar Folke (Hg.), Europawissenschaft, Baden-Baden

SCHMIDT, Manfred G. 2005e: Politische Reformen und Demokratie. Befunde der vergleichenden Demokratie- und Staatstätigkeitsforschung, in: VORLÄNDER, Hans (Hg.), Politische Reform in der Demokratie, Baden-Baden, 45-62

SCHMIDT, Manfred G., OSTHEIM, Tobias, SIEGEL, Nico A. & ZOHLNHÖFER, Reimut 2005: Wohlfahrtsstaatliche Politik, PolitikOn-Projekt, Heidelberg u. Köln

SCHMITTER, Philippe C. & LEHMBRUCH, Gerhard (Hg.) 1979: Trends Towards Corporatist Intermediation, London u.a.

SCHMITTER, Philippe C. 1996: Imagining the Future of the Euro-Polity with the Help of New Concepts, in: MARKS, Gary u.a. (Hg.), Governance in the European Union, London u.a., 121-150

SCHNEIDER, Friedrich 2002: The Size and Development of the Shadow Economies of 22 Transition and 21 OECD Countries. University of Linz and IZA Bonn, Discussion Paper 514

SCHOENBAUM, David 1968: Die braune Revolution. Eine Sozialgeschichte des Dritten Reiches, Köln

SCHÖNHOVEN, Klaus, 2004: Wendejahre. Die Sozialdemokratie in der Zeit der Großen Koalition 1966-1969, Bonn

SCHÖNIG, Werner & L'HOEST, Raphael (Hg.) 2000: Sozialstaat wohin? Umbau, Abbau oder Ausbau der Sozialen Sicherung, Darmstadt

SCHROEDER, Klaus 1998: Der SED-Staat. Partei, Staat und Gesellschaft, München u. Wien

SCHUHMANN, Walter & BRUCKER, Ludwig 1934: Sozialpolitik im neuen Staat, Berlin

SCHULIN, Bertram ⁵1993: Sozialrecht, Düsseldorf

SCHULTE, Bernd 1985: Politik der Armut. Internationale Perspektiven, in: LEIBFRIED & TENNSTEDT (Hg.) 1985, 383-426.

SCHULTE, Bernd 1987: Blick über die Grenzen: Der deutsche Sozialstaat im internationalen Vergleich, in: OPIELKA, Michael & OSTNER, Ilona (Hg.), Umbau des Sozialstaats, Essen, 108-120

SCHULTE, Bernd 1993: Armutsbekämpfung im Wohlfahrtsstaat. Die Rolle der Mindestsicherungssysteme der Mitgliedstaaten für Entwicklung und Fortbestand der Wohlfahrtsstaatlichkeit in der Europäischen Gemeinschaft, in: ZSR 39, 593-628

SCHULTE, Bernd 1997a: Großbritannien – Das Ende des Wohlfahrtsstaates?, in: Sozialer Fortschritt 46, 30-33

SCHULTE, Bernd 1997b: „Europäische Sozialpolitik – Auf dem Weg zur Sozialunion?" Die „soziale Dimension" der Gemeinschaft: Europäischer Sozialstaat oder Koordination nationaler sozialpolitischer Systeme, in: ZSR 43, 165-186

SCHULTE, Bernd 2000: Das deutsche System der sozialen Sicherung: Ein Überblick, in: ALLMENDINGER, Jutta & LUDWIG-MAYERHOFER, Wolfgang (Hg.), Soziologie des Sozialstaats, Weinheim u. München, 15-38

SCHULTE, Bernd 2003: Supranationales Recht, in: MAYDELL & RULAND (Hg.) 2003, 1610-1676

SCHULTE, Bernd & ZACHER, Hans F. 1991: Wechselwirkungen zwischen dem Europäischen Sozialrecht und dem Sozialrecht der Bundesrepublik Deutschland, Berlin

SCHULTZE, Rainer-Olaf 1991: Weltwirtschaftskrise und Wohlfahrtsstaat: Kanada im Vergleich, Augsburg

SCHULZ, Günther 1994: Wiederaufbau in Deutschland: Die Wohnungsbaupolitik in den Westzonen und der Bundesrepublik von 1945 bis 1957, Düsseldorf

SCHULZ, Günther 1997: Sozialpolitik, in: EPPELMANN u.a. (Hg.) 1997, 565-571

SCHÜRER, Gerhard, BEIL, Gerhard, SCHALK, Alexander, HÖFNER, Ernst & DONDA, Arno 1992: Vorlage für das Politbüro des Zentralkomitees der SED: Analyse der ökonomischen Lage der DDR mit Schlussfolgerungen vom 30.10.1989, in: Deutschland Archiv 25, 1992, 1112-1120

SCHWARZ, Hans-Peter 1981: Die Ära Adenauer. Gründerjahre der Republik 1949-1957, Stuttgart

SCHWARZ, Hans-Peter 1983: Die Ära Adenauer. Epochenwechsel 1957-1963, Stuttgart

SCHWARZ, Hans-Peter 1991: Adenauer. Der Staatsmann 1952-1967, Stuttgart

SEELEIB-KAISER, Martin 2001: Globalisierung und Sozialpolitik. Ein Vergleich ihrer Diskurse und Wohlfahrtssysteme in Deutschland, Japan und in den USA, Frankfurt a.M. u. New York

SEILS, Eric 2005: Das Holländische Wunder: Korporatismus und Konsens oder konfliktgeladene haushalts- und finanzpolitische Anpassung?, in: ZSR 51, 194-220

SHONFIELD, Andrew 1965: Modern Capitalism. The Changing Balance of Public and Private Power, Oxford

SIAROFF, Alan 1999: Corporatism in 24 Industrial Democracies: Meaning and Measurement, in: EJPR 36, 175-205

SIEGEL, Nico A. 2002: Baustelle Sozialstaat. Konsolidierung und Rückbau im internationalen Vergleich, Frankfurt a.M.

SIEGEL, Nico A. & JOCHEM, Sven 2000: Sozialstaat als Beschäftigungsbremse?, in: CZADA, Roland & WOLLMANN, Hellmut (Hg.), Von der Bonner zur Berliner Republik, Opladen, 539-566

SIEGEL, Nico A. & JOCHEM, Sven 2003a: Konzertierung im Wohlfahrtsstaat, in: JOCHEM, Sven & SIEGEL, Nico A. (Hg.), Konzertierung, Verhandlungsdemokratie und Reformpolitik im Wohlfahrtsstaat. Das Modell Deutschland im Vergleich, Opladen, 331-360

SIEGEL, Nico A. & JOCHEM, Sven 2003b: Staat und Markt im internationalen Vergleich – Empirische Mosaiksteine einer facettenreichen Arbeitsverschränkung, in: CZADA, Roland & ZINTL, Reinhard (Hg.), Politik und Markt, PVS-Sonderheft 34, Wiesbaden, 351-388

SINN, Hans-Werner 2003: Ist Deutschland noch zu retten?, München

SINN, Gerlinde & SINN, Hans-Werner 1993: Kaltstart. Volkswirtschaftliche Aspekte der deutschen Vereinigung, München

SKOCPOL, Theda 1992: Protecting Soldiers and Mothers: The Political Origins of Social Policy in the United States, Cambridge

SKOCPOL, Theda (Hg.) 1995: Social Policy in the United States, Princeton

SMELSER, Ronald 1989: Hitlers Mann an der „Arbeitsfront": Robert Ley, Paderborn

SMITH, Adam 1981 (1789): An Inquiry into the Nature and Causes of the Wealth of Nations, Indianapolis

SOCIAL SECURITY ADMINISTRATION (OFFICE OF RESEARCH AND STATISTICS) 1995: Social Security Programs Throughout the World – 1995, Washington D.C.

SOCIAL SECURITY ADMINISTRATION (OFFICE OF RESEARCH AND STATISTICS) 1997: Social Security Programs Throughout the World, Washington D.C.

SOFSKY, Wolfgang 1993: Die Ordnung des Terrors: das Konzentrationslager, Frankfurt a.M.

SOMMARIVA, Andrea & TULLIO, Giuseppe 1987: German Macroeconomic History, 1880-1979, New York

SOSKICE, David 1999: Divergent Production Regimes: Coordinated and Uncoordinated Market Economies in the 1980s and 1990s, in: KITSCHELT, Herbert, LANGE, Peter, MARKS, Gary & STEPHENS, John D. (Hg.), Continuity and Change in Contemporary Capitalism, Cambridge, 101-134

SPREE, Reinhard 1985: Modernisierung des Konsumverhaltens der deutschen Mittel- und Unterschichten während der Zwischenkriegszeit, in: ZfS 14, 400-410

STANDFEST, Erich 1979: Sozialpolitik als Reformpolitik, Köln

STARITZ, Dietrich 1996: Geschichte der DDR, Frankfurt a.M.

STATISTISCHES BUNDESAMT 1990ff.: Statistisches Jahrbuch für die Bundesrepublik Deutschland, Stuttgart

STATISTISCHES BUNDESAMT (Hg.) in Zusammenarbeit mit dem Wissenschaftszentrum Berlin für Sozialforschung (WZB) und dem Zentrum für Umfragen, Methoden und Analysen, Mannheim (ZUMA) 2004a: Datenreport 2004. Zahlen und Fakten über die Bundesrepublik Deutschland, Bonn

STEINER, André 2003: Von Plan zu Plan. Eine Wirtschaftsgeschichte der DDR, Stuttgart

STEPHENS, John D. 1979: The Transition from Capitalism to Socialism, London

STILLER, Pavel 1983: Sozialpolitik in der UdSSR, 1950-1980, Baden-Baden

STOLLEIS, Michael 1980: Hundert Jahre Sozialversicherung in Deutschland. Rechtsgeschichtliche Entwicklung, in: Zeitschrift für die gesamte Versicherungswirtschaft 69, 155-177

STOLLEIS, Michael 1992: Geschichte des öffentlichen Rechts in Deutschland, Bd. 2: Staatsrechtslehre und Verwaltungswissenschaft, München

STOLLEIS, Michael 2001: Historische Grundlagen – Sozialpolitik in Deutschland bis 1945, in: BMA & BUNDESARCHIV (Hg.) 2001a, 199-332

STRASSER, Johanno 1979: Grenzen des Sozialstaats? Soziale Sicherung in der Wachstumskrise, Köln u. Frankfurt a.M.

STREECK, Wolfgang 1997: Der europäische Sozialstaat der Nachkriegszeit ist endgültig passé. Über die zukünftigen Aufgaben von Gewerkschaften zwischen Nationalstaat und Europäischer Union, in: FR v. 6.1.1997, 10

STREECK, Wolfgang 1999: Korporatismus in Deutschland. Zwischen Nationalstaat und Europäischer Union, Frankfurt a.M. u. New York

STREECK, WOLFGANG & TRAMPUSCH, Christine 2005: Economic Reform and the Political Economy of the German Welfare State, in: German Politics 14, 174-195

SUMMERS, Robert & HESTON, Allan 1984: Improved International Comparisons of Real Product and its Composition: 1950-1980, in: Review of Income and Wealth 30, 207-262

SVR 1974: Jahresgutachten 1974/75, Bonn

SVR 1997: Erfolge im Ausland – Herausforderungen im Inland. Jahresgutachten 1997/98, Stuttgart

SVR 2004: Erfolge im Ausland – Herausforderungen im Inland. Jahresgutachten 2004/05, Wiesbaden

SWAAN, Abram de 1993: Der sorgende Staat. Wohlfahrt, Gesundheit und Bildung in Europa und den USA der Neuzeit, Frankfurt a.M.

SWANK, Duane 2002: Global Capital, Political Institutions, and Policy Change in Developed Welfare States, Cambridge

TABATABAI, Hamid 1996: Statistics on poverty and income distribution: An ILO compendium of data, Genf

TÁLOS, Emmerich 1981: Staatliche Sozialpolitik in Österreich, Wien

TÁLOS, Emmerich (Hg.) 1998: Soziale Sicherung im Wandel. Österreich und seine Nachbarstaaten. Ein Vergleich, Wien

TÁLOS, Emmerich 2005: Vom Siegeszug zum Rückzug. Sozialstaat Österreich 1945-2005, Wien

TAYLOR-GOOBY, Peter (Hg.) 2004: New Risks, New Welfare. The Transformation of the European Welfare State, Oxford

TENNSTEDT, Florian 1976: Sozialgeschichte der Sozialversicherung, in: BLOHMKE, Maria u.a. (Hg.), Handbuch der Sozialmedizin, Bd. 3, Stuttgart, 385-492

TENNSTEDT, Florian 1981: Sozialgeschichte der Sozialpolitik in Deutschland: vom 18. Jahrhundert bis zum Ersten Weltkrieg, Göttingen

TENNSTEDT, Florian 1986: Sozialreform in Deutschland, in: ZSR 32, 10-24

TENNSTEDT, Florian 1991: Der Ausbau der Sozialversicherung in Deutschland 1890 bis 1945, in: POHL, Hans (Hg.), Staatliche, städtische, betriebliche und kirchliche Sozialpolitik vom Mittelalter bis zur Gegenwart, Stuttgart, 225-243

TENNSTEDT, Florian 1995: Napoleon III. oder Zitelmann & Co., Frankreich oder Braunschweig? Anmerkungen zu möglichen Vorbildern der Alterssicherungspolitik Bismarcks, in: ZSR 41, 543-551

TENNSTEDT, Florian 1997: Peitsche und Zuckerbrot oder ein Reich mit Zuckerbrot? Der Deutsche Weg zum Wohlfahrtsstaat 1871-1881, in: ZSR 43, 88-101

TENNSTEDT, Florian 2003: Geschichte des Sozialrechts, in: MAYDELL & RULAND (Hg.) 2003, 24-80

TENNSTEDT, Florian & LEIBFRIED, Stephan 1979: Sozialpolitik und Berufsverbote im Jahre 1933, in: ZSR 25, 129-152 und 211-237

TENNSTEDT, Florian & WINTER, Heidi 1993a: „Der Staat hat wenig Liebe – activ wie passiv". Die Anfänge des Sozialstaats im Deutschen Reich von 1871, in: ZSR 39, 362-392

TENNSTEDT, Florian & WINTER, Heidi 1993b: Von der Reichsgründungszeit bis zur kaiserlichen Sozialbotschaft (1867-1881): Von der Haftpflichtgesetzgebung zur ersten Unfallversicherungsvorlage, Stuttgart

TENNSTEDT, Florian & WINTER, Heidi 1994: Von der Reichsgründungszeit bis zur kaiserlichen Sozialbotschaft (1867-1881): Grundfragen staatlicher Sozialpolitik, Stuttgart

TENNSTEDT, Florian & WINTER, Heidi 1995: „Jeder Tag hat seine eigenen Sorgen, und es ist nicht weise, die Sorgen der Zukunft freiwillig auf die Gegenwart zu übernehmen" (Bismarck). Die Anfänge des Sozialstaats im Deutschen Reich von 1871, in: ZSR 41, 671-706

TEPPE, Karl 1977: Zur Sozialpolitik des Dritten Reiches am Beispiel der Sozialversicherung, in: Archiv für Sozialgeschichte 17, 194-250

THERBORN, Göran 2004: Between Sex and Power. Family in the World 1900-2000, Oxford

THRÄNHARDT, Dietrich (Hg.) 1996: Japan und Deutschland in der Welt nach dem Kalten Krieg, Münster

TIGGES, Claus 2005: Das soziale Netz ist für Deutschland zur Falle geworden, in: FAZ 11.2.2005

TITMUSS, Richard M. 1974: Essays on Social Policy. An Introduction, London

TOCQUEVILLE, Alexis de 1978 (franz. 1856): Der alte Staat und die Revolution, München

TOCQUEVILLE, Alexis de 1984 (franz. 1835/40): Über die Demokratie in Amerika, München

TRAMPUSCH, Christine 2003: Korporatistische Konzertierung von Arbeitsmarkt- und Rentenpolitik: Zukunfts- oder Auslaufmodell?, in: BEYER, Jürgen (Hg.), Vom Zukunfts- zum Auslaufmodell? Die deutsche Wirtschaftsordnung im Wandel, Wiesbaden, 78-107

TRAMPUSCH, Christine 2004a: Vom Klassenkampf zur Riesterrente. Die Mitbestimmung und der Wandel der Interessen, in: ZSR 50, 223-254

TRAMPUSCH, Christine 2004b: Von Verbänden zu Parteien. Der Elitenwechsel in der Sozialpolitik, in: ZParl 35, 646-666

TRAMPUSCH, Christine 2005a: Industrielle Beziehungen als Flexibilitätsressource korporatistischer Wohlfahrtsstaaten. Der Fall Sozialpolitik durch Tarifvertrag in den Niederlanden, in: Industrielle Beziehungen 12, 93-119

TRAMPUSCH, Christine 2005b (i.E.): Sozialpolitik in Post-Hartz Germany, in: WeltTrends 47

TRÜMPLER, Eckhard, SELLIN, Gerhard & ZEISING, Gerhard: Zum Wohle des Volkes. Die Verwirklichung des sozialpolitischen Programms der SED 1971-1978. Dokumentation, Berlin (Ost) 1980

TSEBELIS, George 1995: Decision Making in Political Systems: Veto Players in Presidentialism, Multicameralism and Multipartyism, in: BJPS 25, 289-325

TSEBELIS, George 2001: Veto Players. How Political Institutions Work, Princeton

TUFTE, Edgard R. 1978: Political Control of the Economy, Princeton

ULLRICH, Carsten G. 2000: Die soziale Akzeptanz des Wohlfahrtsstaates, Mannheimer Zentrum für Europäische Sozialforschung Nr. 22

VERBAND DEUTSCHER RENTENVERSICHERUNGSTRÄGER (Hg.) 1999: Rentenversicherung im internationalen Vergleich, Bad Homburg

Verfassung der Deutschen Demokratischen Republik vom 6. April 1968 in der Fassung des Gesetzes zur Ergänzung und Änderung der Verfassung der Deutschen Demokratischen Republik vom 7. Oktober 1974 (Gbl. I Nr. 47)

326

Verhandlungen des Deutschen Bundestages: Stenographische Berichte und Protokolle, Bonn

Verhandlungen des Reichstages des Deutschen Reichs: Stenographische Berichte sowie Anlagen, Berlin

VISSER, Jelle & HEMMERIJK, Anton 1997: ‚A Dutch Miracle'. Job Growth, Welfare Reform and Corporatism in the Netherlands, Amsterdam

VOBRUBA, Georg (Hg.) 1989: Der wirtschaftliche Wert der Sozialpolitik, Berlin u. New York

VOBRUBA, Georg 1997: Legitimationsprobleme des Sozialismus. Das Scheitern des intentionalistischen Gesellschaftsprojekts und das Erbe des Sozialismus, in: ZSR 43, 29-51

VOGLER, Ludwig 1990: Verdeckte Arbeitslosigkeit in der DDR, in: Ifo-Schnelldienst 43, Nr. 24, 3-10

VOLZE, Armin 1999: Zur Devisenverschuldung der DDR. Entstehung, Bewältigung und Folgen, in: KUHRT, Eberhard in Verbindung mit BUCK, Hannsjörg F. & HOLZWEIßIG, Gunter im Auftrag des Bundesministeriums des Innern (Hg.), Am Ende des realen Sozialismus. Beiträge zu einer Bestandsaufnahme der DDR-Wirklichkeit in den 80er Jahren, Bd. 4. Die Endzeit der DDR-Wirtschaft. Analysen zur Wirtschafts-, Sozial- und Umweltpolitik, Opladen, 151-188

WACHENDORFER, Ute 1986: Sozialpolitik in Argentinien und Chile. Analyse einer Wende im Zeichen der Militärdiktatur, in: Probleme des Klassenkampfes 16, 101-120

WAGNER, Adolph 1893: Grundlegung der Politischen Ökonomie, Teil I: Grundlagen der Volkswirtschaft, Leipzig

WAGNER, Adolph 1911: Staat (in nationalökonomischer Hinsicht), in: Handwörterbuch der Staatswissenschaften (3. überarbeitete Auflage), 7. Band, Jena, 727-739

WAGSCHAL, Uwe 1996: Staatsverschuldung: Ursachen im internationalen Vergleich, Opladen

WAGSCHAL, Uwe 1997: Direct Democracy and Public Policy Making, in: Journal of Public Policy 17, 223-246

WAGSCHAL, Uwe 2000: Das Ausgabenparadoxon der athenischen Direktdemokratie, in: Der Staat 39, 256-274

WAGSCHAL, Uwe 2001: Deutschlands Steuerstaat und die vier Welten der Besteuerung, in: SCHMIDT (Hg.) 2001a, 124-160

WAGSCHAL, Uwe 2003: Die Politische Ökonomie der Besteuerung, in: OBINGER, Herbert, WAGSCHAL, Uwe & KITTEL, Bernhard (Hg.), Politische Ökonomie, Opladen, 259-288

WAGSCHAL, Uwe & OBINGER, Herbert 2000: Der Einfluss der direkten Demokratie auf die Sozialpolitik, in: PVS 41, 466-497

WAHL, Stefanie 1985: Langfristige Trends am Arbeitsmarkt, in: APuZ Nr. B 42, 3-17

WALK, Joseph (Hg.) ²1996: Das Sonderrecht für die Juden im NS-Staat, Heidelberg

WARDEN, Frans van (Hg.) 2003: Renegotiating the Welfare State, London u. New York

WASEM, Jürgen 1991: Nach der „Gesundheitsreform": Weiterentwicklung der gesetzlichen Krankenversicherung, in: HENKE, Klaus-Dirk, HESSE, Joachim Jens & SCHUPPERT, Folke Gunnar (Hg.), Die Zukunft der sozialen Sicherung in Deutschland (Staatswissenschaften und Staatspraxis Sonderheft 1), Baden-Baden, 46-72

WASEM, Jürgen, GREß, Stefan, VINCENTI, Aurelio, BEHRINGER, Angelika, IGL, Gerhard 2005: Gesundheitswesen und Sicherung bei Krankheit und im Pflegefall, in: BMGS & BUNDESARCHIV (Hg.) 2005, 389-440

WEBER, Max 1988a (E.A. 1917): Wahlrecht und Demokratie in Deutschland, in: WEBER, Max, Gesammelte Politische Schriften (hg. von Johannes Winckelmann), Tübingen, 245-291

WEBER, Max 1988b (E.A. 1918): Parlament und Regierung im neugeordneten Deutschland, in: WEBER, Max, Gesammelte Politische Schriften (hg. von Johannes Winckelmann), Tübingen, 306-443

WEBER, Max 1988c (E.A. 1922): Die „Objektivität" sozialwissenschaftlicher und sozialpolitischer Erkenntnis, in: WEBER, Max, Gesammelte Aufsätze zur Wissenschaftslehre, Tübingen, 146-214

WEEDE, Erich 1986: Verteilungskoalitionen, Staatstätigkeit und Stagnation, in: PVS 27, 222-236

WEEDE, Erich 1990: Wirtschaft, Staat und Gesellschaft. Zur Soziologie der kapitalistischen Marktwirtschaft, Tübingen

WEEDE, Erich 1996: Economic Development, Social Order, and World Politics with Special Emphasis on War, Freedom, the Rise and Decline of the West, and the Future of East Asia, London

WEHLER, Hans-Ulrich 1995: Deutsche Gesellschaftsgeschichte. Dritter Band: Von der „Deutschen Doppelrevolution" bis zum Beginn des Ersten Weltkrieges: 1849-1914, München

WEHLER, Hans-Ulrich 2003: Deutsche Gesellschaftsgeschichte, Vierter Band: Vom Beginn des Ersten Weltkriegs bis zur Gründung der beiden deutschen Staaten 1914-1949, München

WEISBROD, Bernd 1982: Die Krise der Arbeitslosenversicherung und der Bruch der Großen Koalition (1928-1930), in: MOMMSEN, Wolfgang J. (Hg. in Zusammenarbeit mit Wolfgang Mock), Die Entstehung des Wohlfahrtsstaates in Großbritannien und Deutschland 1850 – 1950, Stuttgart, 196-212

WEIßMANN, Karlheinz 1995: Der Weg in den Abgrund: Deutschland unter Hitler 1933 bis 1945, Berlin

Weiter voran zum Wohle des Volkes. Die Verwirklichung des sozialpolitischen Programms der SED 1978 bis 1985, Berlin-Ost 1986

WENDT, Klaus 2003: Krankenversicherung oder Gesundheitsversorgung? Gesundheitssysteme im Vergleich, Wiesbaden

WENGST, Udo 2001a: Sozialpolitische Denk- und Handlungsfelder, in: BMA & BUNDESARCHIV (Hg.) 2001b, 77-150

WENGST, Udo 2001b: Gesamtbetrachtung, in: BMA & BUNDESARCHIV (Hg.) 2001b, 971-986

WETTIG, Gerhard 1996: Niedergang, Krise und Zusammenbruch der DDR. Ursachen und Vorgänge, in: KUHRT, Eberhard in Verbindung mit BUCK, Hannsjörg F. & HOLZWEIßIG, Gunter im Auftrag des Bundesministeriums des Innern (Hg.), Die SED-Herrschaft und ihr Zusammenbruch, Bd. 1, Opladen, 379-456

WEWER, Göttrik (Hg.) 1998: Bilanz der Ära Kohl. Christlich-liberale Politik in Deutschland 1982-1998, Opladen

WILENSKY, Harold L. 1975: The Welfare State and Equality, Berkeley

WILENSKY, Harold L. 1981: Leftism, Catholicism and Democratic Corporatism: The Role of Political Parties in Recent Welfare State Development, in: FLORA & HEIDENHEIMER (Hg.) 1981, 345-382

WILENSKY, Harold L. 2002: Rich Democracies. Political Economy, Public Policy and Performance, Berkeley u.a.

WILLIAMS, John 1972: The home fronts. Britain, France and Germany 1914-1918, London

WILLING, Matthias 2005: Sozialhilfe, in: BMGS & BUNDESARCHIV (Hg.) 2005, 479-516

WILLKE, Helmut 1997: Supervision des Staates, Frankfurt a. M.

WINDHOFF-HÉRITIER, Adrienne 1983: Sozialpolitik der mageren Jahre. Politik- und verwaltungswissenschaftliche Aspekte des Sparprozesses, in: MÄDING, Heinrich (Hg.), Sparpolitik, Opladen, 77-99

WINDHOFF-HÉRITIER, Adrienne 1985: Politik ‚für die bedürftigsten und ehrlichen Armen'. Ziele und Folgen der Sparpolitik Reagans im Sozialsektor, in: PVS 26, 107-128

WINGEN, Max 1997: Familienpolitik: Grundlagen und aktuelle Probleme, Stuttgart

WINKLER, Gunnar 1988: Sozialpolitik in der DDR, in: APuZ Nr. B 32, 21-29

WINKLER, Gunnar 1989: Geschichte der Sozialpolitik der DDR, 1945-1985, Berlin-Ost

WINKLER, Gunnar 1990a: Sozialreport '90. Daten und Fakten zur sozialen Lage in der DDR, Berlin

WINKLER, Gunnar 1990b: Sozialunion – Sozialpolitik, in: WSI-Mitteilungen 43, 528-535

WINTER, Thomas von 1995: Sozialpolitische Interessen: Konstituierung, politische Repräsentation und Beteiligung an Entscheidungsprozessen, Baden-Baden

WOGAWA, Diane 2000: Missbrauch im Sozialstaat. Eine Analyse des Missbrauchs-Argumentes im politischen Diskurs, Wiesbaden

WOLDENDORP, Jaap 2005: The Polder Model: From Disease to Miracle? Dutch Neocorpo-
ratism 1965-2000, Vrije Universiteit Amsterdam: Academisch Proefschrift
WORLD BANK 1994: Averting the Old Age Crisis, Oxford
ZACHER, Hans F. 1989: Vierzig Jahre Sozialstaat – Schwerpunkte der rechtlichen Ordnung, in: BLÜM & ZACHER (Hg.) 1989, 19-129
ZACHER, Hans F. 1991: Wechselwirkungen zwischen dem Europäischen Sozialrecht und
dem Sozialrecht der Bundesrepublik Deutschland – Einführungsreferat aus sozialrechtlicher Sicht, in: SCHULTE & ZACHER (Hg.) 1991, 11-22
ZACHER, Hans F. 2001: Grundlagen der Sozialpolitik in der Bundesrepublik Deutschland,
in: BMA & BUNDESARCHIV (Hg.) 2001a, 333-684
ZAPF, Wolfgang (Hg.) 1977: Lebensbedingungen in der Bundesrepublik. Sozialer Wan-
del und Wohlfahrtsentwicklung, Frankfurt a.M. u. New York
ZAPF, Wolfgang 1983: Die Wohlfahrtsentwicklung in Deutschland seit der Mitte des
19. Jahrhunderts, in: CONZE & LEPSIUS (Hg.) 1983, 46-65
ZAPF, Wolfgang & HABICH, Roland (Hg.) 1996: Wohlfahrtsentwicklung im vereinten
Deutschland. Sozialstruktur, sozialer Wandel und Lebensqualität, Berlin
ZAPF, Wolfgang u.a. 1987: Individualisierung und Sicherheit, München
ZENTRUM FÜR SOZIALPOLITIK BREMEN 1996: Arbeitsbericht 1993-1996, Bremen
ZOHLNHÖFER, Reimut 2001: Die Wirtschaftspolitik der Ära Kohl. Eine Analyse von
Schlüsselentscheidungen in den Politikfeldern Finanzen, Beschäftigung und Ent-
staatlichung, 1982-1998, Opladen
ZOHLNHÖFER, Reimut & OSTHEIM, Tobias 2005: Paving the Way for Employment? The
Impact of the Luxembourg Process on German Labour Market Policy, in: European
Integration 27, 147-176
ZÖLLNER, Detlef 1963: Öffentliche Sozialleistungen und wirtschaftliche Entwicklung. Ein
zeitlicher und internationaler Vergleich, Berlin
ZÖLLNER, Detlev 1981: Ein Jahrhundert Sozialversicherung in Deutschland, Berlin
ZUMA 2003: System Sozialer Indikatoren für die Bundesrepublik Deutschland: Schlüs-
selindikatoren 1950-2001, Bearbeitung: Bernhard Christoph, Mannheim

Neu im Programm Politikwissenschaft

Josef Berghold
Feindbilder und Verständigung
Grundfragen der politischen Psychologie
2. Aufl. 2005. 334 S. Br. EUR 29,90
ISBN 3-531-14648-3

Thymian Bussemer
Propaganda
Konzepte und Theorien
2005. 443 S. Br. EUR 36,90
ISBN 3-8100-4201-3

Roland Friedrich
Die deutsche Außenpolitik im Kosovo-Konflikt
2005. 156 S. Berliner Schriften zur
Internationalen Politik. Br. EUR 22,90
ISBN 3-531-14317-4

Cilja Harders / Heike Kahlert /
Delia Schindler (Hrsg.)
Forschungsfeld Politik
Geschlechtskategoriale Einführung
in die Sozialwissenschaften
2005. 320 S. mit 1 Abb. und 1 Tab. Politik
und Geschlecht. Br. EUR 39,90
ISBN 3-8100-4074-6

Gisela Müller-Brandeck-Bocquet
Frankreichs Europapolitik
2005. 295 S. mit 1 Abb. und 14 Tab.
Frankreich - Studien. Br. EUR 29,90
ISBN 3-8100-4094-0

Erhältlich im Buchhandel oder beim Verlag.
Änderungen vorbehalten. Stand: Juli 2005.

Peter Schmitt-Egner
Handbuch zur Europäischen Regionalismusforschung
Theoretisch-methodische Grundlagen,
empirische Erscheinungsformen und
strategische Optionen des Transnationalen Regionalismus im 21. Jahrhundert
2005. 328 S. Regionalisierung in Europa.
Br. EUR 59,90
ISBN 3-8100-3911-X

Wolfgang Slesina (Hrsg.)
Reformierung des Gesundheitssystems – oder: In welchem Gesundheits- system wollen wir leben?
Eine Disputation
2005. 118 S. Br. EUR 17,90
ISBN 3-531-14542-8

Karel Vodicka
Das politische System Tschechiens
2005. 292 S. Br. EUR 29,90
ISBN 3-8100-4083-5

Wichard Woyke
Stichwort: Wahlen
Ein Ratgeber für Wähler, Wahlhelfer
und Kandidaten
11., akt. Aufl. 2005. 274 S. Br. EUR 14,90
ISBN 3-8100-3228-X

www.vs-verlag.de

VS VERLAG FÜR SOZIALWISSENSCHAFTEN

Abraham-Lincoln-Straße 46
65189 Wiesbaden
Tel. 0611.7878 - 722
Fax 0611.7878 - 400